CB130153

O NOVO MARCO DAS GARANTIAS

Aspectos práticos e teóricos da Lei 14.711/2023

abdr
Respeite o direito autoral

Coordenação

Bernardo Chezzi

Martha El Debs

O NOVO MARCO DAS GARANTIAS

Aspectos práticos e teóricos da Lei 14.711/2023

2.ª edição

2025

EDITORA *Jus*PODIVM

www.editorajuspodivm.com.br

EDITORA
*Jus*PODIVM
www.editorajuspodivm.com.br

Rua Canuto Saraiva, 131 – Mooca – CEP: 03113-010 – São Paulo – São Paulo
Tel: (11) 3582.5757
Contato: www.editorajuspodivm.com.br/central-de-relacionamento

Copyright: Edições *Jus*podivm

Capa e Diagramação: Maitê Coelho e Cendi Coelho *(cendicoelho@gmail.com)*

D288n Debs, Martha El

O Novo Marco das Garantias: Aspectos Práticos e Teóricos da Lei 14.711/2023 / Bernardo Chezzi e Martha El Debs. – 2. ed. – São Paulo: Editora JusPodivm, 2025.

720 p.

Vários autores.

ISBN: 978-85-442-5790-6.

1. Direito Notarial e Registral. 2. Garantias. I. Debs, Martha El. II. Chezzi, Bernardo e III. Título.

CDD 341.411

Bibliotecária responsável:
Ana Carolina Ribeiro Mois – CRB7 – RJ 007348/0

Todos os direitos desta edição reservados a Edições *Jus*podivm.

É terminantemente proibida a reprodução total ou parcial desta obra, por qualquer meio ou processo, sem a expressa autorização do autor e das Edições *Jus*podivm. A violação dos direitos autorais caracteriza crime descrito na legislação em vigor, sem prejuízo das sanções civis cabíveis.

2.ª ed., *2.ª tir.:* mai./2025; *3.ª tir.:* jun./2025; *4.ª tir.:* ago./2025; *5.ª tir.:* out./2025.

Dedicatória

Sob o céu vasto da jurisprudência,
Onde as letras moldam as existências,
Ergue-se a Lei das Garantias,
O Marco Legal, um manifesto de novos dias.

Aos profissionais e acadêmicos
que contribuíram para esta obra,
Cada artigo ergue pontes,
Sobre dúvidas, a clareza faz montes.

Aos arquitetos da Lei edificante,
Que desenharam uma nova estrutura legal,
Unindo imóveis, crédito e justiça,
Com traços de inovação e progresso social.

Aos diligentes de todo o campo legal,
Juristas pela justiça, em seu ideal,
Na aplicação do direito, a missão é vital,
Por uma sociedade mais justa e igual.

Aos tabeliães e registradores, da fé pública os guardiões,
Na nova lei, essenciais, trazendo um caminho ágil, a desjudicialização.
Entre documentos e registros, a verdade se revela,
Justiça fortalecida, cada certidão que selam.
Menos disputas em tribunais, mais acordos e paz,
Soluções extrajudiciais que a Lei das Garantias traz.

A todos estes visionários que no papel desenham
Um mundo justo, o papel que empenham.
Teimaram em dar forma ao etéreo,
Teimaram em proteger o que é frágil.
Hoje, o que era apenas um desejo,
É um escudo robusto e ágil.

A vocês pioneiros de mudanças,
A todos que veem além do agora,
Que transformam riscos em garantias,
Este livro é uma celebração,
De suas lutas e sabedorias,
Do acesso à moradia.

Para todos que participaram desta empreitada,
Que garantiram mais que bens, garantiram futuros,
Esta obra é um tributo,
A vocês que seguirão nessa jornada.

Especialmente, a todos os brasileiros,
Cujas vidas e trabalhos serão tocados por esta legislação,
Nas páginas deste livro, que descortinem um porvir,
Não só leis, mas vias para o justo surgir.

E a todos dedicamos essas páginas não como um fim,
Mas como convite ao diálogo e aos debates.
Da construção de vários sins.

Martha El Debs e
Bernardo Chezzi

APRESENTAÇÃO

A Lei 14.711 foi um marco em diversas áreas do direito brasileiro: imobiliário, notarial, registral, processual, de crédito e financiamento. O novo ordenamento marcou também um importante avanço no fenômeno da extrajudicialização no país, com inúmeros novos processos extrajudiciais previstos.

O anteprojeto da reforma das garantias imobiliárias foi iniciado pelos próprios registradores de imóveis, na liderança do Registro de Imóveis do Brasil em diálogo com o governo federal entre 2018 e 2019[1]. O objetivo do registro imobiliário era apresentar um novo marco normativo de atualização do sistema e dos microssistemas registrais, inclusive de garantia imobiliária. A participação do Registro de Títulos e Documentos (RTD) foi marcante, porque também foi possível uma concepção de modernização do sistema de garantias sobre móveis.

Em 2020, com a minuta fruto de muitos estudos técnicos apresentada, o governo solicitou que o Registro de Imóveis iniciasse debates com a iniciativa privada a respeito do projeto. Mercado imobiliário, mercado financeiro e setor do agronegócio passaram a se reunir em plena pandemia, em longas reuniões para acomodação de todas as preocupações de

1. Registra-se a dedicação pessoal dos oficiais registradores Flaviano Galhardo e Patrícia Ferraz na construção do anteprojeto, acompanhado de outros atores que foram fundamentais para a aprovação final do PL 4188, como Ari Pires, Juan Pablo Correa, Rainey Marinho. Fora dos registros, a grande dedicação do advogado Fábio Rocha foi notável e importante para o êxito do projeto bem como a do jurista Melhim Chalhub, ícone para a profundidade e coerência das propostas legislativas. Diversos outros atores foram determinantes, como a atuação da ABECIP, liderada por Filipe Pontual com o auxílio de José Cetraro e Aline Gonçalez.

modernização da Lei 6.015, de 40 anos atrás (Lei de Registros Públicos) e de ampliação do crédito imobiliário.

Enclausurados que estávamos, em momentos difíceis decorrentes da pandemia causada pelo vírus da Covid,[2] as reuniões virtuais e multissetoriais para discussão e aperfeiçoamento do anteprojeto eram um alento em meio a tristes notícias. Também uma grande oportunidade de aprendizados mútuos amparados na beleza das divergências e dos diversos pontos de vista sobre um mesmo tema.

Em 2021, entregue o produto ao governo federal, fruto de longo debate entre especialistas de cada setor, o Ministério da Economia decidiu separar a minuta proposta com 68 páginas de artigos em duas partes. A primeira, tratando essencialmente de alterações do sistema registral propriamente dito, com intervenções na Lei de Registros Públicos, Incorporação Imobiliária, Parcelamento do Solo, entre outras leis, foi o embrião da então futura Lei do Serviço Eletrônico de Registro Público (Lei do "SERP"[3]). A segunda, tratando de reforma na alienação fiduciária, hipoteca, crédito rotativo e garantias mobiliárias, seria o embrião deste novo marco legal das garantias.

O projeto de reforma do crédito no Brasil foi discutido no "IMK", um fórum de debates entre mercado de capital, mercado de crédito, governo e ministérios, especialistas convidados e outras entidades interessadas em geral.

No IMK, as discussões deixaram de ser apenas técnicas, mas ganharam maior contorno político. Apesar das dificuldades, conseguiu-se fechar uma minuta que na maior parte do texto buscava resolver o que se entendia de entraves ao crédito no Brasil.

O IMK aperfeiçoou o projeto do novo marco legal das garantias até ele estar pronto para ser enviado ao Congresso como projeto de lei. A decisão do governo não foi publicar medida provisória por haver questões que

2. Iniciamos as reuniões multissetoriais em plena pandemia, no ano de 2020.
3. O anteprojeto foi incorporado à MP 1085, que foi convertida em lei, com alterações, na Lei Federal 14.382 de 2022, a Lei do Serp.

diziam respeito a processo civil (o que hoje concebemos como processos extrajudiciais).

O PL 4188/2021 iniciou o trâmite pela Câmara dos Deputados, tendo por relator o Deputado João Maia. Já nesta casa legislativa, emendas relevantes foram acrescidas à redação enviada pelo Poder Executivo, como a possibilidade de se executar extrajudicialmente os bens móveis garantidos por alienação fiduciária (atuais artigos 8º-B e seguintes do Decreto-Lei 911/69).

Mas foi no Senado que o PL ganhou sensível expansão. Com relatoria do Senador Weverton Rocha, o que antes seria um projeto de reforma das garantias imobiliárias e mobiliárias com intervenções no microssistema de crédito e registral, recebeu valiosas contribuições de outras atribuições do sistema extrajudicial: Tabelionato de Notas, Tabelionato de Protesto e Registro Civil de Pessoas Naturais.

Em 30 de outubro de 2023, o PL foi aprovado pelo Presidente da República como a Lei 14.711/2023, entrando em vigor imediatamente após sua publicação no *Diário Oficial*. O diploma é visto como um marco importante para o sistema econômico do Brasil, com expectativas de que facilitará muito o acesso ao crédito, reduzirá custos para os consumidores e dinamizará o mercado imobiliário e financeiro.

E são inúmeras as alterações. A lei possibilita o registro de alienações fiduciárias sucessivas sobre o mesmo imóvel, preservando a prioridade das alienações anteriores. Preserva com maior eficácia o processo extrajudicial de execução da alienação fiduciária. Permite a extensão de garantias reais, facilitando sua renovação sem que se faça a novação do contrato. Implementa a execução extrajudicial da hipoteca. Introduz regras para a solução extrajudicial de pagamentos de créditos com garantia real de forma conjunta, o dito concurso de credores, no Registro de Imóveis. Estabelece a figura do agente de garantias, terceiro que, em nome dos credores, administra a constituição, gestão e execução das garantias. Reformula os procedimentos de leilão de imóveis em caso de inadimplemento, permitindo ao credor aceitar lances abaixo do valor mínimo em determinadas circunstâncias. A legislação confere novas atribuições aos notários, como a possibilidade de atuar como mediador/conciliador/árbitro, de transmitir direitos sobre precatórios, de gerenciar contas de garantia e de certificar o cumprimento ou frustração de condições contratuais. Dá maior autonomia aos tabeliães de protesto para renegociação de dívidas e amplia as funções dos registros civis para emitir certificados de vida, estado civil e domicílio, reforçando o papel dessas entidades no atendimento às necessidades da população.

O Marco Legal das Garantias se insere em contexto de ampliação do direito ao acesso à Justiça. O fortalecimento de vias alternativas ao Poder Judiciário, promovendo responsável desjudicialização[4] e prestigiando o postulado de justiça multiportas, reforça a adequada interpretação do comando constitucional do art. 5º, XXXV, que não possui a pretensão de transformar a corte estatal na via exclusiva de resolução de litígios. Além de ampliar competências de notários e registradores em prol da extrajudicialização, a Lei 14.711 promove o aperfeiçoamento da execução extrajudicial dos créditos com garantias reais, mediante o fortalecimento de garantias de devido processo.

Profundas inovações legais demandam que nós, profissionais do Direito, em exercício hermenêutico, examinemos as alterações e facilitemos a compreensão da Lei a toda a população. É quem mais se beneficia com a diminuição do custo do crédito no mercado decorrente de maior eficiência do processo de execução. Essa missão motivou a organização dessa Coletânea. Convidamos brilhantes colegas, professores, advogados, registradores e notários para destrinchar os dispositivos legais e brindar-nos com suas impressões, muitos deles que participaram da concepção do PL 4.188 ou das alterações no trâmite legislativo.

Este é o resultado: uma Coletânea composta por trinta artigos dos mais renomados profissionais do setor imobiliário e extrajudicial, cuidadosamente elaborados e selecionados para ofertar ao leitor um passo importante para compreender a revolução promovida pelo Marco Geral das Garantias.

A nós, coordenadores, restou a honrosa tarefa de apresentá-los. Optamos por realizar uma pequena prévia dos trabalhos, seja para despertar o interesse na leitura ou para orientar o leitor a iniciar pelo tema de seu

4. "Extrajudicialização" exprime melhor o conceito de que os processos extrajudiciais ainda são processos, administrativos, guiados por um microssistema próprio.

interesse, sem, porém, antecipar as profundas reflexões jurídicas que tornam esta Coletânea verdadeiro marco para a compreensão doutrinária da Lei 14.711.

1) Em "A Lei 14.711 e o Direito Comparado", Fábio Rocha Pinto e Silva demonstra como o Marco Legal das Garantias harmoniza o ordenamento jurídico brasileiro com práticas internacionais, inspirando-se por exemplo na hipoteca recarregável francesa, na *Grundschuld* alemã, nas normas da UNIDROIT e UNCITRAL e no *trust* anglo-americano, porém, mantendo a coesão com a tradição jurídica nacional.

2) Também valendo-se do Direito Comparado, em "A desjudicialização da execução civil: um passo perdido pela lei das garantias", Carlos E. Elias de Oliveira enuncia o avanço da nova lei em prol do movimento de desjudicialização, ponderando que o diploma poderia ter promovido uma reforma mais abrangente na execução civil, a exemplo do estabelecimento de um procedimento executivo extrajudicial gerido pelos tabelionatos de protesto, inspirando-se na desjudicialização da execução de dívidas de Suécia, Dinamarca, Rússia, Estados Unidos, França e Portugal.

3) Em "Notas sobre a execução extrajudicial no sistema brasileiro de justiça multiportas", Fredie Didier Jr. e Leandro Fernandez posicionam a execução extrajudicial como excelente alternativa à execução judicial, com potencial redução de custos e tempo. Ponderam que a execução extrajudicial desponta como via extremamente adequada para diversos tipos de litígios, sem prejuízo da utilização do Poder Judiciário nas matérias que não podem ser retiradas de sua apreciação, a exemplo da decretação da prisão civil e da adoção de certas medidas executivas atípicas.

4) Em "Um ensaio teórico sobre a adaptabilidade dos procedimentos especiais de execução da Lei n. 14.711/2023 (Marco Legal das Garantias)", Layanna Piau Vasconcelos e Eduardo Lima Sodré examinam a possibilidade de intercâmbio de técnicas processuais do procedimento comum e dos procedimentos especiais, à luz de disposições legais, judiciais e convencionais sobre flexibilização processual, nos procedimentos executivos especiais da Lei n. 14.711/2023.

5) O artigo intitulado "Alienação fiduciária da propriedade superveniente", de Melhim Chalhub, explica o novo instituto e aborda seus

aspectos civis e registrais, explicando aspectos teóricos e práticos das inovações na Lei 9.514.

6) O trabalho "Extensão da alienação fiduciária de bens imóveis" de Gabriel Cardoso de Souza explana como a extensão da alienação fiduciária permite o uso de um bem imóvel já alienado como garantia em novas operações de crédito com o mesmo credor, visando a rotatividade do imóvel para evitar capital morto e dinamizar o acesso ao crédito. Para tanto, detalha os aspectos legais e operacionais da extensão, incluindo a necessidade de unicidade de credor, os limites da extensão, a formalização do instrumento da extensão, as consequências do inadimplemento e os reflexos registrais da garantia.

7) Em "Alterações na Execução da Garantia Fiduciária", Dixmer Vallini Netto examina as alterações na execução extrajudicial da alienação fiduciária trazidas pela nova lei, dentre elas: a introdução do agente fiduciário; as alterações da intimação, a possibilidade de execução simultânea de várias garantias fiduciárias; a divisão entre financiamento residencial e não residencial, e, neste, a possibilidade de o credor cobrar eventual saldo devedor persistente depois do segundo leilão. Também examina como as mudanças impactarão o mercado imobiliário e a economia brasileira.

8) Em "O Novo Marco Legal das Garantias e o preço mínimo do 2º leilão na execução extrajudicial: novas regras, novos desafios", André Abelha e Umberto Bresolin abordam como as inovações referentes ao critério do lance mínimo no segundo leilão visam reduzir controvérsias judiciais relacionadas à caracterização do "preço vil" do imóvel, oferecendo critérios mais claros e objetivos para a execução, protegendo os interesses tanto do credor quanto do devedor.

9) O artigo de José Carlos Puoli "O marco legal das garantias e a preservação de efeitos dos atos extrajudiciais de execução da alienação fiduciária de bem imóvel" explora as medidas instituídas pela Lei 14.711/2023 para proteger os atos extrajudiciais de execução da alienação fiduciária já praticados, de modo que eventuais irregularidades sejam resolvidas em perdas e danos, ao invés de resultarem na anulação do ato de alienação, dando conta da alteração do artigo 30 da Lei 9.514. O autor demonstra que esse regime prestigia a eficácia da execução extrajudicial, aumentando a confiança e o interesse dos participantes em arrematações.

10) Rubens Carmo Elias, em "As despesas de condomínio e a alienação fiduciária de bem imóvel" examina os desafios legais e processuais que surgem da complexa relação entre os direitos do condomínio e os direitos do credor fiduciário sobre a propriedade, especialmente quando se admite a penhora de imóvel alienado fiduciariamente em face das dívidas *propter rem* de condomínio, por deter prioridade sobre outros tipos de dívidas.

11) João Pedro Lamana Paiva, em "A extensão da hipoteca", explana como a extensão dessa garantia constitui importante mudança legislativa em prol do desenvolvimento econômico ao facilitar a circulação de riquezas e melhorar o acesso ao crédito, além de oferecer modelo prático para a averbação da extensão da garantia hipotecária, detalhando como os termos do novo financiamento são incorporados na hipoteca existente e registrados para garantir a transparência e a legalidade da extensão.

12) Em "A extrajudicialização da execução da garantia imobiliária decorrente de crédito hipotecário", Pedro Bacelar detalha o novo microssistema de execução extrajudicial da hipoteca, comparando o regime brasileiro com sistemas similares na Espanha e no Peru e destacando o impacto econômico e social da modernização promovida.

13) Já o artigo de Gabriel Pires, intitulado "Execução extrajudicial da garantia imobiliária em concurso de credores", detalha os procedimentos aplicáveis quando múltiplos credores com garantia real estão assegurados por um mesmo imóvel a ser executado extrajudicialmente, conferindo amplo panorama sobre os tipos de execução extrajudicial, as categorias de credores, formas de intimação, como promover a habilitação de crédito, forma de distribuição de valores e possíveis impedimentos para a execução.

14) "Agente de garantia" de Carlos Henrique Olivo Moraes aborda o papel do agente de garantia nas operações financeiras de bens móveis e imóveis, examinando suas funções, legitimidade jurídica e deveres, além de examinar os aspectos do contrato de administração fiduciária e o regime de segregação patrimonial das receitas das garantias, enquanto medida de proteção aos credores.

15) Moacyr Petrocelli de Ávila Ribeiro em "Da Tipicidade dos Fatos Inscritíveis: A Lei 14.711/2023 e a Revisão da Taxatividade dos Atos Registrais" examinará a inserção do item 48 ao inciso I do art. 167 da Lei

6.015/1973, promovida pela Lei 14.711 e a alteração no artigo 246 da Lei de Registros Públicos ocorrida pela Lei 14.382/2011, que permite maior abertura para o registro de negócios jurídicos que envolvam a transmissão de direitos reais sobre imóveis, mesmo que sejam contratos atípicos, desde que cumpram os requisitos formais estabelecidos por lei.

16) O artigo de José Flávio Bueno Fischer e Carolina Edith Mosmann dos Santos, "As novas atribuições do Tabelião de Notas", destaca o reforçado papel do notário para a desjudicialização e eficácia dos negócios imobiliários no Brasil, mediante a ampliação do seu escopo de atuação. Fischer aborda como o diploma lhe atribuiu funções que vão além da sua tradicional capacidade de assegurar a manifestação de vontade das partes em atos negociais, a exemplo da atuação como mediador, conciliador ou árbitro, da administração de conta garantia, da realização de ata notarial de certificação do cumprimento ou não de condições negociais, da realização de ata notarial de arrematação e da possibilidade de fazer a gestão de precatórios.

17) Karin Regina Rick Rosa e Gabriel Cemin Petry examinarão justamente uma dessas novas funções. Em "Negociação de precatórios no Tabelionato de Notas: considerações quanto à garantia de segurança jurídica na circulação do crédito", os autores discutem como a Lei 14.711 criou um procedimento notarial específico para a cessão de precatórios, incluindo a comunicação de negociações e a formalização de cessões por escritura pública, visando aumentar a transparência e proteger as partes envolvidas.

18) Fernando Blasco contribui com a Coletânea por meio do trabalho "A Criação de um Sistema Nacional de Precatórios e Requisição de Pequeno Valor (RPV) e o Papel do Notário na Redução dos Custos de Transação das Cessões de Precatórios", em que examina a gestão notarial sobre precatórios e os benefícios dessas inovações legais.

19) Em "Ata Notarial de Certificação de Frustração e Implementação de Condições Contratuais", Paulo Roberto Gaiger Ferreira explora como as novas atribuições da ata notarial contribuem para o fenômeno de desjudicialização, sua utilização para a verificação da execução de obrigações contratuais sem a necessidade de intervenção judicial confere função probatória ao tabelião.

20) O tema também é aprofundado pelos vieses do direito civil no artigo de Alexandre Junqueira Gomide "Resolução contratual, ata notarial e as recentes alterações advindas da Lei 14.711/2023", que discute a importância da extrajudicialização da resolução contratual, notadamente com o papel conferido à ata notarial para verificação do implemento ou frustração de condições e outros elementos negociais em contratos com cláusula resolutiva expressa.

21) Em "A ata notarial de constatação do implemento das condições (Lei 8.935/1994, art. 7º-A, I) e seu ingresso no Registro de Imóveis", Ivan Jacopetti do Lago dá luz aos aspectos de qualificação registral para os novos atos que visem cancelar os títulos inscritos no registro imobiliário.

22) Alexandre Kassama, em "Escrow notarial: primeiras impressões", posiciona como a conta gerida pelo tabelião para recebimento de valores está alinhada com as práticas de direito internacional e será utilizada para manejar as complexidades e o tempo nas relações contratuais sinalagmáticas, oferecendo uma forma de garantir o cumprimento de acordos e o adimplemento contratual.

23) "Arbitagem Notarial e a Lei 14.711/2023", de Ygor Ramos Cunha Pinheiro e Marco Antônio Ribeiro Tura, examina como muitos sistemas de notariado na América Latina e Europa permitem que notários atuem como árbitros, com diversas vantagens para a resolução dos litígios, notadamente a celeridade, confidencialidade, especialização dos árbitros/notários. Reforça o papel do notário como uma figura central na administração da justiça privada.

24) Em "Impactos da Lei 14.711/23 nas Atividades de Incorporação Imobiliária e Loteamento", de Bernardo Chezzi e Olivar Vitale, examina-se como o Marco Legal das Garantias proporciona um ambiente mais favorável para negócios e desenvolvimento imobiliário, mediante o aperfeiçoamento dos procedimentos relacionados a garantias imobiliárias e ao ambiente extrajudicial, na dinâmica dos empreendimentos registrados como incorporações e loteamentos.

25) Fábio Ribeiro dos Santos em "Execução da Alienação Fiduciária de Bens Móveis: RTD e Detran" explora as implicações da Lei nº 14.711/23 sobre a execução extrajudicial da alienação fiduciária de bens móveis, objetivando enfrentar desafios práticos da implementação da lei, em razão

de algumas omissões legais e atual falta de regulamentação. Para tanto, além de esclarecer os quatro distintos regimes jurídicos para alienação fiduciária (bens móveis infungíveis e fungíveis, bens imóveis e produtos agropecuários), examina os procedimentos no RTD e Detran, para propor soluções baseadas na interpretação legal e nas práticas então existentes.

26) Em "Alterações introduzidas pela Lei 14.711/2023 no Sistema Nacional de Protesto de Títulos: solução negocial prévia, pagamento de dívidas protestadas no tabelionato e outras inovações", Celso Belmiro examina as mudanças no sistema de protesto de títulos no Brasil, que traduzem maior flexibilidade, redução de custos e eficiência no mercado de crédito e cobrança.

27) Gustavo Renato Fiscarelli em "O Marco Legal das Garantias: Certificados de Vida, de Estado Civil e de Domicílio" examina as novas atribuições conferidas aos oficiais de registro civil para a emissão de certificados de vida, estado civil e domicílio, posicionando o tema na adaptação do ordenamento pátrio às demandas contemporâneas de mobilidade internacional das pessoas e às exigências de comprovação documental em contextos transnacionais.

28) O artigo de Izaias Gomes Ferro Júnior, intitulado "A Natureza Jurídica dos Fundos de Investimentos Imobiliários no Contexto Brasileiro. Condomínio especial ou sociedade especial?", examina a evolução histórica dos Fundos de Investimentos Imobiliários, suas características legais e operacionais, além das recentes mudanças legislativas que impactam esses veículos de investimento. Na visão do autor, enquanto a legislação brasileira e a Comissão de Valores Mobiliários tendem a tratar FIIs como condomínios especiais, há argumentos substanciais que suportam a visão de que eles compartilham várias características com sociedades empresariais, o que poderia caracterizar uma natureza híbrida a impactar classificação e regulação futura.

29) "Perspectivas do setor bancário sobre a busca e apreensão extrajudicial" é trabalho de autoria de Luis Vicente Magni De Chiara e Anselmo Moreira Gonzalez que aborda uma análise econômica do direito sobre os efeitos da Lei nº 14.711/23 para o setor bancário. Os autores discutem como as mudanças legislativas visam melhorar a eficiência dos processos de recuperação de garantias, focando nas implicações para o setor de

financiamento de veículos, que enfrenta desafios significativos como alta inadimplência e custos administrativos elevados.

30) Em "O Marco das Garantias e o Direito Intertemporal: O que e quando se aplica?", Bernardo Chezzi promove revisão de doutrina e jurisprudência para solucionar potenciais conflitos de direito intertemporal envolvendo contratos com garantias imobiliárias, em razão da ausência de norma específica para disciplina dessas questões na Lei 14.711. Para tanto, apresenta proposta das regras processuais e materiais com aplicabilidade imediata, e as questões anteriores à nova lei que estão potencialmente protegidas sob o véu do direito adquirido e da situação jurídica consolidada.

Desejamos proveitosa leitura!

Bernardo Chezzi

Martha El Debs

PREFÁCIO

É com grande satisfação que aceitei o convite em prefaciar esta notável obra, que traz análise aprofundada e multifacetada da Lei 14.711/2023, também conhecida como o Marco Legal das Garantias.

Sob a habilidosa coordenação de Bernardo Chezzi, professor e advogado que participou da gênese do projeto, e de Martha El Debs, excepcional professora, escritora e tabeliã, a obra explora as transformações legislativas substanciais e inovadoras nas áreas imobiliária, notarial, registral, processual, de crédito e financiamento, decorrentes da nova lei.

O déficit habitacional no Brasil representa um dos principais desafios socioeconômicos enfrentados pelo país. Embora ainda imenso o desafio, vindicar o direito social à moradia – a realização do sonho da casa própria – torna-se uma realidade mais concreta a partir da edição da Lei nº 14.711/2023.

O Marco Legal das Garantias tem o condão de ampliar o acesso ao crédito ao implementar mecanismos para segurança do financiamento habitacional, mediante regras de facilitação à localização de garantias e estruturação do processo extrajudicial de execução, contribuindo para a cultura da desjudicialização. A nova Lei poderá facilitar e diminuir o risco na concessão de crédito. São regras mais favoráveis ao crédito que estão nela pautadas. Igualmente, aumentar a concorrência no setor de financiamento entre seus atores e consequentemente aumentar a oferta de crédito para a compra de imóveis, com proteção especial para as famílias de menor renda, o que inevitavelmente impulsionará o mercado imobiliário e a atividade econômica do país.

Sucessivas edições do relatório *Justiça em Números*, publicado anualmente pelo Conselho Nacional de Justiça, apontam que mais da metade do acervo do Judiciário é composta por execuções, sendo a dificuldade de localização de bens do devedor, seja por operações de desvio de patrimônio ou pela simples ausência de recursos financeiros, um dos fatores associados com a baixa performance da execução e o alto número de processos pendentes. Segundo o Relatório de 2023, o Poder Judiciário contava no final do ano de 2022 com um acervo de 81 milhões de processos pendentes de baixa no final daquele ano, dos quais 52,3% ainda estavam na fase de execução. Há pouca variação percentual em relação ao Relatório de 2022 (53,3%), que tem como base o acervo de 77,3 milhões de processos pendentes de baixa no final do ano de 2021.

Embora inicialmente a execução extrajudicial dos arts. 31 a 37 do Decreto-Lei n. 70/1966 tenha gerado controvérsias sobre o alcance do mandado constitucional de inafastabilidade da jurisdição do art. 5º, XXXV, as turmas do Supremo Tribunal Federal recepcionaram os dispositivos pela Constituição Federal de 1988, esclarecendo que essa via adicional, extrajudicial, é salutar, pois simplifica e confere celeridade ao processo de cobrança de créditos hipotecários dos financiamentos do Sistema Financeiro de Habitação (RE n. 556.520, RE 627.106). Posteriormente, o desequilíbrio do SFH, em razão do cenário econômico inflacionário no final da década de 1970, motivou a edição da Lei n. 9.514/1997, que instituiu a alienação fiduciária de coisa imóvel e criou o Sistema de Financiamento Imobiliário - SFI.

O acesso ao crédito imobiliário brasileiro foi transformado com a Lei n. 9.514/1997: a concepção da execução extrajudicial como elemento de política regulatória permitiu maiores possibilidades de acesso ao financiamento imobiliário, com taxas de juros mais baixas.

No RE 860.630 SP, de 2023, sob a relatoria do Ministro Luiz Fux, o Supremo Tribunal Federal reconheceu que a sujeição do devedor à execução extrajudicial é consectário da própria garantia, descartando a hipótese de violação ao direito de acesso à justiça, eis que o rito seguido pelo registro de imóveis é dotado das garantias do devido processo legal em fase extrajudicial, sendo mecanismo essencial para desafogar o Poder Judiciário e não comprometer a dinâmica de financiamento imobiliário.

É com felicidade que enxergo o Marco Legal das Garantias com potencial transformador para a concretização do acesso à moradia. Apesar do significativo crescimento do crédito imobiliário nos últimos 15 anos, o Brasil ainda possui um enorme potencial de expansão quando comparado aos demais países desenvolvidos.

O Marco Legal das Garantias veio para conferir o aperfeiçoamento necessário ao já paradigmático processo de execução contido na Lei 9.514. Cite-se, por exemplo, a elogiável inserção do parágrafo único ao art. 30 deste diploma, que conferiu maior segurança ao processo de arrematação e consolidação da propriedade no caso de frustração dos leilões, ao dispor que eventuais ações judiciais que tenham por objeto a validade dos leilões, exceto no caso de ausência de intimação, serão resolvidas por perdas e danos.

O Marco Legal das Garantias também ampliou a acessibilidade registral. O diploma promove responsável desburocratização de procedimentos do extrajudicial, aumenta competências dos delegatários dos serviços públicos em benefício da coletividade e sedimenta a prática de atos eletrônicos.

A intervenção imparcial do notário nos negócios, como pessoa de confiança das partes, fica evidenciada com as novas atribuições trazidas pela Lei nº 14.711/23, atribuindo ao Tabelião a competência para atuar como conciliador, mediador e árbitro, fortalecendo a utilização de mecanismos extrajudiciais de resoluções de conflitos no âmbito do Tabelionato. A conta garantia (*escrow account*) é exemplo vivo da boa modernidade.

Tenho convicção de que a presente obra é o expressivo fruto das pesquisas e debates mais recentes, de autoria de renomados estudiosos do direito imobiliário, todos preocupados em transcender uma abordagem puramente acadêmica, como intuito de oferecer ao leitor balizes interpretativas para a efetiva aplicação da Lei 14.711, os quais nomino: Alexandre Junqueira Gomide; Alexandre Kassama; André Abelha; Anselmo Moreira Gonzalez; Bernardo Chezzi; Carlos E. Elias de Oliveira; Carlos Henrique Olivo Moraes; Carolina Edith; Celso Belmiro; Dixmer Vallini Netto; Eduardo Lima Sodré; Fábio Ribeiro dos Santos; Fábio Rocha Pinto e Silva; Fernando Domingos Carvalho Blasco; Fredie Didier Jr.; Gabriel Cardoso de Souza; Gabriel Cemim Petry; Gabriel Pires; Gustavo Renato Fiscarelli;

Ivan Jacopetti do Lago; Izaias Gomes Ferro Júnior; João Pedro Lamana Paiva; José Carlos Baptista Puoli; José Flávio Bueno Fischer; Karin Regina Rick Rosa; Layanna Piau; Leandro Fernandez; Luis Vicente Magnide Chiara; Marco Antônio Ribeiro Tura; Martha El Debs; Melhim Chalhub; Moacyr Petrocelli de Ávila Ribeiro; Olivar Vitale; Paulo Roberto Gaiger Ferreira; Pedro Ítalo da Costa Bacelar; Rubens Carmo Elias; Umberto Bara Bresolin e Ygor Ramos Cunha Pinheiro.

Desejo proveitosa leitura!

Ministro Moura Ribeiro

SUMÁRIO

1

A LEI 14.711 E O DIREITO COMPARADO

Fábio Rocha Pinto e Silva

Bacharel, mestre e doutor em Direito Civil pela Faculdade de Direito do Largo São Francisco – USP, e doutor em Direito Privado pela Université Panthéon-Assas (Paris 2), em dupla titulação. Integrou a delegação brasileira perante a Comissão das Nações Unidas para o Direito Comercial Internacional (UNCITRAL), em Viena e Nova York, na aprovação da Lei Modelo da ONU sobre Garantias Mobiliárias. Integrante do grupo IMK, do Ministério da Economia, responsável pela redação da MP 1.085/2021, convertida na Lei nº 14.382/2002 (Reforma dos Registros Públicos), e do Projeto de Lei 4.188/2021, convertido na Lei nº 14.711/2023 (Marco Legal de Garantias). Relator do Grupo de Estudos Temático (GET) do Ministério da Economia, responsável pelo anteprojeto de reforma das garantias reais no Código Civil, concluído em 2021. Consultor do Banco Mundial e do IFC para a reforma das garantias em diversos países. Advogado em São Paulo, sócio de Pinheiro Neto Advogados. Presidente da Comissão de Crédito Imobiliário e Garantias do Instituto Brasileiro de Direito Imobiliário – IBRADIM. Membro efetivo do Instituto dos Advogados de São Paulo – IASP; da Association Henri Capitant e da Association Andrés-Bello de Juristas Franco-Latino-Americanos. Correspondente do Instituto Internacional para a Unificação do Direito Privado – UNIDROIT no Brasil e membro do Grupo de Trabalho sobre Melhores Práticas para um Processo de Execução Eficiente (BPEE).

Sumário: Introdução e breve histórico da Reforma; I. O recarregamento da hipoteca e da alienação fiduciária: Grundschuld e reforma francesa das garantias; II. O agente de garantias; III. Concurso extrajudicial de credores: modelo da UNCITRAL e da lei de garantias da OEA; IV. O reapossamento extrajudicial nos textos da ONU (UNCITRAL) e do UNIDROIT; Conclusões; Referências bibliográficas.

INTRODUÇÃO E BREVE HISTÓRICO DA REFORMA

A Lei 14.711/2023 tem origem no PL nº 4.188/21, de autoria do Executivo, desenvolvido no âmbito do Grupo 4 da Iniciativa de Mercado de Capitais (IMK), foro criado pelo Ministério da Economia e pelo Banco Central para colher sugestões da iniciativa privada e transformá-las em projetos de lei e medidas provisórias[1].

É clara a necessidade de uma ampla reforma das garantias da obrigação no Direito brasileiro[2]. O Código Civil de 2002, nesse tema, repetiu em boa parte as regras de 1916, de modo que a evolução do Direito das

1. O texto surgiu do anteprojeto para "dinamização da economia" proposto inicialmente ao governo pelo Colégio dos Registradores de Imóveis (CORI-BR), de que participei a convite dos registradores Flaviano Galhardo e Patricia Ferraz, a grande responsável pela sua idealização e condução. Após a entrega ao governo, o projeto foi subdividido e alocado a dois grupos de trabalho do IMK, que o reviram e ampliaram: o Grupo 5 passou a tratar exclusivamente da reforma dos registros públicos, em que contribuí principalmente com a experiência internacional dos extratos eletrônicos e das buscas centralizadas; o Grupo 4, da reforma das garantias imobiliárias. Neste grupo, as principais inovações decorreram de ideias minhas, de Melhim Chalhub e de José Antonio Cetraro, consultor jurídico da ABECIP, que em cada caso contribuiu com seu conhecimento enciclopédico da história e das práticas brasileiras do financiamento imobiliário. Por exemplo, a positivação do agente de garantias, o recarregamento hipotecário e da alienação fiduciária, a equiparação da execução extrajudicial hipotecária à da alienação fiduciária, e diversas adequações procedimentais à alienação fiduciária decorrem de sugestões dos meus livros Garantias Imobiliárias em Contratos Empresariais (Ed. Almedina, 2014) e Garantias das Obrigações (Ed. IASP, 2017). Melhim Chalhub, que inicialmente concebera e escreveu o anteprojeto da Lei 9.514/1997, que instituiu a alienação fiduciária de imóvel, há muito defendia em suas obras a possibilidade de alienação fiduciária da propriedade superveniente (tema a que fui inicialmente reticente e depois por ele convencido). Também foi Melhim quem sugeriu diversas mudanças aos procedimentos da alienação fiduciária, de modo a adequá-lo à realidade mais ampla de seu uso atual - para citar um exemplo, partiu dele a ideia de que a consolidação da propriedade possa ser feita *pari passu*, com economia de ITBI, no caso de múltiplos imóveis que garantem a mesma dívida. Essa ideia foi apresentada por ele em um dos primeiros congressos do Instituto Brasileiro de Direito Imobiliário - IBRADIM, em painel que dividi com Melhim e com Milena Donato Oliva. Tudo aquilo que houver de bem escrito e pensado na Lei 14.711 certamente passou pelo crivo e pela pena de Melhim; o que não estiver a contento, é porque não lhe foi dada a oportunidade de revisar, no afã do processo legislativo. Por fim, há muitos outros que contribuíram nesse processo, entre técnicos de ambos os governos em que o projeto foi gestado e aprovado, registradores, tabeliães de notas, advogados, representantes de instituições financeiras, associações do mercado imobiliário (apenas no IMK, reuniam-se 40 diferentes entidades), e os técnicos e consultores do Congresso Nacional, em que destaco Carlos Elias de Oliveira, peça fundamental para a aprovação final do projeto e sua conversão em lei.
2. A esse tema dediquei minha tese de doutorado, que originou o livro Garantias das Obrigações, Ed. IASP, 2017.

Garantias, desde o início do século XX, se deu por meio de leis especiais e sempre visando solucionar problemas casuísticos, bem delimitados.

É o caso da alienação fiduciária de imóveis, por exemplo, que surge para fomentar o mercado de financiamento imobiliário habitacional e, embora tenha tido enorme sucesso nessa tarefa, jamais fora pensada como uma garantia de uso geral, que substituísse a hipoteca. O que se vê, na aplicação real, é uma confusão legislativa, resultante em um sistema desarmônico, com normas que não se adequam aos diversos casos de uso que de fato regulam, culminando em uma complexa e inconsistente interpretação da jurisprudência. A insegurança jurídica é um evidente obstáculo ao crédito, mantendo o país em um patamar típico de subdesenvolvimento.

O PL 4.188/21 representou uma pequena parte dessa iniciativa almejada de reforma. Há algo de presunçoso, e mesmo enganoso, na sua denominação de "Marco Legal de Garantias", apelido de origem política e não doutrinária. Um Marco Legal é algo que refunda um instituto ou uma área do Direito, o que jamais foi a pretensão do projeto. Ao contrário, tratou-se de texto encomendado, cujo escopo era bastante reduzido.

Em sua essência, pretendia-se solucionar dois problemas específicos: o primeiro, o chamado capital morto, decorrente da primazia do uso da alienação fiduciária nos financiamentos imobiliários, que impedia a garantia de múltiplas dívidas pelo mesmo imóvel[3]; o segundo, a inadequação do regime da alienação fiduciária, conforme previsto na Lei 9.514/1997,

3. Sobre esse tema, ver o nosso Garantias das Obrigações, Ed. IASP, 2017, nº 772, pp. 704-707, esp. p. 705: "*com a amortização progressiva do financiamento, o garantidor-adquirente gradativamente contribui com o preço de aquisição do bem financiado, mas adquirirá a propriedade apenas mediante a extinção completa da dívida. O valor econômico gerado pelo adquirente durante o período do financiamento, e pago ao financiador, não tem como contrapartida imediata o incremento do patrimônio do adquirente. Quanto mais tempo decorrido do financiamento, maior será o desperdício de crédito do adquirente, que embora já tenha pago a quase totalidade do preço, tem limitada sua capacidade de constituir novo crédito sobre o bem. Naturalmente, o mesmo crédito também não aproveita ao financiador, pois este não poderá dar em garantia a terceiro o bem que reteve ou recebeu, apenas a título de garantia, do seu devedor. Portanto, a técnica da garantia exclusiva, presente na propriedade em garantia e na propriedade fiduciária, tem como consequência a diminuição do crédito disponível no mercado, tornando inerte, durante a sua vigência, quantia relevante de riqueza, correspondente ao valor remanescente dos bens afetados, com exclusividade, a um único credor*".

para o uso amplo, além do financiamento à aquisição da casa própria[4]. Outros temas "tomaram carona" no processo legislativo, como uma pequena reforma das debêntures e o reapossamento extrajudicial de bens móveis. No entanto, a essência da nova lei permaneceu a mesma: a maior flexibilidade do financiamento imobiliário.

Sabe-se que a Lei 9.514/1997, que criou o Sistema de Financiamento Imobiliário - SFI, introduziu mecanismos modernos de execução das dívidas garantidas, visando especialmente a aquisição da casa própria, com garantia de alienação fiduciária de imóvel. A inadequação do teor dessa lei à prática das garantias, portanto, tornou-se um problema não por culpa dos seus autores. Ao contrário, a alienação fiduciária de imóveis revolucionou o crédito imobiliário habitacional brasileiro; no entanto, foi vítima do próprio sucesso, na medida em que sua grande eficácia fez com que fosse utilizada para inúmeras finalidades para as quais não havia sido concebida. Esse uso "*off-label*" tornou-se extremamente problemático, pois não havia, na Lei 9.514/1997, mecanismos aptos a regulá-lo.

Daí a relevância das alterações promovidas pela Lei 14.711, tanto em sua primeira parte, que amplia as possibilidades de uso de imóveis como garantia, quanto em sua segunda parte, que adequa e dinamiza a execução extrajudicial, trazendo, por tabela, outras importantes inovações às garantias, ainda que de forma pontual.

De outro lado, é certo que a Lei 14.711 não esgotou tema das garantias. Duas evidências da desatualização do sistema brasileiro de garantias reais ainda se sobressaem: de um lado, a pouca inovação do texto do Código Civil atual, quando comparado com o Código anterior - um exemplo é a norma geral do penhor, ainda tido como contrato real e decorrente da entrega do bem, a despeito da profunda evolução doutrinária e mesmo econômica na direção do penhor convencional, já na segunda metade do Século XX –; de outro, extensa legislação permanece estranha ao Código, a exemplo das normas sobre o penhor rural constantes da Lei 492/1937, as normas setoriais decorrentes dos Decretos-Lei 167/1967 e 413/1969, e da Lei 6.840/1980, a tripartição da propriedade fiduciária entre a Lei

4. A esse respeito, Fabio R. P e Silva, *Garantias imobiliárias em contratos empresariais: hipoteca e alienação fiduciária*, 1ª Ed, São Paulo, Almedina, 2014.

4.728/1964, a Lei 9.514/1997 e o Código Civil, e uma pluralidade de normas publicadas a partir da década de 1990.

Na contramão dessa tendência, a vontade original dos autores do PL 4.188 era de que fosse apenas uma "lei que altera outras leis"; infelizmente, as diversas modificações no Congresso Nacional, por vontade do legislador, fizeram com que muitas das inovações pretendidas ficassem localizadas no texto da nova lei aprovada, tornando a Lei 14.711 mais um elemento na extensa e complexa salada de frutas que se tornou o Direito brasileiro das garantias.

Em janeiro de 2021, paralelamente ao desenvolvimento do PL 4.188, foi criado pelo Ministério da Economia o Grupo de Estudos Temático – Garantias Reais[5], cujo mandato seria a proposição de um anteprojeto de lei que reformasse todos os dispositivos do Código Civil relacionados às garantias reais, em complemento ao texto que viria a ser o Marco Legal de Garantias, além de integrar e harmonizar a legislação especial. Esse grupo foi composto por 13 participantes, oriundos do Judiciário, da Academia, dos Registros Públicos e do mercado, e coube a mim a sua relatoria[6]. O relatório e o anteprojeto foram apresentados para consulta pública em setembro de 2021[7] e o texto final, ao qual acresceram-se as diversas contribuições decorrentes dessa consulta, foi apresentado ao governo federal no mês de novembro.

---

5. Portaria 826, de 19 de janeiro de 2021, da Secretaria Especial de Produtividade e Competitividade (SEPEC), do Ministério da Economia.

6. O grupo foi composto por: (i) Daniel Lago Rodrigues – Oficial de Registro de Imóveis, Títulos e Documentos e Civil das Pessoas Jurídicas da Comarca de Taboão da Serra/SP; (ii) Fábio Rocha Pinto e Silva – Presidente da Comissão de Crédito Imobiliário e Garantias do IBRADIM; (iii) Francisco Eduardo Loureiro – Desembargador do Tribunal de Justiça de São Paulo; (iv) Gisela Sampaio da Cruz Guedes – Professora da Universidade Estadual do Rio de Janeiro; (v) João Carlos de Andrade Uzêda Accioly – Advogado e Diretor da Comissão de Valores Mobiliários; (vi) José Antônio Cetraro – Consultor Jurídico da ABECIP; (vii) Luis Vicente De Chiara – Diretor Jurídico da FEBRABAN; (viii) Melhim Namen Chalhub – Especialista em Direito Privado e Parecerista; (ix) Otávio Luiz Rodrigues Júnior – Professor da Universidade de São Paulo e ex-Conselheiro do Conselho Nacional do Ministério Público; (x) Pablo Waldemar Rentería – Doutor em Direito Civil e ex-Diretor da Comissão de Valores Mobiliários; (xi) Patricia André de Camargo Ferraz – ex-Diretora de Relações Institucionais do CORI-BR; (xii) Robson de Alvarenga – Presidente do IRTDPJ-SP; e (xiii) Rodrigo Xavier Leonardo – Professor da Universidade Federal do Paraná.

7. Disponível em https://www.gov.br/participamaisbrasil/projeto-reforma-garantias

O anteprojeto propicia ampla atualização do Código, com a reforma da redação de cerca de 50 artigos e a inclusão de outros 50, trazendo, principalmente, ampla regulamentação das garantias reais sobre bens móveis. Esperava-se enviá-lo ao Congresso tão logo fosse aprovado o PL 4.188/21.

Com a aprovação da Lei nº 14.711 em outubro de 2023, e a iminência de criação da Comissão de Juristas responsável pela revisão e atualização do Código Civil - CJCODCIVIL, no Senado Federal, sob a presidência do Min. Luis Felipe Salomão, o texto foi entregue à referida comissão e, finalmente, incorporado ao relatório da Subcomissão de Direito das Coisas[8], cuja relatoria ficou a cargo do Des. Marco Aurélio Bezerra de Melo, tendo ainda como membros Marcelo de Oliveira Milagres, Maria Cristina Paiva Santiago e Carlos Antônio Vieira Fernandes Filho. Embora ainda incerto o resultado final dos trabalhos da CJCODCIVIL, sabe-se que ainda há muito o que se evoluir em matéria de garantias no sistema brasileiro.

Em cada caso, as sugestões e os trabalhos realizados sofreram ampla influência da doutrina estrangeira e de reformas realizadas em outros países. A principal influência internacional sobre as reformas de garantias atualmente em curso no mundo, como se sabe, é a Lei Modelo da ONU sobre Garantias Mobiliárias, aprovada pela Assembleia Geral em 2016 – é dessa lei que se extraem exemplos em matéria de registros (como as plataformas unificadas e os extratos eletrônicos) e também de execução, incluindo o reapossamento extrajudicial, que acabou consagrado pela Lei 14.711/2023 e permanece envolto em polêmica. Por outro lado, nem todas as inovações relacionadas aos bens móveis poderiam ser facilmente transpostas aos imóveis, de modo que outros exemplos internacionais acabaram por influenciar, de maneira mais relevante, o texto que deu origem ao marco de garantias.

A seguir trataremos de alguns um desses exemplos: (i) o recarregamento da hipoteca e da alienação fiduciária; (ii) o agente de garantias;

8. Disponível em: https://legis.senado.leg.br/comissoes/arquivos?ap=7935&codcol=2630. Extrai-se a seguinte referência do relatório da Subcomissão, p. 145: *"A subcomissão deliberou, por unanimidade, aproveitar em grande parte o trabalho excelente elaborado pelo Grupo de Estudos Temáticos (GET) criado pela Portaria 826, de 19 de janeiro de 2021 pela Secretaria Especial de Produtividade e Competitividade (SEPEC), do Ministério da Fazenda que durante um ano estudou, com a participação de notáveis juristas, membros do executivo federal e do mercado, a possibilidade de modernizar a estrutura das garantias reais aos tempos que correm"*.

(iii) o concurso extrajudicial de credores; e (iv) o reapossamento extrajudicial de bens móveis.

I. O RECARREGAMENTO DA HIPOTECA E DA ALIENAÇÃO FIDUCIÁRIA: GRUNDSCHULD E REFORMA FRANCESA DAS GARANTIAS

A Lei nº 14.711/2023 introduziu o recarregamento hipotecário e da alienação fiduciária como uma das soluções alternativas para o problema do "capital morto", nos arts. 9º-A e seguintes da Lei nº 13.476/2017, para alienação fiduciária, e no novo art. 1.487-A do Código Civil, para a hipoteca.

O capital morto não é um problema exclusivamente brasileiro, mas, na realidade, típico das jurisdições onde as hipotecas ficaram subordinadas a outros créditos mais privilegiados, como trabalhistas e fiscais, resultando em uma fuga em direção ao direito de propriedade como instrumento de garantia mais eficaz[9].

Também nessas jurisdições, alternativas foram sendo construídas para que o mesmo imóvel pudesse garantir mais de uma dívida. De modo geral, três tipos de soluções se encontram: o reaproveitamento da garantia antecedente para inclusões de novas dívidas, negócios do tipo fiduciário de gestão (como o agente de garantia, de que trataremos a seguir) e a constituição de garantias sobre o direito (re)aquisitivo do garantidor, que em nosso caso culminou na alienação fiduciária da propriedade superveniente[10].

---

9. Ph. Dupichot, *Le pouvoir des volontés individuelles en droit des sûretés* (thèse), Paris, Univ. Panthéon-Assas, 2003, p. 686, nº 918. Vide Fabio R. P e Silva, *Garantias imobiliárias...*, cit, p. 27-33: L. Aynès, P. Crocq, *Les sûretés – La publicité foncière*, 7e édition. Paris, Defrénois lextenso éditions, 2013, p. 341 ss.: "*En effet, l'histoire du droit des sûretés de même que le droit comparé enseignent que le recours aux propriétés-sûretés et leur développement sont toujours inversement proportionnels à l'efficacité des sûretés réelles traditionnelles* (...)"; A. Trabucchi, *Istituzioni di Diritto Civile*, 45a ed, Milano, Cedam, 2012, p. 120-2: "*Quando non si riscontri tale frode alla legge, si riteneva giustificata la tendenza a riconoscerle efficacia sempreché – è ovvio – non si tratti di vendita simulata*".

10. Em geral, defende-se que o direito expectativo do garantidor possa ser também dado em garantia, solução equivalente à garantia em segundo grau (v., P. CROCQ, *Sûretés et proportionnalité*, in Mélanges Ph. Simler, Litec, 2006, p. 300, nº 17). Tal uso seria corrente na

A solução brasileira de reaproveitamento da garantia real inspirou-se diretamente na figura da "hypothèque rechargeable", ou hipoteca recarregável, introduzida no ordenamento francês por reforma de 2006 e modificada em 2021, pela *Ordonnance* n°2021-1192.

Essa solução permite que a mesma garantia venha a ser posteriormente vinculada a nova dívida, sem a necessidade de ser novamente constituída[11]. Anteriormente à sua introdução no art. 2.422 do Código Civil Francês (atualmente transportada para o 2.416), situações semelhantes eram encontradas nos sistemas germânicos, a exemplo da *Grundschuld* alemã e da *Schuldbrief* suíça[12].

A *Grundschuld* (BGB, §1191 e ss.) pode ser traduzida por dívida imobiliária, e constitui-se sobre imóvel independentemente de uma obrigação principal, mas pode ser vinculada posteriormente a uma obrigação, para

Alemanha, na hipótese de constituição de nova garantia sobre bem objeto de reserve de domínio, que permanece na propriedade formal do credor-vendedor até a quitação do preço - nessa hipótese, nova garantia seria constituída sobre *Anwartschaftsrecht*, ou seja, o direito aquisitivo. No entanto, na prática brasileira a constituição de garantia sobre o direito aquisitivo só se verificava na penhora em processo judicial. No anteprojeto do Marco Legal de Garantias optou-se por caminho diverso, que já havia sido sugerido por Melhim Chalhub e Afranio Dantzger em artigo de 2009: M. N. Chalhub, A.C.C. DANTZGER, *Alienação Fiduciária de Bens Imóveis em segundo grau?*, in BE IRIB nº 3731 - ANO IX - São Paulo, 24 de Agosto de 2009 - ISSN 1677-4388. Ao contrário da garantia sobre o direito expectativo, que teria analogia mais direta no Direito Estrangeiro, a alienação fiduciária da propriedade superveniente apoia-se no fenômeno da "pós-eficacização", difundido no Brasil por Pontes de Miranda., que permitiria ao proprietário expectativo alienar, desde logo, o bem futuro que almeja readquirir mediante a quitação da dívida garantia pela propriedade fiduciária primitiva. A esse respeito, v. L. C. PENTEADO, *Direito das Coisas*, 3ª ed., São Paulo, RT, 2014, p. 121: *"A venda de coisa alheia é negócio meramente ineficaz perante o proprietário, no direito brasileiro, vez que não é requisito de validade dos negócios orientados à transferência da propriedade a titularidade do poder de disposição"*.

11. V., M. Grimaldi, *L'hypothèque rechargeable et le prêt viager hypothécaire*, in Contrats Concurrence Consommation nº 6, Juin 2006, p. 14 ss. A. Gambaro (*Contractual Security Rights in Immovables (Mortgage) and Contract Law*, in VON BAR, Christian, DROBNIG, Ulrich, *The Interaction of Contract Law and Tort and Property Law in Europe - A comparative Study*, 1 Ed., München, Sellier, 2004, pp. 349-363, p. 354) noticia solução similar também na Suécia e na Finlândia, sob a forma de hipoteca cedular. O mesmo pode ser verificado na Suíça (Schuldbrief ou cédule hypothécaire), conforme H. Wehrens, *Real Security Regarding Immovable Objects - Reflections on a Euro-Mortgage, in: A. Hartkamp et alli, Towards a European Civil Code*, 3rd ed, Kluwer Law International, London-Boston, 2004, p. 771.

12. N. Borga *L'ordre public et les sûretés conventionnelles*, Col. Nouvelle Bibl. de Thèses, Paris, Dalloz, 2009, p. 105, nº 95.

garanti-la (*Sicherungsgrundschuld*)[13]. Embora não seja propriamente uma hipoteca (BGB, §1113), a *Grundshuld* pode ser convertida em hipoteca e vice-versa.

Já a hipoteca recarregável do Direito Francês deve ser constituída inicialmente para uma dívida específica ou para um contrato de dívidas futuras, não podendo ser constituída sem dívida ou sem credor. Ou seja, diferentemente da *Grundschuld*, o legislador francês enfraqueceu, mas não aboliu o princípio da acessoriedade da hipoteca[14].

Atualmente, o art. 2.416 do Código Civil Francês possui a seguinte redação (tradução livre):

> "A hipoteca constituída para fins empresariais por uma pessoa física ou jurídica pode ser posteriormente afetada à garantia de créditos empresariais distintos daqueles mencionados no ato constitutivo, desde que este o tenha previsto expressamente.
>
> O instituidor poderá então oferecê-la em garantia, dentro do limite da quantia prevista no ato constitutivo e mencionada no artigo 2.417, não apenas ao credor originário, mas também, sem prejuízo de cláusula em contrário, a um novo credor, ainda que o primeiro não tenha sido pago.
>
> O contrato de recarga que se celebra com o credor original ou com o novo credor se reveste da forma notarial.
>
> Ele é publicado, na forma prevista no artigo 2.425, sob pena de inoponibilidade a terceiros".[15]

---

13. L. M. T. de Menezes Leitão, *Garantias das Obrigações*, 7ª Ed., Coimbra, Almedina, 2012, p. 29; O. Gomes, *Direitos Reais*, 19 ed., Rio de Janeiro, Forense, 2008, p. 385, nº 245; J. Schapp, *Direito das Coisas (Sachenrecht)* – Trad. da 3ª ed. alemã de Klaus-Peter Rurack e Maria da Glória Lacerda Rurack, Porto Alegre, Sergio Antonio Fabris Editor, 2010, p. 234.

14. V. Sagaert, *Harmonization of Security Rights on Immovables: An Ongoing Story*, in Arthur Hartkamp et alli, Towards a European Civil Code, Fourth Revised and Expanded Edition, p. 1043, Wolters Kluwer, Alphen aan den Rijn (Holanda), 2011, p. 1054.

15. *L'hypothèque constituée à des fins professionnelles par une personne physique ou morale peut être ultérieurement affectée à la garantie de créances professionnelles autres que celles mentionnées dans l'acte constitutif pourvu que celui-ci le prévoie expressément. Le constituant peut alors l'offrir en garantie, dans la limite de la somme prévue dans l'acte constitutif et mentionnée à l'article 2417, non seulement au créancier originaire, mais aussi, nonobstant toute clause contraire, à un nouveau créancier encore que le premier n'ait pas été payé. La convention de rechargement qu'il passe soit avec le créancier originaire, soit avec le nouveau créancier revêt la forme notariée. Elle est publiée, sous la forme prévue à l'article 2425, à peine d'inopposabilité aux tiers.*

Verifica-se já de início a similitude com o conceito brasileiro. Uma garantia pré-constituída pode ser afetada posteriormente a outras dívidas, não previstas originalmente no título, conforme se depreende do art. 1.487-A, do Código Civil:

> "Art. 1.487-A. A hipoteca poderá, por requerimento do proprietário, ser posteriormente estendida para garantir novas obrigações em favor do mesmo credor, mantidos o registro e a publicidade originais, mas respeitada, em relação à extensão, a prioridade de direitos contraditórios ingressos na matrícula do imóvel.
>
> § 1º A extensão da hipoteca não poderá exceder ao prazo e ao valor máximo garantido constantes da especialização da garantia original.
>
> § 2º A extensão da hipoteca será objeto de averbação subsequente na matrícula do imóvel, assegurada a preferência creditória em favor da:
>
> I - obrigação inicial, em relação às obrigações alcançadas pela extensão da hipoteca;
>
> II - obrigação mais antiga, considerando-se o tempo da averbação, no caso de mais de uma extensão de hipoteca.
>
> § 3º Na hipótese de superveniente multiplicidade de credores garantidos pela mesma hipoteca estendida, apenas o credor titular do crédito mais prioritário, conforme estabelecido no § 2º deste artigo, poderá promover a execução judicial ou extrajudicial da garantia, exceto se convencionado de modo diverso por todos os credores".

Tanto o Código francês quanto o brasileiro preveem que o recarregamento está limitado ao valor original. Ou seja, não pode ser utilizado para ampliar a extensão do direito original, que está sendo recarregado. Ambos preveem, ainda, que a extensão da hipoteca a uma nova dívida deve ser objeto da publicidade registral

Embora também no Código francês o instituto possa ser utilizado tanto por pessoas físicas quanto jurídicas, o código limitou essa possibilidade às hipotecas contraídas para fins empresariais (*fins professionnelles*), expressão normalmente utilizada para excluir a aplicação de determinadas regras aos contratos existenciais ou de consumo. Essa limitação não foi prevista na adaptação ao Brasil (do mesmo modo, não há tal limitação no Código alemão).

Outras duas diferenças importantes se impõem. A primeira, que o Código Francês, diferentemente do brasileiro, permite que o recarregamento seja feito com credor distinto do original. Para a hipoteca, o Código Brasileiro vedou essa possibilidade, mas permitiu ao menos que os créditos que partilham a mesma garantia fossem cedidos de maneira independente, resultando em "*superveniente multiplicidade de credores*". Essa possibilidade foi expressamente vedada para alienação fiduciária, no §2º art. 9º-A da Lei 13.476/2017:

> "§ 2º As operações de crédito garantidas pela mesma alienação fiduciária, na forma prevista no caput deste artigo, apenas poderão ser transferidas conjuntamente, a qualquer título, preservada a unicidade do credor."

Finalmente, nota-se que, tanto na Alemanha quanto na França, a extensão da garantia a uma nova dívida importa reserva de grau, pois a prioridade da dívida retroage à constituição original do direito real[16]. No Brasil, optou-se pelo tratamento oposto; ou seja, a extensão da hipoteca e da alienação fiduciária constituem mera facilidade às partes, em razão de haver menos requisitos à sua formalização, mas a prioridade da nova dívida se estabelece conforme a data da averbação que, em cada caso, se realizar na matrícula do imóvel.

---

16. A esse respeito, v. C. DO COUTO E SILVA, *Hipoteca no Direito Comparado*, pp 137-176, in FRADERA, V. M. J. (Org.), *O Direito Privado brasileiro na visão de Clóvis do Couto e Silva*, Porto Alegre, Livraria do Advogado, 1997, p. 138: *"A primeira dúvida está na possibilidade de existir a figura da hipoteca pré-constituída (...). A vantagem de tal sistema seria a de poder constituir um gravame real antes de se ter um credor e também a faculdade de reservar pela só vontade do proprietário uma melhor posição dentro do registro imobiliário. Para admissão dessa figura haveria a necessidade de norma expressa, pois representa profunda lesão ao princípio da acessoriedade, e, embora a jurisprudência tenha considerado o registro como constitutivo, não consta que tenha admitido a extração de uma hipoteca sem que houvesse uma relação de crédito, servindo de suporte (...)".*

II. O AGENTE DE GARANTIAS

O agente de garantias é um representante indireto do credor. Sua função é semelhante à do mandatário no recebimento de garantias, com a diferença essencial que o mandatário atua em nome do mandante, enquanto ao agente de garantia atua em nome próprio, mas em benefício do credor efetivo da obrigação garantida.

A figura do agente de garantias foi introduzida no Código Civil Brasileiro no art. 853-A, entre o os contratos em espécie, sob a epígrafe "*Do Contrato de Administração Fiduciária de Garantias*". Com efeito, trata-se de um negócio do tipo fiduciário de gestão, à semelhança do fideicomisso, do agente fiduciário de debêntures e da administração fiduciária dos fundos de investimento, em que o fiduciário (i.e., o agente de garantias) detém em nome próprio bens e direitos cujo beneficiário final é um terceiro, no interesse de quem o agente atua. Nessa hipótese, o credor deixa de ser aquele *através de quem* se exerce o crédito, mas torna-se a pessoa *por quem* ele se exerce[17].

Essa modalidade tem como inspiração inicial, portanto, a figura do *trust* anglo-americano. Nos EUA, uma garantia pode ser constituída na forma de *Deed of Trust*, em que a propriedade do imóvel é transferida ao fiduciário (*trustee*), em benefício de um ou vários credores, cabendo ao *trustee* a venda privada do imóvel (*power of sale*) na hipótese de inadimplemento da dívida[18]. Havendo cessões do crédito, nada se altera na titularidade da garantia, que permanece sempre com o mesmo fiduciário.

No Brasil, função idêntica já era desempenhada pelo chamado agente fiduciário, quando nomeado nas escrituras de emissão de debêntures, conforme previsto no art. 69 da Lei das Sociedades por Ações:

> "Art. 69. A escritura de emissão poderá ainda atribuir ao agente fiduciário as funções de autenticar os certificados de debêntures, administrar o fundo de amortização, manter em custódia bens dados em garantia e efetuar os pagamentos de juros, amortização e resgate".

17. F. K. Comparato, *Essai d'analyse dualiste de l'obligation en droit privé*, Paris, Dalloz, 1964, p. 44.
18. V., M. M. Jennings *Real Estate Law*, 9th Ed., Cengage Learning, 2010, p. 439.

A maior variedade de transações atualmente existentes, entretanto, fez com que houvesse necessidade de generalização do instituto, de modo que não ficasse restrito às emissões de debêntures ou aos demais usos do mercado de capitais[19].

A mesma motivação havia levado o legislador francês a incluir o novo artigo 2.328-1 no Código Civil, por meio da Lei 2007-211, que, por sua vez, inspirou-se na menção do conceito pela Diretiva 2002/47/CE da União Europeia, segundo a qual o credor de uma garantia inclui:

> "uma pessoa que não seja uma pessoa singular, que aja na sua qualidade de fiduciário ou de representante por conta de uma ou mais pessoas, incluindo quaisquer detentores de obrigações ou de outras formas de títulos de dívida".

Posteriormente, o art. 2.328-1 do Código Francês foi substituído pelos arts. 2.488-6 e seguintes, por meio da Lei 2019-486, sendo sua redação atual a seguinte (tradução livre)[20]:

---

19. V., F. R. P. e Silva, *Garantias imobiliárias...*, cit, p. 129-133.

20. *Article 2488-6. Toute sûreté ou garantie peut être prise, inscrite, gérée et réalisée par un agent des sûretés, qui agit en son nom propre au profit des créanciers de l'obligation garantie. L'agent des sûretés est titulaire des sûretés et garanties. Les droits et biens acquis par l'agent des sûretés dans l'exercice de sa mission forment un patrimoine affecté à celle-ci, distinct de son patrimoine propre. Les qualités requises du bénéficiaire de la sûreté s'apprécient en la personne du créancier de l'obligation garantie.*

Article 2488-7. A peine de nullité, la convention par laquelle les créanciers désignent l'agent des sûretés doit être constatée par un écrit qui mentionne sa qualité, l'objet et la durée de sa mission ainsi que l'étendue de ses pouvoirs.

Article 2488-8. Lorsque l'agent des sûretés agit au profit des créanciers de l'obligation garantie, il doit faire expressément mention de sa qualité.

Article 2488-9. L'agent des sûretés peut, sans avoir à justifier d'un mandat spécial, exercer toute action pour défendre les intérêts des créanciers de l'obligation garantie et procéder à toute déclaration de créance.

Article 2488-10. Les droits et biens acquis par l'agent des sûretés dans l'exercice de sa mission ne peuvent être saisis que par les titulaires de créances nées de leur conservation ou de leur gestion, sous réserve de l'exercice d'un droit de suite et hors les cas de fraude.L'ouverture d'une procédure de sauvegarde, de redressement judiciaire, de liquidation judiciaire, de rétablissement professionnel, de surendettement ou de résolution bancaire à l'égard de l'agent des sûretés est sans effet sur le patrimoine affecté à sa mission.

Article 2488-11. En l'absence de stipulations contractuelles prévoyant les conditions de son remplacement et si l'agent des sûretés manque à ses devoirs, met en péril les intérêts qui lui sont confiés ou fait l'objet de l'ouverture d'une procédure de sauvegarde, de redressement judiciaire, de liquidation judiciaire, de rétablissement professionnel, de surendettement ou de résolution

"Art. 2488-6. Qualquer garantia real ou pessoal poderá ser recebida, registrada, gerida e executada por um agente de garantias, que atue em seu próprio nome em benefício dos credores da obrigação garantida.

O agente de garantias é o titular dos direitos e garantias.

Os direitos e bens adquiridos pelo agente de garantias no exercício da sua função constituem um patrimônio de afetação, distinto do seu próprio patrimônio.

As qualidades exigidas ao beneficiário da garantia são avaliadas em relação à pessoa do credor da obrigação garantida.

Art. 2488-7. Sob pena de nulidade, o título pelo qual os credores designam o agente de garantias deve ser feito por escrito, mencionando a sua qualidade, o objeto e a duração da sua função, bem como a extensão dos seus poderes.

Art. 2488-8. Quando o agente de garantias atuar em benefício dos credores da obrigação garantida, deverá mencionar expressamente a sua qualidade.

Art. 2488-9. O agente de garantias pode, sem necessidade de mandato especial, praticar qualquer ação para defender os interesses dos credores da obrigação garantida e fazer qualquer habilitação do crédito.

Art. 2488-10. Os direitos e bens adquiridos pelo agente de garantias no exercício da sua função só podem ser penhorados pelos titulares de dívidas decorrentes da sua conservação ou da sua gestão, ressalvados o exercício do direito de sequela e excluídos os casos de fraude.

A abertura de procedimento de salvaguarda, recuperação judicial, liquidação judicial, recuperação profissional, superendividamento ou resolução bancária relativamente ao agente de garantias não produz qualquer efeito sobre o patrimônio afetado à sua função.

---

bancaire, tout créancier bénéficiaire des sûretés et garanties peut demander en justice la désignation d'un agent des sûretés provisoire ou le remplacement de l'agent des sûretés.Tout remplacement conventionnel ou judiciaire de l'agent des sûretés emporte de plein droit transmission du patrimoine affecté au nouvel agent des sûretés.

*Article 2488-*12. L'agent des sûretés est responsable, sur son patrimoine propre, des fautes qu'il commet dans l'exercice de sa mission.

> Art. 2488-11. Na falta de disposições contratuais que prevejam as condições da sua substituição e se o agente de garantias não cumprir as suas funções, colocar em perigo os direitos que lhe foram confiados ou for sujeito à abertura de procedimento de salvaguarda, recuperação judicial, liquidação judicial, recuperação profissional, superendividamento ou resolução bancária, qualquer credor beneficiário dos direitos e garantias poderá requerer ao juízo a nomeação de agente de garantias provisório ou a substituição do agente de garantias.
>
> Qualquer substituição convencional ou judicial do agente de garantias implica automaticamente a transferência do patrimônio de afetação ao novo agente de garantias.
>
> Art. 2488-12. O agente de garantias é responsável, em seu próprio patrimônio, pelos danos que causar no exercício da sua função".

Como se verifica na simples leitura, há inspiração direta do novo art. 853-A do Código Civil brasileiro nos arts. 2.488-6 e seguintes do Código Francês, embora tenhamos pretendido uma redação mais concisa. Assim, o *caput* do art. 853-A reproduz, com outras palavras, as mesmas faculdades que o art. 2.488-6 atribuiu ao *agent des sûretés*, além de incluir a representação processual, de que tratou o art. 2488-9. Do mesmo modo que o artigo análogo francês, o Código brasileiro não estabeleceu nenhum requisito especial para o agente de garantia, que poderá, portanto, ser pessoa física ou jurídica.

O §2º do art. 853-A do Código brasileiro, por sua vez, reproduz o dever fiduciário e a responsabilidade pessoal do agente perante os credores beneficiários, tal qual o art. 2488-12 do Código Francês. Os §§3º e 4º do art. 853-A tratam das condições de publicidade e de substituição do agente de garantias, preocupação também externada pelo legislador francês nos artigos 2.488-7 e 2.488-11. O §5º cuida da separação patrimonial, também prevista nos arts. 2.488-6 (alínea 3) e 2.488-10.

Vale notar que os §7º e 8º do art. 853-A do Código brasileiro não possuem paralelo. Esses parágrafos não constavam do projeto inicial da Lei 14.711/2023 e foram incluídos no Senado Federal, no intuito de permitir que empresas especializadas na intermediação de crédito (cujas funções típicas estão previstas no §7º) cumulem sua atuação com a de agente de garantia. Essa cumulação pretendida, a nosso ver, é incompatível com a função de agente de garantia, pois este pressupõe a atuação no interesse exclusivo do credor beneficiário, enquanto a empresa intermediária de crédito costuma ser remunerada e atuar no interesse do mutuário, gerando um evidente conflito de interesses. Por esse motivo, e não sendo o §7º norma cogente, recomenda-se seu afastamento por disposição contratual nos atos de contratação de agente de garantias.

III. CONCURSO EXTRAJUDICIAL DE CREDORES: MODELO DA UNCITRAL E DA LEI DE GARANTIAS DA OEA

Uma importante inovação da Lei 14.711/2023 foi a criação de um quadro de credores por meio do registro de imóveis, quando houver um concurso de fato entre diferentes credores que possuam garantias concorrentes sobre o mesmo bem.

A existência de garantias concorrentes sobre bem de devedor solvente foi tratada de forma incidental pela legislação brasileira. Se, por um lado, há maior regulamentação do concurso universal (cujo exemplo essencial é a falência), o legislador preocupou-se menos com a divisão dos recursos provenientes da execução de um bem determinado, contra devedor solvente, tratando apenas da prioridade e da faculdade de execução das hipotecas, no Código Civil, e da abertura do incidente processual específico, no Código de Processo Civil, quando a excussão da garantia ocorrer em uma execução judicial.

Não havia qualquer norma que determinasse regras ou procedimentos para que os credores, extrajudicialmente, repartissem entre si o produto proveniente da execução extrajudicial. Apenas implicitamente, depreendia-se um dever legal ao credor exequente, de maior prioridade, de entregar aos credores subsequentes, cada um conforme sua prioridade e seu crédito, o valor que sobejasse da execução, de modo que apenas o que eventualmente restasse ao final fosse restituído ao garantidor.

Para enfrentar essa questão, a Lei 14.711/2023 criou um procedimento de notificação de créditos concorrentes e formalização de um quadro conforme as prioridades decorrentes do registro imobiliário, em seu capítulo IV, denominado "*Da Execução Extrajudicial da Garantia Imobiliária em Concurso de Credores*". Note-se que o capítulo não se denomina

"*Do concurso...*", dado que não pretendeu criar um procedimento concursal, mas apenas orientar a atuação do credor exequente prioritário na sua execução.

Dois instrumentos internacionais tratam do tema: a Lei Modelo da ONU sobre Garantias Mobiliárias, de 2016, e a Lei Modelo da OEA sobre Garantias Reais, aprovada na Sexta Conferência Especializada Interamericana sobre Direito Internacional Privado (CIDIP-VI), em Washington (EUA), concluída em 8.2.2002[21].

Em 2001, havia sido constituído um grupo de trabalho no âmbito da Comissão das Nações Unidas para o Direito Comercial Internacional – UNCITRAL com mandato para a elaboração de um regime legal eficaz para as garantias reais sobre bens envolvidos na atividade comercial. Tal mandato foi interpretado de forma abrangente, produzindo-se um guia legislativo contendo boas práticas regulatórias a serem sugeridas aos Estados-membros da ONU.

O Guia Legislativo sobre Operações Garantidas[22] foi concluído em 2007, após doze sessões de trabalho de uma semana, distribuídas semestralmente[23], e aprovado pela Assembleia Geral das Nações Unidas sob a resolução nº 63/121, de 11 de dezembro de 2008. Já a lei modelo, originada a partir do Guia Legislativo, teve sua aprovação em 2016.

A Lei Modelo da ONU considerou tratamento mais simples à questão do concurso singular de credores na excussão do mesmo bem, atribuindo exclusivamente ao credor exequente a responsabilidade por notificar os

---

21. Sobre o tema: B. Kozolchyl, J. M. Wilson, *The Organization of American States: the new model inter-american law on secured transactions*, in ULR, v. 1, p. 69 ss, 2002; A. M. Garro, *The OAS-sponsored Model Law on Secured Transactions: Gestation and Implementation*, in ULR, p. 391 ss, 2010; L. M. Pestana de Vasconcelos, *Direito das Garantias*, 2ª. Ed, Coimbra, Almedina, 2013, p. 37.

22. A versão em inglês pode ser encontrada em: https://uncitral.un.org/sites/uncitral.un.org/files/media-documents/uncitral/en/09-82670_ebook-guide_09-04-10english.pdf A versão em espanhol está disponível em: https://uncitral.un.org/sites/uncitral.un.org/files/media-documents/uncitral/es/lgst-s.pdf.

23. Para um histórico detalhado, v. Spiros V. Bazinas, The Work of UNCITRAL on Security Interests: An Overview, in Uniform Law Review, vol. 15, p. 315, 2010, pp. 317-23; Id., The UNCITRAL draft legislative guide on secured transactions, in Uniform Law Review, v. 1/2, p. 151 ss, 2005.

credores concorrentes e aferir os montantes devidos (arts. 78 e 79). Vide a redação dos parágrafos 4º e 5º do art. 78:

> "4. If the secured creditor decides to exercise the right provided in paragraph 1 without applying to [a court or other authority to be specifed by the enacting State], the secured creditor must give notice of its intention to: (a) The grantor and the debtor; (b) Any person with a right in the encumbered asset that informs the secured creditor of that right in writing at least [a short period of time to be specifed by the enacting State] before the notice is sent to the grantor; (c) Any other secured creditor that registered a notice with respect to a security right in the encumbered asset at least [a short period of time to be specifed by the enacting State] before the notice is sent to the grantor; and (d) Any other secured creditor that was in possession of the encumbered asset when the enforcing secured creditor took possession.
>
> 5. The notice referred to in paragraph 4 must be given at least [a short period of time to be specifed by the enacting State] before the sale or other disposition, lease or licence takes place and must contain: (a) A description of the encumbered assets; (b) A statement of the amount required at the time the notice is given to satisfy the secured obligation, including interest and the reasonable cost of enforcement; (c) A statement that the grantor, any other person with a right in the encumbered asset or the debtor is entitled to terminate the enforcement process as provided in article 75; and (d) A statement of the date after which the encumbered asset will be sold or otherwise disposed of, leased or licensed, or, in the case of a public disposition, the time, place and manner of the intended disposition".

Isso se dá, primeiramente, porque no regime da Lei Modelo da ONU, diferentemente do foi previsto na lei brasileira, qualquer dos credores pode tomar a iniciativa de excussão da garantia, sendo que, caso a excussão se inicie por um credor de menor prioridade (maior grau), os credores de menor grau podem optar por vencer ou não os seus créditos, bem como por tomarem ou não para si a iniciativa da excussão (art. 76). Caso o credor de maior prioridade não exerça a faculdade de vencer seu crédito, a garantia permanece incólume e o bem excutido pelo credor de menor prioridade será transmitido ao eventual adquirente ainda sujeito às garantias de menor grau (art. 81).

Concluída a excussão extrajudicial, caberá ao credor que realizar a venda do bem distribuir o produto respectivo conforme as prioridades das garantias. Se não houver acordo quanto às respectivas prioridades dos credores ou aos valores devidos, o credor que excutir a garantia deverá depositar o montante controverso em juízo (art. 79, §2):

> 2. If the secured creditor decides to exercise the right provided in article 78 without applying to [a court or other authority to be specifed by the enacting State]: (a) [Subject to article 36,] the enforcing secured creditor must apply the proceeds of its enforcement to the secured obligation after deducting the reasonable cost of enforcement; (b) Except as provided in paragraph 2 (c), the enforcing secured creditor must pay any surplus remaining to any subordinate competing claimant that, prior to any distribution of the surplus, notifed the enforcing secured creditor of its claim, to the extent of the amount of that claim, and remit any balance remaining to the grantor; and (c) Whether or not there is any dispute as to the entitlement or priority of any competing claimant under this Law, the enforcing secured creditor may pay the surplus to [a competent judicial or other authority or to a public deposit fund to be specifed by the enacting State] for distribution in accordance with the provisions of this Law on priority.

Um pouco diferente foi a solução adotada pela Lei Modelo da OEA. Nela, a execução extrajudicial deve ser comunicada ao ofício de registro de garantias reais, conforme o art. 54. Simultaneamente, o credor exequente deve notificar o devedor, o garantidor, eventual terceiro que detenha a posse e todos os demais credores que tenham garantias registradas sobre o mesmo bem:

> "Artículo 54. Un acreedor garantizado que pretenda dar comienzo a una ejecución, en caso de incumplimiento del deudor garante, efectuará la inscripción de un formulario registral de ejecución en el Registro y entregará una copia al deudor garante, al deudor principal de la obligación garantizada, a la persona en posesión de los bienes en garantía y a cualquier persona que haya dado a publicidad una garantía mobiliaria sobre los mismos bienes muebles en garantía. El formulario registral de ejecución deberá contener: I. Una breve descripción del incumplimiento por parte del deudor; II. Una descripción de los bienes en garantía; III. Una declaración

> del monto requerido para satisfacer la obligación garantizada y cubrir los gastos de la ejecución razonablemente cuantificados; IV. Una declaración de los derechos reconocidos por este Título al recipiente del formulario de ejecución; y V. Una declaración de la naturaleza de los derechos reconocidos por este Título que el acreedor garantizado intenta ejercer".

O art. 60 estabelece a sequência de uso dos recursos obtidos com a venda, devendo o credor pagar primeiro as despesas de execução e de conservação dos bens, e os possíveis tributos exigidos, para depois quitar a dívida garantida. O que eventualmente é repassado aos credores com menor preferência, entregando-se ao garantidor a quantia final, após o pagamento de todos os credores.

Ainda, o art. 64[24] da Lei Modelo da OEA prevê o direito de qualquer credor de menor prioridade sub-rogar-se no direito do credor de maior prioridade a qualquer momento, mediante pagamento do valor da obrigação garantida. Esse artigo inspirou a alteração do art. 1.478 do Código Civil Brasileiro[25] e a inclusão do §5º no art. 22 da Lei nº 9.514/1997[26].

Dos exemplos acima citados depreende-se que a situação de concurso tratada pelo Capítulo IV da Lei 14.711/2023 é de um concurso de fato, motivado pela multiplicidade de garantias ou outros direitos reais registrados em favor de credores diversos, tendo por objeto o mesmo bem. Esse concurso não decorre de um processo de execução ou da insolvência do garantidor, mas sim da preexistência de direitos concorrentes, evidenciados por meio do registro e cuja prioridade decorre diretamente da ordem dos registros (*prior in tempor, potior in jure*).

---

24. Artículo 64. Cualquier acreedor garantizado subsecuente podrá subrrogarse en los derechos del acreedor garantizado precedente pagando el monto de la obligación garantizada del primer acreedor

25. Art. 1.478. O credor hipotecário que efetuar o pagamento, a qualquer tempo, das dívidas garantidas pelas hipotecas anteriores sub-rogar-se-á nos seus direitos, sem prejuízo dos que lhe competirem contra o devedor comum.

26. § 5º O credor fiduciário que pagar a dívida do devedor fiduciante comum ficará sub-rogado no crédito e na propriedade fiduciária em garantia, nos termos do inciso I do *caput* do art. 346 da Lei nº 10.406, de 10 de janeiro de 2002 (Código Civil).

Em comum na solução brasileira, tem-se, portanto, a necessidade de que os demais credores reais do garantidor comum, cujos direitos serão diretamente afetados pela excussão extrajudicial, sejam notificados do seu início por um dos credores. É necessário que recebam ciência da execução para que possam tomar as medidas protetivas do próprio direito, o que poderá resultar na declaração do vencimento antecipado dos respectivos créditos ou no pedido de garantias substitutas ou de reforço, e para que participem efetivamente do produto da excussão do bem objeto de múltiplas garantias.

Ainda, em linha com o disposto na lei modelo da OEA, entendeu-se que o órgão de registro tem uma importante função na publicidade do inadimplemento e do início da excussão, de modo a proteger os interesses conflitantes.

Ocorre que a Lei Modelo da OEA atribuiu ao órgão de registro função apenas passiva, não lhe conferindo a função de notificação ou intimação de qualquer das partes. Na sistemática da OEA, cabe ao credor intimar inclusive o devedor e o garantidor quanto ao início da excussão, intimação essa que deve ser feita por meio judicial ou notarial[27], e apenas comunicada ao registro. Na sistemática brasileira da Lei 9.514/1997, ao contrário, cabe ao oficial de registro de imóveis (e não ao credor, ao juiz ou ao notário) intimar o devedor e o garantidor, a pedido do credor exequente. E para manter a coerência do sistema, a Lei 14.711/2023 determinou que o registrador brasileiro proceda da mesma forma quanto aos credores concorrentes, intimando-os simultaneamente para habilitarem os seus créditos, no prazo de 15 (quinze) dias, contado da data de intimação.

27. Artículo 55 En caso de incumplimiento de la obligación garantizada el acreedor garantizado deberá requerir al deudor garante el pago de la cantidad adeudada. Dicho requerimiento podrá hacerse, a opción del acreedor, en forma notarial o en forma judicial en el domicilio de deudor mencionado en el formulario de inscripción registral. En el acto del requerimiento o intimación deberá entregarse al deudor copia del formulario registral de ejecución inscrito en el Registro.

Cabe dizer, entretanto, que o oficial de registro não dispõe de qualquer função judicante. O §1º do art. 10 determinou ao oficial que, decorrido o prazo para manifestação dos credores, lavre certidão e intime a todos quanto ao quadro de credores, que incluirá os créditos respectivos (conforme informados pelos credores) e os graus de prioridade, observada a antiguidade do crédito real como parâmetro para sua definição. Em suma, a função do oficial limita-se à intimação das partes e à certificação de fatos informados pelos credores ou constantes do registro, quais sejam, os valores dos créditos e a ordem registral de prioridade, conforme as datas dos atos praticados na matrícula imobiliária.

A Lei 14.711/2023 não previu qualquer forma de contestação ou impugnação da certidão lavrada pelo registrador, justamente porque (i) não cabe ao registrador qualquer juízo quanto às informações recebidas das partes; (ii) não cabe suscitação de dúvida sobre a mera certificação de fato. E isso, importa dizer, porque os recursos decorrentes da excussão do bem não serão distribuídos pelo registrador, mas sim pelo credor exequente, para o qual o quadro de credores certificado pelo oficial constitui um guia quanto à ordem de prioridades[28].

Caso haja discordância ou mesmo dúvida quanto aos fatos certificados, caberá à parte lesada pleitear seu direto na via adequada e, ainda, ao credor exequente, que possui dever legal perante os demais credores em concurso de fato, realizar a consignação judicial do montante em excesso, após a quitação do próprio crédito e das custas da execução. Essa, aliás, é a mesma regra constante das leis modelo da ONU e da OEA, conforme acima transcritas.

28. § 2º A distribuição dos recursos obtidos a partir da excussão da garantia aos credores, com prioridade, ao fiduciante ou ao hipotecante, ficará a cargo do credor exequente, que deverá observar os graus de prioridade estabelecidos no quadro de credores e os prazos legais para a entrega ao devedor da quantia remanescente após o pagamento dos credores nas hipóteses, conforme o caso, de execução extrajudicial da propriedade fiduciária ou de execução extrajudicial da garantia hipotecária.

IV. O REAPOSSAMENTO EXTRAJUDICIAL NOS TEXTOS DA ONU (UNCITRAL) E DO UNIDROIT

Finalmente, houve importante influência dos textos e instrumentos internacionais na adoção, pela Lei 14.711/2023, do reapossamento extrajudicial de bens móveis, após a consolidação da propriedade pelo credor em procedimento extrajudicial de excussão da garantia real. Essa faculdade está prevista no novo artigo 8º-C do Decreto-Lei 911/1969, especialmente seus §§1º a 4º:

> "§ 1º Caso o bem não tenha sido entregue ou disponibilizado voluntariamente no prazo legal, o credor poderá requerer ao oficial de registro de títulos e documentos a busca e apreensão extrajudicial, com apresentação do valor atualizado da dívida e da planilha prevista no inciso III do § 13 do art. 8º-B deste Decreto-Lei.
>
> § 2º Recebido o requerimento, como forma de viabilizar a busca e apreensão extrajudicial, o oficial adotará as seguintes providências:
>
> I – lançará, no caso de veículos, restrição de circulação e de transferência do bem no sistema de que trata o § 9º do art. 3º deste Decreto-Lei;
>
> II – comunicará, se for o caso, aos órgãos registrais competentes para averbação da indisponibilidade do bem e da busca e apreensão extrajudicial;
>
> III – lançará a busca e apreensão extrajudicial na plataforma eletrônica mantida pelos cartórios de registro de títulos e documentos por meio de suas entidades representativas, com base no art. 37 da Lei nº 11.977, de 7 de julho de 2009; e
>
> IV – expedirá certidão de busca e apreensão extrajudicial do bem.
>
> § 3º Para facilitar a realização das providências de que tratam os incisos I e II do § 2º deste artigo, os órgãos de trânsito e outros órgãos de registro poderão manter convênios com os cartórios de registro de títulos e documentos, ainda que por meio das suas entidades representativas incumbidas de promover o sistema de registro eletrônico de que trata o art. 37 da Lei nº 11.977, de 7 de julho de 2009.
>
> § 4º O credor, por si ou por terceiros mandatários, poderá realizar diligências para a localização dos bens".

A esse respeito, o art. 77 da Lei Modelo da ONU prevê o direito do credor à posse do bem móvel após a excussão extrajudicial de garantia real, sem necessidade de recurso ao Judiciário:

> Article 77. Right of the secured creditor to obtain possession of an encumbered asset
>
> 1. Subject to the rights of a person, including a lessee or licensee, with a superior right to possession, the secured creditor is entitled to obtain possession of an encumbered asset after default either by applying or without applying to [a court or other authority to be specifed by the enacting State].
>
> 2. If the secured creditor decides to exercise the right provided in paragraph 1 without applying to [a court or other authority to be specifed by the enacting State], all of the following conditions must be satisfed: (a) The grantor has consented in writing to the secured creditor obtaining possession without applying to [a court or other authority to be specifed by the enacting State]; (b) The secured creditor has given the grantor and any person in possession of the encumbered asset notice of default and of the secured creditor's intent to obtain possession; and (c) At the time the secured creditor attempts to obtain possession of the encumbered asset, the person in possession of the encumbered asset does not object.
>
> 3. The notice referred to in paragraph 2 (b) need not be given if the encumbered asset is perishable or may decline in value speedily.
>
> 4. If a higher-ranking secured creditor is in possession of the encumbered asset, a lower-ranking secured creditor is not entitled to obtain possession of the asset.

Em suma, três requisitos foram estabelecidos na Lei Modelo da ONU para o reapossamento extrajudicial: (i) que essa faculdade esteja prevista por escrito (usualmente no contrato de constituição da garantia real); (ii) que haja notificação prévia ao possuidor; e (iii) que, no momento do reapossamento, o possuidor não apresente oposição.

Outros três textos da Comissão da ONU para o Direito Comercial Internacional (UNCITRAL) explicam a extensão desses requisitos. O primeiro deles é o Guia Legislativo sobre Garantias (§54), documento de cunho doutrinário que iniciou os trabalhos preparatórios da Lei Modelo, conforme já mencionamos:

> "54. States usually consider the taking of possession of encumbered assets by secured creditors to be a significant step in the enforcement process and impose specific procedural requirements on creditors claiming possession. This means that, even though the secured creditor may have an automatic right to obtain possession, the manner for doing so is regulated. In general, States take one of three approaches in developing the procedural mechanisms by which secured creditors not in possession may take possession of encumbered assets. In some States, the secured creditor may only obtain possession by a court order, whether following an ex parte procedure or, more frequently, after a hearing. In other States, no judicial order is required, but the grantor must have authorized the creditor in the security agreement to obtain possession extra judicially and the creditor must give the grantor a prior notice (typically 10 or 20 days) of its intention to claim possession and to enforce. Finally, in some States the creditor is entitled to demand and to take possession without any recourse to a court and without the need to give the grantor prior notice of its intention to do so, provided that the grantor authorized the secured creditor to do so in the security agreement. Even in these States, however, **the creditor does not have an absolute right to obtain possession extra judicially. There is always potential for the creditor to abuse its rights by threatening or intimidating the grantor, breaching the peace or claiming the encumbered assets under false pretences. Most of these States, therefore, prohibit any acts of the creditor to obtain possession that result in a disturbance of the public order. Should the grantor resist, a judicial order for possession would be required.** States that permit extrajudicial creditor possession upon giving a 10-or 20-day prior notice typically also adopt this approach to possession and require a judicial order if a breach of the peace is threatened when the creditor seeks possession after the notice period has expire." (sem ênfase no original).

O texto acima explicita as abordagens adotadas nos diferentes países quanto ao reapossamento após excussão extrajudicial de garantias sobre bens móveis, havendo países que exigem uma ordem judicial de apreensão e outros que permitem ao credor a tentativa de reapossamento direto, sem ordem judicial.

Mesmo neste caso, entretanto, o direito do credor não é absoluto. Dado o potencial de abuso de direito pelo credor, incluindo a intimidação do devedor ou terceiro possuidor, e o risco de distúrbio da paz social (*breach of peace*), a maior parte dos Estados proíbe ao credor a prática de atos que resultem em dano à ordem pública, de modo que qualquer ato de resistência do devedor ou possuidor do bem em entregá-lo ao credor, quando este tentar reapossar-se, resultará na necessidade de uma ordem judicial de apreensão. Assim, é evidentemente vedado ao credor reapossar-se do bem mediante violência direta, mas também mediante a violação de domicílio ou de qualquer obstáculo colocado pelo possuidor para evitar o reapossamento.

Após a aprovação da Lei Modelo sobre Garantias pela Assembleia Geral da ONU, a UNCITRAL desenvolveu dois guias para facilitar sua interpretação: um guia para adoção (destinado ao legislador) e um guia prático (destinado ao usuário). Ambos trataram do tema do reapossamento extrajudicial de forma semelhante. O Guia para Adoção (§441), ao tratar da objeção pelo possuidor, estabelece o seguinte:

> "Third, and perhaps most important, the person in possession of the encumbered asset at the relevant time must not object to the secured creditor obtaining possession. Thus, the secured creditor must obtain the assistance of a court or other authority if the person in possession objects, even if that person is the grantor and even if the grantor has previously agreed to allow the secured creditor to obtain possession extrajudicially".

O mesmo conceito é expresso no Guia Prático (§310), em linguagem mais direta:

> "Bank Y can only take possession of the vans if the person in possession of the vans does not object when Bank Y attempts to take possession. If that person objects, Bank Y will have to apply to a court to obtain possession".

Ou seja, o reapossamento extrajudicial pressupõe, em qualquer caso, a ausência de objeção do possuidor, caracterizada pela resistência expressa no momento da tentativa de retomada.

Na prática o reapossamento extrajudicial pelo credor, internacionalmente, pressupõe que o possuidor, ao ser requerido, deverá entregá-lo voluntariamente. Ou, ainda, poderá ocorrer quando os bens estiverem na posse de terceiro que os entregue (e.g. bens objeto de depósito em armazém), ou forem encontrados abandonados ou deixados em local acessível, como é o caso de veículos estacionados em via pública ou estacionamento público, reapossados pelo credor quando não estiver presente ou não impuser resistência o condutor.

No âmbito do Instituto Internacional para Unificação do Direito Privado – UNIDROIT está em curso o projeto denominado Melhores Práticas para uma Execução Eficiente (Best Practices for Effective Enforcement)[29], cuja minuta de trabalho igualmente tratou do tema, expandindo os conceitos decorrentes da Lei Modelo da ONU (nele referida como "MLST")[30]. Esse documento contém uma recomendação expressa sobre a conduta do credor no reapossamento extrajudicial, conforme abaixo transcrita:

> "Conduct of Secured Creditor When Seeking to Obtain Possession of Tangible Collateral Extra-Judicially
>
> 4. The secured creditor should be required to act in a reasonable manner in seeking to obtain possession of tangible collateral extra-judicially. Overly aggressive behaviour in seeking to obtain possession of the collateral should be prohibited, as should continuing to attempt to obtain possession of the collateral notwithstanding resistance to that attempt by the grantor or other person otherwise in possession of the collateral.
>
> (...)
>
> (b) The language of this recommendation is more prescriptive than the somewhat vague standard in the MLST. First, this recommendation requires that the secured creditor act in a reasonable manner in seeking to obtain possession of the collateral. This is consistent with the requirement stated in [recommendation X] that a secured creditor must always act in a reasonable manner in enforcing its security right. What constitutes acting in a reasonable

29. *https://www.unidroit.org/work-in-progress/enforcement-best-practices/*
30. Vide a minuta de trabalho "Study LXXVIB – W.G. 7 – Doc. 4 rev.", datada de Novembro de 2023, pp. 2-3.

> manner will, of course, vary depending on the commercial context. In many states, actions that constitute a "breach of the peace," a "breach of public order," or the like are considered inherently unreasonable.
>
> (c) Second, the secured creditor may not use overly aggressive conduct in obtaining possession of the collateral. This is the case even in the absence of overt resistance by the grantor. After all, overly aggressive conduct by the secured creditor may itself intimidate the grantor into not resisting. What constitutes overly aggressive conduct depends on the context; however certain conduct is likely to be overly aggressive in any context. For example, a secured creditor who threatens to resort to violence if the grantor resists the creditor's actions in taking possession of the collateral has engaged in overly aggressive conduct, as does a secured creditor who brandishes a weapon or acts in other ways that are designed to make the grantor too fearful to resist the secured creditor's actions in taking possession of the collateral.
>
> (d) Third, the standard is violated if the secured creditor continues its attempts to obtain possession of the collateral notwithstanding the resistance of the person possessing it. This protects both the public order and the safety of both the grantor and those acting on behalf of the secured creditor in obtaining possession of the collateral. Of course, if the secured creditor ceases its efforts to obtain possession of the collateral extrajudicially upon encountering resistance from the grantor, the secured creditor has not lost the opportunity to obtain possession of the collateral. Rather, it may still do so through the process referred to in Recommendation 5 below."

Portanto, resta claro que o reapossamento extrajudicial não constitui uma autorização ampla para a autotutela pelo credor, conforme delineado nos instrumentos internacionais que inspiraram a Lei 14.711/2023. Ao contrário, seu exercício pelo credor não poderá resultar em qualquer forma de violência, ameaça ou mesmo de tentativa reiterada, ante qualquer resistência manifestada pelo possuidor. Nessa hipótese, restará ao credor a via judicial.

Ao prever e permitir o reapossamento extrajudicial, a Lei 14.711/2023 estabeleceu de forma clara e detalhada as suas formas: a busca e apreensão por oficial de registro, os esforços privados de localização pelo credor ou seus prestadores de serviço, e a inclusão de restrição administrativa para a circulação (esta, especificamente aplicável aos veículos automotores). Essas iniciativas são precedidas de intimação e oportunidade de defesa ao garantidor e ao devedor, em linha com os instrumentos internacionais. No entanto, o novo dispositivo legal brasileiro comportou críticas por ter deixado de explicitar os limites para o exercício das medidas de retomada, o que chegou a motivar o veto presidencial, posteriormente revertido pelo Congresso Nacional.

Parece evidente, entretanto, que a nova possibilidade trazida pela lei deve ser interpretada no contexto do que permite nosso sistema jurídico, o qual certamente se coaduna com os limites impostos pelos instrumentos internacionais, já acima referidos. Em especial, o reapossamento extrajudicial não terá afastado a inviolabilidade do domicílio, a vedação ao uso privado da violência, a proibição ao abuso de direito e a exigência de boa-fé objetiva nas relações privadas. E, dentro desses limites, tal qual admitido no âmbito internacional, o novo dispositivo parece perfeitamente compatível com o Direito brasileiro.

CONCLUSÕES

Várias propostas de harmonização do Direito das Garantias surgiram internacionalmente a partir da metade do Século XX, tanto por iniciativa doutrinária quanto de organismos supranacionais. Essas propostas ora fundam-se sobre a experiência norte-americana, que inspirou a Lei Modelo da ONU, ora sobre adaptações e evoluções do modelo romano-germânico, a exemplo de reformas (em maior e menor grau) realizadas na Alemanha, na França, na Itália, em Québec, entre outros.

Em cada caso, o objetivo de "modernização" das garantias não pode ignorar a tradição jurídica[31]. Essa a razão de os esforços empreendidos recentemente no Brasil não constituírem mera cópia de um ou outro sistema ou solução. Adotaram-se, na Lei 14.711/2023, dispositivos inspirados nas recentes reformas do Código Civil francês, não porque fosse esse melhor

31. Katharina Pistor, *The standardization of law and its effect on developing economies*, in American Journal of Comparative Law, vol. 51, p. 97, 2002.

que outros códigos europeus, mas porque, dentro da tradição latina, é o código mais amplamente e recentemente reformado no tema das garantias, tendo ele próprio incorporado soluções inovadoras sobre o Direito francês de Napoleão e Portalis. E, ainda, outros conceitos foram adaptados dos instrumentos internacionais construídos para as garantias sobre bens móveis, a partir da experiência do *Article 9* do Código Comercial Uniforme dos EUA, concebido inicialmente em um sistema de Common Law. A Lei Modelo da ONU inspirou diversos dispositivos da Lei 14.711/2023, como também já havia inspirado soluções da Lei 14.382/2022 em matéria de publicidade das garantias reais, sem modificar os princípios do Direito Registral, do Direito Processual e do Direito Civil brasileiros.

Em um mundo globalizado, a construção de soluções a partir de conceitos transnacionais poderia dar causa a uma acusação de colonização jurídica[32]. Trata-se de argumento falacioso, como bem apontou Christian Larroumet, para quem seria absurdo rejeitar ideias apenas sob o falso pretexto de se combater um falso imperialismo jurídico[33]; ao contrário, afirma o saudoso professor, deve-se estar atento às inovações, aproveitando-as no que forem convenientes. Por isso, ao trabalharmos no anteprojeto que resultou no Marco Legal de Garantias, jamais defendemos a adoção acrítica de qualquer modelo, mas estivemos atentos e abertos aos bons exemplos de toda parte, inclusive os nossos próprios, como a bem-sucedida execução extrajudicial na alienação fiduciária de imóveis, agora estendida à hipoteca. Desse modo, pretendemos construir, na Lei 14.711/2023, o melhor modelo possível, sempre alinhado à cultura jurídica brasileira.

---

32. Giuliano G. Castellano (*Reforming Non-Possessory Secured Transactions Laws: A New Strategy?*, in The Modern Law Review, 2015, 78(4), p. 616) aponta esse risco "político".

33. Christian Larroumet, Introduction, in C. Larroumet (org), *L'evolution des garanties mobilières dans les droits français et latino-americains*, p. 7 ss, Paris, Édition Panthéon-Assas, 2016, p. 8.

REFERÊNCIAS BIBLIOGRÁFICAS

AYNÈS, Laurent; CROCQ, Pierre; *Les sûretés - La publicité foncière*, 7e édition. Paris, Defrénois lextenso éditions, 2013.

BAZINAS, Spiros V., *The UNCITRAL draft legislative guide on secured transactions*, in Uniform Law Review, v. 1/2, p. 151 ss, 2005.

________, *The Work of UNCITRAL on Security Interests: An Overview*, in Uniform Law Review, vol. 15, p. 315, 2010.

BORGA, Nicolas. *L'ordre public et les sûretés conventionnelles*, Col. Nouvelle Bibl. de Thèses, Paris, Dalloz, 2009.

CASTELLANO, Giuliano G. *Reforming Non-Possessory Secured Transactions Laws: A New Strategy?*, in The Modern Law Review, 2015, 78(4), pp. 611-640

CHALHUB, Melhim Namem; DANTZGER, Afranio Carlos Camargo. *Alienação Fiduciária de Bens Imóveis em segundo grau?*, in BE IRIB nº 3731 - Ano IX - São Paulo, 24 de Agosto de 2009 - ISSN 1677-4388.

COMPARATO, Fábio Konder. *Essai d'analyse dualiste de l'obligation en droit privé*, Paris, Dalloz, 1964.

COUTO E SILVA, Clóvis do. *Hipoteca no Direito Comparado*, in FRADERA, V. M. J. (Org.), O Direito Privado brasileiro na visão de Clóvis do Couto e Silva, Porto Alegre, Livraria do Advogado, 1997, pp 137-176.

CROCQ, Pierre. *Sûretés et proportionnalité*, in Mélanges Ph. Simler, Litec, 2006.

DUPICHOT, Philippe. *Le pouvoir des volontés individuelles en droit des sûretés* (thèse), Paris, Univ. Panthéon-Assas, 2003.

GAMBARO, Antonio. *Contractual Security Rights in Immoveables (Mortgage) and Contract Law*, in VON BAR, Christian; DROBNIG, Ulrich. The Interaction of Contract Law and Tort and Property Law in Europe - A comparative Study, 1 Ed., München, Sellier, 2004, pp. 349-363.

GARRO, Alejandro M. *The OAS-sponsored Model Law on Secured Transactions: Gestation and Implementation*, in Uniform Law Review, p. 391 ss, 2010.

GOMES, Orlando. *Direitos Reais*, 19 ed., Rio de Janeiro, Forense, 2008.

GRIMALDI, Michel, *L'hypothèque rechargeable et le prêt viager hypothécaire*, in Contrats Concurrence Consommation n° 6, Juin 2006, pp. 14 ss.

JENNINGS, Marianne M., *Real Estate Law*, 9th Ed., Cengage Learning, 2010.

KOZOLCHYL, Boris; WILSON, John M. *The Organization of American States: the new model inter-american law on secured transactions*, in Uniform Law Review, v. 1, p. 69 ss, 2002.

LARROUMET, Christian. *Introduction*, in C. Larroumet (org), L'evolution des garanties mobilières dans les droits français et latino-americains, p. 7 ss, Paris, Édition Panthéon-Assas, 2016.

LEITÃO, Luís Manuel Teles de Menezes. *Garantias das Obrigações*, 7ª Ed., Coimbra, Almedina, 2012.

PENTEADO, Luciano de Camargo. *Direito das Coisas*, 3ª ed., São Paulo, RT, 2014.

PISTOR, Katharina. *The standardization of law and its effect on developing economies*, in American Journal of Comparative Law, vol. 51, p. 97, 2002.

SAGAERT, Vicent. *Harmonization of Security Rights on Immovables: An Ongoing Story*, in Arthur Hartkamp *et alli*, *Towards a European Civil Code*, Fourth Revised and Expanded Edition, p. 1043, Wolters Kluwer, Alphen aan den Rijn (Holanda), 2011.

SCHAPP, Jan. *Direito das Coisas (Sachenrecht)* - Trad. da 3ª ed. alemã de Klaus-Peter Rurack e Maria da Glória Lacerda Rurack, Porto Alegre, Sergio Antonio Fabris Editor, 2010.

SILVA, Fabio Rocha Pinto e. *Garantias imobiliárias em contratos empresariais: hipoteca e alienação fiduciária*, 1ª Ed, São Paulo, Almedina, 2014.

_________. Garantias das Obrigações, Ed. IASP, 2017.

TRABUCCHI, Alberto. *Istituzioni di Diritto Civile*, 45a ed, Milano, Cedam, 2012.

VASCONCELOS, L. Miguel Pestana de. *Direito das Garantias*, 2ª. Ed, Coimbra, Almedina, 2013.

WEHRENS, Hans. *Real Security Regarding Immovable Objects - Reflections on a Euro-Mortgage*, in: A. Hartkamp *et alli*, Towards a European Civil Code, 3rd ed, Kluwer Law International, London-Boston, 2004, p. 769 ss.

2

A DESJUDICIALIZAÇÃO DA EXECUÇÃO CIVIL: UM PASSO PERDIDO PELA LEI DAS GARANTIAS

Carlos E. Elias de Oliveira

Membro da Comissão de Juristas para Reforma do Código Civil (Senado Federal, 2023/2024); Professor de Direito Civil, Notarial e de Registros Públicos; Consultor Legislativo do Senado Federal em Direito Civil (único aprovado no concurso de 2012); Advogado/Parecerista; Ex-Advogado da União (AGU); Ex-assessor de ministro do STJ; Doutor, mestre e bacharel em Direito pela UnB (1º lugar no vestibular de 1º/2002); Instagram: @profcarloselias e @direitoprivadoestrangeiro; E-mail: carloseliasdeoliveira@yahoo.com.br

1. INTRODUÇÃO

Os processos de execução devem mesmo continuar concentrados no Poder Judiciário?

A pergunta é ousada e este artigo pretende levantar reflexões sobre o tema, sem, porém, esgotá-lo.

No Senado Federal, o Senador Weverton buscou, na condição de relator do projeto de lei de conversão que gerou a Lei das Garantias (Lei nº 14.711/2023), disciplinar a desjudicialização da execução civil, conforme se pode ver no andamento legislativo do Projeto de Lei nº 4.188, de 2021 no site do Senado.

Todavia, como a Lei das Garantias já envolvia diversos outros pontos sensíveis, o Senador Weverton consentiu em deixar, para outro momento, esse movimento.

De qualquer forma, o Marco Legal das Garantias já logrou grande avanço no momento de desjudicialização, ao disciplinar procedimentos de excussão extrajudicial para a hipoteca e para garantia fiduciária sobre móveis.

Neste artigo, focaremos na perda de oportunidade da Lei das Garantias em ter dado um passo mais largo. O debate é fundamental para que, em um futuro breve, o legislador venha a racionalizar o sistema de execução civil.

Em termos de nomenclatura, há quem prefira falar em *extrajudicialização*, e não em *desjudicialização*, pois aquele verbete diria respeito a hipóteses em que o legislador apenas facultou ao cidadão escolher entre a via judicial ou a extrajudicial. Desjudicialização, por outro lado, significaria restringir o acesso do cidadão à via extrajudicial. Neste artigo, não adotamos essa distinção de nomenclatura: o termo *desjudicialização* é empregado em ambos os sentidos.

2. REALIDADE: IMPOTÊNCIA DO PODER JUDICIÁRIO

É preciso ser realista: a quantidade de processos judiciais é colossalmente maior do que a capacidade de vazão do Poder Judiciário.

Ao lado disso, parece haver um grande desperdício operacional ao colocar a estrutura dispendiosa e extremamente qualificada do Poder Judiciário para lidar com questões que, por um cálculo de custo-benefício, poderiam ser resolvidas de modo menos oneroso e sem prejuízo à qualidade da solução.

Os números assustam. Em 2018, havia apenas cerca de 18 mil magistrados no Brasil, incluídos desembargadores e ministros de todas as esferas do Judiciário[1]. No final de 2018, havia cerca de 78 milhões de processos judiciais em trâmite nos 90 tribunais brasileiros[2]. Logo, em uma simplificada média, temos uma média de 4 mil processos por juiz, o que já representa um valor desumano e absurdo. Se levarmos em conta que essa média foi feita de modo simplificado, pois levou em conta magistrados de várias instâncias e de diferentes esferas do Poder Judiciário, podemos ter certeza de que o número efetivo pode ser bem pior.

Como um juiz consegue julgar 4 mil processos com celeridade?

É óbvio que isso não é viável, o que justifica a morosidade do Poder Judiciário.

Todos sabem que, na maior parte das vezes, ao ajuizar uma ação, a parte terá de aguardar alguns anos para obter um desfecho final.

O modelo judicial brasileiro não funciona adequadamente. Isso é fato!

Acresça-se a esse desolador fato a existência de verdadeiro desperdício operacional. Explica-se:

O Poder Judiciário é uma estrutura que demanda elevadíssimos gastos públicos. Cada juiz custa, em média, R$ 47 mil reais[3]. Há elevados gastos com manutenção dos demais servidores públicos do Judiciário, com pessoal, com infraestrutura *etc*. Realmente, o Poder Judiciário depende de pessoal com alta capacidade técnica, o que obviamente exige gastos maiores.

O problema não é a alta dimensão desses gastos: o Poder Judiciário precisa mesmo de um alto investimento.

O problema é o uso dessa estrutura para lidar com problemas que poderiam ser tratados de forma mais racional em outra estrutura, como no âmbito dos serviços notariais e de registro.

---

1. Disponível em: https://jus.com.br/artigos/72709/numeros-do-poder-judiciario-brasileiro-expansao-de-atuacao-e-comparacao-com-sistemas-europeus/2.
2. Disponível em: https://www.migalhas.com.br/depeso/310015/justica-em-numeros-transparencia-e-eficiencia-a-servico-do-cidadao.
3. Disponível em: https://noticias.uol.com.br/politica/ultimas-noticias/2017/09/04/cada-juiz-no-brasil-custa-r-47-mil-por-mes-ao-judiciario-aponta-cnj.htm

Não acreditamos que a solução seja aumentar o número de juízes (ao menos, por ora), catapultando os gastos públicos com o consequente o aumento de impostos.

Temos que, antes de tudo, pensar em formas de "lipoaspiração" para retirar demandas que, sob a ótica do custo-benefício, poderiam ser resolvidas fora do Poder Judiciário com ganho de velocidade e, até mesmo, de qualidade. É possível obter soluções mais eficientes, sem sacrificar os valores inegociáveis do Estado de Direito. É viável concretizar a Justiça com eficiência.

3. NECESSIDADE DE DESJUDICIALIZAÇÃO

Há uma imperiosa necessidade de cogitarmos em formas de desjudicialização. O legislador já havia enxergado isso, do que dão exemplos estes casos:

a) Divórcio e inventário extrajudiciais (Lei nº 11.441, de 4 de janeiro de 2007);

b) Execução extrajudicial de alienação fiduciária em garantia sobre imóveis (arts. 26 e seguintes da Lei nº 9.514, de 20 de novembro de 1997);

c) Retificação extrajudicial no Registro Civil das Pessoas Naturais (art. 110 da Lei nº 6.015, de 31 de dezembro de 1973);

d) Retificação extrajudicial no Registro de Imóveis (art. 213 da Lei nº 6.015, de 31 de dezembro de 1973)

e) Reconhecimento de filiação socioafetiva (Provimento nº 63, de 14 de novembro de 2017, com a alteração pelo Provimento nº 83, de 14 de agosto de 2019, da Corregedoria Nacional de Justiça do Conselho Nacional de Justiça - CN/CNJ).

f) Mudança de nome e de sexo para transgênero (Provimento nº 73, de 28 de junho de 2018).

g) Extrajudicialização da homologação de penhor legal (art. 703 do Código de Processo Civil - CPC).

h) Extrajudicialização da consignação em pagamento (art. 539 do Código de Processo Civil - CPC).

i) Dispensa judicial para a habilitação de casamento, salvo se houver impugnação (art. 1.526 do Código Civil).

j) Excussão extrajudicial de bem móvel alienado fiduciariamente (Lei das Garantias);

k) Execução extrajudicial da hipoteca (Lei das Garantias).

Aliás, o próprio setor privado, diante da ineficiência dos mecanismos estatais de cobrança de dívida, criou formas próprias e alternativas de cobrança de dívida, como a criação de cadastros de inadimplentes (como o Serasa).

Precisamos avançar mais.

4. DESJUDICIALIZAÇÃO DOS PROCESSOS DE EXECUÇÃO

Para efeito deste estudo, processo de execução diz respeito aos procedimentos disponíveis para obter a satisfação forçada de um crédito, com base em um título executivo. Abrange, assim, o cumprimento de sentença e as diferentes formas de execução previstas no Código de Processo Civil.

Embora desconheçamos estudos estatísticos oficiais, a experiência forense demonstra que a grande parte dos processos de execução resulta infrutífero: a parte exequente não consegue penhorar nada por falta de bens do devedor.

E, em vários desses feitos, a parte executada sequer apresenta qualquer tipo de impugnação.

Em poucas palavras, o Poder Judiciário "trabalha à toa" nesses processos, o que, no contexto de carência de juízes e de alto volume de processos, representa um detestável desperdício de tempo e trabalho.

Outras formas, mais céleres e, quiçá, de maior qualidade, poderiam ser utilizadas, como a implantação de um modelo de desjudicialização dos processos executivos.

O tema já vem sendo cuidado academicamente. Chamamos a atenção para a dissertação de mestrado de Luiz Fernando Cilurzo defendida na Faculdade de Direito da USP (Universidade de São Paulo)[4] sob o título "A desjudicialização na execução por quantia certa".

Na tese, o acadêmico demonstra que vários outros países já possuem um modelo desjudicialização da execução de dívidas, como Suécia, Dinamarca, Rússia, Estados Unidos, França e Portugal. Para aprofundamento, reportamos o leitor para as páginas 121 a 158 da dissertação.

O mestre pela Largo São Francisco enfoca o modelo português, que envolve dois ritos: um rito ordinário (que é um misto que envolve participação do juiz em conjunto com um agente de execução) e um rito sumário (em que a participação do juiz é mais restrita).

Outros aprofundados trabalhos poderiam ser citados, as obras destes respeitados juristas: Taynara Tiemi Ono[5], Rachel Nunes de Carvalho Farias[6], Alexandre Chini[7], Joel Dias Figueira Júnior[8] e Flávia Pereira Ribeiro[9].

Entendemos que é plenamente viável criar um procedimento extrajudicial de execução, valendo-se dos serviços notariais e registrais.

Os titulares dos serviços notariais e registrais são profissionais do Direito, selecionados em dificílimo concurso público, fiscalizados pelo Poder Judiciário. Nos seus quadros, há uma constelação de talentosos juristas, com renomados professores acadêmicos, com ex-juízes, com ex-promotores, com ex-membros da Advocacia Pública etc. Os tabeliães e os registradores integram a elite técnica dos juristas. Sua aptidão técnica para assumir a tarefa é inegável.

Sua sujeição a um regime privado de funcionamento abre espaço para a absorção de novas funções, como a ora cogitada.

---

4. Disponível em: https://teses.usp.br/teses/disponiveis/2/2137/tde-29082016-122503/publico/LuizFernandoCilurzoADesjudicializacaoNaExecucaoIntegral.pdf
5. "Execução por quantia certa – Acesso à justiça pela desjudicialização da execução civil".
6. "Desjudicialização do processo de execução – O modelo português como uma alternativa estratégica para a execução civil brasileira".
7. "Desjudicialização do Processo de Execução de Título Extrajudicial".
8. "Execução Simplificada e a Desjudicialização do Processo Civil: Mito ou Realidade".
9. "Desjudicialização da Execução Civil".

Entre as especialidades extrajudiciais, o tabelionato de protesto é aquela com maior pertinência temática para protagonizar um procedimento de execução extrajudicial. Sua atuação em protesto afeiçoa-se com cobrança de dívida.

A regulamentação do procedimento executivo deve atentar para o fato de que qualquer parte prejudicada poderá socorrer-se do Poder Judiciário para atacar irregularidades no curso desse procedimento, à semelhança do que acontece com os outros ritos executivos extrajudiciais que já conhecemos[10].

Consideramos que as impugnações do devedor, como alegações de impenhorabilidade de bens, devem, em primeiro lugar, ser endereçadas ao próprio tabelião de protesto. Este deve decidir a favor ou contra, à semelhança do que se faz em procedimentos administrativos no âmbito da Administração Pública. A parte vencida, porém, terá o direito de veicular sua irresignação perante o Poder Judiciário: trata-se de um controle judicial de ato administrativo.

A realização de atos de constrição patrimonial, como bloqueio de ativos financeiros do devedor, poderá ser conduzida pelo próprio tabelião em sede do procedimento executivo extrajudicial, desde que este obviamente observe o contraditório e a ampla defesa. Há, porém, de assegurar ao devedor as vias adequadas de insurreição, inclusive pela via judicial, em nome do princípio da inafastabilidade da jurisdição.

Entendemos que essa assertiva vale até mesmo para os casos em que o ato de constrição judicial exija o uso da força policial, como na hipótese de desapossamento de veículos e de outros bens. A exceção corre à conta de constrições judiciais de bens situados dentro do domicílio do devedor, em respeito à cláusula de reserva de jurisdição que recai sobre o domicílio (art. 5º, XI, da Constituição Federal). O devedor poderá socorrer-se do Poder Judiciário no caso de ilegalidade.

É possível adotar soluções criativas alinhadas ao Estado de Direito. É possível fazer justiça sem justiçamento.

10. Ex.: a execução extrajudicial de dívida garantida por propriedade fiduciária imobiliária (Lei nº 9.514/97).

O fato é que o quadro atual, de manifesta incapacidade operacional do Poder Judiciário em dar vazão à assustadora carga de demandas, não pode permanecer.

5. CONCLUSÃO

O objetivo desse artigo não é descer às minúcias do procedimento executivo extrajudicial. Mas, sim, erguer reflexões sobre iniciativas de desjudicialização que urgem, com destaque para o papel protagonistas que os tabeliães e os registradores poderão exercer.

É preciso enfrentar, de vez, a realidade de incapacidade operacional do Poder Judiciário em dar vazão ao volume brutal de demandas. E esse enfrentamento deve ser feito em sintonia com o Estado Democrático de Direito, aliando eficiência com criatividade e justiça.

3

NOTAS SOBRE A EXECUÇÃO EXTRAJUDICIAL NO SISTEMA BRASILEIRO DE JUSTIÇA MULTIPORTAS[1]

Fredie Didier Jr.

Professor Titular da Universidade Federal da Bahia, nos cursos de Graduação, Mestrado e Doutorado. Advogado. Pós-Doutorado pela Universidade de Lisboa. Livre-Docente pela USP. Doutor em Direito pela PUC-SP. Mestre em Direito pela UFBA. Membro da Associação Internacional de Direito Processual, do Instituto Ibero-Americano de Direito Processual, do Instituto Brasileiro de Direito Processual e da Associação Norte e Nordeste de Professores de Processo. frediedidier@gmail.com

Leandro Fernandez

Juiz do Trabalho no TRT-6. Doutor e Mestre em Direito (UFBA). Membro da Associação Norte e Nordeste de Professores de Processo e do Instituto Brasileiro de Direito Processual. fernandez.leandro@hotmail.com

---

1. Este ensaio é resultado do grupo de pesquisa "Transformações nas teorias sobre o processo e o Direito processual", vinculado à Universidade Federal da Bahia, cadastrado no Diretório Nacional de Grupos de Pesquisa do CNPq no endereço: [dgp.cnpq.br/dgp/espelhogrupo/7958378616800053]. O grupo é membro fundador da "ProcNet – Rede Internacional de Pesquisa sobre Justiça Civil e Processo contemporâneo" (http://laprocon.ufes.br/rede-de-pesquisa).

1. INTRODUÇÃO[2]

Nenhuma reflexão que se pretenda séria sobre o sistema brasileiro de justiça pode desconsiderar a realidade da execução dos títulos executivos perante o Poder Judiciário.

As sucessivas edições do relatório *Justiça em Números*, publicado anualmente pelo Conselho Nacional de Justiça, confirmam, com preocupante consistência, que as execuções respondem por mais da metade do acervo do Judiciário, com alta "taxa de congestionamento"[3].

Em um sistema em que a solução de problemas jurídicos pode ser obtida a partir de múltiplas portas, parece inevitável reconhecer a necessidade

2. Parcela das ideias apresentadas neste ensaio foi anteriormente exposta em DIDIER JR., Fredie; FERNANDEZ, Leandro. *Introdução à justiça multiportas: sistema de solução de problemas jurídicos e o perfil do acesso à justiça no Brasil*. São Paulo: Juspodivm, 2024.

3. De acordo com o relatório *Justiça em Números*, a "taxa de congestionamento mede o percentual de processos que ficaram represados sem solução, comparativamente ao total tramitado no período de um ano" (CONSELHO NACIONAL DE JUSTIÇA. *Justiça em Números 2023*. Brasília: Conselho Nacional de Justiça, 2023, p. 114). A taxa de congestionamento das execuções no Poder Judiciário brasileiro, no ano de 2022, alcançou o patamar de 83,5% (CONSELHO NACIONAL DE JUSTIÇA. *Justiça em Números 2023*, cit., p. 143-149).

de *materialização* dessa solução também por meio de portas distintas do Poder Judiciário[4].

É bem verdade que o Judiciário brasileiro tem empreendido um amplo esforço para elevar a efetividade da execução[5], notadamente com a celebração de atos de cooperação interinstitucional para acesso a bancos de dados de entes públicos e o desenvolvimento de um conjunto de ferramentas tecnológicas para a pesquisa e constrição patrimonial.

Iniciativas como a Semana Nacional da Conciliação, promovida pelo Conselho Nacional de Justiça, e a Semana Nacional da Execução Trabalhista, coordenada pelo Conselho Superior da Justiça do Trabalho, também contribuem para a solução de processos de execução, especialmente com o estímulo à autocomposição, em consonância com o art. 3º, § 2º, do CPC.

As estatísticas demonstram, no entanto, que os resultados dessas medidas ainda estão muito distantes do *satisfatório*, com o perdão pelo jogo de palavras.

Por outro lado, também é inapropriado atribuir exclusivamente às condições do Poder Judiciário a responsabilidade pelos baixos índices de solução das execuções. Em muitos casos, operações de desvio de patrimônio ou a simples ausência de recursos financeiros são a causa do insucesso para a satisfação de créditos, inclusive nas hipóteses de protesto de títulos em cartórios extrajudiciais[6].

---

4. Nesse sentido, COSTA, Rosalina Moitta Pinto da; MOURA, João Vitor Mendonça de. *O provérbio hindu e o PL 6204/2019: Novos caminhos para a execução*. Disponível em: <https://www.migalhas.com.br/coluna/elas-no-processo/381432/o-proverbio-hindu-e-o-pl--6204-2019-novos-caminhos-para-a-execucao>.

5. Há, ainda, iniciativas de reconhecimento da ausência de perspectiva de sucesso em relação a certas execuções judiciais, a exemplo do que se observa na Resolução n. 547/2024 do Conselho Nacional de Justiça, destinada a promover tratamento racional e eficiente para as execuções fiscais pendentes no Poder Judiciário, a partir da tese fixada pelo Supremo Tribunal Federal no julgamento do Tema n. 1.184 da repercussão geral (STF, Pleno, RE n. 1.355.208, rel. Min. Cármen Lúcia, j. 19.12.2023).

6. YARSHELL, Flávio Luiz; RODRIGUES, Viviane Siqueira. "Desjudicialização da execução civil: uma solução útil e factível entre nós?". In: MEDEIROS NETO, Elias Marques de; RIBEIRO, Flávia Pereira (Coord.). *Reflexões sobre a desjudicialização da execução civil*. Curitiba: Juruá, 2020, p. 365.

O tema é, sem dúvidas, um dos mais complexos no sistema brasileiro de justiça.

Este ensaio tem o propósito de apresentar um panorama sobre a execução extrajudicial no Brasil, com abordagem sobre as modalidades já existentes no ordenamento e das principais propostas legislativas de sua ampliação, situando o tema no contexto das reflexões a respeito do sistema brasileiro de justiça multiportas[7].

2. EXECUÇÃO EXTRAJUDICIAL E AUTOTUTELA

Autotutela e execução extrajudicial são institutos que se aproximam, na medida em que promovem a realização do Direito sem o concurso direto do Poder Judiciário, mas não se confundem[8-9].

Na execução extrajudicial, há a transferência, em maior ou menor extensão, a terceiro, agente público ou privado, da atribuição para condução e prática de atos típicos de execução. O terceiro, aqui, deve ser um sujeito imparcial[10-11].

---

7. Sobre o sistema brasileiro de justiça multiportas, DIDIER JR., Fredie; FERNANDEZ, Leandro. *Introdução à justiça multiportas: sistema de solução de problemas jurídicos e o perfil do acesso à justiça no Brasil*, cit.

8. Em sentido diverso, visualizando as hipóteses de execução extrajudicial como modalidades de autotutela, YOSHIKAWA, Eduardo Henrique de Oliveira. *Execução extrajudicial e o devido processo legal*. São Paulo: Atlas, 2010, p. 36, 40 e 122-136.

9. Heitor Sica reúne sob a categoria da execução extrajudicial ou desjudicializada tanto as situações nas quais há atuação unilateral do sujeito (execução desjudicializada autotutelar) quanto aquelas nas quais ocorre a atuação de um terceiro para a solução do caso (execução desjudicializada heterocompositiva) (INSTITUTO DE DIREITO PROCESSUAL - IDPro. *Novas tendências | Diálogos: Desjudicialização da execução e Autotutela executiva*. Disponível em: <https://www.youtube.com/watch?v=DAnhBNAdhWk>).

10. Nesse sentido é a orientação contida na Recomendação Rec(2003)17, do Comitê de Ministros do Conselho da Europa, acerca da figura do agente de execução (item III, 4, 4).

11. Por esse motivo, a previsão contida no art. 63 da Lei n. 4.591/1964, que autoriza a comissão de representantes constituída em incorporações imobiliárias a levar a leilão o bem imóvel, não pode ser compreendida como uma hipótese de execução extrajudicial, *no sentido aqui utilizado*. Isso porque a comissão é constituída por, no mínimo, três membros escolhidos entre os adquirentes para representá-los perante o construtor ou o incorporador, em tudo o que interessar ao bom andamento da incorporação, ainda, perante terceiros, para a prática de determinados atos (art. 50).

Por outro lado, a unilateralidade é característica inerente à autotutela[12]. Eventual atuação de terceiro na autotutela ocorre na defesa da esfera jurídica do titular da situação jurídica, para assegurar, de modo parcial, a realização dos seus interesses[13], como se dá, por exemplo, com o representante legal ou convencional.

Quando a atribuição da capacidade jurídica para a prática de atos de execução ocorre por meio da transferência (em maior ou menor extensão) de competências do Poder Judiciário, fala-se em *desjudicialização da execução*[14].

A execução extrajudicial também é conduzida por um terceiro imparcial, um sujeito estranho àquilo que é discutido, o que, em um primeiro olhar, poderia permitir sua acomodação como modalidade de heterocomposição. De fato, não há problemas teóricos na alocação da execução extrajudicial no gênero heterocomposição – até porque a execução judicial está também dentro desse gênero. A opção de segregar a execução extrajudicial, neste momento, da heterocomposição, tem principalmente uma função didática de destacar o instituto, para permitir o seu melhor desenvolvimento dogmático.

12. SALLES, Raquel Bellini de Oliveira. *Autotutela nas relações contratuais*. Rio de Janeiro: Processo, 2019. p. 94. Com abordagem específica a respeito das modalidades de execução extrajudicial previstas no Decreto-Lei n. 70/1966 (já revogada) e na Lei n. 9.514/1997, SANTOS FILHO, Augusto Barbosa. *Execução extrajudicial e jurisdição: o Projeto de Lei 6.204/2019 no Sistema de Justiça Brasileiro*. Dissertação (Mestrado em Direito). Universidade Federal da Bahia, Faculdade de Direito, Salvador, 2021, p. 182-183.

13. BETTI, Emilio. *Diritto processuale civile italiano*. 2. ed. Roma: Societa Editrice Del Foro Italiano, 1936, p. 29-30; GERI, Lina Bigliazzi. *Profili sistematici dell'autotutela privata*: introduzione. Milão: Giuffrè, 1971, p. 36-38 e 87.

14. A desjudicialização pressupõe, logicamente, que o ato ou procedimento estivesse anteriormente submetido ao Poder Judiciário (OLIVEIRA, Daniela Olímpio de. *Desjudicialização, acesso à justiça e teoria geral do processo*. 2. ed. rev e atual. Curitiba: Juruá, 2015, p. 177). Assim, por exemplo, uma alteração legislativa que viesse a determinar a transferência de atribuições do agente fiduciário para outro sujeito do sistema de justiça (como as serventias extrajudiciais) não seria uma hipótese de desjudicialização, mas apenas uma redefinição de funções no âmbito das portas para a solução extrajudicial de problemas jurídicos.

3. MODALIDADES DE DESJUDICIALIZAÇÃO DA EXECUÇÃO

É possível classificar a desjudicialização da execução a partir de variadas perspectivas.

Augusto Barbosa adota como critério distintivo a submissão ou não dos atos executivos à função jurisdicional, distinguindo a *desjudicialização jurisdicional* da *execução extrajudicial não jurisdicional*. A desjudicialização jurisdicional abrange os casos nos quais o controle dos atos de execução é exercido por sujeito a quem o ordenamento jurídico atribui jurisdição, embora distintos do Poder Judiciário (notadamente, os árbitros), bem como as situações nas quais a supervisão dos atos executivos permanece com o Judiciário, mas a prática de atos específicos é delegada para outros sujeitos. Já a execução extrajudicial não jurisdicional é desenvolvida à margem do exercício da jurisdição, mas em conformidade com o ordenamento jurídico[15].

Márcio Faria identifica três níveis de desjudicialização da execução: *a)* a transferência de atribuições do juiz para agentes integrantes do próprio Poder Judiciário (em uma espécie de descentralização); *b)* a delegação da prática de atos executivos a sujeitos externos ao Poder Judiciário, públicos ou particulares; *c)* a transferência da integralidade ou da quase totalidade dos atos executivos para agentes externos ao Judiciário, sem a associação a instrumentos de controle judicial direto[16].

A classificação apresentada por Márcio Faria sistematiza bem o fenômeno. Isso porque, considerando a causa e os propósitos das iniciativas de desjudicialização, o melhor critério para sua classificação parece ser o *grau de vinculação em relação ao Poder Judiciário*. É necessário apenas realizar uma delimitação pontual, com a exclusão da alínea "a", tendo em vista o sentido em que a expressão "desjudicialização da execução" é aqui utilizada. Na transferência de atribuições da figura do juiz para agentes

15. SANTOS FILHO, Augusto Barbosa. *Execução extrajudicial e jurisdição: o Projeto de Lei 6.204/2019 no Sistema de Justiça Brasileiro*, cit., p. 147-163.

16. FARIA, Márcio Carvalho. Primeiras impressões sobre o Projeto de Lei n.º 6.204/2019: críticas e sugestões acerca da tentativa de se desjudicializar a execução civil brasileira (parte um). *Revista de Processo*, São Paulo, v. 313, mar. 2021, p. 393-416.

integrantes do Judiciário não há, propriamente, desjudicialização, mas descentralização, como, aliás, percebido pelo próprio autor.

Assim, de acordo com o critério do grau de vinculação em relação ao Poder Judiciário, a desjudicialização pode ocorrer com:

a) a transferência da execução, em sua totalidade ou quase totalidade, para agente externo ao Poder Judiciário[17], público ou privado, podendo ou não caber ao Judiciário o juízo de admissibilidade da execução e, posteriormente, eventual intervenção no caso de provocação por um dos interessados;

b) a delegação, em maior ou menor extensão, mantida a supervisão do Poder Judiciário, da prática de atos de execução a agentes externos[18].

Em relação à primeira modalidade, é possível que a transferência seja realizada em relação a agente responsável pela manutenção de uma plataforma eletrônica destinada a automatizar, por exemplo, a análise de documentos, a expedição de citação para pagamento, a busca patrimonial e a prática de atos de constrição, numa verdadeira *Online Dispute Enforcement* (ODE), como proposto por Dierle Nunes, Antônio Viana e Camilla Paolinelli[19].

---

17. Naquilo que Luiz Fernando Cilurzo identifica como "desjudicialização do procedimento em si" (CILURZO, Luiz Fernando. *A desjudicialização na execução por quantia*. Dissertação (Mestrado em Direito). Universidade de São Paulo, Faculdade de Direito, São Paulo, 2016, p. 30).

18. Trata-se de "desjudicialização incidental" (CILURZO, Luiz Fernando. *A desjudicialização na execução por quantia*, cit., p. 30). Augusto Barbosa entende não haver aqui propriamente uma execução extrajudicial, em razão da vinculação ao Poder Judiciário por mecanismos de supervisão e controle direto (SANTOS FILHO, Augusto Barbosa. *Execução extrajudicial e jurisdição: o Projeto de Lei 6.204/2019 no Sistema de Justiça Brasileiro*, cit., p. 151).

19. NUNES, Dierle; VIANA, Antônio Aurélio de Souza; PAOLINELLI, Camilla. "Um olhar iconoclasta aos rumos da execução civil e os novos e-designs: como os *smart contracts* e as *Online Dispute Enforcements* podem revelar inovações para a desjudicialização da execução". In: BELIZZE, Marco Aurélio et al (coord.). *Execução civil: novas tendências*. Livro eletrônico. Indaiatuba: Foco, 2022, posição 422-426.

Quanto à segunda modalidade, como observado por Antonio do Passo Cabral[20], Juliana Melazzi[21] e Fernanda Vogt[22], a delegação da prática de atos processuais, mesmo para sujeitos que não integram os quadros do Poder Judiciário, a partir de uma lógica de competência definida *ad actum* (competência para a prática de determinado ato), não é desconhecida no ordenamento jurídico brasileiro. Há previsões nesse sentido, ilustrativamente, nos arts. 159 a 161 (depositário ou administrador de bens penhorados), 861, § 3º (administrador responsável pela liquidação de quotas ou ações), 862 (administrador-depositário de estabelecimento comercial, industrial ou agrícola), 866, § 2º (administrador-depositário nomeado na penhora de percentual de faturamento de empresa), 868 e 869 (administrador-depositário nomeado no caso de penhora de frutos e rendimentos de coisa móvel ou imóvel), 879, I, e 880 (alienação por corretor ou leiloeiro particular) do Código de Processo Civil, no art. 22 (administrador judicial na recuperação judicial e na falência) da Lei n. 11.101/2005 e no art. 119 (figura do orientador) da Lei n. 8.069/1990[23].

4. A FIGURA DO AGENTE DE EXECUÇÃO

Uma das questões mais relevantes nas iniciativas de desjudicialização da execução é a definição do sujeito a quem será atribuída a capacidade jurídica para a prática de atos executivos.

A *Recomendação Rec(2003)17* do Comitê de Ministros do Conselho da Europa, relativa à efetividade da execução, dedica um item específico à figura do *agente de execução*[24].

---

20. CABRAL, Antonio do Passo. *Juiz natural e eficiência processual: flexibilização, delegação e coordenação de competências no Processo Civil*. São Paulo: Thomson Reuters Brasil, 2021, p. 365-428.

21. ANDRADE, Juliana Melazzi. "A delegação do exercício da competência no processo executivo brasileiro". *Revista de Processo*. São Paulo, Revista dos Tribunais, v. 44, n. 296, p. 111–147.

22. VOGT, Fernanda Costa. *Cognição do juiz no Processo Civil: flexibilidade e dinamismo dos fenômenos cognitivos*. São Paulo: Juspodivm, 2020, p. 175-203.

23. CABRAL, Antonio do Passo. *Juiz natural e eficiência processual: flexibilização, delegação e coordenação de competências no Processo Civil*, cit., p. 381-384; ANDRADE, Juliana Melazzi. É preciso desjudicializar ou descentralizar a execução civil. Disponível em: <https://www.conjur.com.br/2021-abr-10/melazzi-desjudicializar-ou-descentralizar-execucao-civil>.

24. Um panorama da desjudicialização da execução em alguns países europeus, com a exposição sobre as funções desempenhadas pelo agente de execução, é apresentado em

Nos países que adotam modalidades de desjudicialização da execução, o agente de execução é o sujeito autorizado pelo Estado a conduzir o processo de execução, seja ou não um funcionário público (item III, *b*, Recomendação n. 2003/17).

Para o recrutamento do agente de execução, devem ser considerados critérios como conhecimento jurídico, idoneidade moral e qualificação em técnicas relevantes para a sua atividade (item III, 4, 3, Recomendação n. 2003/17).

É altamente aconselhável que sejam definidos com clareza os poderes e as responsabilidades do agente de execução, bem como os procedimentos por ele conduzidos (itens III, 2, *a*, e 4, 5, Recomendação n. 2003/17). Além disso, o agente de execução deve manter postura imparcial e estar submetido a mecanismos de acompanhamento das suas atividades, a exemplo da submissão a controle judicial (item III, 4, 4, Recomendação n. 2003/17). Em caso de comportamento irregular, deve estar sujeito a processo disciplinar, civil ou criminal (item III, 4, 6, Recomendação n. 2003/17).

A Recomendação não especifica, no entanto, quais sujeitos podem desempenhar a função de agente de execução, tema submetido à disciplina das legislações nacionais.

No Brasil, as principais propostas de desjudicialização da execução divergem em relação à identificação da figura do agente de execução.

O Projeto de Lei n. 6.204/2019 pretende reservar essa função exclusivamente ao tabelião de protesto, opção mantida no texto substitutivo apresentado em abril de 2022. A justificativa dessa opção é a circunstância de o tabelião de protesto, além de ser um agente delegado submetido à fiscalização do Poder Judiciário, lidar habitualmente com títulos de dívidas, contando com infraestrutura e procedimentos estabelecidos para localizar e intimar os devedores[25].

RIBEIRO, Flávia Pereira. *Desjudicialização da execução civil*. 3. ed. Curitiba: Juruá, 2022, p. 113-151.

25. RIBEIRO, Flávia Pereira. *Desjudicialização da execução civil*, cit., p. 234-242; PEIXOTO, Renata Cortez Vieira. "O Projeto de Lei nº 6.204/2019 e a desjudicialização da execução civil: adequação da atribuição de agentes de execução aos tabeliães de protestos". *Revista ANNEP de Direito Processual*, v. 1, n. 2, 2020, p. 86-97. Vide, ainda, com argumentos contrários à exclusividade, FARIA, Márcio Carvalho. "Dez razões pelas quais o tabelião de protesto não pode ser

O anteprojeto de lei elaborado pelo Grupo "Observatório da Execução Judicial e Desjudicializada", coordenado pelo Professor Heitor Vitor Mendonça Sica, na Faculdade de Direito da Universidade de São Paulo, adotado pelo Grupo de Trabalho instituído pela Portaria n. 272/2020 do Conselho Nacional de Justiça, propõe o exercício da função de agente de execução exclusivamente por delegatários de serventias extrajudiciais, mas não limitado ao tabelião de protesto.

O anteprojeto de lei elaborado pelo Grupo "Transformações nas Estruturas Fundamentais do Processo", da Universidade do Estado do Rio de Janeiro, coordenado pelo Professor Antonio do Passo Cabral, propõe a possibilidade de o agente de execução ser um sujeito público ou privado, pessoa natural ou jurídica (arts. 796-A, *caput* e § 5º, 796-D, § 2º, CPC). Esta proposta nos parece a mais adequada, sobretudo num sistema de justiça com alto grau de abertura como o brasileiro.

5. O CONTRATO DE ADMINISTRAÇÃO FIDUCIÁRIA DE GARANTIAS. O AGENTE DE GARANTIA E A EXECUÇÃO EXTRAJUDICIAL

A Lei n. 14.711/2023 introduziu no Código Civil (CC, art. 853-A) nova modalidade de contrato típico, o *contrato de administração fiduciária de garantias*, e disciplinou a figura do *agente de garantia*.

Por meio do contrato de administração fiduciária de garantias, um ou mais credores podem atribuir poderes a um terceiro para a gestão e execução (judicial e extrajudicial, quando cabível) de garantia levada a registro (art. 853-A, *caput*, CC).

O contrato de administração fiduciária de garantias está inserido no gênero dos *negócios fiduciários*[26]. Agentes fiduciários são previstos em outros diplomas legais, como a Lei n. 6.404/1976 (Lei das Sociedades por

---

o único agente de execução". In: BELIZZE, Marco Aurélio et al (Coord.). *Execução civil: novas tendências*. Livro eletrônico. Indaiatuba: Foco, 2022, posição 1.215-1.255; HILL, Flávia Pereira. "Desjudicialização da execução civil: reflexões sobre o Projeto de Lei nº 6.204/2019". *Revista Eletrônica de Direito Processual – REDP*, Rio de Janeiro, ano 14, v. 21, n. 3, set.-dez. 2020, p. 164-205.

26. Negócio fiduciário é aquele "pelo qual uma pessoa (fiduciante) transmite a propriedade de uma coisa ou a titularidade de um direito a outra (fiduciário), que se obriga a dar-lhe destinação e, cumprido esse encargo, retransmitir a coisa ou direito ao fiduciante ou a um

Ações), arts. 66 a 70, e a Lei n. 14.430/2022 (Marco Legal da Securitização), arts. 25 a 32.

Após receber o valor do produto da realização da garantia, o agente de garantia deverá realizar o pagamento aos credores em até dez dias (art. 853-A, § 6º, CC). Enquanto o valor não for transferido aos credores, ele constitui patrimônio autônomo em relação ao do agente de garantia, não respondendo por suas obrigações pelo período de até cento e oitenta dias, contado da data de recebimento do produto da garantia (art. 853-A, § 5º, CC).

O agente de garantia atua em nome próprio e em benefício dos credores, inclusive em ações judiciais que envolvam discussões sobre a existência, a validade ou a eficácia do ato jurídico do crédito garantido (art. 853-A, *caput*, CC), em legitimação extraordinária, portanto.

É vedada a estipulação de cláusula contratual que tenha por objeto o afastamento da legitimação extraordinária do agente de garantia, em desfavor do devedor ou do terceiro prestador da garantia (art. 853-A, *caput*, CC). A previsão protege o devedor (ou, sendo o caso, o terceiro garantidor), garantindo-lhe segurança em relação aos poderes do agente de garantia, com quem negocia – e contra quem pode litigar.

Além da atuação em ações judiciais, o agente de garantia *poderá valer-se da execução extrajudicial da garantia*, quando houver previsão na legislação especial a ela aplicável (art. 853, § 1º, CC).

O agente de garantia pode celebrar contratos com o devedor, com as finalidades, por exemplo, de pesquisa de ofertas de crédito mais vantajosas entre os diversos fornecedores, auxílio nos procedimentos necessários à formalização de contratos de operações de crédito e de garantias reais e intermediação na resolução de questões relativas aos contratos de operações de crédito ou às garantias reais (art. 853, § 7º, CC). É necessário, no entanto, adotar as cautelas necessárias para a não configuração de eventual conflito de interesses, motivo pelo qual o agente de garantia "deverá agir com estrita boa-fé perante o devedor" (art. 853, § 8º, CC).

---

beneficiário indicado no pacto fiduciário" (CHALHUB, Melhim Namem. *Negócio fiduciário*. Rio de Janeiro: Renovar, 2000, p. 38).

Logicamente, com a celebração de contratos com o devedor, há também a possibilidade de ocorrência de conflito de interesses com os credores, devendo o agente de garantia agir, também em relação a eles, de acordo com a boa-fé. No caso dos credores, há um mecanismo contratual que pode ser adotado em hipóteses de violação do dever fiduciário: a substituição do agente de garantia, que pode a qualquer tempo, por decisão do credor único ou dos titulares que representarem a maioria simples dos créditos garantidos, reunidos em assembleia (art. 853, § 3º, CC). Por razões de segurança jurídica, a substituição do agente de garantia somente será eficaz após ter sido tornada pública pela mesma forma por meio da qual tenha sido dada publicidade à garantia (art. 853, § 3º, CC).

6. PANORAMA LEGISLATIVO

6.1. Execução hipotecária (a Lei n. 14.711/2023 e a revogação da disciplina prevista no Decreto-Lei n. 70/1966)

6.1.1. O Decreto-Lei n. 70/1966

A existência de modalidades de execução extrajudicial não é desconhecida no ordenamento jurídico brasileiro.

O *Decreto-Lei n. 70/1966* previa uma modalidade de execução extrajudicial em favor do credor hipotecário (arts. 29 a 41). A regulamentação foi revogada pela Lei n. 14.711/2023 (Marco Legal das Garantias), que estabeleceu nova disciplina para a matéria (art. 9º)[27].

Por sua relevância histórica, o procedimento previsto no Decreto-Lei n. 70/1966 merece alguns registros[28].

27. A ADI n. 7.601 questiona a constitucionalidade dos arts. 6º, 9º e 10 do Marco Legal das Garantias, sob o fundamento, em síntese, de ocorrência de violação ao devido processo legal, à reserva de jurisdição e ao direito de propriedade.

28. Sobre o procedimento adotado na execução extrajudicial prevista no Decreto-Lei n. 70/1966, ASSIS, Araken de. *Manual da Execução*. Livro eletrônico. 2. ed. baseada na 18. ed. impressa. São Paulo: RT, 2016, p. 1.030-1.031.

O diploma autorizava o credor a optar entre a execução perante o Poder Judiciário ou o agente fiduciário (arts. 29 e 31, Decreto-Lei n. 70/1966), estabelecendo algumas exigências em relação à figura do agente fiduciário[29]. Ao agente fiduciário cabia notificar o devedor, por meio do Cartório de Títulos e Documentos, concedendo-lhe o prazo de vinte dias para a purgação da mora (art. 31, § 1º, Decreto-Lei n. 70/1966). Persistindo a ausência de pagamento, competia ao agente fiduciário promover o leilão do bem hipotecado (art. 32, Decreto-Lei n. 70/1966).

Após a realização da alienação do imóvel, e com a transcrição da carta de arrematação no Registro de Imóveis, o adquirente poderia requerer ao juízo competente a imissão na posse do imóvel, que deveria ser concedida liminarmente, sem prejuízo do prosseguimento do processo para apreciação das alegações apresentadas pelo devedor em sua contestação (art. 37, § 2º, Decreto-Lei n. 70/1966). Antes deste momento, a intervenção do Judiciário estava prevista somente nos casos de demonstração do pagamento ou consignação em juízo do valor devido (art. 20, Decreto-Lei n. 70/1966).

A execução extrajudicial criada pelo Decreto-Lei n. 70/1966 foi, por um tempo, duramente criticada por parcela da doutrina, que nela visualizava uma violação à inafastabilidade da jurisdição e à isonomia[30].

Ao longo dos anos, no entanto, ambas as turmas do Supremo Tribunal Federal reconheceram a recepção dos arts. 31 a 37 do Decreto-Lei n. 70/1966 pela Constituição Federal de 1988[31], posicionamento que veio a

29. Instituições financeiras credenciadas pelo Banco Central podiam atuar como agente fiduciário para efeito do procedimento regulado pelo Decreto-Lei n. 70/1966. Vedava-se ao agente fiduciário manter vínculo societário com os credores ou devedores das hipotecas em que estivesse envolvido (art. 30, § 3º, Decreto-Lei n. 70/1966). Para atuação na condição de agente fiduciário, era necessário que houvesse a escolha consensual da entidade pelo credor e pelo devedor, no contrato originário de hipoteca ou em aditamento, exceto se estivessem agindo em nome da instituição financeira ou na hipótese de destituição por ordem judicial (art. 41, § 1º, Decreto-Lei n. 70/1966).

30. OLIVEIRA, Carlos Alberto Alvaro de. "Procedimento e Ideologia no Direito Brasileiro Atual". *Revista da Associação dos Juízes do Rio Grande do Sul - AJURIS*. Porto Alegre, ano XII, n. 33, mar. 1985, p. 82-83; BECKER, Laércio Alexandre. *Contratos bancários*. São Paulo: Malheiros, 2002, p. 314-312.

31. Ilustrativamente, STF, 1ª Turma, RE n. 223.075, rel. Min. Ilmar Galvão, j. em 23.06.1998, publicado em 06.11.1998.

ser confirmado no julgamento conjunto do RE n. 556.520[32] e do RE n. 627.106[33], agora sob o regime da repercussão geral.

Na compreensão do Supremo Tribunal Federal, o procedimento previsto no Decreto-Lei n. 70/1966 foi recepcionado pela CF/1988, já que era assegurado ao devedor o acesso ao Poder Judiciário, seja pela necessária intervenção antes da imissão do credor na posse do imóvel, seja pela possibilidade de provocação do juízo competente em caso de verificação de irregularidade no procedimento[34].

Além da ausência de vedação de acesso ao Poder Judiciário (que seria, essa sim, claramente inconstitucional), o Decreto-Lei n. 70/1966, como visto, exigia a imparcialidade do agente fiduciário na condução da execução extrajudicial, criando mecanismos para seu controle, e estabelece parâmetros para operacionalização do procedimento. Assegurava, portanto, a observância de um *devido processo legal executivo extrajudicial*, uma das conformações admissíveis para a concretização do art. 5º, LIV, da Constituição Federal, que, em um sistema de justiça multiportas, não pode ser interpretado como uma necessária imposição de submissão ao processo judicial.

6.1.2. Execução hipotecária na Lei n. 14.711/2023 (Marco Legal das Garantias)

Atualmente, a execução extrajudicial hipotecária está disciplinada no art. 9º da Lei n. 14.711/2023 (Marco Legal das Garantias). Com a inovação legislativa, passa a ser requisito de validade do título constitutivo da hipoteca a expressa previsão do procedimento previsto no mencionado dispositivo (9º, § 15, Lei n. 14.711/2023)[35].

---

32. STF, Pleno, RE n. 556.520, redator do acórdão Min. Dias Toffoli, j. em 08.04.2021.
33. STF, Pleno, RE n. 627.106, rel. Min. Dias Toffoli, j. em 08.04.2021.
34. Defendendo a constitucionalidade do procedimento previsto no Decreto-Lei n. 70/1966, por não haver reserva de jurisdição para a venda de bens dados em garantia e por estarem preservadas as garantias constitucionais para a perda propriedade, SILVA, Paula Costa e. "A constitucionalidade da execução hipotecária do Decreto-Lei 70, de 21 de novembro de 1966". *Revista de Processo*. São Paulo: RT, 2018, v. 284, p. 185-209.
35. A constitucionalidade da nova disciplina é questionada na ADI n. 7.601.

A Lei n. 14.711/2023 retirou a figura do agente fiduciário da execução extrajudicial dos créditos garantidos por hipoteca, aproximando o seu procedimento daquele previsto na Lei n. 9.514/1997 para a alienação fiduciária em garantia sobre imóveis. Há, por exemplo, previsão de procedimento único no caso de concurso de credores que possam utilizar a execução extrajudicial referente à garantia hipotecária ou à propriedade fiduciária (art. 10, Lei n. 14.711/2023) e de aplicação das regras contidas na Lei n. 9.514/1997 em relação à intimação para purgação da mora (art. 9º, § 1º, Lei n. 14.711/2023) e à desocupação do ocupante do imóvel excutido (art. 9º, § 12, Lei n. 14.711/2023).

Na hipótese de não pagamento integral da dívida hipotecária, o devedor e, se for o caso, o terceiro hipotecante (ou seus representantes legais ou procuradores regularmente constituídos) serão intimados pessoalmente, a requerimento do credor ou do seu cessionário, pelo oficial do Registro de Imóveis da situação do imóvel hipotecado, para purgação da mora no prazo de quinze dias (art. 9º, § 1º, Lei n. 14.711/2023).

Decorridos quinze dias do término do prazo para a purgação da mora, não tendo sido realizado o pagamento, o credor poderá requerer a averbação de tal informação na matrícula do imóvel (art. 9º, § 2º, Lei n. 14.711/2023).

No prazo de sessenta dias, contado da averbação, o credor promoverá leilão público do imóvel hipotecado, que poderá ser realizado por meio eletrônico (art. 9º, § 3º, Lei n. 14.711/2023). As datas, os horários e os locais dos leilões serão comunicados ao devedor e, se for o caso, ao terceiro hipotecante por meio de correspondência dirigida aos endereços constantes do contrato ou posteriormente fornecidos, inclusive ao endereço eletrônico (art. 9º, § 4º, Lei n. 14.711/2023).

Se o lance oferecido no primeiro leilão público não for igual ou superior ao valor do imóvel estabelecido no contrato para fins de execução ou ao valor de avaliação realizada pelo órgão público competente para cálculo do imposto sobre transmissão *inter vivos*, o que for maior, o segundo leilão será realizado nos quinze dias seguintes (art. 9º, § 5º, Lei n. 14.711/2023).

No segundo leilão, será aceito o maior lance oferecido, desde que seja igual ou superior ao valor integral da dívida garantida pela hipoteca e demais despesas, podendo, caso não haja lance que alcance referido valor, ser aceito pelo credor hipotecário, a seu exclusivo critério, lance que corresponda a, pelo menos, metade do valor de avaliação do bem (art. 9º, § 6º, Lei n. 14.711/2023).

Se o lance para arrematação do imóvel superar o valor da totalidade da dívida e das demais despesas, a quantia excedente será entregue ao hipotecante no prazo de quinze dias, contado da data da efetivação do pagamento do preço da arrematação (art. 9º, § 8º, Lei n. 14.711/2023).

Por outro lado, se o lance oferecido no segundo leilão não for igual ou superior ao referencial mínimo, o credor terá a faculdade de: *a)* apropriar-se do imóvel em pagamento da dívida (que, por isso, se extinguirá), a qualquer tempo, pelo valor correspondente ao referencial mínimo devidamente atualizado, mediante requerimento ao oficial do Registro de Imóveis competente, que registrará os autos dos leilões negativos com a anotação da transmissão da propriedade em ato registral único, dispensada a ata notarial de arrematação; ou *b)* realizar, no prazo de até cento e oitenta dias, contado do último leilão, a venda direta do imóvel a terceiro, por valor não inferior ao referencial mínimo, dispensado novo leilão, hipótese em que o credor hipotecário ficará investido de mandato irrevogável para representar o garantidor hipotecário, com poderes para transmitir domínio, direito, posse e ação, manifestar a responsabilidade do alienante pela evicção e imitir o adquirente na posse (art. 9º, § 9º, Lei n. 14.711/2023)[36].

Havendo sucesso no leilão, a documentação correspondente (autos do leilão) e o processo de execução extrajudicial da hipoteca serão distribuídos a tabelião de notas com circunscrição delegada que abranja o local do imóvel para lavratura de ata notarial de arrematação, que conterá os dados da intimação do devedor e do garantidor e dos autos do leilão e constituirá título apto à transmissão da propriedade ao arrematante a ser registrado na matrícula do imóvel (art. 9º, § 11, Lei n. 14.711/2023).

---

36. Neste caso, se o produto do leilão não for suficiente para a satisfação do crédito (valor da dívida mais as despesas), o devedor continuará sendo obrigado a adimplir o saldo remanescente (art. 1.430, Código Civil), salvo na hipótese do o art. 9º, § 10, da Lei n. 14.711/2023: se a dívida decorrer de operações de financiamento para a aquisição ou a construção de imóvel residencial do devedor, excetuadas aquelas compreendidas no sistema de consórcio, quando, o devedor ficará exonerado da responsabilidade pelo saldo remanescente.

6.2. Execução do contrato de alienação fiduciária de imóvel (Lei n. 9.514/1997)

Outra hipótese de execução extrajudicial está prevista na *Lei n. 9.514/1997*, que disciplina o Sistema de Financiamento Imobiliário.

Na alienação fiduciária de coisa imóvel, as partes estabelecem a transferência, do fiduciante para o credor (fiduciário), da propriedade resolúvel da coisa, utilizada como garantia de obrigação própria ou de terceiro (art. 22, Lei n. 9.514/1997, com redação conferida pela Lei n. 14.711/2023). A propriedade fiduciária sobre a coisa é constituída com o registro do correspondente contrato no Registro de Imóveis (art. 23, *caput*, Lei n. 9.514/1997), o que pode ocorrer desde a data de sua celebração (art. 22, § 3º, Lei n. 9.514/1997, incluído pela Lei n. 14.711/2023).

Na hipótese de não pagamento integral da dívida no vencimento e constituído em mora o fiduciante, a propriedade do imóvel será consolidada em nome do fiduciário (art. 26, *caput*, Lei n. 9.514/1997). Para tanto, o fiduciário deverá requerer ao oficial do Registro de Imóveis a intimação do fiduciante para a satisfação, no prazo de quinze dias, da prestação vencida, das que se vencerem até a data do pagamento e das demais despesas (art. 26, § 1º, Lei n. 9.514/1997).

Na hipótese de haver imóveis localizados em mais de uma circunscrição imobiliária em garantia da mesma dívida, a intimação para purgação da mora poderá ser requerida a qualquer um dos registradores competentes e, uma vez realizada, importa cumprimento do requisito de intimação em todos os procedimentos de execução, desde que seja informada a totalidade da dívida e dos imóveis passíveis de consolidação de propriedade (art. 26, § 1º-A, Lei n. 9.514/1997).

É possível celebrar negócio processual para estabelecer prazo de carência, após o qual será expedida a intimação (art. 26, § 2º, Lei n. 9.514/1997). Não tendo sido fixado pelas partes, o prazo de carência será de quinze dias (art. 26, § 2º-A, Lei n. 9.514/1997).

A intimação será feita pessoalmente ao devedor e, se for o caso, ao terceiro fiduciante (art. 26, § 3º, Lei n. 9.514/1997). Por solicitação do oficial do Registro de Imóveis, ela poderá ser realizada por oficial de Registro de Títulos e Documentos da comarca da situação do imóvel ou do domicílio de quem deva recebê-la, ou pelo correio, com aviso de recebimento (art. 26, § 3º, Lei n. 9.514/1997). Não custa lembrar: em matéria de comunicação, a liberdade negocial é ampla, daí porque pode haver negócio processual que altere o regramento legal.

É responsabilidade do devedor e, se for o caso, do terceiro fiduciante informar ao credor fiduciário sobre a alteração de seu domicílio (art. 26, § 4º-A, Lei n. 9.514/1997). Quando o devedor ou, se for o caso, o terceiro fiduciante, o cessionário, o representante legal ou o procurador regularmente constituído encontrar-se em local ignorado, incerto ou inacessível, oficial de Registro de Imóveis promoverá a intimação por edital publicado pelo período mínimo de três dias em jornal de maior circulação local ou em jornal de comarca de fácil acesso, se o local não dispuser de imprensa diária (art. 26, § 4º, Lei n. 9.514/1997). Presume-se que o devedor e, se for o caso, o terceiro fiduciante se encontram em lugar ignorado quando não forem encontrados no local do imóvel dado em garantia nem no endereço que tenham fornecido por último, observando-se que, na hipótese de o devedor ter fornecido contato eletrônico no contrato, é imprescindível o envio da intimação por essa via com, no mínimo, quinze dias de antecedência da realização de intimação por edital (art. 26, § 4º-B, Lei n. 9.514/1997). Também aqui a liberdade negocial é ampla, daí porque pode haver negócio processual que altere o regramento legal.

Se o pagamento não for realizado, o oficial do Registro de Imóveis certificará a ocorrência do inadimplemento e promoverá a averbação, na matrícula do imóvel, da consolidação da propriedade em nome do fiduciário (art. 26, § 7º, Lei n. 9.514/1997).

Perceba que, também aqui, há uma preocupação com a garantia de imparcialidade do terceiro, tendo em vista que o art. 27 da Lei n. 8.935/1994 proíbe o titular de serventia extrajudicial de praticar, pessoalmente, qualquer ato de seu interesse, ou de interesse de seu cônjuge ou de parentes, na linha reta, ou na colateral, consanguíneos ou afins, até o terceiro grau.

Após a consolidação da propriedade em seu nome, o fiduciário promoverá, no prazo de sessenta dias contados da data do registro, leilão para a alienação do imóvel (art. 27, *caput*, Lei n. 9.514/1997, com redação conferida pela Lei n. 14.711/2023).

Se no primeiro leilão público o maior lance oferecido for inferior ao valor do imóvel, será realizado o segundo leilão nos quinze dias seguintes (art. 27, § 1º, Lei n. 9.514/1997).

No segundo leilão, será aceito o maior lance oferecido, desde que seja igual ou superior ao valor integral da dívida garantida pela alienação fiduciária e das demais despesas, podendo, caso não haja lance que alcance tal valor, ser aceito pelo credor fiduciário, a seu critério, lance que corresponda a, pelo menos, metade do valor de avaliação do bem (art. 27, § 2º, Lei n. 9.514/1997, com redação atribuída pela Lei n. 14.711/2023).

As datas, os horários e os locais dos leilões serão comunicados ao devedor e, se for o caso, ao terceiro fiduciante, por meio de correspondência dirigida aos endereços constantes do contrato, inclusive ao endereço eletrônico (art. 27, § 2º-A, Lei n. 9.514/1997, com redação conferida pela Lei n. 14.711/2023). Os leilões e a publicação dos respectivos editais poderão ser realizados por meio eletrônico (art. 27, § 10, Lei n. 9.514/1997).

Nos cinco dias que se seguirem à venda do imóvel no leilão, o credor entregará ao fiduciante a importância que ultrapassar os valores da dívida e das demais despesas, levando-se em consideração a indenização por eventuais benfeitorias (art. 27, § 4º, Lei n. 9.514/1997, com redação atribuída pela Lei n. 14.711/2023).

Se, no segundo leilão, não houver lance igual ou superior ao valor integral da dívida garantida pela alienação fiduciária e das demais despesas, o fiduciário ficará investido na livre disponibilidade do imóvel (art. 27, § 5º, Lei n. 9.514/1997, com redação atribuída pela Lei n. 14.711/2023), sendo que o devedor continuará obrigado pelo pagamento do saldo remanescente, que poderá ser cobrado por meio de ação de execução e, se for o caso, execução das demais garantias da dívida (art. 27, § 5º-A, Lei n. 9.514/1997, inserido pela Lei n. 14.711/2023). É importante mencionar: neste ponto, a Lei n. 14.711/2023 mudou sensivelmente a execução da alienação fiduciária de imóvel em relação ao regime anterior, quando a dívida seria considerada extinta, mesmo se, no segundo leilão, o lance fosse menor do que o respectivo valor (art. 27, § 5º, na redação original, anterior à Lei n. 14.711/2023).

O art. 26-A da Lei n. 9.514/1997 prevê regras específicas em relação a financiamentos para aquisição ou construção de imóvel residencial do devedor, com exceção das operações do sistema de consórcio regulado pela Lei n. 11.795/2008.

Há uma relevante distinção em relação aos efeitos do não atendimento do valor referencial mínimo para arrematação no segundo leilão. Diversamente da atual previsão contida no art. 27, § 5º-A, da Lei n. 9.514/1997, que prevê a subsistência da obrigação quanto ao saldo remanescente, o art. 26-A, § 4º, da Lei n. 9.514/1997 dispõe que o não alcance do referencial mínimo no segundo leilão importará a extinção da dívida, com recíproca quitação, ficando o credor investido da livre disponibilidade do bem.

O art. 27-A da Lei n. 9.514/1997, incluído pela Lei n. 14.711/2023, disciplina a execução extrajudicial nas operações de crédito garantidas por alienação fiduciária de dois ou mais imóveis. Nesse caso, não tendo sido convencionada a vinculação de cada imóvel a uma parcela da dívida, o credor poderá promover a excussão em ato simultâneo, por meio de consolidação da propriedade e leilão de todos os imóveis em conjunto, ou em atos sucessivos, por meio de consolidação e leilão de cada imóvel em sequência, à medida do necessário para satisfação integral do crédito. Na hipótese de execução extrajudicial em atos sucessivos, é possível a celebração de cláusula negocial que estabeleça a sequência dos imóveis a serem excutidos (art. 27-A, § 1º, Lei n. 9.514/1997), o que pode ser um elemento estratégico na negociação entre as partes.

Comprovada a consolidação da propriedade, é assegurada ao fiduciário, ao seu cessionário ou aos seus sucessores, inclusive ao adquirente do imóvel por força do leilão público, a reintegração na posse do imóvel, que será concedida liminarmente, para desocupação no prazo de sessenta dias (art. 30, Lei n. 9.514/1997, com redação atribuída pela Lei n. 14.711/2023).

Vale destacar que, dias antes da publicação da Lei n. 14.711/2023, o Supremo Tribunal Federal reconheceu a constitucionalidade da execução extrajudicial prevista na Lei n. 9.514/1997 (RE n. 860.631, Tema n. 982[37]). Assim:

- *26/10/2023*: julgamento, pelo Supremo Tribunal Federal, do RE n. 860.631, sendo fixada a seguinte tese de repercussão geral:

37. STF, Pleno, RE n. 860.631, rel. Min. Luiz Fux, j. em 26.10.2023, ata publicada em 09.11.2023.

"É constitucional o procedimento da Lei nº 9.514/1997 para a execução extrajudicial da cláusula de alienação fiduciária em garantia, haja vista sua compatibilidade com as garantias processuais previstas na Constituição Federal";

- *30/10/2023*: sanção presidencial da Lei n. 14.711/2023 (Marco Legal das Garantias), que, no limite pertinente à matéria, alterou os arts. 26, 26-A e 27 da Lei n. 9.514/1997, tendo entrado em vigor na data da sua publicação (31/10/2023).

6.3. Execução do contrato de alienação fiduciária de bem móvel (Decreto-Lei n. 911/1969)

A Lei n. 14.711/2023 (Marco Legal das Garantias) introduziu no Decreto-Lei n. 911/1969 modalidade de execução extrajudicial, facultativa em relação à ação executiva judicial, de contratos de alienação fiduciária em garantia de bem móvel (arts. 8º-B a 8º-E, Decreto-Lei n. 911/1969).

Havendo previsão contratual expressa, contida em cláusula em destaque, e comprovada a ocorrência da mora, o credor poderá promover a consolidação da propriedade do bem perante o Registro de Títulos e Documentos, sendo competente aquele do domicílio do devedor ou da localização do bem da celebração do contrato (art. 8º-B, *caput* e § 1º, Decreto-Lei n. 911/1969).

A requerimento do credor, o oficial do Registro de Títulos e Documentos notificará o devedor fiduciário, preferencialmente por meio eletrônico, para *a)* pagar voluntariamente a dívida no prazo de vinte dias, sob pena de consolidação da propriedade; *b)* apresentar, se for o caso, documentos comprobatórios de que a cobrança é total ou parcialmente indevida (art. 8º-B, §§ 2º e 6º, Decreto-Lei n. 911/1969). Tratando-se de alegação de que a cobrança é parcialmente indevida, cabe ao devedor declarar o valor que entende correto e realizar o correspondente pagamento no prazo de vinte dias, previsto na notificação (art. 8º-B, § 4º, Decreto-Lei n. 911/1969).

O oficial do Registro de Títulos e Documentos deverá avaliar os documentos apresentados pelo devedor e, se considerar que comprovam a irregularidade da cobrança, abster-se de prosseguir no procedimento (art. 8º-B, § 3º, Decreto-Lei n. 911/1969). O requerimento de cobrança extrajudicial indevida sujeita o credor ao pagamento de multa e indenização por perdas e danos, no modo como previsto em relação à ação executiva judicial (arts. 3º, §§ 6º e 7º, e 8º-D, Decreto-Lei n. 911/1969).

Sendo regular a cobrança, se a dívida for paga, extingue-se o contrato de alienação fiduciária em garantia (art. 8º-B, § 8º, Decreto-Lei n. 911/1969). Não sendo, porém, realizado o pagamento, o oficial do Registro de Títulos e Documentos averbará a consolidação da propriedade fiduciária ou, no caso de bens cuja alienação fiduciária tenha sido registrada apenas em outro órgão, comunicará a este para a realização da averbação.

Tendo havido o inadimplemento voluntário, caberá ao devedor entregar ou disponibilizar voluntariamente a coisa ao credor para a venda extrajudicial (disciplinada no art. 2º do Decreto-Lei n. 911/1969), sob pena de sujeitar-se a multa de cinco por cento do valor da dívida (art. 8º-B, § 11, Decreto-Lei n. 911/1969).

Na redação final do Projeto de Lei n. 4.188/2021 (que viria ser convertido na Lei n. 14.711/2023), previa-se a possibilidade de requerimento de busca e apreensão extrajudicial do bem ao oficial do Registro de Títulos e Documentos (art. 8º-C, §§ 1º a 11, Decreto-Lei n. 911/1969). A regulamentação foi vetada pelo Presidente da República (Mensagem n. 560/2023), sob o fundamento da existência de vício de inconstitucionalidade, por violação à cláusula de reserva de jurisdição e risco de ofensa ao devido processo legal e à garantia de inviolabilidade do domicílio. No entanto, o veto presidencial foi rejeitado pelo Congresso Nacional, restabelecendo-se a previsão original.

Assim, permanece a autorização ao credor, na hipótese de não entrega do bem, para requerer ao oficial do Registro de Títulos e Documentos a realização de busca e apreensão extrajudicial, medida severa, cuja aceitação pelo Congresso Nacional (reiterada, aliás, com a rejeição ao veto presidencial) bem evidencia o renovado papel desempenhado pelas serventias extrajudiciais no sistema brasileiro de justiça multiportas. O requerimento deve ser acompanhado da informação alusiva ao valor atualizado da dívida e de planilha com detalhamento da sua evolução (art. 8º-C, § 1º, Decreto-Lei n. 911/1969).

Recebido o requerimento, o oficial do Registro de Títulos e Documentos adotará as seguintes providências: *a)* no caso de veículo, registrará em sistema eletrônico a restrição de circulação e de transferência do bem; *b)* se compatível com o caso, comunicará aos órgãos registrais competentes para averbação da indisponibilidade do bem e da busca e apreensão extrajudicial; *c)* lançará a busca e apreensão extrajudicial na plataforma eletrônica mantida pelos cartórios de registro de títulos e documentos por meio de suas entidades representativas; *d)* expedirá certidão de busca e apreensão extrajudicial do bem (art. 8º-C, § 2º, Decreto-Lei n. 911/1969).

O credor está autorizado a realizar diligências para a localização do bem, inclusive por meio de terceiros mandatários, que poderão ser empresas especializadas nessa atividade de investigação (art. 8º-C, §§ 4º e 5º, Decreto-Lei n. 911/1969).

Com a apreensão do bem pelo oficial da serventia extrajudicial, o credor poderá promover sua venda, informando-a ao oficial de cartório de Registro de Títulos e Documentos, a quem caberá cancelar os lançamentos de restrições e as comunicações de indisponibilidade aos órgãos de registro, bem como averbar a venda no registro pertinente ou, no caso de bens cuja alienação fiduciária tenha sido registrada apenas em outro órgão, comunicar a este para a devida averbação (art. 8º-C, § 7º, Decreto-Lei n. 911/1969).

O Decreto-Lei n. 911/1969, com as alterações realizadas pelo Marco Legal das Garantias, confere ao devedor uma possibilidade de impedir os efeitos da execução extrajudicial. No prazo de cinco dias úteis após a apreensão do bem, o devedor fiduciante poderá pagar a integralidade da dívida pendente, de acordo com os valores apresentados pelo credor fiduciário no seu requerimento, circunstância em que será cancelada a consolidação da propriedade e restituída a posse plena do bem.

Se o bem objeto do contrato for um veículo automotor, faculta-se ao credor promover o procedimento de execução extrajudicial perante os órgãos executivos de trânsito dos Estados, que poderão manter convênios com os cartórios de registro de títulos e documentos, ainda que por meio das suas entidades representativas incumbidas de promover o sistema de registro eletrônico (arts. 8º-C, § 3º, e 8º-E, Decreto-Lei n. 911/1969). Tudo isso evidencia que, na atualidade, os órgãos executivos de trânsito dos

Estados também podem atuar como porta para a solução de problemas jurídicos no sistema brasileiro de justiça multiportas. Tais convênios também podem ser celebrados com outros órgãos de registro (art. 8º-C, § 3º, Decreto-Lei n. 911/1969).

6.4. Adjudicação compulsória extrajudicial

O art. 216-B da Lei n. 6.015/1973, inserido pela Lei n. 14.382/2022, disciplina a adjudicação compulsória extrajudicial de imóvel objeto de promessa de venda ou de cessão, realizada perante o Registro de Imóveis. O dispositivo não veda o acesso ao Poder Judiciário para a adjudicação compulsória de imóvel[38], mas apenas assegura uma via alternativa ao interessado.

O procedimento é mais um exemplo da reconfiguração do papel das serventias extrajudiciais no sistema brasileiro de justiça multiportas e dos benefícios que podem ser obtidos com a combinação da atuação de diferentes espécies de serventias para a solução de problemas jurídicos de maneira segura, sem a necessidade de sua submissão ao Judiciário.

A adjudicação extrajudicial pode ser requerida pelo promitente comprador ou qualquer dos seus cessionários ou promitentes cessionários, ou seus sucessores, bem como pelo promitente vendedor, sendo necessária a representação por advogado[39] (art. 216-B, § 1º, Lei n. 6.015/1973).

O art. 440-D do Código Nacional de Normas da Corregedoria Nacional de Justiça do Conselho Nacional de Justiça admite a possibilidade de cumulação de pedidos referentes a imóveis diversos, desde que *a)* todos os imóveis estejam na circunscrição do mesmo ofício de registro de imóveis, *b)* haja coincidência de interessados ou legitimados, ativa e passivamente

38. Código Civil, art. 1.418: O promitente comprador, titular de direito real, pode exigir do promitente vendedor, ou de terceiros, a quem os direitos deste forem cedidos, a outorga da escritura definitiva de compra e venda, conforme o disposto no instrumento preliminar; e, se houver recusa, requerer ao juiz a adjudicação do imóvel.

39. O art. 440-C, parágrafo único, do Código Nacional de Normas da Corregedoria Nacional de Justiça do Conselho Nacional de Justiça explicita a possibilidade de acompanhamento por advogado ou Defensor Público.

e *c)* da cumulação não resulte prejuízo ou dificuldade para o bom andamento do processo.

O requerimento deve ser formulado perante o Registro de Imóveis da situação do imóvel, instruído com os seguintes documentos: instrumento de promessa de compra e venda ou de cessão ou de sucessão, quando for o caso; prova do inadimplemento, caracterizado pela não celebração do título de transmissão da propriedade plena no prazo de quinze dias, contado da entrega de notificação extrajudicial pelo oficial do Registro de Imóveis, que poderá delegar a diligência ao oficial do Registro de Títulos e Documentos; ata notarial lavrada por tabelião de notas da qual constem a identificação do imóvel, o nome e a qualificação do promitente comprador ou de seus sucessores constantes do contrato de promessa, a prova do pagamento do respectivo preço e da caracterização do inadimplemento da obrigação de outorgar ou receber o título de propriedade[40]; certidões dos distribuidores forenses da comarca da situação do imóvel e do domicílio do requerente que demonstrem a inexistência de litígio envolvendo o contrato de promessa de compra e venda do imóvel objeto da adjudicação; comprovante de pagamento do respectivo Imposto sobre a Transmissão de Bens Imóveis (ITBI); procuração com poderes específicos (art. 216-B, § 1º, Lei n. 6.015/1973).

Para a tentativa de solução do problema jurídico relacionado à adjudicação compulsória, admite-se a realização de conciliação ou mediação por tabelião de notas (art. 440-G, § 8º, Código Nacional de Normas).

Apresentados tais documentos, o oficial do Registro de Imóveis da circunscrição onde se situa o imóvel procederá ao registro do domínio em nome do promitente comprador, servindo de título a respectiva promessa de compra e venda ou de cessão ou o instrumento que comprove a sucessão (art. 216-B, § 3º, Lei n. 6.015/1973).

A adjudicação compulsória extrajudicial não depende de prévio registro dos instrumentos de promessa de compra e venda ou de cessão e da comprovação da regularidade fiscal do promitente vendedor (art. 216-B, § 2º, Lei n. 6.015/1973).

40. O conteúdo da ata notarial para fins de adjudicação compulsória extrajudicial está detalhado no art. 440-G do Código Nacional de Normas da Corregedoria Nacional de Justiça.

O Código Nacional de Normas estabelece que a existência de processo judicial de adjudicação compulsória não impedirá a via extrajudicial, caso se demonstre suspensão daquele por, no mínimo, noventa dias úteis (art. 440-H).

O procedimento de notificação e de apresentação de manifestação de anuência ou de impugnação está disciplinado nos arts. 440-R a 440-AE do Código Nacional de Normas da Corregedoria Nacional de Justiça.

Há considerável carga cognitiva na atuação do oficial de Registro de Imóveis, que dispõe de atribuição para apreciar eventuais impugnações formuladas. Isso é bem ilustrado pela previsão de um rol exemplificativo de motivos para o indeferimento da impugnação (art. 440-AB[41], Código Nacional de Normas). Somente após a decisão do oficial de Registro de Imóveis é que os autos são encaminhados ao Poder Judiciário (art. 440-AE, Código Nacional de Normas).

6.5. Conclusões parciais

A efetividade das execuções extrajudiciais previstas no revogado Decreto-Lei n. 70/1966 e na Lei n. 9.514/1997 foi amplamente reconhecida ao longo dos anos. Daí não é possível derivar, todavia, uma conclusão quanto à efetividade de *qualquer* execução extrajudicial. Como observam Cássio Scarpinella Bueno e Arthur Arsuffi, há, em tais hipóteses, uma peculiaridade relevante, que as distingue das execuções em geral: nelas, a existência de um bem imóvel dado em garantia costuma ser suficiente para viabilizar a satisfação do crédito[42]. Em parcela expressiva das execuções, porém, o maior obstáculo costuma ser a ausência de patrimônio do devedor, ao menos no patamar necessário para o pagamento da dívida.

---

41. Art. 440-AB. O oficial de registro de imóveis indeferirá a impugnação, indicando as razões que o levaram a tanto, *dentre outras hipóteses*, quando: I – a matéria já houver sido examinada e refutada em casos semelhantes pelo juízo competente; II – não contiver a exposição, ainda que sumária, das razões da discordância; III – versar matéria estranha à adjudicação compulsória; IV – for de caráter manifestamente protelatório.

42. BUENO, Cassio Scarpinella; ARSUFFI, Arthur Ferrari. "Desjudicialização da execução civil: uma análise do PL 6.204/2019 à luz do princípio da eficiência". In: BELIZZE, Marco Aurélio *et al* (coord.). *Execução civil: novas tendências*. Livro eletrônico. Indaiatuba: Foco, 2022, posição 920.

De qualquer modo, as regulamentações contidas na Lei n. 9.514/1997, na Lei n. 14.711/2023 e na Lei n. 6.015/1973 (introduzida pela Lei n. 14.382/2022) oferecem bons parâmetros para a análise da validade de novas espécies de execução extrajudicial – inclusive decorrentes de convenção das partes[43], como será analisado mais adiante.

7. PROPOSTAS LEGISLATIVAS

7.1. Generalidades

Parece haver razoável consenso na doutrina quanto às vantagens da desjudicialização da execução, diante da sobrecarga existente no Poder Judiciário.

Todavia, talvez não haja, ainda, debate suficientemente amadurecido em relação a algumas questões fundamentais acerca da desjudicialização, como o melhor modo de sua realização (ampla transferência, delegação *ad actum* ou um modelo intermediário, com a realização de um juízo de admissibilidade da execução pelo Poder Judiciário), a definição dos sujeitos que podem desempenhar a função de agente de execução (apenas o tabelião de protesto, notários e registradores em geral ou qualquer sujeito público ou privado que atenda determinadas exigências) e seus poderes (especialmente em relação à atribuição de maior ou menor parcela da atividade de cognição na execução).

O interesse acadêmico sobre o tema tem produzido iniciativas destinadas a promover alterações na legislação brasileira. É notável que as principais propostas relativas à desjudicialização da execução tenham sua origem em pesquisas acadêmicas – em mais um exemplo da vocação do pensamento jurídico brasileiro para contribuir para o aprimoramento das instituições.

---

43. Visualizando nas hipóteses previstas no Decreto-Lei n. 70/1966 e na Lei n. 9.514/1997 manifestações de execução contratual, com características que podem ser adotadas em outros tipos de contratos, MEIRELES, Edilton. "Execução extrajudicial: as hipóteses dos contratos de financiamento e a averbação pré-executória". *Revista Jurídica Luso-Brasileira*, ano 9, n. 1, 2023, p. 439-444.

Os itens a seguir são dedicados à exposição acerca dos aspectos estruturais de cada uma dessas propostas. Não serão abordados detalhes dos procedimentos previstos em cada uma delas, mas questões essenciais a respeito do perfil da execução extrajudicial e da posição da figura do agente de execução no sistema brasileiro de justiça multiportas.

Não serão analisadas propostas cujo objetivo seja a desjudicialização da execução fiscal, uma vez que os atuais projetos sobre tema pretendem disciplinar, na verdade, o exercício de uma modalidade de autotutela administrativa[44].

7.2. Projeto de Lei n. 6.204/2019

O Projeto de Lei n. 6.204/2019[45], de autoria da Senadora Soraya Thronicke, propõe a disciplina da execução extrajudicial em lei especial, além de alterações em alguns dispositivos do Código de Processo Civil (arts. 516, 518, 525, 526, e 771).

Esse projeto tem sido objeto de ampla reflexão doutrinária, com análise detalhada de todos os seus aspectos[46]. Aqui, serão destacadas as principais inovações propostas:

---

44. Na Câmara dos Deputados, a principal proposta legislativa sobre o tema é o Projeto de Lei n. 2.412/2007, ao qual foram apensadas várias outras propostas, com destaque para os Projetos de Lei n. 5.080/2009 e n. 5.447/2019. No Senado Federal, tramita o Projeto de Lei n. 4.257/2019.

45. O Projeto de Lei n. 6.204/2019 incorpora ideias defendidas por Flávia Pereira Ribeiro em sua tese de doutorado na Pontifícia Universidade Católica de São Paulo, em 2012. Há versão comercial do texto: RIBEIRO, Flávia Pereira. *Desjudicialização da execução civil*. 3. ed. Curitiba: Juruá, 2022.

46. Sobre o tema, confira-se a série de cinco artigos publicados por Márcio Carvalho Faria na Revista de Processo, da Thomson Reuters (volumes 313 a 317), sob o título "Primeiras Impressões sobre o Projeto de Lei 6.204/2019: Críticas e Sugestões acerca da Tentativa de se Desjudicializar a Execução Civil Brasileira". Essa série é produto do seu pós-doutoramento na Universidade Federal da Bahia, sob a supervisão de Fredie Didier Jr. Os artigos são os seguintes: FARIA, Márcio Carvalho. Primeiras impressões sobre o Projeto de Lei n.º 6.204/2019: críticas e sugestões acerca da tentativa de se desjudicializar a execução civil brasileira (parte um). *Revista de Processo*, São Paulo, v. 313, mar. 2021, p. 393-416; FARIA, Márcio Carvalho. Primeiras impressões sobre o Projeto de Lei n.º 6.204/2019: críticas e sugestões acerca da tentativa de se desjudicializar a execução civil brasileira (parte dois). *Revista de Processo*, São Paulo, v. 314, abr. 2021, p. 371-394; FARIA, Márcio Carvalho. Primeiras impressões sobre o Projeto de Lei n.º 6.204/2019: críticas e sugestões acerca da tentativa de se desjudicializar a execução civil brasileira (parte três). *Revista de Processo*, São Paulo, v.

a) **obrigatoriedade da execução em âmbito extrajudicial para cobrança de títulos executivos judiciais e extrajudiciais representativos da**

315, mai. 2021, p. 395-420; FARIA, Márcio Carvalho. Primeiras impressões sobre o Projeto de Lei n.º 6.204/2019: críticas e sugestões acerca da tentativa de se desjudicializar a execução civil brasileira (parte quatro). *Revista de Processo*, São Paulo, v. 316, jun. 2021, p. 389-416; FARIA, Márcio Carvalho. Primeiras impressões sobre o Projeto de Lei n.º 6.204/2019: críticas e sugestões acerca da tentativa de se desjudicializar a execução civil brasileira (parte cinco). *Revista de Processo*, São Paulo, v. 317, jul. 2021, p. 437-474. Ver, ainda, FARIA, Márcio Carvalho. "Reformar e racionalizar a execução civil: um caminho necessário". *Suprema – Revista de Estudos Constitucionais*, Brasília, v. 3, n. 1, jan./jun. 2023; FARIA, Márcio Carvalho. A desjudicialização executiva de volta à tona: Breves comentários sobre a recente emenda apresentada ao PL 4.188/21. Disponível em: <https://www.migalhas.com.br/depeso/389086/breves-comentarios-sobre-a-recente-emenda-apresentada-ao-pl-4-188-21>; FARIA, Márcio Carvalho. "Dez razões pelas quais o tabelião de protesto não pode ser o único agente de execução". In: BELIZZE, Marco Aurélio et al (Coord.). *Execução civil: novas tendências*. Livro eletrônico. Indaiatuba: Foco, 2022, posição 1.215-1.255; PEIXOTO, Renata Cortez Vieira. "O Projeto de Lei nº 6.204/2019 e a desjudicialização da execução civil: adequação da atribuição de agentes de execução aos tabeliães de protestos". *Revista ANNEP de Direito Processual*, v. 1, n. 2, 2020, p. 86-97; RIBEIRO, Flávia Pereira; PEIXOTO, Renata Cortez Vieira. *Primeiros contrapontos à Nota Técnica da AMB contrária ao PL 6.204/19*. Disponível em: <https://www.migalhas.com.br/depeso/331995/primeiros-contrapontos-a-nota-tecnica-da-amb-contraria-ao-pl-6-204-19>; RIBEIRO, Flávia Pereira; PEIXOTO, Renata Cortez Vieira. *Reflexões sobre o parecer do Conselho Federal da OAB sobre o PL 6.204/19 – parte I*. Disponível em: <https://www.migalhas.com.br/depeso/333661/reflexoes-sobre-o-parecer-do-conselho-federal-da-oab-sobre-o-pl-6-204-19---parte-i>; RIBEIRO, Flávia Pereira; PEIXOTO, Renata Cortez Vieira. Reflexões sobre o parecer do Conselho Federal da OAB sobre o PL 6.204/19 – parte II. Disponível em: <https://www.migalhas.com.br/depeso/334859/reflexoes-sobre-o-parecer-do-conselho-federal-da-oab-sobre-o-pl-6-204-19---parte-ii>; HILL, Flávia Pereira. "Desjudicialização da execução civil: reflexões sobre o Projeto de Lei nº 6.204/2019". *Revista Eletrônica de Direito Processual – REDP*, Rio de Janeiro, ano 14, v. 21, n. 3, set.-dez. 2020, p. 164-205; COSTA, Rosalina Moitta Pinto da; MOURA, João Vitor Mendonça de. *O provérbio hindu e o PL 6204/2019: Novos caminhos para a execução*. Disponível em: <https://www.migalhas.com.br/coluna/elas-no-processo/381432/o-proverbio-hindu-e-o-pl-6204-2019-novos-caminhos-para-a-execucao>; SANTOS FILHO, Augusto Barbosa. *Execução extrajudicial e jurisdição: o Projeto de Lei 6.204/2019 no Sistema de Justiça Brasileiro*. Dissertação (Mestrado em Direito). Universidade Federal da Bahia, Faculdade de Direito, Salvador, 2021. Merecem especial destaque as ideias apresentadas por Heitor Sica a respeito do Projeto de Lei n. 6.204/2019 (e, de maneira mais ampla, acerca da execução extrajudicial) no Grupo "Observatório da Execução Judicial e Desjudicializada", por ele coordenado na Faculdade de Direito da Universidade de São Paulo, bem como em eventos transmitidos em ambiente virtual (SICA, Heitor. *Observatório da Execução – Reunião 1 – Desjudicialização da execução*. Live. Disponível em: <https://www.youtube.com/watch?v=JKbmh8Z_Q8A>; SICA, Heitor. *Live com Fredie Didier Jr. | Execução Extrajudicial*. Live. Disponível em: <https://www.youtube.com/watch?v=R-PZdXu1rJvM>; SICA, Heitor. *Live com Rodrigo Mazzei | Direito e Vinho – Autotutela e Carménère*. Live. Disponível em: <https://www.youtube.com/watch?v=5qd2ySDnvYU>). O tema da desjudicialização da execução é objeto de análise por Heitor Sica ao menos desde a apresentação do Relatório Nacional sobre efetividade da execução civil no I Congresso Argentina-Brasil de Direito Processual, dezembro de 2012 (SICA, Heitor. "Efetividade da execução civil: Relatório Nacional (Brasil)". *Civil Procedure Review*, v.4, edição especial, 2013, p. 161-190).

obrigação de pagar quantia certa, líquida e exigível (arts. 1º, *caput*, e 6º), com ressalva em relação a alguns sujeitos: incapazes, condenados presos ou internados, pessoas jurídicas de Direito Público, massas falidas e insolventes civis (art. 1º, parágrafo único);

b) exclusividade da atuação do tabelião de protesto como agente de execução, com o estabelecimento de uma única porta de acesso à justiça na execução (art. 3º);

c) transferência da execução para o âmbito extrajudicial, sem adoção de uma etapa prévia de admissibilidade da execução pelo Poder Judiciário, competência que passa a ser atribuída ao agente de execução (arts. 4º, I, 6º, *caput*, e 8º), responsável por examinar o requerimento e os requisitos do título executivo, bem como eventual ocorrência de prescrição e decadência (art. 4º, I);

d) exigência de prévio protesto de títulos executivos judiciais e extrajudiciais (art. 6º, *caput*, e 14);

e) obrigatoriedade de representação por advogado apenas em relação ao exequente (art. 2º);

f) possibilidade de oposição de embargos à execução ao juízo competente, independentemente de penhora, depósito ou caução (art. 18, *caput*);

g) a utilização de medidas de força ou coerção deve ser requerida pelo agente de execução ao Poder Judiciário (art. 20, *caput*);

h) possibilidade de formulação de consulta, pelo agente de execução ao Judiciário, sobre questões relacionadas ao título exequendo e ao procedimento executivo (art. 20, *caput*), cuja decisão será irrecorrível (art. 20, § 3º);

i) impugnação das decisões do agente de execução perante ele próprio, para buscar sua reconsideração, no prazo de cinco dias, por meio de suscitação de dúvida. Em caso de manutenção da decisão, a suscitação será encaminhada ao Poder Judiciário, que a julgará em decisão irrecorrível (art. 21);

j) extinção da execução declarada em certidão, independentemente de pronunciamento judicial (art. 17);

k) disponibilização aos agentes de execução, pelo Conselho Nacional de Justiça, do acesso a todos os termos, acordos e convênios celebrados com o Poder Judiciário para consulta de informações, denominada de "base de dados mínima obrigatória" (art. 29).

Em abril de 2022, o relator do projeto no Senado Federal, Senador Marcos Rogério, apresentou texto substitutivo, com as seguintes alterações relevantes:

a) facultatividade da execução pela via extrajudicial, por escolha do credor (art. 6º, *caput*), não se admitindo o fracionamento da execução da quantia constante no título entre o Poder Judiciário e o agente de execução (art. 7º, § 2º);

b) exclusão da possibilidade de utilização da execução extrajudicial do título executivo judicial que reconheça a exigibilidade da obrigação de prestar alimentos (art. 6º, *caput*);

c) exigência de representação de ambas as partes por advogado (art. 2º);

d) alteração da denominação do meio de impugnação das decisões do agente de execução, que passa a ser identificada simplesmente como petição incidental – não como suscitação de dúvida, instituto com regime jurídico já definido no ordenamento jurídico (art. 21);

e) a decisão judicial que, diante da ausência reconsideração pelo agente de execução, julga o incidente passa a ser recorrível por agravo de instrumento (art. 21, § 2º);

f) realização, pelo Conselho Nacional de Justiça, da integração entre os sistemas eletrônicos do Poder Judiciário e dos agentes de execução (art. 29, II).

7.3. Anteprojeto de Lei elaborado pelo Grupo "Transformações nas Estruturas Fundamentais do Processo", da UERJ

O anteprojeto de lei[47] proposto pelo Grupo "Transformações nas Estruturas Fundamentais do Processo", da Universidade do Estado do Rio

47. ANDRADE, Juliana Melazzi; CABRAL, Antonio do Passo; PARIZIO, André; DUARTE, Larissa Carrasqueira; BOISSON, Eduarda. "Anteprojeto de lei. Atribuição da prática de atos executivos

de Janeiro, coordenado pelo Professor Antonio do Passo Cabral, adota como premissa a compreensão segundo a qual o desempenho de funções no processo deve ser atribuído a cada um dos seus sujeitos de acordo com a maior aptidão para realizá-las[48].

O anteprojeto propõe a alteração do Código de Processo Civil e da Lei de Execuções Fiscais, com a introdução da disciplina normativa da execução extrajudicial, buscando preservar a unidade do Código e evitar os inconvenientes decorrentes da dispersão do regramento da execução em mais uma lei especial.

Os principais aspectos da proposta são os seguintes:

a) a execução de títulos executivos judiciais e extrajudiciais prossegue sendo iniciada perante o Poder Judiciário, cabendo ao juiz delegar a prática de atos executivos ao agente de execução, com especificação dos atos que podem ser praticados e dos seus respectivos limites e condições (art. 796-A, *caput* e § 2º, CPC);

b) possibilidade de o agente de execução ser um sujeito público ou privado, pessoa natural ou jurídica (arts. 796-A, *caput* e § 5º, 796-D, § 2º, CPC). Com isso, embora haja a delimitação da obrigatoriedade de início da execução perante o Poder Judiciário, tem-se o estabelecimento, a partir daí, de múltiplas portas para a realização dos atos de execução;

c) atribuição ao agente de execução da responsabilidade de cumprir os atos executivos sob a supervisão do juiz competente, ressalvados os atos de conteúdo decisório de competência exclusiva deste e os atos que competem aos cartórios e secretarias judiciários (arts. 782, *caput*, e 796-A, *caput* e § 1º, CPC);

d) inclusão do agente de execução no rol de auxiliares da justiça (art. 149, CPC), com previsão de sua subordinação ao juiz da causa

para agentes de execução no cumprimento de sentença ou no processo execução. Proposta de alterações ao Código de Processo Civil e à Lei de Execuções Fiscais". *Civil Procedure Review*, v. 12, n. 1, jan.-abr. 2021, p. 207-234.

48. CABRAL, Antonio do Passo. *Juiz natural e eficiência processual: flexibilização, delegação e coordenação de competências no Processo Civil*, cit., p. 365-428.

(art. 154-A, II, CPC), a quem deverá apresentar relatório mensal das suas atividades (art. 796-B, § 2º, CPC);

e) previsão expressa do dever de atuação imparcial do agente de execução (art. 796-B, *caput*, CPC), submetendo-se aos motivos de impedimento e suspeição (arts. 148, III, e 796-E, CPC)

f) possibilidade de escolha do agente de execução por negócio jurídico processual (art. 796-A, § 4º, CPC), o que permite o aproveitamento da expertise de determinados agentes de execução em perfis específicos de execuções;

g) possibilidade de impugnação dos atos do agente de execução quando praticados em violação à lei, com excesso de poderes, quando escolhidos meios demasiadamente gravosos ao executado ou quando contrariarem precedente dos tribunais superiores ou do tribunal a que vinculado o juiz que lhe houver delegado o exercício da competência, situações nas quais o juiz competente poderá modificar ou invalidar o ato praticado, sem prejuízo de sanções civis, penais e administrativas cabíveis (art. 796-C, §§ 1º e 2º, CPC);

h) possibilidade de atuação do agente de execução no cumprimento de sentença que reconheça a exigibilidade de obrigação de fazer ou de não fazer, que poderá solicitar ao juiz a imposição das medidas necessárias à satisfação do exequente (art. 536, § 1º-A, CPC).

7.4. Anteprojeto de Lei elaborado pelo Grupo "Observatório da Execução Judicial e Desjudicializada", da USP. Proposta do Grupo de Trabalho criado pela Portaria n. 272/2020 do Conselho Nacional de Justiça

Em 2020, o Conselho Nacional de Justiça instituiu Grupo de Trabalho destinado a apresentar propostas para a modernização e a efetividade da atuação do Poder Judiciário nos processos de execução e cumprimento de sentença, excluídas as execuções fiscais (Portaria n. 272/2020[49]).

49. Disponível em: <https://atos.cnj.jus.br/atos/detalhar/3612>.

A partir dessa iniciativa, foi elaborada uma proposta[50] de regulação da execução extrajudicial no Brasil, que passaria a ser disciplinada no Código de Processo Civil. O anteprojeto de lei incorpora os resultados apresentados pelo Grupo "Observatório da Execução Judicial e Desjudicializada", coordenado pelo Professor Heitor Vitor Mendonça Sica, na Faculdade de Direito da Universidade de São Paulo.

Os principais pontos da proposta são os seguintes:

a) início da execução de títulos executivos judiciais e extrajudiciais perante o Poder Judiciário (arts. 513, § 1º, e 801, CPC);

b) escolha pelo exequente quanto à utilização da execução judicial ou extrajudicial para a cobrança de títulos executivos judiciais ou extrajudiciais representativos da obrigação de pagar quantia certa (arts. 513, § 1º, 798, II, *d*, e 801, CPC);

c) possibilidade de utilização da via extrajudicial para o cumprimento provisório de sentença que reconhece o dever de pagar quantia (art. 513, § 1º, CPC);

d) possibilidade de modificação para a via judicial ou extrajudicial, no curso da execução, a requerimento do exequente (art. 513, § 7º, CPC);

e) exercício da função de agente de execução exclusivamente por delegatários de serventias extrajudiciais (art. 175-A, § 1º, CPC), mas não limitado ao tabelião de protesto;

f) inclusão do agente de execução no rol dos auxiliares da justiça, subordinado ao juiz (arts. 149 e 154, III, CPC) e submetido a avaliações periódicas pelos tribunais, considerando sua formação, sua atualização e sua experiência profissionais (art. 175-A, § 3º, CPC);

g) aplicação dos motivos de impedimento e suspeição aos agentes de execução (art. 148, III e § 1º-A, CPC);

---

50. NEVES, Fernando Crespo Queiroz; HILL, Flávia Pereira; SICA, Heitor Vitor Mendonça; SILVA, Larissa Clare Pochmann da; RODRIGUES; Marcelo Abelha; FARIA, Márcio Carvalho; ROCHA, Márcio; MINAMI, Marcos Youji. "Proposta de alteração do Código de Processo Civil para inserção da previsão da execução extrajudicial". In: BELIZZE, Marco Aurélio et al (Coord.). *Execução civil: novas tendências*. Livro eletrônico. Indaiatuba: Foco, 2022, posição 1.440-1.475.

h) realização, pelo agente de execução, de todos os atos executivos não decisórios determinados pelo juiz (arts. 175-A e 175-C, III, CPC);

i) possibilidade de impugnação de qualquer ato do agente de execução perante o juízo competente no prazo de quinze dias (art. 853, § 1º, CPC);

j) previsão da promoção da autocomposição como uma das funções dos agentes de execução, preferencialmente com o auxílio de conciliadores e mediadores (art. 175-C, II, CPC);

k) o requerimento de adoção de medidas executivas atípicas deve ser dirigido diretamente ao juízo competente (art. 139, § 2º, CPC).

7.5. Experimentos jurídicos de regulação e execução extrajudicial[51]

A *experimentação científica* é baseada na verificação empírica de conclusões particulares a partir de hipóteses gerais, com observação e registro dos fenômenos e possibilidade de manipulação de variáveis relevantes para identificação de relações de causa e efeito[52]. Experimentos[53] científicos desempenham importante papel para o progresso social e costumam ser disciplinados, em maior ou menor medida, pelo ordenamento jurídico. Dificilmente, porém, são adotados, ainda na etapa de testes, como ferramenta de administração e formulação de políticas públicas.

51. Parcela das ideias apresentadas neste item foi exposta anteriormente em DIDIER JR., Fredie; FERNANDEZ, Leandro. *O Conselho Nacional de Justiça e o Direito Processual: administração judiciária, boas práticas e competência normativa*. 2. ed. São Paulo: Juspodivm, 2023, p. 150-160.

52. BUNGE, Mario. *La ciencia. Su método y su filosofia*. Cidade do México: Nueva Imagen, 1990, p. 16 e 35-36.

53. Embora seja frequente seu emprego como sinônimos, os termos experiência e experimento podem ser compreendidos com diferentes significados. Uma *experiência* é uma observação empírica, apreendida a partir dos sentidos, não associada a uma elaboração teórica sistemática, ao passo que um *experimento* consiste no exame metódico dos fenômenos, desenvolvido no contexto de construção de uma fundamentação racional para sua explicação (KOYRÉ, Alexandre. *Estudos de história do pensamento científico*. Tradução de Márcio Ramalho. Rio de Janeiro: Forense, 1991, p. 193-196).

Ocorre que a noção de experimentação não se esgota aí. Não por acaso, o art. 44 da Lei n. 14.129/2021 refere-se à experimentação de "conceitos, de ferramentas e de métodos inovadores para a gestão pública, a prestação de serviços públicos, o tratamento de dados produzidos pelo poder público e a participação do cidadão no controle da administração pública".

Admitir uma *abordagem experimentalista* para a solução de problemas da vida real significa assumir, como premissa epistemológica, que instituições e sujeitos estão inseridos em um "processo de descoberta e de aprendizagem coletivas"[54]. Sob essa perspectiva, o experimentalismo não se dedica à identificação de conclusões definitivas a respeito de relações de causa e efeito, mas a um processo de constante análise e revisão de políticas e de procedimentos, a partir de parâmetros justificados e com submissão ao controle social, com o objetivo de aperfeiçoar os mecanismos de realização do interesse público[55].

Especificamente no âmbito jurídico[56], a experimentação pode ser utilizada, pelo menos, para fins regulatórios, administrativos e para a condução de processos[57].

---

54. UNGER, Roberto Mangabeira. "A constituição do experimentalismo democrático". *Revista de Direito Administrativo*, 257, 2011, p. 59.

55. SABEL, Charles F.; ZEITLIN, Jonathan. *"Experimentalist governance"*. In: LEVI-FAUR, David (ed.). *The Oxford handbook of governance*. Nova York: Oxford University Press, 2012, p. 175; ANSELL, Christopher; BARTENBERGER, Martin. *"Varieties of experimentalism"*. *Ecological Economics*, 2016, v. 130, p. 65.

56. Na área do Direito Administrativo, confira-se a série de artigos publicados por Paulo Modesto: MODESTO, Paulo. *Direito Administrativo da experimentação: uma introdução*. Disponível em: <https://www.conjur.com.br/2021-out-14/interesse-publico-direito-administrativo-experimentacao-introducao>; MODESTO, Paulo. *Decisão coordenada: experimentação administrativa processual*. Disponível em: <https://www.conjur.com.br/2021-dez-02/interesse-publico-decisao-coordenada-experimentacao-administrativa-processual>; MODESTO, Paulo. *O silêncio administrativo como técnica de experimentação*. Disponível em: <https://www.conjur.com.br/2022-jan-27/interesse-publico-silencio-administrativo-tecnica-experimentacao>; MODESTO, Paulo. *Experimentação consensual na organização administrativa: contratos de desempenho*. Disponível em: <https://www.conjur.com.br/2022-mar-03/interesse-publico-experimentacao-consensual-organizacao-administrativa>; MODESTO, Paulo. *Simplificação administrativa e experimentação*. Disponível em: <https://www.conjur.com.br/2022-abr-28/interesse-publico-simplificacao-administrativa-experimentacao>; MODESTO, Paulo. *Federalismo administrativo, processo e experimentação*. Disponível em: <https://www.conjur.com.br/2022-dez-08/interesse-publico-federalismo-administrativo-processo-experimentacao>; MODESTO, Paulo. *Inteligência artificial, ChatGPT e experimentação administrativa*. Disponível em: <https://www.conjur.com.br/2023-fev-09/interesse-publico-inteligencia-artificial-chatgpt-experimentacao-administrativa>; MODESTO, Paulo. *Negócios processuais e experimentação*

Experimentos jurídicos de regulação abrangem um conjunto de mecanismos que pode ser utilizado pelo legislador ou, no plano infralegal, pelo regulador para a análise do proveito de nova disciplina jurídica a respeito de certa matéria, distinta da atual ou destinada ao estabelecimento de um primeiro marco regulatório em relação a algum tema[58]. Eles são, portanto, ferramentas para a submissão de ideias a um teste de realidade[59].

Esses experimentos podem ser: *a)* legislação experimental (ou regulação experimental), com delimitação de matéria, período e, sendo o caso, grupos alcançados; *b)* cláusulas de caducidade, que determinam a automática cessação da vigência da nova disciplina normativa após determinado período, exceto se houver, a partir de deliberação fundamentada à luz dos resultados obtidos, prorrogação da sua aplicação[60].

Geralmente, experimentos jurídicos de regulação destinam-se à obtenção de conhecimento em relação aos seus efeitos para análise quanto ao proveito da sua manutenção por tempo indefinido, bem como a possibilitar o desenvolvimento de processos de inovação ou de reformas graduais no marco regulatório relativo a certos temas[61].

---

administrativa. Disponível em: <https://www.conjur.com.br/2023-set-14/interesse-publico-negocios-processuais-experimentacao-administrativa>; MODESTO, Paulo. *Sandbox regulatório e experimentação administrativa*. Disponível em: <https://www.conjur.com.br/2024-fev-01/sandbox-regulatorio-e-experimentacao-administrativa/>; MODESTO, Paulo; MODESTO, Camila. *Audiências e consultas: vinculação cognitiva e experimentação administrativa*. Disponível em: <https://www.conjur.com.br/2023-jul-13/interesse-publico-vinculacao-cognitiva-audiencias-consultas-publicas/>. Vide, ainda, OLIVEIRA, Rafael Carvalho Rezende; CARMO, Thiago Gomes do. "Administração Pública experimental: licitação e contratação de soluções inovadoras". *Soluções Autorais*, ano 6, n. 62, maio/2023, p. 37-49.

57. Gabriel Pascual classifica os experimentos jurídicos em privados e públicos, subdividindo estes em experimentos legislativos, administrativos e judiciais (PASCUAL, Gabriel Doménech. Experimentos en la teoría y la práctica del Derecho. Palestra proferida no *XIII Seminario de Teoría y Método (STEM)*, na *Universitat Oberta de Catalunya*, Barcelona, em 31 de maio de 2019, p. 9-10. Disponível em: <https://www.academia.edu/39023086/Experimentos_en_la_teoria_y_la_practica_del_Derecho>).

58. PASCUAL, Gabriel Doménech. "Los experimentos jurídicos". *Revista de Administración Pública*, n. 164, 2004, p. 146-147.

59. RANCHORDÁS, Sofia Hiná Fernandes da Silva. *Sunset clauses and experimental legislation: blessing or curse for innovation*? Tese (Doutorado). Tilburg: Tilburg University, 2014, p. 93.

60. RANCHORDÁS, Sofia Hiná Fernandes da Silva. *Sunset clauses and experimental legislation: blessing or curse for innovation*?, cit., p. 69 e 74-75.

61. PASCUAL, Gabriel Doménech. "Los experimentos jurídicos". *Revista de Administración Pública*, cit., p. 149; RANCHORDÁS, Sofia Hiná Fernandes da Silva. *Sunset clauses and experimental legislation: blessing or curse for innovation*?, cit., p. 74.

Essas técnicas podem ser adotadas pelo legislador brasileiro como fundamento para a criação de um marco legal da execução extrajudicial[62]. Diferentes propostas legislativas (e eventuais adaptações) podem ser adotadas em áreas específicas, por tempo delimitado, desde que observado o caráter facultativo[63], ao menos para o credor, da sua utilização.

A experimentação regulatória permite a prototipagem de modelos de desjudicialização, a identificação de boas práticas e a compreensão sobre aspectos positivos e negativos de cada uma das propostas de desjudicialização da execução, oferecendo dados empíricos para a identificação das melhores conformações para a execução extrajudicial.

Um último aspecto merece atenção.

Por definição, não se exige, no âmbito dos experimentos jurídicos de regulação, certeza a respeito do sucesso dos seus resultados - que, aliás, não pode ser assegurada em relação a qualquer disciplina normativa. O erro e o fracasso são, também, importantes meios para o aprendizado tanto na Ciência[64] quanto na formulação de políticas de regulação[65]. Daí o motivo de se reconhecer ao ente regulador uma margem mais flexível para atuação diante de iniciativas experimentais, como se dá na Alemanha, com fundamento em decisão do Tribunal Constitucional Federal, e na França, em que há expressa previsão constitucional quanto à possibilidade de edição de leis e regulamentos experimentais (art. 37-1)[66].

---

62. Flávia Ribeiro sugere a implementação experimental da execução extrajudicial nos termos propostos no Projeto de Lei n. 6.204/2019, com ajustes pontuais, adotando como referência a experiência portuguesa (RIBEIRO, Flávia Pereira. *Desjudicialização da execução civil*, cit., p. 288-291).

63. Como destaca Gabriel Pascual, o envolvimento ativo de grupos potencialmente alcançados contribui para a qualidade do experimento (PASCUAL, Gabriel Doménech. "Los experimentos jurídicos". *Revista de Administración Pública*, cit., p. 163-165).

64. BORGES, José Souto Maior. *Ciência feliz*. São Paulo: Max Limonad, 2000, 19-23.

65. RANCHORDÁS, Sofia Hiná Fernandes da Silva. *Sunset clauses and experimental legislation: blessing or curse for innovation?*, cit., p. 19.

66. PASCUAL, Gabriel Doménech. Experimentos en la teoría y la práctica del Derecho. Palestra proferida no *XIII Seminario de Teoría y Método (STEM)*, na *Universitat Oberta de Catalunya*, Barcelona, em 31 de maio de 2019, p. 23-26. Disponível em: <https://www.academia.edu/39023086/Experimentos_en_la_teoria_y_la_practica_del_Derecho>.

8. DESJUDICIALIZAÇÃO DA EXECUÇÃO INDEPENDENTEMENTE DE MODIFICAÇÃO LEGISLATIVA

8.1. Cooperação interinstitucional

Uma reforma legislativa não é a única via para a realização de medidas de desjudicialização da execução.

Atos de cooperação interinstitucional podem ser celebrados entre o Poder Judiciário e outros sujeitos do sistema de justiça, a exemplo das serventias extrajudiciais, para o desenvolvimento de iniciativas de experimentação processual na execução extrajudicial[67]. Medidas dessa natureza podem ser especialmente proveitosas para o teste de diferentes formatos de desjudicialização, em ambiente controlado e com adequação às circunstâncias específicas dos perfis de processos[68].

Experimentos jurídicos processuais[69] são encontrados no âmbito de diferentes modos de solução de problemas jurídicos.

É importante perceber, aqui, que os arts. 3º, §§ 2º e 3º, e 190 do Código de Processo Civil, que integram o conjunto de normas estruturantes do sistema brasileiro de justiça multiportas, estimulam a construção, por diferentes instituições e profissionais, de soluções adequadas para os

67. ANDRADE, Juliana Melazzi. "A cooperação judiciária nacional como instrumento de descentralização da execução". In: DIDIER JR., Fredie; CABRAL, Antonio do Passo (Coord.). *Cooperação judiciária nacional*. São Paulo: Juspodivm, 2021, p. 775-793; MINAMI, Marcos Youji. "Esboços para uma desjudicialização executiva imediata no Brasil". In: *Execução civil: novas tendências*. Livro eletrônico. Indaiatuba: Foco, 2022, posição 1.079-1.108. Vide, ainda, o Enunciado n. 219 da III Jornada de Direito Processual Civil do Conselho da Justiça Federal: "A previsão contida no inciso III do art. 772 do CPC autoriza a realização de atos executivos típicos ou atípicos de busca e localização patrimonial, por meio de cooperação judiciária interinstitucional".

68. MINAMI, Marcos Youji. "Esboços para uma desjudicialização executiva imediata no Brasil". In: *Execução civil: novas tendências*, cit., p. 1.089-1.098.

69. Sobre as diferentes modalidades de experimentos jurídicos e a utilidade dos experimentos processuais, vide DIDIER JR., Fredie; FERNANDEZ, Leandro. *O Conselho Nacional de Justiça e o Direito Processual: administração judiciária, boas práticas e competência normativa*, cit., p. 150-160. Cf, ainda, PASCUAL, Gabriel Doménech. "Los experimentos jurídicos". *Revista de Administración Pública*, n. 164, 2004; RANCHORDÁS, Sofia Hiná Fernandes da Silva. *Sunset clauses and experimental legislation: blessing or curse for innovation*? Tese (Doutorado). Tilburg: Tilburg University, 2014.

problemas jurídicos. Bem vistas as coisas, desses dispositivos é possível extrair uma *cláusula de abertura à experimentação processual*.

O ideal é que a adesão às iniciativas de desjudicialização seja facultativa, ao menos para o credor, durante o período de experimentação. A admissão de uma dimensão negocial da administração judiciária não seria uma novidade no ordenamento jurídico brasileiro: a adesão ao Juízo 100% Digital (Resolução n. 345, Conselho Nacional de Justiça) e aos Núcleos de Justiça 4.0 (no modelo da Resolução n. 385, Conselho Nacional de Justiça), por exemplo, é facultativa.

8.2. Execução extrajudicial convencional

8.2.1. Generalidades

O estímulo à consensualidade para a solução de problemas jurídicos é, também, fundamento para uma segunda via de adoção de medidas de desjudicialização da execução.

O art. 190 do Código de Processo Civil assegura às partes a possibilidade de celebrar negócios sobre o modo de solução de problemas jurídicos, sem estabelecer ressalvas ao seu uso na execução. Em verdade, a execução é um ambiente especialmente propício à celebração de negócios jurídicos processuais[70].

A pretensão exequenda é, como regra, situação jurídica disponível. Admite-se, por exemplo, de maneira unilateral pelo credor, a desistência de toda a execução ou da prática de certos atos executivos, bem como, de modo consensual, a adaptação do procedimento às especificidades do caso e às necessidades das partes – o que pode abranger o interesse na preservação de uma relação comercial de longo prazo, por exemplo[71]. Não há

70. DIDIER JR., Fredie; CABRAL, Antonio do Passo. "Negócios jurídicos processuais atípicos e execução". In: *Ensaios sobre os negócios jurídicos processuais*. 3. ed. São Paulo: Juspodivm, 2023, p. 73-104.

71. DIDIER JR., Fredie; CABRAL, Antonio do Passo. "Negócios jurídicos processuais atípicos e execução". In: *Ensaios sobre os negócios jurídicos processuais*, cit., p. 76-81.

razão para se negar, no atual sistema jurídico brasileiro, o caráter dialógico e cooperativo da execução.

Quando combinadas, a disponibilidade da execução e a cláusula geral de negociação processual atípica prevista no art. 190 do Código de Processo Civil permitem o engenho, pelas partes, de modalidades de execução extrajudicial convencional[72].

É possível imaginar, ilustrativamente, a celebração de negócio processual que estabeleça o trânsito de técnicas de execução extrajudicial de procedimento já previsto atualmente na legislação para aplicação no âmbito de outros tipos de relação jurídica, como sugerido por Pedro Henrique Nogueira e Rodrigo Mazzei[73].

Cláusulas que prevejam a desjudicialização da execução, em maior ou menor extensão, podem ser celebradas, por exemplo, em convenções de arbitragem ou em contratos normativos de autorregulação[74] das relações entre empresas integrantes de certo setor econômico, inclusive com o entrelaçamento de diferentes portas de acesso à sua justiça para a solução do problema jurídico e a sua efetivação, em mais uma hipótese de um negócio jurídico multiportas.

8.2.2. Smart contracts *e execução extrajudicial convencional*

A tecnologia também pode contribuir para operacionalizar convenções processuais de execução extrajudicial[75].

72. DIDIER JR., Fredie; CUNHA, Leonardo Carneiro da; BRAGA, Paula Sarno; OLIVEIRA, Rafael Alexandria. *Curso de Direito Processual*. 11. ed. São Paulo: Juspodivm, 2021, v.5., p. 51; YARSHELL, Flávio Luiz; RODRIGUES, Viviane Siqueira. "Desjudicialização da execução civil: uma solução útil e factível entre nós?". In: MEDEIROS NETO, Elias Marques de; RIBEIRO, Flávia Pereira (Coord.). *Reflexões sobre a desjudicialização da execução civil*, cit., p. 369; THEODORO JÚNIOR, Humberto; ANDRADE, Érico. *Autotutela Executiva: Execução Extrajudicial Positivada*. Livro eletrônico. Rio de Janeiro: Forense, 2024, p. 104.

73. NOGUEIRA, Pedro Henrique; MAZZEI, Rodrigo. "Anotações prévias sobre a negociação processual e a proposta de desjudicialização da execução". In: *Execução civil: novas tendências*. Livro eletrônico. Indaiatuba: Foco, 2022, posição 1.339.

74. FERREIRA NETO, Ermiro. *Contratos normativos*. São Paulo: Almedina, 2023, p. 245-247.

75. Sobre o tema, NUNES, Dierle; VIANA, Antônio Aurélio de Souza; PAOLINELLI, Camilla. "Um olhar iconoclasta aos rumos da execução civil e o novos e-designs: como os *smart contracts* e as *Online Dispute Enforcements* podem revelar inovações para a desjudicialização

As partes de um *smart contract* podem convencionar que a solução de determinados problemas jurídicos será obtida com a adoção de uma arbitragem estruturada numa plataforma de *blockchain*, sendo o cumprimento automático da decisão um dos principais atrativos para essa escolha.

Nessas situações, a programação do *smart contract* abrange uma etapa adicional, que condiciona a execução da prestação à decisão a ser proferida na arbitragem[76], o que pode ocorrer de diferentes formas, adiante analisadas.

As vantagens desse modo de solução de problemas jurídicos são evidentes, mas vêm acompanhadas de questionamentos sobre o monopólio estatal da execução - com a criação do que pode ser denominado de "*self-sufficient private adjudication systems*" - e sobre a relativização de garantias processuais como o regime jurídico das impenhorabilidades, por exemplo, já que não necessariamente a sua observância será inserida na programação[77].

Ao menos dois modelos podem ser utilizados para a finalidade proposta:

a) *Multi-signature address*

Uma das formas de utilização da arbitragem baseada em plataformas de *blockchain* é a adoção do sistema de múltiplas assinaturas (*multi-signature address*).

---

da execução". In: BELIZZE, Marco Aurélio et al (Coord.). *Execução civil: novas tendências*, cit., posição 417-419.

76. Sobre a possibilidade de adoção da execução extrajudicial na arbitragem, LAMÊGO, Guilherme Cavalcanti. Execução extrajudicial e arbitragem: proposta para uma execução extrajudicial arbitral no Brasil. Trabalho de Conclusão de Curso (Graduação em Direito). Universidade Federal da Bahia, Faculdade de Direito, Salvador, 2018. Versão reduzida do texto foi publicada em periódico: LAMÊGO, Guilherme Cavalcanti. "Execução extrajudicial e arbitragem: proposta para uma execução extrajudicial arbitral no Brasil". *Revista de Processo*, São Paulo, v. 286, dez-2018, p. 505-538.

77. ORTOLANI, Pietro. "*The impact of blockchain technologies and smart contracts on dispute resolution: arbitration and court litigation at the crossroads*". *Uniform Law Review*, v. 24, n. 2, jun./2019, p. 436-437 e 442.

Aqui, a liberação da prestação depende da utilização de duas chaves digitais. As partes envolvidas na relação jurídica e o árbitro recebem, cada um, uma chave.

Havendo consenso em relação ao adequado cumprimento das obrigações contratuais, ambas as partes autorizam, com as respectivas chaves, a liberação da prestação. Por outro lado, havendo divergência, a apreciação do problema jurídico é submetida ao **árbitro. A liberação da prestação ao vencedor ocorrerá com a utilização combinada da sua própria chave digital e daquela conferida ao árbitro**[78].

b) *Blockchain Oracles*

Outra forma de associação da arbitragem com a execução extrajudicial em plataformas de *blockchain* é por meio da utilização de *oráculos.*

A descentralização e a extensa base de dados são vantagens das plataformas de *blockchain*, mas isso não significa que elas contem com acesso a *qualquer* dado, em tempo real. Muitas vezes, é necessário que fontes externas introduzam informações relativas a eventos ocorridos fora da plataforma (em um sistema não conectado ou na realidade física, por exemplo) para a verificação da ocorrência ou não de condicionantes da programação. Essas figuras são conhecidas como *blockchain oracles*[79].

É possível estabelecer em um *smart contract* a previsão de que, havendo indicação por uma das partes da ocorrência de um problema jurídico, a fonte externa de informação (o *oráculo*) de que dependerá sua execução será uma decisão arbitral. Proferida a decisão, será automaticamente realizada a consequência prevista na programação para aquela situação[80].

Em outras palavras, decisões arbitrais podem ser previstas como *blockchain oracles*, condicionando a executoriedade de um *smart contract.* Essa solução pode ser estratégica para as partes, que terão a garantia de

78. ORTOLANI, Pietro. *"The impact of blockchain technologies and smart contracts on dispute resolution: arbitration and court litigation at the crossroads". Uniform Law Review*, cit., p. 434.

79. BUCHWALD, Michael. *"Smart Contract Dispute Resolution: The Inescapable Flaws of Blockchain-Based Arbitration". University of Pennsylvania Law Review*, v. 168, 2020, p. 1.381.

80. ORTOLANI, Pietro. *"The impact of blockchain technologies and smart contracts on dispute resolution: arbitration and court litigation at the crossroads". Uniform Law Review*, cit., p. 439.

que eventuais divergências sobre a interpretação do contrato ou do seu modo de cumprimento serão solucionadas antes do acionamento da execução e, ao mesmo tempo, a certeza da execução da decisão arbitral a ser proferida.

9. CONCLUSÃO: A EXECUÇÃO SOB A PERSPECTIVA DA JUSTIÇA MULTIPORTAS

Interpretados em conjunto, os arts. 3º e 4º do Código de Processo Civil podem ser compreendidos como fundamentos para a utilização de portas distintas do Poder Judiciário para a concretização do direito à solução integral do problema jurídico, aqui incluída a atividade satisfativa[81].

Sob essa perspectiva, a garantia estabelecida no art. 5º, LIV, da Constituição Federal não deve ser vista como uma necessária submissão ao processo judicial, mas como um direito à observância do devido processo em cada uma das portas de acesso à justiça, com suas respectivas conformações[82]. No caso da execução extrajudicial prevista na Lei n. 9.514/1997, por exemplo, assegura-se a imparcialidade do terceiro, a existência de procedimento previamente estabelecido, sem vedação à possibilidade de provocação do Poder Judiciário para controle de eventuais irregularidades - diretrizes que podem ser boas referências para novas modalidades de execuções extrajudiciais convencionais.

De modo geral, a reflexão a respeito da desjudicialização da execução tem sido orientada pelo enfoque na constatação da inadequação do Poder Judiciário para o tratamento de expressivo volume de processos de execução. A questão deve ser abordada também a partir de uma dimensão positiva da adequação, com a busca da porta mais adequada para a execução de acordo com determinados perfis de problemas jurídicos. A adequação

81. Em sentido próximo, mas com fundamento apenas no art. 4º do CPC, LIMA, Pedro Henrique Alencar Rebêlo Cruz. *A desjudicialização da execução civil: o regime dos agentes executivos à luz da noção contemporânea do acesso à justiça*. Rio de Janeiro: Lumen Juris, 2022, p. 113.

82. YARSHELL, Flávio Luiz; RODRIGUES, Viviane Siqueira. "Desjudicialização da execução civil: uma solução útil e factível entre nós?". In: MEDEIROS NETO, Elias Marques de; RIBEIRO, Flávia Pereira (Coord.). *Reflexões sobre a desjudicialização da execução civil*, cit., p. 370.

é uma das características do sistema brasileiro de justiça multiportas[83], e a execução não é nem pode ser indiferente a isso[84].

A desjudicialização da execução também não pode ser uma questão abordada exclusiva ou principalmente sob a ótica da incapacidade do Poder Judiciário para o tratamento de um grande volume de execuções, sob pena de o resultado da desjudicialização ser o *deslocamento* de um problema para outras portas, não sua solução.

Um dos principais desafios à efetividade da execução, a ausência de bens do devedor, não seria tratado em outras portas de maneira mais adequada do que a do Judiciário, por motivos evidentes. Para tais casos, especificamente em âmbito trabalhista, a Emenda Constitucional n. 45/2004 previu a criação do Fundo de Garantia das Execuções Trabalhistas, integrado por multas decorrentes de condenações trabalhistas e administrativas oriundas da fiscalização do trabalho, além de outras receitas (art. 3º). O Projeto de Lei n. 4.326/2021[85] pretende regulamentar a matéria, estabelecendo critérios preferenciais para pagamento de valores devidos em certas espécies de execuções, com sub-rogação do Fundo. Mesmo aqui, então, não há uma solução definitiva para o problema da ausência de bens do devedor, mas, ao menos, uma tentativa de atenuar, em relação a alguns credores, os impactos da frustração da execução.

Por tudo isso, talvez o melhor caminho seja a combinação de aspectos de diferentes propostas para a institucionalização da execução extrajudicial.

Há iniciativas que não dependem de reforma legislativa, como as realizadas a partir de atos de cooperação interinstitucional e de convenções processuais.

Outras medidas dependem de intervenção legislativa, mas é importante perceber que, mesmo aqui, há espaço para a experimentação de

---

83. DIDIER JR., Fredie; FERNANDEZ, Leandro. *Introdução à justiça multiportas: sistema de solução de problemas jurídicos e o perfil do acesso à justiça no Brasil*, cit., p. 132-148.

84. Como percebido em FARIA, Márcio Carvalho. "Primeiras impressões sobre o Projeto de Lei n.º 6.204/2019: críticas e sugestões acerca da tentativa de se desjudicializar a execução civil brasileira (parte um)". *Revista de Processo*. São Paulo: RT, 2021, v. 313, p. 393-416.

85. Disponível em: <https://www.camara.leg.br/propostas-legislativas/2310815>.

diferentes propostas de desjudicialização da execução. A experimentação regulatória permite a prototipagem de modelos de desjudicialização, a identificação de boas práticas e a compreensão sobre aspectos positivos e negativos de cada uma das propostas de desjudicialização da execução, oferecendo dados empíricos para a identificação das melhores conformações para a execução extrajudicial.

Em qualquer caso, a execução também deve ser pensada a partir das características do sistema brasileiro de justiça multiportas: a auto-organização, a abertura, a integração, a preferência pela solução consensual e a adequação.

Exatamente por isso, as propostas que limitam prévia e abstratamente a figura do agente de execução somente aos titulares de serventias extrajudiciais (ou especificamente ao tabelião de protestos), embora tenham a seu favor relevantes argumentos, devem ser vistas com cautela, dada a evidente incompatibilidade com a característica da abertura do sistema brasileiro de justiça multiportas. É plausível que a capilaridade, a estrutura, a expertise e o acesso a certos sistemas eletrônicos[86] levem, na prática, a uma opção preferencial da sociedade pela execução nas serventias extrajudiciais. O que não parece ser apropriado, porém, é a criação de exclusividade de certa porta de acesso à justiça para o tratamento de problemas jurídicos, cenário excepcional no sistema brasileiro.

De todo modo, é necessário observar que, mesmo em um modelo de execução extrajudicial, determinadas matérias não podem ser retiradas da apreciação do Poder Judiciário, a exemplo da decretação de prisão civil e da adoção de certas medidas executivas atípicas[87].

---

86. Ilustrativamente, a Lei n. 14.382/2022 estabelece que o Sistema Eletrônico dos Registros Públicos (Serp) deve viabilizar a interconexão das serventias dos registros públicos e a interoperabilidade das bases de dados entre as serventias dos registros públicos e entre as serventias dos registros públicos e o Serp (art. 3º, II e III).

87. ANDRADE, Juliana Melazzi. *É preciso desjudicializar ou descentralizar a execução civil*. Disponível em: <https://www.conjur.com.br/2021-abr-10/melazzi-desjudicializar-ou-descentralizar-execucao-civil>; FARIA, Márcio Carvalho. "Reformar e racionalizar a execução civil: um caminho necessário". *Suprema – Revista de Estudos Constitucionais*, Brasília, v. 3, n. 1, jan./jun. 2023, p. 265.

REFERÊNCIAS BIBLIOGRÁFICAS

ANDRADE, Juliana Melazzi. "A cooperação judiciária nacional como instrumento de descentralização da execução". In: DIDIER JR., Fredie; CABRAL, Antonio do Passo (Coord.). *Cooperação judiciária nacional*. Salvador: Juspodivm, 2021.

__________. "A delegação do exercício da competência no processo executivo brasileiro". *Revista de Processo*. São Paulo, Revista dos Tribunais, v. 44, n. 296.

__________. É preciso desjudicializar ou descentralizar a execução civil. Disponível em: <https://www.conjur.com.br/2021-abr-10/melazzi-desjudicializar-ou-descentralizar-execucao-civil>.

__________; CABRAL, Antonio do Passo; PARIZIO, André; DUARTE, Larissa Carrasqueira; BOISSON, Eduarda. "Anteprojeto de lei. Atribuição da prática de atos executivos para agentes de execução no cumprimento de sentença ou no processo execução. Proposta de alterações ao Código de Processo Civil e à Lei de Execuções Fiscais". *Civil Procedure Review*, v. 12, n. 1, jan.-abr. 2021.

ANSELL, Christopher; BARTENBERGER, Martin. *"Varieties of experimentalism"*. *Ecological Economics*, 2016, v. 130.

ASSIS, Araken de. *Manual da Execução*. Livro eletrônico. 2. ed. baseada na 18. ed. impressa. São Paulo: RT, 2016.

BECKER, Laércio Alexandre. *Contratos bancários*. São Paulo: Malheiros, 2002.

BETTI, Emilio. *Diritto processuale civile italiano*. 2. ed. Roma: Societa Editrice Del Foro Italiano, 1936.

BORGES, José Souto Maior. *Ciência feliz*. São Paulo: Max Limonad, 2000.

BUCHWALD, Michael. *"Smart Contract Dispute Resolution: The Inescapable Flaws of Blockchain-Based Arbitration"*. *University of Pennsylvania Law Review*, v. 168, 2020.

BUENO, Cassio Scarpinella; ARSUFFI, Arthur Ferrari. "Desjudicialização da execução civil: uma análise do PL 6.204/2019 à luz do princípio da eficiência". In: BELIZZE, Marco Aurélio et al (Coord.). *Execução civil: novas tendências*. Livro eletrônico. Indaiatuba: Foco, 2022.

BUNGE, Mario. *La ciencia. Su método y su filosofia*. Cidade do México: Nueva Imagen, 1990.

CABRAL, Antonio do Passo. *Juiz natural e eficiência processual: flexibilização, delegação e coordenação de competências no Processo Civil*. São Paulo: Thomson Reuters Brasil, 2021.

CHALHUB, Melhim Namem. *Negócio fiduciário*. Rio de Janeiro: Renovar, 2000.

CILURZO, Luiz Fernando. *A desjudicialização na execução por quantia*. Dissertação (Mestrado em Direito). Universidade de São Paulo, Faculdade de Direito, São Paulo, 2016.

CONSELHO NACIONAL DE JUSTIÇA. *Justiça em Números 2023*. Brasília: Conselho Nacional de Justiça, 2023.

COSTA, Rosalina Moitta Pinto da; MOURA, João Vitor Mendonça de. *O provérbio hindu e o PL 6204/2019: Novos caminhos para a execução*. Disponível em: <https://www.migalhas.com.br/coluna/elas-no-processo/381432/o-proverbio-hindu-e-o-pl-6204-2019-novos-caminhos-para-a-execucao>.

DIDIER JR., Fredie. *Curso de Direito Processual Civil*. 25. ed. São Paulo: Juspodivm, 2023, v.1.

__________; CABRAL, Antonio do Passo. "Negócios jurídicos processuais atípicos e execução". In: *Ensaios sobre os negócios jurídicos processuais*. 3. ed. São Paulo: Juspodivm, 2023.

__________; CUNHA, Leonardo Carneiro da; BRAGA, Paula Sarno; OLIVEIRA, Rafael Alexandria. *Curso de Direito Processual*. 11. ed. Salvador: Juspodivm, 2021, v.5.

__________; FERNANDEZ, Leandro. *Introdução à justiça multiportas: sistema de solução de problemas jurídicos e o perfil do acesso à justiça no Brasil*. São Paulo: Juspodivm, 2024.

FARIA, Márcio Carvalho. A desjudicialização executiva de volta à tona: Breves comentários sobre a recente emenda apresentada ao PL 4.188/21. Disponível em: <https://www.migalhas.com.br/depeso/389086/breves-comentarios-sobre-a-recente-emenda-apresentada-ao-pl-4-188-21>.

__________. "Dez razões pelas quais o tabelião de protesto não pode ser o único agente de execução". In: BELIZZE, Marco Aurélio et al (Coord.). *Execução civil: novas tendências*. Livro eletrônico. Indaiatuba: Foco, 2022.

__________. Primeiras impressões sobre o Projeto de Lei n.º 6.204/2019: críticas e sugestões acerca da tentativa de se desjudicializar a execução civil brasileira (parte um). *Revista de Processo*, São Paulo, v. 313, mar. 2021, p. 393-416.

__________. Primeiras impressões sobre o Projeto de Lei n.º 6.204/2019: críticas e sugestões acerca da tentativa de se desjudicializar a execução civil brasileira (parte dois). *Revista de Processo*, São Paulo, v. 314, abr. 2021, p. 371-394.

__________. Primeiras impressões sobre o Projeto de Lei n.º 6.204/2019: críticas e sugestões acerca da tentativa de se desjudicializar a execução civil brasileira (parte três). *Revista de Processo*, São Paulo, v. 315, mai. 2021, p. 395-420.

__________. Primeiras impressões sobre o Projeto de Lei n.º 6.204/2019: críticas e sugestões acerca da tentativa de se desjudicializar a execução civil brasileira (parte quatro). *Revista de Processo*, São Paulo, v. 316, jun. 2021, p. 389-416.

__________. Primeiras impressões sobre o Projeto de Lei n.º 6.204/2019: críticas e sugestões acerca da tentativa de se desjudicializar a execução civil brasileira (parte cinco). *Revista de Processo*, São Paulo, v. 317, jul. 2021, p. 437-474.

FARIA, Márcio Carvalho. "Reformar e racionalizar a execução civil: um caminho necessário". *Suprema – Revista de Estudos Constitucionais*, Brasília, v. 3, n. 1, jan./jun. 2023.

FERREIRA NETO, Ermiro. *Contratos normativos*. São Paulo: Almedina, 2023.

GERI, Lina Bigliazzi. *Profili sistematici dell'autotutela privata*: introduzione. Milão: Giuffrè, 1971.

HILL, Flávia Pereira. "Desjudicialização da execução civil: reflexões sobre o Projeto de Lei nº 6.204/2019". *Revista Eletrônica de Direito Processual – REDP*, Rio de Janeiro, ano 14, v. 21, n. 3, set.-dez. 2020.

INSTITUTO DE DIREITO PROCESSUAL – IDPro. *Novas tendências | Diálogos: Desjudicialização da execução e Autotutela executiva*. Disponível em: <https://www.youtube.com/watch?v=DAnhBNAdhWk>.

KOYRÉ, Alexandre. *Estudos de história do pensamento científico*. Tradução de Márcio Ramalho. Rio de Janeiro: Forense, 1991.

LAMÊGO, Guilherme Cavalcanti. Execução extrajudicial e arbitragem: proposta para uma excução extrajudicial arbitral no Brasil. Trabalho de Conclusão de Curso (Graduação em Direito). Universidade Federal da Bahia, Faculdade de Direito, Salvador, 2018.

LAMÊGO, Guilherme Cavalcanti. "Execução extrajudicial e arbitragem: proposta para uma execução extrajudicial arbitral no Brasil". *Revista de Processo*, São Paulo, v. 286, dez-2018.

LIMA, Pedro Henrique Alencar Rebêlo Cruz. *A desjudicialização da execução civil: o regime dos agentes executivos à luz da noção contemporânea do acesso à justiça*. Rio de Janeiro: Lumen Juris, 2022.

MEIRELES, Edilton. "Execução extrajudicial: as hipóteses dos contratos de financiamento e a averbação pré-executória". *Revista Jurídica Luso-Brasileira*, ano 9, n. 1, 2023.

MINAMI, Marcos Youji. "Esboços para uma desjudicialização executiva imediata no Brasil". In: *Execução civil: novas tendências*. Livro eletrônico. Indaiatuba: Foco, 2022.

MODESTO, Paulo. *Decisão coordenada: experimentação administrativa processual*. Disponível em: <https://www.conjur.com.br/2021-dez-02/interesse-publico-decisao-coordenada-experimentacao-administrativa-processual>.

__________. *Direito Administrativo da experimentação: uma introdução*. Disponível em: <https://www.conjur.com.br/2021-out-14/interesse-publico-direito-administrativo-experimentacao-introducao>.

__________. *Experimentação consensual na organização administrativa: contratos de desempenho*. Disponível em: <https://www.conjur.com.br/2022-mar-03/interesse-publico-experimentacao-consensual-organizacao-administrativa>.

__________. *Federalismo administrativo, processo e experimentação*. Disponível em: <https://www.conjur.com.br/2022-dez-08/interesse-publico-federalismo-administrativo-processo-experimentacao>.

__________. *Inteligência artificial, ChatGPT e experimentação administrativa*. Disponível em: <https://www.conjur.com.br/2023-fev-09/interesse-publico-inteligencia-artificial-chatgpt-experimentacao-administrativa>.

__________. *O silêncio administrativo como técnica de experimentação*. Disponível em: <https://www.conjur.com.br/2022-jan-27/interesse-publico-silencio-administrativo-tecnica-experimentacao>.

__________. *Sandbox regulatório e experimentação administrativa*. Disponível em: <https://www.conjur.com.br/2024-fev-01/sandbox-regulatorio-e-experimentacao-administrativa/>.

__________. *Simplificação administrativa e experimentação*. Disponível em: <https://www.conjur.com.br/2022-abr-28/interesse-publico-simplificacao-administrativa-experimentacao>.

__________; MODESTO, Camila. *Audiências e consultas: vinculação cognitiva e experimentação administrativa*. Disponível em: <https://www.conjur.com.br/2023-jul-13/interesse-publico-vinculacao-cognitiva-audiencias-consultas-publicas/>.

NEVES, Fernando Crespo Queiroz; HILL, Flávia Pereira; SICA, Heitor Vitor Mendonça; SILVA, Larissa Clare Pochmann da; RODRIGUES; Marcelo Abelha; FARIA, Márcio Carvalho; ROCHA, Márcio; MINAMI, Marcos Youji. "Proposta de alteração do Código de Processo Civil para inserção da previsão da execução extrajudicial". In: BELIZZE, Marco Aurélio et al (Coord.). *Execução civil: novas tendências*. Livro eletrônico. Indaiatuba: Foco, 2022.

NOGUEIRA, Pedro Henrique; MAZZEI, Rodrigo. "Anotações prévias sobre a negociação processual e a proposta de desjudicialização da execução". In: *Execução civil: novas tendências*. Livro eletrônico. Indaiatuba: Foco, 2022.

NUNES, Dierle; VIANA, Antônio Aurélio de Souza; PAOLINELLI, Camilla. "Um olhar iconoclasta aos rumos da execução civil e os novos e-designs: como os *smart contracts* e as *Online Dispute Enforcements* podem revelar inovações para a desjudicialização da execução". In: BELIZZE, Marco Aurélio et al (Coord.). *Execução civil: novas tendências*. Livro eletrônico. Indaiatuba: Foco, 2022.

OLIVEIRA, Carlos Alberto Alvaro de. "Procedimento e Ideologia no Direito Brasileiro Atual". *Revista da Associação dos Juízes do Rio Grande do Sul – AJURIS*. Porto Alegre, ano XII, n. 33, mar. 1985.

OLIVEIRA, Daniela Olímpio de. *Desjudicialização, acesso à justiça e teoria geral do processo*. 2. ed. rev e atual. Curitiba: Juruá, 2015.

OLIVEIRA, Rafael Carvalho Rezende; CARMO, Thiago Gomes do. "Administração Pública experimental: licitação e contratação de soluções inovadoras". *Soluções Autorais*, ano 6, n. 62, maio/2023.

ORTOLANI, Pietro. "*The impact of blockchain technologies and smart contracts on dispute resolution: arbitration and court litigation at the crossroads*". *Uniform Law Review*, v. 24, n. 2, jun./2019.

PASCUAL, Gabriel Doménech. Experimentos en la teoría y la práctica del Derecho. Palestra proferida no *XIII Seminario de Teoría y Método (STEM)*, na *Universitat Oberta de Catalunya*, Barcelona, em 31 de maio de 2019. Disponível em: <https://www.academia.edu/39023086/Experimentos_en_la_teoria_y_la_practica_del_Derecho>.

__________. "Los experimentos jurídicos". *Revista de Administración Pública*, n. 164, 2004.

PEIXOTO, Renata Cortez Vieira. "O Projeto de Lei nº 6.204/2019 e a desjudicialização da execução civil: adequação da atribuição de agentes de execução aos tabeliães de protestos". *Revista ANNEP de Direito Processual*, v. 1, n. 2, 2020.

RANCHORDÁS, Sofia Hiná Fernandes da Silva. *Sunset clauses and experimental legislation: blessing or curse for innovation?* Tese (Doutorado). Tilburg: Tilburg University, 2014.

RIBEIRO, Flávia Pereira. *Desjudicialização da execução civil*. 3. ed. Curitiba: Juruá, 2022.

__________; PEIXOTO, Renata Cortez Vieira. *Primeiros contrapontos à Nota Técnica da AMB contrária ao PL 6.204/19*. Disponível em: <https://www.migalhas.com.br/depeso/331995/primeiros-contrapontos-a-nota-tecnica-da-amb-contraria-ao-pl-6-204-19>.

__________; __________. *Reflexões sobre o parecer do Conselho Federal da OAB sobre o PL 6.204/19 – parte I*. Disponível em: <https://www.migalhas.com.br/depeso/333661/reflexoes-sobre-o-parecer-do-conselho-federal-da-oab-sobre-o-pl-6-204-19---parte-i>.

__________; __________. Reflexões sobre o parecer do Conselho Federal da OAB sobre o PL 6.204/19 – parte II. Disponível em: <https://www.migalhas.com.br/depeso/334859/reflexoes-sobre-o-parecer-do-conselho-federal-da-oab-sobre-o-pl-6-204-19---parte-ii>.

SABEL, Charles F.; ZEITLIN, Jonathan. "*Experimentalist governance*". In: LEVI-FAUR, David (ed.). *The Oxford handbook of governance*. Nova York: Oxford University Press, 2012.

SALLES, Raquel Bellini de Oliveira. *Autotutela nas relações contratuais*. Rio de Janeiro: Processo, 2019.

SANTOS FILHO, Augusto Barbosa. *Execução extrajudicial e jurisdição: o Projeto de Lei 6.204/2019 no Sistema de Justiça Brasileiro*. Dissertação (Mestrado em Direito). Universidade Federal da Bahia, Faculdade de Direito, Salvador, 2021.

SICA, Heitor. "Efetividade da execução civil: Relatório Nacional (Brasil)". *Civil Procedure Review*, v.4, edição especial, 2013.

__________. *Live com Rodrigo Mazzei | Direito e Vinho – Autotutela e Carménère*. Live. Disponível em: <https://www.youtube.com/watch?v=5qd2ySDnvYU>.

__________. *Live com Fredie Didier Jr. | Execução Extrajudicial*. Live. Disponível em: <https://www.youtube.com/watch?v=RPZdXu1rJvM>.

__________. *Observatório da Execução – Reunião 1 – Desjudicialização da execução*. Live. Disponível em: <https://www.youtube.com/watch?v=JKbmh8Z_Q8A>.

SILVA, Paula Costa e. A constitucionalidade da execução hipotecária do Decreto-Lei 70, de 21 de novembro de 1966. *Revista de Processo*, São Paulo, v. 284, p. 185-209, 2018.

UNGER, Roberto Mangabeira. "A constituição do experimentalismo democrático". *Revista de Direito Administrativo*, 257, 2011.

VOGT, Fernanda Costa. *Cognição do juiz no Processo Civil: flexibilidade e dinamismo dos fenômenos cognitivos*. Salvador: Juspodivm, 2020.

YARSHELL, Flávio Luiz; RODRIGUES, Viviane Siqueira. "Desjudicialização da execução civil: uma solução útil e factível entre nós?". In: MEDEIROS NETO, Elias Marques de; RIBEIRO, Flávia Pereira (Coord.). *Reflexões sobre a desjudicialização da execução civil*. Curitiba: Juruá, 2020.

YOSHIKAWA, Eduardo Henrique de Oliveira. *Execução extrajudicial e o devido processo legal*. São Paulo: Atlas, 2010.

4

UM ENSAIO TEÓRICO SOBRE A ADAPTABILIDADE DOS PROCEDIMENTOS ESPECIAIS DE EXECUÇÃO DA LEI N. 14.711/2023 ("MARCO LEGAL DAS GARANTIAS")

Eduardo Lima Sodré

Advogado. Mestre em Direito Público pela Universidade Federal da Bahia (UFBA). Professor Adjunto de Direito Processual Civil da Faculdade de Direito da Universidade Federal da Bahia (UFBA). Titular da Cadeira 38 da Academia de Letras Jurídicas da Bahia. Membro do Instituto dos Advogados da Bahia (IAB).

Layanna Piau Vasconcelos

Advogada, Mestranda em Direito dos Negócios pela FGV-SP, especialista em Direito Imobiliário Empresarial pela Universidade do SECOVI (SP) e pela Faculdade Baiana de Direito de Salvador. Membro fundador e Diretora Acadêmica do Instituto Baiano de Direito Imobiliário (IBDI), diretora regional do Instituto Brasileiro de Direito da Construção (IBDIC) e membro fundador do Instituto Baiano de Arbitragem (Iarb). Vice-Presidente da Comissão de Direito Urbanístico da OAB/BA.

Sumário:

1. INTRODUÇÃO

A aprovação da Lei Federal n. 14.711, de 30 de outubro de 2023, popularizada como *"Marco Legal das Garantias"*, demonstra a preocupação legislativa em melhorar o ambiente de negócios no país[1], regulando (ou mais bem regulando), *modelos negociados* de solução de problemas jurídicos relativos à execução de contratos específicos.

Fala-se em *modelos negociados* porque, ao celebrar determinados tipo de contratos, as partes concordam que, sobrevindo o inadimplemento (problema), a solução se operará, ou, ao menos, se iniciará, extrajudicialmente (fora do âmbito do Poder Judiciário), porta mais conhecida de acesso à justiça[2], observando procedimento específico, *mas não estático.*

Os procedimentos da execução da alienação fiduciária de bens imóveis e da execução extrajudicial hipotecária foram ajustados para se tornar mais eficientes e racionais, o que impacta diretamente o valor do crédito no mercado. Num cenário de maior celeridade na busca pela satisfação do crédito, o credor tem maior incentivo para ampliar a concessão do crédito em termos menos onerosos, eis que a equação econômica compõe o sinalagma da contratação.

Nesse contexto, considerando que os referidos procedimentos executivos especiais (alienação fiduciária de bens imóveis e execução extrajudicial hipotecária) originam-se em convenção contratual, no âmbito do

---

1. Entre outras sinalizações legislativas, as promulgações das Leis Federais números 13.097/2015, 13.726/2018, 13.874/2019 e 14.382/2022 são evidentes exemplos da preocupação com o ambiente de negócios no país, de modo a tornar as operações econômicas mais seguras e eficazes. A preocupação com um melhor ambiente de negócios, mais seguro e menos burocrático, tem sido marca, a propósito, de importantes leis federais, como a Lei n° 13.097/2015 (que positivou o princípio da concentração dos atos na matrícula, reforçado pela Lei n° 14.382/2022); Lei n° 13.467/2017 (que promoveu a reforma trabalhista), a Lei n° 13.655/2018 (que reformou a LINDB); a Lei n° 13.726/2018 (que racionalizou atos e procedimentos administrativos dos Poderes da União, dos Estados, do Distrito Federal e dos Municípios, instituindo Selo de Desburocratização e Simplificação); a Lei n° 13.874/2019 (Lei de Liberdade Econômica), além da própria Lei n° 13.105/2015 (Código de processo Civil).
2. Esse artigo adota o conceito de "portas de acesso à justiça" tal como proposto por Fredie Didier Jr. e Leandro Fernandez na obra *Introdução à justiça multiportas: sistema de solução de problemas jurídicos e o perfil do acesso à justiça no Brasil.* DIDIER JR., Fredie; FERNANDEZ, Leandro. Introdução à justiça multiportas: sistema de solução de problemas jurídicos e o perfil do acesso à justiça no Brasil. São Paulo: Juspodivm, 2024, p. 265-266.

autorregramento da vontade, parece-nos ser mesmo intuitivo admitir a sua flexibilidade, de modo a melhor adequá-los aos interesses dos contratantes, notadamente a partir do transporte de técnicas utilizadas em outras portas de acesso à justiça, a exemplo do Poder Judiciário.

É essa a reflexão que se propõe com este artigo.

2. BREVES NOTAS DISTINTIVAS ENTRE O PROCEDIMENTO COMUM E ESPECIAL

O procedimento comum costuma ser descrito como um procedimento padronizado, apto a viabilizar a satisfação das mais variadas situações jurídicas materiais, aplicável quando não houver outro específico.

É exatamente por isso – por ser destinado a processar as situações destituídas de especificidades –, que o procedimento comum se caracteriza por ter fases bem definidas e articuladas, de sorte a permitir a tramitação processual de maneira previsível e padronizada, alcançando em cada uma das destas fases uma finalidade própria previamente estabelecida[3].

Pode-se afirmar que "*o procedimento pode ser comum ou especial, a depender do paradigma examinado*"[4]. À luz desse raciocínio, seria especial

3. Araken de Assis subdivide o rito comum em quatro etapas procedimento comum de conhecimento, cada qual apta a atingir determinados fins, reguladas por um sistema flexível de preclusões: (a) etapa postulatória, que inicia com o ajuizamento da demanda, passa pela audiência de conciliação e de mediação (art. 334 do NCPC), e alcança a defesa do réu (arts. 319 a 343 do NCPC) e sua revelia (arts. 344 a 346 do NCPC); (b) etapa do saneamento, iniciada com as providências preliminares (arts. 347 a 353 do NCPC), incluindo o julgamento conforme o estado do processo e suas variantes da extinção do processo (art. 354 do NCPC), do julgamento antecipado do mérito (art. 355 do NCPC) e julgamento parcial do mérito (art. 356 do NCPC), e, não sendo admissível a precipitação do procedimento, mediante emissão de sentença terminativa ou de sentença definitiva, no todo ou em parte (art. 354, parágrafo único), culminada com a magna decisão de saneamento e de organização do processo (art. 357 do NCPC), incluindo possibilidade de audiência preliminar (art. 357, § 3.º do NCPC); (c) etapa de instrução, que compreende a produção de prova antes e durante a audiência de instrução (arts. 358 a 484 do NCPC); e (d) etapa de julgamento, caracterizada pela emissão da sentença (art. 366 do NCPC). ASSIS. Araken de. Processo Civil Brasileiro, Vol, 1. São Paulo: Editora Revista dos Tribunais, 2015, p. 354.
4. DIDER JR., Fredie. CABRAL, Antonio do Passo. CUNHA, Leonardo Carneiro da. Por uma nova teoria dos procedimentos especiais dos procedimentos às técnicas. Salvador: Editora JusPodivm, 2018, p. 22.

"*todo aquele procedimento que tiver alguma peculiaridade que o distinga do comum*"[5].

Utilizando-se esse critério distintivo, pode-se falar em procedimento comum de conhecimento (em contraposição, por exemplo, ao procedimento de prestação de contas), procedimento comum de jurisdição voluntária (em contraposição, por exemplo, ao procedimento dos testamentos e dos codicilos), procedimento comum das ações de família (em contraposição, por exemplo, ao procedimento de alimentos) e ao procedimento comum para processamento de inventário e partilhas (em contraposição, por exemplo, aos procedimentos dos arrolamentos sumários), etc.

É a partir desse critério, portanto, que se pode falar em *procedimento comum de execução* em contraposição aos diversos *procedimentos especiais de execução*, a exemplo da execução em desfavor da fazenda pública, da execução fiscal, da execução de alimentos, da execução decorrente de contrato de alienação fiduciária e da execução hipotecária, as duas últimas agora disciplinados pela Lei Federal n. 14.711/2023.

3. ARQUÉTIPO DOS PROCEDIMENTOS ESPECIAIS E O AVANÇO NA COMPREENSÃO DE SUA ESTRUTURAÇÃO

A doutrina clássica costuma atribuir aos procedimentos especiais as características de *legalidade, taxatividade e tipicidade fechada, excepcionalidade, indisponibilidade, inflexibilidade, infungibilidade e exclusividade*[6], cujos significados seguem abaixo sintetizados[7]:

---

5. DIDER JR., Fredie. CABRAL, Antonio do Passo. CUNHA, Leonardo Carneiro da. Por uma nova teoria dos procedimentos especiais dos procedimentos às técnicas. Salvador: Editora JusPodivm, 2018, p. 22.
6. DIDER JR., Fredie. CABRAL, Antonio do Passo. CUNHA, Leonardo Carneiro da. Por uma nova teoria procedimentos especiais dos procedimentos às técnicas. Salvador: Editora JusPodivm, 2018, p. 32.
7. Como será adiante explicitado, atualmente, encontra-se superada a linha de pensamento no sentido de que tais características estariam presentes nas técnicas processuais especiais.

CARACTERÍSTICA	SIGNIFICADO
Legalidade	Necessidade de estrita observância ao procedimento estabelecido na legislação.
Taxatividade e tipicidade fechada	Somente a lei poderia criar procedimentos especiais.
Excepcionalidade	Os procedimentos especiais somente poderiam ser utilizados nos casos previstos em lei.
Indisponibilidade	Impossibilidade de utilização, mesmo diante de vontade das partes, de procedimentos diversos do previsto em lei, como especial, para a situação concreta.
Inflexibilidade	O procedimento especial não comportaria adaptações.
Infungibilidade	Impossibilidade de utilização de técnicas processuais comuns ou referentes a outros procedimentos especiais.
Exclusividade	Somente em sede de procedimentos especiais seria possível a utilização de técnicas processuais especiais.

Em certa medida, a doutrina clássica parte da premissa de que os procedimentos especiais são criados pelo legislador com o objetivo de viabilizar uma pretendida *"perfeita adequação do rito à pretensão da parte"*.

Adotando essa premissa, ao tratar das técnicas utilizadas na criação de procedimentos especiais, Humberto Theodoro Júnior afirma que *"[...] os procedimentos especiais costumam inspirar-se em alguns outros objetivos, como, por exemplo: (a) simplificação e agilização dos trâmites processuais, por meio de expedientes como o da redução de prazos e o da eliminação de atos desnecessários; (b) delimitação do tema que se pode deduzir na inicial e na contestação; (c) explicitação dos requisitos materiais e processuais para que o procedimento especial seja eficazmente utilizado."*[8]

De outro lado, já partindo de visão mais avançada, Roberto P. Campos Gouveia Filho lista, como exemplo, as seguintes técnicas de especialização estrutural dos procedimentos comuns:

8. Theodoro Júnior, Humberto. Curso de Direito Processual Civil – Procedimentos especiais – vol. III. Rio de janeiro: Forense, 2012, p.3.

> "...tomando por parâmetro o procedimento ordinário (comum, na nomenclatura do CPC/15), têm-se alguns padrões de especialidade procedimental. Dentre eles, destacam-se: a) a monitorização. Como no procedimento monitório geral, arts. 1.102-A 1.102-C, CPC/73, arts. 700-702, CPC/15; b) a documentalização, como no mandado de segurança; c) a concentração de fases, típica dos procedimentos orais, caso dos juizados especiais; d) a editalização, de que é exemplo o procedimento das ações de usucapião de terras particulares, arts. 941-945, CPC/73; e) a provisionalidade, em que se tem um procedimento apenas para antecipar os efeitos da tutela jurisdicional certificável noutro, como acontece nos alimentos provisionais, arts. 852-855, CPC/73; f) a interinalidade, no qual se tem uma fase do procedimento voltada para a prestação da tutela jurisdicional, seja de natureza cautelar, seja antecipada satisfativa. É o que se dá com aquele destinado à medidas cautelares requeridas em caráter antecedente do CPC/15 (arts. 305-310); g) o fracionamento sentencial, em que a ação deduzida é efetivada por, pelo menos, duas sentenças. É o caso das ações de demarcação (arts. 650-966, CPC/73, e arts. 574-587, CPC/15) e divisão de terras particulares (arts. 967-980, CPC/73, e arts. 588-598, CPC/15). Eis alguns exemplos de padrões de especialização estrutural dos procedimentos"

Fredie Didier Jr., Antônio do Passo Cabral e Leonardo Carneiro da Cunha, por sua vez, indicam como técnicas de especialização procedimental a autorização para concessão de tutela provisória ou satisfativa com base em pressupostos distintos dos gerais, a imposição de restrições cognitivas ou probatórias, a proibição de instauração de determinados incidentes ou da utilização de recursos específicos, a criação de fases procedimentais específicas, a imposição de fragmentação da decisão do mérito, a redefinição da forma ou do prazo para a prática de determinados atos processuais, a redefinição de situações jurídicas processuais e a inversão do ônus de iniciativa (monitorização do procedimento)[9].

9. DIDER JR., Fredie. CABRAL, Antonio do Passo. CUNHA, Leonardo Carneiro da. Por uma nova teoria dos procedimentos especiais dos procedimentos às técnicas. Salvador: Editora JusPodivm, 2018, p. 105-114.

4. SOBRE A FLEXIBILIDADE DO PROCEDIMENTO COMUM BRASILEIRO

Reputa-se procedimento o conjunto ordenado, sequenciado e concatenado dos atos que devem ser praticados no processo. De acordo com uma concepção tradicional, o procedimento deveria observar *"regras previamente definidas pelo Estado, no qual as partes estariam necessariamente vinculadas"*[10]. A concepção tradicional, portanto, de procedimento é rígida.

Luciano de Araujo Migliavacca e Vinícius Borges Fortes ponderam que a defesa de procedimentos rígidos estaria relacionada "*com a noção de segurança jurídica e previsibilidade do sistema, salvaguardando os direitos das partes, razão pela qual as exigências de ordem técnica foram previstas como pressuposto da eficácia dos atos processuais*"[11]. Os referidos autores afirmam que, de acordo com o pensamento clássico, a observância de "um procedimento previamente estabelecido em norma cogente reduziria a possibilidade de cometimento de arbitrariedades pelo juiz da causa."[12]

Entretanto, como bem pondera Taynara Tiemi Ono, "*o legislador não é capaz de prever, de forma completa, quais serão as demandas encaminhadas pelos cidadãos ao Judiciário. Não é possível a produção de leis que contenham, com perfeição, os procedimentos adequados para todas as situações cotidianas. Em vista disso, a flexibilização procedimental aparece como um mecanismo dirigido para a redução de eventuais incompatibilidades entre o procedimento e as especificidades do caso concreto, podendo ela derivar da lei, da atuação do juiz ou da vontade das partes.*"[13]

Um procedimento flexível, portanto, é aquele no qual poderão ser feitas modificações para fins de sua adaptação às necessidades do litígio. Pode-se afirmar que a flexibilização dos procedimentos encontra lastro no

10. MIGLIAVACCA, Luciano de Araujo. FORTES, Vinícius Borges. Flexibilização do procedimento e cooperação: um novo olhar sobre o processo.
11. MIGLIAVACCA, Luciano de Araujo. FORTES, Vinícius Borges. Flexibilização do procedimento e cooperação: um novo olhar sobre o processo.
12. MIGLIAVACCA, Luciano de Araujo. FORTES, Vinícius Borges. Flexibilização do procedimento e cooperação: um novo olhar sobre o processo.
13. ONO, Taynara Tiemi. A flexibilização procedimental: uma comparação entre os sistemas jurídicos brasileiro, inglês e português. Revista de Processo, vol. 254/2016, p. 413.

princípio da adequação, bem assim que é instrumento a ser utilizado para fins de viabilização da entrega de uma prestação jurisdicional mais efetiva, adequada e célere. Como defendia Galeno Lacerda, *"Para que o processo alcance máxima eficiência, suas regras e rito devem adequar-se, simultaneamente, aos sujeitos, ao objeto e ao fim"*[14].

Fernando da Fonseca Gajardoni e Camilo Zufelato explicam que a flexibilização procedimental pode decorrer de lei, de ato judicial ou da vontade das partes, bem assim que o Código de Processo Civil brasileiro *"...trabalha concomitantemente com o 03 (três) modelos de flexibilização procedimental..."*[15]

Registre-se que, na *"flexibilização por força da lei..., disposição legal pode autorizar o juiz a proceder a adaptação do procedimento à causa."*[16]. Como exemplo de sua existência no ordenamento jurídico brasileiro, pode-se citar o disposto no art. 139, inciso VI, do Código de Processo Civil, que estabelece que *"O juiz dirigirá o processo conforme as disposições deste Código, incumbindo-lhe... dilatar os prazos processuais e alterar a ordem de produção dos meios de prova, adequando-os às necessidades do conflito de modo a conferir maior efetividade à tutela do direito;"*

Na flexibilização judicial, independentemente de previsão legal, *"competiria ao juiz, à luz do princípio da adaptabilidade, com base nas variantes do caso em concreto (objetivas e subjetivas), modelar o procedimento para a obtenção de adequada tutela, elegendo quais os atos processuais que se praticarão na série, bem como sua forma e o modo."*[17]. Fredie Didier Jr. justifica

14. LACERDA, Galeno. O código como sistema legal de adequação do processo. Meios de impugnação ao julgado civil: estudos em homenagem a José Carlos Barbosa Moreira. Adroaldo Furtado Fabrício e Paulo Cesar Pinheiro Carneiro (coords). Rio de Janeiro: Forense, 2008, p. 253.

15. Gajardoni, Fernando da Fonseca. Zufelato, Camilo. Flexibilização e combinação de procedimentos no sistema processual civil brasileiro. Revista Eletrônica de Direito Processual – REDP. Rio de Janeiro. Ano 14. Volume 21. Número 3. Setembro a Dezembro de 2020, p. 143.

16. Gajardoni, Fernando da Fonseca. Zufelato, Camilo. Flexibilização e combinação de procedimentos no sistema processual civil brasileiro. Revista Eletrônica de Direito Processual – REDP. Rio de Janeiro. Ano 14. Volume 21. Número 3. Setembro a Dezembro de 2020, p. 141.

17. Gajardoni, Fernando da Fonseca. Zufelato, Camilo. Flexibilização e combinação de procedimentos no sistema processual civil brasileiro. Revista Eletrônica de Direito Processual – REDP. Rio de Janeiro. Ano 14. Volume 21. Número 3. Setembro a Dezembro de 2020, p. 141-142.

a flexibilização judicial do procedimento com base no correto argumento de que *"Se a adequação do procedimento é um direito fundamental, cabe a órgão jurisdicional efetivá-lo, quando diante de uma regra procedimental inadequada às peculiaridades do caso concreto"*[18].

Por fim, na flexibilização voluntária, caberia às partes, por meio de negócio jurídico processual, proceder à adequação ou a modificação do procedimento. Quanto a esse ponto, Taynara Tiemi Ono, fazendo referência ao nosso Código de Processo Civil, registra que *"no art. 190 o legislador admite mudanças no procedimento, em casos que admitam a autocomposição, por convenção das partes (flexibilização voluntária das regras de procedimento)"*[19]. No mesmo sentido, Araken de Assis aponta que *"os arts. 190 e 191 consagram nova amplitude ao domínio das partes no processo civil. O art. 190 autoriza as partes a convencionarem o procedimento, adaptando-a à especificidade da causa, e o procedimento convencional vincula autoridade judiciária (art. 190, caput) e o art. 191 comtempla a fixação de calendário (fast track) à prática dos atos processuais, reduzindo a demora no julgamento, de comum acordo entre as partes e o órgão judiciário, simplificando a extensão dos atos postulatórios, a comunicação dos atos, e a produção da prova."*[20]

Nesse cenário, é inegável que o procedimento comum brasileiro é flexível. Fredie Didier Jr., Antônio do Passo Cabral e Leonardo Carneiro da Cunha concluem que, na ordem jurídica atualmente vigente em nosso país *"O procedimento comum passa a ser território propício para inserção de técnicas procedimentais desenvolvidas para a tutela de determinados direitos. Essa cláusula geral pode ser a fonte normativa da reafirmação e do desenvolvimento do princípio da adequação do procedimento. De todo modo, ao menos há uma certeza: o procedimento comum, no processo civil brasileiro, não é rígido."*[21]

---

18. DIDIER Jr. Fredie. Curso de direito processual civil: introdução ao direito processual civil, parte geral e processo de conhecimento. 23. ed., v. 1. Salvador: Ed. Jus Podivm, 2021, p. 165.
19. ONO, Taynara Tiemi. A flexibilização procedimental: uma comparação entre os sistemas jurídicos brasileiro, inglês e português. Revista de Processo, vol. 254/2016, p. 414.
20. ASSIS. Araken de. Processo Civil Brasileiro, Vol, 1. São Paulo: Editora Revista dos Tribunais, 2015, p. 356.
21. DIDER JR., Fredie. CABRAL, Antonio do Passo. CUNHA, Leonardo Carneiro da. Por uma nova teoria dos procedimentos especiais dos procedimentos às técnicas. Salvador: Editora

5. SOBRE O INTERCÂMBIO DE TÉCNICAS PROCESSUAIS

Atualmente, não mais se sustenta a ideia de que os procedimentos especiais, no ordenamento jurídico brasileiro, se caracterizariam pela legalidade, pela taxatividade, pela tipicidade fechada, pela excepcionalidade, pela indisponibilidade, pela inflexibilidade, pela infungibilidade e pela exclusividade.

É inegável que o nosso sistema processual admite – e mesmo impõe – que: ***i)*** o procedimento comum se valha de técnicas especiais; ***ii)*** o procedimento especial se valha de técnicas comuns; bem assim ***iii)*** um procedimento especial se valha de técnicas previstas para outros procedimentos especiais. Senão vejamos.

5.1. Utilização de técnicas especiais no procedimento comum

Tratando da cumulação de pedidos, o §2° do art. 327 do Código de Processo Civil brasileiro dispõe que, havendo previsão legal de procedimentos distintos para seus processamentos, será ela admitida *"se o autor empregar o procedimento comum, sem prejuízo do emprego das técnicas processuais diferenciadas previstas nos procedimentos especiais a que se sujeitam um ou mais pedidos cumulados, que não forem incompatíveis com as disposições sobre o procedimento comum."*.

Como se percebe, quando disciplina a cumulação de pedidos, a legislação processual brasileira é expressa quando permite a *"incorporação de técnicas processuais próprias dos procedimentos especiais, aplicáveis a um dos pedidos cumulados, naquilo que se mostrarem compatíveis com o rito comum, tudo com vistas a permitir a cumulação de pedidos, preservar posições privilegiadas das partes e otimizar quantitativa e qualitativamente o exercício da função jurisdicional do Estado"*[22].

JusPodivm, 2018, p. 71.

22. COSTA. Susana Henriques da. Comentários ao novo Código de Processo Civil. Antonio do Passo Cabral e Ronaldo Cramer (Coords). 2ª ed. rev., atual., e ampl. Rio de Janeiro: Forense, 2016, p. 515.

Ora, se é possível, por expressa disposição legal, que técnicas especiais sejam utilizadas no procedimento comum quando existente cumulação de pedidos, vigorando no nosso ordenamento jurídico o princípio da adequação, sempre que essas técnicas especiais forem úteis ao aperfeiçoamento da entrega da prestação jurisdicional, deverão ser elas utilizadas nesse procedimento, ainda que não haja cumulação de pedidos. E isso porque, como advertia Galeno Lacerda, *"Para que o processo alcance máxima eficiência, suas regras e rito devem adequar-se, simultaneamente, aos sujeitos, ao objeto e ao fim"*[23]. Na mesma linha de intelecção, dando fundamento para tal conclusão, ensina Fredie Didier Jr. que *"Se a adequação do procedimento é um direito fundamental, cabe a órgão jurisdicional efetivá-lo, quando diante de uma regra procedimental inadequada às peculiaridades do caso concreto"*[24].

Por tudo isso, **é em tudo lúcida** a conclusão, trazida por Fredie Didier Jr., Antônio do Passo Cabral e Leonardo Carneiro da Cunha, no sentido de que *"o procedimento comum é adaptável, maleável, flexível, bem diferente do modelo tradicional; de que ele é receptível à incorporação, ainda que episódica, de técnicas diferenciadas pensadas para procedimento especiais"*[25].

5.2. Utilização de técnicas comuns nos procedimentos especiais

O parágrafo único do art. 18 do Código de Processo Civil brasileiro é expresso no sentido de que *"O procedimento comum aplica-se subsidiariamente aos demais procedimentos especiais e ao processo de execução"*. Note-se que o princípio da adequação, por si só, já seria suficiente para autorizar a utilização, nos procedimentos especiais, de técnicas próprias do procedimento comum, entretanto, não deixando qualquer margem para

23. LACERDA, Galeno. O código como sistema legal de adequação do processo. Meios de impugnação ao julgado civil: estudos em homenagem a José Carlos Barbosa Moreira. Adroaldo Furtado Fabrício e Paulo Cesar Pinheiro Carneiro (coords). Rio de Janeiro: Forense, 2008, p. 253.

24. DIDIER Jr. Fredie. Curso de direito processual civil: introdução ao direito processual civil, parte geral e processo de conhecimento. 23. ed., v. 1. Salvador: Ed. Jus Podivm, 2021, p. 165.

25. DIDER JR., Fredie. CABRAL, Antonio do Passo. CUNHA, Leonardo Carneiro da. Por uma nova teoria dos procedimentos especiais dos procedimentos às técnicas. Salvador: Editora JusPodivm, 2018, p. 70.

dúvidas, o legislador autorizou expressamente a aplicação das técnicas comuns aos procedimentos especiais.

A utilização de técnicas do procedimento comum nos procedimentos especiais, aliás, historicamente, sempre foi feita, com frequência, em nossa ordem jurídica. Pode-se citar, dentre muitos outros, como exemplos de técnicas comuns aplicáveis aos procedimentos especiais: ***a)*** a outorga de tutela provisória de urgência ou de evidência (arts. 300 e 311 do CPC), ***b)*** o julgamento parcial do mérito (art. 356 do CPC), ***c)*** a repartição dinâmica da carga probatória (art. 373, §1°, do CPC), ***d)*** a realização de saneamento processual cooperado (art. 357, §3°, do CPC), ***e)*** a elaboração de calendário processual (art. 191 do CPC), e ***f)*** o julgamento de improcedência liminar do pedido (art. 332 do CPC).

5.3. Intercâmbio de técnicas especiais nos procedimentos especiais

Nada impede – ao contrário, o princípio a adequação recomenda – que, sempre que necessário, sejam utilizadas, em determinado procedimento especial, técnicas especiais referentes a outros procedimentos especiais. Afinal, impõe-se o que "*o processo seja adequado também em concreto*"[26], de sorte que nada obsta, inclusive no que se refere aos procedimentos especiais, que técnicas processuais sejam intercambiadas com o objetivo de viabilizar o aperfeiçoamento da entrega da prestação jurisdicional.

Como bem observam Fredie Didier Jr., Antônio do Passo Cabral e Leonardo Carneiro da Cunha, "*As ideias de flexibilidade, disponibilidade e funcionalidade... podem conduzir a um maior aproveitamento da tutela jurisdicional e dos atos processuais praticados, independentemente do procedimento deflagrado pela parte*"[27]. Os referidos autores, inclusive, apontam como tendência no direito processual brasileiro a consolidação da "*ideia*

26. DIDIER Jr. Fredie. Curso de direito processual civil: introdução ao direito processual civil, parte geral e processo de conhecimento. 23. ed., v. 1. Salvador: Ed. Jus Podivm, 2021, p. 164.
27. DIDER JR., Fredie. CABRAL, Antonio do Passo. CUNHA, Leonardo Carneiro da. Por uma nova teoria dos procedimentos especiais dos procedimentos às técnicas. Salvador: Editora JusPodivm, 2018, p. 95.

do livre trânsito das técnicas entre os procedimentos, sendo pouco relevante saber se são procedimentos especiais ou comuns"[28].

Como exemplos de intercâmbio de técnicas processuais entre procedimentos especiais, poder-se-ia apontar a possibilidade de utilização do regramento de citação previsto no artigo 554, §1°, do Código de Processo Civil para as ações possessórias em que há litisconsórcio multitudinário em qualquer outro procedimento especial no qual exista grande número de réus ou a utilização das técnicas de sucumbência recursal, previstas para os Juizados Especiais Cíveis, no âmbito do procedimento dos Juizados Especiais Federais.

6. UTILIZAÇÃO DE TÉCNICAS DO PROCEDIMENTO EXECUTIVO COMUM NOS PROCEDIMENTOS EXECUTIVOS ESPECIAIS DISCIPLINADOS PELA LEI N° 14.711/2023

Pelas razões já expostas, entendemos que há amplo espaço para a utilização de técnicas disciplinadas para o procedimento judicial comum nos procedimentos executivos especiais regulamentados pela Lei Federal n. 14.711/2023[29]. Isso, inclusive, necessariamente deverá ser feito sempre que elas melhor sirvam à efetivação da situação jurídica material litigiosa. É o caso, por exemplo, do negócio jurídico processual atípico, assegurado às partes pelo art. 190, do CPC, cuja aplicação tem excelente domicílio na execução[30].

---

28. DIDER JR., Fredie. CABRAL, Antonio do Passo. CUNHA, Leonardo Carneiro da. Por uma nova teoria dos procedimentos especiais dos procedimentos às técnicas. Salvador: Editora Jus-Podivm, 2018, p. 100.

29. Fredie Didier Jr., Antonio do Passo Cabral e Leonardo Carneiro da Cunha sustentam que as normas dos arts. 327, § 2°, e 1.049, parágrafo único, consideradas em conjunto, autorizam o livre trânsito de técnicas diferenciadas, entre todo e qualquer procedimento, em qualquer fase processual. Nesse sentido, sendo necessária a adaptação no caso concreto, é admitida a incorporação de outros instrumentos processuais, desde que os ritos e as técnicas a serem mescladas sejam compatíveis entre si. DIDIER JR., Fredie; CABRAL, Antonio do Passo; CUNHA, Leonardo Carneiro da. Por uma nova teoria dos procedimentos especiais: dos procedimentos às técnicas. 2. ed. Salvador: JusPodivm, 2021. p. 84 e ss.

30. DIDIER JR., Fredie; CABRAL, Antonio do Passo. "Negócios jurídicos processuais atípicos e execução". In: *Ensaios sobre os negócios jurídicos processuais*. 3. ed. São Paulo: Juspodivm, 2023, p. 73-104.

Para exemplificar a utilidade do instituto, veja-se que, no que se refere à alienação fiduciária em garantia, o art. 26, §3º, da Lei n. 9.514/1997 estabelece que a intimação do devedor será feita pessoalmente e, se for o caso, a do terceiro fiduciante também (art. 26, § 3º, Lei n. 9.514/1997). Além disso, por solicitação do oficial do Registro de Imóveis, as intimações poderão ser realizadas pelo oficial de Registro de Títulos e Documentos da Comarca da situação do imóvel ou do domicílio de quem deva recebê-la, ou pelo correio, com aviso de recebimento (art. 26, § 3º, Lei n. 9.514/1997). Acontece que, em matéria de comunicação de atos processuais, a liberdade negocial é ampla, daí porque pode haver negócio jurídico processual que altere o regramento legal atinente à forma de comunicação, o que pode ser decisivo para a celeridade da execução[31].

Um outro exemplo está na utilização de negócio jurídico processual para definir, contratualmente, o valor mínimo para a alienação, o que pode diminuir a controvérsia quanto a validade do procedimento de realização da garantia.

A disponibilidade da execução e a cláusula geral de negociação processual atípica decorrente do art. 190 do CPC permitem às partes adequarem o modo de realização da garantia para satisfação do crédito, o que pode ser aplicado também no âmbito dos procedimentos executivos especiais previstos na Lei n. 14.711/2023, tornando-os mais adequados de acordo com a relação jurídica estabelecida entre as partes[32].

---

31. DIDIER JR., Fredie; FERNANDEZ, Leandro. Introdução à justiça multiportas: sistema de solução de problemas jurídicos e o perfil do acesso à justiça no Brasil. São Paulo: Juspodivm, 2024, p. 245-249.

32. DIDIER JR., Fredie; CUNHA, Leonardo Carneiro da; BRAGA, Paula Sarno; OLIVEIRA, Rafael Alexandria. Curso de Direito Processual. 11. ed. São Paulo: Juspodivm, 2021, v.5., p. 51; YARSHELL, Flávio Luiz; RODRIGUES, Viviane Siqueira. "Desjudicialização da execução civil: uma solução útil e factível entre nós?". In: MEDEIROS NETO, Elias Marques de; RIBEIRO, Flávia Pereira (Coord.). Reflexões sobre a desjudicialização da execução civil, cit., p. 369; THEODORO JÚNIOR, Humberto; ANDRADE, Érico. *Autotutela Executiva: Execução Extrajudicial Positivada*. Livro eletrônico. Rio de Janeiro: Forense, 2024, p. 104.

7. CONCLUSÃO

Em razão de disposições legais expressas (flexibilização legal), em virtude da incidência do princípio da adequação (flexibilização judicial) e em decorrência de convenções processuais (flexibilização voluntária ou negociada), o ordenamento jurídico brasileiro adota procedimentos flexíveis, permitindo claramente o intercâmbio de técnicas processuais entre o procedimento comum e os procedimentos especiais, bem assim reciprocamente entre estes últimos. Assim sendo, nada impede que técnicas disciplinadas para o procedimento judicial comum sejam utilizadas nos procedimentos executivos especiais regulamentados pela Lei Federal n. 14.711/2023.

8. REFERÊNCIAS BIBLIOGRÁFICAS

ASSIS, Araken de. *Processo Civil Brasileiro*, Vol, 1. São Paulo: Editora Revista dos Tribunais.

COSTA, Susana Henriques da. *Comentários ao novo Código de Processo Civil.* Antonio do Passo Cabral e Ronaldo Cramer (Coords). 2ª ed. rev., atual., e ampl. Rio de Janeiro: Forense, 2016, p. 515.

DIDIER JR., Fredie; FERNANDEZ, Leandro. *Introdução à justiça multiportas: sistema de solução de problemas jurídicos e o perfil do acesso à justiça no Brasil.* São Paulo: Juspodivm, 2024, p. 265-266.

DIDIER JR., Fredie; CABRAL, Antonio do Passo. CUNHA, Leonardo Carneiro da. *Por uma nova teoria dos procedimentos especiais dos procedimentos às técnicas*. Salvador: Editora Juspodivm, 2018.

DIDIER JR., Fredie. *Curso de direito processual civil: introdução ao direito processual civil, parte geral e processo de conhecimento*. 23. ed., v. 1. Salvador: Ed. Jus Podivm, 2021, p. 165.

GAJARDONI, Fernando da Fonseca; Zufelato, Camilo. *Flexibilização e combinação de procedimentos no sistema processual civil brasileiro.* Revista Eletrônica de Direito Processual – REDP. Rio de Janeiro. Ano 14. Volume 21. Número 3. Setembro a Dezembro de 2020.

LACERDA, Galeno. *O código como sistema legal de adequação do processo. Meios de impugnação ao julgado civil: estudos em homenagem a José Carlos Barbosa Moreira.* Adroaldo Furtado Fabrício e Paulo Cesar Pinheiro Carneiro (coords). Rio de Janeiro: Forense, 2008, p. 253.

MIGLIAVACCA, Luciano de Araujo; FORTES, Vinícius Borges. *Flexibilização do procedimento e cooperação: um novo olhar sobre o processo.*

ONO, Taynara Tiemi. *A flexibilização procedimental: uma comparação entre os sistemas jurídicos brasileiro, inglês e português*. Revista de Processo, vol. 254/201.

THEODORO JUNIOR, Humberto. *Curso de Direito Processual Civil – Procedimentos especiais* – vol. III. Rio de janeiro: Forense, 2012, p.3.

THEODORO JÚNIOR, Humberto; ANDRADE, Érico. *Autotutela Executiva: Execução Extrajudicial Positivada.* Livro eletrônico. Rio de Janeiro: Forense, 2024, p. 104.

YARSHELL, Flávio Luiz; RODRIGUES, Viviane Siqueira. *"Desjudicialização da execução civil: uma solução útil e factível entre nós?"*. In: MEDEIROS NETO, Elias Marques de; RIBEIRO, Flávia Pereira (Coord.). Reflexões sobre a desjudicialização da execução civil, cit., p. 369;

5

ALIENAÇÃO FIDUCIÁRIA DA PROPRIEDADE SUPERVENIENTE

Melhim Chalhub

Advogado. Membro do Instituto dos Advogados Brasileiros, da Academia Brasileira de Direito Civil, da Academia de Direito Registral Imobiliário, Cofundador e Membro do Conselho Consultivo do Instituto Brasileiro de Direito Imobiliário - IBRADIM. Autor dos livros *Alienação Fiduciária - Negócio Fiduciário, Incorporação Imobiliária, Direitos Reais*, entre outros.

A Lei 14.711, de 30 de outubro de 2023, tem origem no Projeto de Lei 4.188/2021 e introduz importantes alterações no sistema de garantias reais, envolvendo algumas diferentes formas de contratação da garantia fiduciária, inovações nos procedimentos de execução extrajudicial dos créditos com garantia fiduciária imobiliária, criação de novo procedimento de execução extrajudicial dos créditos hipotecários, além de outros aperfeiçoamentos no regime jurídico dos direitos reais de garantia e outras normas destinadas à melhoria do ambiente de negócios.

Especificamente em relação à alienação fiduciária da propriedade superveniente de bem imóvel, de que trata o § 3º do art. 1.361 do Código Civil, a nova lei explicita que esse contrato pode ser registrado desde a data de sua celebração e dispõe sobre seus efeitos, tratando da sub-rogação do credor fiduciário que pagar a dívida do devedor comum e outros aspectos, nos termos dos §§ 3º ao 9º do art. 22 da 9.514/1997.

A alteração legislativa é justificada pela necessidade de melhor explicitar os efeitos do registro dessa garantia quando constituída sobre a propriedade superveniente, dada a peculiar caracterização da transmissão fiduciária e a natureza jurídica do direito dos figurantes do contrato: o devedor fiduciante, ou apenas o fiduciante, e o credor fiduciário.

Trata-se de negócio jurídico de transmissão condicional, pelo qual o devedor, ou terceiro garantidor, denominado *fiduciante*, atribui ao credor, denominado *fiduciário*, a *propriedade resolúvel* de determinado bem, com o específico escopo de garantir o cumprimento de certa obrigação.

O direito positivo atribui a esse negócio a denominação *alienação fiduciária* e ao direito real de garantia decorrente do seu registro o nome de *propriedade fiduciária*, que o Código Civil define como "a propriedade resolúvel de coisa móvel infungível, que o devedor, com escopo de garantia, transfere ao credor" (art. 1.361).

No âmbito do mercado financeiro e de capitais, o art. 66-B da Lei 4.728/1965 admite a constituição de propriedade fiduciária também sobre coisa fungível.

Quanto aos bem imóveis, a Lei 9.514/1997 define a alienação fiduciária de bens imóveis como "o negócio jurídico pelo qual o devedor (...) contrata a transferência ao credor, ou fiduciário, da propriedade resolúvel de coisa imóvel" (art. 22), e dispõe que "constitui-se a propriedade fiduciária de coisa imóvel mediante registro, no competente registro de imóveis, do contrato que lhe serve de título com o registro (art. 23).

Dada essa configuração, o fiduciante transmite ao credor fiduciário um direito de propriedade temporário e restrito, limitado pela função de garantia e "subordinado a durar somente até o cumprimento de uma cláusula ou condição resolutiva, ou até o vencimento de um prazo resolutivo, para o efeito da restituição da coisa ao seu antigo dono".[1]

Ainda que temporariamente e restritivamente, o fiduciante se despe da qualidade de proprietário, embora conserve consigo a fruição dos direitos econômicos do bem transmitido em caráter fiduciário, e na medida em que se constitui em favor do credor-fiduciário uma propriedade resolúvel, passa, o fiduciante, à qualidade de proprietário sob condição suspensiva, tornando-se titular do direito real de aquisição do mesmo bem (Código

1. FREITAS, Teixeira de, *Esboço do Código Civil*, art. 4.302.

Civil, art. 1.368-B), o que ocorrerá tão logo implemente a condição representada pelo pagamento da dívida, que constitui objeto operação de crédito pactuada no contrato principal.

A partir dessa peculiar configuração percebe-se que, ao alienar fiduciariamente determinado bem, o fiduciante ficou destituído do poder jurídico de praticar atos de disposição do correspondente direito de propriedade, limitando-se seu poder jurídico a, alternativamente, (i) alienar fiduciariamente a propriedade superveniente, que vier a adquirir quando implementada a condição mediante cumprimento da obrigação garantida (CC, art. 1.361, § 3º)[2], ou (ii) caucionar (empenhar) seu direito aquisitivo.

Assim, enquanto na constituição de hipoteca o devedor vincula o imóvel em garantia ao cumprimento de determinada obrigação, mas conserva consigo a propriedade, mantendo, portanto, o poder jurídico de constituir novas hipotecas, em graus sucessivos (CC, art. 1.476),[3] na constituição da garantia fiduciária, diferentemente, o fiduciante se demite da propriedade e a transmite ao credor fiduciário em caráter resolúvel, não mais dispondo da faculdade de alienar novamente o imóvel já alienado fiduciariamente, enquanto não resgatar integralmente a dívida garantida.

A matéria está regulada no Código Civil, e já estava prevista anteriormente no Código de 1916, mas, em razão de sua relativa complexidade, o legislador entendeu necessária intervenção legislativa para disciplinar seus efeitos para afastar obstáculos que, na prática, inviabilizavam o registro do contrato de alienação fiduciária da propriedade superveniente em data contemporânea à sua celebração.

Tais obstáculos tornavam letra morta o § 3º do art. 1.361 do Código Civil, que prevê a possibilidade dessa contratação, pois, embora a alienação fiduciária da propriedade superveniente seja válida entre as partes mesmo sem registro, sua eficácia depende da implementação da condição a que se subordina e a prioridade do direito do credor fiduciário contra terceiros é determinada pela data do seu registro no Registro de Imóveis.

---

2. Código Civil: "Art. 1.361. (...). § 3º A propriedade superveniente, adquirida pelo devedor, torna eficaz, desde o arquivamento, a transferência da propriedade fiduciária."

3. Código Civil: "Art. 1.476. O dono do imóvel hipotecado pode constituir outra hipoteca sobre ele, mediante novo título, em favor do mesmo ou de outro credor."

É que, qualificada como uma alienação condicional (Código Civil, art. 1.361, e Lei 9.514/1997, art. 22, entre outras normas legais), e embora não produza efeitos enquanto não implementada a condição a que está subordinada (aquisição da propriedade pelo fiduciante), a alienação fiduciária deve ser registrada logo que contratada, enquanto estiver em curso a alienação fiduciária anteriormente contratada, pois a efetividade dessa garantia depende desse registro.

A necessidade desse ato registral é coerente com a lógica dos arts. 1.361, § 3º, 1.420, § 1º, do Código Civil, pois, se não for efetivado na pendência da alienação fiduciária em curso, a permissão legal de constituir garantia sobre a propriedade superveniente seria absolutamente inócua; se, por exemplo, antes do registro do contrato de alienação fiduciária for registrado outro direito real (um penhor de direito aquisitivo, por exemplo), este prevalecerá, restando ao credor que deixou de promover o registro do seu contrato um crédito quirografário.

Bem a propósito, Caio Mário da Silva Pereira, citando Enneccerus, chama a atenção para a necessidade imperiosa da efetivação desse registro contemporaneamente à celebração do contrato, pois os efeitos da constituição da garantia se reputam realizados na data da declaração de vontade: "A data da declaração de vontade, ou seja, a da celebração do negócio, é que importa para a constituição do direito condicional, muito embora a sua incorporação ao patrimônio do titular (*adquisitio*) se dê somente no dia do implemento da condição. O princípio tem a maior importância quando houver necessidade de se apurar a qualidade do direito em referência à localização no tempo (*prior in tempore melior in jure*). A anterioridade é computada pela data da celebração do negócio: assim é que a aquisição do domínio, a alienação da propriedade, a constituição da obrigação etc. reputam-se realizadas contemporaneamente à declaração de vontade, não obstante a condição somente verificar-se ulteriormente, o que tem grande importância prática em caso de litígio sobre a propriedade, qualidades do crédito em concurso de preferências, eficácia em caso de falência etc."[4]

---

4. PEREIRA, Caio Mário da Silva, *Instituições de Direito Civil*, 20. ed. rev. e atual. por Maria Celina Bodin de Moraes. Rio de Janeiro: Forense, 2004, v. I, p. 566.

Tratando-se de crédito garantido por direito real, a validade deste perante terceiros é determinada pela data do registro e, uma vez implementada a condição, a qualidade do crédito é aquela em que ele se encontrava na data do registro.

Assim, verificada a condição, aquele registro, que, antes, tinha somente efeito assecuratório, passa a ter efeito constitutivo, operando a constituição da propriedade fiduciária pelo simples implemento da condição e pelo consequente cancelamento da propriedade fiduciária anterior, sem necessidade de nenhum outro ato de confirmação: o efeito real é automático, sendo preciso apenas a efetiva realização da condição.

O raciocínio é coerente com o sistema que disciplina os negócios imobiliários e com a noção do negócio jurídico condicional.

Diz Serpa Lopes, também referindo-se à venda condicional, categoria na qual se enquadra a alienação fiduciária, e invocando Eduardo Espínola, João Luiz Alves, J. M. Carvalho Santos e Luzzati, que, "transcrita uma venda de imóveis, feita sob condição suspensiva, aplica-se o art. 122 do Código Civil, o qual produz uma retroação. Podem ser então assentes os seguintes princípios: 1º) se a venda sob condição suspensiva for transcrita no próprio dia do contrato, a condição, verificando-se, retroage ao próprio dia, tanto entre as partes como em relação a terceiros; 2º) se for transcrita *medio tempore*, o efeito da condição não vale, em relação a terceiros, senão do dia da transcrição; 3º) se for transcrito somente depois da verificação da condição, o seu efeito, ao invés de decorrer do dia do contrato, produz-se do dia da transcrição".[5]

O mesmo Serpa Lopes esclarece que, realizado o registro na pendência da condição, não deve ser feito outro registro: "de modo nenhum. Transcrita a venda condicional, o ato de publicidade fica, sob o ponto de vista orgânico, inteiramente perfeito, completo".

Tratando-se de direito e eventual, e na medida em que a propriedade fiduciária é direito real, o registro é indispensável para preservar a eficácia *erga omnes* do direito do credor. Para esse fim, o contrato deve ser

5. SERPA LOPES, Miguel Maria de, *Curso de Direito Civil – Direito das Coisas. Rio de Janeiro: Editora Freitas Bastos, 2. ed..*, 1962, p. 375.

registrado logo que celebrado, visando proteger o direito garantido contra o risco de preterição por titulares de outros direitos que eventualmente venham a ser constituídos sobre o imóvel enquanto pendia a condição.[6]

Anote-se, por relevante, que esse registro é um dos atos destinados à conservação do direito eventual permitidos pelo art. 130 do Código Civil, e constitui "medida ajustada ao sistema registral imobiliário e direcionada à promoção de segurança jurídica, pois os efeitos de sua pactuação atingirão terceiros que eventualmente contratarem com o titular do direito real de aquisição [devedor fiduciante]," como observa Jéverson Luís Bottega.9

De fato, como vimos, a necessidade do registro é evidenciada pela eventualidade de ocorrência de inúmeras situações capazes de comprometer o direito sob condição, como seria, por exemplo, o caso de o outorgante desse direito vir a se tornar incapaz ou alterar-se seu estado civil, mas, estando registrado o contrato, tais alterações não produzem qualquer efeito em relação à eficácia do ato de constituição da propriedade fiduciária sobre a propriedade superveniente, pois a eficácia é *ipso jure*.

É como ensina Pontes de Miranda: "A eficácia, ao implir-se a condição, é *ipso iure*. Realizada, nasce o crédito, a pretensão, ou a ação, ou se produz a modificação jurídica real (criação, transferência ou cessação do direito real), ou pessoal, que teria de provir do ato de disposição. A ciência dos figurantes, ou seus sucessores, e a sua vontade no momento de se implir a condição, não importam. A vontade, que fixou a condição, foi manifestada no passado e inseriu-se, como determinação inexa, no ato jurídico. Não importa, portanto, ter caído em incapacidade, ou ter morrido o outorgante, ou o outorgado; salvo se só àquele aproveitaria ou se o ato somente poderia ser praticado pelo outorgado, sendo capaz, ou se só ele, embora não capaz, poderia praticar".[7]

Assim, vindo a ser implementada a condição, o registro assegura a eficácia da propriedade fiduciária em garantia desde a data em que tiver sido efetivado na matrícula do imóvel sem necessidade de nenhum outro ato

---

6. PEREIRA, Caio Mário da Silva. *Instituições de Direito Civil*, revista e atualizada por Maria Celina Bodin de Moraes. Rio de Janeiro: Editora Forense, 20. ed., 2004, v. I, p. 566.

7. PONTES DE MIRANDA, Francisco Cavalcanti, *Tratado de Direito Privado. São Paulo: Revista dos Tribunais*, 2012, § 545, nº 4.

de confirmação daquele registro: o efeito real é automático, dependente apenas da efetiva implementação da condição, isto significando que, em relação à propriedade fiduciária em garantia de que tratam os arts. 22 e seguintes da Lei 9.514/1997 e os arts. 1.361 e seguintes do Código Civil, a transferência da propriedade fiduciária ao credor que recebeu em garantia o direito à propriedade superveniente considera-se efetivada desde a data do registro do contrato de alienação fiduciária da propriedade superveniente pelo qual foi convencionada a garantia.[8]

Todavia, e a despeito do reconhecimento da registrabilidade da alienação fiduciária da propriedade superveniente com fundamento nos arts. 1.361, § 3º, e 1.420, § 1º, do Código Civil,[9] o entendimento de que essa espécie de contrato não seria passível de registro por não se encontrar indicada em termos explícitos no rol de títulos admitidos ao registro, de que trata o art. 167, I, da Lei de Registros Públicos,[10] gerava insegurança jurídica, impedindo o aproveitamento do potencial econômico dos imóveis que, embora já alienados fiduciariamente, são dotados de valor de mercado capaz de garantir múltiplas operações de crédito e podem ser objeto de nova alienação fiduciária tendo por objeto a propriedade superveniente, que o

8. A expressão "arquivamento" empregada pelo Código Civil corresponde ao "registro" do contrato, e essa regra se aplica à propriedade fiduciária de bem imóvel por força do seu art. 1.368-A.

9. "Registro de Imóveis – Dúvida julgada procedente – Alienação Fiduciária em Garantia (propriedade superveniente) – Alteração da Lei nº 9.514/1997 pela lei nº 14.711/2023 – Admissão do Registro da Alienação fiduciária da propriedade Superveniente (artigo 22, §3º) – Negócio Jurídico celebrado antes da alteração Legislativa. Irrelevância, por duas razões. Primeiro, pela inexistência de título contraditório indicativo da violação de direito de terceiro entre a data da celebração do negócio e a vigência da lei nova. Segundo, porque não havia vedação expressa à Alienação Fiduciária em Garantia Superveniente no Regime original da Lei 9514/97. Regime geral das garantias compatível com a constituição de direito real de garantia sobre propriedade superveniente. Óbice afastado – Recurso a que se dá provimento." (TJSP, Conselho Superior da Magistratura, Apelação Cível 1000125-58.2023.8.26.0126, rel. Des. Francisco Loureiro, Corregedor Geral da Justiça, j. 16.2.2024).

10. Nesse sentido: "Suscitação de dúvida registral. Registro de instrumento particular de confissão de dívida e constituição de alienação fiduciária de bem imóvel em garantia. Propriedade superveniente. Invalidade. O oficial do registro imobiliário tem sua atuação delimitada pelo princípio da tipicidade, de modo que são registráveis os títulos e atos previstos em lei. A alienação fiduciária de bem imóvel em garantia é passível de registro, diferentemente da alienação fiduciária sobre a denominada ´propriedade superveniente´, nos termos do art. 167, inc. I, 35, da lei de registros públicos. Circunstância dos autos em que inviável o registro por se tratar de propriedade superveniente". (TJ-RS, 18ª Câmara Cível, Apelação 70069852457, rel. Des. João Moreno Pomar, j. 25.8.2016).

devedor fiduciante vier a adquirir quando do cumprimento da obrigação garantida.

Para pôr fim em definitivo a essa controvérsia a Lei 14.711/2023 incluiu no art. 22 da Lei 9.514/1997 os §§ 3º ao 9º, que explicitam a registrabilidade desse contrato e dispõem sobre seus efeitos.

Nesse sentido, o § 3º do art. 22 dispõe que "a alienação fiduciária da propriedade superveniente é suscetível de registro desde a data de sua celebração, tornando-se eficaz a partir do cancelamento da propriedade fiduciária anteriormente constituída."[11]

A contratação e o registro da alienação fiduciária da propriedade superveniente independem de anuência do credor titular da propriedade fiduciária anteriormente registrada, pois a eficácia da nova garantia é subordinada à extinção daquela que já se encontrava registrada, com a consequente averbação do seu cancelamento.

Os §§ 4º ao 9º do art. 22 disciplinam a coexistência dos direitos do credor garantido por *propriedade fiduciária atual* e do credor garantido por *propriedade fiduciária superveniente*, em relação aos efeitos da sub-rogação do credor fiduciário que pagar a dívida do devedor fiduciante comum.[12]

---

11. Lei 9.514/1997: "Art. 22. (...). § 3º A alienação fiduciária da propriedade superveniente, adquirida pelo fiduciante, é suscetível de registro no registro de imóveis desde a data de sua celebração, tornando-se eficaz a partir do cancelamento da propriedade fiduciária anteriormente constituída."

12. Lei 9.514/1997: "Art. 22. (...). § 4º Havendo alienações fiduciárias sucessivas da propriedade superveniente, as anteriores terão prioridade em relação às posteriores na excussão da garantia, observado que, no caso de excussão do imóvel pelo credor fiduciário anterior com alienação a terceiros, os direitos dos credores fiduciários posteriores sub-rogam-se no preço obtido, cancelando-se os registros das respectivas alienações fiduciárias. § 5º O credor fiduciário que pagar a dívida do devedor fiduciante comum ficará sub-rogado no crédito e na propriedade fiduciária em garantia, nos termos do inciso I do *caput* do art. 346 da Lei nº 10.406, de 10 de janeiro de 2002 (Código Civil). § 6º O inadimplemento de quaisquer das obrigações garantidas pela propriedade fiduciária faculta ao credor declarar vencidas as demais obrigações de que for titular garantidas pelo mesmo imóvel, inclusive quando a titularidade decorrer do disposto no art. 31 desta Lei. § 7º O disposto no § 6º aplica-se à hipótese prevista no § 3º deste artigo. § 8º O instrumento constitutivo da alienação fiduciária na forma do § 3º deve conter cláusula com a previsão de que trata o § 6º deste artigo. § 9º Na hipótese de o fiduciário optar por exercer a faculdade de que trata o § 6º deste artigo, deverá informá-lo na intimação de que trata o § 1º do art. 26 desta Lei."

Podem ser constituídas sucessivamente tantas garantias fiduciárias quanto o potencial econômico do imóvel for capaz de suportar para o fim específico de garantia, observados o limite recomendado conforme o correspondente coeficiente de garantia, a sucessividade inerente à eficácia de cada uma dessas garantias e a ordem de prioridade do registro (art. 22, § 4º).

Assim, na excussão da garantia fiduciária anterior, da qual resulte arrematação a terceiros, os direitos dos credores titulares de propriedade fiduciária superveniente sub-rogam-se no saldo positivo, se houver, do preço obtido no leilão, efetivando-se o cancelamento dos registros das respectivas propriedades fiduciárias.

Qualquer dos credores pode pagar a dívida do devedor fiduciante comum, ficando sub-rogado no crédito e na correspondente propriedade fiduciária superveniente, nos termos do art. 346 do Código Civil (art. 22, § 5º),[13] e, tendo se tornado titular único dos créditos e das garantias fiduciárias, pode declarar vencidas todas elas (art. 2, § 6º),[14] desde que essa faculdade esteja prevista no contrato de alienação fiduciária da propriedade superveniente (art. 22, § 8º). Além disso, se o credor pretender exercer essa faculdade deverá incluir essa pretensão na carta de intimação para purgação de mora que enviar ao devedor e ao fiduciante (art. 22, § 9º).

Na atividade da incorporação imobiliária a contratação de alienação fiduciária da propriedade superveniente pode ser útil caso venha a ser formalizado o contrato de venda definitiva com financiamento de instituição financeira, no qual a incorporadora-vendedora tenha que dar quitação integral do preço da compra e venda, como forma de viabilizar a celebração do contrato definitivo, ainda que reste alguma parcela devida à vendedora ainda pendente de pagamento, hipótese em que a obrigação de resgate dessa parcela em geral é representada por uma nota promissória emitida em favor da incorporadora-vendedora em caráter *pro soluto*, sem garantia.

---

13. Código Civil: "Art. 346. A sub-rogação opera-se, de pleno direito, em favor: I – do credor que paga a dívida do devedor comum."

14. O § 6º do art. 22 faz referência à sub-rogação prevista no art. 31 da Lei 9.514/1997, que trata de sub-rogação do fiador ou do terceiro interessado, mas a hipótese é a do art. 346, I, do Código Civil, que se refere ao credor que paga a dívida do devedor comum, como acertadamente dispõe o § 5º do mesmo art. 22.

Nesse caso, o comprador pode alienar fiduciariamente à incorporadora a propriedade superveniente que ele adquirirá quando vier a efetivar o pagamento integral do financiamento à instituição financeira, hipótese em que a incorporadora passará a contar com garantia fiduciária que passará a produzir efeito a partir da quitação daquele financiamento.

Enquanto estiver em curso o contrato de financiamento concedido pela instituição financeira a garantia fiduciária da propriedade superveniente não produzirá efeito e, portanto, o credor por ela garantido (no exemplo aqui citado, a incorporadora-vendedora) não poderá promover a execução do seu crédito, devendo, para tal fim, aguardar o cancelamento da *propriedade fiduciária atual*.

Se o comprador-devedor fiduciante se tornar inadimplente perante a instituição financeira e essa promover a execução de que tratam os arts. 26 e 27 da Lei 9.514/1997 e a excussão da garantia correspondente à *propriedade fiduciária atual*, o direito da incorporadora se limitará à percepção do saldo, se houver, do produto da arrematação ocorrida no leilão realizado pela instituição financeira.

Alternativamente, se o financiamento da instituição financeira for quitado, e vindo o comprador-devedor fiduciante a se tornar inadimplente perante a incorporadora, esta poderá promover a execução fiduciária nos termos dos arts. 26 e 27 da Lei 9.514/1997.

6

EXTENSÃO DA ALIENAÇÃO FIDUCIÁRIA DE BENS IMÓVEIS

Gabriel Cardoso de Souza

Advogado. Sócio do Chezzi Advogados. Especialista em Direito Notarial e Registral (EPM-SP), Direito Imobiliário (Faculdade Baiana de Direito) e Direito Ambiental (CERS). Assessor do Registro de Imóveis do Brasil. Membro da Comissão de Direito Notarial e Registral da OAB/SP e do IBRADIM.

1. INTRODUÇÃO

A extensão (recarregamento ou refil[1]) da alienação fiduciária sobre bens imóveis não é, propriamente, uma novidade no ordenamento jurídico brasileiro.

---

1. Fábio Rocha e Carlos Elias costumam chamar o instituto figurativamente desta forma, comparando a um "refil de refrigerante", como será visto adiante.

A Medida Provisória (MP) nº 992/20[2] trouxe o instituto nominado como "compartilhamento da alienação fiduciária", contudo houve a caducidade do diploma, em razão da sua não conversão em lei pelo Congresso Nacional.

No período de sua vigência, a MP alterou a Lei Federal nº 13.476/17[3], para permitir ao fiduciante, com a anuência do credor fiduciário, utilizar o bem imóvel alienado fiduciariamente como garantia de novas e autônomas operações de crédito de qualquer natureza, desde que contratadas com o mesmo credor da operação de crédito original.

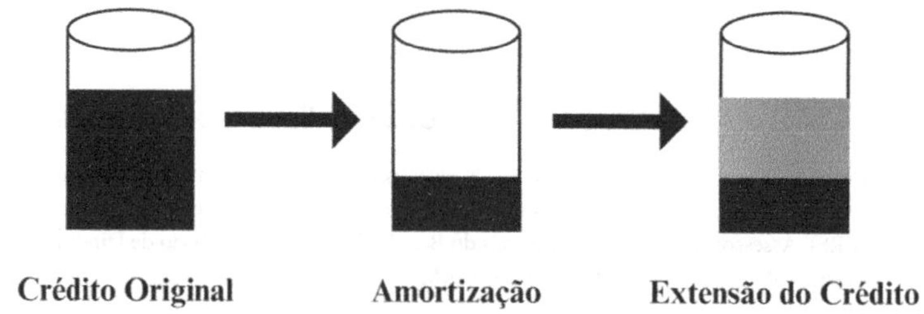

(imagem 1)

Assim, o compartilhamento visava gerar rotatividade do imóvel dado em garantia de uma alienação fiduciária para evitar o capital morto (*dead capital*) e dinamizar o acesso ao crédito imobiliário.

O capital morto, no âmbito do direito à moradia, pode ter duas percepções: i) aquele imóvel fora do registro formal de propriedade, que não pode ser dado em garantia[4] e; ii) aquele imóvel dado como garantia imobiliária em operações de financiamento, que podem durar até 35 anos, restando-o imobilizado para outras transações.

A importância na disciplina da extensão da garantia é a facilitação de acesso ao crédito e a economia na formalização registral por meio da averbação no Registro de Imóveis.

---

2. Tratava sobre o financiamento a microempresa, empresa de pequeno porte, crédito presumido e compartilhamento de alienação fiduciária.
3. Dispõe "sobre a constituição de gravames e ônus sobre ativos financeiros e valores mobiliários objeto de registro ou de depósito centralizado" (ementa da Lei).
4. DE SOTO, Hermano. O mistério do capital: porque o capitalismo dá certo nos países desenvolvidos e fracassa no resto do mundo. Rio de Janeiro: Record, 2001

Antes, para formalizar o negócio jurídico similar à extensão, as partes, na prática, precisariam fazer o registro de uma nova alienação fiduciária da propriedade superveniente, custeando o ato de registro *stricto senso* e não de averbação. Como ainda é possível para os casos marginais ao sistema financeiro nacional, como será visto no item 3.2.

Com sua vida útil prematura, a MP não chegou a produzir efeitos concretos no mercado de crédito imobiliário, o que mudou com a promulgação do Novo Marco de Garantias (Lei Federal nº 14.711/23, convertida pelo Projeto de Lei nº 4.188/21).

Além do retorno do instituto, agora sem riscos da caducidade, a possibilidade de recarregamento da garantia foi expandida também para os créditos garantidos pela hipoteca.

Cumpre lembrar que a extensão da alienação fiduciária veio ser regulamentada também na Lei Federal nº 13.476/17, que trata dos créditos oriundos dos contratos de abertura de limite de crédito, especial portanto. Já a extensão da hipoteca foi tratada no Código Civil, como norma geral.

2. DISPOSIÇÕES GERAIS SOBRE A EXTENSÃO DA ALIENAÇÃO FIDUCIÁRIA DE BENS IMÓVEIS

O artigo 9º-A da Lei Federal nº 13.476/17 autoriza a extensão da alienação fiduciária de coisa imóvel, pela qual a propriedade fiduciária já constituída pode ser utilizada como garantia de operações novas e autônomas.

Para tanto, a lei trouxe alguns requisitos objetivos para sua operacionalização e averbação no Registro de Imóveis.

Cumpre lembrar que não foi previsto a possibilidade de extensão da alienação fiduciária para bens móveis (como por exemplo para veículos automotores).

2.1. Unicidade de credor

A lei traz expressa previsão sobre a necessidade da extensão do crédito seja contratada com o credor titular da propriedade fiduciária, vez que se a operação tem como parte credor distinto, deverá ser objeto de garantia real distinta.

No caso da possibilidade de se estabelecer garantia fiduciária com credores distintos, agora está normatizado a figura da alienação fiduciária de bens imóveis superveniente (§3º do artigo 22 da Lei Federal nº 9.514/97[5]).

Para manter a unicidade do credor não poderá existir obrigação contratada com credor diverso garantida pelo mesmo imóvel, inclusive sobre a propriedade fiduciária superveniente.

A regra da unicidade de credor é reforçada no §2º do artigo 9º-A, que dispõe que as operações de crédito garantidas pela mesma alienação fiduciária apenas poderão ser transferidas conjuntamente.

2.2. Limites da extensão

Carlos Elias[6] e Fábio Rocha trazem a figura (imagem 1) de que a extensão da garantia real se compara a um "refil de refrigerante": só poderá ser recarregada até sua capacidade máxima, qual seja, o limite da borda do copo, que representa o valor total do imóvel.

Ao comentar o então Projeto de Lei nº 4.188/21, Fábio Rocha[7] exemplifica:

> O projeto permite que o banco devolva ao mutuário o valor já quitado, voltando a dívida ao valor original. Essa devolução funciona como um refil de refrigerante: quanto mais a dívida original é paga, mais espaço sobra para tomar nova dívida, enchendo novamente o copo, até o limite original (...).

Posto isso, a extensão da alienação fiduciária deverá respeitar os limites da "borda do copo" e não poderá exceder ao prazo final de pagamento e

5. Art. 22, § 3º A alienação fiduciária da propriedade superveniente, adquirida pelo fiduciante, é suscetível de registro no registro de imóveis desde a data de sua celebração, tornando-se eficaz a partir do cancelamento da propriedade fiduciária anteriormente constituída.
6. OLIVEIRA, Carlos E. Elias. Lei das Garantias (Lei nº 14.711): Uma Análise Detalhada. Disponível em: https://www.migalhas.com.br/arquivos/2023/11/999446D14EF8FE_LeidasGarantias.pdf. Acesso em: 01/04/2024
7. PINTO, Fábio Rocha. PL 4.188/21: O Caminho Para Reforma das Garantias e a Falsa Polêmica. Disponível em: https://www.conjur.com.br/2022-jun-07/fabio-rocha-pinto-pl-4188-falsa-polemica/. Acesso em: 01/04/2024.

ao valor total garantido constantes do título da garantia original (art. 9º-B, §4º, da Lei n. 14.711/2023).

O título, para fins de qualificação registral, deverá conter alguns requisitos como o valor principal da nova operação de crédito.

Necessário conter, também, a taxa de juros compactuada e o detalhamento dos encargos incidentes.

Nota-se, neste ponto, que é possível que para os contratos de extensão da alienação fiduciária garantida pelo mesmo imóvel existam taxas de juros diferentes.

Por fim, o título deverá conter o prazo e as condições de reposição do empréstimo ou do crédito do credor fiduciário.

2.3. Forma do instrumento da extensão

A extensão poderá ser formalizada por instrumento público ou particular, sem necessidade de reconhecimento de firma (art. 9º-B, §§ 2º e 3º, da Lei nº 13.476/17). Aqui, segue a lógica da instrumento da operação da alienação fiduciária de bens imóveis, previsto na Lei Federal nº 9.514/97.

Cumpre observar que aqui não há um caráter de subsidiariedade entre os títulos, visto que as operações são independentes. O instrumento da alienação fiduciária recarregada, não necessariamente, deverá seguir a forma do título da alienação primogênita do crédito garantido pelo imóvel.

Apesar da extensão depender da existência de uma dívida principal, não pode ser considerada propriamente uma obrigação acessória[8], mesmo tendo que observar os limites impostos pela moldura da operação original.

A flexibilidade do instrumento público se deve ao fato das empresas vinculadas ao Sistema Financeiro Nacional e as Empresas Simples de

8. "Coisa acessória, por seu turno, é aquela cuja existência e natureza dependem de outra coisa (principal), identificando-se aos fins econômicos desta. É aquela que é destinada a servir ao fim econômico ou social de outra coisa, cuja sorte jurídica seguirá". BRANDELLI, Leonardo. Relação de Pertencialidade no Direito Brasileiro. Revista de Direito Imobiliário. vol. 51/2001, p. 220 - 234.

Crédito, serem amplamente fiscalizadas pelo Poder Público (Banco Central e Comissão de Valores Mobiliários).

O texto legal admite ainda a "apresentação em formato eletrônico".

Sabe-se que desde a promulgação da Lei Federal nº 11.977/09, há previsão do protocolo eletrônico para o registro ou averbação de títulos no Registro de Imóveis, prática reforçada posteriormente pelas Leis Federais nº 13.465/17 (criação do ONR) e 14.382/22 (criação do SERP).

Logo, todos os títulos, em interpretação sistêmica, podem ser apresentados em "formato eletrônico", não necessitando que o texto legal seja expresso nesse sentido.

Para o legislador tratar de forma categórica, o formato eletrônico, aqui, deve ser interpretado como a possibilidade do envio do contrato em formato de extrato eletrônico, nos termos do artigo 6º, IV da Lei Federal nº 14.382/22[9].

Os extratos eletrônicos se consolidaram na prática imobiliária-registral enquanto fluxo totalmente eletrônico de apresentação do título no Registro de Imóveis, minimizando intervenções manuais e erros de segurança da informação associados ao fator humano, por meio de troca de arquivos em formato de documento estruturado em XML (Extensible Markup Language).

Aqui há uma comunicação direta entre os sistemas de computação do apresentante e do Registro de Imóveis.

Os extratos eletrônicos são ferramenta segura, eficiente e bem-sucedida de registrar com agilidade o título. Por sua importante função social e econômica, a Lei Federal nº 14.382/22 garantiu que o registro ou averbação fosse feito em tempo reduzido – em 5 dias úteis – amparando-se na

9. Art. 6º Os oficiais dos registros públicos, quando cabível, receberão dos interessados, por meio do Serp, os extratos eletrônicos para registro ou averbação de fatos, de atos e de negócios jurídicos, nos termos do inciso VIII do caput do art. 7º desta Lei; (...) IV – os extratos eletrônicos relativos a bens imóveis produzidos pelas instituições financeiras que atuem com crédito imobiliário autorizadas a celebrar instrumentos particulares com caráter de escritura pública, bem como os relativos a garantias de crédito rural em cédulas e títulos de crédito do agronegócio, poderão ser apresentados ao registro eletrônico de imóveis, e as referidas instituições financeiras arquivarão o instrumento contratual ou título em pasta própria.

facilidade de o sistema já trazer as informações decodificadas necessárias para os atos a serem praticados.

3. CONTRATOS DE ABERTURA DE LIMITE DE CRÉDITO

O legislador pátrio, no tocante à alienação fiduciária, como dito, disciplinou o instituto na Lei Federal nº 13.476/17, que se concentra em disciplinar a regulamentação de um tipo específico de operação de crédito: as oriundas de contratos guarda-chuva de abertura de crédito (*umbrella agreements*), conforme dispõe o art. 3º da referida lei:

> Art. 3º A contratação, no âmbito do sistema financeiro nacional, de abertura de limite de crédito, as operações financeiras derivadas do limite de crédito e a abrangência de suas garantias obedecerão ao disposto nesta Lei.

São operações do sistema financeiro nacional, pelas quais o banco abre crédito em favor do creditado, a ser sacado até um certo limite de valor e durante determinado período.

Moacyr Petrocelli[10], ao historiar a legislação, conclui que a lei conferiu maior elasticidade à propriedade fiduciária, pois:

> O art. 7º, inciso I, da Lei 13.476/2017 autoriza que o registro das garantias constituídas no instrumento de abertura de limite de crédito deverá ser efetuado na forma prevista na legislação que trata de cada modalidade da garantia, real ou pessoal, e serão inaplicáveis os requisitos legais exigidos pela Lei 9.514/1997 nos incisos I, II e III do seu art. 24 que, como visto, enumera os requisitos contratuais indispensáveis à constituição da alienação fiduciária em garantia.

Carlos Elias[11] bem exemplifica os contratos guarda-chuva:

> É o que acontece, por exemplo, com o famoso *Construcard* da Caixa Econômica Federal, por meio de um contrato guarda-chuva,

10. RIBEIRO, Moacy Petrocelli de Ávila. Alienação Fiduciária de Bens Imóveis. 2ª Edição. São Paulo: Thomson Routers Brasil, 2022.

11. OLIVEIRA, Carlos E. Elias. op cit.

> libera um valor máximo de crédito a ser usado pelo cliente conforme suas necessidades mediante uso do cartão *Construcard*. Cada uso representa um contrato de mútuo no valor demandado, o qual se submeterá às condições estipuladas no contrato guarda-chuva.

Deste modo, surge a dúvida se a extensão da alienação fiduciária de bens imóveis é cabível ou não, para outros tipos de negócio praticados por instituições financeiras, em razão da sua localização geográfica.

3.1. A extensão da alienação fiduciária está limitada aos contratos de abertura de limite de crédito?

Apesar do instituto ser tratado em lei especial, diferente do que ocorreu com a hipoteca, que foi regulamentada pelo Código Civil, não é um limitador para sua aplicação em diferentes operações creditórias, mas sim um limitador dos agentes que poderão utilizar a extensão em seus contratos.

Após a promulgação do Novo Marco das Garantias, uma significativa parcela da doutrina entendeu sobre a possibilidade da utilização da extensão da alienação fiduciária para outros tipos de negócios que não os contratos de abertura de limite de crédito.

O artigo 9º-A alude expressamente a possibilidade da extensão da alienação fiduciária como garantia de operações de crédito de qualquer natureza ("como garantia de operações de crédito novas e autônomas de qualquer natureza").

O "qualquer natureza" induz, aqui, à uma interpretação extensiva, notadamente quanto à inexistência de limitação objetiva e de referência ao art. 3º da lei, que trata especificamente sobre o contrato de abertura de limite de crédito.

Ainda sob a égide da MP 992/20, Sérgio Jacomino também escreveu sobre essa possibilidade: "penso que podemos interpretar que estamos diante de operações de crédito de qualquer natureza, além dos contratos de 'abertura de limite de crédito'"[12].

12. JACOMINO, Sérgio. A MP 992 e o Compartilhamento da Alienação Fiduciária. Disponível em: https://cartorios.org/2020/07/22/a-mp-992-e-o-compartilhamento-da-alienacao-fiduciaria/. Acesso em: 02/04/2024

Reforça esta interpretação a previsão de limitadores nos novos dispositivos, que se restringiram à utilização da extensão em operações de crédito envolvendo integrantes do Sistema Financeiro Nacional ou Empresas Simples de Crédito (artigo 9º-A, §1º).

Outro ponto de atenção é que o artigo 9º-D, §4º, alude expressamente a financiamentos para aquisição ou construção de imóvel residencial, os quais não necessariamente se aperfeiçoam por meio desses contratos, como observou Carlos Elias[13].

Assim, diferente da hipoteca, a extensão da alienação fiduciária somente poderá ser utilizada em créditos, de qualquer natureza, operacionalizadas por instituições financeiras integrantes do Sistema Financeiro Nacional ou Empresas Simples de Crédito.

3.2. Novação contratual quando se tratar de extensão de crédito garantido por alienação fiduciária se o credor não for do sistema financeiro nacional

Após essa limitação subjetiva do instrumento da extensão da alienação fiduciária, questiona-se se é possível outros atores que não estão inseridos no sistema financeiro nacional a possibilidade de utilizá-lo.

Aos demais atores, a utilização do valor remanescente que se origina com a amortização do pagamento pode se dar por meio do instituto da novação ou por aditivo contratual, a depender do conteúdo e das mudanças no objeto do contrato, é o que será detalhado a seguir.

Ainda que não se trate propriamente de extensão da garantia, a novação ou o aditamento do contrato são instrumentos à disposição das partes que têm o condão de repactuar o valor e o alcance da garantia, desde que observados certos requisitos e inexistente qualquer direito contraditório na matrícula que venha a obstar seu ingresso no Registro de Imóveis.

Insculpida nos artigos 360 e seguintes do Código Civil, a novação é, nas palavras de Orlando Gomes[14], a "extinção de uma obrigação pela

13. OLIVEIRA, Carlos E. Elias. op cit.
14. GOMES, Orlando. Obrigações. 19. ed. Rio de Janeiro: Forense, 2019, p. 130.

formação de outra, destinada a substituí-la", marcada pela conjunção cumulativa dos seguintes elementos[15]: i. pré-existência de uma obrigação; ii. constituição de nova obrigação; e iii. *animus novandi*.

Vez que se extingue a obrigação anterior, nasce novo negócio jurídico. Situação, pois, de extrema relevância na seara registral imobiliária, posto que, havendo novação, deve-se cancelar o registro anterior e proceder-se a um novo, tornando o ato mais custoso do que a mera averbação destinada aos casos de extensão da alienação fiduciária, prevista na Lei Federal nº 13.476/17.

Tem-se, contudo, que nem toda e qualquer alteração contratual pode ser tida como novação, podendo ser configurada como um aditivo contratual. Para fins didáticos, percebe-se que a Corregedoria Geral de Justiça do Tribunal de São Paulo tem confrontado os elementos que configuram a novação:

> (...) 3) **Alteração do valor principal da dívida, seus encargos, e forma de pagamento caracterizam evidente novação**, na forma do art. 360, I, do CC. Não se trata de mero aditamento do contrato anterior, ou de singela prorrogação do prazo de vencimento, de tal modo que inaplicáveis os arts. 12 e 13 do Decreto-Lei 167/67. Não se há falar, pois, em averbação. Necessidade de prévio cancelamento do registro do contrato originário, para que o novo pacto seja, por sua vez, registrado. (CGJSP, RECURSO ADMINISTRATIVO· 0000243-90.2016.8.26.0257. J. 11/0712017).
>
> REGISTRO DE IMÓVEIS – Aditamento de Cédula de Crédito Bancário com alienação fiduciária – **Título que representa novo negócio jurídico fiduciário, uma vez que altera forma de pagamento, taxa de juros e condições de pagamento, caracterizando inegável novação** – Necessidade de registro, com cancelamento do registro anterior – Cobrança de emolumentos em acordo com o registro das novas garantias – Recurso não provido. (CGJSP, Processo 146.225/2013, Rel. Des. José Renato Nalini, j. 03.12.2013 e CGJSP, Processo 151.796/2013, Rel. Des. Elliot Akel, j. 21.01.2014)

15. VENOSA, Sílvio de Salvo. Direito Civil: obrigações e responsabilidade civil. 24. ed. Rio de Janeiro: Atlas, 2024, p. 248.

No mesmo sentido, ressalta Washington de Barros Monteiro[16]:

> (...) não há novação quando à obrigação apenas se adicionam novas garantias, quando se concede moratória ao devedor, quando se lhe defere abatimento de preço, maiores facilidades de pagamento ou reforma do título.
>
> (...)
>
> Copiosa a jurisprudência a respeito, tornando-se de dignos de menção os julgados seguintes: a) não há novação quando feita simples redução no montante da dívida; b) mera tolerância do credor não importa manifestação da vontade de novar; c) não ocorre novação quando o credor tolera que o devedor lhe pague parceladamente; d) quando anui a modificação na taxa de juros.

Acrescenta Jorge Cesa Ferreira da Silva[17]:

> Ante tais dificuldades interpretativas, a doutrina costuma oferecer alguns parâmetros gerais. Em regra, salvo demonstração clara em sentido contrário, entende-se que não gera novação a modificação de elementos acessórios, como a reforma do título (reprodução por outra forma), a prorrogação ou encurtamento do prazo para pagamento, a exigência de novas garantias, a mudança do lugar de cumprimento, a alteração da taxa de juros, a alteração ou inclusão de cláusula penal, o pagamento parcial, a inclusão ou retirada de uma condição, a alteração da moeda de pagamento, quando possível.

Diante do imbróglio em se definir o que é novação e o que configura mero aditamento, o Conselho Superior da Magistratura bandeirante, em 2018, firmou o entendimento que:

> De um lado, as partes contratantes expressamente declararam que não tinham intenção de novar, do que se extrai, segundo a letra do art. 361 do Código Civil, que o novo contrato simplesmente confirmou o primeiro. Veja-se, quanto a isso, a ressalva

16. MONTEIRO, Washington de Barros Monteiro. Curso de Direito Civil. São Paulo: Saraiva, 1988, v. 4, p. 297.

17. SILVA, Jorge Cesa Ferreira da. Adimplemento e extinção das obrigações. São Paulo: Revista dos Tribunais, 2007, p. 439.

expressa posta a fls. 35-36: "A presente alteração de condições contratuais tem como objetivo proceder ao ajuste financeiro da dívida originária de financiamento imobiliário... passando o Financiamento a ser regido pelas condições e cláusulas do presente ADITIVO... que, junto com os instrumentos anteriores, passa a constituir um todo único e indivisível...".Mais que isso, o novo ajuste não fez mais que readequar, com atualização, o montante da dívida total, o prazo de pagamento, a data do adimplemento da primeira parcela e o valor mensal por adimplir (fls. 02 e 35). Ou seja: não se contraiu nova dívida, nem houve sucessão de novo devedor, nem se deu substituição de credor em virtude de obrigação nova, como exige o art. 360 do Código Civil para que se caracterize a novação. Em verdade, tudo o que se fez consistiu em tornar o modo de adimplemento mais compatível às condições presentes dos devedores, a fim de salvar e manter o ajuste primitivo, e não para substituí-lo (Relator: Corregedor Geral da Justiça Des. Geral Francisco Pinheiro Franco. Apelação Cível nº 1132901-47.2016.8.26.0100. Apelante: Caixa de Previdência dos Funcionários do Banco do Brasil Previ. Apelado: 5º Oficial de Registro de Imóveis da comarca de São Paulo).

Em síntese, ausente *animus novandi*, visando o ajuste simplesmente a adaptar o contrato a uma nova realidade, está-se diante de aditamento contratual, podendo este ser averbado junto à matrícula do imóvel.

Modificando-se substancialmente o objeto do contrato firmado, alterando seu valor para além da mera correção monetária, tem-se novação e, logo, a necessidade de cancelamento do título anterior e o registro do novo instrumento.

A pactuação da extensão da alienação fiduciária fora dos limites das instituições financeiras, amolda-se na última hipótese de novação contratual.

4. AVERBAÇÃO NO REGISTRO DE IMÓVEIS

O ato registral para a publicidade da extensão da alienação fiduciária prevista no artigo 9º-B é a averbação, como dispõe seu *caput* e a adição do item 37 ao inciso II, do artigo 167 da Lei de Registros Públicos:

> Artigo 167, II, 37. Da extensão da garantia real à nova operação de crédito, nas hipóteses autorizadas por lei.

Apesar de, na teoria, os atos de averbação não terem condão de alterar direitos reais constituídos[18], temos aqui uma exceção à regra.

Parece que a extensão da alienação fiduciária é inscrita por meio da averbação por política fiscal, para diminuir os custos de emolumentos da operação de crédito.

Tanto é assim, que nos casos de novação para agentes que não integram o sistema financeiro nacional, defendemos que o ato seja de novação referente à "extensão" seja feita por meio de registro.

Por ser uma averbação que tem potencial de atingir direitos de terceiros e que, inclusive, entra no rol do concurso de credores previsto no artigo 10 da Lei Federal nº 14.711/23, o ato deve observar todos os critérios de cautela de um registro de alienação fiduciária comum.

Deve conter, nesta linha, as informações obrigatórias no título, como o valor da nova operação, encargos incidentes, taxas de juros e prazo de pagamento.

4.1. Direito de preferência e direitos contraditórios

Por se tratar de um ato que cria um direito real referente à uma obrigação creditória independente, a averbação da extensão não poderá contrariar direitos contraditórios já inscritos no fólio real.

O Registrador de Imóveis deverá observar no momento da qualificação os direitos pretéritos que possam gerar alguma preferência[19].

18. Wilson de Souza Campos Batalha explica que se estabelece a "averbação como anotação acessória, a fazer constar instrumentos, circunstâncias ou elementos que elucidem, modifiquem ou restrinjam os registros imobiliários, quer em relação à coisa, quer em relação aos titulares de direitos. BATALHA, Wilson de Souza Campos. Comentários à Lei de Registros Públicos. Vol. II. 4ª Edição. Rio de Janeiro: Forense, 1999.

19. Segundo o Des. Ricardo Dip "o primeiro e notório efeito da prenotação registral é o de estabelecer, na ordem das inscrições em curso, uma posição formal para o título apresentado, com o direito posicional consequente, qual o de, iniciado compulsivamente o processo registrário – cujo fim é a inscrição desse título material apresentado e que se veicula por um título formal –, configura-se (i) a prioridade da qualificação e (ii) o impedimento de

A observância aos direitos contraditórios é extraída do final do caput do artigo 9º-B da Lei Federal nº 13.475/17, quando dispõe que o título apresentado será ordenado "prioridade das obrigações garantidas, após a primeira, pelo tempo da averbação".

Esta prioridade das obrigações garantidas é uma obediência ao princípio registral do *tempus regit actum*[20].

Outro argumento é o paralelismo com a extensão da hipoteca, que prevê expressamente o respeito "em relação à extensão, a prioridade de direitos contraditórios ingressos na matrícula do imóvel" (artigo 1.487-A do Código Civil).

São exemplos de direitos contraditórios: a hipoteca, a penhora, a venda do imóvel a terceiros, etc.

5. LIQUIDAÇÃO DAS OPERAÇÕES DOS CRÉDITOS VINCULADOS À MESMA ALIENAÇÃO FIDUCIÁRIA

O artigo 9º-C da Lei Federal nº 13.476/17 traz a regra de que a liquidação antecipada de quaisquer das operações de crédito não obriga o devedor a liquidar antecipadamente as demais operações vinculadas à mesma garantia, hipótese em que permanecerão vigentes as condições e os prazos nelas convencionados.

A liquidação de quaisquer das operações de crédito garantidas será averbada na matrícula do imóvel, à vista do termo de quitação específico emitido pelo credor (parágrafo único do artigo 9º-C).

Esta é a regra geral do direito privado, que traz a autonomia do devedor em quitar antecipadamente quaisquer dívidas do mesmo credor.

---

inscrever-se, no interregno do processo registral, título algum oposto ao título de posição antecedente". DIP, Ricardo. Registro de Imóveis (princípios). São Paulo: Editorial Lepanto, 2019.

20. Segundo Vitor Kümpel e Carla Ferrari o referido princípio tem como momento a data da prenotação para a fixação das normas de regência registral, independente da data do contrato. É da data da prenotação o referencial para definir a regência jurídico-registral aplicável ao registro pretendido, e não do momento da celebração ou lavratura do título. KÜMPEL, Vitor e FERRARI, Carla. Tratado Notarial e Registral Tomo V – Registro de Imóveis. YK Editora: São Paulo, 2020.

É a regra da imputação do pagamento prevista no artigo 352 do Código Civil[21].

6. INADIMPLEMENTO E AUSÊNCIA DE PURGAÇÃO DA MORA. CLÁUSULA *CROSS DEFAULT*

As cláusulas *cross default* podem ser definidas como "cláusulas presentes em contratos que determinam que o devedor estará em situação de falha (default) no contrato em questão toda vez que deixar de cumprir quaisquer outras obrigações em outros contratos"[22].

A Lei Federal nº 14.711/23 previu a cláusula *cross default* para as hipóteses de extensão da alienação fiduciária, é o que se extrai da leitura conjunta do artigo 9º-B, V e 9º-D.

No caso, o inadimplemento é aquele que tratam os artigos 26 e 26-A da Lei Federal nº 9.514/97, ou seja, o inadimplemento seguido da falta de purgação da mora após notificação expedida no curso do rito de execução extrajudicial da alienação fiduciária.

Nessa hipótese o credor fiduciário poderá considerar vencidas antecipadamente as demais operações de crédito vinculadas à mesma garantia, hipótese em que será exigível a totalidade da dívida.

O direito de "execução" da cláusula *cross default* não é automático, segundo o §1º do artigo 9º-D: "a informação sobre o exercício, pelo credor fiduciário, da faculdade de considerar vencidas todas as operações vinculadas à mesma garantia, nos termos do caput deste artigo, deverá constar da intimação de que trata o § 1º do art. 26 da Lei nº 9.514/97".

---

21. Art. 352. A pessoa obrigada por dois ou mais débitos da mesma natureza, a um só credor, tem o direito de indicar a qual deles oferece pagamento, se todos forem líquidos e vencidos.

22. GIFFONI, Adriana de Oliveira. As cláusulas "cross default" em contratos financeiros. Revista de Direito Mercantil, Industrial, Econômico e Financeiro, n. 121. São Paulo: Malheiros, jan./mar. 2001, p. 148-149.

7. CONCLUSÃO

Um dos objetivos da reforma das garantias imobiliárias era a possibilidade legal para que um mesmo imóvel, já garantido em alguma operação de crédito, pudesse garantir uma segunda dívida.

Para tanto, foi resgatada a figura do compartilhamento (agora extensão) da alienação fiduciária de bens imóveis, que permite que a instituição financeira devolva ao devedor o valor já quitado, para que o mesmo imóvel possa ser objeto de garantia de novo crédito, até o limite da dívida original.

Recapitulando, a extensão da alienação fiduciária tem as seguintes características:

- i) Deverá ser contratada com o mesmo credor, não havendo possibilidade de cessão da quota referente a nova garantia;
- ii) Não poderá exceder ao prazo final de pagamento e ao valor total garantido constantes do título da garantia original;
- iii) Poderá ser formalizada por instrumento público ou particular, sem necessidade de reconhecimento de firma;
- iv) Poderá ser apresentada em formato XML, por extrato eletrônico;
- v) Poderá ser utilizada em créditos, de qualquer natureza, operacionalizadas por instituições financeiras ou Empresas Simples de Crédito, não se limitando aos contratos disciplinados na Lei Federal nº 13.475/17;
- vi) Para gerar efeitos jurídico deverá ser averbada no Registro de Imóveis competente;
- vii) Por se tratar de um ato que cria um direito real referente à uma obrigação creditória independente, a averbação da extensão não poderá contrariar direitos contraditórios já inscritos no fólio real;
- viii) A liquidação antecipada de quaisquer das operações de crédito não obriga o devedor a liquidar antecipadamente as demais operações vinculadas à mesma garantia;

ix) O credor fiduciário poderá considerar vencidas antecipadamente as demais operações de crédito vinculadas à mesma garantia, hipótese em que será exigível a totalidade da dívida, desde que no contrato esteja previsto a cláusula *cross default*.

8. QUADRO COMPARATIVO ENTRE A EXTENSÃO DA ALIENAÇÃO FIDUCIÁRIA DE BENS IMÓVEIS E HIPOTECA

	ALIENAÇÃO FIDUCIÁRIA	HIPOTECA
Marco legal	Art. 9º-A a 9º-D da Lei nº 13.476/17	Art. 1.487-A do Código Civil
Quais credores podem utilizar	Apenas instituições financeiras ou empresas simples de crédito	Qualquer pessoa
Regra da unicidade de credor	É vedado a flexibilização da regra da unicidade do credor	A regra poderá ser flexibilizada
Direitos contraditórios	Regra implícita no caput do art. 9º-B da Lei nº 13.476/17	Parte final do art. 1.487-A do Código Civil
Forma do título	Pode ser utilizado instrumento particular, sem necessidade de reconhecimento de firma	Observância do art. 108 do Código Civil e art. 221, II da Lei nº 6.015/73

9. REFERÊNCIAS BIBLIOGRÁFICAS

BATALHA, Wilson de Souza Campos. *Comentários à Lei de Registros Públicos*. Vol. II. 4ª Edição. Rio de Janeiro: Forense, 1999.

BRANDELLI, Leonardo. *Relação de Pertencialidade no Direito Brasileiro*. Revista de Direito Imobiliário. vol. 51/200, p. 220 - 234.

DE SOTO, Hermano. *O mistério do capital: porque o capitalismo dá certo nos países desenvolvidos e fracassa no resto do mundo*. Rio de Janeiro: Record, 2001.

DIP, Ricardo. *Registro de Imóveis (princípios)*. São Paulo: Editorial Lepanto, 2019.

GIFFONI, Adriana de Oliveira. *As cláusulas "cross default" em contratos financeiros*. Revista de Direito Mercantil, Industrial, Econômico e Financeiro, n. 121. São Paulo: Malheiros, jan./mar. 2001, p. 148-149.

GOMES, Orlando. *Obrigações*. 19. ed. Rio de Janeiro: Forense, 2019, p. 130.

JACOMINO, Sérgio. *A MP 992 e o Compartilhamento da Alienação Fiduciária*. Disponível em: https://cartorios.org/2020/07/22/a-mp-992-e-o-compartilhamento-da-alienacao-fiduciaria/. Acesso em: 02/04/2024.

KÜMPEL, Vitor e FERRARI, Carla. T*ratado Notarial e Registral Tomo V – Registro de Imóveis*. YK Editora: São Paulo, 2020.

MONTEIRO, Washington de Barros. *Curso de Direito Civil*. São Paulo: Saraiva, 1988, v. 4, p. 297.

OLIVEIRA, Carlos E. Elias. *Lei das Garantias (Lei nº 14.711): Uma Análise Detalhada*. https://www.migalhas.com.br/arquivos/2023/11/999446D14EF8FE_LeidasGarantias.pdf. Acesso em: 01/04/2024.

PINTO, Fábio Rocha. *PL 4.188/21: O Caminho Para Reforma das Garantias e a Falsa Polêmica.* Disponível em: https://www.conjur.com.br/2022-jun-07/fabio-rocha-pinto-pl-4188-falsa-polemica/. Acesso em: 01/04/2024.

RIBEIRO, Moacy Petrocelli de Ávila. *Alienação Fiduciária de Bens Imóveis*. 2ª Edição. São Paulo: Thomson Routers Brasil, 2022.

SILVA, Jorge Cesa Ferreira da. *Adimplemento e extinção das obrigações*. São Paulo: Revista dos Tribunais, 2007, p. 439.

VENOSA, Sílvio de Salvo. *Direito Civil: obrigações e responsabilidade civil*. 24. ed. Rio de Janeiro: Atlas, 2024, p. 248.

7

ALTERAÇÕES NA EXECUÇÃO DA GARANTIA FIDUCIÁRIA DE IMÓVEIS PROMOVIDAS PELA LEI Nº 14.711/2023 (MARCO LEGAL DAS GARANTIAS)

Dixmer Vallini Netto

Advogado sócio da Vallini Cortez Vieira Advogados. Master em informática e direito pela Universidad Complutense de Madrid. Pós-graduado em direito civil e direito processual civil, pela Universidade Cândido Mendes. Especialista em direito notarial e de registro, em direito imobiliário e em proteção de dados pessoais. Membro da Comissão de Direito Notarial e de Registros Públicos e da Comissão de Direito Urbanístico e Regularização Fundiária da OAB-DF.

Sumário: I. Introdução: o Marco Legal das Garantias e seus benefícios ao crédito; II. Histórico da alienação fiduciária de bens imóveis e seus benefícios; III. As alterações na execução extrajudicial da alienação fiduciária de imóveis trazidas pelo Marco Legal das Garantias; III.A. A intimação para purgação da mora e a consolidação da propriedade fiduciária; III.B. O leilão público e o término da execução extrajudicial; III.C. As operações de crédito garantidas por mais de um imóvel; III.D. Reintegração da posse do imóvel; III.E. Procedimento especial para aquisição ou construção de imóvel residencial; III.F. A execução extrajudicial da garantia em concurso de credores e a figura do agente de garantia; IV. Conclusão; Referências bibliográficas.

I. INTRODUÇÃO: O MARCO LEGAL DAS GARANTIAS E SEUS BENEFÍCIOS AO CRÉDITO

A Lei nº 14.711/2023, conhecida como o Marco Legal das Garantias, é um marco importante na legislação brasileira. Foi projetada para fortalecer a segurança jurídica, otimizar o ambiente de negócios e estimular a economia através da facilitação do acesso ao crédito. A alienação fiduciária de bens imóveis, em particular, recebeu atenção especial, com mudanças que visam tornar a execução de garantias mais eficiente e menos onerosa.

A alienação fiduciária é uma forma de garantia que confere ao credor o direito de propriedade resolúvel e a posse indireta do bem móvel ou imóvel alienado, tornando-se o proprietário direto e possuidor indireto do bem. A execução extrajudicial da alienação fiduciária é um procedimento que permite ao credor retomar o bem dado em garantia sem a necessidade de recorrer ao Poder Judiciário.

As alterações na execução extrajudicial da alienação fiduciária, introduzidas pela Lei nº 14.711/2023, trouxeram maior agilidade e eficiência. As novas regras simplificaram o procedimento, tornando-o mais rápido e econômico, beneficiando credores e devedores. Assim, permite que os credores retomem a posse do bem garantido de forma mais rápida em caso de inadimplência, diminuindo os custos associados à recuperação do crédito.

A segurança jurídica, um dos fundamentos do Marco Legal das Garantias, é reforçada pela previsibilidade e clareza das normas estabelecidas. A legislação proporciona um ambiente mais estável para as transações de crédito, onde os direitos e deveres das partes envolvidas são claramente delineados.

Isso é essencial no contexto da alienação fiduciária, na qual a propriedade de um bem é transferida ao credor como garantia, até que a dívida seja integralmente paga.

A ampliação da oferta de crédito é uma consequência direta da nova legislação. Com mecanismos mais claros e seguros para a execução de garantias, as instituições financeiras sentem maior confiança, o que resulta em um aumento dos recursos financeiros no mercado, permitindo que um número maior de pessoas e empresas tenha acesso a financiamentos.

A redução das taxas de juros acompanha a maior segurança e a expansão da oferta de crédito. Os menores riscos de inadimplência, face à facilidade de execução da garantia, permitem que os credores ofereçam empréstimos a custos menores. Este aspecto tem um impacto positivo generalizado na economia, pois diminui o custo do capital e fomenta investimentos e consumo.

A maior oferta de crédito também contribui para a redução dos juros. Com mais credores dispostos a emprestar, a concorrência aumenta e os juros tendem a cair. Além disso, a maior segurança jurídica reduz o risco percebido pelos credores, o que também contribui para a redução dos juros.

Isso é fundamental para o desenvolvimento econômico e para a democratização do acesso ao crédito.

A proteção dos direitos dos devedores também foi considerada na Lei nº 14.711/2023. A legislação estabelece procedimentos claros para a notificação de devedores em caso de inadimplência e para a realização de leilões de bens alienados fiduciariamente.

O Marco Legal das Garantias introduz ainda a figura do agente fiduciário, uma parte independente responsável por administrar e executar as garantias, e a possibilidade de um mesmo imóvel garantir mais de um crédito, o que pode colaborar ainda mais a redução dos custos da execução.

A Lei nº 14.711/2023 também regulamenta a digitalização dos procedimentos relacionados à alienação fiduciária, inclusive o registro eletrônico de garantias e a realização de leilões virtuais, o que contribui para a modernização e a eficiência do sistema.

No entanto, é importante ressaltar que existem outros fatores que afetam a oferta de crédito e os juros, como a situação econômica do país, a taxa de inflação e a política monetária do Banco Central.

Não há dúvidas que o Marco Legal das Garantias é um passo importante na direção certa, pois fortalece a segurança jurídica, aumenta a oferta de crédito e contribui para a redução dos juros.

Apesar de a Lei nº 14.711/2023 trazer um amplo espectro de regulamentação às diversas formas de garantia, este artigo irá se concentrar nas alterações na execução extrajudicial da alienação fiduciária trazidas pelo Marco Legal das Garantias. Esperamos contribuir para o debate sobre o tema e ajudar a esclarecer as inovações na execução extrajudicial da alienação fiduciária.

II. HISTÓRICO DA ALIENAÇÃO FIDUCIÁRIA DE BENS IMÓVEIS E SEUS BENEFÍCIOS

A alienação fiduciária de bens imóveis, introduzida no direito brasileiro pela Lei 9.514/1997, a sua época foi um marco na legislação imobiliária. Antes da sua implementação, a hipoteca era o instrumento mais comum para garantir o cumprimento de obrigações financeiras relacionadas a imóveis. No entanto, a hipoteca apresentava limitações, como a necessidade de um processo judicial para a sua execução, muito demorado e custoso.

Frederico Henrique Viegas de Lima, explica que o modelo da hipoteca, até então usual, era "incapaz de dotar os negócios imobiliários da rapidez indispensável, requerida em economia de escala como solução para a recuperação do crédito concedido", esclarecendo que "as execuções hipotecárias são procedimentos judiciais intermináveis, arrastando-se nos foros judiciais por anos a fio".[1]

Esse cenário desestimulava os credores e dificultava o acesso ao crédito imobiliário, pois as instituições financeiras ficavam receosas de emprestar dinheiro sem garantias ágeis de recuperação em caso de inadimplência.

A alienação fiduciária surgiu como uma alternativa mais eficiente, que permite ao credor tomar posse direta do imóvel em caso de inadimplência, sem a necessidade de um processo judicial.

A alienação fiduciária é definida como uma operação pela qual o devedor, ou fiduciante, com o objetivo de garantir o pagamento de uma dívida, transfere ao credor, ou fiduciário, a propriedade resolúvel de um bem imóvel. O devedor permanece na posse direta do bem, podendo usufruí-lo. O

1. LIMA, Frederico Henrique Viegas de. Da alienação fiduciária em garantia de coisa imóvel. Curitiba: Juruá, 1999, p. 30-31.

credor tem a posse indireta e a propriedade resolúvel, significa que a transmissão da propriedade ao devedor do bem está condicionada ao cumprimento da obrigação.

Diferentemente da hipoteca[2], a alienação fiduciária permite a retomada do bem pelo credor fiduciário sem a necessidade de um processo judicial. Em caso de inadimplência, o credor fiduciário pode retomar o imóvel por meio de um procedimento administrativo realizado diretamente no cartório de registro de imóveis, no qual se consolida a propriedade em nome do credor, o que lhe autoriza a alienação do bem para adimplir o valor devido.

O surgimento da alienação fiduciária revolucionou o mercado de crédito imobiliário no Brasil, tendo-se em vista a agilidade e a facilidade na execução da garantia fiduciária pelo credor, principalmente pela utilização das serventias extrajudiciais. André Villaverde Araújo ressalta essa opção legislativa:

> A execução do contrato de alienação fiduciária, sob a responsabilidade do oficial de registro de imóveis foi uma excelente opção do legislador, pois houve o aproveitamento da capilaridade dos registros de imóveis, que estão presentes em todo país, bem como utilizou-se do conhecimento deste profissional do direito que tem formação jurídica para garantir o regular andamento do processo, bem como a utilização da fé-publica, especial qualidade atribuída por lei ao oficial de registro, que permite a confiança das partes em todos os atos praticados neste procedimento de extrajudicialização.[3]

Isso agiliza o processo de execução e reduz os custos associados, tornando a alienação fiduciária uma opção mais atraente para os credores.

2. A Lei nº 14.711/2023 trouxe a possibilidade de a hipoteca também ser submetida a uma execução extrajudicial, mas a visão deste capítulo se refere à época implementação da alienação fiduciária em imóveis, pela Lei nº 9.514/1997.

3. ARAÚJO, André Villaverde. Cartórios extrajudiciais brasileiros como instrumentos de acesso a uma ordem jurídica justa pela extrajudicialização. Tese de doutoramento. Fortaleza: UNIFOR, 2019. Disponível em: https://uol.unifor.br/oul/conteudosite/F86027120191017154309313613/Tese.pdf. Acesso em: 21 fev. 2024. p. 100.

O Supremo Tribunal Federal (STF) reconheceu a constitucionalidade da execução extrajudicial da alienação fiduciária, reforçando a segurança jurídica deste instrumento:

> Tema 982 – Discussão relativa à constitucionalidade do procedimento de execução extrajudicial nos contratos de mútuo com alienação fiduciária de imóvel, pelo Sistema Financeiro Imobiliário – SFI, conforme previsto na Lei n. 9.514/1997.
>
> Tese: É constitucional o procedimento da Lei nº 9.514/1997 para a execução extrajudicial da cláusula de alienação fiduciária em garantia, haja vista sua compatibilidade com as garantias processuais previstas na Constituição Federal.

A decisão do STF ao julgar o tema 982 da repercussão geral foi um marco importante na consolidação da alienação fiduciária como um instrumento jurídico válido e eficaz.

Desta forma, o STF confirmou que a execução extrajudicial da alienação fiduciária é um procedimento válido e constitucional, de forma que o credor pode retomar o bem dado em garantia sem a necessidade de recorrer ao Poder Judiciário, desde que sejam respeitados os direitos do devedor.

No entendimento do STF execução extrajudicial da alienação fiduciária não afronta o direito de acesso à justiça tampouco o devido processo legal, nem os princípios do contraditório e da ampla defesa, pois o devedor ainda tem o direito de se socorrer do Poder Judiciário para questionar a execução extrajudicial, se acreditar que seus direitos foram violados.

Após a implementação da Lei 9.514/1997, e a ampliação da utilização da alienação fiduciária como garantia, observou-se um aumento significativo na oferta de crédito para a aquisição de imóveis. Este aumento na oferta de crédito contribuiu para o desenvolvimento do mercado imobiliário, facilitando o acesso à casa própria para milhões de brasileiros.

Atualmente, amplamente difundida, a alienação fiduciária não é só utilizada para a aquisição da casa própria ou aquisição de imóveis de modo geral, mas também é utilizada para a obtenção de crédito para investimentos em diversos setores da economia ou mesmo obtenção de capital de giro, oferecendo-se como garantia um imóvel.

De fato, a Lei 9.514/1997, ao introduzir a alienação fiduciária de bens imóveis como uma forma de garantia e permitir a execução extrajudicial da alienação fiduciária, representou um marco para o desenvolvimento do mercado imobiliário brasileiro. Estas inovações proporcionaram maior segurança aos credores, incentivaram a oferta de crédito para a aquisição de imóveis e contribuíram para o desenvolvimento do mercado imobiliário.

No próximo capítulo, discutiremos as alterações na execução extrajudicial da alienação fiduciária trazidas pelo Marco Legal das Garantias. Estas alterações representam um avanço importante na legislação brasileira e têm o potencial de impactar significativamente o mercado imobiliário.

III. AS ALTERAÇÕES NA EXECUÇÃO EXTRAJUDICIAL DA ALIENAÇÃO FIDUCIÁRIA DE IMÓVEIS TRAZIDAS PELO MARCO LEGAL DAS GARANTIAS

Como comentamos anteriormente, a Lei nº 14.711/2023 trouxe uma série de alterações significativas no instituto da alienação fiduciária, inclusive na sua execução extrajudicial. Vamos analisar essas alterações no procedimento executório neste capítulo.

A execução da propriedade fiduciária dada em garantia tem sua disciplina nos arts. 26 a 27-A e 30 da Lei nº 9.514/1997, alterados pelo Marco Legal das Garantias, e dão o tom principal da disciplina do procedimento da execução da garantia fiduciária. Separemos essa análise por tópico, concernentes às etapas da execução.

III.A. A Intimação para Purgação da Mora e a Consolidação da Propriedade Fiduciária

A Lei nº 14.711/2023 traz uma série de correções adequando o texto legal ao que se verifica na prática da contratação de mútuo com garantias imobiliárias utilizando-se a alienação fiduciária. Foi o que ocorreu no *caput* do art. 26 da Lei nº 9.514/1997, no qual a nova redação deixa claro que a execução da garantia se procederá com relação ao devedor ou, em sendo o caso, ao terceiro fiduciante.

> Art. 26. Vencida e não paga a dívida, no todo ou em parte, e constituídos em mora o devedor e, se for o caso, o terceiro fiduciante, será consolidada, nos termos deste artigo, a propriedade do imóvel em nome do fiduciário.

Esta importante modificação se justifica pois é bastante comum que o bem dado em garantia seja de propriedade de terceiro que não o tomador direto do empréstimo. Tal situação costuma ocorrer em grupos econômicos em que determinada sociedade empresária oferece o bem para garantir o mútuo contratado por outra sociedade do mesmo grupo ou então quando o bem do sócio é dado em garantia ao empréstimo tomado pela sociedade.

A possibilidade de dar em garantia bem de terceiro que não o tomador do empréstimo, está estampada na nova redação do art. 22 da Lei nº 9.514/1997, ao asseverar que o fiduciante transfere a propriedade resolúvel do imóvel ao credor com fim de garantir "obrigação própria ou de terceiro"[4].

Assim, a Lei nº 14.711/2023 promoveu alterações em diversos dispositivos da Lei nº 9.514/1997 de forma a melhorar a redação, tornando clara a possibilidade de que a execução da garantia recaia sobre o terceiro fiduciante, que deu imóvel de sua propriedade para garantir a obrigação do devedor.

O Marco Legal das Garantias incluiu o § 1º-A ao art. 26 da Lei nº 9.514/1997, passando a regulamentar aqueles contratos nos quais há imóveis dados como garantia em mais de uma circunscrição imobiliária para a mesma dívida.

> Art. 26 (...)
>
> § 1º-A Na hipótese de haver imóveis localizados em mais de uma circunscrição imobiliária em garantia da mesma dívida, a intimação para purgação da mora poderá ser requerida a qualquer um dos registradores competentes e, uma vez realizada, importa em

4. Art. 22. A alienação fiduciária regulada por esta Lei é o negócio jurídico pelo qual o fiduciante, com o escopo de garantia de obrigação própria ou de terceiro, contrata a transferência ao credor, ou fiduciário, da propriedade resolúvel de coisa imóvel.

> cumprimento do requisito de intimação em todos os procedimentos de excussão, desde que informe a totalidade da dívida e dos imóveis passíveis de consolidação de propriedade.

Esse novo dispositivo visa facilitar o processo de execução da garantia, permitindo que a intimação para a purgação da mora seja requerida em apenas um dos cartórios de registro de imóveis, sendo válida para todos os procedimentos de consolidação da propriedade fiduciária relacionados àquela mesma dívida.

É essencial, no entanto, para a validade a todos os procedimentos executórios, que a intimação promovida informe a totalidade da dívida e cada um dos imóveis que estão sujeitos à consolidação da propriedade em caso de não pagamento.

Antes da inclusão deste dispositivo, o credor era obrigado a requerer a intimação do devedor em cada um dos cartórios de registro de imóveis nos quais estão matriculados os bens dados em garantia. Esta modificação do procedimento torna a execução da garantia mais ágil e menos onerosa, vez que basta uma única intimação do devedor para a purgação da mora que será válida para todos os imóveis a serem consolidados.

No mesmo art. 26 da Lei nº 9.514/1997, o Marco Legal das Garantias alterou o § 2º, tornando facultativa a definição no contrato de um prazo de carência para a intimação do devedor para a purgação da mora. Incluiu o § 2º-A que determina prazo de carência de quinze dias quando o prazo não for estabelecido no contrato.

> Art. 26 (...)
>
> § 2º O contrato poderá estabelecer o prazo de carência, após o qual será expedida a intimação.
>
> § 2º-A Quando não for estabelecido o prazo de carência no contrato de que trata o § 2º deste artigo, este será de 15 (quinze) dias.

Esta alteração proporciona maior flexibilidade no procedimento de intimação para purgação da mora, permitindo que o prazo de carência seja ajustado no contrato de alienação fiduciária, de acordo com as necessidades específicas de cada caso.

O § 3º do citado art. 26 foi alterado para determinar que se faça constar expressa e claramente na intimação ao devedor que, caso a mora não seja purgada no prazo definido, a propriedade do imóvel será transferida para o credor e o imóvel será levado a leilão.

> Art. 26 (...)
>
> § 3º A intimação será feita pessoalmente ao devedor e, se for o caso, ao terceiro fiduciante, que por esse ato serão cientificados de que, se a mora não for purgada no prazo legal, a propriedade será consolidada no patrimônio do credor e o imóvel será levado a leilão nos termos dos arts. 26-A, 27 e 27-A desta Lei, conforme o caso, hipótese em que a intimação poderá ser promovida por solicitação do oficial do registro de imóveis, por oficial de registro de títulos e documentos da comarca da situação do imóvel ou do domicílio de quem deva recebê-la, ou pelo correio, com aviso de recebimento, situação em que se aplica, no que couber, o disposto no art. 160 da Lei nº 6.015, de 31 de dezembro de 1973 (Lei de Registros Públicos).

A modificação implementada pela Lei nº 14.711/2023 vem consignar na lei da alienação fiduciária o direito à informação clara e precisa ao consumidor a respeito das consequências do não pagamento dos valores atrasados.

A nova redação do mesmo § 3º também trouxe uma adequação procedimental, determinando-se a aplicação do art. 160 da Lei nº 6.015/1973 para as intimações do devedor. Este dispositivo trata sobre o procedimento de notificação extrajudicial realizado pelos cartórios de registro de títulos e documentos. Assim, as intimações dos devedores para a purgação da mora em contratos de alienação fiduciária devem seguir os termos do citado art. 160.

Outra inovação trazida pela Lei nº 14.711/2023 com relação à execução da garantia fiduciária foi estabelecer a responsabilidade do devedor ou do terceiro fiduciante de informar ao credor fiduciário sobre qualquer alteração em seu domicílio.

> Art. 26 (...)
>
> § 4º-A É responsabilidade do devedor e, se for o caso, do terceiro fiduciante informar ao credor fiduciário sobre a alteração de seu domicílio.

A ausência de intimação válida é um dos grandes problemas encontrados na execução da alienação fiduciária, pois a lei determina que essa intimação seja realizada de forma pessoal. A tentativa de intimação realizada em endereço incorreto da pessoa a ser intimada, invalida a intimação por edital prejudicando todo o procedimento da consolidação da propriedade fiduciária.

Ao determinar que o devedor ou o terceiro fiduciante, obrigatoriamente, informe ao credor sobre as alterações de seu domicílio, o Marco Legal das Garantias busca o aperfeiçoamento, sempre que possível, da intimação pessoal do devedor ou do terceiro fiduciante. As intimações fictas, por hora certa e por edital, são exceções, devendo-se antes de utilizá-las esgotar todos os meios possíveis para a intimação pessoal.

Esta medida vem em benefício, inclusive, da solução da mora com a sua purgação, ou mesmo para possibilitar o exercício do direito de defesa por parte do intimado, que tomará ciência sobre o início do procedimento executório.

A seu turno, o § 4º-B acrescido ao já citado art. 26, inova ao estabelecer a presunção de que o devedor ou terceiro fiduciante encontram-se em local ignorado quando não forem encontrados no último endereço fornecido, possibilitando a intimação por Edital. Este dispositivo determina ainda, neste caso, o envio da intimação por meio de contato eletrônico, quando fornecido no contrato.

> Art. 26 (...)
>
> § 4º-B Presume-se que o devedor e, se for o caso, o terceiro fiduciante encontram-se em lugar ignorado quando não forem encontrados no local do imóvel dado em garantia nem no endereço que tenham fornecido por último, observado que, na hipótese de o devedor ter fornecido contato eletrônico no contrato, é imprescindível o envio da intimação por essa via com, no mínimo, 15 (quinze) dias de antecedência da realização de intimação edilícia.

Assim, em consonância como o § 4º-A do mesmo artigo, este dispositivo impõe a presunção de estar em local ignorado, caso o domicílio da parte esteja desatualizado, de forma a possibilitar a intimação por edital. Essa é a consequência imposta pela lei caso o devedor ou o terceiro fiduciante não atualize o seu domicílio junto ao credor fiduciário.

Por outro lado, a lei ressalva a necessidade de a intimação ser enviada por meio de contato eletrônico, quando informado no contrato, determinando a utilização de todos os meios possíveis para dar conhecimento ao devedor ou ao terceiro fiduciante sobre a necessidade de purgação da mora e a possibilidade de perda do imóvel. Percebe-se que a lei, acertadamente não informa qual contato eletrônico, de forma que esse contato pode ser correio eletrônico, aplicativo de mensagem ou qualquer outra forma de contato que esteja prevista no contrato.

Em mais um acréscimo ao art. 26, a Lei nº 14.711/2023 inclui o § 4º-C, especificando o que se pode considerar local inacessível, para fins de viabilizar a intimação do devedor ou do terceiro fiduciante por meio de edital.

> Art. 26 (...)
>
> § 4º-C Para fins do disposto no § 4º deste artigo, considera-se lugar inacessível:
>
> I - aquele em que o funcionário responsável pelo recebimento de correspondência se recuse a atender a pessoa encarregada pela intimação; ou
>
> II - aquele em que não haja funcionário responsável pelo recebimento de correspondência para atender a pessoa encarregada pela intimação.

Desta forma, ao estabelecer critérios específicos e objetivos para determinar o que é considerado um lugar inacessível, a lei proporciona clareza e previsibilidade tanto para os credores quanto para os devedores, evitando interpretações destoantes sobre a intenção do legislador.

Com essa definição legal, de forma clara e objetiva, evita-se a discussão sobre o real alcance do termo utilizado no § 4º do art. 26 da Lei nº 9.514/1997, evitando a judicialização de demandas desnecessárias relacionadas à validade da intimação para purgação da mora.

As disposições do art. 26 da Lei nº 9.514/1997, portanto, se referem ao início do procedimento de execução da garantia fiduciária imobiliária, com a intimação do devedor ou do terceiro fiduciante para purgar a mora no prazo estipulado. Realizada a regular intimação, pelos meios e formas previstas no citado artigo, e não purgada a mora dentro do prazo, o credor fiduciário se consolidará na propriedade do imóvel mediante averbação na matrícula do competente ofício de registro de imóveis. Consolidada a propriedade, o credor é obrigado a realizar o leilão a modo e na forma prevista no art. 27 da Lei nº 9.514/1997.

Por questões didáticas, passaremos direto para as alterações ao art. 27, que trata das regras gerais da execução da garantia fiduciária, para somente depois tratar do art. 26-A, que se refere a normas especiais.

III.B. O Leilão Público e o Término da Execução Extrajudicial

Ao modificar o art. 27 da Lei nº 9.514/1997, o Marco Legal das Garantias ampliou o prazo, de trinta para sessenta dias, para a realização do leilão público após a consolidação da propriedade em nome do credor fiduciário.

> Art. 27. Consolidada a propriedade em seu nome, o fiduciário promoverá leilão público para a alienação do imóvel, no prazo de 60 (sessenta) dias, contado da data do registro de que trata o § 7º do art. 26 desta Lei.

Do ponto de vista do devedor, essa extensão do prazo pode ser vista como uma oportunidade adicional para resolver manter o imóvel consigo, visto que, como se verá a seguir, a lei assegura o seu direito de preferência para readquirir o imóvel até a realização do segundo leilão.

Por outro lado, do ponto de vista do credor fiduciário, um prazo maior, em uma análise apressada, pode significar uma espera maior para recuperar o crédito garantido pelo imóvel. Significa, no entanto, que o leilão pode ser mais bem planejado e divulgado, possibilitando um maior êxito do primeiro leilão.

O Marco Legal das Garantias, ao alterar o § 2º do comentado art. 27, além de descrever melhor as parcelas que devem compor o valor oferecido em segundo leilão, inovou ao permitir que o credor fiduciário aceite valor inferior, desde que, no mínimo, equivalha a metade da avaliação do imóvel.

> Art. 27 (...)
>
> § 2º No segundo leilão, será aceito o maior lance oferecido, desde que seja igual ou superior ao valor integral da dívida garantida

> pela alienação fiduciária, das despesas, inclusive emolumentos cartorários, dos prêmios de seguro, dos encargos legais, inclusive tributos, e das contribuições condominiais, podendo, caso não haja lance que alcance referido valor, ser aceito pelo credor fiduciário, a seu exclusivo critério, lance que corresponda a, pelo menos, metade do valor de avaliação do bem.

A alteração promovida pela Lei nº 14.711/2023 traz claro benefício ao credor fiduciário que, caso não haja lance que alcance o valor da dívida, acrescida dos custos e encargos legais, poderá aceitar um lance que corresponda a pelo menos metade do valor de avaliação do bem. Cria uma flexibilidade que garante ao credor a execução ainda que parcial da dívida, proporcionando a execução mais facilitada da garantia fiduciária imobiliária.

O que vem em benefício ao credor, vem em prejuízo ao devedor ou ao terceiro fiduciante, que poderá ter o imóvel arrematado em valor muito inferior ao valor de mercado (avaliado), aumentando a possibilidade de sobrevir um saldo devedor remanescente.

O § 2º-A do mesmo art. 27 também se viu alterado pelo Marco das Garantias, desta vez para fazer pequenas correções, incluindo a necessidade de intimação do terceiro fiduciante, caso exista, a respeito do leilão público.

> Art. 27 (...)
>
> § 2º-A Para fins do disposto nos §§ 1º e 2º deste artigo, as datas, os horários e os locais dos leilões serão comunicados ao devedor e, se for o caso, ao terceiro fiduciante, por meio de correspondência dirigida aos endereços constantes do contrato, inclusive ao endereço eletrônico.

Perdeu-se a oportunidade de deixar claro, em atenção inclusive à jurisprudência pátria, que essa comunicação deve se dar no último endereço fornecido pelo devedor ou pelo terceiro fiduciante, e não somente no endereço que consta no contrato.

Já no § 2º-B do art. 27, a Lei nº 14.711/2023 promoveu a alteração para deixar expresso exatamente quais valores o fiduciante deve pagar para assegurar o direito de preferência, retirando a referência às despesas previstas no § 2º do mesmo artigo.

> Art. 27 (...)
>
> § 2º-B Após a averbação da consolidação da propriedade fiduciária no patrimônio do credor fiduciário e até a data da realização do segundo leilão, é assegurado ao fiduciante o direito de preferência para adquirir o imóvel por preço correspondente ao valor da dívida, somado às despesas, aos prêmios de seguro, aos encargos legais, às contribuições condominiais, aos tributos, inclusive os valores correspondentes ao imposto sobre transmissão inter vivos e ao laudêmio, se for o caso, pagos para efeito de consolidação da propriedade fiduciária no patrimônio do credor fiduciário, e às despesas inerentes aos procedimentos de cobrança e leilão, hipótese em que incumbirá também ao fiduciante o pagamento dos encargos tributários e das despesas exigíveis para a nova aquisição do imóvel, inclusive das custas e dos emolumentos.

Com isso, o Marco Legal das Garantias torna mais claro neste dispositivo quais as parcelas a serem pagas para que o devedor ou terceiro fiduciante exerça o direito de preferência. A clareza e a objetividade da lei são essenciais para a segurança jurídica das relações negociais, implementadas com esta alteração.

No § 3º do artigo em comento, que traz as definições legais de dívida e despesas, alterou-se a redação do inciso II apenas para realizar adequações redacionais, e acrescentou o inciso III, trazendo a definição de encargos do imóvel.

> Art. 27 (...)
>
> § 3º. (...)
>
> II – despesas: a soma das importâncias correspondentes aos encargos e às custas de intimação e daquelas necessárias à realização do leilão público, compreendidas as relativas aos anúncios e à comissão do leiloeiro; e
>
> III – encargos do imóvel: os prêmios de seguro e os encargos legais, inclusive tributos e contribuições condominiais.

Assim, como anteriormente comentado, adequar a redação do citado inciso II que define as despesas e acrescentar a definição de encargos do imóvel, no inciso III, a Lei nº 14.711/2023 buscar dar maior clareza e objetividade nas disposições concernentes à alienação fiduciária, aumentando a segurança jurídica do instituto.

Outra grande inovação trazida pelo Marco Legal das Garantias foi a modificação do § 5º, o acréscimo do § 5º-A e a revogação do § 6º todos do já comentado art. 27 da Lei nº 9.514/1997, abrindo a possibilidade de o credor cobrar, por ação de execução, eventual saldo devedor persistente depois do segundo leilão.

> Art. 27 (...)
>
> § 5º Se no segundo leilão não houver lance que atenda ao referencial mínimo para arrematação estabelecido no § 2º, o fiduciário ficará investido na livre disponibilidade do imóvel e exonerado da obrigação de que trata o § 4º deste artigo.
>
> § 5º-A Se o produto do leilão não for suficiente para o pagamento integral do montante da dívida, das despesas e dos encargos de que trata o § 3º deste artigo, o devedor continuará obrigado pelo pagamento do saldo remanescente, que poderá ser cobrado por meio de ação de execução e, se for o caso, excussão das demais garantias da dívida, ressalvada a hipótese de extinção do saldo devedor remanescente prevista no § 4º do art. 26-A desta Lei.
>
> § 6º (Revogado).

Em sua redação anterior o § 5º previa que caso não fosse alcançado o valor mínimo, o credor fiduciário passaria a ter a livre disponibilidade do imóvel, extinguindo a dívida, não sendo necessário entregar eventual valor que ultrapasse o valor remanescente, previsto no § 4º do mesmo artigo. Com a alteração promovida pela Lei nº 14.711/2023, no entanto, deixou-se de prever a extinção da dívida, abrindo espaço para que remanesça de um saldo devedor a ser executado.

Justamente para isso é que foi acrescido o § 5º-A ao artigo 27, que possibilita ao credor prosseguir a execução do saldo devedor, mesmo que o imóvel objeto da garantia fiduciária tenha sido arrematado em leilão público.

A seu turno o § 6º, agora revogado, previa que o credor entregaria ao devedor o termo de quitação da dívida no prazo de cinco dias a contar da data do segundo leilão. A desobrigação de dar a quitação da dívida se coaduna com a alteração promovida no § 5º e o acréscimo do § 5º-A.

Importante observar que o § 2º do mesmo artigo, como visto anteriormente, foi alterado para possibilitar que o credor aceite, no segundo leilão, lance de valor inferior ao total ainda devido, porém que corresponda a, pelo menos, metade do valor de avaliação.

Essas modificações constroem um cenário que traz a possibilidade de um saldo devedor remanescente seja diante da arrematação em segundo leilão por valor inferior ao do efetivamente devido, ou caso não atinja o mínimo estabelecido com a possibilidade de livre disposição do imóvel pelo credor. Nesses casos não há a quitação da dívida, como ocorria antes da Lei nº 14.711/2023.

Essas modificações promovidas pelo Marco Legal das Garantias buscam assegurar que o credor possa buscar o integral cumprimento da obrigação assumida pelo devedor, em especial quando o valor da dívida ultrapassa o valor do imóvel dado em garantia.

Nestes casos, o devedor continua a responder pelo saldo devedor, ressalvada a exceção prevista no art. 26-A, em seu § 4º, que será objeto de nossa análise mais adiante.

Daí, no entanto, pode decorrer um outro problema: o retardamento proposital do início da execução da garantia, de forma a aumentar valor da dívida com a incidência de juros não acobertados pelo valor da garantia, e cujo saldo remanescente será suportado pelo devedor. Situação na qual também seria possível se indagar se o próprio devedor poderia irromper a execução da garantia para estancar o aumento desse saldo devedor.[5] Mas são temas para outro artigo.

Ainda dando sequência à possibilidade de execução de saldo devedor remanescente, com a permissão de o credor dispor livremente do imóvel face a inviabilidade do segundo leilão, o Marco Legal das Garantias acrescenta o § 6º-A ao art. 27, a fim de resguardar o valor mínimo previsto para o segundo leilão.

> Art. 27 (...)
>
> § 6º-A Na hipótese de que trata o § 5º, para efeito de cálculo do saldo remanescente de que trata o § 5º-A, será deduzido o valor

5. Oliveira, Carlos E. Elias de. Lei das Garantias (lei 14.711/23): Uma análise detalhada. Boletim Migalhas nº 5.719. Disponível em: https://www.migalhas.com.br/arquivos/2023/11/999446D14EF8FE_LeidasGarantias.pdf. Acesso em: 18 fev. 2024. p. 34 e 37.

> correspondente ao referencial mínimo para arrematação do valor atualizado da dívida, conforme estabelecido no § 2º deste artigo, incluídos os encargos e as despesas de cobrança.

Assim, caso o credor seja investido na livre disposição do imóvel, o citado dispositivo determina que para se calcular o saldo remanescente que prosseguirá em execução deve-se abater do valor atualizado da dívida aquele valor mínimo previsto para o segundo leilão.

O § 6º-A tem redação confusa, mas podemos concluir que o valor mínimo para a arrematação é a metade do valor da avaliação, afinal não faria sentido calcular saldo remanescente se o valor a ser deduzido fosse "igual ou superior ao valor integral da dívida garantida pela alienação fiduciária", como previsto na primeira parte do citado § 2º do art. 27.

Assim, caso ocorra a consolidação definitiva da propriedade em nome do credor com a livre disposição do imóvel, para o cálculo do saldo remanescente, há de ser abatido a metade do valor de avaliação bem como o valor das despesas de cobrança e dos encargos legais.

Ademais, buscando assegurar o direito daqueles detentores de direitos reais de garantia ou constrições sobre o direito real de aquisição do devedor sobre o imóvel objeto da garantia fiduciária, a Lei nº 14.711/2023 acrescentou os § 11 e § 12 ao art. 27.

> Art. 27. (...)
>
> § 11. Os direitos reais de garantia ou constrições, inclusive penhoras, arrestos, bloqueios e indisponibilidades de qualquer natureza, incidentes sobre o direito real de aquisição do fiduciante não obstam a consolidação da propriedade no patrimônio do credor fiduciário e a venda do imóvel para realização da garantia.
>
> § 12. Na hipótese prevista no § 11 deste artigo, os titulares dos direitos reais de garantia ou constrições sub-rogam-se no direito do fiduciante à percepção do saldo que eventualmente restar do produto da venda.

A um só tempo o Marco Legal das Garantias positiva o entendimento da doutrina e da jurisprudência nacionais quanto possibilidade de se gravar o direito real de aquisição do fiduciante decorrente da alienação fiduciária, e a impossibilidade de gravar o imóvel propriamente dito. Assegura, dessa forma, que eventual saldo da venda – abatido o valor da dívida garantida – será destinada aos titulares de direitos reais de garantia ou de constrições.

Esta alteração espanta qualquer discussão, porventura ainda existente, regulamentando de forma clara que as garantias e constrições somente podem recair sobre o direito real de aquisição e não sobre o imóvel dado em garantia, permitindo a consolidação da propriedade fiduciária e a alienação do imóvel nos termos legais.

III.C. As Operações de Crédito Garantidas por Mais de Um Imóvel

Mais uma novidade implementada pela Lei nº 14.711/2023, foi o acréscimo do art. 27-A e seus parágrafos à Lei nº 9.514/1997, tratando das operações de crédito garantidas por mais de um imóvel, quando não indicado qual parcela da dívida corresponde a cada imóvel.

> Art. 27-A. Nas operações de crédito garantidas por alienação fiduciária de 2 (dois) ou mais imóveis, na hipótese de não ser convencionada a vinculação de cada imóvel a 1 (uma) parcela da dívida, o credor poderá promover a excussão em ato simultâneo, por meio de consolidação da propriedade e leilão de todos os imóveis em conjunto, ou em atos sucessivos, por meio de consolidação e lei lão de cada imóvel em sequência, à medida do necessário para satisfação integral do crédito.

Este novo artigo representa uma adequação da legislação para lidar com situações bastante comuns em que a garantia de um empréstimo é composta por vários imóveis. Oferece flexibilidade ao credor, permitindo que ele escolha entre realizar um único leilão para todos os imóveis ou leilões sucessivos para cada um deles. Isso pode ser vantajoso em diferentes contextos, dependendo da estrutura da dívida e das condições do mercado imobiliário.

O § 1º, de outra sorte, estabelece que, na hipótese de leilões sucessivos, cabe ao credor fiduciário indicar os imóveis a serem excutidos em sequência, o que suspenderá a consolidação da propriedade dos demais imóveis.[6]

6. Art. 27-A (...) § 1º Na hipótese de excussão em atos sucessivos, caberá ao credor fiduciário a indicação dos imóveis a serem excutidos em sequência, exceto se houver disposição em

Já o § 2º determina que, a cada leilão realizado, o credor fiduciário deve promover a averbação do demonstrativo do resultado nas matrículas dos imóveis não leiloados e encaminhar o documento ao devedor ou ao terceiro fiduciante. Essa medida promove transparência no processo de execução da garantia fiduciária, assegurando que as partes esteja informadas sobre os resultados dos leilões e o saldo devedor que persistir.[7]

Por seu turno, o § 3º estabelece os procedimentos a serem realizados no caso de leilões sucessivos, ao não se alcançar a quantia para a satisfação do débito. Nesse caso, o credor fiduciário deve recolher tributos incidentes, relativos ao imóvel que será executado, e requerer a averbação da consolidação da propriedade, devendo, no prazo de trinta dias, realizar os procedimentos de leilão.[8]

Assim, para o caso de leilões sucessivos, a Lei nº 14.711/2023 determina que o leilão seguinte seja realizado no prazo de trinta dias a contar da consolidação e não no prazo de sessenta dias previsto no *caput* do art. 27 da Lei nº 9.514/1997.

Por fim, o § 4º estabelece que, após a satisfação integral do crédito com o produto dos leilões realizados sucessivamente, o credor fiduciário entregará ao devedor ou ao terceiro fiduciante, o termo de quitação e a autorização de cancelamento do registro da propriedade fiduciária dos eventuais imóveis remanescentes.[9]

---

sentido contrário expressa no contrato, situação em que a consolidação da propriedade dos demais ficará suspensa.

7. Art. 27 (...) § 2º A cada leilão, o credor fiduciário promoverá nas matrículas dos imóveis não leiloados a averbação do demonstrativo do resultado e o encaminhará ao devedor e, se for o caso, aos terceiros fiduciantes, por meio de correspondência dirigida aos endereços físico e eletrônico informados no contrato.

8. Art. 27 (...) § 3º Na hipótese de não se alcançar a quantia suficiente para satisfação do crédito, a cada leilão realizado, o credor recolherá o imposto sobre transmissão inter vivos e, se for o caso, o laudêmio, relativos ao imóvel a ser excutido em seguida, requererá a averbação da consolidação da propriedade e, no prazo de 30 (trinta) dias, realizará os procedimentos de leilão nos termos do art. 27 desta Lei.

9. § 4º Satisfeito integralmente o crédito com o produto dos leilões realizados sucessivamente, o credor fiduciário entregará ao devedor e, se for o caso, aos terceiros fiduciantes, o termo de quitação e a autorização de cancelamento do registro da propriedade fiduciária de eventuais imóveis que restem a ser desonerados.

III.D. Reintegração da Posse do Imóvel

O Marco Legal das Garantias também promoveu alterações no art. 30 e seu parágrafo único da Lei nº 9.514/1997, que tratam da reintegração de posse do imóvel dado em garantia pelo credor fiduciário e pelo adquirente em leilão público.

O *caput* do art. 30 sofreu alteração apenas para adequação redacional, para consignar os dispositivos que tratam do leilão depois das modificações promovidas pela própria Lei nº 14.711/2023.[10]

O parágrafo único do artigo 30, por outro lado, teve modificação substancial. Antes, limitava somente às operações de financiamento imobiliário com recursos do Fundo de Arrendamento Residencial (FAR), inclusive para o Programa Minha Casa Minha Vida. Com a modificação promovida pela Lei nº 14.711/2023, o seu escopo foi ampliando para toda e qualquer operação de crédito.

> Art. 30 (...)
>
> Parágrafo único. Arrematado o imóvel ou consolidada definitivamente a propriedade no caso de frustração dos leilões, as ações judiciais que tenham por objeto controvérsias sobre as estipulações contratuais ou os requisitos procedimentais de cobrança e leilão, excetuada a exigência de notificação do devedor e, se for o caso, do terceiro fiduciante, não obstarão a reintegração de posse de que trata este artigo e serão resolvidas em perdas e danos.

Desta forma, a partir do Marco Legal das Garantias, depois de arrematado o imóvel ou consolidado definitivamente a propriedade ao credor, não se permite o desfazimento da arrematação ou da consolidação definitiva, ainda que pela via judicial, com fundamento em questões relativas ao contrato ou requisitos procedimentais de cobrança e leilão, devendo-se resolver em perdas e danos.

---

10. Art. 30. É assegurada ao fiduciário, ao seu cessionário ou aos seus sucessores, inclusive ao adquirente do imóvel por força do leilão público de que tratam os arts. 26-A, 27 e 27-A, a reintegração na posse do imóvel, que será concedida liminarmente, para desocupação no prazo de 60 (sessenta) dias, desde que comprovada a consolidação da propriedade em seu nome, na forma prevista no art. 26 desta Lei.

Ressalva-se a discussão de eventuais vícios na intimação para purgação da mora ou notificação da realização do leilão, quando o procedimento de execução poderá ser anulado, com a consequente nulidade da consolidação ou da arrematação.

III.E. Procedimento Especial para Aquisição ou Construção de Imóvel Residencial

A Lei nº 14.711/2023 ainda realizou importante modificação no art. 26-A da Lei nº 9.514/1997. Em sua redação anterior o referido dispositivo disciplinava a execução da garantia fiduciária para as operações de financiamento habitacional, incluindo as do Programa Minha Casa, Minha Vida, com recursos advindos da integralização de cotas no Fundo de Arrendamento Residencial.

A redação atual do art. 26-A amplia sua abrangência ao incluir toda operação de crédito para aquisição ou construção de imóvel residencial, excluindo as operações do sistema de consórcio.

> Art. 26-A. Os procedimentos de cobrança, purgação de mora, consolidação da propriedade fiduciária e leilão decorrentes de financiamentos para aquisição ou construção de imóvel residencial do devedor, exceto as operações do sistema de consórcio de que trata a Lei nº 11.795, de 8 de outubro de 2008, estão sujeitos às normas especiais estabelecidas neste artigo.

Essa modificação torna as normas especiais estabelecidas no citado artigo aplicáveis a uma gama mais ampla de operações de crédito imobiliário, destinadas a fins residenciais, independentemente da origem do crédito.

São normas mais benéficas ao devedor fiduciante do que as normas gerais aplicadas a outros tipos de operações de empréstimo com garantia fiduciária.

A lei, desta forma, busca privilegiar o direito à moradia, previsto no art. 6º da Constituição, trazendo disposições mais benéficas ao devedor nos casos de financiamento imobiliário para a aquisição de imóveis residenciais ou para sua construção.

As modificações aplicadas ao § 2º do citado art. 26-A se referem à adequação redacional de forma a contemplar além do direito do devedor, o direito do terceiro fiduciante de purgar a mora até a data da averbação da consolidação da propriedade fiduciária no registro imobiliário competente.[11]

Importante destacar que o § 1º deste artigo estabelece que somente se poderá averbar a consolidação trinta dias depois do fim do prazo de purgação da mora, em claro benefício ao devedor da operação de financiamento com fim residencial.[12]

A Lei nº 14.711/2023 ainda acrescentou os § 3º, § 4º e § 5º ao art. 26-A, criando a exceção comentada anteriormente quanto tratamos do § 5º-A do art. 27 da Lei nº 9.514/1997.

> § 3º No segundo leilão, será aceito o maior lance oferecido desde que seja igual ou superior ao valor integral da dívida garantida pela alienação fiduciária mais antiga vigente sobre o bem, das despesas, inclusive emolumentos cartorários, dos prêmios de seguro, dos encargos legais, inclusive tributos, e das contribuições condominiais.
>
> § 4º Se no segundo leilão não houver lance que atenda ao referencial mínimo para arrematação estabelecido no § 3º deste artigo, a dívida será considerada extinta, com recíproca quitação, hipótese em que o credor ficará investido da livre disponibilidade.
>
> § 5º A extinção da dívida no excedente ao referencial mínimo para arrematação configura condição resolutiva inerente à dívida e, por isso, estende-se às hipóteses em que o credor tenha preferido o uso da via judicial para executar a dívida.

Diversamente do que ocorre na regra geral prevista no art. 27, para as operações de financiamento de imóveis residenciais, inclusive no segundo

---

11. Art. 26-A (...) § 2º Até a data da averbação da consolidação da propriedade fiduciária, é assegurado ao devedor e, se for o caso, ao terceiro fiduciante pagar as parcelas da dívida vencidas e as despesas de que trata o inciso II do § 3º do art. 27 desta Lei, hipótese em que convalescerá o contrato de alienação fiduciária.
12. Art. 26-A (...) § 1º A consolidação da propriedade em nome do credor fiduciário será averbada no registro de imóveis trinta dias após a expiração do prazo para purgação da mora de que trata o § 1º do art. 26 desta Lei.

leilão, somente será aceito lance de valor suficiente para pagar integralmente a dívida, com as despesas e encargos do imóvel. É o que determina o novo § 3º do art. 26-A.

De forma coerente, o § 4º determina que não havendo lance que alcance valor suficiente para a arrematação, o credor fiduciário terá a propriedade consolidada definitivamente, investido na livre disponibilidade do imóvel e extinguindo-se a dívida, com a quitação recíproca.

Com o fim de assegurar a extinção da dívida, o Marco Legal das Garantias acrescentou ainda o § 5º ao art. 26-A, no qual expressamente consigna que a extinção da dívida é condição resolutiva inerente à própria operação, estendendo a extinção da dívida, inclusive quando o credor se utilize da execução pela via judicial.

III.F. A Execução Extrajudicial da Garantia em Concurso de Credores e a Figura do Agente de Garantia

A Lei nº 14.711/2023 também regulamentou a execução extrajudicial da garantia imobiliária em concurso de credores, aplicável também às alienações fiduciárias.

O art. 10 do Marco Legal das Garantias estabelece que, quando há multiplicidade de credores com créditos garantidos pelo mesmo imóvel, e se deflagra o procedimento para a consolidação da propriedade fiduciária, o registrador de imóveis deve intimar simultaneamente todos os credores concorrentes para habilitarem seus créditos no prazo de quinze dias, contados da intimação.[13]

13. Art. 10. Quando houver mais de um crédito garantido pelo mesmo imóvel, realizadas averbações de início da excussão extrajudicial da garantia hipotecária ou, se for o caso, de consolidação da propriedade em decorrência da execução extrajudicial da propriedade fiduciária, o oficial do registro de imóveis competente intimará simultaneamente todos os credores concorrentes para habilitarem os seus créditos, no prazo de 15 (quinze) dias, contado da data de intimação, por meio de requerimento que contenha: I – o cálculo do valor atualizado do crédito para excussão da garantia, incluídos os seus acessórios; II – os documentos comprobatórios do desembolso e do saldo devedor, quando se tratar de crédito pecuniário futuro, condicionado ou rotativo; e III – a sentença judicial ou arbitral que tornar líquido e certo o montante devido, quando ilíquida a obrigação garantida.

Por sua vez, o § 1º do art. 10 da lei das garantias define que o grau de prioridade dos créditos depende da antiguidade do "crédito real", devendo o registrador de imóveis intimar o garantidor e todos os credores em concurso quanto ao quadro de credores, valores e grau prioridade.

> Art. 10 (...)
>
> § 1º Decorrido o prazo de que trata o caput deste artigo, o oficial do registro de imóveis lavrará a certidão correspondente e intimará o garantidor e todos os credores em concurso quanto ao quadro atualizado de credores, que incluirá os créditos e os graus de prioridade sobre o produto da excussão da garantia, observada a antiguidade do crédito real como parâmetro na definição desses graus de prioridade.

Surge a dúvida do que se entenderia por antiguidade do crédito real, se considera a data da contratação do crédito ou a data do registro da garantia real. Ressalta-se que a garantia somente se constitui com o seu registro na matrícula do imóvel. No entanto, a lei se referiu a crédito real – se referindo ao crédito com garantia real – e não a garantia real propriamente dita.

A utilização dessa expressão pode trazer dúvidas e, consequentemente insegurança jurídica, abrindo margem a discussões desnecessárias. A preferência do crédito, entendo, está ligada à garantia e, portanto, a preferência deve se dar em razão da antiguidade do registro da garantia real na matrícula do imóvel. Esta, a meu ver, é a solução que melhor se adequa ao nosso ordenamento jurídico.

A seu turno, o § 2º do citado art. 10, disciplina a forma de distribuição dos recursos obtidos com a excussão da garantida. A lei determina que essa distribuição será realizada pelo credor exequente, respeitados os graus de prioridade estabelecidos no quadro de credores, bem como deverá entregar, no prazo legal, a eventual quantia remanescente ao devedor.[14]

14. Art. 10 (...) § 2º A distribuição dos recursos obtidos a partir da excussão da garantia aos credores, com prioridade, ao fiduciante ou ao hipotecante, ficará a cargo do credor exequente, que deverá observar os graus de prioridade estabelecidos no quadro de credores e os prazos legais para a entrega ao devedor da quantia remanescente após o pagamento dos credores nas hipóteses, conforme o caso, de execução extrajudicial da propriedade fiduciária ou de execução extrajudicial da garantia hipotecária.

Por fim, quanto à execução extrajudicial da alienação fiduciária, importante observar que a Lei nº 14.711/2023 criou a figura do agente de garantia, ao acrescentar o art. 853-A e seus parágrafos ao Código Civil (Lei nº 10.406/2002).

> Art. 853-A. Qualquer garantia poderá ser constituída, levada a registro, gerida e ter a sua execução pleiteada por agente de garantia, que será designado pelos credores da obrigação garantida para esse fim e atuará em nome próprio e em benefício dos credores, inclusive em ações judiciais que envolvam discussões sobre a existência, a validade ou a eficácia do ato jurídico do crédito garantido, vedada qualquer cláusula que afaste essa regra em desfavor do devedor ou, se for o caso, do terceiro prestador da garantia.

O citado artigo 853-A visa simplificar e fortalecer o processo de gestão e execução de garantias, proporcionando aos credores uma figura centralizada e habilitada, que agindo em nome próprio atuará em benefício dos credores. Assim, o agente de garantia é quem administra as garantias em benefício dos credores.

No exercício desse mister, no que se refere à execução da garantia fiduciária, o agente de garantia deverá se valer da execução extrajudicial, nos termos definidos na lei[15]. Ao receber o produto da excussão da garantia imobiliária, o agente terá o prazo de dez dias úteis para transferir os valores aos credores para o pagamento das dívidas[16].

Acertadamente, a lei ainda determina que o valor recebido pelo agente de garantia em razão da realização da garantia não integra o seu patrimônio, e não poderá responder por suas obrigações pelo período de cento e oitenta dias, contados do recebimento desse valor.[17]

---

15. Art. 853-A (...) § 1º O agente de garantia poderá valer-se da execução extrajudicial da garantia, quando houver previsão na legislação especial aplicável à modalidade de garantia.
16. Art. 853-A § 6º Após receber o valor do produto da realização da garantia, o agente de garantia disporá do prazo de 10 (dez) dias úteis para efetuar o pagamento aos credores.
17. Art. 853-A § 5º O produto da realização da garantia, enquanto não transferido para os credores garantidos, constitui patrimônio separado daquele do agente de garantia e não poderá responder por suas obrigações pelo período de até 180 (cento e oitenta) dias, contado da data de recebimento do produto da garantia.

O agente de garantia proporciona uma série de vantagens, incluindo centralização e eficiência, expertise, atuação em nome próprio em ações judiciais, segurança jurídica, transparência e confiança. Sua introdução pela Lei 14.711/2023 representa um avanço para as operações de crédito com garantias reais, promovendo uma abordagem mais profissional e eficaz na gestão e execução das garantias imobiliárias.

IV. CONCLUSÃO

Ao longo deste artigo, abordamos de forma ampla as inovações trazidas pela Lei nº 14.711/2023, também conhecida como o Marco Legal das Garantias, especificamente as alterações significativas na execução extrajudicial da alienação fiduciária, um instrumento jurídico de grande relevância no mercado imobiliário brasileiro.

No primeiro capítulo, discutimos a introdução do Marco Legal das Garantias e seus benefícios para o crédito. A nova lei fortalece a segurança jurídica, um elemento fundamental para a confiança dos investidores e para a estabilidade do mercado imobiliário. Além disso, a lei incentiva a oferta de crédito, um fator crucial para o desenvolvimento econômico. A maior oferta de crédito e a segurança jurídica trazidas pelo Marco Legal das Garantias, por sua vez, contribuem para a redução dos juros, estimulando o crédito e, consequentemente, o mercado imobiliário como um todo.

No segundo capítulo, analisamos o histórico da alienação fiduciária de bens imóveis e seus benefícios. A Lei nº 9.514/1997, que introduziu a alienação fiduciária de bens imóveis no direito brasileiro, representou um marco para o desenvolvimento do mercado imobiliário. Ao proporcionar maior segurança aos credores, a lei incentivou a concessão de crédito, facilitando o acesso à casa própria para milhões de brasileiros.

No terceiro capítulo, discutimos as alterações na execução extrajudicial da alienação fiduciária trazidas pela Lei nº 14.711/2023. Destacamos a introdução do agente fiduciário, uma inovação que agiliza o processo de execução e reduz os custos a ela associados. Além disso, regulamenta a execução de várias garantias fiduciárias dadas a uma mesma operação de crédito, podendo ser simultâneas ou sucessivas. Também normatiza a execução em concorrência de credores sobre o mesmo bem garantidor.

A alteração que mais chama a atenção, e a mais polêmica, se refere à possibilidade persistir saldo devedor remanescente mesmo depois de arrematado o bem em segundo leilão. O Marco Legal das Garantias autoriza que esse saldo remanescente prossiga em execução até a quitação integral da dívida.

A Lei nº 14.711/2023 assegura, no entanto, a extinção da dívida, seja pelo leilão seja pela consolidação definitiva da propriedade ao credor fiduciário, quando se tratar de operações de crédito destinadas a aquisição de imóvel residencial ou para sua construção.

As inovações trazidas pela Lei nº 14.711/2023 são um passo importante na direção certa. Não há dúvidas de que elas aprimoram o processo de execução extrajudicial da alienação fiduciária, proporcionando maior segurança jurídica e eficiência. No entanto, também deve-se reconhecer que algumas das novas disposições trará desafios no tocante a sua implementação. Será necessário um acompanhamento cuidadoso para garantir a implementação eficaz e justa.

Por outro lado, é essencial que os profissionais do direito estejam cientes destas alterações e compreendam plenamente suas implicações, a fim de poderem aconselhar adequadamente seus clientes.

De toda sorte, há de se reconhecer que, apesar de algumas incongruências e desafios, a Lei nº 14.711/2023 representa um avanço significativo para o direito imobiliário brasileiro. Fortalece a segurança jurídica, aumenta a oferta de crédito e contribui para o desenvolvimento do mercado imobiliário.

Certamente as inovações trazidas pelo Marco Legal das Garantias, inclusive no que se refere à execução extrajudicial da garantia fiduciária, irão impactar o mercado imobiliário e a economia brasileira nos próximos anos.

Esperamos que este artigo possa contribuir para a compreensão dessas mudanças na legislação das garantias.

REFERÊNCIAS BIBLIOGRÁFICAS

ARAÚJO, André Villaverde. Cartórios extrajudiciais brasileiros como instrumentos de acesso a uma ordem jurídica justa pela extrajudicialização. Tese de doutoramento. Fortaleza: UNIFOR, 2019. Disponível em: https://uol.unifor.br/oul/conteudosite/F8602712019101715430931361 3/Tese.pdf. Acesso em: 21 fev. 2024.

BRASIL. [Constituição (1988)]. Constituição da República Federativa do Brasil de 1988. Brasília, DF: Presidência da República. Disponível em: https://www.planalto.gov.br/ccivil_03/constituicao/constituicao.htm. Acesso em: 20 fev 2024.

BRASIL. Lei 10.406 de 10 de janeiro de 2002. Código Civil. Brasília, DF: Presidência da República. Disponível em: https://www.planalto.gov.br/ccivil_03/leis/2002/l10406compilada.htm. Acesso em: 20 fev 2024.

BRASIL. Lei 13.105 de 16 de março de 2015. Código de Processo Civil. Brasília, DF: Presidência da República. Disponível em: http://www.planalto.gov.br/ccivil_03/_ato2015-2018/2015/lei/l13105.htm. Acesso em: 20 fev 2024.

BRASIL. Lei 14.711 de 30 de outubro de 2023. Dispõe sobre o aprimoramento das regras de garantia... Brasília, DF: Presidência da República. Disponível em: https://www.planalto.gov.br/ccivil_03/_ato2023-2026/2023/lei/l14711.htm. Acesso em: 16 fev 2024.

BRASIL. Lei 6.015 de 31 de dezembro de 1973. Dispõe sobre os registros públicos, e dá outras providências. Brasília, DF: Presidência da República. Disponível em: https://www.planalto.gov.br/ccivil_03/leis/l6015compilada.htm. Acesso em: 18 fev 2024.

BRASIL. Lei 6.015 de 31 de dezembro de 1973. Dispõe sobre os registros públicos, e dá outras providências. Brasília, DF: Presidência da República. Disponível em: https://www.planalto.gov.br/ccivil_03/leis/l6015compilada.htm. Acesso em: 18 fev 2024.

BRASIL. Lei 9.514 de 20 de novembro de 1997. Dispõe sobre o Sistema de Financiamento Imobiliário, institui a alienação fiduciária de coisa imóvel e dá outras providências. Brasília, DF: Presidência da República. Disponível em: https://www.planalto.gov.br/ccivil_03/leis/l9514.htm. Acesso em: 16 fev 2024.

LIMA, Frederico Henrique Viegas de. Da alienação fiduciária em garantia de coisa imóvel. Curitiba: Juruá, 1999.

OLIVEIRA, Carlos E. Elias de. Lei das Garantias (lei 14.711/23): Uma análise detalhada. Boletim Migalhas nº 5.719. Disponível em: https://www.migalhas.com.br/arquivos/2023/11/999446D14EF8FE_LeidasGarantias.pdf. Acesso em: 18 fev. 2024.

8

O NOVO MARCO LEGAL DAS GARANTIAS E O PREÇO MÍNIMO DO 2º LEILÃO NA EXECUÇÃO EXTRAJUDICIAL: NOVAS REGRAS, NOVOS DESAFIOS

André Abelha

Fundador e Presidente do Instituto Brasileiro de Direito Imobiliário – IBRADIM. Presidente do Comitê de Desenvolvimento Imobiliário do CBMA – Centro Brasileiro de Mediação e Arbitragem. Atualizador do livro Condomínio e Incorporações, de Caio Mário da Silva Pereira. Program on Negotiation and Leadership pela Harvard University. Mestre em direito civil pela UERJ. Sócio de Longo, Abelha, Arouca e Pires Advogados.

Umberto Bara Bresolin

Doutor e Mestre em direito processual pela USP. Presidente da comissão de contencioso imobiliário do Instituto Brasileiro de Direito Imobiliário – IBRADIM. Sócio do escritório Bicalho Navarro Advogados.

Sumário: 1. Introdução; 2. A eterna busca pelo equilíbrio na execução; 2.1. As distintas execuções e seus regramentos especiais; 2.2. Hipoteca, alienação fiduciária e preço vil; 3. O advento da Lei 14.711/23 e as novas regras para o segundo leilão; 4. Conclusão; 5. Referências bibliográficas.

1. INTRODUÇÃO

Uma nova lei para uma antiga controvérsia. Há muitas décadas, no Brasil, legislador, doutrina e jurisprudência enfrentam o árduo desafio de buscar parâmetros para, de um lado, aumentar a eficácia das execuções judiciais e extrajudiciais, e das garantias reais imobiliárias, beneficiando a circulação e o acesso ao crédito; e de outro, evitar que o garantidor (devedor ou terceiro), tenha seu bem excutido por valor injusto. Um equilíbrio difícil de se alcançar.

Desde o Decreto-Lei 70/66, para a hipoteca, o ordenamento jurídico já admitia a via extrajudicial para a cobrança da dívida. Entretanto, a controvérsia quanto à constitucionalidade do procedimento sempre representou um grave risco, e os credores acabavam optando pela execução judicial, enfrentando uma odiosa *via crucis* no Judiciário, muitas vezes sem final feliz, pela frequente existência de credores privilegiados que, ao fim de um processo de anos, levantavam, senão todo, uma boa parte do produto do leilão.

O resultado de tanta ineficiência foi o crescente anacronismo da hipoteca[1], especialmente a partir do advento da alienação fiduciária, e dados recentes do Banco Central do Brasil indicam sua utilização em apenas 3% dos financiamentos imobiliários:

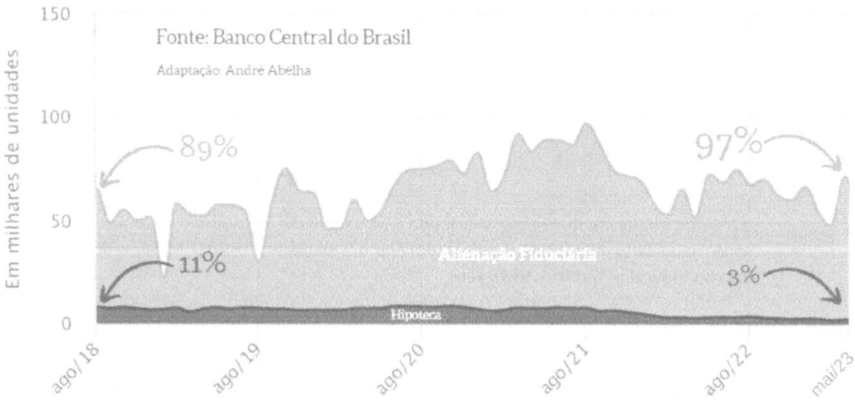

Em 1997, com o advento da alienação fiduciária de bem imóvel, o credor fiduciário passou a ter uma nova ferramenta a seu dispor: a transferência da propriedade fiduciária, segregada do patrimônio do devedor, e, em caso de atraso no cumprimento da obrigação garantida, a execução

1. De secular tradição no direito brasileiro, desde o Decreto 169-A, de 1890.

em cartório, com prazo de purga da mora, consolidação da propriedade e realização de leilão extrajudicial[2]. Uma mecânica inovadora, capaz de acelerar procedimentos e reduzir o risco do crédito. Surgia no horizonte, enfim, a possibilidade de redução de juros, abrindo as portas do financiamento para mais pessoas.

Naturalmente, essa via nunca tirou do devedor a possibilidade de recorrer ao Poder Judiciário para discutir ilegalidades que eventualmente ocorressem no caso concreto, e isso foi reforçado pelo Supremo Tribunal Federal, ao reconhecer, primeiro no Tema 249 (hipoteca), e mais recentemente no Tema 982 (alienação fiduciária), a constitucionalidade da execução extrajudicial[3].

Desde sua origem o mecanismo de expropriação fiduciária era distinto daquele previsto no Código de Processo Civil ("*CPC*"). Nesse regime especial, o devedor, em duas situações, corre o risco de perder o imóvel dado em garantia sem nada receber: quando, no segundo leilão, o lance não é superior ao mínimo legal, ou na ausência de lance mínimo. No primeiro caso, o imóvel é adquirido pelo arrematante, e o produto da venda é suficiente apenas para quitar a dívida, definida pela lei como o somatório do débito, das despesas do procedimento e dos encargos em atraso, tais como condomínio e IPTU ("*Dívida*"). No segundo, em que o leilão é negativo, o credor fica com o imóvel para sua livre disposição. Em ambos, a perda total das prestações pagas não decorre de cláusula contratual, sendo inerente à estrutura legal da alienação fiduciária.

Quando, em 2004, sete anos após seu surgimento, a garantia finalmente ganhou escala no mercado imobiliário[4], os procedimentos de excussão

2. Para o estudo aprofundado da alienação fiduciária de bem imóvel, ver, por todos: CHALHUB, Melhim Namem. *Alienação Fiduciária* – Negócio Fiduciário. 8. ed., Rio de Janeiro: Forense, 2023.

3. A respeito da execução extrajudicial hipotecária, declarou o Supremo Tribunal Federal, de maneira vinculante, que "*é constitucional, pois foi devidamente recepcionado pela Constituição Federal de 1988, o procedimento de execução extrajudicial, previsto no Decreto-lei nº 70/66*" (Tema 249). Da mesma forma, sobre a execução extrajudicial da alienação fiduciária de imóvel, reconheceu o STF que "*é constitucional o procedimento da Lei nº 9.514/1997 para a execução extrajudicial da cláusula de alienação fiduciária em garantia, haja vista sua compatibilidade com as garantias processuais previstas na Constituição Federal*" (Tema 982).

4. A principal razão foi o advento da Lei 10.931/04, que trouxe diversos estímulos ao uso da garantia, além do próprio amadurecimento do mercado ao longo dos sete anos de vigência da Lei 9.514/97.

fiduciária se multiplicaram nos cartórios. Com isso, as discussões sobre a perda das prestações pagas inundaram o Judiciário.

O principal fundamento invocado pelos devedores foi o art. 53 do Código de Defesa do Consumidor ("*CDC*"), segundo o qual, "*nas alienações fiduciárias em garantia consideram-se nulas de pleno direito as cláusulas que estabeleçam a perda total das prestações pagas em benefício do credor que, em razão do inadimplemento, pleitear a resolução do contrato e a retomada do produto alienado*". Haveria antinomia entre esse dispositivo e a Lei 9.514/97?

O debate se estendeu por mais de uma década. No fim de 2023, mais um ingrediente foi adicionado a esse caldo complexo. O novo Marco Legal das Garantias, instituído pela Lei 14.711/23, alterou diversas regras das execuções extrajudiciais hipotecária e fiduciária. A hipoteca foi chacoalhada[5], e seu procedimento executivo, agora modernizado, aproximou-se do rito da execução fiduciária, embora as duas garantias ainda mantenham estruturas jurídicas distintas.

Com a alteração legislativa, o lance mínimo no primeiro leilão passou a ser o mesmo para as duas garantias[6], e deve ao menos igualar o valor do imóvel indicado no contrato, ou então, se esta for maior, a avaliação do Município para fins de recolhimento do imposto de transmissão *inter vivos* ("*ITBI*")[7].

No segundo leilão, porém, as regras se bifurcam em dois regimes.

5. Tanto em seus aspectos materiais (art. 2º da Lei 14.711/23, que incluiu os §§ 1º e 2º no art. 1.477, deu nova redação ao art. 1.478 e incluiu o art. 1.487-A, todos do Código Civil) quanto em sua execução extrajudicial (art. 9º da Lei 14.711/23)

6. Para a alienação fiduciária, o regramento pertinente ao lance mínimo no primeiro leilão já havia sido modificado pela Lei 13.456/2017. A Lei 14.711/23 manteve tal regramento – refletido nos arts. 24, parágrafo único, e 27 §1º da Lei 9.514/97 – e estendeu-os para a hipoteca

7. No caso da hipoteca, a regra está no art. 9º, § 5º, da Lei 14.711/23 ("*Na hipótese de o lance oferecido no primeiro leilão público não ser igual ou superior ao valor do imóvel estabelecido no contrato para fins de excussão ou ao valor de avaliação realizada pelo órgão público competente para cálculo do imposto sobre transmissão inter vivos, o que for maior, o segundo leilão será realizado nos 15 (quinze) dias seguintes*"), e em relação à alienação fiduciária manteve-se a redação do art. 27, § 1º, da Lei 9.514/97 ("*Se no primeiro leilão público o maior lance oferecido for inferior ao valor do imóvel, estipulado na forma do inciso VI e do parágrafo único do art. 24 desta Lei, será realizado o segundo leilão nos quinze dias seguintes*").

O primeiro regime, previsto no art. 26-A[8] da Lei 9.514/97, se aplica aos "*financiamentos para aquisição ou construção de imóvel residencial do devedor, exceto as operações do sistema de consórcio*"[9]. Neste grupo, o lance no segundo leilão deve ser igual ou superior à Dívida. Não havendo lance mínimo, e sendo o leilão negativo, o devedor recebe quitação, ficando exonerado do saldo remanescente do preço, ainda que o credor tenha prejuízo na operação, pela iliquidez e/ou perda de valor do imóvel decorrente de sua deterioração e/ou contexto de mercado.

Para os demais contratos não abrangidos pelo citado art. 26-A, a nova Lei 14.711/23 previu, no seu art. 9º, regras idênticas para a hipoteca[10], e alterou o art. 27 da Lei 9.514/97, para criar, nos dois casos, um critério adicional para o segundo leilão ("*metade do valor de avaliação do bem*"[11]), surgindo três possíveis cenários:

1) Havendo lance igual ou superior à Dívida[12], o credor é obrigado a vender o imóvel ao arrematante, ainda que por menos de 50% da sua avaliação;

8. O art. 26-A foi inserido pela Lei 13.465/17, e na sua redação original, de 2017, o dispositivo regulava as "*operações de financiamento habitacional, inclusive as operações do Programa Minha Casa, Minha Vida, instituído pela Lei no 11.977, de 7 de julho de 2009, com recursos advindos da integralização de cotas no Fundo de Arrendamento Residencial (FAR)*".

9. A lei se refere ao consórcio de que trata a Lei 11.795/08.

10. Assim dispõe o art. 27, § 2º, da Lei 9.514/97: "*No segundo leilão, será aceito o maior lance oferecido, desde que seja igual ou superior ao valor integral da dívida garantida pela alienação fiduciária, das despesas, inclusive emolumentos cartorários, dos prêmios de seguro, dos encargos legais, inclusive tributos, e das contribuições condominiais, podendo, caso não haja lance que alcance referido valor, ser aceito pelo credor fiduciário, a seu exclusivo critério, lance que corresponda a, pelo menos, metade do valor de avaliação do bem*". Quanto à hipoteca, o dispositivo é o art. 9º, § 6º, da Lei 14.711/23.

11. Art. 27, §2º, da Lei 9.514/97 (alienação fiduciária) e art. 9º, §6º, da Lei 14.711/23 (hipoteca).

12. A *dívida*, aqui referida em seu sentido *lato*, e como consta do art. 27 § 3º, é a soma aritmética do *saldo devedor* do montante garantido pela alienação fiduciária (acrescido dos *juros convencionais*, *penalidades* e *demais encargos contratuais* incidentes até a data do leilão), com as *despesas* (na dicção legal, "*a soma das importâncias correspondentes aos encargos e às custas de intimação e daquelas necessárias à realização do leilão público, compreendidas as relativas aos anúncios e à comissão do leiloeiro*", nas quais se inclui os *emolumentos cartorários*) e com os *encargos do imóvel* ("os prêmios de seguro e os encargos legais, inclusive tributos e contribuições condominiais").

2) Se o lance é inferior à Dívida e ao menos equivalente à metade do valor de avaliação, o credor escolhe se o aceita, vendendo o imóvel, ou se o rejeita, ficando com o bem para sua livre disposição; e

3) Não havendo lance, ou sendo ele inferior, simultaneamente, à Dívida e a 50% da avaliação, o leilão é frustrado, e o credor é obrigado a ficar com o imóvel, dando-lhe a destinação que quiser.

A mudança teve o objetivo de aprimorar a execução extrajudicial das garantias, aumentando a segurança jurídica e estimulando financiamentos e negócios imobiliários a menor custo.

Porém, a nova sistemática será capaz de encerrar a histórica discussão? Poderá o Judiciário, com fundamento em preço vil ou enriquecimento sem causa, determinar o complemento de valores ao fiduciante?

A fim de propor a melhor interpretação da legislação, este artigo, com objetividade, mergulhará nessa intrincada questão, para demonstrar que é possível aplicar as regras trazidas pela Lei 14.711/23 em harmonia com o CDC e o CPC; respeitando-se as distintas hipóteses sobre as quais incidem e compreendendo-se que a primeira, como lei especial e nos casos específicos que a ela se submetem, deve prevalecer sobre as demais. O sistema é coerente, e podemos extrair dele a melhor solução.

2. A ETERNA BUSCA PELO EQUILÍBRIO NA EXECUÇÃO

2.1. As distintas execuções e seus regramentos especiais

As regras do segundo leilão, ora analisadas, inserem-se no contexto maior da *alienação forçada de um imóvel do devedor, em razão de uma dívida contratual ou extracontratual.*

Se a dívida não é paga voluntariamente, o sistema jurídico oferece ao credor mecanismos para obter do responsável[13] sua quitação compulsória[14],

13. O conceito de *responsabilidade executiva* diz respeito à *situação de sujeição dos bens do devedor à sanção executiva para satisfação do direito do credor.*

14. A expropriação ocorre independentemente ou até mesmo contra a vontade do executado; daí se falar que, na *execução por expropriação*, opera o meio executivo *sub-rogatório*.

avançando sobre o patrimônio do devedor, constringindo o bem e alienando-o para convertê-lo em dinheiro[15].

Esse mecanismo, judicial ou extrajudicial, é denominado *execução por expropriação*[16], um gênero que se desmembra em várias espécies[17], definidas em função de critérios diversos, dentre os quais o de haver ou não uma garantia real imobiliária, entre elas:

1) A *execução **judicial*** lastreada em título executivo[18], disciplinada pelo CPC, e aplicável aos casos gerais[19] de cobrança de dívidas contratuais ou extracontratuais sem garantia real imobiliária;
2) A *execução **judicial** hipotecária*, regida pela Lei 5.741/71, com aplicação subsidiária do CPC[20], referente aos créditos hipotecários vinculados ao Sistema Financeiro da Habitação (SFH), cobrados pela via do judiciário;
3) A *execução **extrajudicial** hipotecária*, regulada no art. 9º da recente Lei 14.711/23[21] - e antes regrada pelo Decreto-lei 70/66[22] -, também para contratos garantidos por hipoteca, em que o credor,

15. Caso em que ocorre a denominada expropriação satisfativa. Bem pondera DINAMARCO que *"[A] expropriação satisfativa é inerente a toda execução por quantia, porque em toda execução bem-sucedida haverá sempre uma entrega; a liquidativa não se faz quando for penhorado o próprio dinheiro ou quando, sendo penhorado outro bem, venha este a ser adjudicado ao exequente"* (DINAMARCO, Cândido Rangel. *Instituições de Direito Processual Civil*, v. IV, 4 ed, São Paulo: Malheiros, 2019, p. 532).
16. Justamente porque o bem que suporta a *responsabilidade executiva* é extraído do patrimônio do executado, ainda que contra sua vontade, para ser transformado em dinheiro que será entregue ao exequente (expropriações liquidativa e satisfativa); ou ainda para que o próprio bem seja entregue como pagamento total ou parcial da dívida (expropriação satisfativa).
17. Para evitar o alargamento desnecessário do seu escopo, este artigo não trata, por exemplo, do processo de falência (Lei 11.101/05), que igualmente pode ensejar a excussão de bens do falido.
18. Judicial ou extrajudicial.
19. Os casos gerais aqui mencionados incluem a execução de dívida contra o devedor solvente (arts. 824 e seguintes), contra a Fazenda Pública (arts. 910) e de alimentos (art. 911).
20. Como prevê o art. 10 da Lei 5.741/71.
21. O art. 18, I, da Lei 14.711/23 *revogou* todo o Capítulo III do Decreto-lei nº 70/66, que, por sua vez, correspondia aos artigos 29 a 41 desse último diploma.
22. Artigos 29 a 41.

agora com mais segurança, pode optar pela cobrança em cartório; e

4) A *execução* ***extrajudicial*** *fiduciária*, regrada pela Lei 9.514/97, aplicável aos contratos em que há alienação fiduciária de bem imóvel.

Os quatro tipos de execução listados para os fins deste artigo, e suas respectivas leis de regência, estão indicados na imagem a seguir:

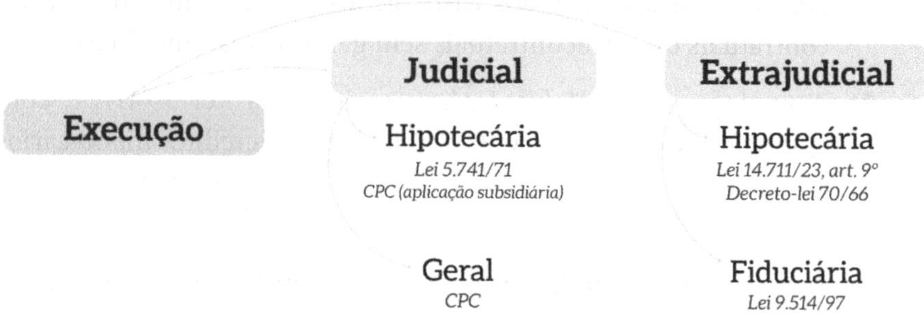

CPC, Lei 5.741/71, Lei 14.711/23, Decreto-lei 70/66 e Lei 9.514/97: cada execução tem sua lei específica, com regras e procedimentos próprios. E não poderia ser diferente: se o credor real fosse colocado em pé de igualdade, obrigado a enfrentar as mesmas dificuldades e requisitos aplicáveis aos credores em geral, para que serviria a garantia? O ostracismo da hipoteca foi um bom exemplo disso.

Então, se uma dívida possui garantia real imobiliária, é legítimo e esperado que o legislador, a fim de evitar sua inocuidade e consequente desuso, estabeleça mecanismos especiais para prestigiar a garantia e sua execução.

Isso inclui a definição de critérios específicos para o preço de alienação forçada do imóvel objeto da garantia, e das consequências, mesmo rigorosas para o devedor, em caso de leilão negativo. Situações jurídicas distintas devem ser tuteladas de modo diferente, como se passa a analisar a partir de agora.

2.2. Hipoteca, alienação fiduciária e preço vil

Nas execuções em geral, tramitadas em juízo, e reguladas pelo CPC, o preço de alienação do imóvel é aferido no curso do processo, depois da penhora. Os interesses dos litigantes são naturalmente contrapostos: de um lado, o devedor encontra-se na iminência de perder o bem, e quer lhe atribuir o maior valor possível; e de outro, o credor tem pressa em receber a dívida, e deseja evitar um preço que dificulte a alienação do imóvel. Como o consenso sobre o preço justo raramente é alcançado pelas partes, o juiz precisa arbitrá-lo.

A avaliação como providência prévia à expropriação judicial[23] é prevista desde o CPC de 1939[24], e o atual CPC a prescreve no art. 870[25]. São, assim, cerca de 85 anos de tradição, suficientes para fincar raízes profundas no senso comum das pessoas, pelo qual a palavra final sobre o preço da excussão deveria sempre caber ao juiz, como único modo capaz de garantir o equilíbrio da execução. Um mito questionado neste artigo, que nos leva à importante figura do preço vil.

O CPC considera vil o preço decorrente de lance inferior ao mínimo arbitrado pelo juiz, ou, na ausência de fixação, inferior a 50%[26] do valor da avaliação judicial (art. 891, p. único)[27]. Uma vez caracterizado, a arrematação pode ser *invalidada* (art. 903, § 1º, I, CPC).

---

23. Nessa toada, exige-se que *adjudicação* - meio expropriatório preferencial no atual CPC - observe *preço não inferior ao da avaliação* (art. 876). À falta de adjudicação, a alienação *por iniciativa particular* (art. 879, I) ou *em leilão judicial eletrônico ou presencial* (art. 879, II) seguem a mesma lógica: num ou noutro caso, o *preço mínimo* deve ser *fixado pelo juiz* (respectivamente, arts. 880, §1º, e 885) e não se aceita lance que ofereça *preço vil*, também parametrizado pela *avaliação*.
24. Art. 957, equivalente ao art. 680 do CPC de 1973.
25. Valendo lembrar que a avaliação pode ser *dispensada* nas hipóteses previstas nos incisos do art. 871 do CPC, p. ex. quando *"uma das partes aceitar a estimativa feita pela outra"* (art. 871, I), salvo se houver *fundada dúvida do juiz quanto ao real valor do bem* (art. 871, parágrafo único).
26. Se o imóvel pertencer a incapaz, percentual mínimo sobe a 80% (art. 896).
27. O regime atual difere daquele do CPC/1973, no qual o valor da avaliação constituía o preço mínimo do 1º leilão, admitindo-se que, no 2º leilão, o bem fosse vendido a quem mais desse (art. 686, II). Naquele diploma, também era vedada a alienação por *preço vil* (art. 692), mas o percentual não era parametrizado em lei, e, sim, definido pelo juiz à luz do caso concreto; prevalecendo na jurisprudência o patamar de 50% do valor de avaliação (cf. NEGRÃO,

Porém, dá-se algo diferente nas execuções hipotecárias e fiduciária, que possuem, como visto, suas próprias leis e regras, e que têm como premissa a existência de prévio consenso das partes sobre a dívida, o imóvel ofertado em garantia, e seu preço para eventual expropriação. A correlação entre esses elementos é condição *sine qua non* do equilíbrio econômico-financeiro do contrato e da própria arquitetura legal das garantias.

O legislador, a fim de evitar uma garantia inócua, desenhou procedimentos especiais, estabelecendo critérios específicos para o lance mínimo nos leilões das execuções hipotecária e fiduciária, e o que acontece em caso de leilão negativo. Relações jurídicas distintas devem ser tratadas de modo diferente.

Por isso é que as leis especiais não previram, para as garantias reais imobiliárias executadas em cartório, a aplicação das regras do CPC referentes à alienação do imóvel penhorado, as quais ficam restritas às execuções judiciais. Nas execuções extrajudiciais, não há arbitramento de valor, e não se aplica o critério geral de apuração de preço vil.

Ainda assim, o *preço mínimo* no leilão de imóvel hipotecado sempre despertou controvérsia na comunidade jurídica, acostumada às regras gerais do regime codificado, e apegada à cultura do irrestrito controle judicial.

Nas execuções hipotecárias, a polêmica ganhou destaque na jurisprudência do Superior Tribunal de Justiça ("*STJ*"):

- Em 2004, a 1ª Seção, seguindo acórdãos anteriores[28], chegou a se pacificar "*no sentido de ser desnecessária a avaliação na sistemática*

Theotonio. *Código de Processo Civil e legislação processual em vigor*. 46 ed., São Paulo: Saraiva, 2014, nota 2 ao art. 692).

28. Ver, por todos: "*A jurisprudência está assentada, por larga maioria, no sentido de que, em se tratando de execução hipotecária regulada pela Lei 5.741/71, não há necessidade de avaliação prévia do imóvel para que ocorre a preço. Conforme determinado no art. 6º, da referida Lei, o lance mínimo deverá corresponder ao valor do saldo devedor, sendo o imóvel adjudicado do exequente, se não houver licitantes*" (REsp. 96.556-RJ, 1ª Turma, Rel. Min. José Delgado, j. 10.10.1996). Entendimento diametralmente oposto havia sido perfilado poucos anos antes pelo extinto 1º Tribunal de Alçada Civil de São Paulo, que, 20.10.1994, editara a Súmula 41, pela qual, "*Na execução de que trata a Lei 5.741/71, é necessária a avaliação do bem penhorado para o fim de praceamento*".

da Lei 5.741/71, em que a praça é única, com o lanço mínimo do valor do saldo devedor" (REsp 573.237/RS);

- Em 2005, porém, a 4ª Turma já entendia que "*na execução hipotecária extrajudicial instituída pelo Decreto-Lei n. 70, de 21.11.66, a prévia avaliação do imóvel a ser alienado constitui uma exigência para garantia do mutuário e de terceiros eventualmente interessados*" (REsp 480.475/RS)[29];
- Em 2009, a Corte Especial, pacificando a jurisprudência do STJ, bateu o martelo em relação à execução hipotecária *judicial*, e definiu ser "*necessária a prévia avaliação do bem a ser submetido a posterior leilão, na execução especial regida pela Lei nº 5.741/71, de modo a proteger o patrimônio do executado*", a fim e evitar "*sua arrematação por preço vil, ou eventuais injustiças no ato da adjudicação, afastando a possibilidade de enriquecimento sem causa do exequente com o consectário prejuízo do executado*" (EREsp 325.591/RJ);
- Em 2010, decidiu-se que o rito da execução *extrajudicial* (Decreto-lei 70/66), "*não prevê etapa formal de avaliação do imóvel, ao contrário do que sucede em execuções promovidas em juízo*" (REsp 1.147.713/PB).

A discussão, até então limitada à hipoteca, estendeu-se à alienação fiduciária, e o STJ, e após uma longa série de decisões, ocorreu, em 2022, o julgamento do Tema 1.095, sob o regime dos recursos especiais repetitivos, onde se definiu, com caráter vinculante em todo o país, que prevalecem as regras especiais da Lei 9.514/97, "*afastando-se, por conseguinte, a aplicação do Código de Defesa do Consumidor*"[30].

---

29. Destaca-se o seguinte trecho do acórdão: "*o Decreto-Lei n. 70/66, em seu art. 32, §§ 1º e 2º, não alude à avaliação, tampouco o faz a Lei n. 5.741/71, em seu art. 6º. Mas esse ato processual insere-se como imprescindível ao processo de execução, seja o judicial (Código de Processo Civil; Lei n. 5.741/71), seja o extrajudicial (Dec. Lei n. 70/66)*", tudo em razão da "*importância da justa avaliação como garantia da regular alienação judicial do bem hipotecado, inclusive para a verificação da ocorrência de eventual preço irrisório ou vil*".

30. A tese fixada no Tema 1.095 foi a seguinte: "*Em contrato de compra e venda de imóvel com garantia de alienação fiduciária devidamente registrado em cartório, a resolução do pacto, na hipótese de inadimplemento do devedor, devidamente constituído em mora, deverá observar a forma prevista na Lei nº 9.514/97, por se tratar de legislação específica, afastando-se, por*

Se as regras da Lei 9.514/97 prevalecem até mesmo sobre o CDC, por que não afastariam as regras gerais da execução judicial sobre a avaliação judicial e o preço vil? Deveria ser simples. Entretanto, indo contra a *ratio* da tese fixada no Tema 1.095, o Min. Paulo de Tarso Sanseverino, e citando precedente da Min. Nancy Andrighi de 2021[31], anterior à tese, aplicou o critério geral de caracterização do preço vil, previsto no CPC, para anular um leilão extrajudicial em que o lance vencedor equivalia a 25% do valor do imóvel[32]. Esse entendimento, contudo, não prosperou.

A própria Min. Nancy Andrighi, cujo voto de 2021 fora citado, rechaçou, em 2023, a alegação de preço vil, aplicando o regime especial da Lei 9.514/97, em detrimento das regras gerais do CPC, e validando, no segundo leilão, a arrematação do imóvel pelo valor da Dívida, ainda que inferior a 50% do valor de avaliação[33]. Ora, se prevalecem as regras da lei especial, e se o leilão respeitou os critérios nela previstos, não há espaço para reconhecimento de preço vil.

---

conseguinte, a aplicação do Código de Defesa do Consumidor" (REsp 1.891.498/SP, relator Ministro Marco Buzzi, Segunda Seção, julgado em 26/10/2022, DJe de 19/12/2022). Embora a tese tenha representado um enorme avanço, ela ainda não foi suficiente para colocar um ponto final na discussão (CHALHUB, Melhim Namem. *A compra e venda com financiamento*: Alienação fiduciária à luz do Tema 1.095 do STJ. Disponível em: https://www.migalhas.com.br/coluna/migalhas-edilicias/396407/a-compra-e-venda-com-financiamento. Acesso em 05.02.2024).

31. AgInt nos EDcl no REsp 1.931.921/SP, relatora Ministra Nancy Andrighi, Terceira Turma, julgado em 22/11/2021, DJe de 25/11/2021.

32. O voto ressaltou que "*o art. 27, §2º, da Lei 9.514/97 há de ser interpretado com as limitações até então impostas pela jurisprudência à semelhante questão, orientação corroborada pelo arts. 891 e 903, §1º, I do CPC de 2015... A propósito, há manifestação desta Corte Superior reconhecendo a incidência da proteção geral relativa ao preço vil em créditos garantidos fiduciariamente*" (AgInt no REsp n. 1.892.965/ES, Rel. Min. Paulo de Tarso Sanseverino, j. 20.03.2023).

33. Confira-se o trecho a seguir: "*não procede a irresignação do recorrente em relação à suposta venda efetuada por preço vil. Incide, no particular, o Princípio da Especialidade, a demandar a aplicação da Lei nº 9.514/1997, que dispõe sobre o Sistema de Financiamento Imobiliário (...). Como se vê, diferentemente do que dispõe o Código de Processo Civil, a lei específica que rege o caso (Lei nº 9.514, de 20/11/1997) não prevê a figura do preço vil como impeditivo da arrematação, mas o lance mínimo aceitável no segundo leilão é o valor da dívida, das despesas, dos prêmios de seguro, dos encargos legais, inclusive tributos, e das contribuições condominiais (...). Assim, não há falar que o imóvel foi vendido a preço vil, vez que a apelada realizou o primeiro leilão público considerando a avaliação do bem e no segundo considerando o valor atualizado da dívida e despesas*" (STJ, REsp 2.086.328/MS, decisão monocrática, Min. Nancy Andrighi, j. 02.10.2023).

Na mesma linha, o Min. Marco Buzzi não conheceu de recurso que sustentou a ocorrência de preço vil, mantendo assim o entendimento do Tribunal de origem no sentido de ser irrelevante a posterior venda do imóvel pelo credor por valor superior ao da Dívida, porque a tal venda já não se aplicavam as regras da Lei 9.514/97[34].

A polêmica se reproduz em sede doutrinária. De há muito, autorizadas vozes reclamavam alteração no art. 27, §2º, da Lei 9.514/97, para que o piso representado pelo *valor da dívida* fosse substituído por outro atrelado ao *valor do imóvel*[35].

Outras defendiam a interpretação sistêmica, para que o *valor da dívida* fosse temperado com os limites processuais atinentes ao *preço vil* e à *mínima onerosidade da execução* e com os limites materiais das proibições do *abuso de direito* e do *enriquecimento sem causa*[36].

3. O ADVENTO DA LEI 14.711/23 E AS NOVAS REGRAS PARA O SEGUNDO LEILÃO

Ciente da discussão histórica acima exposta, o legislador do Novo Marco Legal das Garantias estabeleceu nova mecânica para o *preço mínimo* para a expropriação na execução extrajudicial da alienação fiduciária e

34. STJ, AREsp 2.333.744/SE, decisão monocrática, Rel. Min. Marco Buzzi, j. 20.06.2023.
35. Contundente a crítica do preclaro magistrado e acadêmico Manoel Justino Bezerra Filho, que entendia, já no começo da década de 2000, que *"o art. 27, § 2.º, da Lei 9.514/1997, ao prever a possibilidade de ser aceito o maior lanço, desde que igual ou superior ao valor da dívida – ou de ser simplesmente considerada quitada a dívida e tomado o imóvel –, isto tudo, repita-se, em leilão extrajudicial, sem a garantia do contraditório, está abrindo caminho para que ocorra com imóveis que servem de residência para o adquirente e sua família o que já ocorre há dezenas de anos com veículos em geral, ou seja: a venda por qualquer preço em leilão extrajudicial, do qual só tomam conhecimento aqueles que se encontram próximos do círculo dominante de poder destes capitais envolvidos"*, apontava que o dispositivo em comento *"consagra a possibilidade explícita da venda por preço vil"* e propunha alteração de sua redação, para que fosse estabelecido preço mínimo *igual ou superior a 75% do valor do imóvel mais as despesas, prêmios de seguros, encargos legais, inclusive tributos, e das contribuições condominiais* (A execução extrajudicial do contrato de alienação fiduciária de bem imóvel – exame crítico da Lei 9.514, de 20.11.1997. *Revista dos Tribunais*, v. 819, 2004, pp. 65-76.
36. MARMO, Leandro. *Alienação fiduciária de bens imóveis: nulidades e aspectos polêmicos*. 2. ed., rev. e ampl., São Paulo: Thomson Reuters – Revista dos Tribunais, 2023, E-book, capítulo 8.2.

da hipoteca. O objetivo foi trazer *segurança jurídica* ao sistema e pôr fim às controvérsias a respeito do preço vil.

Para isso, em que pese ter mantido *parte* dos mecanismos já constantes da Lei 9.514/97, introduziu alteração que destoa do piso de expropriação até então adotado no procedimento regulado pelo art. 27 da Lei 9.514/97.

Examinemos, pois, o que foi mantido e o que foi alterado, para compreender o sistema atual.

Para fins do *primeiro leilão*, a nova lei manteve a regra anterior, pela qual o *preço mínimo* para venda em leilão deve ser aquele que as partes indicaram no contrato[37]; ou, então, o "*utilizado pelo órgão competente como base de cálculo para a apuração do imposto sobre transmissão inter vivos*" (art. 24, §1º), o que for maior.

Destaca-se o equilíbrio de tal técnica, que respeita o elemento subjetivo e particular definido pelas partes na ocasião da contratação (qual seja, o valor revisado do imóvel, conforme a vontade das partes), mas o obtempera com um elemento objetivo trazido por terceiro imparcial (o fisco municipal) e pretensamente contemporâneo aos leilões (valor venal para incidência do ITBI entre vivos).

Quanto ao *segundo leilão*, a Lei 14.711/23, exclusivamente nos "*financiamentos para aquisição ou construção de imóvel residencial do devedor*"[38] (art. 26-A da Lei 9.514/97), manteve a regra que equilibra a ausência de avaliação com a quitação obrigatória da dívida, proibindo-se a cobrança do saldo devedor remanescente, ou seja, nada foi alterado.

Fora da hipótese dos financiamentos acima referidos, portanto, é que se operou significativa modificação. Atendendo, em certa medida, ao que era defendido por uma parte da doutrina e da jurisprudência, o legislador dotou o 2º *leilão* de parâmetro objetivo *adicional* de valoração do imóvel, que, não por acaso, foi denominado de "*valor de avaliação do bem*" (art. 27, § 2º, *in fine*).

---

37. Nos termos do art. 24, I, da Lei 9.514/97, o *"valor do imóvel e dos critérios para a respectiva revisão"*.

38. A aquisição de imóvel residencial pelo sistema de consórcio, ainda que envolva uma garantia real em favor do grupo de consorciados, segue regulada pela Lei 11.795/08.

O "*valor de avaliação do bem*" não se confunde com a avaliação realizada em juízo, e consiste no *valor venal* disponibilizado pelo município para fins de ITBI. Trata-se exatamente do *mesmo critério* introduzido pela Lei 13.465/17 para fins do primeiro leilão, porém transposto para o 2º leilão e combinado com o *valor da dívida.*

Na prática, agora está determinado que, no 2º leilão, no caso de eventual lance não alcançar o *valor da Dívida* (*preço mínimo ordinário*), o credor está proibido de aceitar lance inferior à metade do valor de avaliação do bem (*preço mínimo sucessivo*). Combinados, tais pisos compõem o que a lei denominou "*referencial mínimo para arrematação*" (art. 27, §6º-A).

O legislador estabeleceu critérios distintos para uma mesma finalidade:

- Na ausência de lance, ou se este não alcançar nem o valor da Dívida, nem 50% do valor de avaliação – o que faz com que tal lance seja considerado inválido, por representar preço vil –, o credor, por força de lei, fica "*investido na livre disponibilidade do imóvel*", e exonerado de restituir qualquer valor ao devedor (art. 27, §5);
- Se, por outro lado, o lance for inferior ao *valor da Dívida*, mas alcançar ao menos 50% do valor de avaliação, a lei *faculta* ao credor aceitar ou rejeitar o lance, e em qualquer dessas hipóteses o credor fica com o direito à cobrança do saldo remanescente (art. 27, §5º-A), que é o resultado da diferença entre Dívida e 50% da avaliação (art. 27, §6º-A);
- Preserva-se, com isso, a efetividade da execução – no sentido de proporcionar algum grau de satisfação ao credor – sem prejudicar o devedor, que não terá o bem extraído de seu patrimônio por menos de metade do seu valor de avaliação segundo o critério da lei especial;
- Finalmente, será válido e vinculante o lance que ao menos iguale o valor da Dívida, ainda que seja inferior a 50% da avaliação (art. 27, §2º), caso em que não há escolha do credor, e a expropriação do imóvel se consuma em favor do arrematante.

Um esquema lógico difícil de visualizar, especialmente porque a redação dos dispositivos não é gramaticalmente clara, e requer um certo esforço interpretativo. Então, para ilustrar o que está dito acima, preparamos uma tabela que simula 18 segundos leilões, em diferentes situações.

Na tabela, as hipóteses *#1 a #9* (parte superior) referem-se a contratos com alienação fiduciária no regime do art. 27 da Lei 9.514/97 e com hipoteca[39], onde pode haver saldo remanescente em favor do devedor. E as hipóteses simuladas na parte inferior da tabela (*#10 a #18*) seguem o regime do art. 26-A[40], onde nunca há saldo remanescente contra o devedor, que recebe quitação legal:

Regime 1 **Art. 27 Lei 9.514/97** (*alienação fiduciária*) **e art. 9º Lei 14.711/23** (*hipoteca*)

							Cenário 1: Sem lances (negativo)						**Cenário 2: Lance = 50% avaliação**						**Cenário 3: Lance = 90% avaliação**					
(A) Empréstimo	(B) **Pago**		(C) **Débito**	(D) **Despesas Encargos**	(E) **Dívida** B + C	**(F) 50% Imóvel**	**#**	**(G) Lance**	(H) **Lance válido?**	(I) **Credor escolhe?**	(J) **Sobra Devedor**	(K) **Saldo Reman.**	**#**	**(G) Lance**	(H) **Lance válido?**	(I) **Credor escolhe?**	(J) **Sobra Devedor**	(K) **Saldo Reman.**	**#**	**(G) Lance**	(H) **Lance válido?**	(I) **Credor escolhe?**	(J) **Sobra Devedor**	(K) **Saldo Reman.**
800	40%	320	480	50	530	500	**1**	0	não	não	0	30	**4**	500	sim	sim	0	30	**7**	900	sim	não	370	0
800	50%	400	400	50	450	500	**2**	0	não	não	0	0	**5**	500	sim	não	50	0	**8**	900	sim	não	450	0
800	60%	480	320	50	370	500	**3**	0	não	não	0	0	**6**	500	sim	não	130	0	**9**	900	sim	não	530	0

Regime 2 **Art. 26-A** (*alienação fiduciária - aquisição e construção de imóvel residencial do devedor, exceto consórcios*)

							Cenário 1: Sem lances (negativo)						**Cenário 2: Lance = 50% avaliação**						**Cenário 3: Lance = 90% avaliação**					
(A) Empréstimo	(B) **Pago**		(C) **Débito**	(D) **Despesas Encargos**	(E) **Dívida** B + C	**(F) 50% Imóvel**	**#**	**(G) Lance**	(H) **Lance válido?**	(I) **Credor escolhe?**	(J) **Sobra Devedor**	(K) **Saldo Reman.**	**#**	**(G) Lance**	(H) **Lance válido?**	(I) **Credor escolhe?**	(J) **Sobra Devedor**	(K) **Saldo Reman.**	**#**	**(G) Lance**	(H) **Lance válido?**	(I) **Credor escolhe?**	(J) **Sobra Devedor**	(K) **Saldo Reman.**
800	40%	320	480	50	530	500	**10**	0	não	N/A	0	0	**13**	500	não	N/A	0	0	**16**	900	sim	N/A	370	0
800	50%	400	400	50	450	500	**11**	0	não	N/A	0	0	**14**	500	sim	N/A	50	0	**17**	900	sim	N/A	450	0
800	60%	480	320	50	370	500	**12**	0	não	N/A	0	0	**15**	500	sim	N/A	130	0	**18**	900	sim	N/A	530	0

Para fins meramente didáticos, facilitando sua compreensão pelo leitor, a tabela traz valores nominais, e o preço do imóvel fixado no contrato ($1.000) é superior à base de cálculo para fins do ITBI. Ou seja, o valor de 50% da avaliação, indicado na *Coluna "F"*, equivale a $500.

39. As regras do segundo leilão na execução extrajudicial hipotecária, previstas no art. 9º da Lei 14.711/23, são idênticas àquelas previstas no art. 27 da Lei 9.514/97.

40. Alienação fiduciária em contratos de financiamento para aquisição ou construção de imóvel residencial do devedor.

Além disso, a tabela simula o que acontece conforme o devedor tenha quitado 40%, 50% e 60% do empréstimo (*Coluna "B"*). As despesas do procedimento e encargos do imóvel em aberto são estimadas em $50. Assim, a Dívida é o resultado da soma Débito + Despesas e Encargos (*"E"* = *"C"* + *"D"*):

Regime 1: **Art. 27 Lei 9.514/97** (*alienação fiduciária*) **e art. 9º Lei 14.711/23** (*hipoteca*)

(A) Empréstimo	(B) Pago		(C) Débito	(D) Despesas Encargos	(E) Dívida B – C	(F) 50% Imóvel	Cenário 1: Sem lances (negativo) #	(G) Lance	(H) Lance válido?	(I) Credor escolhe?	(J) Sobra Devedor	(K) Saldo Reman.	Cenário 2: Lance = 50% avaliação #	(G) Lance	(H) Lance válido?	(I) Credor escolhe?	(J) Sobra Devedor	(K) Saldo Reman.	Cenário 3: Lance = 90% avaliação #	(G) Lance	(H) Lance válido?	(I) Credor escolhe?	(J) Sobra Devedor	(K) Saldo Reman.
800	40%	320	480	50	530	500	1	0	não	não	0	30	4	500	sim	sim	0	30	7	900	sim	não	370	0
800	50%	400	400	50	450	500	2	0	não	não	0	0	5	500	sim	não	50	0	8	900	sim	não	450	0
800	60%	480	320	50	370	500	3	0	não	não	0	0	6	500	sim	não	130	0	9	900	sim	não	530	0

Regime 2: **Art. 26-A** (*alienação fiduciária - aquisição e construção de imóvel residencial do devedor, exceto consórcios*)

(A) Empréstimo	(B) Pago		(C) Débito	(D) Despesas Encargos	(E) Dívida B – C	(F) 50% Imóvel	Cenário 1: Sem lances (negativo) #	(G) Lance	(H) Lance válido?	(I) Credor escolhe?	(J) Sobra Devedor	(K) Saldo Reman.	Cenário 2: Lance = 50% avaliação #	(G) Lance	(H) Lance válido?	(I) Credor escolhe?	(J) Sobra Devedor	(K) Saldo Reman.	Cenário 3: Lance = 90% avaliação #	(G) Lance	(H) Lance válido?	(I) Credor escolhe?	(J) Sobra Devedor	(K) Saldo Reman.
800	40%	320	480	50	530	500	10	0	não	N/A	0	0	13	500	não	N/A	0	0	16	900	sim	N/A	370	0
800	50%	400	400	50	450	500	11	0	não	N/A	0	0	14	500	sim	N/A	50	0	17	900	sim	N/A	450	0
800	60%	480	320	50	370	500	12	0	não	N/A	0	0	15	500	sim	N/A	130	0	18	900	sim	N/A	530	0

A *Coluna "G"* leva, em cada um dos dois regimes legais, a 3 cenários: (1) Leilão negativo; (2) Lance igual a 50% da avaliação do bem; e (3) Lance equivalente a 90% da avaliação do imóvel. São, assim, três cenários no Regime 1, e três cenários no Regime 2:

Regime 1: **Art. 27 Lei 9.514/97** (*alienação fiduciária*) **e art. 9º Lei 14.711/23** (*hipoteca*)

(D) Despesas Encargos	(E) Dívida B – C	(F) 50% Imóvel	Cenário 1: Sem lances (negativo) #	(G) Lance	(H) Lance válido?	(I) Credor escolhe?	(J) Sobra Devedor	(K) Saldo Reman.	Cenário 2: Lance = 50% avaliação #	(G) Lance	(H) Lance válido?	(I) Credor escolhe?	(J) Sobra Devedor	(K) Saldo Reman.	Cenário 3: Lance = 90% avaliação #	(G) Lance	(H) Lance válido?	(I) Credor escolhe?	(J) Sobra Devedor	(K) Saldo Reman.
50	530	500	1	0	não	não	0	30	4	500	sim	sim	0	30	7	900	sim	não	370	0
50	450	500	2	0	não	não	0	0	5	500	sim	não	50	0	8	900	sim	não	450	0
50	370	500	3	0	não	não	0	0	6	500	sim	não	130	0	9	900	sim	não	530	0

Regime 2: **Art. 26-A** (*alienação fiduciária - aquisição e construção de imóvel residencial do devedor, exceto consórcios*)

(D)	(E)	Imóvel	Cenário 1: Sem lances (negativo)	Cenário 2: Lance = 50% avaliação	Cenário 3: Lance = 90% avaliação

A *Coluna "H"* indica se o lance é válido: no regime do art. 26-A, será inválido se inferior ao valor da Dívida (Coluna "E), e no regime do art. 27 será inválido se inferior a 50% da avaliação (Coluna "F"):

Regime 1: Art. 27 Lei 9.514/97 (*alienação fiduciária*) **e art. 9º Lei 14.711/23** (*hipoteca*)

(A) Empréstimo	(B) Pago		(C) Débito	(D) Despesas Encargos	(E) Dívida B + C	(F) 50% Imóvel	Cenário 1: Sem lances (negativo)						Cenário 2: Lance = 50% avaliação						Cenário 3: Lance = 90% avaliação					
							#	(G) Lance	(H) Lance válido?	(I) Credor escolhe?	(J) Sobra Devedor	(K) Saldo Reman.	#	(G) Lance	(H) Lance válido?	(I) Credor escolhe?	(J) Sobra Devedor	(K) Saldo Reman.	#	(G) Lance	(H) Lance válido?	(I) Credor escolhe?	(J) Sobra Devedor	(K) Saldo Reman.
800	40%	320	480	50	530	500	1	0	não	não	0	30	4	500	sim	sim	0	30	7	900	sim	não	370	0
800	50%	400	400	50	450	500	2	0	não	não	0	0	5	500	sim	não	50	0	8	900	sim	não	450	0
800	60%	480	320	50	370	500	3	0	não	não	0	0	6	500	sim	não	130	0	9	900	sim	não	530	0

Regime 2: Art. 26-A (*alienação fiduciária - aquisição e construção de imóvel residencial do devedor, exceto consórcios*)

(A) Empréstimo	(B) Pago		(C) Débito	(D) Despesas Encargos	(E) Dívida B + C	(F) 50% Imóvel	Cenário 1: Sem lances (negativo)						Cenário 2: Lance = 50% avaliação						Cenário 3: Lance = 90% avaliação					
							#	(G) Lance	(H) Lance válido?	(I) Credor escolhe?	(J) Sobra Devedor	(K) Saldo Reman.	#	(G) Lance	(H) Lance válido?	(I) Credor escolhe?	(J) Sobra Devedor	(K) Saldo Reman.	#	(G) Lance	(H) Lance válido?	(I) Credor escolhe?	(J) Sobra Devedor	(K) Saldo Reman.
800	40%	320	480	50	530	500	10	0	não	N/A	0	0	13	500	não	N/A	0	0	16	900	sim	N/A	370	0
800	50%	400	400	50	450	500	11	0	não	N/A	0	0	14	500	sim	N/A	50	0	17	900	sim	N/A	450	0
800	60%	480	320	50	370	500	12	0	não	N/A	0	0	15	500	sim	N/A	130	0	18	900	sim	N/A	530	0

A *Coluna "I"* demonstra se o credor tem ou não o direito de escolher se rejeita ou se aceita o lance que é ao mesmo tempo inferior à Dívida e ≥ a 50% da avaliação; e a *Coluna "K"* indica se há saldo remanescente em favor do credor. Ambas são aplicáveis somente no regime do art. 27 e da hipoteca:

Regime 1: Art. 27 Lei 9.514/97 (*alienação fiduciária*) **e art. 9º Lei 14.711/23** (*hipoteca*)

(A) Empréstimo	(B) Pago		(C) Débito	(D) Despesas Encargos	(E) Dívida B + C	(F) 50% Imóvel	Cenário 1: Sem lances (negativo)						Cenário 2: Lance = 50% avaliação						Cenário 3: Lance = 90% avaliação					
							#	(G) Lance	(H) Lance válido?	(I) Credor escolhe?	(J) Sobra Devedor	(K) Saldo Reman.	#	(G) Lance	(H) Lance válido?	(I) Credor escolhe?	(J) Sobra Devedor	(K) Saldo Reman.	#	(G) Lance	(H) Lance válido?	(I) Credor escolhe?	(J) Sobra Devedor	(K) Saldo Reman.
800	40%	320	480	50	530	500	1	0	não	não	0	30	4	500	sim	sim	0	30	7	900	sim	não	370	0
800	50%	400	400	50	450	500	2	0	não	não	0	0	5	500	sim	não	50	0	8	900	sim	não	450	0
800	60%	480	320	50	370	500	3	0	não	não	0	0	6	500	sim	não	130	0	9	900	sim	não	530	0

Regime 2: Art. 26-A (*alienação fiduciária - aquisição e construção de imóvel residencial do devedor, exceto consórcios*)

(A) Empréstimo	(B) Pago		(C) Débito	(D) Despesas Encargos	(E) Dívida B + C	(F) 50% Imóvel	Cenário 1: Sem lances (negativo)						Cenário 2: Lance = 50% avaliação						Cenário 3: Lance = 90% avaliação					
							#	(G) Lance	(H) Lance válido?	(I) Credor escolhe?	(J) Sobra Devedor	(K) Saldo Reman.	#	(G) Lance	(H) Lance válido?	(I) Credor escolhe?	(J) Sobra Devedor	(K) Saldo Reman.	#	(G) Lance	(H) Lance válido?	(I) Credor escolhe?	(J) Sobra Devedor	(K) Saldo Reman.
800	40%	320	480	50	530	500	10	0	não	N/A	0	0	13	500	não	N/A	0	0	16	900	sim	N/A	370	0
800	50%	400	400	50	450	500	11	0	não	N/A	0	0	14	500	sim	N/A	50	0	17	900	sim	N/A	450	0
800	60%	480	320	50	370	500	12	0	não	N/A	0	0	15	500	sim	N/A	130	0	18	900	sim	N/A	530	0

Por fim, a *Coluna "J"* calcula o quanto do produto do leilão sobra para o devedor, com a conta J = G (lance) *menos* E (Dívida):

Regime 1: Art. 27 Lei 9.514/97 *(alienação fiduciária)* **e art. 9º Lei 14.711/23** *(hipoteca)*

						Cenário 1: Sem lances (negativo)						Cenário 2: Lance = 50% avaliação						Cenário 3: Lance = 90% avaliação					
(A) Empréstimo	(B) Pago	(C) Débito	(D) Despesas Encargos	(E) Dívida B + C	(F) 50% Imóvel	#	(G) Lance	(H) Lance válido?	(I) Credor escolhe?	(J) Sobra Devedor	(K) Saldo Reman.	#	(G) Lance	(H) Lance válido?	(I) Credor escolhe?	(J) Sobra Devedor	(K) Saldo Reman.	#	(G) Lance	(H) Lance válido?	(I) Credor escolhe?	(J) Sobra Devedor	(K) Saldo Reman.
800	40% 320	480	50	530	500	1	0	não	não	0	30	4	500	sim	sim	0	30	7	900	sim	não	370	0
800	50% 400	400	50	450	500	2	0	não	não	0	0	5	500	sim	não	50	0	8	900	sim	não	450	0
800	60% 480	320	50	370	500	3	0	não	não	0	0	6	500	sim	não	130	0	9	900	sim	não	530	0

Regime 2: Art. 26-A *(alienação fiduciária - aquisição e construção de imóvel residencial do devedor, exceto consórcios)*

						Cenário 1: Sem lances (negativo)						Cenário 2: Lance = 50% avaliação						Cenário 3: Lance = 90% avaliação					
(A) Empréstimo	(B) Pago	(C) Débito	(D) Despesas Encargos	(E) Dívida B + C	(F) 50% Imóvel	#	(G) Lance	(H) Lance válido?	(I) Credor escolhe?	(J) Sobra Devedor	(K) Saldo Reman.	#	(G) Lance	(H) Lance válido?	(I) Credor escolhe?	(J) Sobra Devedor	(K) Saldo Reman.	#	(G) Lance	(H) Lance válido?	(I) Credor escolhe?	(J) Sobra Devedor	(K) Saldo Reman.
800	40% 320	480	50	530	500	10	0	não	N/A	0	0	13	500	não	N/A	0	0	16	900	sim	N/A	370	0
800	50% 400	400	50	450	500	11	0	não	N/A	0	0	14	500	sim	N/A	50	0	17	900	sim	N/A	450	0
800	60% 480	320	50	370	500	12	0	não	N/A	0	0	15	500	sim	N/A	130	0	18	900	sim	N/A	530	0

Tomemos como exemplo uma situação em que o devedor pegou $800 de empréstimo e pagou 40% ($320), restando $480. Tendo sido regularmente notificado para purgar a mora, não o fez, e o credor promoveu os leilões. Não houve lance no primeiro leilão.

Para o segundo leilão, sempre considerando esses mesmos dados, a tabela analisa 6 diferentes hipóteses, indicadas a seguir:

Regime 1: Art. 27 Lei 9.514/97 *(alienação fiduciária)* **e art. 9º Lei 14.711/23** *(hipoteca)*

						Cenário 1: Sem lances (negativo)						Cenário 2: Lance = 50% avaliação						Cenário 3: Lance = 90% avaliação					
(A) Empréstimo	(B) Pago	(C) Débito	(D) Despesas Encargos	(E) Dívida B + C	(F) 50% Imóvel	#	(G) Lance	(H) Lance válido?	(I) Credor escolhe?	(J) Sobra Devedor	(K) Saldo Reman.	#	(G) Lance	(H) Lance válido?	(I) Credor escolhe?	(J) Sobra Devedor	(K) Saldo Reman.	#	(G) Lance	(H) Lance válido?	(I) Credor escolhe?	(J) Sobra Devedor	(K) Saldo Reman.
Regime 1: Art. 27 Lei 9.514/97 *(alienação fiduciária)* **e art. 9º Lei 14.711/23** *(hipoteca)*																							
800	40% 320	480	50	530	500	1	0	não	não	0	30	4	500	sim	sim	0	30	7	900	sim	não	370	0
Regime 2: Art. 26-A *(alienação fiduciária - aquisição e construção de imóvel residencial do devedor, exceto consórcios)*																							
800	40% 320	480	50	530	500	10	0	não		0	0	13	500	não		0	0	16	900	sim		370	0

Se o empréstimo não está vinculado a uma aquisição ou construção de imóvel residencial do devedor, incidem as regras do art. 27 da Lei 9.514/97 ou do art. 9º da Lei 14.711/23, conforme a garantia eleita seja alienação fiduciária ou hipoteca. Nesse regime, haverá ou não escolha do credor, e haverá ou não sobra em favor do devedor, ou saldo remanescente em favor do credor, a depender da existência de lance e de seu valor:

<table>
<tr><th colspan="25">Regime 1: Art. 27 Lei 9.514/97 (alienação fiduciária) e art. 9º Lei 14.711/23 (hipoteca)</th></tr>
<tr><th rowspan="2">(A) Empréstimo</th><th rowspan="2" colspan="2">(B) Pago</th><th rowspan="2">(C) Débito</th><th rowspan="2">(D) Despesas Encargos</th><th rowspan="2">(E) Dívida B + C</th><th rowspan="2">(F) 50% Imóvel</th><th colspan="6">Cenário 1: Sem lances (negativo)</th><th colspan="6">Cenário 2: Lance = 50% avaliação</th><th colspan="6">Cenário 3: Lance = 90% avaliação</th></tr>
<tr><th>#</th><th>(G) Lance</th><th>(H) Lance válido?</th><th>(I) Credor escolhe?</th><th>(J) Sobra Devedor</th><th>(K) Saldo Reman.</th><th>#</th><th>(G) Lance</th><th>(H) Lance válido?</th><th>(I) Credor escolhe?</th><th>(J) Sobra Devedor</th><th>(K) Saldo Reman.</th><th>#</th><th>(G) Lance</th><th>(H) Lance válido?</th><th>(I) Credor escolhe?</th><th>(J) Sobra Devedor</th><th>(K) Saldo Reman.</th></tr>
<tr><td>800</td><td>40%</td><td>320</td><td>480</td><td>50</td><td>530</td><td>500</td><td>1</td><td>0</td><td>não</td><td>não</td><td>0</td><td>30</td><td>4</td><td>500</td><td>sim</td><td>sim</td><td>0</td><td>30</td><td>7</td><td>900</td><td>sim</td><td>não</td><td>370</td><td>0</td></tr>
</table>

- na hipótese #7, em que o lance é de **$900** (90% da avaliação do imóvel), não há escolha do credor, e o imóvel é arrematado. O devedor recebe $370 ($900 menos a Dívida de $530), e não há saldo remanescente para o credor;
- na hipótese #4, em que o lance, no valor de **$500**, é ao mesmo tempo igual a 50% da avaliação do imóvel ($500) e inferior à Dívida ($530), o credor pode escolher se aceita ou se rejeita o lance. Se aceitar, o imóvel é arrematado, e o devedor nada recebe (pois o produto do leilão é insuficiente para cobrir a Dívida), ficando um saldo remanescente de $30 (Dívida de $530 menos $500 do lance), que o credor poderá exigir do devedor. Se o credor rejeitar o lance, o leilão é negativo (hipótese #1);
- na hipótese #1, não houve lance mínimo, ou, conforme #4 acima, o lance de $500 foi rejeitado. Neste caso, a lei, para a apuração do saldo remanescente, utiliza os 50% da avaliação do imóvel como parâmetro: $530 (Dívida) *menos* $500 (50% avaliação) é igual a $30 (saldo remanescente).

Porém, se o mesmo empréstimo for regulado pelo art. 26-A da Lei 9.514/97, que se aplica aos contratos em que a alienação fiduciária serve de garantia ao pagamento de financiamento para aquisição ou construção de imóvel residencial do devedor, a situação no segundo leilão se modifica.

No regime do art. 26-A, não importa o valor do lance, nunca haverá escolha do credor, nem saldo remanescente, como a tabela indica para as hipóteses #10, #13 e #16:

Regime 2: Art. 26-A *(alienação fiduciária - aquisição e construção de imóvel residencial do devedor, exceto consórcios)*

(A) Empréstimo	(B) Pago	(C) Débito	(D) Despesas Encargos	(E) Dívida B+C	(F) 50% Imóvel	Cenário 1: Sem lances (negativo)						Cenário 2: Lance = 50% avaliação						Cenário 3: Lance = 90% avaliação					
						#	(G) Lance	(H) Lance válido?	(I) Credor escolhe?	(J) Sobra Devedor	(K) Saldo Reman.	#	(G) Lance	(H) Lance válido?	(I) Credor escolhe?	(J) Sobra Devedor	(K) Saldo Reman.	#	(G) Lance	(H) Lance válido?	(I) Credor escolhe?	(J) Sobra Devedor	(K) Saldo Reman.
800	40% 320	480	50	530	500	10	0	não	NA	0	0	13	500	não	NA	0	0	16	900	sim	NA	370	0

Estes são os parâmetros definidos pela lei especial para caracterizar, ou não, a ocorrência de preço vil. Como se vê, é um mecanismo totalmente diferente e incompatível com o previsto no CPC, que prevê avaliação judicial e estabelece, para fins de arrematação, lance mínimo de 50% do valor da avaliação, ou outro fixado pelo juiz.

Se as regras especiais forem violadas, e somente se isto ocorrer, a própria lei previu a consequência: eventuais controvérsias "*sobre requisitos procedimentais de cobrança e leilão, excetuada a exigência de notificação*", instauradas depois de "*arrematado o imóvel ou consolidada definitivamente a propriedade no caso de frustração dos leilões*", devem ser "*resolvidas em perdas e danos*" (Lei 9.514/97, art. 30, p. único, inserido pela Lei 14.711/23).

Isto é, ocorrendo preço vil na expropriação do imóvel, fica garantido ao devedor o direito de reclamar *indenização*, não ocorrendo a invalidação do leilão, como se passa no sistema do CPC (art. 903, § 1º, I, CPC); como, aliás, já se devia extrair da interpretação sistemática, mesmo antes da alteração legislativa.

4. CONCLUSÃO

As alterações promovidas pela Lei 14.711/23 reforçam, a toda evidência, a impossibilidade de aplicação do critério geral de apuração de preço vil previsto no CPC.

Isto porque os critérios de avaliação do imóvel (*valor venal*) e caracterização de *preço vil* já constam do sistema da própria lei 9.514/97, cujas regras especiais prevalecem sobre aquelas previstas no CDC (art. 53 – vedação à perda total das prestações), no CPC (avaliação judicial prévia e lance mínimo equivalente a 50% do valor nela apurado, ou outro fixado pelo juiz) e no Código Civil (art. 884 – enriquecimento sem causa). *Mutatis mutandis*, trata-se da mesma *ratio* que norteou a tese fixada no Tema 1095 do STJ.

Poder-se-ia dizer que, ao invés do valor fixado no contrato (ou a base de cálculo do ITBI, o que for maior), teria sido melhor que o legislador especial adotasse a avaliação em *juízo*, na linha do que defendia uma parte da doutrina e da jurisprudência. Isto, porém, não passa de ilusão[41]. A avaliação judicial, além de incompatível com o rito extrajudicial, não é necessariamente mais segura que o critério especial de apuração de valor previsto na Lei 9.514/97 e no art. 9º da Lei 14.711/23. O oficial de justiça avaliador (art. 870 do CPC) não possui destacada expertise para o trabalho, e mesmo quando realizada por perito, o laudo retrata cenário hipotético, com fórmulas matemáticas e variáveis sujeitas a distintos graus de subjetividade, que podem não se verificar no mercado real. O comportamento *real* do mercado, regulado pela *lei da oferta e da procura*, é mensurado com muito mais fidelidade nos leilões, que o aferem *em concreto*, do que nos laudos de avaliação, que o estimam *em abstrato*. Por definição, é o leilão que proporciona a um determinado bem o *maior valor* que, na prática e naquele momento, o mercado está disposto a pagar pelo bem[42].

O credor fiduciário ou hipotecário não tem o arbítrio de ficar com o imóvel sem ofertá-lo em leilão, estando vinculado ao procedimento e parâmetros que a própria lei estabelece para a execução. A arrematação pelo terceiro, ou a livre disponibilidade do credor, em caso de leilão negativo, é ato *vinculado*, pois a expropriação ocorre por força de lei. Além disso, no momento da expropriação o credor não tem como conhecer o *futuro* preço de mercado do bem, somente revelado tempos depois em avaliação

---

41. Com invejável lucidez, Leonardo Greco, há quase duas décadas, já tecia críticas severas à avaliação judicial e propugnava, dentre outras soluções, que, para os imóveis, se adotasse o *valor cadastral*, ressalvadas situações excepcionais (A crise do processo de execução. *Estudos de Direito Processual*. Campos dos Goytacazes, Ed. Faculdade de Direito de Campos, 2005, p. 50).

42. Obviamente podem ocorrer manipulação em um leilão, mas essa é uma ilegalidade a se combater com o remédio próprio. Em defesa do critério e da forma de avaliação adotados pelo legislador, é de se ponderar que eventuais distorções dos leilões deverão ser, a partir da alteração trazida pela Lei 14.711/23, evitadas em razão do parâmetro mínimo definido a partir do *valor venal* do imóvel, que, ao menos em tese, deve ter aptidão para representar adequadamente o *valor de mercado* do imóvel.

de ação judicial eventualmente proposta pelo devedor. Seria, na prática, um ajuste de contas pós-leilão, com base em avaliação superveniente, feita geralmente muito tempo depois, configurando, por via oblíqua, uma punição ao credor que *cumpre a lei.*

Admitir, ainda mais no contexto acima, a aplicação de critérios gerais do CPC, do CDC ou do Código Civil, para invalidar um leilão regularmente realizado de acordo com as regras legais especiais, levaria a uma inadmissível insegurança jurídica. E violaria a *ratio* da tese fixada no Tema 1.095 do STJ.

Finalmente, a aplicação de regras gerais em detrimento das próprias regras do sistema especial seria um desserviço ao próprio devedor, pois quanto mais previsíveis forem os efeitos futuros dos leilões para os arrematantes, maior a atratividade das hastas públicas, e maior a tendência de lances mais altos. Na contramão, um sistema inseguro espanta interessados, aumentando a chance de leilões negativos.

Seja como for, ainda que você discorde desses argumentos, e mesmo que você prefira as regras gerais do CPC, isto não muda o essencial: o Direito, como o conhecemos, não permite a aplicação de uma regra geral se já existe, para a específica hipótese normativa, uma regra especial que a regula. Em se tratando de execução extrajudicial de crédito garantido por alienação fiduciária ou hipoteca, é o novo Marco Legal das Garantias que dá a última palavra sobre o mecanismo de apuração do *preço vil. Legem habemus.*

Criticar a severidade dos critérios estabelecidos pelo legislador especial é algo legítimo, e até desejável, para se discutir, na arena econômico-política, possíveis aperfeiçoamentos ao sistema.

Contudo, a aplicação de regras gerais em detrimento das especiais, quando não há espaço vago para analogia, nem inconstitucionalidade, significa, pura e simplesmente, interpretação *contra legem.* Mera violação da hermenêutica jurídica. Um inadmissível *justiçamento* do caso concreto. E se não somos justiceiros, nem queremos o *jus cassino*[43], precisamos respeitar a lei.

---

43. STRECK, Lenio. *Dizer que o Direito é como jogo de beisebol ofende o Direito e os juízes.* Disponível em https://www.conjur.com.br/2023-dez-28/dizer-que-o-direito-e-como-jogo-de-beisebol-ofende-o-direito-e-os-juizes/. Acesso em 31.03.2024.

5. REFERÊNCIAS BIBLIOGRÁFICAS

BEZERRA FILHO, Manoel Justino. *A execução extrajudicial do contrato de alienação fiduciária de bem imóvel*: Exame crítico da Lei 9.514, de 20.11.1997. *Revista dos Tribunais*, v. 819, 2004.

CHALHUB, Melhim Namem. *A compra e venda com financiamento*: Alienação fiduciária à luz do Tema 1.095 do STJ. Disponível em: https://www.migalhas.com.br/coluna/migalhas-edilicias/396407/a-compra-e-venda-com-financiamento. Acesso em 05.02.2024.

__________. *Alienação Fiduciária* – Negócio Fiduciário. 8. ed., Rio de Janeiro: Forense, 2023

DINAMARCO, Cândido Rangel. *Instituições de Direito Processual Civil*, v. IV, 4 ed., São Paulo: Malheiros, 2019.

MARMO, Leandro. *Alienação fiduciária de bens imóveis: nulidades e aspectos polêmicos*. 2 Ed., rev. e ampl., São Paulo: Thomson Reuters – Revista dos Tribunais, 2023, E-book.

NEGRÃO, Theotonio. *Código de Processo Civil e legislação processual em vigor*. 46 ed. São Paulo: Saraiva, 2014.

STRECK, Lenio. *Dizer que o Direito é como jogo de beisebol ofende o Direito e os juízes*. Disponível em https://www.conjur.com.br/2023-dez-28/dizer-que-o-direito-e-como-jogo-de-beisebol-ofende-o-direito-e-os-juizes/. Acesso em 31.03.2024.

9

O "MARCO LEGAL DAS GARANTIAS" E A PRESERVAÇÃO DE EFEITOS DOS ATOS EXTRAJUDICIAIS DE EXECUÇÃO DA ALIENAÇÃO FIDUCIÁRIA DE BEM IMÓVEL

José Carlos Baptista Puoli

Professor Doutor de Direito Processual Civil da USP. Advogado.

I. INTRODUÇÃO

É um verdadeiro truísmo falar-se da função do Direito, material ou processual, de ensejar segurança jurídica. Assim ocorre na medida em que a estabilidade e previsibilidade daí decorrentes são fatores que estimulam as relações sociais e possibilitam melhores condições para produzir e fazer circular bens e utilidades, o que é do fundamental interesse da sociedade. Neste contexto, a aprovação do, assim chamado, Novo Marco Legal de Garantias, a Lei nº 14.711/2023, é medida positiva, eis que referido texto legal, como menciona seu artigo 1º, dedica-se ao "aprimoramento das regras relativas ao tratamento do crédito e das garantias e às medidas extrajudiciais para recuperação de crédito". Na própria exposição de motivos que acompanhou o Projeto de Lei que deu origem a esta nova disciplina legal, consta que "as propostas contidas neste anteprojeto de lei se inserem nesse desafio de escala global e na estratégia de curto e longo prazo do Ministério da Economia, com a finalidade de corrigir falhas e de tornar o mercado de crédito mais eficiente para todos os agentes, aumentando a oferta e melhorando as condições de crédito. São medidas que auxiliam a maior liquidez do mercado."[1] Como deflui do acima posto, as garantias, bem como os atos que se façam necessários para fazer com que na prática se viabilize a recuperação do crédito, são fatores fundamentais para que haja maior quantidade de recursos endereçados para financiar atividades produtivas e, assim, diminuir o custo de financiamentos e, reitere-se, potencializar a produção de bens e serviços, com redução de custos e preços em benefício de toda a sociedade.

Dentre outras medidas que se inserem neste amplo objetivo e que constam dessa lei, destaca-se a regra que busca preservar efeitos de atos extrajudiciais de execução da alienação fiduciária de bem imóvel. A isto será dedicado este artigo.

Feito este "recorte", retoma-se o acima exposto para mencionar que foi com tal objetivo, de reforço às garantias e à recuperação do crédito, que se passa a ter disciplina que visa proteger atos extrajudiciais de "execução"[2] da garantia ofertada, sancionando eventual irregularidade, não com a anulação do ato de alienação, mas sim fazendo com que eventuais prerrogativas do "devedor" sejam, nas palavras da lei, "resolvidas em perdas e danos".

Dada a importância de tal disciplina legal, recebi com muita honra o convite dos coordenadores Bernardo Chezzi e Martha El Debs para contribuir com obra coletiva que visa coletar, junto à doutrina, comentários a respeito de tal disciplina legal. Tal iniciativa vem em boa hora eis que,

1. https://www.planalto.gov.br/CCIVIL_03/Projetos/Ato_2019_2022/2021/PL/pl-4188.htm, acesso em 25/2/2024.

2. Como já tive oportunidade de mencionar em outro trabalho doutrinário, tal como ocorreu lá, aqui O termo execução, aqui, está entre aspas eis que utilizado não no sentido técnico processual, mas num sentido comum de significar as atividades feitas para, na prática realizar providências necessárias a atingir um fim.

ao analisar o texto desse relevante diploma legal, se pode auxiliar na compreensão dos objetivos do legislador que, tal como mencionado acima, visou ensejar a melhoria da segurança na recuperação de crédito, o que, reitere-se, é fundamental para aquecimento da economia, maior produção de bens e, enfim, maior possibilidade de fazer com que importante parcela da população possa também usufruir de crédito mais barato e, assim, ter condições para acessar e adquirir bens e serviços de seu interesse. Como se pode depreender do título em epígrafe, minha contribuição versa a respeito da proteção aos efeitos de atos de alienação extrajudicial de bens imóveis outorgados em garantia fiduciária. Tal proteção, como será mais abaixo detalhado, tem o potencial de fazer com um maior número de pessoas se interessem por participar e/ou realizem arrematações em procedimentos judiciais de execução de garantias de modo que, com esta maior demanda, melhores e maiores ofertas sejam lançadas, com ganhos não apenas para o sistema geral das garantias e do crédito, mas, também, em providência que é do interesse do próprio "devedor". Dito isto, agradeço, aos coordenadores pelo convite e passo a analisar a regra que consta do parágrafo único do artigo 30 da Lei nº 9.514/1997, com a redação dada pela Lei nº 14.711/2023.

II. ANTECEDENTE "PRINCIPAL": A ALIENAÇÃO FIDUCIÁRIA DE IMÓVEL EM GARANTIA

Em sua missão de criar regras que permitam maior facilitação e o baratear do crédito, o legislador brasileiro, já há tempos, se utiliza de negócios fiduciários para que, com estes, se viabilizem garantias mais efetivas. Para compreensão disto, necessário lembrar da lição de Marcelo Terra, quando ele explica que, no negócio fiduciário "as partes, em face de um fim prático" escolhem "um negócio juridico (alienação), cujos efeitos excedem aos fins por elas pretendidos (garantia)."[3] E Terra prossegue, mencionando que a "alienação fiduciária atenua, em muitos casos, as dificuldades normais encontradas nos tradicionais instrumentos de garantia, oferecendo maior

3. "Alienação Fiduciária de Imóvel em Garantia (Lei nº 9.514/97, primeiras linhas), p. 19.

rigor e eficiência na segurança do crédito."[4-5] A seu turno, Melhim Namem Chalhub afirma que a alienação fiduciária "facilita e incrementa o crédito e a circulação de riquezas."[6] E foi com fundamento em tais relevantes assertivas doutrinárias que eu, de meu lado e em sede doutrinária, já tive a oportunidade de mencionar que "com a transferência ao credor fiduciário da propriedade (mesmo que resolúvel), este passa a ter "segurança" para estabelecer o vínculo desejado pelo fiduciante" e, em seguimento, ainda mencionei que "sentindo-se bem garantido, o fiduciário aceita conceder crédito ao fiduciante, podendo, até, mitigar o custo da operação em vista da elevada "sensação de segurança" decorrente do recebimento da propriedade do bem dado em garantia."[7]

E para fechar esta primeira aproximação ao tema desse artigo, vale mencionar que, ao comentar o importantíssimo julgamento do Supremo Tribunal Federal que validou o mecanismo da execução extrajudicial da alienação fiduciária de imóvel, o Presidente da Corte, Ministro Roberto Barroso mencionou que "a facilidade na retomada do imóvel pelo vendedor, quando o comprador não paga, barateia o crédito, e isso é importante para a sociedade."[8]

Trocando em miúdos, verifica-se que, do ponto de vista de direito material, o legislador vem buscando aperfeiçoar mecanismos de garantia que se realizem, entre outros meios, por intermédio da alienação fiduciária de imóveis, sendo certo que foi neste contexto que se editou a Lei 9.514/97 que "ampliou" a possibilidade de uso de tal instituto jurídico, para também servir de garantia com objeto imobiliário. Neste sentido Melhim Namem Chalhub esclarece que "a lei 9.514, de 20 de novembro

4. "Alienação Fiduciária de Imóvel em Garantia (Lei nº 9.514/97, primeiras linhas), p. 21.
5. Ainda a este respeito, Tânia Pantano afirma que se pode "atribuir grande parte da expansão do mercado imobiliário e creditício nacional.... aos avanços trazidos pela Lei 9.514/97... que modernizou as modalidades de garantia disponíveis no mercado de crédito imobiliário diminuir os custos envolvidos e possibilitar a contratação de alienação fiduciária por instrumento público ou particular...e, principalmente, permitir a realização extrajudicial de todo o procedimento de execução da garantia....". In "Execução extrajudicial de alienação fiduciária de imóvel", p. 199.
6. "Curso de Direito Imobiliário Brasileiro", p. 595.
7. "Instituições de Direito Processual Civil", vol. VI, p. 937.
8. https://portal.stf.jus.br/noticias/verNoticiaDetalhe.asp?idConteudo=517394&ori=1, acesso em 29/2/2024.

de 1997, ao disciplinar a alienação fiduciária de bens imóveis, veio suprir importante lacuna do sistema de garantias do direito brasileiro, dotando o ordenamento de instrumento que permite sejam as situações de mora, nos financiamentos imobiliários e nas operações de crédito com garantia imobiliária, recompostas me prazos compatíveis com as necessidades da economia moderna...".[9]

Pois bem, este o viés legislativo, qual seja o da previsão da alienação fiduciária de bem imóvel, o prestígio à possibilidade de sua execução extrajudicial[10], propiciando, ainda, que a retomada fática do bem possa ocorrer por intermédio de reintegração de posse, a ser concedida liminarmente.[11]

Feitas estas considerações, cumpre mencionar a inspiração que o Marco de Garantias utilizou para elaborar a regra legal objeto deste texto.

III. A INSPIRAÇÃO DECORRENTE DA LEGISLAÇÃO PROCESSUAL CIVIL

Ao longo do tempo uma importante dúvida assola aqueles que têm interesse em adquirir imóveis em leilões decorrentes do inadimplemento do devedor. É que os instrumentos de defesa que, tradicionalmente, eram postos pela própria lei poderiam fazer com que, em relevante número de casos, houvesse a anulação do procedimento que ensejou o leilão. Isto gerava, mesmo no âmbito de leilões realizados no bojo de processos judiciais, grave insegurança, com o respectivo efeito colateral não desejado de, assim, afugentar interessados, reduzindo a efetividade da expropriação judicial feita com vistas a dar satisfação ao crédito inadimplido.

É que o parágrafo único do artigo 694 do Código de Processo Civil de 1973, antes do advento da Lei nº 11.382/2006 previa amplas hipóteses de

---

9. "Alienação Fiduciária Negócio Fiduciário", p. 237.
10. Os limites deste texto fazem com que, aqui, não seja o caso de debater aspectos da execução extrajudicial, bem como de sua constitucionalidade. Ainda que seja assim, fundamental registrar, ao menos, que eliminando polêmica que chegou a ser instaurada em nosso ordenamento, o Supremo Tribunal Federal decidiu em 26/10/2023 que a "execução extrajudicial do imóvel dado em garantia pelo devedor é compatível com as garantias... da Constituição..." (v. RE 860631/SP)
11. Vide a redação original dos artigos 27 a 30 da Lei nº 9.514/97.

desfazimento da arrematação, com destaque para casos de nulidade, não pagamento do preço e/ou de defeito grave do edital. Tamanha a abrangência de tal regra que, ao comentá-la, Cássio Scarpinella Bueno mencionava que, para além do uso dos embargos à arrematação e da ação anulatória, se poderia, eventualmente utilizar até mesmo de "mera petição" eis que, isto era permitido pela circunstância de "todas as regras que regem a arrematação... são de ordem pública e, em função dessa qualidade, contrastáveis de ofício pelo juiz..."[12] Acontece que esta amplitude de vias de questionamento fazia com que houvesse efetiva perda de interesse por inúmeras pessoas que poderiam participar do certame mas que, ante o amplo risco de questionamento e eventual desfazimento da arrematação, acabavam por deixar de participar, com a respectiva perda da oportunidade de, com maior concorrência, alcançar maior lance, em benefício da execução e do próprio executado.

Para mudar este cenário, o legislador, quando das reformas da lei regrando a execução judicial, realizou importante alteração operada por intermédio da já referida Lei nº 11.382/2006. É que, desde então, a disciplina legal foi alterada para efeito de prever-se, como regra, não mais o desfazimento da arrematação mas a solução, via perdas e danos, de eventuais direitos "lesados" pela realização do leilão. Noutros termos, passou-se a garantir, desde então, importante e bem maior grau de rigidez para este tipo de ato executivo.

Tamanho o sucesso desta alteração que ela foi mantida em nosso ordenamento jurídico processual quando do advento do CPC de 2015, a Lei nº 13.105/2015.

E, comentando a regra do artigo 903 do CPC/15, já tive a oportunidade de mencionar que "no bojo da lei 11.382/2006, o legislador, com o intuito de aumentar o interesse de participação em leilões judiciais, passou a conferir maior nível de segurança para as arrematações. Tal propósito mantém-se no CPC..."[13] No mesmo sentido, André Roque Vasconcelos menciona que tal norma do CPC visa "proteger o arrematante de boa-fé, até mesmo como estímulo para que outras pessoas se interessem em

12. "Código de Processo Civil Interpretado", pág. 1973.
13. "Código de Processo Civil Interpretado", pág. 1461.

adquirir bens em leilão judicial, possibilitando que melhores propostas sejam apresentadas no futuro e assegurando maior efetividade à tutela jurisdicional. Nessa direção, o acolhimento... da impugnação..., por si só, não autoriza o desfazimento da arrematação, restando ao executado apenas pedir indenização pelos prejuízos sofridos..."[14] De seu lado, Humberto Theodoro Júnior ensina que, no caso do artigo 903, "caput" do CPC tem-se uma "invalidade sui generis, porque não atinge o direito adquirido pelo arrematante. A procedência da pretensão de atacar a alienação judicial resolve-se em indenização e, não, em restituição do bem alineado..."[15]

Mencionada, pois, a fonte de inspiração e a meta de obter maior número de interessados para, com isso, tentar fazer com que a competição gere melhores resultados pecuniários quando da execução extrajudicial da alienação fiduciário de imóveis, resta verificar como este desiderato foi realizado no âmbito do Novo Marco Legal das Garantias.

IV. A PRESERVAÇÃO DOS EFEITOS DOS ATOS EXTRAJUDICIAIS DE EXECUÇÃO DA ALIENAÇÃO FIDUCIÁRIA DE BEM IMÓVEL

Como vem sendo exposto, quanto maior a amplitude das possibilidades de se obter o "desfazimento" de uma arrematação menor tende a ser o interesse despertado pelo certame. Quando assim ocorre é natural que, de duas uma, ou reste frustrado o leilão, ou seja menos frutuoso o resultado pecuniário obtido com a arrematação. Em outras palavras, é da natureza da vida que quanto menor a concorrência menor será o valor pecuniário do lance "vencedor", caso este ocorra. Evidentemente que a situação inversa, de maior concorrência faz elevar a chance de a alienação pretendida no leilão se efetivar, com o respectivo "ganho" representado por uma mais provável realização de um mais relevante valor pecuniário obtido no lance "vencedor".

Já se viu, acima, que foi neste sentido que se deu importante alteração do Código de Processo Civil. Agora resta notar que o mesmo objetivo foi

14. " Execução e Recursos: Comentários ao CPC de 2015", pág. 449.

15. "Curso de Direito Processual Civil, Vol. III, pág. 582.

positivado para proteção dos efeitos da alienação extrajudicial do imóvel dado em alienação fiduciária em garantia.

É o que se verifica ante a leitura do que consta do parágrafo único do artigo 30 da Lei nº 9.514/96, com a redação da Lei nº 14.711/2023, o Novo Marco Legal das Garantias. Esta a dicção da norma legal: "arrematado o imóvel ou consolidada definitivamente a propriedade no caso de frustração dos leilões, as ações judiciais que tenham por objeto controvérsias sobre as estipulações contratuais ou os requisitos procedimentais de cobrança e leilão, excetuada a exigência de notificação do devedor e, se for o caso, do terceiro fiduciante, não obstarão a reintegração de posse de que trata este artigo e serão resolvidas em perdas e danos."

Note-se que, apesar da fonte de inspiração ter sido o CPC, o legislador, no âmbito do novo marco legal das garantias, foi mais longe. Explica-se, fazendo a leitura do acima referido artigo 903 do CPC verifica-se que a legislação processual civil prevê exceções mais amplas, as quais poderão acarretar a invalidação, a ineficácia ou a resolução da arrematação.[16]

Diversa foi a opção da Lei nº 14.711/2023. Note-se que o parágrafo único acima transcrito apenas prevê uma exceção, referenciada à falta de intimação para o "devedor", ou do terceiro fiduciante (se for o caso).

Tal exceção, ainda que não tivesse sido expressamente realizada, decorreria de uma interpretação sistemática do próprio ordenamento. É que a premissa do julgamento do Supremo Tribunal Federal, quando da declaração de constitucionalidade do leilão extrajudicial aqui em comento, expressamente faz referência a que o fiduciante ("devedor"), com a intimação no âmbito do procedimento extrajudicial, tem preservado seu direito de acesso à justiça. Noutros termos, notificado de sua mora, o fiduciante ("devedor") terá condições de ir ao Judiciário e pedir eventual decretação de suspensão/anulação do procedimento extrajudicial.

É justamente por isto que tal exceção foi, em boa providência, já prevista na própria regra legal em comento. Destarte, o interessado na

16. Art. 903... § 1º Ressalvadas outras situações previstas neste Código, a arrematação poderá, no entanto, ser: I – invalidada, quando realizada por preço vil ou com outro vício; II – considerada ineficaz, se não observado o disposto no art. 804: III – resolvida, se não for pago o preço ou se não for prestada a caução.

arrematação deverá ter esta cautela no exame dos documentos do procedimento extrajudicial, verificando a regularidade da intimação feita ao fiduciante ("devedor"). Isto porque, caso a alegação de nulidade do leilão e/ou da arrematação contenha o argumento de falta de intimação válida, tem-se que, se ao final da demanda houver procedência (com o reconhecimento de irregularidade na intimação) ter-se-á a anulação da integralidade do procedimento extrajudicial, fulminando o leilão e sem que haja condição dele, nesta hipótese, preservar seus efeitos.

No mais, nem se diga que a falta de previsão de outras exceções poderia comprometer a regra legal, por suposto empecilho de acesso ao Judiciário. É que tal acesso está garantido, apenas houve uma opção do legislador quanto ao resultado da medida judicial em caso de êxito. Como visto acima, ao invés de garantir-se o desfazimento da arrematação, estipula-se que, em caso de resultado favorável ao fiduciante ("devedor"), o direito reconhecido na demanda judicial será recomposto com o pagamento de perdas e danos, sem possibilidade de reaver o imóvel.

V. CONCLUSÃO

Como visto acima, o novo Marco Legal das Garantias é medida positiva e elogiável do ordenamento jurídico pátrio. Dentre outras importantes medidas, o legislador, inspirado em anterior alteração do Código de Processo Civil, preconiza a preservação dos efeitos dos atos extrajudiciais de execução da alienação fiduciária de bem imóvel. É o que se depreende do parágrafo único do artigo 30 da Lei nº 9.514/1997, com a redação dada pela Lei nº 14.711/2023. Tal preservação é benéfica eis que, com maior segurança contra eventual desfazimento da arrematação, maior número de interessados tende a participar do certame, com maior chance do leilão ser frutuoso e, sendo, maior possibilidade de se obter um mais elevado resultado pecuniário, em benefício do sistema e do próprio fiduciante ("devedor"). Tal busca por preservação de efeitos se dá em medida mais ampla do que aquela, similar, que há no CPC. A despeito de a regra legal ter previsto expressamente apenas a exceção relativa à falta de intimação válida ao fiduciante ("devedor"), isto basta, eis que não se tem, no caso, norma que impossibilite o acesso à Justiça, mas apenas uma alteração do resultado da demanda.

VI. REFERÊNCIAS BIBLIOGRÁFICAS

BUENO, Cássio Scarpinella. *Código de Processo Civil Interpretado*. Obra coletiva. Coordenação Antonio Carlos Marcato, Malheiros, 1ª Edição, São Paulo, 2004.

CHALHUB, Melhim Namem. *Alienação Fiduciária Negócio Fiduciário.* 5ª Edição. Rio de Janeiro: Editora Forense, 2017.

PANTANO, Tânia. Execução extrajudicial de alienação fiduciária de imóvel. In *Operações Imobiliárias*, Coordenação Renato Vilela Faria e Leonardo Freitas de Moares e Castro, 1ª Edição, São Paulo: Editora Saraiva, 2016.

PUOLI, José Carlos Baptista. In *Código de Processo Civil Interpretado.* Obra coletiva. Coordenação Antonio Carlos Marcato. 1ª Edição, São Paulo: Editora Atlas, 2022.

______. *Instituições de Direito Processual Civil*, Vol. VI. Obra coletiva. Coordenação Cândido Rangel Dinamarco (*et. al.*). 1ª Edição. São Paulo: Editora JusPodivm/Malheiros, 2023.

THEODORO JÚNIOR, Humberto. *Curso de Direito Processual Civil*, Volume III. 48ª Edição. Rio de Janeiro: Editora Forense, 2016.

TERRA, Marcelo. *Alienação Fiduciária de Imóvel em Garantia* (Lei nº 9.514/97, primeiras linhas). 1ª Edição. Porto Alegre: Sérgio Antonio Fabris Editor, 1998.

VASCONCELOS, André Roque. *Execução e Recursos:* Comentários ao CPC de 2015. Obra coletiva Fernando da Fonseca Gajardoni (et. al.). 1ª Edição. Rio de Janeiro: GEN Editora Método, 2016.

10

AS DESPESAS DE CONDOMÍNIO E A ALIENAÇÃO FIDUCIÁRIA DE BEM IMÓVEL

Rubens Carmo Elias

Advogado, sócio responsável pelas áreas de direito imobiliário e contencioso cível imobiliário do escritório Elias Matias Advogados. Graduado em Direito pela Faculdade de Direito da Universidade Presbiteriana Mackenzie, onde também obteve o título de especialista lato sensu em Direito Empresarial. Mestre e Doutor em Direito Civil pela PUC/SP. Professor de Graduação e Pós-Graduação em Direito Civil e Direito Notarial e Registral da Faculdade de Direito da Universidade Presbiteriana Mackenzie. Autor de obras e artigos jurídicos na área de direito civil e imobiliário. Vice-presidente da Comissão de Condomínios do IBRADIM.

INTRODUÇÃO

O instituto da alienação fiduciária de bem imóvel, criada pela Lei nº 9.514/97, a par de sua inquestionável relevância para a concessão de créditos, seja no mercado imobiliário ou em qualquer modalidade de operação, após o advento da Lei 10.931/2004[1], continua a ensejar relevantes

1. Art. 51. Sem prejuízo das disposições do Código Civil, as obrigações em geral também poderão ser garantidas, inclusive por terceiros, por cessão fiduciária de direitos creditórios

questionamentos a respeito da legitimidade passiva e responsabilidade patrimonial nas ações que visam a cobrança das despesas condominiais vencidas e não pagas.

O § 8º do art. 27 da Lei nº 9.514/97 dispõe que: "Responde o fiduciante pelo pagamento dos impostos, taxas, contribuições condominiais e quaisquer outros encargos que recaiam ou venham a recair sobre o imóvel, cuja posse tenha sido transferida para o fiduciário, nos termos deste artigo, até a data em que o fiduciário vier a ser imitido na posse". De forma ainda mais contundente, o Código Civil, no parágrafo único do artigo 1.368-B, introduzido pela Lei 13.043/2014, estabelece que o credor fiduciário "passa a responder pelo pagamento dos tributos sobre a propriedade e a posse, taxas, despesas condominiais e quaisquer outros encargos, tributários ou não, incidentes sobre o bem objeto da garantia, a partir da data em que vier a ser imitido na posse direta do bem."[2]

Ainda, com o advento da Lei 14.620/2023, sobreveio nova alteração na Lei 9.514/97, com a inserção do § 2º, ao artigo 23, para constar: § 2º Caberá ao fiduciante a obrigação de arcar com o custo do pagamento do Imposto sobre a Propriedade Predial e Territorial Urbana (IPTU) incidente sobre o bem e das taxas condominiais existentes.

---

decorrentes de contratos de alienação de imóveis, por caução de direitos creditórios ou aquisitivos decorrentes de contratos de venda ou promessa de venda de imóveis e por alienação fiduciária de coisa imóvel.

2. Para Chalhub, "(...), se a execução for dirigida contra o devedor fiduciante, o objeto da penhora será seu direito real de aquisição do domínio, isto é, o objeto da penhora será seu direito real de aquisição do domínio, isto é, o direito que tem o devedor fiduciante de ser investido na propriedade plena do bem ao concluir o pagamento da dívida que o onera. Assim, cogitando-se de penhorar os direitos do devedor fiduciante, o objeto da penhora não será a propriedade, que ele ainda não tem, mas tão somente os direitos aquisitivos." CHALHUB, Melhim Namem. *Alienação fiduciária, Incorporação Imobiliária e Mercado de Capitais, Estudos e Pareceres*. Rio de Janeiro: Renovar, 2012, p. 9. Em obra mais recente, no mesmo sentido: "Dado que o credor fiduciário é apenas titular da ´propriedade resolúvel como mero direito real de garantia´, não tem legitimidade para responder pelos débitos condominiais, sendo esta atribuída ao devedor fiduciante não somente em razão de sua titularidade sobre o direito real de aquisição do imóvel, a que se refere o art. 835, XII, do CPC, mas também porque ele é que se apropria, com exclusividade, dos frutos do imóvel ao exercer a posse direta que a lei lhe atribui. Assim, o credor fiduciário somente responderá pelas despesas condominiais incidentes sobre esse imóvel se e quando o devedor fiduciante se tornar inadimplente e, em consequência, o credor fiduciário vier a se tornar proprietário pleno do imóvel e nele investido na posse, nos termos do parágrafo único do art. 1.368-B do Código Civil." (Alienação Fiduciária, pág. 228)

A partir dos dispositivos acima, se construiu entendimento de que o devedor fiduciante responde pelo pagamento das contribuições condominiais até a data em que o credor fiduciário venha ser imitido na posse do imóvel, até porque não existe solidariedade entre credor-fiduciário e devedor-fiduciante[3] de modo que, enquanto perdurar o regime da alienação fiduciária, não se justificaria a inserção do credor-fiduciário no polo passivo de demanda.[4]

Considerando o prosseguimento da ação apenas contra o devedor-fiduciante, *a priori*, a penhora não deveria incidir sobre a totalidade do imóvel, mas apenas sobre os direitos do devedor fiduciante, já que este somente terá a integralidade dos direitos de propriedade sobre o imóvel após a quitação da obrigação assumida perante o credor-fiduciário.[5]

Porém, em alguns julgados tem-se admitido a penhora sobre a unidade devedora, gravada em alienação fiduciária, diante da "prevalência da natureza *propter rem* da dívida e dos interesses condominiais, no caso, sobre qualquer outra situação jurídica"[6]., devendo os credores-fiduciários atentarem-se quanto à regularidade do pagamento das despesas condominiais, para que a garantia fiduciária não seja exaurida pela dívida condominial.

---

3. TJ/SP, 36ª Câmara de Direito Privado, Apelação nº 0042102-14.2011.8.26.0564, j. 26.3.2013, Rel. Des, Pedro Baccarat.

4. Nada obstante, a reconhecer a legitimidade de ambos, credor-fiduciário e devedor-fiduciante: TJ/SP, 31ª Câmara de Direito Privado, Apelação sem revisão nº 0018615-83.2010.8.26.0003, j. 9.4.2013, Rel. Des. Fran- cisco Casconi.

5. TJ/SP, 30ª Câmara de Direito Privado, AI nº 2001605-93.2013.8.26.0000, j. 29.5.2013, Rel. Des. Andrade Neto.

6. "CUMPRIMENTO DE SENTENÇA Cobrança de despesas condominiais Penhora da unidade condominial devedora e não apenas dos direitos do condômino sobre ela Imóvel objeto de alienação fiduciária Possibilidade de a penhora recair sobre a própria unidade, em conta a natureza da obrigação (*propter rem*) Necessidade, tão somente, de se cientificar o credor fiduciário, na forma estabelecida pelo inciso V, do artigo 889, do NCPC." (TJSP, 33ª Câm. Direito Privado, AI 2027038-60.2017.8.26.0000, rel. Des. Sá Duarte, j. 24.04.2017). No mesmo sentido: TJ/SP, 36ª Câmara de Direito Privado, Apelação nº 0042102-14.2011.8.26.0564, j. 26.03.2013, Rel. Des, Pedro Baccarat; (TJSP, Agravo de Instrumento nº 2237278-95.2015.8.26.0000, 32ª Câmara de Direito Privado, Rel. Francisco Occhiuto Júnior, j. 03/12/2015, Apelação n. 1054111-78.2018.8.26.0100, 32ª Câm. Direito Privado, Rel. Des. Caio Marcelo Mendes de Oliveira, j. 11.04.2019).

Vale observar, porém, que, em execução extrajudicial, com a consolidação da propriedade em mãos do credor-fiduciário, caso o devedor fiduciante notificado a pagar o débito não o faça em 15 (quinze) dias, deverá ser realizado leilão público (art. 27, da Lei 9514/97), sendo que, no primeiro leilão, o valor deverá corresponder, no mínimo, o valor de avaliação do imóvel, e, não tendo sido arrematado, no segundo público leilão, o lance mínimo deverá compreender a totalidade da dívida, as despesas, os prêmios de seguro, os encargos legais, inclusive tributos e as contribuições condominiais (art. 27, § 2º, da Lei nº 9.514/97).

Com base nos diplomas legais anteriormente mencionados, seria possível inferir que o credor fiduciário não responde pelos débitos condominiais, a menos que a propriedade fosse a ele consolidada, em virtude do incumprimento das obrigações assumidas pelo devedor fiduciante e, nessa hipótese, somente seria obrigado pelo pagamento a partir do momento em que o credor fosse imitido na posse do imóvel, o que eventualmente poderia ocorrer após a propositura da ação possessória de que trata o artigo 30 da Lei 9.514/97. Contudo, se o credor, já como proprietário pleno do imóvel nada fizer, permanecendo o imóvel ocupado pelo devedor fiduciante, como ficaria a situação do condomínio, se, aplicada a interpretação acima referida, o credor somente responderia pelos débitos condominiais após ter sido imitido na posse do imóvel, implicando situação absolutamente incompatível com o sistema jurídico, na medida em que o condomínio ficaria impossibilitado do recebimento do crédito condominial.

Noutro giro, diante do procedimento de alienação extrajudicial, o credor-fiduciário, realizado o público leilão, com a alienação do imóvel, teria recursos disponíveis para o pagamento das cotas condominiais pendentes, de responsabilidade do devedor fiduciante, e assim quitaria o débito (art. 27, §§ 2º e 4º, da Lei 9.514/97).

Pode acontecer, porém, de o credor fiduciário não lograr êxito em alienar o imóvel em público leilão e, mesmo estando a propriedade consolidada em suas mãos, ainda não estivesse exercendo a posse imediata sobre o bem e, por falta de recursos, não efetuasse o pagamento. Ora, não responder o credor fiduciário pelo débito, nessas circunstâncias, evidenciaria confronto com o artigo 1.345, Código Civil.

Diante desta situação processual bastante corriqueira, neste artigo pretende-se estabelecer critério justo e adequado para compatibilizar a efetividade do processo que visa a satisfação do crédito condominial, atentando-se igualmente à natureza extraconcursal do crédito fiduciário, a partir da legislação em vigor e construção jurisprudencial contemporânea.

Importante ressaltar que a discussão trazida neste sucinto artigo se restringe à análise dos efeitos processuais da prevalência do crédito condominial de imóvel sobre o qual incide alienação fiduciária, em relação à obrigação que deu origem à própria constituição da alienação fiduciária. Em outras circunstâncias, não se estando diante de crédito de natureza *propter rem*, não se justificaria que a penhora viesse a incidir sobre a totalidade do imóvel, mas apenas sobre os direitos aquisitivos do devedor fiduciante, por exemplo.

1. ÂMBITO DE APLICAÇÃO DAS NORMAS QUE DISCIPLINAM O REGIME FIDUCIÁRIO

Conforme acima esclarecido, tanto o artigo 1338-B, do Código Civil, quanto o § 2º, do artigo 23 e § 8º do art. 27, da Lei 9.514/97, imputam ao devedor fiduciante o pagamento das despesas condominiais e IPTU, enquanto este estiver na posse do imóvel, de modo que, somente em caso de incumprimento das obrigações assumidas pelo devedor fiduciante em relação ao credor fiduciário, após este promover a execução extrajudicial, consolidar a propriedade plena em suas mãos e adotar as providências cabíveis para sua imissão na posse, antes ou após os leilões públicos que deve realizar para a recuperação de seu crédito, o credor fiduciário passaria a responder pelos débitos condominiais.

A nosso ver, diferentemente do entendimento majoritário sobre o tema, as normas suprarreferidas estabelecem regramento entre as partes contratantes[7], não vinculando o condomínio, quer dizer, no acerto de

7. Esse foi o recentíssimo posicionamento adotado pelo STJ, no Resp. 2.059.278/SC, de relatoria do Min. Raul Araujo: "Como se vê, as disposições legais transcritas, reguladoras do contrato de alienação fiduciária de coisa imóvel, apenas disciplinam a relação jurídica ente os contratantes, mas, evidentemente, não alcançam, nem se sobrepõem, os direitos de terceiros não contratantes, como é o caso de um condomínio credor de dívida condominial, a qual mantém sua natureza jurídica propter rem. (...) A interpretação que se vem dando a tais dispositivos, portanto, mostra-se equivocada e sem apoio em boa lógica jurídica, ao estender as disposições da legislação especial a terceiros não contratantes e ao pretender

contas que precede a própria quitação entre credor-fiduciário e devedor--fiduciante, ali se deve estabelecer quais são as despesas condominiais de responsabilidade do devedor fiduciante e que devem ser levadas à débito, levando em consideração, por óbvio, o período em que o devedor permaneceu na posse do imóvel.

A regra estabelecida para o regime da alienação fiduciária, que constitui relação jurídica real, oriunda de contrato, não se sobrepõe à obrigação de pagar a cota condominial e à sua natureza *propter rem*, porque se estabelecem relações jurídicas autônomas, uma entre o credor fiduciário e devedor fiduciante e outra entre o condomínio e os titulares de direitos sobre a unidade autônoma[8].

2. ATO EXECUTIVO DA PENHORA NA COBRANÇA DOS CRÉDITOS CONDOMINIAIS

Não se mostra, respeitadas opiniões em contrário, razoável que apenas os direitos expectativos da aquisição condicionados à prévia quitação do valor que é objeto da garantia, sejam penhorados. Nada obstante, ainda que o credor seja o condomínio, há inúmeras decisões no sentido de que a penhora deve incidir apenas sobre os direitos aquisitivos[9].

---

conferir ao credor fiduciário, titular da propriedade resolúvel de coisa imóvel, um direito de propriedade mais privilegiado ou superior ao direito de propriedade plena de qualquer proprietário de imóvel condominial."

8. Em posicionamento semelhante, o TJ/SP admitiu o direcionamento de execução fiscal para a cobrança de IPTU contra o credor-fiduciário, que tem o direito de regresso contra o devedor-fiduciante (TJ/SP, 14ª Câm. Direito Público, AI. 2145080-63.2020.8.26.0000, rel. Des. Monica Serrano, j. 9.03.2021). Porém, o STJ posicionou-se no sentido de que "O credor fiduciário, antes da consolidação da propriedade e da imissão na posse no imóvel objeto da alienação fiduciária, não pode ser considerado sujeito passivo do IPTU, uma vez que não se enquadra em nenhuma das hipóteses previstas no art. 34 do CTN." (STJ, 1ª T, Resp 1.796.224-SP, Rel. Min. Gurgel de Faria, j. 16.11.21). Merece ainda destaque o Tema 1153, de repercussão geral, no qual o STF definirá se: "(...) os estados-membos e o Distrito Federal podem, no âmbito de sua competência tributária, imputar ao credor fiduciário a responsabilidade tributária para o pagamento do IPVA, ante a ausência de lei de âmbito nacional com normas gerais sobre o referido tributo e, ainda, a qualidade de proprietário de veículo automotor, considerada relação jurídica entre particulares e a propriedade resolúvel conferida ao credor pelo direito privado."

9. "(...) (i) em alienação fiduciária em garantia de bem imóvel, a responsabilidade pelo pagamento das despesas condominiais recai sobre o devedor fiduciante enquanto estiver na posse direta do imóvel; (ii) o referido encargo somente caberá ao credor fiduciário se este

Distribuída a ação em desfavor do devedor-fiduciante, considerado condômino, diante de sua própria posição jurídica sobre a unidade autônoma[10], é quase intuitivo que apenas os bens a ele pertencentes poderiam ser penhorados e, nessa hipótese, a posição do credor fiduciário permaneceria cômoda ao aguardar apenas a quitação do saldo devedor vinculado ao contrato de constituição da alienação fiduciária. Nesse caso, o eventual adquirente dos direitos aquisitivos sobre o imóvel, assumiria a posição de devedor fiduciário, sub-rogando-se nos direitos e obrigações.

Diferente solução pode ser conferida, caso a propriedade seja consolidada em mãos do credor-fiduciário, mediante realização da garantia. Nesta circunstância, ele passa a responder pelo pagamento das despesas condominiais a partir da data em que vier a ser imitido na posse direta do bem (parágrafo único do artigo 1.368-B do Código Civil).

Considerando a ação endereçada apenas contra o devedor-fiduciante, *a priori*, na linha do quanto decidido em diversas oportunidades pelo STJ, a penhora não deveria incidir sobre a totalidade do imóvel, mas apenas sobre os direitos do devedor fiduciante, já que esse somente terá a integralidade dos direitos de propriedade sobre o imóvel após a quitação da obrigação assumida com o credor-fiduciário. Acontece que a penhora apenas dos direitos aquisitivos se mostra deveras insatisfatória e muitas vezes inviável até mesmo pelo valor da obrigação que é garantida pela alienação fiduciária, não sendo incomum que a dívida se torne superior até mesmo ao valor do imóvel ou não se mostre economicamente viável sub-rogar-se nos direitos aquisitivos, diante da própria condição de pagamento, taxas de juros etc.

---

consolidar a propriedade para si, tornando-se o possuidor direto do imóvel; (iii) em caso de utilização da garantia, o credor fiduciário receberá o imóvel no estado em que se encontra, até mesmo com os débitos condominiais anteriores, pois são obrigações de caráter *propter rem* (por causa da coisa)." (STJ, 3ª T., REsp. 1.696.038/SP, Rel. Min. Ricardo Villas Bôas Cueva, j. 28.08.2018).

10. Art. 1.334. (...)

§ 2 º São equiparados aos proprietários, para os fins deste artigo, salvo disposição em contrário, os promitentes compradores e os cessionários de direitos relativos às unidades autônomas.

Por isso, muitos tribunais estaduais já tem admitido a penhora sobre a unidade devedora, gravada em alienação fiduciária, diante da prevalência da natureza *propter rem* da dívida e dos interesses condominiais[11].

Posição intermediária e sensata, como costumeiramente se observa de seu autor, foi contemplada por Francisco Eduardo Loureiro, ao comentar o parágrafo único do artigo 1.368-B (Código Civil Comentado, ed. Manole, 14ª edição, fls. 1.415)[12]:

> "Pode ocorrer, porém, e frequentemente sucederá, de a dívida garantida por propriedade fiduciária, com os encargos contratuais, ser de valor igual ou até mesmo superior ao valor do bem, o que afastará eventuais interessados na arrematação do direito expectativo de aquisição do devedor fiduciante. Em tal hipótese, esgotada a possibilidade de recuperação do crédito mediante penhora do direito do devedor fiduciante, outra alternativa não restará, que não a penhora e excussão da propriedade plena". Tal prerrogativa, contudo, será reservada apenas aos credores de despesas geradas pela própria coisa e não aos credores quirografários, ou com privilégio legal.
>
> (...)
>
> O produto da arrematação servirá para satisfação das despesas geradas pela própria coisa, e o saldo será entregue ao credor fiduciário, necessária e previamente intimado da hasta pública. Satisfeito também o credor fiduciário, eventual sobra será então colocada à disposição de outros credores e, caso não existam, devolvida ao devedor fiduciante."

No caso de o condomínio ter ajuizado a cobrança, seja processo de conhecimento, seja executivo, contra o devedor fiduciante e, após a instauração da relação jurídico-processual, seja consolidada a propriedade em mãos do credor, a ação não prosseguirá contra o credor-fiduciário, não sendo possível, em tese, a substituição processual, como dispõe o artigo

11. Neste sentido: TJPR – AI: 0046030-43.2021.8.16.0000, Rel. Domingos José Perfetto, 9ª Câmara Cível, j. 13/02/2022; TJRS – AI: 52095723220228217000, Rel. João Moreno Pomar, 18ª Câmara Cível, j. 27/10/2022; e, TJGO – AI: 0325843-79.2020.8.09.0000, Rel. Alan Sebastião de Sena Conceição, 5ª Câmara Cível, j. 25/01/2021

12. Código Civil Comentado, Ed. Manole, 14ª edição, p. 1.415)

109 e parágrafos do CPC[13]. Além de que, a "A sentença faz coisa julgada às partes entre as quais é dada, não prejudicando terceiros" (art. 506, CPC).

Nada obstante, independentemente da substituição processual, a nosso ver, seria possível a penhora sobre a unidade autônoma, cuja propriedade estivesse consolidada em mãos do credor-fiduciário (ou mesmo que ainda não estivesse) bastando que na ação ajuizada contra o devedor-fiduciante, o fiduciário fosse intimado (arts. 799, I, e 889, V, CPC). O STJ tem firme entendimento de que, diante da natureza de obrigação *propter rem* da dívida condominial, como o próprio imóvel gerador das despesas constitui garantia ao pagamento da dívida, poderia ser penhorado o imóvel no bojo da ação de cobrança, ainda que o adquirente não tenha participado da fase de conhecimento[14].

No julgamento do Recurso Especial 2.059.278/SC, a 4ª Turma do Superior Tribunal de Justiça (STJ) proferiu decisão viabilizando a penhora e leilão de imóveis inadimplentes com as cotas condominiais, ainda que esses imóveis estejam gravados com alienação fiduciária decorrente de financiamento para aquisição, pois "A natureza *propter rem* se vincula diretamente ao direito de propriedade sobre a coisa. Por isso, se sobreleva ao direito de qualquer proprietário, inclusive do credor fiduciário, pois este, na condição de proprietário sujeito à uma condição resolutiva, nao pode ser detentor de maiores direitos que o proprietário pleno."[15].

Por outro lado, contemporaneamente, em relatoria da Min. Nancy Andrighi, a 3ª Turma do mesmo STJ, afastou a penhora do imóvel, pois não "é possível a penhora do imóvel alienado fiduciariamente em execução de despesas condominiais de responsabilidade do devedor fiduciante, na

13. "Muito embora se trate de dívida *propter rem*, pela qual a unidade autônoma responde independentemente da alienação, isso não autoriza que o comprador seja, à míngua de manifestação, incluído no polo passivo da demanda, ora em fase de execução do título judicial. Não se pode confundir responsabilidade patrimonial e, em especial, vinculação de determinada dívida a determinado imóvel, que a garante (obrigação *propter rem*), com substituição processual, que pressupõe sejam observadas as regras postas no art. artigo 109 e §§ do novo CPC (e, antes, no artigo 42 do CPC/1973)." (TJ/SP, 27ª Câm. Dir. Privado, AI.2115264-41.2017.8.26.0000, Rel. Mourão Neto, j. 23.08.2017).

14. STJ, 3ª T., REsp 1.683.419/RJ, 3ª Turma, j. 20/02/2020; AgInt no Recurso Especial n. 1.851.742/PR, Rel. Min. Nancy Andrighi, j. 29.06.2020.

15. STJ, 4ª T., Resp. 2.059.278/SC, j. 23.05.2023, Rel. Min. Raul Araújo

forma dos arts. 27, § 8º, da Lei nº 9.514/1997 e 1.368-B, caput, do CC/2002, C/C o ART. 835, XII, do CPC/2015."[16].

Não por acaso, no Resp. 1.929.926/SP, de relatoria do Min. Antonio Carlos Ferreira, diante da repercussão social do tema, ainda que sem afetação da questão ao rito dos recursos repetitivos, foi solicitada a intervenção, na condição de *amice curiae*, de entidades representativas dos condomínios e das instituições financeiras, o que poderá contribuir para a necessária uniformização jurisprudencial.[17]

3. LEGITIMIDADE PASSIVA DIANTE DE DÉBITO CONDOMINIAL DE UNIDADE SOBRE A QUAL INCIDE ALIENAÇÃO FIDUCIÁRIA

Importante salientar que não se está a questionar a quem caberia compor o polo passivo da cobrança das cotas condominiais. Sem dúvida, o dever de pagamento das cotas condominiais recai sobre o devedor fiduciante, possuidor direto e detentor dos direitos aquisitivos sobre o imóvel, porém, tal circunstância em nada impede a penhora sobre a integralidade do bem, circunstância muito bem resolvida no Recurso Especial n. 1.442.840/PR, de relatoria do saudoso Min. Paulo de Tarso Sanseverino[18], que discutia a penhora incidente sobre o imóvel que deu origem ao débito condominial. Naquela oportunidade, compreendeu-se que, mesmo que a demanda tenha sido direcionada apenas ao compromissário comprador, não haveria a necessidade de a penhora se restringir apenas aos direitos aquisitivos, conforme pequeno trecho abaixo transcrito:

> "Observe-se, inicialmente, que o promitente comprador não é titular do direito real de propriedade, tendo apenas direito real de aquisição caso registrado o contrato de promessa de compra e venda.
>
> Desse modo, o condomínio ficaria impossibilitado de penhorar o imóvel.

16. STJ, 3ª T., Resp. 2.036.289-RS, j. 18.04.2023, Rel. Min. Nancy Andrighi.
17. https://www.conjur.com.br/2023-jul-17/elias-filho-necessidade-uniformizacao-penhora-bem.
18. STJ, 3a T., Resp. 1.442.840/PR, Rel. Min. Paulo de Tarso Sanseverino, j. 06.08.2015.

> Restaria, então, penhorar bens do patrimônio pessoal do promitente comprador.
>
> Porém, não é rara a hipótese em que o comprador esteja adquirindo seu primeiro imóvel, e não possua outros bens penhoráveis, o que conduziria a uma execução frustrada.
>
> Esse resultado, a meu juízo, não se coaduna com a natureza, tampouco com finalidade da obrigação *propter rem*.
>
> Quanto à natureza, é da essência dessa obrigação que ela nasça automaticamente com a titularidade do direito real e somente se extinga com extinção do direito ou a transferência da titularidade, ressalvadas as prestações vencidas.
>
> Como se verifica, não há possibilidade de a obrigação se extinguir por ato de vontade do titular do direito real, pois a fonte da *obrigação propter* rem é a situação de jurídica de direito real, não a manifestação de vontade.
>
> Logo, a simples pactuação de uma promessa de compra e venda não é suficiente para extinguir a responsabilidade do proprietário pelo pagamento das despesas de condomínio. De outra parte, quanto à finalidade, a obrigação propter rem se destina a manter a conservação da coisa.
>
> Sobre esse ponto, Maurício Bunazar, em obra dedicada exclusivamente ao tema, afirma que "a verdadeira função da obrigação 'propter rem' é a conservação da 'res' objeto da situação jurídica, real ou pessoal, que deflagrou a obrigação" (Obrigação propter rem: aspectos teóricos e práticos. São Paulo: Atlas, 2014, p. 81).
>
> Nessa esteira, ao se desconstituir a penhora sobre o imóvel, o atendimento da finalidade de conservação acaba sendo comprometida, pois o condomínio passa a depender da incerta possibilidade de encontrar bens penhoráveis no patrimônio do promitente comprador."

De idêntica maneira, no âmbito do contrato que constitui a alienação fiduciária, o contrato celebrado entre credor fiduciário e devedor fiduciante não tem o condão de conferir imunidade ao fiduciário, titular de propriedade resolúvel, especialmente diante da própria finalidade de manutenção e conservação da garantia, pela despesa condominial, de modo que, ainda que o devedor fiduciante seja o obrigado pelo pagamento, daí decorrendo sua legitimidade passiva, o credor fiduciário tem responsabilidade patrimonial pelo débito, o que repercute na viabilidade da penhora e posterior leilão da integralidade do imóvel e não apenas nos direitos aquisitivos do devedor fiduciante.

Como bem observado pela culta advogada Luanda Backheuser[19], existe um falso conflito quando se discute o leilão do imóvel sobre o qual incide alienação fiduciária, para o pagamento do débito condominial, pois todos os dispositivos legais aplicáveis são uníssimos em confirmar que o débito condominial deverá ser pago, com a realização do leilão, deixando claro que a dívida será quitada com o resultado do leilão, o qual abarcará as despesas condominiais, assim como prescrevem que, mesmo não havendo licitantes, o credor fiduciário responderá pelos débitos condominiais a partir de sua imissão na posse. De uma ou de outra forma, o débito condominial, que constitui obrigação *propter rem* e, como tal, viabilizou a preservação do imóvel que era objeto da garantia, deverá ser quitado.

A grande questão é que não se pode admitir que o pagamento do débito condominial somente seja exigível do credor fiduciário, por ocasião de sua imissão na posse sobre o imóvel, pois esta, salvo a existência de alguma decisão que o impeça, depende exclusivamente da iniciativa do credor fiduciário de adotar medida possessória voltada para a desocupação do imóvel pelo fiduciante, deixando o condomínio à mercê dos interesses do credor fiduciário, instituindo condição puramente potestativa suspensiva à exigibilidade do crédito condominial, o que não se pode admitir[20].

Como já ressaltado, a regra que disciplina o termo para que o credor fiduciário passe a responder pelos débitos condominiais contempla relação bilateral entre os contratantes da alienação fiduciária, sendo *res inter alios*, não afetando, portanto, o condomínio, o qual, diante da própria relação jurídica de direito real que este ente de gestão estabelece com a unidade autônoma, pode exigir o crédito de quem sobre o bem exerce direito real.

---

19. https://www.migalhas.com.br/coluna/migalhas-edilicias/393464/condominio-versus-credor-fiduciario-um-falso-conflito

20. Art. 122, do Código Civil: São lícitas, em geral, todas as condições não contrárias à lei, à ordem pública ou aos bons costumes; entre as condições defesas se incluem as que privarem de todo efeito o negócio jurídico, ou o sujeitarem ao puro arbítrio de uma das partes.

Assim, se, por um lado, sob o ponto de vista da relação jurídica processual, é adequado e oportuno, à luz da construção doutrinária e jurisprudencial de mais de três décadas, que culminou com o Tema 886, do STJ, que a cobrança seja endereçada contra o devedor fiduciante, na qualidade de condômino e possuidor direto, em nada contradiz tal entendimento, tampouco viola qualquer dispositivo legal, seja viabilizada a penhora sobre a integralidade do imóvel, intimando-se o credor fiduciário para que possa assegurar o seu direito, na qualidade de credor extraconcursal.

Neste ponto, ousamos divergir do já mencionado posicionamento adotado pelo Min. Raul Araujo, no REsp. 2.059.278/SC, por não considerar necessária a inclusão do credor fiduciário para compor o polo passivo da execução, mas apenas indispensável sua intimação da penhora e do leilão para o exercício do seu direito de crédito (arts. 799, I, e 889, V, CPC), em que pese posição em sentido contrário de autorizadíssima doutrina[21].

A este respeito, o inciso V do art. 889 do Código de Processo Civil, ao dispor que "o credor pignoratício, hipotecário, anticrético, fiduciário ou com penhora anteriormente averbada, quando a penhora recair sobre bens com tais gravames, caso não seja o credor, de qualquer modo, parte na execução", denota que o legislador não tratou a inclusão do credor fiduciário no polo passivo de execução como um dever, o que é reforçado pelo próprio artigo 779, I, do mesmo *Codex* que deixa claro tratar-se de mera faculdade[22].

21. " Seja como for, de rigor o exequente tratar o terceiro hipotecante como parte passiva na petição inicial, conforme sugere o art. 799, V, (*retro*, 107). Em esplêndido julgado do STJ, fixou-se a tese: "É indispensável que o garantidor hipotecário figure como executado, na execução movida pelo credor, para que a penhora recaia sobre o bem dado em garantia, porquanto não é possível que a execução seja endereçada a uma pessoa, o devedor principal, e a constrição atinja bens de terceiro, o garantidor hipotecário. Velha doutrina, inspirada por autor italiano, teima em negar a condição da parte, e, *a fortiori*, a de parte ilegítima aos que tiveram bens licitamente constritos, porque responsáveis. Essa orientação reconhece, contraditoriamente, a legitimidade extraordinária do fiador (*infra*, 118.2). E isso porque o credor pode promover a execução contra ele em vez de agir contra o vencido e por isso mesmo a responsabilidade do fiador é igual a do vencido e significa verdadeira legitimação passiva para a aexecução. (Araken de Assis, Manual da execução, p. 586).

22. Art. 779. A execução pode ser promovida contra:

(...)

V – o responsável titular do bem vinculado por garantia real ao pagamento do débito;

4. EFEITOS DA PENHORA EM RELAÇÃO AO CREDOR FIDUCIÁRIO

Enfim, realizada a penhora da integralidade do imóvel, há que se considerar quais seriam os atos executivos subsequentes, já que o credor fiduciário poderia, diante de situação de inadimplência do devedor fiduciante, dar início à execução extrajudicial e realizar o leilão extrajudicial, após a consolidação da propriedade.

Porém, se não o fez, iniciada a execução judicial de débito condominial, por iniciativa do condomínio, cumpre ao credor fiduciário aguardar o seu processamento e, em concurso simples de credores (artigo 908, CPC), fazer jus ao seu crédito, observadas as normas processuais aplicáveis, mas atentando-se igualmente aos créditos privilegiados[23] e preferenciais. Caso o credor fiduciário entenda que a realização da excussão patrimonial no âmbito judicial não alcançará os melhores resultados pretendidos, poderá optar pelo pagamento dos débitos condominiais, na qualidade de terceiro interessado, tendo como consequência a extinção da execução e, desta forma, prosseguir com os atos de execução extrajudicial. Por outro lado, se entender que a execução judicial pode alcançar os mesmos resultados, é certo que o processo busca concretizar o direito material e o crédito garantido por alienação fiduciária é extraconcursal, enfatizada a "natureza de patrimônio de afetação da propriedade fiduciária, com função de garantia eficaz do adimplemento de uma obrigação"[24], e, como tal, prevalecerá em relação a outros, salvo os de natureza *propter rem*, como as despesas condominiais e IPTU.

E, considerando a hipótese de prosseguimento pela via judicial, já existindo um valor de avaliação estabelecido no contrato de alienação fiduciária, e até mesmo norma expressa para que se adote o valor de referência, esse valor poderá ser adotado como critério para o leilão judicial[25], trazendo economia e celeridade processual.

Caso, não arrematado pelo valor de avaliação, em segundo leilão, no âmbito do CPC, este poderá ser realizado pelo maior lance, não se

23. Artigo 964, I, do Código Civil
24. Francisco Eduardo Loreiro, Código Civil Comentado, p. 1409
25. Art. 871, I, CPC, c.c. Art. 24, § 1º., da Lei 9514/97

admitindo a arrematação por preço vil, preferindo o pagamento do crédito condominial e IPTU, em relação ao credor fiduciário, seja por mera interpretação sistemática das normas que disciplinam a Lei 9.514/97, seja pela aplicação da Súmula 478, STJ[26].

A Súmula 478 do STJ trata especificamente da preferência do crédito condominial em relação aos créditos hipotecários, mas se mostra igualmente aplicável à hipótese de crédito garantido por alienação fiduciária sobre o próprio imóvel que tem débitos condominiais[27], pela própria dicção do artigo 1.367, do Código Civil[28]. Ou seja, a solução deve ser a mesma, independentemente de se tratar de garantia real sobre coisa própria ao invés de garantia real sobre coisa alheia (hipoteca)[29], pois, além dos mesmos argumentos anteriormente expendidos, no que tange à alienação fiduciária, a própria lei de regência, no § 8º do artigo 27, ao disciplinar a responsabilidade pelas despesas condominiais do fiduciante antes da imissão na posse e do fiduciário depois da posse, deixa claro que, diante da natureza *propter rem*, as contribuições condominiais devem ser pagas com o fruto da alienação do imóvel em caso de leilão.

No âmbito da execução extrajudicial, pela Lei 9.514/97, tratando-se de obrigação oriunda de financiamento para construção ou aquisição de imóvel residencial, caso em segundo leilão não haja licitantes, o imóvel poderia ser adjudicado pelo credor fiduciário, que terá livre disponibilidade do bem, com a quitação da dívida (art. 26-A, § 4º)[30].

Caso a obrigação garantida pela alienação fiduciária seja oriunda de qualquer outra situação, em segundo leilão, o valor mínimo seria o da

26. Na execução de crédito relativo a cotas condominiais, este tem preferência sobre o hipotecário.
27. Rubens Carmo Elias Filho, Curso de Direito Imobiliário Brasileiro, 2ª ed. p. 941
28. Fábio Rocha Pinto e Silva, Manual dos Contratos Imobiliários, p. 558
29. TJ/SP, 27ª Câmara de Direito Privado, Agravo de Instrumento 2153240-72.2023.8.26.0000; Rel. Des. Celina Dietrich Trigueiros, j. 29.09.2023
30. Interessante observar que a Lei 14.711/23 introduziu ao artigo 26-A, o § 5º para ressaltar que: "A extinção da dívida no excedente ao referencial mínimo para arrematação configura condição resolutiva inerente à dívida e, por isso, estende-se às hipóteses em que o credor tenha preferido o uso da via judicial para executar a dívida." Logo, mesmo em caso de cobrança judicial, quando se tratar de alienação fiduciária em garantia de obrigação de financiamento ou construção do imóvel residencial, frustrados os leilões, ocorrerá a quitação recíproca, não cabendo a cobrança do saldo devedor remanescente.

integralidade da dívida, mas poderá ser alienado por pelo menos metade do valor de avaliação do bem (§2º, do art. 27), sendo certo que, para efeito da cobrança do saldo remanescente, tendo sido o imóvel leiloado ou permanecido com o credor, por falta de arrematantes, o credor deduzirá o valor correspondente ao referencial mínimo para arrematação de metade do valor de avaliação do bem, incluídos os encargos e as despesas de cobrança, conforme interpretação sistemática que se extrai dos §§ 2º, 5º, 5º-A e 6º-A , do art. 27, da Lei 9.514/97 e artigo 891, CPC.

Diante deste quadro, em execução promovida pelo condomínio, cabe indagar qual critério poderia ser adotado para assegurar o direito subjetivo do credor fiduciário: – realizar o leilão, com base nos critérios da Lei 9.514/97, diante da participação do credor fiduciário no processo de execução judicial ou seguir os critérios do estatuto processual civil.

As normas processuais constituem normas cogentes, de interesse público e, como tal, são inderrogáveis pelas partes, salvo disposição contratual, em sentido contrário (art. 13, CPC).

Para efeito de alienação de bens, o Código de Processo Civil estabelece regras específicas, desde a adjudicação, o leilão e a alienação por iniciativa particular (artigos 876 a 903, CPC), de forma pormenorizada, cuja violação poderá ensejará nulidade, especialmente por se tratar de expropriação de bens, exigindo consequentemente o regular atendimento do princípio do contraditório, da ampla defesa e do devido processo legal (art. 5, LIV e LV da CF).

Não parece, portanto, viável, que os critérios minuciosos de leilão contemplados pela Lei 9.514/97 que contemplam um sistema jurídico próprio[31], sejam adotados no processo de execução judicial, dada a natureza pública do sistema processual civil[32], ainda mais quando se trata de expropriação de bens, que exige do magistrado ainda maior cuidado para a preservação dos direitos do executado.

31. A este respeito, recomenda-se a leitura de interessante artigo, de autoria de Mauro Antonio Rocha: https://www.migalhas.com.br/depeso/392742/judicializacao-da-cobranca-divida-garantida-por-alienacao-fiduciaria

32. Cassio Scarpinella Bueno, Curso sistematizado de direito processual civil, vol. 3, p. 420

Desta feita, a menos que as partes que forem sujeitos do processo judicial venham a estabelecer critérios distintos para a realização do leilão judicial, com estabelecimento de negócio jurídico processual (art. 190, CPC)[33], para versar sobre procedimento que o ajuste às especificidades da causa, convencionando sobre os seus ônus, poderes, faculdades e deveres processuais, com indispensável participação do devedor, não se vislumbra possibilidade de realização de leilão em critérios distintos dos previstos na norma processual em vigor[34].

De toda maneira, a realização do leilão judicial não tem o condão de prejudicar o recebimento dos créditos do fiduciário, tampouco das obrigações de natureza *propter rem*, mas, eventualmente, diante de suas especificidades, o seu processamento pode se mostrar mais moroso ou menos interessante para o credor fiduciário, o qual, repita-se, pode antecipar-se com a quitação dos débitos condominiais que sejam objeto da execução e adotar o procedimento da execução extrajudicial, que tem sido mais ágil e adequado para a satisfação do créditos garantidos pela alienação fiduciária.

CONCLUSÃO

Conforme sucintamente desenvolvido ao longo deste estudo, nas ações ajuizadas pelo condomínio que visam o recebimento do crédito condominial, vencido e não pago, oriundo de unidade autônoma sobre a qual incide alienação fiduciária, é possível, dada a natureza *propter rem* das despesas condominiais, realizar a penhora da integralidade do imóvel,

33. Acerca do negócio jurídico processual, verifique-se STJ, 4aT, Resp. 1.810.444-SP, j. 23.02.2021

34. A este respeito: "A execução forçada pode, porém, ser extrajudicial. No direito estrangeiro, é comum que a prática de atos executivos dê-se fora do Poder Judiciário. No Brasil, por exemplo, o Decreto 70/1966 prevê a execução extrajudicial de cédula hipotecária (arts. 31 e segs.), e a execução extrajudicial do contrato de alienação fiduciária de bem imóvel (arts. 26 e 27 da Lei. 9.514/1997). Evidentemente, a execução extrajudicial fica sujeita a controle jurisdicional, preventivo ou repressivo – e esse é o principal argumento para demonstrar a sua compatibilidade com a Constituição brasileira. A desjudicialização da execução, no Brasil, tem sido objeto de muitos estudos. O art. 190 do CPC, ao criar uma cláusula geral de negociação processual atípica, pode servir como fundamento para a construção de uma execução extrajudicial convencional. O tema, por isso, ganha novo impulso." (FREDIE DIDIER JR., Curso de direito processual civil: execução – 7 ed. p. 49)

bastando para tanto que o credor fiduciário seja intimado da penhora do ulterior leilão, sem a necessidade de compor o polo passivo da demanda, preservando, em função da natureza extraconcursal, o crédito fiduciário, após o pagamento das despesas condominiais, IPTU, despesas processuais e créditos com privilégio especial, como as custas e despesas judiciais efetuadas para o leilão.

REFERÊNCIAS BIBLIOGRÁFICAS

ASSIS, Araken de. *Manual de Execução*. 21ª ed. rev.atual. e ampl. São Paulo: Thomson Reuters Brasil, 2020.

BACKHEUSER, Luanda. https://www.migalhas.com.br/coluna/migalhas-edilicias/393464/condominio-versus-credor-fiduciario-um-falso-conflito, 14/09/2023.

BUENO, Cassio Scarpinella. *Curso sistematizado de direito processual civil*, vol. 3: Tutela jurisdicional executiva – 9. ed. São Paulo: Saraiva Educação, 2020.

CHALHUB, Melhim Namem. *Alienação fiduciária, Incorporação Imobiliária e Mercado de Capitais, Estudos e Pareceres*. Rio de Janeiro: Renovar, 2012.

________. Alienação Fiduciária: negócio fiduciário. 8ª ed. Rio de Janeiro: Forense, 2023.

DIDIER JR., Fredie. *Curso de direito processual civil: execução*. 7 ed. rev., ampl. e atual. Salvador: Ed Juspodivm, 2017.

ELIAS FILHO, Rubens Carmo., *Curso de Direito Imobiliário Brasileiro* (MOTTER BORGES, Marcus Vinicius, coord.), 2ª ed. São Paulo: Thomson Reuters Brasil, 2022.

ELIAS FILHO, Mauricio Barbosa Tavares. https://www.conjur.com.br/2023-jul-17/elias-filho-necessidade-uniformizacao-penhora-bem, 17/07.23

LOUREIRO, Francisco Eduardo. *Código Civil Comentado* (PELUZO, Cezar, coord.) Ed. Manole, 14ª edição.

PINTO E SILVA, Fábio Rocha, Manual dos Contratos Imobiliários (MOTTER BORGES, Marcus Vinicius, coord.), São Paulo: Thomson Reuters Brasil, 2023.

ROCHA, Mauro Antonio. https://www.migalhas.com.br/depeso/392742/judicializacao-da-cobranca-divida-garantida-por-alienacao-fiduciaria, 31/08/23.

A EXTENSÃO DA HIPOTECA

João Pedro Lamana Paiva

Registrador de Imóveis em Porto Alegre e Presidente do Conselho Deliberativo do Operador Nacional do Sistema de Registro Eletrônico de Imóveis – ONR.

Sumário: 1. Introdução; 2. A extensão da hipoteca; 3. Considerações finais; 4. Modelo de averbação de extensão da garantia hipotecária.

1. INTRODUÇÃO

A Lei nº 14.711/2023, originária do Projeto de Lei nº 4.188/2021[1], proposta pelo Poder Executivo Federal na ocasião, por iniciativa do então Ministro Paulo Guedes, vislumbrou, entre outras medidas, mitigar os efeitos da pandemia da Covid-19 mediante melhor aproveitamento patrimonial. Para isso aperfeiçoou diversos institutos jurídicos existentes, dentre eles a extensão do crédito na mesma garantia, aplicando-a, agora, à hipoteca, objeto deste estudo.

Com efeito, importante rememorar que até então as execuções da inadimplência dos contratos garantidos por hipoteca se davam por meio de processo judicial ou procedimento extrajudicial pelo Decreto-lei nº 70/1966 que estabelece o procedimento a ser adotado na execução extrajudicial dos

1. https://www.camara.leg.br/proposicoesWeb/prop_mostrarintegra?codteor=2112509&filename=PL%204188/2021. Acesso em 27.01.2024.

contratos regidos pelo Sistema Financeiro de Habitação (SFH), cujo Capitulo III do referido Decreto foi revogado pela novel legislação.

A morosidade procedimental na retomada dos valores do credor em razão da inadimplência tornou menos atrativa esta modalidade de financiamento imobiliário.

Para fortalecer os contratos de financiamento imobiliário, por meio da recuperação rápida de crédito, foi instituída a Alienação Fiduciária de bem imóvel, com a Lei nº 9.514/1997, que passou a ser a melhor forma de garantia para o credor, bem como inovou ao prever uma rápida execução, efetuada de forma extrajudicial.

No ano de 2005, tomou grande repercussão no mercado imobiliário o CASO ENCOL (oportunidade em que milhares de mutuários que já haviam pago por seus imóveis acabaram ficando no prejuízo) fazendo com que o Poder Judiciário necessitasse intervir visando resolver o desamparo legal daqueles que tinham comprado seu imóvel na planta. Em virtude deste problema, o Superior Tribunal de Justiça editou a Súmula nº. 308: *"A hipoteca firmada entre a construtora e o agente financeiro, anterior ou posterior à celebração da promessa de compra e venda, não tem eficácia perante os adquirentes do imóvel."*

Tal decisão sumulada desestabilizou o mercado, desprestigiou a publicidade registral e quase eliminou do âmbito jurídico o instituto de mais consagrado no mundo: o da hipoteca, o verdadeiro e legítimo direito real de garantia existente até então.

A medida reduziu drasticamente a capacidade de garantir o crédito pelo instrumento hipotecário, seja pela dificuldade da execução em caso de inadimplência (via de regra mediante processo judicial, demorados e de pouca efetividade), seja pelo aumento da taxa de juros para cobrir os inadimplentes, seja pela Súmula 308/STJ (gerou a morte presumida da hipoteca), situação que perdurou por muitos anos.

No dia 29 de outubro de 2023 o instituto da Hipoteca recuperou-se e passou a ter uma melhor perspectiva da retomada com sucesso.

A nova Lei traduz-se em verdadeiro aprimoramento das regras de garantia no Brasil, vez que além de introduzir no ordenamento jurídico a extensão da hipoteca, possibilitou ainda a utilização do mesmo imóvel em garantia para credores diferentes e em graus diferentes, assim como a possibilidade de excussão extrajudicial e, ainda, aprimorou o instituto da alienação fiduciária, criando a alienação fiduciária da propriedade superveniente e a extensão/recarregamento da alienação fiduciária.

Com a nova roupagem dada ao instituto da hipoteca surgiu a possibilidade da realização de adequada realocação de recursos com o aproveitamento patrimonial já objeto de garantia, ampliando-se os efeitos dos respectivos institutos utilizados para a sua concreção. Quer dizer, por exemplo, que se um imóvel que vale um milhão de reais garante uma obrigação de trezentos mil reais, há um potencial de melhor aproveitamento em razão do valor remanescente, ou de parte dele. Por que não aproveitar o que a coisa pode garantir, ou parte deste valor, para assegurar novos financiamentos, ou até, inclusive, o mesmo, ampliando-se o empréstimo? É nesta toada que este estudo está situado, por isso o entendimento da razão da extensão das garantias decorrente da relevante legislação citada, até mesmo porque, no cenário político e econômico atual, onde existem incertezas de variadas ordens (as guerras em virtude das disputas de territórios, notícia sobre novas doenças etc.), tudo pode acontecer, e é importante que o ordenamento jurídico esteja preparado para enfrentar as possíveis novas realidades.

É preciso lembrar, ainda, de dois importantes aspectos correlacionados com o tema: a Declaração de Direitos de Liberdade Econômica, requerendo que instrumentos jurídicos eficientes sejam entregues pelo ordenamento jurídico, e o Princípio da Intervenção Mínima, previstos na Lei nº 13.874/2019, repercutindo na possibilidade material de ver ampliada a capacidade das garantias reais (extensão). Sem tais compreensões a dinâmica contratual e suas garantias restariam estagnadas, tendo recebido agora, com o advento da autorização legal, novas configurações, ampliando seus espectros de aplicabilidade.

2. A EXTENSÃO DA HIPOTECA

É da natureza dos direitos reais uma adequada definição dos sujeitos envolvidos e do objeto (bem da vida). Isso relaciona-se com o Princípio da Especialidade Objetiva e Subjetiva e, também, com as garantias reais, que requerem uma precisão quanto à natureza do direito contratado (hipoteca, penhor, alienação fiduciária etc.). Neste aspecto, ao que interessa a este estudo, a Lei permite, diante de contratações diversas, a pactuação de garantias reais de variadas ordens, atingindo um patrimônio específico. É mister, portanto, a especialização (definição) do direito contratado sobre determinado bem e as pessoas que ficam vinculadas na relação. Este vínculo de sujeição entre pessoas (direito obrigacional – contratos) pode gerar a vinculação de patrimônios específicos.

Cita-se este aspecto preliminar com o objetivo de demonstrar que é possível haver uma relação aberta, dinâmica, saudável entre os envolvidos, o mercado, a sociedade e o Estado, quando se permite ajustes e alterações ao longo da vida contratual. O universo contratual é muito rico e precisa ser sustentado por institutos que lhe confiram segurança oportunizando, assim, o cumprimento da sua função social.

Uma vez constituída uma garantia advinda do direito real, deve-se compreender que ela não precisa ser estática, e poderá estar sujeita a alterações por força das intercorrências e intempéries do percurso contratual.

A extensão de garantias constituídas é apenas um destes aspectos, a qual recebeu atenção especial do legislador com o aprimoramento decorrente da Lei nº 14.711/2023.

Com efeito, a extensão de uma garantia real não é novidade no ordenamento jurídico pátrio. Muitas vezes não é preciso reinventar a roda, apenas melhor aproveitar e desenvolver aquilo que o homem já conseguiu concretizar. É possível encontrar o direito de extensão do artigo 58 do Decreto-lei nº 167/1967, aplicável ao penhor cedular contratado em Cédula Rural Pignoratícia, título vastamente utilizado para financiar o setor primário.

Por tal instituto permite-se que, em caso de mais de um financiamento, havendo identidade entres as partes e o objeto, novos financiamentos aproveitem a garantia contratada originalmente. Para isto, basta fazer menção à extensão na cédula e averbar no registro do penhor rural (agrícola e pecuário), realizado no Livro 3 – Registro de Imóveis da situação do imóvel onde localizado o bem móvel dado em garantia.

Admite-se, ainda, a inclusão de novos bens quando da realização da extensão, gerando, além da citada averbação no registro existente, também a necessidade de realização de registro próprio para constituir o penhor sobre os mesmos [(os direitos reais constituem-se, via de regra, mediante a realização de ato próprio de registro (stricto sensu), não sendo correto presumir a constituição do direito esperado sem a realização do ato administrativo previsto na lei]. Não será possível, entretanto, realizar a extensão da garantia do penhor se tiver ocorrido endosso ou se os bens empenhados já tiverem sido objeto de novo penhor, em graus subsequentes, perante terceiros (credores diversos).

Aplica-se igualmente a outros tipos de penhores especiais como o industrial, mercantil e à exportação, consoante se depreende do artigo 50 do Decreto-lei nº 413/1969 e das legislações próprias de cada tipo de cédula, valendo citar a Lei nº 6.313/1975 (artigo 3º), a Lei nº 6.840/1980 (artigo 5º), a Lei nº 8.929/1994 (artigo 5º) e a Lei nº 10.931/2004 (artigo 27, parágrafo único).

Passando, especificamente, ao conhecimento e tratamento da extensão aplicável à hipoteca civil e à hipoteca cedular, vale a mesma lógica acima estabelecida, conforme a disciplina do artigo 1.487-A do Código Civil, com a redação dada pela Lei nº 14.711/2023. Verifica-se a necessidade de envolvimento entre as mesmas partes, podendo haver a extensão a novos financiamentos entre elas, ou a ampliação do mesmo, o que ensejará a realização de ato de averbação na matrícula do imóvel hipotecado, sendo o ato registral adequado a ser praticado para publicizar a extensão da hipoteca o ato de averbação, consoante dispõe o §2º do artigo 1.487-A do Código Civil, com redação dada pela Lei 14.711/2023.

Isso é o que se entende atualmente por "recarregamento da hipoteca", o que pode ser realizado para as hipotecas decorrentes de toda contratação de ordem civil (entre particulares, quando incidente o Código Civil), mas também para as hipotecas cedulares que se prestam para garantir financiamentos específicos, como o rural, o industrial, o comercial etc. Nesse sentido, vale citar tanto o art. 24 do Decreto-lei nº 167/1967, quando o art. 26 do Decreto-lei nº 413/1969.

Tal extensão, entretanto, não prejudicará eventuais interesses que tenham sido publicizados na matrícula do imóvel por terceiros anteriormente à extensão.

Desta forma, os efeitos da extensão **não serão oponíveis** àqueles que aportaram ao Registro de Imóveis antecipadamente a sua ocorrência, aplicando-se neste particular os resultados advindos da aplicação da regra geral (arts. 1.227 e 1.245 do Código Civil). Importa sinalizar que a regra da unicidade do credor é o que estrutura o direito de extensão havendo o ingresso de novos credores, será o credor originário quem aproveitará, de regra, os benefícios da garantia (preferência creditória e possibilidade de implementar a execução extrajudicial), salvo se pactuado de modo diverso na cessão de crédito que permitiu o ingresso de terceiro na relação.

As relevantes diferenças aplicáveis ao instituto, quando se está diante da hipoteca civil, são as seguintes:

a) Logicamente, o prazo do ato relacionado com a extensão, quando se tratar de novo financiamento, não poderá ser superior ao prazo do contrato original (artigo 1.487-A, §1º do Código Civil). Assim, novo financiamento que pretenda ser incluído na hipoteca já registrada, deverá observar o prazo do contrato que lhe deu causa. Importa referir que não se aplicará a possibilidade de recarregamento para as hipotecas peremptas, necessitando antes a sua reconstituição.

b) Poderá ocorrer que por meio de um contrato de financiamento seja registrada uma hipoteca. Poderá ocorrer, também, que as mesmas partes pactuem novo financiamento se valendo da extensão. Quanto a este último contrato, em observância a dinâmica da vida, é possível que seja operada uma cessão de crédito para terceiro, oportunizando a sub-rogação da condição de credor hipotecário na pessoa do cessionário. Neste caso, poderá haver a multiplicidade de credores garantidos pela mesma hipoteca estendida. Quando isso ocorrer, apenas o credor titular do crédito prioritário poderá promover a execução judicial ou extrajudicial da garantia, exceto se convencionado de modo diverso na cessão, como acima informado. Isso é o que se infere do §3º do artigo 1.487-A do Código Civil e pode guardar vínculo com a execução extrajudicial dos créditos garantidos por hipoteca (Capítulo III da Lei nº 14.711/2023), o que pode interessar às situações em que se tenha aplicado a extensão da hipoteca. Importa aqui ressaltar que a prioridade do crédito é determinada pela anterioridade do registro da garantia real na matrícula do imóvel dela objeto.

Relevantes outras questões atinentes à extensão foram previstas, mas não no Código Civil, nem na Lei nº 6.015/1973, mas apenas na Lei nº 13.476/2017, mas, com efeito, atinentes à alienação fiduciária de imóveis. Como não é o objetivo deste estudo tratar sobre tal extensão, a limitação da ponderação fica adstrita apenas a um ponto específico, qual seja, a necessidade de se resolver tudo o quanto previsto sobre a extensão da alienação fiduciária de bem imóvel na Lei nº 13.476/2017 (artigos 9º-A ao 9º-D) poderão ser aplicáveis a toda e qualquer alienação fiduciária de imóvel, ou apenas às contratações regidas pela citada legislação.

A reflexão primeira que é possível fazer é no sentido de ser preciso identificar se tal mecanismo de fomento ao crédito e proteção ao capital emprestado será possível ser utilizado de modo indistinto para todas as contratações, ou apenas nas contratações decorrentes da Lei nº 13.476/2017, a qual tem espectro limitado de aplicabilidade (artigos 3º e 4º). Em outras palavras, o previsto nos artigos 9º-A ao 9º-D da Lei nº 13.476/2017 guardam vínculo com os contratos decorrentes dos artigos 3º e 4º da mesma Lei (operações financeiras derivadas de contrato de abertura de limite de crédito), ou servirão de base para as contratações em geral envolvendo o instituto da alienação fiduciária de imóvel? Será preciso aguardar a construção doutrinária e jurisprudencial a respeito enquanto não adequada a legislação. Talvez a solução possa ser encontrada pela previsão aberta do item 37 do inciso II do artigo 167 da Lei nº 6.015/73, ao prever que *No Registro de Imóveis, além da matrícula, serão feitos: ... II – a averbação: .... 37. da extensão da garantia real à nova operação de crédito, nas hipóteses autorizadas por lei.*

3. CONSIDERAÇÕES FINAIS

É preciso que as autoridades nacionais estejam sempre atentas às possibilidades de implementação de melhorias para o mercado imobiliário e, especialmente, para os brasileiros, o que perpassa pela constante análise daquilo que pode ser aperfeiçoado no ordenamento jurídico. Mas não basta tal análise, é preciso ação, promovendo-se as adequações legislativas necessárias, o que verificou-se ter ocorrido com o implemento da Lei nº 14.711/2023, que certamente servirá para fomentar o desenvolvimento social e econômico pela circulação das riquezas, parte disso envolvendo o crédito e suas garantias.

Neste contexto, a extensão da hipoteca certamente poderá contribuir com tal propósito, esperando que seja bem compreendida e aplicada pelos operadores do Direito.

4. MODELO DE AVERBAÇÃO DE EXTENSÃO DA GARANTIA HIPOTECÁRIA

EXTENSÃO DA HIPOTECA – Nos termos do instrumento particular/escritura pública, firmado em __/__/____, pelo devedor/hipotecante ____________________________, e pelo credor/hipotecário _____ ____________________________________, já qualificados, fica constando que de acordo com o Artigo 1.487-A do Código Civil, incluído pela Lei nº 14.711/2023, permanece em vigor a hipoteca objeto do R-____ desta matrícula, ficando incluída na garantia mais um financiamento no VALOR de R$_____________ (_________________) com PRAZO de |____| meses, e com vencimento final em |__/__/____|, sendo que a TAXA DE JUROS e a FORMA DE PAGAMENTO estão de acordo com o instrumento. VALOR DA GARANTIA – Avaliado para fins de EXECUÇÃO EXTRAJUDICIAL em R$_____________, nos termos do artigo 9º da Lei 14.711/23. As demais condições constam dos instrumentos arquivados digitalmente neste Ofício.

12

A EXTRAJUDICIALIZAÇÃO DA EXECUÇÃO DA GARANTIA IMOBILIÁRIA DECORRENTE DE CRÉDITO HIPOTECÁRIO

Pedro Ítalo da Costa Bacelar

Especialidade em Direito Imobiliário pela Escola Paulista de Direito. Tabelião de Notas e Protesto no Estado de São Paulo.

1. INTRODUÇÃO

O presente artigo tem como objetivo fornecer uma análise abrangente da execução extrajudicial da garantia hipotecária, conforme normatização dada pela Lei n.º 14.711/2023, denominada lei do marco legal das garantias (MLG).

Para tanto, adota uma abordagem metodológica que combina a análise detalhada dos dispositivos legais introduzidos pela nova legislação com uma pesquisa da doutrina e jurisprudência pertinentes.

A análise normativa concentra-se em decifrar as implicações, alcance e inovações trazidas pelos novos dispositivos legais, buscando a compreensão das intenções do legislador e das possíveis mudanças no panorama jurídico atual, ao mesmo tempo que se busca detalhar as repercussões práticas e correlatas que a aplicação da lei acarretará.

Paralelamente, a pesquisa também envolve doutrinas e decisões judiciais existentes que sejam aplicáveis ao contexto da nova lei.

Este cruzamento entre a lei, a doutrina e a jurisprudência tem o objetivo de identificar congruências e discrepâncias, bem como antecipar tendências interpretativas e possíveis efeitos práticos da legislação, oferecendo uma análise que contribua para a compreensão e aplicação do novo marco legal.

Inicialmente, o artigo delineia o contexto histórico e as motivações legislativas por trás da adoção da nova lei, destacando a necessidade de um processo mais ágil e menos custoso para a execução de hipotecas.

Segue-se uma análise detalhada dos dispositivos legais introduzidos pela lei, em comparação com o regime anterior estabelecido pelo Decreto-Lei nº 70/1966 e as mudanças que lhe são aplicáveis promovidas em relação à Lei 9.514/1997, que regula a alienação fiduciária de bens imóveis.

Uma atenção especial é dada ao procedimento de execução extrajudicial estipulado pela nova legislação, detalhando passo a passo, do requerimento inicial e sua qualificação registral até a conclusão da execução com o leilão público, a venda direta ou a adjudicação do imóvel hipotecado.

Em suma, busca-se oferecer uma análise abrangente e reflexiva sobre a extrajudicialização da execução de hipotecas no Brasil, contribuindo para o debate acadêmico e prático sobre a modernização e eficiência dos mecanismos de recuperação de crédito no país.

2. A EXTRAJUDICIALIZAÇÃO

A implementação da execução de créditos garantidos por hipoteca, sem a intervenção do judiciário, emerge como uma poderosa alavanca para o avanço social e econômico do país. Esta estratégia, ao incentivar a segurança na recuperação de créditos através de um processo ágil, eficiente e de menor custo, não apenas acelera a realização das transações, mas também minimiza a incidência de inadimplências.

Assim, tal medida representa um marco decisivo na direção da extrajudicialização, abrindo caminhos para um futuro onde o dinamismo econômico e a justiça social caminham lado a lado.

Neste artigo, optamos por adotar o termo extrajudicialização em detrimento do termo desjudicialização. A escolha decorre da necessidade de se desmistificar que a faculdade de se utilizar os procedimentos que independem da intervenção do poder judiciário não atingem a inafastabilidade da apreciação das questões por aquele.

É dizer: cabe ao credor optar pelo rito extrajudicial ou pela judicialização do tema. E ainda que opte pelo rito extrajudicial, a legalidade do procedimento poderá ser revista pelo poder judiciário, ainda que estabilizando certos efeitos como se verá adiante.

A extrajudicialização da execução hipotecária é uma realidade em diversos países do mundo. De maneira correlata à regulamentada no Brasil, temos a execução extrajudicial na Espanha, instituída pela Lei Espanhola 1, de 14 de Maio de 2013, a qual alterou o artigo 19 da Lei Hipotecária Espanhola.

Na Espanha, as partes podem ou não convencionar no título formalizador da hipoteca a possibilidade de futura execução extrajudicial em procedimento intermediado pelo notário que atua como uma espécie de "agente fiduciário"[1].

No Peru, sob o amparo do Decreto Legislativo nº 495[2], que discorre sobre o Registro Predial de Pueblos Jovenes, Urbanizações Populares, Hi-

---

1. O art. 129 do diploma espanhol indica que: "La acción hipotecaria podrá ejercitarse directamente contra los bienes hipotecados sujetando su ejercicio a lo dispuesto en el Título IV del Libro III de la Ley de Enjuiciamiento Civil, con las especialidades que se establecen en su capítulo V. Además, en la escritura de constitución de la hipoteca podrá pactarse la venta extrajudicial del bien hipotecado, conforme al artículo 1.858 del Código Civil, para el caso de falta de cumplimiento de la obligación garantizada. La venta extrajudicial se realizará por medio del notario, con las formalidades establecidas en el Reglamento Hipotecario."
2. Diz o artigo 33 que: "Cuando se constituya hipoteca, el deudor hipotecario podrá, en el mismo instrumento, convenir con el acreedor y otorgar poder especial e irrevocable a un mandatario para que este, en su nombre y representación, venda el bien en caso de incumplimiento de la obligación. El mandatario podrá ser un Banco, un Notario Público, un Alcalde, una organización de pobladores o cualquier otra persona natural o jurídica que goce de la confianza de ambas partes. En ningún caso el mandatario será el acreedor hipotecario. Es nula toda venta que se realice en precio menor a las dos terceras partes del valor

poteca Popular e Seguro de Crédito, há permissão para que, as partes convencionem no título que contrata a garantia a designação de um terceiro com a finalidade de efetuar a venda do imóvel hipotecado para satisfazer o pagamento ao credor na eventualidade de um não cumprimento.

No contexto da tendência global de extrajudicialização, observa-se que a adoção da execução extrajudicial de hipotecas pode desempenhar um papel crucial na revitalização do emprego de garantias hipotecárias, as quais experimentaram no Brasil um declínio significativo em sua utilização.

Esse declínio pode ser atribuído, entre outros fatores, à instituição da alienação fiduciária de bens imóveis (AFI) pela Lei nº 9.514, de 1997 que, desde sua concepção, incorporou a possibilidade de uma execução extrajudicial mais ágil, oferecendo, até certo ponto, uma solução para as complexidades decorrentes das preferências creditórias de natureza fiscal e trabalhista que a hipoteca enfrentava.

Adicionalmente, também funcionou como uma alternativa para superar as limitações impostas pela Súmula 308 do Superior Tribunal de Justiça (STJ), relacionadas à eficácia da garantia hipotecária[3].

Ainda, soma-se ao contexto que a AFI foi robustecida face a fixação do entendimento doutrinário[4] e jurisprudencial[5] quanto à não aplicabilidade do artigo 53 do Código de Defesa do Consumidor na hipótese de resolução de contrato de compra e venda de bem imóvel com cláusula de alienação fiduciária em garantia; o que certamente contribuiu para o fortalecimento da segurança jurídica, bem como resultou na diminuição nos custos de transação associados à concessão de financiamentos no setor imobiliário.

Analisando o histórico de dados publicados pela Associação Brasileira de Crédito Imobiliário entre os anos de 2003 e 2013, Pontes e Caminha (2016, p. 240) verificam que o aumento da adoção da AFI ocorreu de maneira simultânea à diminuição da taxa de inadimplência dos contratos de

comercial del bien establecido en el contrato de hipoteca, actualizado a la fecha de tasación de acuerdo a los índices establecidos por el Instituto Nacional de Estadística."

3. "Súmula 308, STJ: A hipoteca firmada entre a construtora e o agente financeiro, anterior ou posterior à celebração da promessa de compra e venda, não tem eficácia perante os adquirentes do imóvel."
4. Sobre o tema, Arruda Alvim Netto (1999, p. 15) e Terra (1998, p. 73).
5. Nesse sentido, REsp 1.891.498/SP, REsp 1.894.504/SP e Resp 2.042.232/RN.

financiamento imobiliário que, entre os anos de 2007 a 2013, ficou em um patamar inferior a 1,50% para os contratos garantidos por alienação fiduciária.

Ademais, a "pecha" da inconstitucionalidade do procedimento contido no Decreto-Lei nº 70/1966 de limitada aplicabilidade somente foi totalmente afastada no ano de 2021, quando da fixação da tese de repercussão geral pelo Supremo Tribunal Federal quanto à recepção e constitucionalidade do diploma reafirmando a jurisprudência da corte suprema[6].

Não é por outra razão que um dos objetivos expressamente indicado nas justificativas do projeto de lei n. 4.148/2021 em sua versão neófita[7] apontava para a recuperação do uso da hipoteca como modalidade de garantia de financiamento imobiliário, vez que a hipoteca era usada em apenas 6% (seis por cento) das operações de crédito imobiliário do país; o que podia ser reflexo também da insegurança jurídica que a sua excussão envolvia.

Como resultado desse processo legislativo, houve então a promulgação da Lei 14.711/2023 cujo capítulo III previu: i) a homogeneização parcial de procedimentos da hipoteca com os procedimentos referentes à alienação fiduciária; e ii) o estabelecimento de novo processo de sua execução extrajudicial, com a inclusão de capítulo sobre a matéria na Lei nº 9.514, de 1997, e com a revogação de dispositivos do Decreto-Lei nº 70, de 1966.

3. ARCABOUÇO NORMATIVO

Com a vigência do Marco Legal das Garantias (MLG), o regramento da execução extrajudicial da hipoteca passa a ser normatizado quase em sua totalidade pelos seus artigos 9º e 10º.

Nesses dispositivos, são previstos os ritos procedimentais e as formalidades a serem observadas no procedimento extrajudicial.

Também preveem a aplicabilidade às execuções hipotecárias de algumas das disposições previstas na Lei 9.514/1997 para as execuções extrajudiciais de alienações fiduciárias em garantia de bens imóveis.

6. «É constitucional, pois foi devidamente recepcionado pela Constituição Federal de 1988, o procedimento de execução extrajudicial, previsto no Decreto-lei nº 70/66».

7. https://www.camara.leg.br/proposicoesWeb/prop_mostrarintegra?codteor=2112509

Primeiramente, por aplicação subsidiária, no que cabível, das disposições constantes do artigo 26, aplicando-se, por exemplo, as regras referentes a: a) prazo de carência que, quando não convencionado expressamente, será de 15 (quinze) dias; b) possibilidade do uso da intimação aperfeiçoada para outros procedimentos de execução; c) possibilidade de intimação diretamente pelo registro de imóveis, por intermédio do registro de títulos e documentos ou pelo correio, com aviso de recebimento; d) possibilidade de intimação por hora certa e por edital; e e) necessidade de envio da intimação ao contato eletrônico no contrato com, no mínimo, 15 (quinze) dias de antecedência como condição para a realização de intimação editalícia.

Posteriormente, por especificar expressamente a aplicabilidade ao procedimento, dos dispositivos relacionados: a) à possibilidade de desocupação do imóvel excutido, ainda que exista locação, mediante denúncia (art. 27, §7º[8]); b) à obrigação do fiduciante em arcar com a taxa de ocupação (art. 37-A[9]) e com as despesas vinculadas ao imóvel até a desocupação (art. 27, §8[10]); c) à reintegração do imóvel (arts. 30[11]).

---

8. Art. 27. Consolidada a propriedade em seu nome, o fiduciário promoverá leilão público para a alienação do imóvel, no prazo de 60 (sessenta) dias, contado da data do registro de que trata o § 7º do art. 26 desta Lei. (Redação dada pela Lei nº 14.711, de 2023)

   [...] § 7º Se o imóvel estiver locado, a locação poderá ser denunciada com o prazo de trinta dias para desocupação, salvo se tiver havido aquiescência por escrito do fiduciário, devendo a denúncia ser realizada no prazo de noventa dias a contar da data da consolidação da propriedade no fiduciário, devendo essa condição constar expressamente em cláusula contratual específica, destacando-se das demais por sua apresentação gráfica. (Incluído pela Lei nº 10.931, de 2004)

9. Art. 37-A. O fiduciante pagará ao credor fiduciário ou ao seu sucessor, a título de taxa de ocupação do imóvel, por mês ou fração, valor correspondente a 1% (um por cento) do valor de que trata o inciso VI do caput ou o parágrafo único do art. 24 desta Lei, computado e exigível desde a data da consolidação da propriedade fiduciária no patrimônio do credor fiduciário até a data em que este ou seu sucessor vier a ser imitido na posse do imóvel. (Redação dada pela Lei nº 14.711, de 2023)

10. Art. 27. § 8º Responde o fiduciante pelo pagamento dos impostos, taxas, contribuições condominiais e quaisquer outros encargos que recaiam ou venham a recair sobre o imóvel, cuja posse tenha sido transferida para o fiduciário, nos termos deste artigo, até a data em que o fiduciário vier a ser imitido na posse. (Incluído pela Lei nº 10.931, de 2004)

11. Art. 30. É assegurada ao fiduciário, ao seu cessionário ou aos seus sucessores, inclusive ao adquirente do imóvel por força do leilão público de que tratam os arts. 26-A, 27 e 27-A, a reintegração na posse do imóvel, que será concedida liminarmente, para desocupação no prazo de 60 (sessenta) dias, desde que comprovada a consolidação da propriedade em seu nome, na forma prevista no art. 26 desta Lei. (Redação dada pela Lei nº 14.711, de 2023)

Destaca-se que, para fins de fixação dos termos inicial e final das responsabilidades do devedor e do credor, o legislador optou por equiparar a data da expedição da ata notarial de arrematação ou, se for o caso, do registro da apropriação definitiva do bem pelo credor hipotecário no registro de imóveis na execução hipotecária, à data de consolidação da propriedade na execução da alienação fiduciária (art. 9, §12, do MLG).

Uma importante nota a ser feita refere-se ao exame judicial da legalidade do procedimento. Isso, pois a legislação optou em estabilizar os efeitos das execuções e previu que as ações judiciais que tenham por objeto controvérsias sobre as estipulações contratuais ou os requisitos procedimentais serão resolvidas em perdas e danos, salvo na hipótese de ausência de notificação do devedor ou terceiro garantidor (art. 9, § 12, Lei 14.711/2023 c/c art. 30, parágrafo único, Lei 9.514/1997), hipótese em que será cabível *querela nullitatis.*

Isso não significa que a matéria não poderá ser submetida ao judiciário. Apenas está a determinar as consequências jurídicas do reconhecimento de eventual ilegalidade na via judicial, limitando a reivindicação do bem em prol da segurança jurídica dinâmica.

Ou seja, eventual procedência de ação judicial que questione a legalidade do procedimento só poderá acarretar a nulidade/anulação do procedimento e os respectivos registros realizados nas hipóteses de ausência de notificação.

Dessa forma, oferece-se segurança jurídica ao credor ou terceiro que adquirir o imóvel no procedimento extrajudicial de excussão, mas também se resguarda o direito do devedor, visto que eventual abuso de direito por parte do credor poderá resultar em sua responsabilização e condenação em perdas e danos.

Por fim, importa citar que os artigos 29 a 41, do Decreto-Lei nº 70/1966, que regulamentavam a execução extrajudicial das hipotecas regidas pelo mencionado diploma legislativo, foram integralmente revogados.

Parágrafo único. Arrematado o imóvel ou consolidada definitivamente a propriedade no caso de frustração dos leilões, as ações judiciais que tenham por objeto controvérsias sobre as estipulações contratuais ou os requisitos procedimentais de cobrança e leilão, excetuada a exigência de notificação do devedor e, se for o caso, do terceiro fiduciante, não obstarão a reintegração de posse de que trata este artigo e serão resolvidas em perdas e danos. (Redação dada pela Lei nº 14.711, de 2023)

4. APLICABILIDADE

A principal mudança em relação ao Decreto-Lei nº 70/1966 foi a universalização da aplicação do procedimento.

No decreto retromencionado, nos termos do já revogado artigo 29[12], a execução extrajudicial só seria possível para: i) os contratos de mútuo com garantia hipotecária, excetuados aqueles relacionados a operações de crédito rural; e ii) para as cédulas representativas dos respectivos créditos (arts. 9 e 10[13]).

---

12. art. 29. As hipotecas a que se referem os artigos 9º e 10 e seus incisos, quando não pagas no vencimento, poderão, à escolha do credor, ser objeto de execução na forma do Código de Processo Civil (artigos 298 e 301) ou dêste decreto-lei (artigos 31 a 38). (Revogado pela Lei nº 14.711, de 2023)

13. art. 9º Os contratos de empréstimo com garantia hipotecária, com exceção das que consubstanciam operações de crédito rural, poderão prever o reajustamento das respectivas prestações de amortização e juros com a conseqüente correção monetária da dívida.

    § 1º Nas hipotecas não vinculadas ao Sistema Financeiro da Habitação, a correção monetária da dívida obedecerá ao que fôr disposto para o Sistema Financeiro da Habitação.

    § 2º A menção a Obrigações Reajustáveis do Tesouro Nacional nas operações mencionadas no § 2º do artigo 1º do Decreto-lei nº 19, de 30 de agôsto de 1966, e neste decreto-lei entende-se como equivalente a menção de Unidades-padrão de Capital do Banco Nacional da Habitação e o valor destas será sempre corrigido monetàriamente durante a vigência do contrato, segundo os critérios do art. 7º, 1º, da Lei nº 4.357-64.

    § 3º A cláusula de correção monetária utilizável nas operações do Sistema Financeiro da Habitação poderá ser aplicada em tôdas as operações mencionadas no § 2º do art. 1º do Decreto-lei nº 19, de 30.8.66, que vierem a ser pactuadas por pessoas não integrantes daquele Sistema, desde que os atos jurídicos se refiram a operações imobiliárias.

    art. 10. É instituída a cédula hipotecária para hipotecas inscritas no Registro Geral de Imóveis, como instrumento hábil para a representação dos respectivos créditos hipotecários, a qual poderá ser emitida pelo credor hipotecário nos casos de:

    I – operações compreendidas no Sistema Financeiro da Habitação;

    II – hipotecas de que sejam credores instituições financeiras em geral, e companhias de seguro;

    III – hipotecas entre outras partes, desde que a cédula hipotecária seja originàriamente emitida em favor das pessoas jurídicas a que se refere o inciso II supra.

    § 1º A cédula hipotecária poderá ser integral, quando representar a totalidade do crédito hipotecário, ou fracionária, quando representar parte dêle, entendido que a soma do principal das cédulas hipotecárias fracionárias emitidas sôbre uma determinada hipoteca e ainda em circulação não poderá exceder, em hipótese alguma, o valor total do respectivo crédito hipotecário em nenhum momento.

    § 2º Para os efeitos do valor total mencionado no parágrafo anterior, admite-se o cômputo das correções efetivamente realizadas, na forma do artigo 9º, do valor Monetário da dívida envolvida.

Diferentemente, a excussão extrajudicial regida pela Lei n.º 14.711/2023 tem como regra geral a sua aplicabilidade a qualquer hipoteca, não importando a espécie do negócio jurídico principal.

Portanto, a hipoteca poderá ter como finalidade garantir um mútuo, uma obrigação presente, um limite de crédito aberto. Pouco importa. Todo inadimplemento de hipotecas de bens imóveis poderá ser excutido extrajudicialmente, desde que o título que consubstancia o negócio jurídico possua a expressa previsão da aplicabilidade do procedimento.

No entanto, existem duas exceções que precisam ser pontuadas: o rito não se aplica às hipotecas de navios e aeronaves; e tampouco às operações de financiamento da atividade agropecuária.

Porém, para que o rito seja aplicável, a lei determina que deverá constar do título constitutivo da hipoteca a menção ao teor dos §§ 1º a 10 do artigo 9º, do MLG.

Trata-se de formalidade que deverá ser observado nos instrumentos particulares formalizados pelas partes e nas escrituras públicas lavradas pelos notários.

Importa mencionar que não se trata de faculdade a ser convencionada pelas partes, mas de norma cogente, de ordem pública, visto que a lei elencou a menção como requisito formal de validade do título.

Logo, assim como já ocorre na alienação fiduciária de bens imóveis, os títulos que formalizem hipotecas deverão conter a menção ao conteúdo dos dispositivos que regem a excussão extrajudicial, que não poderá ter a sua aplicabilidade afastada por convenção das partes. Todavia, não há impedimento ao credor em optar, no momento do inadimplemento, pela promoção de execução judicial, caso assim deseje.

Evidentemente, isso não significa dizer que as hipotecas constituídas anteriormente à lei não poderão ser executadas extrajudicial em nenhuma hipótese. Poderá a previsão do procedimento ser incluída em eventual

---

§ 3º As cédulas hipotecárias fracionárias poderão ser emitidas em conjunto ou isoladamente a critério do credor, a qualquer momento antes do vencimento da correspondente dívida hipotecária.

alteração contratual da hipoteca, possibilitando a sua adoção para garantias hipotecárias pretéritas à lei.

5. PROCEDIMENTO

5.1. Título formal e competência registral

O procedimento é iniciado por meio de requerimento firmado pelo credor que deverá ser protocolado no registro de imóveis da situação do imóvel (art. 9º, §1º, MLG).

Na hipótese em que o registro da hipoteca tenha ocorrido em serventia que deixou de ter competência registral, em razão de desmembramento, desdobramento ou qualquer outro tipo de alteração da circunscrição, a apresentação dar-se-á no novo serviço, sendo recomendável que haja a prévia solicitação de abertura de nova matrícula no registro atualmente competente, com vistas a permitir que a averbação do início da excussão seja realizada diretamente pelo oficial que tramita o procedimento.

Para atender aos princípios registrais de especialidade e rogação, o requerimento deverá conter: a) qualificação completa do requerente; b) declaração do vencimento da obrigação garantida pela hipoteca e do decurso do prazo de carência; b) especialização da dívida correspondente ao seu valor atualizado (deverá incluir as prestações vencidas e aquelas que vencerem até a data do pagamento, os juros convencionais, as penalidades e os demais encargos contratuais, os encargos legais, inclusive os tributos, as contribuições condominiais imputáveis ao imóvel e as despesas de cobrança e de intimação) (art. 26, §1º, Lei 9.514/1997 c/c art. 9º, §1º, MLG); c) na hipótese de o imóvel garantir outras obrigações do mesmo credor, ainda que por hipoteca diversa, declaração a respeito do vencimento antecipado ou não das demais dívidas do mesmo credor, nos termos do §2º do art. 1.477 (cláusula *cross default*); d) qualificação e endereço(s) do devedor, inclusive eletrônico, quando houver, e, se for o caso, do terceiro hipotecante.

Em razão da prioridade registral, a prenotação terá seus efeitos postergados até a finalização do procedimento, mediante a averbação da publicidade da não purgação da mora, salvo se houver omissão do apresentante em satisfazer exigências eventualmente feitas pelo registrador no momento da qualificação registral (art. 198, Lei 6.015/1973).

Por sua vez, nas situações em que a dívida hipotecária seja garantida por uma ou mais hipotecas registradas em serventias distintas, o credor poderá optar por promover a intimação para purgação da mora em qualquer dos registros imobiliários competentes.

Na hipótese retromencionada, a intimação para purgação da mora realizada será suficiente para todos os procedimentos de execução, desde que a notificação realizada contenha informações quanto à totalidade da dívida e dos imóveis hipotecados a serem excutidos.

Trata-se de regra prevista no art. 26, §1º-A, da Lei 9.514/1997[14] cuja aplicação à excussão extrajudicial hipotecária ocorre de maneira subsidiária por força do art. 9, §1º, MLG).

Logo, a certidão da não purgação da mora em um registro imobiliário competente permitirá a execução extrajudicial simplificada dos demais, abreviando o rito para cada imóvel executado.

Na hipótese em que o credor esteja presentado/representado, deverá haver a apresentação da documentação comprobatória correspondente.

Dessa maneira, quando se tratar de pessoa jurídica, deverão ser apresentados o contrato/estatuto social vigente e a ata da assembleia geral que elegeu a diretoria que comprove a condição do seu representante legal, comprovada a contemporaneidade por meio de certidão do correspondente registro na junta comercial ou registro civil das pessoas jurídicas acompanhada de certidão de breve relato (ou ficha cadastral).

Por sua vez, quando o credor estiver representado por procurador, deverá haver a apresentação da procuração pública ou instrumento particular correspondente.

14. "Art. 26. Vencida e não paga a dívida, no todo ou em parte, e constituídos em mora o devedor e, se for o caso, o terceiro fiduciante, será consolidada, nos termos deste artigo, a propriedade do imóvel em nome do fiduciário.

[...] § 1º-A Na hipótese de haver imóveis localizados em mais de uma circunscrição imobiliária em garantia da mesma dívida, a intimação para purgação da mora poderá ser requerida a qualquer um dos registradores competentes e, uma vez realizada, importa em cumprimento do requisito de intimação em todos os procedimentos de excussão, desde que informe a totalidade da dívida e dos imóveis passíveis de consolidação de propriedade.

Destaca-se que, para o procedimento extrajudicial em si, não há a necessidade de forma pública para a outorga dos poderes.

Todavia, eventuais desdobramentos do procedimento que acarretem em atos translativos de direitos reais, deverão observar a exigência de forma pública contida no artigo 108, do Código Civil.

Além disso, na eventualidade de o crédito hipotecário ter sido objeto de cessão ou sub-rogação de dívida, o título deverá ser apresentado à averbação (art. 167, II, 30 e 35), em atenção à continuidade, disponibilidade e rogação.

Nessa hipótese, a averbação precedente legitimará a atuação do adquirente do crédito hipotecário.

Ainda, é possível que haja a figura do agente de garantia que atuará em nome próprio e no interesse do(s) credor(es), hipótese em que deverá haver a apresentação do ato de designação ou de contratação do agente (art. 853-A, CC/02[15]) conjuntamente ao requerimento apresentado.

15. Art. 853-A. Qualquer garantia poderá ser constituída, levada a registro, gerida e ter a sua execução pleiteada por agente de garantia, que será designado pelos credores da obrigação garantida para esse fim e atuará em nome próprio e em benefício dos credores, inclusive em ações judiciais que envolvam discussões sobre a existência, a validade ou a eficácia do ato jurídico do crédito garantido, vedada qualquer cláusula que afaste essa regra em desfavor do devedor ou, se for o caso, do terceiro prestador da garantia. (Incluído pela Lei nº 14.711, de 2023)

§ 1º O agente de garantia poderá valer-se da execução extrajudicial da garantia, quando houver previsão na legislação especial aplicável à modalidade de garantia. (Incluído pela Lei nº 14.711, de 2023)

§ 2º O agente de garantia terá dever fiduciário em relação aos credores da obrigação garantida e responderá perante os credores por todos os seus atos. (Incluído pela Lei nº 14.711, de 2023)

§ 3º O agente de garantia poderá ser substituído, a qualquer tempo, por decisão do credor único ou dos titulares que representarem a maioria simples dos créditos garantidos, reunidos em assembleia, mas a substituição do agente de garantia somente será eficaz após ter sido tornada pública pela mesma forma por meio da qual tenha sido dada publicidade à garantia. (Incluído pela Lei nº 14.711, de 2023)

§ 4º Os requisitos de convocação e de instalação das assembleias dos titulares dos créditos garantidos estarão previstos em ato de designação ou de contratação do agente de garantia. (Incluído pela Lei nº 14.711, de 2023)

§ 5º O produto da realização da garantia, enquanto não transferido para os credores garantidos, constitui patrimônio separado daquele do agente de garantia e não poderá responder por suas obrigações pelo período de até 180 (cento e oitenta) dias, contado da data de recebimento do produto da garantia. (Incluído pela Lei nº 14.711, de 2023)

5.2. Legitimidade

Quanto à legitimidade para provocar o início da excussão extrajudicial, importa esclarecer que não é o credor de todo e qualquer inadimplemento de crédito hipotecário que poderá provocá-la. Há a necessidade de se observar a prioridade registral, o grau hipotecário e respectivos vencimentos.

Dessa forma, algumas possibilidades surgem como aptas a configurar o requisito retromencionado.

A primeira delas refere-se ao caso em que há pelo menos o vencimento do crédito hipotecário de primeiro grau.

Nessa hipótese, o crédito hipotecário não é preterido por nenhum outro de mesma classe, legitimando a atuação do credor para provocar o início da excussão extrajudicial.

Em regra, o credor hipotecário de segundo ou maior grau não tem legitimidade para provocar o início da excussão extrajudicial antes do vencimento da hipoteca de grau menos elevado, conforme dispõe o *caput* do art. 1.477, do Código Civil.

Porém, há duas possibilidades jurídicas que podem lhe albergar legitimidade.

A primeira delas está relacionada à ocasião em que se sub-roga no crédito hipotecário de primeiro grau (art. 346, III; e art. 1478, CC/02). Trata-se da chamada remição sub-rogatória da hipoteca.

---

§ 6º Após receber o valor do produto da realização da garantia, o agente de garantia disporá do prazo de 10 (dez) dias úteis para efetuar o pagamento aos credores. (Incluído pela Lei nº 14.711, de 2023)

§ 7º Paralelamente ao contrato de que trata este artigo, o agente de garantia poderá manter contratos com o devedor para: (Incluído pela Lei nº 14.711, de 2023)

I – pesquisa de ofertas de crédito mais vantajosas entre os diversos fornecedores; (Incluído pela Lei nº 14.711, de 2023)

II – auxílio nos procedimentos necessários à formalização de contratos de operações de crédito e de garantias reais; (Incluído pela Lei nº 14.711, de 2023)

III – intermediação na resolução de questões relativas aos contratos de operações de crédito ou às garantias reais; e (Incluído pela Lei nº 14.711, de 2023)

IV – outros serviços não vedados em lei. (Incluído pela Lei nº 14.711, de 2023)

§ 8º Na hipótese do § 7º deste artigo, o agente de garantia deverá agir com estrita boa-fé perante o devedor. (Incluído pela Lei nº 14.711, de 2023)

O resgate da dívida pode ocorrer de maneira consensual ou por meio de consignação em pagamento.

Nessa circunstância, acaba por se transformar também em credor hipotecário de primeiro grau.

Uma segunda possibilidade está relacionada à situação de insolvência do devedor, pois tal circunstância tem como consequência jurídica o vencimento antecipado de todos os seus débitos (Godoy, 2024, p. 3916).

Porém, para que essa insolvência legitime a atuação do credor hipotecário de segundo ou maior grau na seara extrajudicial, haverá a necessidade de que tenha sido anteriormente reconhecida na via judicial, falecendo competência ao registrador para análise de eventual insolvência fática.

Frisa-se que o inadimplemento, por si só, das obrigações garantidas por hipotecas posteriores à primeira, não torna o devedor insolvente. É o que preconiza o artigo 1477, §1º, do CC/02[16].

5.3. Qualificação registral inicial

Uma vez prenotado o requerimento, o Oficial de Registro terá o prazo de 10 (dez) dias úteis para a qualificação do pedido (art. 188, Lei 6.015/1973[17]).

Caberá ao registrador nesta primeira fase, dentre outras possibilidades, analisar especialmente: a) a competência para a deflagração do procedimento; b) a existência de títulos contraditórios e/ou registros/averbações impeditivos; c) a existência do registro da garantia hipotecária; d) a previsão no título aquisitivo, ou em suas alterações levadas a registro, das cláusulas legais que possibilitam a adoção do procedimento extrajudicial; e) a especialidade do requerimento; e f) a legitimidade do credor.

16. Art. 1.477. Salvo o caso de insolvência do devedor, o credor da segunda hipoteca, embora vencida, não poderá executar o imóvel antes de vencida a primeira.

    § 1º Não se considera insolvente o devedor por faltar ao pagamento das obrigações garantidas por hipotecas posteriores à primeira. (Incluído pela Lei nº 14.711, de 2023)

17. Art. 188. Protocolizado o título, proceder-se-á ao registro ou à emissão de nota devolutiva, no prazo de 10 (dez) dias, contado da data do protocolo, salvo nos casos previstos no § 1º deste artigo e nos arts. 189, 190, 191 e 192 desta Lei. (Redação dada pela Lei nº 14.382, de 2022)

Caso a qualificação seja negativa, deverá o oficial emitir nota devolutiva com a indicação e fundamento das exigências realizadas, devendo o apresentante supri-las no prazo da prenotação, e caso se irresigne com elas, solicitar a suscitação de dúvida (art. 198, Lei 6.015/1973)[18].

5.4. Fase notificatória

Uma vez que o requerimento seja qualificado positivamente, inicia-se a fase de notificação.

Nesta fase, o registro de imóveis da situação do imóvel expedirá uma notificação destinada ao devedor e, também ao terceiro hipotecante, quando for pessoa diversa.

A notificação deverá conter o detalhamento da dívida e será dirigida aos endereços indicados pelo credor e do imóvel, nos termos do requerimento apresentado, e irá cientificar os destinatários para que purguem a mora no prazo de 15 (quinze) dias, sob pena de ficar autorizado o início do procedimento de excussão extrajudicial (art. 9º, §§1º e 2º, MLG).

Ainda, no caso da existência de cláusula *cross default*, deverá a notificação expressamente indicar a circunstância detalhando o montante das dívidas consideradas vencidas pelo credor.

Uma vez que tenha sido notificado, o devedor poderá agir de duas formas.

Na primeira, poderá pagar a totalidade da dívida apontada pelo credor.

Nesta hipótese, a dívida cobrada será considerada extinta e o registrador efetuará o repasse ao credor do valor recebido no prazo de 3 (três) dias (art. 9º, §7º, MLG).

---

18. Art. 198. Se houver exigência a ser satisfeita, ela será indicada pelo oficial por escrito, dentro do prazo previsto no art. 188 desta Lei e de uma só vez, articuladamente, de forma clara e objetiva, com data, identificação e assinatura do oficial ou preposto responsável, para que: (Redação dada pela Lei nº 14.382, de 2022)

    [...] VI – caso não se conforme ou não seja possível cumprir a exigência, o interessado requeira que o título e a declaração de dúvida sejam remetidos ao juízo competente para dirimi-la. (Incluído pela Lei nº 14.382, de 2022)

No entanto, o(s) destinatário(s) da notificação poderá(ão) se manter inerte, dando causa ao início da excussão extrajudicial.

Na hipótese acima, deverá o registrador certificar a não purgação da mora e comunicar o credor que terá o prazo de 15 (quinze) dias para solicitar a publicidade da não purgação da mora no fólio real.

Caso a solicite, haverá a averbação da situação jurídica na matrícula do imóvel (art. 9º, §2º, MLG).

Do contrário, o protocolo será encerrado; e haverá a necessidade de se prenotar um novo requerimento, caso o credor deseje reiniciar a excussão extrajudicial.

5.5. Leilões públicos

Uma vez que a não purgação da mora seja averbada, o credor terá o prazo de 60 (sessenta) dias para a realização de leilão público do imóvel hipotecado, que poderá ocorrer presencialmente ou de modo eletrônico (art. 9º, §3º, MLG).

Ressalta-se que o credor possui a obrigação de notificar o devedor e o terceiro garantidor, quando houver, das datas e horários dos leilões a serem realizados nos endereços, inclusive eletrônico, constantes do contrato ou posteriormente fornecidos, devendo se precaver em obedecê-la fielmente, visto que a ausência de notificação é hipótese que poderá resultar na nulidade do procedimento em ação anulatória (art. 30, parágrafo único, Lei 9.514/1997).

A formalidade tem razão de ser, pois a lei possibilita ao devedor remir a execução até a eventual alienação do bem em leilão ou adjudicação pelo credor hipotecário, mediante o pagamento da totalidade da dívida, acrescido das despesas relativas ao procedimento de cobrança e leilões.

Ressalte-se que esse prazo (sessenta dias) não possui natureza decadencial, pois a realização dos leilões não é uma faculdade do fiduciário, mas sim uma imposição legal, "inerente ao próprio rito de execução extrajudicial da garantia –, de forma que a sua extrapolação não extingue a obrigação de alienar o bem imóvel nem restaura o status quo ante das partes, acarretando apenas mera irregularidade, a impedir tão somente o agravamento da situação do fiduciante decorrente da demora imputável exclusivamente ao fiduciário"[19].

Quanto à realização dos leilões em si, a lei impõe algumas regras e critérios que precisam ser observados.

A excussão extrajudicial da hipoteca ocorrerá por meio de atos realizados diretamente pelo credor. A ele, independentemente do intermédio de agente fiduciário ou instituição financeira[20], compete a promoção dos leilões do bem imóvel onerado pela hipoteca para garantir a dívida.

Para conseguir alcançar o bem jurídico almejado de maneira satisfatória na seara extrajudicial, o credor deverá observar as regras para garantir a higidez e legalidade do procedimento.

A lei irá dispor de pisos (valores mínimos para os lances) que deverão ser observados nos leilões. No primeiro leilão, a lei só permite a arrematação do imóvel por lance que seja igual ou superior ao maior valor entre o contratualmente estabelecido e o valor de avaliação de fiscal para fins de imposto de transmissão inter vivos (art. 9º, §5º, MLG).

Caso não haja lance que atenda ao retromencionado, possibilita-se que em segundo leilão o imóvel seja arrematado pelo maior lance oferecido, desde que seja igual ou superior ao valor integral da dívida acrescido das despesas, inclusive emolumentos, dos prêmios de seguro, dos encargos legais, inclusive tributos, e das contribuições condominiais (art. 9º, §6º, MLG).

Também faculta a lei que o credor hipotecário, caso não haja lance no segundo leilão que alcance referido valor, aceite a seu exclusivo critério, lance que corresponda a, pelo menos, metade do valor de avaliação do bem.

Para os leilões que sejam positivos, também há a imposição de algumas regras quanto aos valores recebidos e respectivos repasses.

---

19. Resp 1.649.595/RS.
20. Diferentemente do que ocorria no Decreto-Lei 70/1966, por exigência do revogado artigo 31.

Caso o lance arrematante supere o valor da totalidade da dívida e despesas acrescidas, a quantia excedente será entregue ao credor no prazo de 15 (quinze) dias, contado da data da efetivação do pagamento do preço da arrematação (art. 9º, §8º, MLG).

Por sua vez, caso não supere, o credor terá a faculdade de adjudicar o imóvel para si, a qualquer tempo, pelo valor correspondente ao referencial mínimo (menor valor entre o estipulado contratualmente e o valor da avaliação fiscal para fins de imposto de transmissão intervivos) devidamente atualizado (art. 9º, §9º, I, MLG).

Para tanto, deverá firmar requerimento direcionado ao registrador de imóveis solicitando a adjudicação do imóvel acompanhado dos autos dos leilões negativos e comprovante do recolhimento do imposto de transmissão inter vivos e, se for o caso, laudêmio.

Nessa possibilidade, em ato registral único, por força de lei, deverá ser feito registro translativo que conterá tantos as informações dos leilões negativos quanto às informações do adquirente.

Alternativamente, o credor poderá optar, no prazo de até 180 (cento e oitenta) dias contados da realização do segundo leilão, por realizar a venda direta do imóvel a terceiro, independentemente da realização de novo leilão.

Para essa hipótese, a lei investe o credor em mandato irrevogável para representar o garantidor hipotecário, com poderes para transmitir domínio, direito, posse e ação, manifestar a responsabilidade do alienante pela evicção e imitir o adquirente na posse (art. 9º, §9º, II, MLG).

A venda direta ocorrerá por meio da formalização do correspondente título aquisitivo (venda e compra), observada a necessidade de escritura pública (art. 108, CC/02), quando for o caso, em instrumento que o proprietário tabular (devedor ou terceiro garantidor) será representado pelo credor, por força do mandato legal.

Cumpre ressaltar que o cumprimento das regras procedimentais não necessariamente serão objeto de qualificação registral. Para Kumpel e Fogolin (2023), ao se aplicar o mesmo entendimento da jurisprudência administrativa na consolidação da propriedade da alienação fiduciária, conforme precedentes do Conselho Superior da Magistratura do Tribunal de Justiça do Estado de São Paulo[21], conclui-se que não cabe ao Registrador de Imóveis fiscalizar a observância dos valores mínimos ou do repasse do excedente ao devedor ou dos prazos do leilão da excussão da hipoteca, pois essas etapas possuem caráter obrigacional, reguladas contratualmente (art. 30 da lei 9.514, aplicável subsidiariamente), resolvendo-se em perdas e danos em favor do devedor.

Dessa forma, "todas as ações judiciais que digam respeito a litígios decorrentes de cláusulas contratuais e a requisitos procedimentais de cobrança e leilão deverão ser resolvidos em perdas e danos, exceto se relativos à exigência de notificação do devedor"[22].

5.6. Ata notarial de arrematação

Com vistas a assegurar a legalidade e higidez do procedimento, mormente pela estabilização dos efeitos da execução extrajudicial, visto que eventual ilegalidade não relativa à ausência de notificação, só pode resultar em perdas e danos, a lei incluiu como requisito posterior à conclusão do procedimento em que haja a arrematação do imóvel em leilão público, a elaboração de ata notarial por Tabelião de Notas.

Porém, atribui a competência para a lavratura da ata tão somente ao Tabelião de Notas com circunscrição delegada que abranja o local do imóvel. Trata-se de opção legislativa cuja finalidade foi evitar a concorrência predatória.

Para tanto, haverá a distribuição dos autos do leilão e o processo de execução extrajudicial da hipoteca a tabelião de notas que lavrará ata notarial cujo conteúdo versará a respeito da constatação pelo notário da legalidade da situação jurídica referente ao procedimento de excussão, devendo fazer constar da ata notarial obrigatoriamente: a) os dados da intimação do devedor e do garantidor; b) os dados dos autos do leilão.

21. TJSP; Apelação Cível 1000490-18.2018.8.26.0505; Relator (a): Pinheiro Franco (Corregedor Geral); Órgão Julgador: Conselho Superior da Magistratura; Foro de Ribeirão Pires – 1ª Vara; Data do Julgamento: 26/02/2019; Data de Registro: 01/03/2019.

22. CSMSP – APELAÇÃO CÍVEL: 1011556-33.2020.8.26.0114. Campinas, 29 de junho de 2023. Diário da Justiça de 12 de setembro de 2023. Relator: Fernando Antônio Torres Garcia.

Nesse sentido, Kumpel e Fogolin apontam que (2023):

> a atividade do tabelião não se restringe à mera descrição dos documentos, mas também abrange a qualificação de vício formais e materiais que impeçam a arrematação, bem como do pagamento do ITBI e, caso se trate de imóvel enfitêutico, do laudêmio, requisitos para o ingresso no fólio real (art. 9°, §14).

Trata-se de ata notarial que será título hábil (título formal) de transmissão da propriedade ao arrematante; e que, acompanhada do ITBI, e se for o caso laudêmio, será apresentada no registro de imóveis e resultará no registro da arrematação na matrícula do imóvel.

6. QUADRO-COMPARATIVO: EXECUÇÃO EXTRAJUDICIAL NAS LEIS 9.514/97 E 14.711/23

Como visto acima, o procedimento de execução extrajudicial da hipoteca possui muitas semelhanças com o procedimento de execução da alienação fiduciária que trata a Lei 9.514/97. Há, todavia, algumas variações entre um e outro procedimento, ora em razão da natureza do instituto, ora simplesmente por opção do legislador.

Nesse ínterim, apresenta-se quadro-comparativo entre as execuções, com vistas a facilitar a identificação das similaridades e diferenças entre os procedimentos. Senão, vejamos.

	Lei 9.514/97 (Execução extrajudicial da AFG)	Lei 14.711/23 (Execução extrajudicial da hipoteca)
SEMELHANÇAS		
Competência do RI	RI da situação do imóvel, conf. art. 26, § 1°	RI da situação do imóvel, conf. § 1° do art. 9°
Prazo para purga da mora	15 dias, conf. art. 26, § 1°	15 dias, conf. § 1° do art. 9°
Prazo para leiloar o imóvel	Até 60 dias, conf. art. 27	Até 60 dias, conf. § 3° do art. 9°
Valor mínimo do primeiro leilão	O maior entre: avaliação do imóvel para fins de excussão e avaliação do imóvel para fins de ITBI, conf. § 1° do art. 24	O maior entre: avaliação do imóvel para fins de excussão e avaliação do imóvel para fins de ITBI, conf. § 5° do art. 9°

	Lei 9.514/97 (Execução extrajudicial da AFG)	Lei 14.711/23 (Execução extrajudicial da hipoteca)
Exoneração do saldo remanescente	Se o produto da arrematação for insuficiente, o devedor será exonerado do restante somente se o crédito tiver sido contrato para aquisição ou construção de imóvel residencial do devedor (salvo no sistema de consórcios), conf. § 4º do art. 26-A. Não sendo o caso, o credor poderá continuar executando outros bens do devedor, conf. § 5º-A do art. 27.	Se o produto da arrematação for insuficiente, o devedor será exonerado do restante somente se o crédito tiver sido contrato para aquisição ou construção de imóvel residencial do devedor (salvo no sistema de consórcios). Não sendo o caso, o credor poderá continuar executando outros bens do devedor, conf. § 10 do art. 9º
Desocupação do imóvel excutido, mesmo que alugado	Art. 27, § 7º	§ 12 do art. 9º
Taxa de ocupação e demais despesas	Art. 37-A	§ 12 do art. 9º
Previsão do procedimento no contrato	Art. 24, VII	§ 15 do art. 9º
DIFERENÇAS EM RAZÃO DA NATUREZA DE CADA INSTITUTO		
Aquisição do bem pelo devedor	Até o momento do leilão, o devedor possui o direito de preferência na aquisição do bem, conf. § 2º-B do art. 27	Até o momento do leilão, o devedor possui o direito de remir o bem mediante pagamento da totalidade da dívida, conf. § 7º do art. 9º.
Publicidade da situação jurídica do imóvel	Após a não purgação da mora e mediante recolhimento do ITBI, haverá o registro da consolidação da propriedade em favor do credor, conf. § 7º do art. 26. Se for o caso, os leilões negativos também deverão ser averbados na matrícula do imóvel, momento a partir do qual o credor passa a ter a plena disponibilidade sobre o bem, conf. § 5º do art. 27.	Uma vez não purgada a mora, o procedimento de excussão é noticiado na matrícula através de averbação, conf. § 2º do art. 9º. Note-se que tal averbação se dá antes dos leilões, para ciência de terceiros.

	Lei 9.514/97 (Execução extrajudicial da AFG)	Lei 14.711/23 (Execução extrajudicial da hipoteca)
Venda direta	Após a averbação dos leilões negativos, o credor poderá dispor livremente do imóvel, conf. § 5º do art. 27. Note-se, todavia, que nesse momento ele já transferiu para si o bem e, inclusive, já recolheu o imposto de transmissão incidente.	Na hipótese de leilões negativas, o credor ainda tem até 180 dias para vender o imóvel, pelo que estará investido de mandato legal para representar o devedor junto à escritura, conf. § 9º, II, do art. 9º. Nesse caso, não precisa transferir para si o bem. Não conseguindo vender o bem a terceiro dentro do referido prazo, deverá transferi-lo para si.
DIFERENÇAS POR OPÇÃO DO LEGISLADOR		
Aplicabilidade	Aplica-se mesmo no caso de créditos destinados ao financiamento de atividade agropecuária (ex. CPR), conf. art. 5º da Lei 8.929/94.	Não se aplica quando o crédito tiver sido destinado ao financiamento da atividade agropecuária (ex. cédulas de crédito rural e cédula imobiliária rural), conf. § 13º do art. 9º.
Título em sentido formal	O auto de arrematação é título hábil para a transferência do imóvel perante o Registro de Imóveis, não sendo necessária a formalização de escritura pública ou ata notarial, ainda que o valor do imóvel seja superior a 30 S.M., conf. art. 38.	Após arrematação em leilão, os autos deverão ser distribuídos à Tabelionato de Notas, que lavrará ata notarial da arrematação e esta será o título hábil para fins de registro, conf. § 11 do art. 9º. Exceção: adjudicação do bem pelo credor.
Prazo para devolução da quantia excedente	Se o produto da arrematação for superior à dívida, o credor possui prazo de cinco (05) dias para devolução do excedente, conf. § 4º do art. 27.	Se o produto da arrematação for superior à dívida, o credor possui prazo de quinze (15) dias para devolução do excedente, conf. § 8º do art. 9º
APLICAÇÃO SUBSIDIÁRIA		
Anote-se, ainda, que, NO QUE COUBER, a Lei 9.514/97 pode ser aplicada de forma subsidiária na execução extrajudicial da hipoteca, conf. § 1º, parte final, do art. 9º.		

7. CONSIDERAÇÕES FINAIS

A Lei 14.711/2023, como visto ao longo deste artigo, inaugura uma nova era na execução de garantias imobiliárias no Brasil, representando um avanço significativo no tratamento jurídico das hipotecas.

Ao estabelecer um procedimento extrajudicial mais ágil e econômico, a lei responde a uma demanda antiga por eficiência processual e segurança jurídica, refletindo tendências internacionais e adaptando-as ao contexto brasileiro.

Este estudo buscou elencar considerações importantes e sistematizar os mecanismos introduzidos pela nova legislação.

A extrajudicialização, conforme moldada pela lei, busca equilibrar a rapidez na recuperação de créditos com a preservação dos direitos fundamentais dos devedores, um desafio constante nas legislações contemporâneas sobre garantias reais.

É importante ressaltar, porém, que a implementação efetiva da nova lei requer uma atenção constante às suas interpretações e à prática dos operadores do direito.

Isso, pois as nuances do procedimento extrajudicial, as salvaguardas para os devedores e a interação com o sistema judiciário são aspectos que demandam um monitoramento contínuo e um diálogo aberto entre doutrina, jurisprudência e prática notarial e registral.

Nesse sentido, este artigo buscou contribuir para o debate jurídico, mas o desenvolvimento da matéria não se encerra aqui. Espera-se que esta análise inicial sirva de fundamento para discussões mais aprofundadas e para a constante evolução da nossa legislação, alinhando-a cada vez mais às necessidades econômicas e sociais do país.

A Lei 14.711/2023 representa um passo importante em direção à modernização e à eficiência do sistema de garantias imobiliárias no Brasil. Sua análise crítica e a observação de sua aplicabilidade prática contribuirão significativamente para a evolução do direito imobiliário brasileiro, garantindo que as execuções de hipotecas sejam realizadas de maneira eficaz, justa e alinhada aos princípios da economia e da dignidade da pessoa humana.

8. REFERÊNCIAS BIBLIOGRÁFICAS

BRASIL. Decreto-Lei nº 70, de 21 de novembro de 1966. Dispõe sobre o procedimento sumário para a execução de dívida hipotecária, e dá outras providências. Diário Oficial da União, Brasília, DF, 24 nov. 1966. Disponível em: [URL onde o decreto-lei pode ser acessado integralmente]. Acesso em: [data do acesso].

BRASIL. Lei nº 9.514, de 20 de novembro de 1997. Dispõe sobre o Sistema de Financiamento Imobiliário, institui a alienação fiduciária de coisa imóvel e dá outras providências. Diário Oficial da União, Brasília, DF, 24 nov. 1997. Disponível em: https://www.planalto.gov.br/ccivil_03/leis/l9514.htm. Acesso em: 20/03/2024.

BRASIL. Lei nº 14.711, de 31 de outubro de 2023. Dispõe sobre o Sistema de Garantias para Operações Financeiras e dá outras providências. Diário Oficial da União, Brasília, DF, 31 out. 2023. Disponível em: https://www.planalto.gov.br/ccivil_03/_ato2023-2026/2023/lei/l14711.htm. Acesso em: 20/03/2024.

ESPAÑA. Decreto de 08 de fevereiro de 1946. Boletín Oficial del Estado, n.º 58, 27 de fevereiro de 1946. p. 1518.

PERU. Decreto Legislativo nº 495, de 15 de novembro de 1988. Sobre o Registro Predial de Pueblos Jovenes, Urbanizações Populares, Hipoteca Popular e Seguro de Crédito. Data de promulgação. [Ementa]. Disponível em: https://www.leyes.congreso.gob.pe/Documentos/DecretosLegislativos/00495.pdf. Acesso em: 20/03/2024.

DE OLIVEIRA, Carlos Eduardo Elias. *Lei das Garantias (Lei nº 14.711/2023):* uma análise detalhada. Migalhas, Migalhas Notariais e Registrais, 24/10/2023. Disponível em: https://www.migalhas.com.br/arquivos/2023/11/999446D14EF8FE_LeidasGarantias.pdf. Acesso em 20/03/2024.

DE OLIVEIRA, Carlos Eduardo Elias. *Lei das Garantias (Lei nº 14.711/2023):* uma análise detalhada. Migalhas, Migalhas Notariais e Registrais, 24/10/2023. Disponível EM: https://www.migalhas.com.br/arquivos/2023/11/B57BCEF5E85D95_PDF-2023-11-2-ContinuacaoLeidas.pdf. Acesso em 20/03/2024.

GODOY, Claudio Luiz Bueno de et al. *Código Civil comentado:* doutrina e jurisprudência: Lei n. 10.406 de 10.01.2002. Coordenação de Cezar Peluso. 18. ed. Santana de Parnaíba: Manole, 2024.

KÜMPEL, Vitor Frederico; FOGOLIN, Victor Volpe. *A execução extrajudicial da hipoteca e o papel dos notários e registradores:* procedimento, ata notarial de arrematação e constitucionalidade. Migalhas, Registralhas, 06/11/2023. Disponível em: https://www.migalhas.com.br/coluna/registralhas/398470/execucao-extrajudicial-da-hipoteca-e-o-papel-dos-registradores. Acesso em: 20/03/2024.

NETTO, José Manoel de Arruda Alvim. Parecer Jurídico para a Associação Brasileira de Crédito Imobiliário e Poupança – ABECIP, sobre a análise da aplicação do art. 53 da Lei 8.078, de 11.11.1990, que dispõe sobre a proteção do consumidor, nos financiamentos imobiliários por alienação fiduciária de imóveis, instituída pela Lei 9.514, de 20.11.1997, São Paulo, 18 de fevereiro de 1999.

PONTES, Ted Luiz Rocha; CAMINHA, Uinie. *Uma análise econômica da alienação fiduciária em garantia dos bens imóveis.* Scientia Iuris, Londrina, v. 20, n. 1, p. 221-248, abr. 2016. DOI: 10.5433/2178-8189.2016v20n1p221. Disponível em: https://ojs.uel.br/revistas/uel/index.php/iuris/article/view/20241/18803. Acesso em: 20/03/2024.

TERRA, Marcelo. *Alienação fiduciária de imóvel em garantia* (Lei n° 9.514/97, primeiras linhas). Ed. Sergio Antônio Fabris, Porto Alegre, 1998.

13

EXECUÇÃO EXTRAJUDICIAL DA GARANTIA IMOBILIÁRIA EM CONCURSO DE CREDORES

Gabriel Pires

Oficial de Registro de Imóveis de Sacramento/MG. Diretor acadêmico do Colégio Registral Imobiliário de Minas Gerais CORI MG. Foi coordenador do curso de Direito da UFV e professor convidado do curso de especialização da FGV/ RJ.

1. CONSIDERAÇÕES INICIAIS

A execução extrajudicial pode ser dividida em execução simples e execução com concurso de credores.

A execução simples ocorre quando na matrícula exista tão somente o registro de uma única alienação fiduciária, hipótese em que se adotará um dos procedimentos previstos nos artigos 26 e seguintes da Lei 9514/97, ou o registro de uma única hipoteca, situação em que será observado o artigo 9º da Lei 14.711/23.

A execução com concurso de credores deve observar, além de um dos procedimentos supramencionados, as normas previstas no artigo 10 da Lei 14.711/23.

Ela ocorrerá quando a matrícula noticiar a existência de outros credores que possuam uma garantia real, seja concreta ou potencial, ou seja, com eficácia suspensa.

Incluem-se neste rol todas as hipotecas registradas, vincendas ou já vencidas, ainda que já decorrido considerável prazo, desde que não expressamente canceladas.

Da mesma forma, todas as alienações fiduciárias, sejam elas primaz ou supervenientes.

Considera-se, ainda, a anticrese.

Exclui-se deste rol, deste modo, o crédito publicizado por meio de uma penhora, e até de uma averbação premonitória (averbação de recebimento de uma execução, nos moldes do artigo 828 do CPC).

A razão para esta exclusão é literal. O legislador empregou, no artigo 10, *caput,* da Lei 14.711/23 a expressão "mais de um crédito garantido pelo mesmo imóvel" e no §1º do citado artigo a expressão "crédito real."

Analisando o tema sob outro prisma, os credores podem ser agrupados em 3 categorias:

a) os que possuem legitimidade para instaurar o processo de execução extrajudicial, quais sejam, os credores hipotecários com créditos vencidos (independentemente do grau), e o credor da alienação fiduciária primaz;

b) os credores que, embora não possuam a mencionada legitimidade, serão beneficiados pela execução extrajudicial, pois possuirão direito de partilhar os valores arrecadados no leilão, na venda privada ou na arrematação, quais sejam, o credor da alienação fiduciária superveniente (pois seu direito se sub-roga no preço, conforme artigo 22, §5º da Lei 9.514/97), e o credor hipotecário com dívida vincenda (mas que se beneficiará do vencimento antecipado da obrigação, por força de aplicação analógica do artigo 333, II do CC), o credor da anticrese; o credor da hipoteca constituída para a atividade agropecuária (art. 9º, §13 da Lei 14.711/23); o credor hipotecário comum que registra uma hipoteca em uma matrícula em que já tenha sido feito o registro de uma hipoteca para a atividade agropecuária, enquanto não cancela esta; e o credor com hipoteca registrada antes do advento da Lei 14.711/23.

c) os credores que não possuem legitimidade para requerer a execução e nem se beneficiar dela, quais sejam, os credores que, embora o seu crédito esteja noticiado na matrícula, não são titulares de um direito real, ainda que potencialmente, como é o caso do credor com penhora ou o credor com averbação premonitória (averbação de recebimento da execução, nos termos do artigo 828 do CPC). Este grupo de credores deverá aguardar o depósito judicial de eventual quantia remanescente a ser apurada com o leilão, venda privada ou arrematação. Por outro lado, não terão seus direitos cancelados na matrícula enquanto não sobrevier ordem judicial específica ou sua expressa manifestação autorizando o cancelamento.

2. FATORES IMPEDITIVOS DA INSTAURAÇÃO DO CONCURSO DE CREDORES

Não será instaurado o concurso de credores se presentes um dos requisitos abaixo:

a) Bloqueio da matrícula (art. 214, §3º da Lei 6015/73):

A determinação judicial de bloqueio da matrícula impossibilita a prática de quaisquer atos na mesma, não impedindo, contudo, as prenotações dos títulos, que ficarão suspensos até o cancelamento do bloqueio.

b) Recuperação judicial, falência e insolvência civil:

A decretação da recuperação judicial, falência ou insolvência civil (art. 1.052 CPC) impedirá a execução extrajudicial.

Tão logo a Serventia seja comunicada da situação, deverá promover, em ato sem conteúdo financeiro, uma averbação na matrícula noticiando a ocorrência.

Esta averbação impedirá, inclusive, a averbação de início da execução, embora a recíproca não seja verdadeira.

Esta decretação, contudo, não atinge o credor fiduciário (da alienação fiduciária primaz), que poderá promover a execução extrajudicial, por força de previsão expressa do artigo 49, § 3º da Lei de Falências.

Atingirá, destarte, os credores das alienações fiduciárias supervenientes (pois não reúnem, ainda, a condição de credor fiduciário).

3. ELEMENTOS ACIDENTAIS DA MATRÍCULA

a) Indisponibilidade dos direitos do garantidor:

Regulamentada pelo Provimento 39/2014 do CNJ, a indisponibilidade atinge as faculdades de disposição e oneração do bem pelo proprietário.

Como já é de conhecimento público, após a averbação deste gravame, não poderão mais ser promovidos, entre outros, atos de registro de transmissão do bem, constituição de qualquer hipoteca ou alienação fiduciária.

A discussão que subsiste é no tocante ao exercício dos direitos por parte dos credores na matrícula anteriores a esta averbação.

Quanto à alienação fiduciária, o artigo 27, § 11 incluído na Lei 9.514/97, estabelece que a indisponibilidade incidente sobre o direito real do fiduciante não obsta a consolidação da propriedade no patrimônio do credor fiduciário e a venda do imóvel para a realização da garantia.

Desta forma, esta indisponibilidade não impedirá a execução extrajudicial da garantia.

Deixou o legislador, contudo, de regulamentar os efeitos da indisponibilidade sobre a hipoteca.

O debate, aqui, a princípio, é mais delicado, pois o hipotecante, ao contrário do fiduciante, ainda conserva a propriedade plena do imóvel.

Não obstante a ressalva feita, sustentamos que o desfecho deva ser o mesmo para a hipoteca, ou seja, o credor hipotecário poderá manejar a execução extrajudicial ainda que tenha sido posteriormente averbada a indisponibilidade de direitos do hipotecante.

A defesa aqui se baseia em dois argumentos: a) a indisponibilidade restringe direitos do proprietário do imóvel, mas não o direito real do hipotecante, que conserva a sua pretensão de excutir o bem e satisfazer o seu crédito; b) o princípio da concentração da matrícula, positivado nos artigos 54 e seguintes da Lei 13.097/15, em especial o inciso III do artigo 54. Por este princípio, a averbação de uma indisponibilidade posterior não seria oponível perante um terceiro que já fosse titular de um direito na matrícula.

Ademais, a interpretação da indisponibilidade como óbice para a execução extrajudicial acabaria por configurar um desestímulo à desjudicialização, obrigando o credor a manejar a execução judicial e a pedir ao Judiciário o reconhecimento de prevalência do crédito, nos termos do artigo 16 do Provimento 39/2014 do CNJ[1].

Por fim, ressalta-se que estas indisponibilidades não serão canceladas automaticamente com o registro do ato de transmissão, mas dependerão de decisão judicial, que poderá verificar se foi efetivamente observada a ordem de direitos e gravames da matrícula no curso da execução extrajudicial.

b) Indisponibilidade dos direitos do credor:

Embora menos comum, a indisponibilidade pode ter por alvo não o garantidor, mas sim o credor hipotecário ou fiduciário.

Nesta hipótese, esta indisponibilidade impede que o credor possa, sem autorização judicial expressa, promover a execução do bem.

Não configura óbice, contudo, à execução iniciada por outro credor concorrente e o pagamento aos credores que figurem em ordem preferencial no quadro.

Haverá, entretanto, a suspensão do processo de execução extrajudicial na fase de pagamento ao credor com indisponibilidade e aos credores que

---

1. A questão fica ainda mais delicada para aqueles que entendem que o credor hipotecário não teria a faculdade de buscar a via judicial, por ausência de uma condição da ação, qual seja, o interesse de agir.

lhe sucederem, até que sobrevenha uma ordem específica do juízo que determinou esta indisponibilidade.

c) **Penhora da união (artigo 53, §1º da Lei 8.212/91):**

Este ato acarreta a inalienabilidade do imóvel e impede que novos registros de garantia sejam feitos na matrícula.

Em genuflexão ao supramencionado princípio da concentração da matrícula, estes atos não geram efeitos retroativos, não atingindo os credores que já deram publicidade ao seu crédito.

Aplica-se, assim, o mesmo raciocínio da indisponibilidade dos direitos do garantidor.

A União deverá aguardar o desfecho da ação judicial para se apropriar de eventual quantia remanescente.

d) **Arrolamento administrativo de bens (art. 64 e 64-A da Lei 9.532/97):**

Esta averbação não impedirá a execução extrajudicial. Exige apenas que a alienação seja informada à Receita Federal.

e) **Registro da citação de ação real ou pessoal reipersecutória e penhoras comuns:**

Estes atos não impedem a execução extrajudicial.

Se promovidos antes do registro da garantia, sujeita o adquirente do bem aos riscos do negócio, tais como a evicção ou o enquadramento como fraude à execução.

Este risco ocorrerá ainda que o bem seja arrematado em leilão, pois esta arrematação não configura hipótese de aquisição originária.

Caso estes atos tenham sido registrados após o registro da garantia, não poderão afetar o adquirente do imóvel, por força do citado princípio da concentração.

Seja em uma ou outra hipótese, o cancelamento destes gravames dependerá de decisão judicial.

f) Hipoteca do crédito agropecuário (art. 9º, §13 da Lei 14.711/23):

As hipotecas constituídas para garantir dívidas relacionadas ao crédito agropecuário, a exemplo do crédito rural, não se submetem à execução extrajudicial.

Não impedem, contudo, a execução extrajudicial manejada por outro credor hipotecário, desde que com registro anterior na matrícula.

De fato, se já ocorreu um registro de uma hipoteca comum, surgiu um direito para o credor de promover a execução extrajudicial e este direito não poderá ser atingido em razão do registro posterior de uma hipoteca do crédito agropecuário.

A situação é diferente na hipótese em que uma hipoteca comum é registrada após uma hipoteca do crédito agropecuário. Nesta hipótese, o direito de buscar a execução extrajudicial ficará suspenso enquanto não cancelada a hipoteca do crédito agropecuário.

Em suma, o credor do crédito agropecuário não poderá manejar a execução extrajudicial, mas poderá beneficiar-se dela, habilitando seu crédito, caso algum outro credor **antecedente**, cumpre frisar, promova esta execução.

g) Credor anterior ao advento da Lei 14.711/23:

O credor que registrou sua hipoteca antes do advento da Lei 14.711/23 não poderá, em regra, manejar a execução extrajudicial, posto que não constou esta previsão do título[2].

Poderá, contudo, valer-se desta prerrogativa caso promova um aditivo com o devedor com o escopo de incluir esta previsão no título.

Ainda que não possa instaurar a via extrajudicial, poderá dela se beneficiar, caso a execução seja manejada por um outro credor hipotecário, podendo habilitar o seu crédito.

2. Ressalva-se, conforme a corrente majoritária, a possibilidade de execução extrajudicial manejada pelo credor cuja hipoteca foi constituída sob a égide do Decreto-Lei 70/1966.

4. LEGITIMIDADE PARA REQUERER A EXECUÇÃO EM CONCURSO DE CREDORES[3]

4.1. Credor hipotecário

A execução extrajudicial poderá ser requerida pelo credor hipotecário que reúna três requisitos:

a) que seja credor hipotecário comum (em contraposição ao credor do crédito agropecuário);

b) que conste esta previsão do título, seja porque constituído após o advento da Lei 14.711/23, seja porque foi celebrado um aditivo para este fim;

c) que não haja uma hipoteca para fins agropecuários registrada de forma antecedente na matrícula;

Reunido os três requisitos, terá o credor legitimidade, independentemente do grau, **desde que vencido o seu crédito e também vencidas as hipotecas em grau anterior** (art.1.477 CC)[4].

O fato da execução ter sido requerida por credor em segundo ou maior grau, não lhe confere o direito de receber o crédito antes daquele de grau inferior, que conserva a sua preferência.

Embora não tenha necessariamente prioridade no recebimento do crédito, o credor que maneja a execução terá dois benefícios: cabe-lhe com exclusividade o direito de apropriar-se do imóvel em pagamento da dívida (artigo 9º, §9º, I da Lei 14.711/23); Ademais, o credor exequente terá plena liberdade para promover a venda direta do bem (artigo 9º, §9º, II da Lei 14.711/23), pois inexistente qualquer direito de preferência na aquisição por parte de qualquer credor concorrente.

---

3. O tópico se destina a tratar dos legitimados ordinários à esta execução extrajudicial, deixando de enfrentar, neste momento, hipóteses de sucessão processual, a exemplo do espólio ou herdeiros do credor, e a substituição processual, a exemplo do agente de garantias previsto no artigo 853-A §1º do Código Civil.

4. Ressalva-se a hipótese de extensão da hipoteca prevista no artigo 1487-A do CC, em especial o seu parágrafo 3º.

Sendo requerida por mais de um credor, o direito caberá ao que protocolizou seu pedido primeiro.

4.2. Alienação fiduciária

No tocante à alienação fiduciária, a execução só poderá ser movida pelo credor fiduciário, titular da alienação fiduciária primaz.

Não está legitimado, deste modo, o credor da alienação fiduciária superveniente.

Como sabido, o instrumento de alienação fiduciária superveniente poderá ser registrado tão logo apresentado a protocolo, conferindo-lhe a devida publicidade, embora só vá gerar efeitos a partir do cancelamento da alienação fiduciária anteriormente constituída. Os efeitos deste registro, assim, submetem-se à uma condição suspensiva.

Oportuno destacar o alcance desta condição suspensiva. Tão logo pactuado o acordo, ele já gera os seus efeitos obrigacionais. Surge a dívida, e por óbvio, as figuras do devedor e credor. Está pendente, ainda, o surgimento da garantia. Apenas após o implemento da condição é que o simples credor se converte em credor fiduciário.

5. PROCEDIMENTO DA EXECUÇÃO EXTRAJUDICIAL EM CONCURSO DE CREDORES

Neste procedimento, como já salientado, além dos atos inerentes ao procedimento comum, serão praticados os atos a seguir descritos.

a) **Intimação:**

Tão logo seja promovida a averbação de início da excussão extrajudicial da garantia hipotecária ou de consolidação de propriedade, a Serventia deverá intimar os credores titulares de direitos reais (concretos ou potenciais) na matrícula para que, no prazo de 15 dias úteis, apresentem à Serventia um requerimento de habilitação de crédito, que, nos termos do artigo 10, caput , da Lei 14.711/23, deve conter as seguintes informações: I – o cálculo do valor atualizado do crédito para excussão da garantia, incluídos os seus acessórios; II – os documentos comprobatórios do desembolso e do saldo devedor, quando se tratar de crédito pecuniário futuro, condicionado ou rotativo; e III – a sentença judicial ou arbitral que tornar líquido e certo o montante devido, quando ilíquida a obrigação garantida.

Oportuno ressaltar que será intimado inclusive o credor que requereu a execução, salvo se o mesmo já tiver instruído o pedido inicial com toda a documentação necessária e apresentado uma planilha com a projeção do valor atualizado do crédito para futura determinação pela Serventia.

Este requerimento não se submete a protocolo autônomo, sendo apresentado junto ao protocolo do próprio processo de execução.

A Lei não estabeleceu o prazo que a Serventia teria para promover esta intimação, o modo como ela seria feita e nem a consequência da inércia do credor concorrente.

Sustentamos que deverá a Serventia adotar, por analogia, os meios já regulamentados pela Lei 9.514/97 para a intimação do devedor.[5]

O credor concorrente poderá adotar três tipos de posturas possíveis.

Um primeiro comportamento, seria o de apresentar o requerimento de habilitação de crédito com todas as informações e documentos descritos no citado artigo 10, *caput*, da Lei 14.711/23.

Ao apresentar o valor atualizado do crédito, poderá o credor considerar os fatores de correção e juros incidentes até o último dia do prazo que teria para se manifestar. Do contrário, este credor seria punido pela sua diligência e veria vantagens na postergação da apresentação deste documento.

Um segundo comportamento possível seria o de apresentar um requerimento incompleto. Nesta hipótese, não teria como a Serventia intimar o credor para complementar o documento, pois o mesmo não se sujeita a uma qualificação que poderia ensejar uma nota devolutiva. A conclusão inevitável seria a de entender que o credor não se desincumbiu do seu

5. Seriam aplicadas, *mutatis mutandis*, as regras contidas no artigo 26, § 1º, 3º, 3º-A, 3ºB, 4º, 4º B e 4º-C da Lei 9514/97.

ônus de habilitar o crédito e se sujeitaria às mesmas consequências do credor inerte.

Um terceiro comportamento possível seria o do credor concorrente deixar transcorrer *in albis* o prazo para se manifestar.

Este credor inerte se sujeitaria à perda do direito real de garantia, que será cancelada tão logo se finalize o pagamento dos demais credores.

Por mais que possa aparentar ser drástica a consequência, conclusão diversa inviabilizaria esta via extrajudicial, pois ninguém arremataria um bem com hipoteca pendente em uma matrícula.

Inviável também seria tentar suprir a omissão do credor inerte contemplando-o, no quadro de credores, com o valor do crédito constante da matrícula, pois não faz *jus* necessariamente à totalidade deste valor, considerando-se eventual pagamento de parcelas por parte do devedor.

Embora perca a garantia, o crédito ainda subsistirá, deixando o credor apenas de ser titular de um crédito com garantia real, convolando-se em simples credor quirografário, que poderá executar judicialmente outros bens do devedor, se existir, ou requerer sua falência ou insolvência, acarretando a suspensão da execução extrajudicial em curso.

Não se aplica o efeito ao credor inerte em uma hipótese, qual seja, a do credor concorrente cujo direito real foi objeto de averbação de indisponibilidade.

Este credor não poderia renunciar ao seu direito, nem expressamente, nem implicitamente, por meio de seu comportamento omissivo.

b) Formação do quadro de credores:

Decorrido o prazo de 15 dias para submissão do requerimento de habilitação de crédito, a Serventia lavrará uma certidão contendo o quadro geral de credores e intimará o garantidor e todos os credores que habilitaram seus respectivos créditos.

Este quadro terá o seguinte conteúdo:

- Ordenar os credores reais em grau de preferência no recebimento do crédito, conforme a ordem de registros na matrícula (sendo indiferentes outros elementos, como a data de formação do título ou vencimento da dívida), e apontar o respectivo valor do crédito a receber[6];

- Informar, em tópico separado, os credores que, embora notificados, não promoveram a habilitação de seus respectivos créditos em tempo hábil, sendo dispensável informar o valor dos seus créditos;
- Informar, em tópico separado, as penhoras, indisponibilidades e averbações premonitórias descritas na matrícula, sendo suficiente citar o número do ato de registro ou averbação em que a mesma se localiza, não sendo necessário noticiar o valor do crédito;

Na hipótese em que um dos credores em concurso tenha sido alvo de uma averbação de indisponibilidade, o quadro não precisa de informar o valor do seu crédito, mas apenas a advertência de que o mesmo deverá ser apurado em juízo.

Oportuno destacar que, após a formação do quadro geral de credores, não mais fluirão juros, correção monetária ou multas, salvo se sobrevier uma decisão judicial suspendendo o processo executivo.

c) **Impugnação:**

Embora não exista previsão expressa na Lei, é inerente a todo processo administrativo o contraditório, conforme inequívoco comando constitucional.

Assim, em uma interpretação conforme, deve o Oficial permitir que seja apresentada impugnação por eventual credor concorrente e até pelo devedor ou garantidor, destacadamente no tocante ao *quantum* do valor devido.

Esta impugnação poderá ser apresentada no prazo de 15 dias úteis, a contar da ciência do quadro geral de credores.

Promovida a impugnação, será dela intimado o credor prejudicado para que possa apresentar suas considerações em 15 dias úteis.

Em seguida, serão encaminhados ao juiz competente cópias de todos os documentos necessários à superação do impasse, acompanhado de um

6. Excepcionalmente, poderá figurar desta ordem um credor cuja penhora esteja registrada na matrícula e que espontaneamente revele o seu propósito de participar desta execução.

breve relato do Oficial de Registro de Imóveis, que possa delimitar o objeto da divergência e facilitar a decisão.

Este relato será encaminhado ao credor exequente, para que este possa constatar quais atos e pagamentos poderá promover.

É que esta impugnação não suspende a realização dos leilões, a apropriação do bem e a venda direta, devendo o credor depositar a quantia arrecadada até que ocorra a decisão judicial da impugnação, podendo, contudo, ocorrer o pagamento ao primeiro credor, caso o seu crédito não tenha sido objeto da impugnação.

É possível, na verdade, que ocorra o pagamento de todos os credores que antecedem em prioridade ao credor cujo crédito foi impugnado, ou até os posteriores, se for possível reservar a quantia necessária à satisfação do crédito discutido.

d) Pagamentos:

Após a conversão do bem em pecúnia, seja pela arrematação em leilão, seja pela apropriação direta ou venda a terceiro, deverá o credor exequente promover os pagamentos a todos os credores concorrentes.

É de sua inteira responsabilidade a observância estrita ao quadro geral de credores moldado pela Serventia, respondendo tanto perante a um credor prejudicado, quanto ao devedor e até perante o terceiro arrematante.

Na medida em que for promovendo os pagamentos, fará *jus* a receber o devido termo de quitação, devendo repassa-los ao arrematante para que este realize, perante a Serventia, o cancelamento do ônus.

Finalizados os pagamentos, deverá repassar ao devedor a quantia remanescente.

O exequente também se desincumbirá de sua obrigação caso realize o depósito judicial perante a Vara responsável pela tramitação do processo judicial cuja penhora foi registrada em primeiro lugar, informando ao juízo esta situação e juntando aos autos certidão atualizada da matrícula do imóvel.[7]

7. *De lege ferenda,* seria melhor que o legislador transferisse a responsabilidade para o pagamento ao arrematante, maior interessado no cancelamento do ônus.

e) Cancelamento dos ônus:

e.1) Cancelamentos de hipotecas, alienações fiduciárias e anticreses:

Pode ocorrer que o valor apurado com a excussão do bem não seja suficiente para a quitação de todos os credores com garantia real.

Aos credores que receberam cabe a emissão de um instrumento de quitação, que será título hábil a ensejar o respectivo cancelamento do ônus na matrícula.

Surge a questão, contudo, de como proceder com o cancelamento dos ônus em relação aos credores que não chegaram a receber.

Indiscutível que o adquirente tem o direito de receber uma matrícula livre de ônus e, para tanto, todos os ônus deverão ser cancelados.

A eventual arrematação em leilão, contudo, não configura hipótese de aquisição originária, a autorizar automaticamente este cancelamento.

Sustentamos que o credor exequente, após promover o último pagamento e subsistindo credor sem receber, deverá emitir um singelo instrumento de prestação de contas, informando, sob as penas da lei, o valor apurado e a relação dos credores satisfeitos.

Após o cancelamento do último ônus cujo credor foi satisfeito (com a devida apresentação da quitação), o instrumento de prestação de contas será título hábil para o cancelamento dos demais direitos reais.

A própria certidão contendo o quadro geral de credores é título hábil para o cancelamento do direito real do credor inerte.

Por fim, cabe ressaltar que o credor que não conseguiu receber a quantia devida, seja por não ter promovido a habilitação, seja pela insuficiência de saldo, embora perca a condição de credor com garantia real, diante do cancelamento a ser efetivado, ainda permanece titular do crédito, agora na condição de credor quirografário, e poderá executar judicialmente outros bens do devedor[8].

---

8. Ressalta-se que o devedor que sofre uma execução extrajudicial é solvente e tem outros bens passíveis de execução, pois do contrário qualquer credor já teria pedido a sua insolvência ou falência, o que acarretaria a suspensão da execução extrajudicial. Nesta linha, alguns estudiosos criticam a expressão " concurso de credores", empregada pela Lei

e.2) Cancelamentos de penhoras, indisponibilidades e averbações premonitórias:

O cancelamento destes ônus dependerá de expressa autorização judicial.

6. COEXISTÊNCIA DE CREDOR HIPOTECÁRIO E UM CREDOR FIDUCIÁRIO NA MATRÍCULA

É possível que, após o registro de uma hipoteca, sobrevenha o registro de uma alienação fiduciária, embora a recíproca não seja verdadeira.

A execução poderá ser requerida por qualquer um dos credores, independentemente da ordem entre eles.

Nesta hipótese, teremos três peculiaridades.

A primeira é quanto ao início do processo executivo.

A averbação da consolidação da propriedade dispensa a averbação do início da excussão da garantia hipotecária.

A averbação do início da excussão da garantia hipotecária não dispensa, contudo, a averbação da consolidação da propriedade fiduciária.

A segunda peculiaridade reside no fato de que o credor hipotecário exequente passa a exercer, por força de lei, poderes de representação do fiduciário.

Esta representação *ex legis* se extrai da interpretação do artigo 9º,§9º da Lei 14.711/23, pois o credor fiduciário de uma matrícula já hipotecada é, na essência, um garantidor hipotecário frente ao credor anterior.

Com efeito, se uma propriedade hipotecada for alienada para um terceiro, seja em uma singela compra e venda ou doação, ou em uma alienação fiduciária, o adquirente do bem, por força do direito de sequela (inerente a todo direito real), torna-se garantidor hipotecário.

14.711/23, e usualmente associada ao juízo universal, preferindo adotar o vocábulo " concorrência de credores".

Com este poder legal de representação, poderá averbar a consolidação da propriedade e representar o fiduciante (que também se qualifica como garantidor hipotecário) na futura eventual venda do bem a terceiro.

A terceira, e mais importante, ocorre na hipótese de falência, pois esta atinge o credor hipotecário e não o fiduciário.

Nesta hipótese, poderá o credor fiduciário manejar a execução extrajudicial do seu crédito.

Apurada a quantia com a excussão do bem, deverá, primeiramente, entregar ao administrador judicial o crédito que faria jus o credor hipotecário em ordem preferencial. Em seguida, subsistindo recursos, poderá levantar os valores que lhe sejam devidos. Por fim, sobrando algum remanescente, deverá entrega-lo também ao administrador judicial.

A reserva de valores que caberiam ao credor hipotecário preferencial se justifica pelo fato de que a não sujeição à falência não apenas deixa de suspender a sua exigibilidade, mas não desnatura o fato de que o credor fiduciário, ao tempo da constituição do título, aceitou receber um bem já hipotecado e destinado a satisfação inicial de um outro crédito.

7. CONCURSO FACULTATIVO E EVENTUAL DO CREDOR DA PENHORA

É possível admitir, e até salutar, a participação do credor da penhora nesta execução extrajudicial.

Este concurso seria espontâneo, ou seja, independentemente de notificação pela Serventia e facultativo, ou seja, não lhe acarretaria qualquer ônus por sua omissão.

Fazendo a opção expressa por participar, este credor, após a habilitação do seu crédito pela Serventia, se equipara ao credor com garantia real para todos os fins, inclusive para cancelamento do ônus na matrícula.[9]

9. Acreditamos que futuramente a lei será alterada para prever expressamente a participação do credor da penhora, negando-lhe a legitimidade para instaurar o processo extrajudicial, mas vinculando-o expressamente à execução proposta por outro credor, inclusive para fins de cancelamentos, impondo-lhe o dever de, por ocasião do registro da penhora, disponibilizar endereço em que seria intimado em eventual futura instauração do concurso.

14

AGENTE DE GARANTIA

Carlos Henrique Olivo Moraes

Advogado. Especialista em Direito Processual Civil pela Pontifícia Universidade Católica de São Paulo – PUC/SP. Pós-Graduando em Direito Imobiliário e Práticas Extrajudiciais pela Faculdade Baiana de Direito e Gestão. Membro da Comissão de Crédito Imobiliário do Instituto Brasileiro de Direito Imobiliário – IBRADIM.

1. ASPECTOS INTRODUTÓRIOS

Conhecida como o Novo Marco Legal das Garantias, a Lei 14.711/2023, fruto do Projeto de Lei (PL) n. 4.188/2021, tem por objetivo a facilitação da concessão e recuperação de crédito, com regras inovadoras e dinâmicas de fortalecimento, gestão e execução das garantias imobiliárias e mobiliárias.

Dentre os mecanismos introduzidos pela Lei, ganha destaque a figura do agente de garantia (Art. 853-A, CC[1]), constituído pelo(s) credor(es)

1. Art. 853-A, CC. Qualquer garantia poderá ser constituída, levada a registro, gerida e ter a sua execução pleiteada por agente de garantia, que será designado pelos credores da obrigação garantida para esse fim e atuará em nome próprio e em benefício dos credores, inclusive em ações judiciais que envolvam discussões sobre a existência, a validade ou a eficácia

para facilitar a administração, gestão e execução das garantias, auxiliando também com a comunicação e diminuição da assimetria entre credor e devedor.

Importante registrar que o Projeto de Lei (PL) n. 4.188 também previa a possibilidade de constituição de Instituições Gestoras de Garantias ("IGGS"), instituto que não sobreviveu ao processo legislativo e não faz parte do texto final da Lei n. 14.711/23.

Tendo por inspiração o direito estrangeiro[2], a figura do agente de garantia já era utilizada para operações de grande complexidade, notadamente transações estruturadas de financiamento, que envolvem alto risco e grande arranjo contratual.

Apesar da ausência de contorno legal para sua constituição e aplicação, a figura do agente de garantias encontrava amparo na doutrina brasileira, conforme lições de Melhim Chalhub[3]:

> Também visando a racionalização dos procedimentos relacionados à execução do crédito, justifica-se a constituição, pelos credores, de um agente de garantia para promover os atos correspondentes, entre eles a notificação do devedor, os atos de consolidação da propriedade mediante averbação no Registro de Imóveis, a venda do imóvel, a distribuição do produto entre os credores e a entrega do eventual saldo ao devedor.

A título de ilustração, perceba que o Tribunal de Justiça de São Paulo, ao julgar o Agravo de Instrumento n. 2063842-85.2021.8.26.0000[4], já há

---

do ato jurídico do crédito garantido, vedada qualquer cláusula que afaste essa regra em desfavor do devedor ou, se for o caso, do terceiro prestador da garantia.

2. O agente de garantias tem origem no *trust* anglo-americano, amplamente conhecido como "*Collateral Agent*".

3. CHALHUB, Melhim Namem Alienação fiduciária: negócio fiduciário / Melhim Namem Chalhub. - 7. ed. - Rio de Janeiro: Forense, 2021. p. 428.

4. Recuperação judicial. Decisão que indeferiu requerimento de fundo credor para excutir objeto de alienação fiduciária em garantia celebrada com a recuperanda. Agravo de instrumento do credor. Contrato que instituiu regime de garantias com ordem prioritária de excussão. Alienação fiduciária em garantia de imóvel da recuperanda que figurou como a última das garantias. Esvaziamento das garantias prioritárias (direitos creditórios e participações societárias) comprovado. Imóvel alienado em fidúcia para agente de garantias, terceiro, não para o credor. Agente que havia sido contratado pelas partes para administrar

muito reconhecia a existência, validade e eficácia desta figura, concluindo, inclusive, pela possibilidade de o credor excutir pessoalmente a garantia, mesmo após firmar contrato com agente de garantias.

Em operação envolvendo agente de garantia, o Tribunal de Justiça de São Paulo apreciou e julgou o agravo de instrumento n. 2063842-85.2021.8.26.0000, concluindo pela possibilidade de o credor excutir pessoalmente a garantia.

Inegável, portanto, a presença do agente de garantia no campo empírico do direito brasileiro, sobretudo em operações envolvendo grandes *players* do mercado imobiliário. Sua positivação com a Lei n. 14.711/23, para além de lhe revestir de segurança jurídica, consolida sua existência e fomenta a expansão de seu uso.

2. RELAÇÃO JURÍDICA PROCESSUAL DO AGENTE DE GARANTIA

Conforme prevê o caput do art. 853-A do Código Civil, o agente de garantia atuará em nome próprio e em benefício dos credores, inclusive em ações judiciais que envolvam discussões sobre a existência, a validade ou a eficácia do ato jurídico do crédito garantido, podendo ainda se valer da execução extrajudicial, quando assim prever a legislação especial (§1º).

Emerge da amplitude do texto legal questionamento acerca da situação jurídica processual do agente de garantia enquanto representante dos credores em execução, seja ela judicial ou extrajudicial.

A regra matriz de legitimidade processual está estampada na primeira parte do art. 18 do Código de Processo Civil, segundo o qual "ninguém

e excutir garantias em caso de inadimplemento e que nunca foi beneficiário da garantia, apesar de, formalmente, figurar como tal. Prova de que o credor é o beneficiário. O princípio da continuidade registral não pode ser óbice à efetiva excussão da garantia por seu verdadeiro titular. Precedente da 2ª Câmara Reservada de Direito Empresarial deste Tribunal. Reforma da decisão recorrida. Agravo de instrumento a que se dá provimento, com determinações, até mesmo no sentido de conciliar o que se delibera com plano de recuperação há pouco homologado, que é objeto de recurso de outro credor." (TJSP – AI: 2063842-85.2021.8.26.0000, Relator: Cesar Ciampolini, Data de Julgamento: 29/06/2022, 1ª Câmara Reservada de Direito Empresarial, Data da Publicação: 04/07/2022).

poderá pleitear direito alheio em nome próprio, salvo quando autorizado pelo ordenamento jurídico".

A doutrina intitula essa regra geral como legitimação ordinária, consubstanciada na premissa básica de que "(...) *a legitimidade somente poderia residir na correspondência dos figurantes do processo com os sujeitos da lide*"[5].

Há, porém, casos em que a lei autoriza que determinada pessoa litigue em benefício de terceiro, o que pode ser extraído da parte final do sobredito artigo. A doutrina intitula essa exceção legal como legitimação extraordinária. Segundo Fredie Didier Jr.[6]:

> Há legitimação extraordinária (legitimação anômala ou substituição processual) quando não houver correspondência total entre a situação legitimante e as situações jurídicas submetidas à apreciação do magistrado. Legitimado extraordinário é aquele que defende em nome próprio interesse de outro sujeito de direito.

Para o objetivo deste trabalho, ater-se-á tão somente à legitimação extraordinária, sobretudo às suas duas espécies: representação e substituição.

Em primeiro lugar, importante destacar que representar não é a mesma coisa que substituir. "REPRESENTAR é estar em lugar de. SUBSTITUIR é colocar-se em lugar de"[7].

Segundo Moacyr Amaral Santos[8]:

> O substituto processual é parte, no sentido processual. Quer na posição de autor, quer na de réu, o substituto processual é sujeito

5. ASSIS, Araken de. "Substituição processual". Revista Dialética de Direito Processual. São Paulo: Dialética, 2003, n. 09, p. 12.

6. DIDIER JR., Fredie. Fonte Normativa da Legitimação Extraordinária no Novo Código de Processo Civil: a Legitimação Extraordinária de Origem Negocial. Publicado na Revista de Processo, São Paulo, RT, 2014, n. 232. Disponível em: https://www.mprj.mp.br/documents/20184/1282730/Fredie_Didier_Jr.pdf. Acesso em 27 mar 24.

7. ABREU, Josué Silva. DA SUBSTITUIÇÃO PROCESSUAL, DA REPRESENTAÇÃO E DA ASSISTÊNCIA NO PROCESSO DO TRABALHO. Disponível em: https://www.trt3.jus.br/escola/download/revista/rev_57/Josue_Abreu.pdf. Acesso em 26 mar 2024.

8. SANTOS, Moacyr Amaral, in Primeiras Linhas de Direito Processual Civil, 1º volume, 14ª edição, Editora Saraiva.

> da relação processual, da qual participa em nome próprio, não em nome do substituído. Nisso difere a substituição processual da figura da representação, em que o representante não é parte, mas apenas representante da parte, que é o representado. Enquanto na substituição processual o substituto age em nome próprio, na representação o representante age em nome do representado.

A principal distinção entre as duas espécies de legitimação extraordinária é que na substituição processual o legitimado pleiteia em juízo, em nome próprio, defendendo interesse alheio, de que o seu seja dependente. Já na representação processual, o representante age em nome do representado[9].

Sob essa ótica, entendemos que o agente de garantia mais se assemelha como substituto processual, na medida em que atua em nome próprio e em benefício do credor. A mesma conclusão pode ser extraída das lições de Carlos Elias[10]:

> (...) o agente de garantia, mesmo não sendo o titular do crédito, tem poderes para atuar em nome próprio na cobrança dele. Trata-se de uma situação excepcional que necessariamente depende de lei, por fugir à regra geral de que apenas o titular de um direito pode agir em nome próprio. Essa regra geral é de direito material, apesar de não estar explicitamente consignada no Código Civil. Ela está implícita no CC.

9. Sobre o tema, o Superior Tribunal de Justiça entendeu que: (...) No processo civil, em regra, a parte legítima para a propositura da ação é o titular do direito material, objeto da lide. Excepcionalmente, o ordenamento jurídico confere legitimidade a sujeito diferente (legitimação extraordinária), que defenderá em nome próprio interesse de outrem, na forma de substituição ou representação processual. 2. Há substituição processual quando alguém é legitimado a pleitear em juízo, em nome próprio, defendendo interesse alheio, de que o seu seja dependente. Não se confunde, pois, a substituição processual com a representação, uma vez que nesta o representante age em nome do representado e na substituição, ainda que defenda interesse alheio, não tem sua conduta vinculada, necessariamente, ao titular do interesse, ele atua no processo com independência. [...] (STJ – REsp: 1325857 RS 2011/0236589-7, Relator: Ministro LUIS FELIPE SALOMÃO, Data de Julgamento: 30/11/2021, S2 – SEGUNDA SEÇÃO, Data de Publicação: DJe 01/02/2022)

10. https://www.migalhas.com.br/coluna/migalhas-notariais-e-registrais/396450/continuacao-da-analise-detalhada-da-lei-das-garantias-lei-14-711-23. Acesso em 27 mar 2024.

Na qualidade de substituído, o credor reserva para si a legitimidade plena para excutir judicial ou extrajudicialmente a garantia sob gestão do agente de garantia. Esse tema já foi enfrentado pelo Tribunal de Justiça de São Paulo nos autos da Apelação n. 1083243-88.2015.8.26.0100:

> EMBARGOS À EXECUÇÃO. Carta de fiança. 1. Ilegitimidade ativa dos credores para propor a execução. Não reconhecimento. Existência de agente de garantia local não retira dos credores a legitimidade de exercer seu direito de crédito pessoalmente. 2. Execução em face de empresas em recuperação judicial. Pretensão de extinção da ação. Não cabimento, pois o deferimento do processamento gera apenas a suspensão das execuções individuais. Fato superveniente informando a homologação do plano. Irrelevância, no caso, pois a decisão ainda não transitou em julgado. Pedido, ademais, que sequer foi submetido ao juízo monocrático. Impossibilidade de apreciação nesta sede, sob pena de suprimir grau de jurisdição. 3. Sucumbência recíproca. Admissibilidade, tendo em vista que a execução foi proposta antes mesmo da homologação do plano. Exercício do direito de ação que deve ser resguardado. Embargos parcialmente procedentes. Recurso não provido.

O agente de garantia, portanto, poderá figurar no polo ativo e passivo de ações judiciais envolvendo a garantia constante no contrato de administração, bem como promover e acompanhar excussão extrajudicial.

Com isso, possui amplos poderes para defesa do credor, nos termos do caput do art. 853-A do Código Civil, sem suprimir, contudo, a sua legitimidade.

3. CONSTITUIÇÃO DO CONTRATO DE ADMINISTRAÇÃO E OS PODERES DO AGENTE DE GARANTIA

A figura do agente de garantia foi introduzida no Código Civil sob a epígrafe "Do Contrato de Administração Fiduciária de Garantias". Trata-se de contrato sinalagmático (bilateral) pelo qual o credor, visando a administração de sua garantia imobiliária, contrata agente especializado (agente de garantia), tendo por contraprestação o pagamento.

O Contrato de Administração Fiduciária de Garantias observará os requisitos de validade impostos em lei (art. 104, CC[11]) e descreverá todos os poderes e deveres do agente de garantia (§2º[12]), bem como as garantias sob a sua gestão.

Pensemos em uma grande operação estruturada de financiamento, como a captação de recursos para importação, exportação e importação de projetos de infraestrutura. É para esse cenário que a figura do agente de garantia terá maior aplicação, com a finalidade de facilitar a constituição, utilização, gestão, manutenção e complementação das garantias concedidas.

Nesses casos, credor(es) e agente de garantia firmarão o contrato de administração fiduciária em garantia (contrato "guarda-chuva"[13]), que disporá sobre as regras gerais de atuação do agente de garantia, e contratos "filhotes", consubstanciados em aditivos contratuais com as novas garantias sob gestão·

Dentre as funções do agente de garantia, podemos citar:

- Coordenar o recebimento e organização de todos os documentos relativos às garantias sob a sua gestão;
- Gerir todas as garantias, promovendo a defesa do(s) credor(es) em todas as demandas relacionadas ao contrato de administração de garantias, sejam judiciais ou extrajudiciais;
- Promover o registro de garantias novas e coordenação dos aditamentos contratuais, conferindo toda a gama de documentos envolvidos;
- Intermediar a relação entre credores e devedor;

11. Art. 104. A validade do negócio jurídico requer:
    I - agente capaz;
    II - objeto lícito, possível, determinado ou determinável;
    III - forma prescrita ou não defesa em lei.
12. § 2º O agente de garantia terá dever fiduciário em relação aos credores da obrigação garantida e responderá perante os credores por todos os seus atos.
13. A expressão contrato "guarda-chuva" é aceita pela doutrina para fazer referência ao contrato principal que contemplará as regras, poderes e deveres do agente de garantia.

- Repassar, no prazo previsto em lei, o produto da realização das garantias; e
- Fornecer ao devedor, se for o caso, o termo de quitação das operações de crédito finalizadas.

As funções do agente de garantia envolvem zelo, diligência e *accountability*, de modo que ele consiga detectar eventuais problemas que possam, de alguma forma, mitigar o direito do credor em receber o crédito garantido.

4. SEPARAÇÃO PATRIMONIAL DO AGENTE DE GARANTIA E DOS CREDORES

O §5º do art. 853-A[14] do Código Civil prevê importante regramento para proteção do credor em decorrência de dívidas e obrigações contraídas pelo agente de garantias, ao disciplinar que o produto da realização da garantia constitui patrimônio separado daquele do agente, desde que do recebimento do produto da garantia não tenha transcorrido o período de 180 (cento e oitenta) dias.

Essa regra é de extrema importância para consecução do contrato de administração pelo agente de garantias, na medida em que, apesar de agir em nome próprio, atua em benefício e no interesse do credor, movimentando numerário alheio ao seu patrimônio.

Importante rememorar que o agente de garantia disporá do prazo de 10 (dez) dias para repasse do produto da realização da garantia ao credor (§6º, art. 853-A, CC[15]), contados do recebimento do produto da realização da garantia.

---

14. § 5º O produto da realização da garantia, enquanto não transferido para os credores garantidos, constitui patrimônio separado daquele do agente de garantia e não poderá responder por suas obrigações pelo período de até 180 (cento e oitenta) dias, contado da data de recebimento do produto da garantia.

15. § 6º Após receber o valor do produto da realização da garantia, o agente de garantia disporá do prazo de 10 (dez) dias úteis para efetuar o pagamento aos credores.

O mecanismo de proteção patrimonial introduzido pela Lei n. 14.711/2023 possui semelhança conceitual com aquele aplicado pela Lei n. 11.795/2008[16], segundo o qual:

> "(...) os bens e direitos adquiridos pela administradora em nome do grupo e para atender aos interesses do grupo, inclusive em decorrência de realização de garantias, bem como seus frutos e rendimentos, formam um patrimônio de afetação, dotado de ativo e passivo próprios, incomunicável em relação ao patrimônio da sociedade administradora e dos demais grupos por ela administrados; os bens de cada patrimônio de afetação só respondem por suas próprias Obrigações, incumbindo à administradora mantê-los separados do seu patrimônio, com contabilidade separada[17].

Importante dizer que o regime de separação patrimonial é temporário (180 dias), de modo a não eternizar a blindagem patrimonial, privilegiando eventuais fraudes. Sobre esse ponto, ensina Carlos Elias[18]:

> (...) Não seria razoável manter um patrimônio permanentemente imunizado diante de credores pessoais do agente de garantia, especialmente pelos riscos de fraudes envolvidos e pelo fato de que o credor também tem o dever de monitorar os pagamentos e exigir o repasse de modo célere.

O prazo de 180 (cento e oitenta) dias fixado pelo legislador é razoável para compatibilizar o cumprimento integral do contrato de administração de garantias e evitar o desvirtuamento do instituto para fins ilegais, o que demonstra sua higidez.

---

16. "Dispõe sobre o Sistema de Consórcio".
17. CHALHUB, Melhim Namem Alienação fiduciária: negócio fiduciário / Melhim Namem Chalhub. – 7. ed. – Rio de Janeiro: Forense, 2021. p. 141.
18. https://www.migalhas.com.br/coluna/migalhas-notariais-e-registrais/396450/continuacao-da-analise-detalhada-da-lei-das-garantias-lei-14-711-23. Acesso em 27 mar 2024.

5. RELAÇÃO ENTRE O AGENTE DE GARANTIA, CREDOR E O DEVEDOR

Durante a execução do contrato de administração de garantias firmado com o(s) credor(es), o agente de garantia poderá, paralelamente, firmar contratos com o devedor, com o objetivo de auxiliá-lo no cumprimento do contrato de crédito sob a sua gestão, desburocratizar procedimentos e facilitar a formalização de novos contratos.

O §7º do art. 853-A do Código Civil, sem a pretensão de exaurir as possibilidades, prevê exemplos de situações nas quais o agente de garantia poderá atuar em benefício do devedor:

> § 7º Paralelamente ao contrato de que trata este artigo, o agente de garantia poderá manter contratos com o devedor para:
>
> I - pesquisa de ofertas de crédito mais vantajosas entre os diversos fornecedores;
>
> II - auxílio nos procedimentos necessários à formalização de contratos de operações de crédito e de garantias reais;
>
> III - intermediação na resolução de questões relativas aos contratos de operações de crédito ou às garantias reais; e
>
> IV - outros serviços não vedados em lei.

A intenção do legislador com a inserção do dispositivo foi desburocratizar a obtenção de novos créditos pelo devedor, o que, no mais das vezes, beneficiará o próprio credor da garantia anterior. Esse mecanismo, para além de gerar rotatividade mercadológica, viabilizará o máximo aproveitamento do valor dos imóveis, evitando o fenômeno do *dead capital*.

Nesses casos, o agente de garantia deverá manter comportamento de absoluta transparência com o(s) credor(es), comunicando-os, se a situação exigir, dos atos praticados em favor do devedor no que atine à garantia constituída, sem que isso fira a boa-fé perante o devedor (§8º[19]).

O agente de garantia, por exemplo, poderá auxiliar o devedor na obtenção de nova linha de crédito, esclarecendo o funcionamento da alienação fiduciária da propriedade superveniente ou a hipoteca em grau

19. § 8º Na hipótese do § 7º deste artigo, o agente de garantia deverá agir com estrita boa-fé perante o devedor.

sucessivo, sem que isso seja limitado às linhas de crédito oferecidas pelo credor com o qual possui o contrato de administração.

6. DESTITUIÇÃO DO AGENTE DE GARANTIA

Como visto, o contrato de administração fiduciária de garantias é firmado entre o(s) credor(es) e o agente de garantia, para facilitar a administração, gestão e execução das garantias, auxiliando também a comunicação e diminuição da assimetria entre credor e devedor.

Como qualquer situação envolvendo prestador de serviço, o credor poderá não se ver satisfeito com o trabalho exercido pelo agente de garantia – seja pela falta de comunicação dos atos praticados, atraso no repasse do produto da garantia ou pela ineficácia de obtenção de novas linhas de crédito.

Nesse caso, o credor poderá optar pela substituição do agente de garantia, a qualquer tempo, desde que seja tornada pública pela mesma forma pela qual tenha sido dada publicidade à garantia (§3º[20]).

Cite-se, como exemplo, um contrato de administração fiduciária envolvendo alienações fiduciárias, cuja publicização é realizada mediante o registro na matrícula imobiliária[21]. No ato de substituição, o credor deverá se utilizar da mesma forma para fazê-lo.

Em operações envolvendo mais de um credor, a substituição deverá ocorrer por decisão dos titulares que representarem a maioria simples dos créditos garantidos, reunidos em assembleia, cujos requisitos de convocação e instalação estarão previstos no ato de contratação do agente de garantia (§4º[22]).

---

20. § 3º O agente de garantia poderá ser substituído, a qualquer tempo, por decisão do credor único ou dos titulares que representarem a maioria simples dos créditos garantidos, reunidos em assembleia, mas a substituição do agente de garantia somente será eficaz após ter sido tornada pública pela mesma forma por meio da qual tenha sido dada publicidade à garantia.

21. Art. 23. Constitui-se a propriedade fiduciária de coisa imóvel mediante registro, no competente Registro de Imóveis, do contrato que lhe serve de título.

22. § 4º Os requisitos de convocação e de instalação das assembleias dos titulares dos créditos garantidos estarão previstos em ato de designação ou de contratação do agente de garantia.

Conclui-se, portanto, que a manutenção ou substituição do agente de garantia é um ato discricionário do credor ou dos credores, tratando-se de uma decisão que poderá, inclusive, envolver multa por rescisão contratual e demais regras contratuais previstas.

CONCLUSÕES

A positivação da figura do agente de garantia trará maior dinamização ao mercado, sobretudo a compatibilização de sua *expertise* às novas possibilidades de cumulação de garantias em caráter sucessivo, viabilizando a máxima utilização econômica do bem.

O agente de garantia será implicado em operações estruturadas de financiamento envolvendo diversos financiamentos para consecução de um só objetivo, em benefício de grandes bancos, construtoras e incorporadoras.

A opção do legislador em inserir um rol *numerus apertus* de possibilidade de atuação do agente de garantia trará maior flexibilidade às mais complexas operações, evitando-se a obsolescência ou sua inaplicabilidade.

Agiu de maneira acertada o legislador ao positivar essa figura já tão conhecida no mercado imobiliário.

15

DA TIPICIDADE DOS FATOS INSCRITÍVEIS: A LEI 14.711/2023 E A REVISÃO DA TAXATIVIDADE DOS ATOS REGISTRAIS

Moacyr Petrocelli de Ávila Ribeiro

Registrador imobiliário. Atualmente, exerce a delegação do Oficial de Registro de Imóveis, Títulos e Documentos, Civil de Pessoas Jurídicas e Civil das Pessoas Naturais e de Interdições e Tutelas da Comarca de Pedreira/SP. Professor convidado em diversos cursos de graduação e pós-graduação em Direito Registral e em Direito e Negócios Imobiliários. Pesquisador da Escola Nacional de Notários e Registradores (Ennor) com participação nos departamentos de Registro de Imóveis e de Direito e Economia. Membro do Conselho Deliberativo (2023/2025) e da Comissão de Enunciados da Associação dos Registradores Imobiliários de São Paulo (Arisp). Correspondente do Banco Mundial (The World Bank) sobre o registro de propriedades no Brasil.

1. O ESCOPO DA LEI 14.711/2023 E A INCLUSÃO DO ITEM 48 AO INCISO I DO ART. 167 DA LEI 6.015/1973: DÊITICOS PARA INTERPRETAÇÃO DA NORMA

A Lei 14.711/2023, denominada de "Marco Legal das Garantias", objetivou aprimorar as regras relativas ao tratamento do crédito e das garantias reais, assim como dinamizar e fomentar as medidas extrajudiciais para recuperação de crédito imobiliário.

Oriunda do famigerado "*Projeto de Lei 4.188/2021*", o texto aprovado pelo Congresso Nacional tem inúmeras virtudes e um escopo-base muito bem definido: aprimorar a sistemática do crédito imobiliário com vistas a permitir que o direito legislado autorize o máximo aproveitamento do potencial econômico dos bens imóveis. Em poucas palavras, seu objetivo fulcral foi estimular a concessão de créditos.

Muitas são as inovações e alterações substanciosas tanto no direito material, quanto no direito registral e processual que merecem atenção destacada.

No plano do direito registral ganhou relevância, dentre outros temas, a incursão pontual feita pela Lei 14.711/2023 no rol do art. 167, inciso I, ao acrescentar o item 48, com a seguinte redação: "No Registro de Imóveis, além da matrícula, serão feitos o registro de outros negócios jurídicos de transmissão do direito real de propriedade sobre imóveis ou de instituição de direitos reais sobre imóveis, ressalvadas as hipóteses de averbação previstas em lei e respeitada a forma exigida por lei para o negócio jurídico, a exemplo do art. 108 da Lei nº 10.406, de 10 de janeiro de 2002 (Código Civil)".

Leitura açodada do dispositivo pode gerar conclusões distorcidas de seu conteúdo e, sobretudo, maltratar a higidez sistêmica do Registro Imobiliário brasileiro. Para boa compreensão da norma, pode-se levantar algumas indagações preliminares:

i) A Lei Registral deixou de exigir tipicidade para os fatos inscritíveis?

ii) Contratos atípicos que versem sobre imóveis poderão ser objeto e registro no Ofício Predial?

iii) O rol dos atos de registro em sentido estrito deixou de ser *numerus clausus*?

iv) Perdeu relevância a distinção entre atos de registro e atos de averbação?

v) Podem ser criados novos direitos reais sobre imóveis a partir de acordo entre as partes?

vi) Direitos obrigacionais com repercussão imobiliária podem aceder ao fólio real?

vii) O Oficial Registrador deve vincular-se ao título do negócio jurídico atribuído pelas partes no instrumento contratual?

Todos esses pontos levantados são de grande relevo para a boa hermenêutica do art. 167, I, nº 48 da Lei 6.015/1973. Ao buscar de modo coerente suas respostas serão alcançadas boas premissas para a correta aplicação do dispositivo enfocado.

De qualquer modo, é curial considerar como força iluminante do raciocínio a *ratio legis*: objetivou-se desfazer possíveis amarras que impediam o acesso de determinados títulos ao Ofício Predial, autorizando-se o Registrador Imobiliário a proceder a indispensável interpretação *pro registro*, sem descuidar do princípio da legalidade. Reconheceu, pois, o legislador a relevância do sistema de registro imobiliário brasileiro e todos os seus benéficos efeitos para sociedade e a economia nacional.

2. O PRINCÍPIO DA LEGALIDADE NO REGISTRO DE IMÓVEIS E A TIPICIDADE DOS FATOS INSCRITÍVEIS

Como sabido, um dos princípios mais comezinhos do Registro de Imóveis é o da legalidade. Ao Oficial Registrador somente é dado praticar os atos que a lei determina. Os atos de registro em sentido estrito e os atos de averbação – únicas morfologias passíveis de travestir uma inscrição predial no sistema do fólio real inaugurado pela vigente Lei 6.015/1973 – constam expressamente da lei.

Nessa medida, o rol do art. 167 da LRP veicula os atos passíveis de ingresso na matrícula imobiliária. O inciso I arrola as hipóteses de atos de registro em sentido estrito e o inciso II as hipóteses de averbamento. Após muito debate doutrinário e jurisprudencial, no cenário anterior à Lei 14.711/2023, é possível afirmar que prevaleceu o entendimento de que o rol do art. 167, I, é taxativo, *numerus clausus*,[1] ao passo que o rol do art. 167, II, é exemplificativo, *numerus apertus*, em razão da cláusula geral de abertura conferida pela norma do art. 246 da LRP.

Com o *novel* dispositivo (LRP, art. 167, I, nº 48), quis o legislador flexibilizar também o rol dos atos passíveis de registro em sentido estrito. É bem verdade que a abertura da norma é bem mais estreita do que aquela autorizada pelo art. 246 para os atos passíveis de averbamento. No item enfocado há restrição relevante para admitir-se a registro *negócios jurídicos que digam respeito estritamente à transmissão* do direito real de propriedade sobre imóveis ou de instituição de direitos reais sobre imóveis.

De qualquer sorte, releva passar em revista a terminologia registral projetada pela vigente Lei de Registros Públicos. Com a Lei 6.015 de 1973 buscou-se modificar substancialmente a terminologia anteriormente utilizada no Registro de Imóveis, ao se adotar, em detrimento do emaranhado de termos inexatos utilizados até então[2], os vocábulos registro e averbação

1. "O rol dos atos suscetíveis de registro é taxativo, quer dizer, a enumeração é *numerus clausus*, razão pela qual apenas os atos expressamente previstos em lei, ainda que fora da lista do art. 167, I, da Lei 6.015/1973, são passíveis de registro" (*CGJSP – Processo 184.953/2015, Des. Manoel de Queiroz Pereira Calças, j.27/01/2016)*. "O mesmo não ocorre, entretanto, nos casos de averbação, onde as hipóteses descritas no inciso II do mesmo art. 167 são meramente exemplificativas, constituindo *numerus apertus*" *(CSMSP – Apelação Cível 0035067.98.2010.8.26.0576, Rel. Des. Maurício Vidigal, j.11/08/2011)*.

2. De acordo com Vitor Frederico Kümpel e Carla Modina Ferrari (*Tratado Notarial e Registral – vol. 5 – Ofício de Registro de imóveis*. São Paulo: YK Editora, 2020. p. 401 ss), o vocábulo "transcrição", no Código Civil de 1916, referia-se ao ato de registro imobiliário destinado à transmissão da propriedade e à constituição dos demais ônus reais, além de ser relativo aos títulos descritos no art. 532 do mesmo Código, quais sejam: julgados pelos quais, nas ações divisórias, se coloca termo ao estado de indivisão da coisa, sentenças, em processo de inventário e partilha, que adjudicam bens imóveis em pagamento das dívidas da herança e a arrematação e as adjudicações em hasta pública. Já a palavra 'inscrição' remetia à entrada das hipotecas no registro. A nomenclatura, extremamente imprecisa, só foi definitivamente alterada com a vigência da Lei 6.015/1973, por meio da qual passava a existir, como atos de registro *lato sensu*, apenas matrícula, registro e averbação. "Transcrição" e "inscrição" passaram a ser utilizadas para se referir à forma de escrituração com a qual os títulos adentravam o sistema registral imobiliário (cópia literal do texto contido no título e resumo de suas informações mais importantes, respectivamente).

em acepção técnica, de modo a criar uma cisão entre as duas figuras. O registro é dito *assento principal*, enquanto a averbação é *assento acessório*.

Contudo, como bem aduzem *Vitor Frederico Kümpel* e *Carla Modina Ferrari*, a listagem dos atos (artigo 167, incisos I e II), não sustenta o respaldo técnico buscado pelo legislador. Os autores demonstram a ilogicidade da referida classificação com o exemplo da locação: realmente não parece fazer sentido que a inscrição de tal negócio para efeitos de vigência no caso de alienação da coisa alugada demande *registro*, ao mesmo tempo que a preferência seja objeto de *averbação*, uma vez que as consequências do desrespeito à preempção são mais graves que a inobservância da cláusula de vigência[3].

Outros exemplos também infirmam a percepção de que se possa falar, *in totum*, que o registro sempre se sobrepõe, em relação à potência de seus efeitos, à averbação. Nesse sentido, releva mencionar a previsão de consolidação da propriedade fiduciária no patrimônio do credor fiduciário por ato de averbação[4]: ora, em se tratando de ato constitutivo do domínio[5], há dissonância da sistemática registrária, que exigiria, em tese, registro *stricto sensu*. Semelhantemente, não se compreende a razão pela qual nos casos de incorporação, fusão ou cisão societárias – atos em que há transferência

---

3. in *Tratado Notarial e Registral - vol. 5 - Ofício de Registro de imóveis*. cit. p. 547. Enquanto o desrespeito à preferência do locatário pode ensejar a anulação do negócio jurídico superveniente, a inobservância da cláusula de vigência tão somente inibe eventual ação de despejo do novo proprietário do imóvel.
4. Cf. art. 26, §7º da Lei 9.514 de 1997.
5. Cf. Vitor Frederico Kümpel e Carla Modina Ferrari, a alienação fiduciária constitui um patrimônio de afetação, permanecendo, portanto, sob a propriedade do devedor. Só com o referido ato de averbação - após o procedimento de execução extrajudicial - é que a coisa é transladada ao domínio do credor fiduciário: "a consolidação, em sede de alienação fiduciária, gera uma verdadeira transmissão da propriedade para o credor. Ele que, até então, tinha somente o patrimônio afetado, passa a adquirir de fato o bem, de forma quase plena. O devedor deixa de ter qualquer relação real com o bem, que agora é de titularidade do credor, passando-se do patrimônio afetado a uma propriedade, onerada tão somente pela obrigação de realizar os leilões extrajudiciais. Ocorrendo, então, a transmissão da propriedade, o ato correto a ser praticado deveria ser o de registro em sentido estrito, e não o de averbação, nos termos do art. 1.245 do Código Civil, o qual determina que a transmissão da propriedade inter vivos se dá por registro do título na serventia imobiliária" (in *Tratado Notarial e Registral - vol. 5 - Ofício de Registro de imóveis*. cit. p. 1.838-1.839).

dominial de uma pessoa jurídica a outra, ainda que reflexamente – o ato a ser realizado é de averbação[6].

Ademais, tampouco é possível compreender as razões pelas quais as citações de ações reais ou pessoais reipersecutórias relativas a imóveis são objeto de registro[7], enquanto outros atos de idêntica ou semelhante funcionalidade (*rectius*: notícia de ajuizamento de ações ou execuções) são enquadrados no rol das averbações[8].

Outro problema repousa na falta de critérios juscientíficos para construir o elenco de atos, já que, como bem aduz *Walter Ceneviva*, os direitos reais presentes nos Códigos Civis de 1916 e de 2002 foram desordenadamente distribuídos no rol do artigo 167 da Lei 6.015 de 1973, favorecendo a tese de que "o legislador pareceu despreocupado de adotar qualquer sistematização orgânica"[9].

De todo modo, não há como negar que o espírito do legislador se pautou segundo a lógica de que os atos de registro em sentido estrito têm maior gravidade jurídica do que os de averbação. Para se constatar tal diferença basta realizar a exegese do *caput* do artigo 246 Lei de Registros Públicos, no qual se aduz ampla abertura do rol das averbações, pois se lê que "além dos casos expressamente indicados no item II do artigo 167, serão averbados na matrícula serão averbadas na matrícula as sub-rogações e *outras ocorrências que, por qualquer modo, alterem o registro ou repercutam nos direitos relativos ao imóvel*".

---

6. Cf. Art. 234 da Lei 6.404 de 1976.
7. Cf. Art. 167, I, 21 da Lei 6.015 de 1973.
8. Neste ponto, refere-se às averbações de arresto, sequestro, arrolamento, arrolamento fiscal, penhora, premonitória, pré-executória e de protesto contra alienação de bens; todas estas espécies, em maior ou menor grau, buscam implementar o princípio da concentração na matrícula, assim como o registro de citação em ações reais ou reipersecutórias.
9. "A lei não atribui predominância hierárquica de certos direitos sobre outros. Leis esparsas acrescentaram alternativas novas, aumentando a impropriedade técnica" (in *Lei dos Registros Públicos comentada*. 20. ed. São Paulo: Saraiva, 2010. p. 842). Semelhantemente, Carlos Kennedy da Costa Leite: "o rol do inc. I padece de reprovável desorganização hierárquica, promovendo a mesclagem, em confuso mistifório, de direitos reais, contratos de formalização pública e particular, títulos de crédito rural, comercial, industrial, além de elementos afetos ao direito de família, direito processual civil, dentre outros" (in O Ingresso dos Contratos Atípicos no Registro de Imóveis. cit. p. 58).

Já para os atos de registro *stricto sensu* o legislador foi mais comedido, restringindo-os, repise-se, a *negócios jurídicos que digam respeito estritamente à transmissão* do direito real de propriedade sobre imóveis ou de instituição de direitos reais sobre imóveis. *Nota bene!* O grau de flexibilização do rol dos atos de registro não é – nem poderia ser – o mesmo do que o rol dos atos averbáveis. Tivesse, aliás, o legislador concedido idêntico elastério para os registros em sentido estrito, seria dissolvida a razão fundamental que aparta as duas espécies.

Não se pode ignorar, ademais, que já se observava certa inclinação a não se qualificar o rol dos registros em sentido estrito na Lei Registral como *exauriente*. Isso porque o artigo 172 prescreve o seguinte:

> No Registro de Imóveis serão feitos, nos termos desta Lei, o registro e a averbação dos títulos ou atos constitutivos, declaratórios, translativos e extintos de direitos reais sobre imóveis *reconhecidos em lei*, *"inter vivos"* ou *"mortis causa"* quer para sua constituição, transferência e extinção, quer para sua validade em relação a terceiros, quer para a sua disponibilidade.

Ora, como bem afirmam *Vitor Frederico Kümpel* e *Carla Modina Ferrari*, o dispositivo fixa a ideia de que os atos registrais serão determinados pelo reconhecimento *em* Lei, e não *na* Lei de Registros Públicos; dessa forma, não é imprescindível que todos os fatos registráveis em sentido estrito na matrícula estejam elencados no rol do art. 167, I da referida Lei.

Com efeito, há atos de registro *stricto sensu* que não se encontram na aludida lista da Lei 6.015 de 1973. É o caso, por exemplo, da renúncia da propriedade[10], assim como já o foi do tombamento definitivo[11], e da

10. No mesmo sentido, o Colégio Registral do Rio Grande do Sul (https://www.colegioregistralrs.org.br/registro_de_imoveis/ri-renuncia-de-propriedade-escritura-publica-registro-peco-auxilio/) e Silva, Ulysses da. *Direito Imobiliário – O Registro de Imóveis e Suas Atribuições – A Nova Caminhada*. 2. ed. Porto Alegre: Sergio Antonio Fabris Editor, 2013. p. 247. O Conselho Superior da Magistratura de São Paulo já decidiu no sentido de autorizar o ingresso de título de renúncia em condomínio geral: CSMSP – Apelação Cível 1025556-75.2017.8.26.0071, Rel. Des. Geraldo Francisco Pinheiro Franco, j.15/05/2018.

11. Cf. Art. 13, *caput*, do Decreto-Lei 25 de 1937: "O tombamento definitivo dos bens de propriedade particular será, por iniciativa do órgão competente do Serviço do Patrimônio Histórico e Artístico Nacional, transcrito para os devidos efeitos em livro a cargo dos oficiais do registro de imóveis e averbado ao lado da transcrição do domínio". Registre-se que a Lei

promessa de permuta do terreno por unidades futuras[12], espécies fundamentadas em leis exógenas que versam, sobremaneira, acerca de institutos e figuras de direito material.

Resta demonstrado, outrossim, que a presença do conceito de *taxatividade* segundo os termos supra elencados – isto é, de que é preciso que o ato a ser registrado em sentido estrito figure *em alguma Lei* –, é correta; a reboque, também é coerente afirmar que as hipóteses de atos de registro *stricto sensu* são fechadas: *numerus clausus*, isto é, não podem ser gestadas novas *fattispecies* pela mera vontade dos utentes do serviço extrajudicial.

Tal característica é a necessária contraface formal e instrumentária de princípio presente no direito imobiliário material (direito das coisas). Sobre o tema, essencial a lição de *Luciano de Camargo Penteado*, abaixo trasladada:

> "O princípio da taxatividade dos direitos reais não está expresso na lei brasileira, mas parece perfeitamente dedutível do fato de que apenas está autorizada a atuação geradora de formas jurídicas novas no direito privado no campo do direito dos contratos (Código Civil, artigo 425) e, ainda assim, desde que observadas normas gerais fixadas no Código, sob pena de ilicitude"[13].

14.382/2022 incluiu o tombamento no rol do art. 167, I, (nº da LRP. Isso não afasta a conclusão de que referido ato já era passível registro desde a prescrição legal do Decreto-Lei 25/1937.

12. Cf. Art. 32, § 2º, da Lei 4.591 de 1964: "Os contratos de compra e venda, promessa de venda, cessão ou promessa de cessão de unidades autônomas são irretratáveis e, uma vez registrados, conferem direito real oponível a terceiros, atribuindo direito a adjudicação compulsória perante o incorporador ou a quem o suceder, inclusive na hipótese de insolvência posterior ao término da obra". Registre-se que a Lei 14.382/2022 incluiu a promessa de permuta no rol do art. 167, I, (nºs 18 e 30) da LRP. Isso não afasta a conclusão de que referido ato já era passível registro desde a prescrição legal da Lei 4.591/1964.

13. "A autonomia privada, portanto, não tem aptidão a criar, por sua força geradora de direito, categorias de direito real que não as previstas pelo ordenamento jurídico no seu setor escrito, isto é, nos textos normativos de lei. Negócio jurídico que tivesse por fim ou objeto a criação de direito real para as partes, que não estivesse admitido expressamente pelo sistema, seria nulo, por impossibilidade jurídica do pedido (Código Civil, art. 166, I). Evidentemente, que, possível a conversão substancial, poderia produzir efeito de direito das obrigações (Código Civil, art. 170)" (in *Direito das Coisas*. 3. ed. São Paulo: Revista dos Tribunais, 2014. p. 111).

Semelhantemente ao fato de que a ideia de *taxatividade registral* não torna exauriente o artigo 167, I, da Lei 6.015 de 1973, tampouco se pode afirmar que a *taxatividade presente no direito das coisas* esgote, no artigo 1.225 do Código Civil, todas as espécies de direitos reais. Basta, para comprovar tal assertiva, aduzir a existência da enfiteuse administrativa, instituto regulamentado fora do *Codex*[14].

A taxatividade (*numerus clausus*) no direito registral, além de significar a necessidade de previsão em Lei, também deve ser compreendida como a impossibilidade de se criarem situações de registro *stricto sensu* por interpretação analógica ou extensiva[15]. Tal proibição não existe para a averbação, pois, conforme visto, há explícita autorização, no artigo 246 da Lei 6.015 de 1973, para que "*outras ocorrências* que, por *qualquer modo*, alterem o registro", sejam averbadas[16].

Doutrina e a jurisprudência por vezes confundem a *taxatividade* dos atos de registro em sentido estrito com uma noção genérica e abrangente de *tipicidade*, a ponto de não as diferenciar, postura que certamente não é a mais precisa. Isso porque as ideias que defluem do vocábulo *tipicidade* perpassam diversos setores da experiência jurídica, gerando importantes e específicas consequências no direito imobiliário material (direito das coisas), no direito imobiliário formal (direito registral) e no direito obrigacional e contratual. É preciso destacar tais caracteres singulares, esquivando-se de imprecisões.

---

14. Cf. art. 12 da Lei 9.636 de 1998: "Observadas as condições previstas no § 1º do art. 23 e resguardadas as situações previstas no inciso I do art. 5º do Decreto-Lei nº 2.398, de 1987, os imóveis dominiais da União, situados em zonas sujeitas ao regime enfitêutico, poderão ser aforados, mediante leilão ou concorrência pública, respeitado, como preço mínimo, o valor de mercado do respectivo domínio útil, estabelecido em avaliação de precisão, realizada, especificamente para esse fim, pela SPU ou, sempre que necessário, pela Caixa Econômica Federal, com validade de seis meses a contar da data de sua publicação"; também conforme o art. 109 do Decreto-lei 9.760 de 1946: "Concedido o aforamento, será lavrado em livro próprio da Superintendência do Patrimônio da União o contrato enfitêutico de que constarão as condições estabelecidas e as características do terreno aforado".
15. Cf. Kümpel, Vitor Frederico; Ferrari, Carla Modina. *Tratado Notarial e Registral - vol. 5 - Ofício de Registro de Imóveis*. cit. p. 536.
16. Cf. Kümpel, Vitor Frederico; Ferrari, Carla Modina. *Tratado Notarial e Registral - vol. 5 - Ofício de Registro de Imóveis*. cit. p. 546-547.

Sabe-se que é livre a criação de contratos atípicos pelas partes, embora não haja essa ampla liberdade para a criação de direitos reais atípicos. Isso significa que as partes podem criar diversos tipos de arranjos contratuais para a transmissão do direito real de propriedade ou para a instituição de algum dos direitos reais típicos.

Com relação à noção de *tipicidade* oriunda do *direito das coisas*, pode-se afirmar que diz respeito à impossibilidade de que os particulares, por meio de convenções negociais, alterem o conteúdo dos direitos reais, evitando que afastem a regulamentação oriunda das normas que os disciplinam[17]. Aqui repousa um fator que bem ilustra a dessemelhança entre o direito das coisas e o direito obrigacional, já que nesse último há ampla liberdade de contratar e de criar regras próprias nas relações particulares (art. 425 do Código Civil), ideia decorrente do princípio da autonomia privada.

Semelhantemente, no direito imobiliário formal, o Registrador de Imóveis está adstrito a registrar fatos ou atos da forma com que estão dispostos na legislação, não sendo autorizado a alterar a estrutura ou os efeitos de tais atos registrais; a reboque, não deve permitir o ingresso de título que contenha direito real com estrutura divorciada da que é prevista no Código Civil ou em outras leis: é o *reflexo* ou *contraface registral* do aludido princípio júri-real de direito das coisas.

Assim, se lhe for submetida escritura pública de constituição de algum direito real na qual há afronta ao regime jurídico previsto para a espécie (*e.g.*, um usufruto atípico, no qual há previsão de "fracionamento no tempo de uso e fruição entre os co-usufrutuários"), deve o oficial, no procedimento de qualificação, denegar o ingresso de tal título à tábula, tendo

17. De acordo com *Luciano de Camargo Penteado*, "isto ocorre por várias razões. Entre elas, devido ao fato de que o direito real implica um passivo social muito intenso, tendo em vista que, ao se atribuir um direito real a um sujeito, todos os demais membros da coletividade encontram-se vinculados a abster-se. Este fato determina um comportamento, ainda que negativo. Deste modo, os sujeitos veem surgir, com o aparecimento do direito real, um dever específico em sua esfera jurídica. Como no sistema privado brasileiro os deveres só surgem da lei ou de causa por ela autorizada (e.g., negócio jurídico), tendo em vista que a aquisição de direito real não conta com a participação de todos os membros da coletividade, a lei deve impor e disciplinar os direitos e deveres desta natureza" (in *Direito das Coisas*. cit. p. 113-114).

como um dos fundamentos o fato de que o conteúdo do negócio jurídico está dissociado da estrutura prevista para o direito real de usufruto.

Em suma, a tipicidade e a taxatividade são características que têm origem na sistemática de direito das coisas (direito imobiliário material), mas que encontram um reflexo necessário nas normas de direito imobiliário formal através da vinculação do registrador de imóveis a tais pressupostos por meio da *impossibilidade de criar hipóteses extralegais de registro em sentido estrito e de alterar o regime dos já existentes*. Nesse ponto é preciso trazer a lição de *Afrânio de Carvalho*, que ilustra, com precisão, a imperiosa comunhão das esferas formal e material do direito imobiliário:

> "A escrituração de Registro de Imóveis requer o adequado entrosamento de disposições de Direito Material, concernentes aos pressupostos e efeitos do ingresso dos direitos imobiliários no registro, e disposições de Direito Formal (...). Esse entrosamento precisa ser preparado com extremo cuidado, de modo que o corpo formado pelas disposições de Direito Material se superponha exatamente ao constituído pelas disposições de Direito Formal, compondo um todo orgânico, como se fossem uma peça inteiriça"[18].

Já a *tipicidade do direito negocial ou contratual* é fenômeno desvinculado das figuras sobre a qual acima se discorreu, pois, trata-se da verificação da adequação do negócio jurídico a um dos tipos de contratos descritos na Lei, investigação essencial para averiguar a disciplina normativa que incidirá sobre tal contratação, mas que não guarda qualquer identificação com a questão da tipicidade dos direitos reais.

Observe-se, ademais, que os registros de imóveis não se destinam unicamente à inscrição dos direitos reais, mas também à inclusão, no fólio real, de alguns direitos pessoais – aqueles que, como nos casos relativos às locações com cláusula de vigência, são estruturados de modo a permitir um elastério de seus efeitos ordinário *inter partes*: obrigações com eficácia *erga omnes* – e de fatos e atos específicos – a exemplo do registro das citações de ações reais ou pessoais reipersecutórias relativas a imóveis –.

18. in *Registro de imóveis.* 4. ed. Rio de Janeiro: Forense, *1997.* p. 16.

Em tais situações também se manifestam, certamente, os fenômenos da tipicidade e da taxatividade registrais – segundo os termos já referidos, isto é, de que é necessária a previsão legal (não necessariamente na Lei 6.015 de 1973) para que adentrem o fólio –, mas os seus fundamentos não decorrem de uma simetria com os princípios de direito civil.

Na realidade, a possibilidade de inserção de tais atos e fatos na tábula registral é vinculada ao mandamento ínsito à natureza parcialmente pública dos serviços extrajudiciais[19]: o *princípio da legalidade*. Isso porque o Oficial não pode se esvair de admitir à registro ou averbação os atos ou fatos que tenham *sustentáculo legislativo*; tal atitude configuraria ultrapassagem do limite de sua atuação discricionária, já que representaria recusa à aplicação da Lei; em outras palavras, tratar-se-ia de ato arbitrário e injustificável[20].

Na linha de pensamento de *Carlos Alberto Garbi* e *Carlos Alberto Garbi Junior*, persiste uma dificuldade na distinção entre a tipicidade dos direitos reais e a tipicidade dos fatos inscritíveis na matrícula, a qual

> "tem levado o intérprete e o operador do sistema registral a aceitar passivamente a ideia de que existe igualmente uma rigorosa tipicidade dos fatos inscritíveis e se nega registro de títulos simplesmente porque não são encontrados no rol da Lei de Registros Públicos. Esta cômoda solução que se adota em nome da segurança jurídica afasta cada vez mais o registro da realidade e o faz perder seu relevante papel de oferecer informação segura para orientar as relações jurídicas"[21].

---

19. "São peculiares e exclusivos os contornos da função pública notarial e de registros no Brasil. A atividade apresenta uma face pública, inerente à função pública e por tal razão regrada pelo direito público (administrativo), que convive, sem antagonismo, com uma parcela privada, correspondente ao objeto privado do direito notarial e registral e ao gerenciamento de cada unidade de serviço, face esta regrada pelo direito privado" (in Ribeiro, Luís Paulo Aliende. *Regulação da Função Pública Notarial e de Registro*. São Paulo: Saraiva, 2009. p. 181).

20. Como bem aduz *Luís Paulo Aliende Ribeiro*, "à independência e autonomia jurídica que afastam o exercício da função notarial e de registros de uma atividade burocrática, há de somar-se a obrigatoriedade de fundamentação e motivação das decisões tomadas nesta singular tutela administrativa de interesses privados" (in *Regulação da Função Pública Notarial e de Registro*. cit. p. 92).

21. *Tipicidade dos Fatos Inscritíveis*. cit. p. 511.

Em suma, em relação ao questionamento concernente à tipicidade e à taxatividade do fato ou do ato a ser inscrito, a análise da registrabilidade em sentido estrito do título que o contém deve ser pautada na averiguação de existência de *fundamentos legislativos* – internos ou externos à Lei de Registros Públicos – que designem determinada figura, de modo inequívoco, como uma *fattispecie* registral imobiliária.

A *tutela administrativa de interesses privados*[22] exercida pelo oficial, atividade permeada pelo princípio da legalidade, faz com que o profissional esteja adstrito à observância da *tipicidade dos fatos inscritíveis na matrícula*, isto é, há a obrigação de verificar se determinado título tem o condão de produzir efeitos jurirreais alçáveis à dimensão registrária, o que certamente dependerá da existência de pilares normativos que autorizem o acesso ao fólio da espécie que se pretende registrar[23].

3. ESTUDO DE CASOS. ATOS DE REGISTRO EM SENTIDO ESTRITO NO REGISTRO DE IMÓVEIS

Bem assimilados os fundamentos teóricos que levaram ao acréscimo do item 48 ao inciso I do art. 167 da Lei de Registros Públicos, partindo-se para a oficina registral, é relevante promover estudo, ainda que

22. Expressão empregada por Ribeiro, Luís Paulo Aliende. *Regulação da Função Pública Notarial e de Registro*. cit. p. 92.

23. *Carlos Kennedy da Costa Leite* concorda com a visão de que o rol do artigo 167, I não é, de modo algum, exauriente, asseverando que "não se pode conceber o totalitarismo normativo da Lei de Registros Públicos nos procedimentos afetos à atividade registral imobiliária". Afirma a necessidade de que se compatibilizem as normas de direito formal com as de direito material, através de um "processo sistemático de interpretação" para que se verifique a registrabilidade dos títulos submetidos ao crivo do oficial de registro de imóveis. Aduz que em função do sistema de título e modo vigente no ordenamento nacional, existe uma "interação de causalidade entre negócio jurídico e registro", de modo a recomendar que "devem ser acolhidos a registro quaisquer títulos que formalizem legitimamente atos *inter vivos*, objetivando a transferência de propriedade ou constituição de direitos reais ou obrigacionais com eficácia real sobre imóveis", e que nesse contexto estariam incluídos os *contratos atípicos*, os quais, desde que "visem à constituição ou transmissão de direitos reais imobiliários, estando cumpridos os requisitos materiais e formais inerentes à validade e eficácia obrigacional", devem ser admitidos a registro. Termina com uma sugestão *de lege ferenda*, para que os elencos presentes no artigo 167 da Lei de Registros Públicos sejam substituídos por um dispositivo que estabeleça "um balizamento ontológico genérico com relação aos atos sujeitos a registro e a averbação" (in *O Ingresso dos Contratos Atípicos no Registro de Imóveis*. cit. p. 79-80).

exemplificativamente, e por isso, não exaustivo, de hipóteses concretas que podem ser, doravante, enquadradas nesta norma.

I. Transação. Trata-se de modalidade contratual típica, regulada pelos arts. 840 a 850 do Código Civil, consistente em verdadeiro acordo entre as partes com o objetivo de prevenir ou encerrar uma disputa, conflito ou litígio. Cuida-se, assim, de verdadeira autocomposição em que as próprias partes envolvidas resolvem os seus desentendimentos, evitando a necessidade de uma demanda judicial. É certo que no programa contratual fixado pelos contratantes é crível e razoável que em hipótese concreta se estabeleça a transmissão de bem imóvel ou de direito real imobiliário. Antes da Lei 14.711/2023 prevalecia o entendimento de que não era viável o registro da transação por falta de previsão no rol de atos jurídicos registráveis estampado no art. 167, I, da Lei de Registros Públicos.[24] Doravante, com esteio no art. 167, I, nº 48 da LRP, a transação, observado seu requisito formal (CC, art. 842), é título hábil a ingressar no álbum imobiliário.

II. Cessão de direitos hereditários. Tema que sempre foi terreno fértil para controvérsias consiste na registrabilidade das cessões de direitos hereditários. O principal argumento dos que defendem ser negócio jurídico inapto ao registro residia justamente na falta de autorização legal para o ato. O óbice, com a Lei 14.711/2023, não mais existe. Doravante a tipicidade do fato inscritível pode ser haurida sem dificuldade da norma prevista no art. 167, I, nº 48, da LRP, afinal, cuida-se de negócio jurídico que envolve transmissão de bens imóveis.

Mesmo antes da bem arquitetada autorização normativa, a melhor exegese também era no sentido da possibilidade de seu registro por ocasião do ingresso na partilha *causa mortis*.

Deve-se partir da premissa que, cuidando-se de bem imóvel por força de lei (art. 80, II, CC), o direito à sucessão aberta, bem como o quinhão de que disponha o herdeiro, é passível de cessão por escritura pública. Nessa medida, por sua natureza imobiliária, a cessão de direitos hereditários reclama a observância de todo plexo de fatores e condicionantes dos negócios jurídicos imobiliários, tais como a exigência de vênia conjugal

24. Cf. CSMSP – Apelação Cível 1057061-65.2015.8.26.0100, Rel. Des. Manoel de Queiroz Pereira Calças, j.08/04/2016.

(art. 1.647, I, do Código Civil), a observância de direito de preferência dos coerdeiros (CC, art. 1.794) e a escrituração pública (CC, caput, art. 1.793).

No que interessa mais ao Registro de Imóveis, é notório que esse negócio jurídico por dizer respeito ao acervo hereditário, pendente a indivisibilidade, possui algumas peculiaridades. Note-se que o próprio Código Civil atribui pena de ineficácia à disposição de direito hereditário sobre bem da herança considerado singularmente (art. 1.793, § § 2º e 3º). Destarte, tal ineficácia perdurará enquanto o estado de indivisão persistir. Assim, ultimada a partilha (*rectius*: devidamente registrada na matrícula), exsurge a possibilidade do registro da transmissão do bem individualizado, com a transferência do imóvel ao(s) cessionário(s). É certo que, após, o registro da partilha não há mais falar em direitos hereditários, de modo que os negócios jurídicos ganharão vida no Registro de Imóveis, não mais como cessão de direitos, mas, tecnicamente, como compra e venda (se onerosa, com arrimo no art. 167, I, nº 29, da LRP); ou doação (se gratuita, lastreado no art. 167, I, nº 33, da LRP).

Em palavras diversas, nessa linha de qualificação, o registro da sucessão *causa mortis* outorgará eficácia ao negócio jurídico envolvendo o direito hereditário, de modo a autorizar seu acesso ao registro como doação ou venda e compra, a depender da liberalidade ou onerosidade, respectivamente. Tal entendimento, além de tecnicamente correto respeita a essência de cada um dos atos, fatos e negócios jurídicos que ingressam no fólio real destacando sobremaneira o trato consecutivo, princípio fundamental para manter a higidez do sistema registral predial.

De mais a mais, tal proceder garante eficácia real para negócios jurídicos sobre bens imóveis que em princípio tramitariam no ambiente extratabular e não estariam acobertados pela eficiente tutela do sistema registral. Ao se observar o trato consecutivo no álbum imobiliário, preserva-se a cadeia dominial, permite-se o controle de indisponibilidades e outras constrições judiciais relevantes para o mercado imobiliário.

Eis didático precedente da *Corregedoria Geral da Justiça do Estado de São Paulo* nesse sentido:

> Dois tipos de cessão são tratados no art. 1.793 do Código Civil: a cessão de quinhão da herança (caput e § 1º) e a cessão de bem

> individualizado que pertence à herança (§2º e §3º). Pela escritura pública acostada a fls. 17/18, fica muito claro que a recorrente e os herdeiros de CH optaram por ceder a JR e MG bem individualizado pertencente ao monte partível. Em se tratando de bem singularmente considerado, aplicam-se os §§ 2º e 3º do artigo 1.793. Como consequência, não tendo havido prévia autorização judicial, a cessão do bem ainda indivisível é ineficaz. Note-se que o §3º do artigo 1.793 tacha de ineficaz a disposição que envolve bem específico, sem prévia autorização judicial, feita por "qualquer herdeiro". Depreende-se daí que, na hipótese de bem específico, a ineficácia atingirá a disposição feita por um, alguns ou todos os herdeiros. A ineficácia, por sua vez, perdurará enquanto o estado de indivisão persistir. Assim, realizada a partilha, viável o registro da cessão do bem individualizado, com a transferência do imóvel aos cessionários. E foi esse o caminho trilhado pelo registrador: tendo em mãos as escrituras públicas de inventário e partilha (fls. 11/16) e de cessão (fls. 17/18), optou por, de forma sequencial, averbar o falecimento de CH (Av.5), registrar a partilha do imóvel entre os herdeiros e a viúva meeira (R.6) e adjudicá-lo aos cessionários (R.7). Agindo dessa maneira, o registrador, sem desnaturar a essência dos títulos que tinha em mãos – pois preservou a intenção das partes, que, a rigor, era a transferência da propriedade do bem aos cessionários – observou o artigo 1.793 do Código Civil e os precedentes da Corregedoria Geral que cuidam do tema, dando eficácia plena às escrituras públicas que lhe foram apresentadas.[25]

Seja como for, agora com a força iluminante da Lei 14.711/2023 e a norma contida no art. 167, I, nº 48 da LRP, independentemente do *nomen juris* atribuído ao negócio jurídico basal (CC, art. 112), havendo transmissão da propriedade imóvel, será, pois, título hábil a aceder ao fólio predial.

---

25. Cf. CGJSP – Processo 0011926-84.2012.8.26.0445, Des. Manoel de Queiroz Pereira Calças, j. 23/05/2017. Registre-se a existência de decisão mais recente do mesmo órgão correcional *(CGJSP – Processo 1123608-09.2023.8.26.0100, Des. Francisco Eduardo Loureiro, j.14/02/2024)* afastando a necessidade de registro da cessão de direitos hereditários. Embora respeitável o *decisum*, percebe-se de sua leitura que a novidade legislativa não foi considerada, razão pela qual aludido precedente merece contextualização com a Lei 14.711/2023.

III. Cessão de direitos relativos à propriedade fiduciária. A partir da dicção normativa do art. 167, I, nº 48, da LRP é razoável admitir que as cessões de direitos reais imobiliários em geral – frise-se, aquelas que não possuem previsão específica determinando a tipologia registral como ato de averbação – devam ser doravante objeto de registro *stricto sensu*.

Na práxis registral ganhará relevo as hipóteses de cessão de direitos relativos à propriedade fiduciária. A Lei 9.514/1997 disciplina a cessão da posição contratual, tanto por parte do credor fiduciário como por parte do devedor fiduciante, hipóteses nas quais o cessionário é sub-rogado nos direitos e obrigações do contrato de alienação fiduciária (Lei 9.514/1997, arts. 28 e 29).

Inexiste, entrementes, norma impositiva que preveja a espécie de inscrição predial, embora seu acesso ao fólio real seja indispensável, inclusive para fins de legitimação do credor no módulo executivo extrajudicial da Lei 9.514/1997. "O ato é de registro, por envolver transmissão de direito real e obrigatório, porquanto caberá, doravante, ao cessionário o direito de crédito e do domínio resolúvel, com todas as implicações daí decorrentes, dentre elas o de dar quitação ao fiduciante, ver-se integrado no domínio pleno do imóvel e vendê-lo, posteriormente".[26] Assim, é curial que, a partir da Lei 14.711/2023, tanto a cessão de direitos do devedor fiduciante (Lei 9.514/1997, art. 29), quanto a cessão de direitos do credor fiduciário (Lei 9.514/1997, art. 28), sejam objeto de registro em sentido estrito na matrícula do imóvel.

Registre-se, aliás, que mesmo no arcabouço legislativo já havia precedente da *Corregedoria-Geral da Justiça do Estado de São Paulo* sinalizando tratar-se de ato de registro em sentido estrito: "O caso envolve dissenso registral referente à escritura pública de cessão de direitos creditórios relativos a bem imóvel dado em garantia em alienação fiduciária, ou seja, envolve ato de registro em sentido estrito, e não de averbação".[27]

---

26. Cf. JUNQUEIRA, José de Mello. *Alienação fiduciária de coisa imóvel*. São Paulo: Ed. ARISP, 1998. p. 74/75.
27. Cf. CGJSP – Processo 182.627/2015, Juíza Assessora Ana Luiza Villa Nova, j. 13/11/2015.

4. ESTUDO DE CASOS. ATOS DE AVERBAÇÃO NO REGISTRO DE IMÓVEIS

Na esteira da análise de hipóteses concretas que podem ser enquadradas na abertura do item 48 do inciso I, do art. 167 da Lei 6.015/1973, oportuno que em exame relacional seja passado em revista algumas situações possíveis de enquadramento na norma do art. 246 da LRP para os atos de averbação.

Já se referiu alhures que o rol de atos passíveis de averbação no Registro de Imóveis, veiculados no art. 167, II, da LRP, é exemplificativo, *numerus apertus*. Desse modo, sua listagem não esgota as inúmeras outras hipóteses concretas de averbação na matrícula do imóvel.

Nada obstante, o art. 246 da LRP sempre foi interpretado como relevante valor axiológico a corroborar o entendimento da não taxatividade do rol de atos averbáveis no fólio real. Cuida-se de verdadeira *cláusula geral de abertura.*

No entanto, embora a norma possua amplo alcance generalista, não é razoável aplicá-la sem qualquer limite. Foi nesse espírito que a Lei 14.382/2022 aprimorou a redação normativa, passando a disciplinar o seguinte:

> Art. 246. Além dos casos expressamente indicados no inciso II do *caput* do art. 167 desta Lei, serão averbadas na matrícula as sub-rogações e outras ocorrências que, por qualquer modo, alterem o registro ou *repercutam nos direitos relativos ao imóvel.*
>
> § 1º As averbações a que se referem os itens 4 e 5 do inciso II do art. 167 serão as feitas a requerimento dos interessados, com firma reconhecida, instruído com documento dos interessados, com firma reconhecida, instruído com documento comprobatório fornecido pela autoridade competente. A alteração do nome só poderá ser averbada quando devidamente comprovada por certidão do Registro Civil.
>
> § 1º-A No caso das averbações de que trata o § 1º deste artigo, o oficial poderá providenciar, preferencialmente por meio eletrônico, a requerimento e às custas do interessado, os documentos comprobatórios necessários perante as autoridades competentes.

A ideia fundamental da norma é concentrar na matrícula informações que digam respeito ao registro ou ao imóvel, ou seja, "ocorrências que, por qualquer modo, alterem o registro ou repercutam nos direitos relativos ao imóvel". Em outras palavras, não é qualquer informação de ato, fato ou negócio jurídico que pode aceder ao fólio.

A matrícula não pode ser desaguadouro para qualquer tipo de informação, sob pena de fragilizar o próprio sistema registral imobiliário, tornando-o um repositório de factualidades desimportantes ou sem qualquer sentido jurídico. A *ratio legis* está em perquirir se o ato a ser lançado na matrícula possui relevo jurídico aos olhos de um eventual interessado em negociar sobre o imóvel. Sendo a resposta positiva, deve-se seguir na qualificação registral do título apresentado. Do contrário, a averbação deve ser sumariamente obstada. Na mesma toada, direitos puramente obrigacionais devem transitar fora do fólio real, ainda que reflexa ou futuramente possam ensejar negócios jurídicos imobiliários.

Ressalve-se que a ideia de concentração[28] de atos e fatos jurígenos imobiliários na matrícula não é nova. Por mais que atualmente tenha sido alçada à categoria de princípio registral – e de fato o é –, percebe-se com nitidez que o sistema do fólio real, inaugurado com a Lei 6.015/1973, foi ontologicamente concebido para a matrícula concentrar todas as repercussões e vicissitudes que a unidade imobiliária sofrerá em sua existência jurídica.

O ponto fulcral do cânone da concentração[29] reside na necessidade de se reunir todas as informações imobiliárias em um único *locus*, de modo

28. Pelo princípio da concentração todos os atos (ou fatos) que tenham algum reflexo sobre a propriedade imobiliária devem, compulsoriamente, constar da matrícula, diminuindo sobremaneira situações ocultas e clandestinas.

29. Tem sido voz corrente na doutrina afirmar que a Lei 13.097/2015 concretizou o princípio da concentração no sistema registral brasileiro. Até mesmo a exposição de motivos da Lei 13.097/2015 refere-se à adoção do princípio da concentração. Parece, no entanto, que não é este o melhor raciocínio. Seria mais oportuna a menção expressa à adoção da fé pública registral. A concentração na matrícula, como sustentado alhures, já existia desde a inauguração do sistema do fólio real, com a Lei 6.015/1973. *Brevitatis causa*, o que a Lei 13.097/2015 fez foi, a pretexto da concentração na matrícula, potencializar os efeitos oriundos do Registro de Imóveis. O princípio da concentração, em realidade, reforça os efeitos gerados pelo Registro Imobiliário. Em outras palavras, a concentração na matrícula não é um fim em si, mas o instrumento – o meio – utilizado para concretizar o princípio da fé pública registral no ordenamento jurídico brasileiro.

que todo aquele que queira entabular alguma relação jurídica que envolva a unidade imobiliária se socorra apenas da publicidade registral, ou seja, da certidão da matrícula. Não necessitando, assim, diligenciar em distribuidores judiciais, tabelionatos de protesto nem qualquer outra entidade ou repartição. Esse proceder facilita o tráfico imobiliário, gera segurança para as relações econômicas e desonera a contratação de crédito. No contexto contemporâneo, portanto, é imprescindível que o sistema registral concentre o maior número de informações sobre o imóvel.

Nessa ordem de ideias, precisas são as colocações de Décio Erpen e João Pedro Lamana Paiva:

> Nenhum fato jurígeno ou ato jurídico que diga respeito à situação jurídica do imóvel ou às mutações subjetivas pode ficar indiferente à inscrição na matrícula. (...) enfim, todos os atos que possam implicar a alteração jurídica da coisa, mesmo em caráter secundário, mas que possa ser oponível, sem a necessidade de se buscar alhures informações outras, o que conspiraria contra a dinâmica da vida.[30]

Nada obstante, como já se referiu, tão importante quanto fomentar a concentração dos atos na matrícula é delimitar quem nem tudo poderá dela constar. Assim, o advento da Lei 13.097/2015 não implica, *ipso facto*, que a matrícula imobiliária poderá ser repositório de todo e qualquer ato, fato ou negócio jurídico. Não se trata, pois, de vala comum na qual tudo desagua. Há de se observar a estrita legalidade e também um filtro mínimo de relevância, aquilo que, de fato, tem aptidão para inferir na esfera jurídica de terceiros.

Para bem nortear o raciocínio a respeito do filtro adequado a ser realizado pelo Oficial por ocasião da qualificação é válido recorrer à experiência jurisprudencial.

Já se deferiu o ingresso no Registro de Imóveis, a título de averbação, com fundamento no art. 246 da LRP as ocorrências a seguir listadas.

---

30. Cf. ERPEN, Décio Antônio. PAIVA, João Pedro Lamana. A autonomia registral e o princípio da concentração. *Revista de Direito Imobiliário* (RDI), São Paulo, v. 49., p. 46-52, jul./dez. 2000. p.46-52.

I. Além de várias hipóteses previstas no Código Florestal (*v. g.*, a reserva legal),[31] há notícias de glebas contendo solo contaminado,[32] assim como outras informações com esse cariz de fomentar a tutela socioambiental.[33]

II. Averbação da existência de hipoteca sobre gasoduto que atravessa vários municípios.[34]

III. Termos de ajustamento de conduta (TAC) firmados com o Ministério Público, com efeitos diretos sobre imóvel.[35]

IV. Averbação de restrições à alienação dos imóveis que compõem Distrito Industrial criado por lei municipal.[36]

---

31. Lei 12.651/2012, arts. 13, § 1º; 18, § 4º; 30; 45, § 3º; 48, § 4º; 50, § 3º. Além do estipulado em outras leis (federais e estaduais) que tutelam o meio ambiente, *v. g.*, Lei 6.938/1981 (art. 9º-A, §§ 4º e 5º; e art. 9º-C).

32. Cf. CGJSP – Processo 167/2005, Des. Gilberto Passos de Freitas, j. 02/05/2006.

33. O *Superior Tribunal de* Justiça em paradigmático julgamento consolidou: "Quanto à averbação da APA no registro dos imóveis rurais, o ordenamento ambiental e registral brasileiro aponta para sua adequação. As averbações facultativas não são taxativamente previstas, e o Ministério Público é expressamente legitimado para requerer, inclusive diretamente ao oficial, apontamentos vinculados a sua função institucional, entre as quais, inequivocamente, está a tutela ambiental. A anterior publicidade dos atos administrativos em nada impede o registro, ainda que este também atenda a esse mesmo princípio. São vários os atos públicos, inclusive judiciais, que são de averbação ou registro compulsórios (p. ex. sentenças, desapropriações e tombamentos). Tanto mais se diga da medida facultativa, requerida expressamente pelo Ministério Público no âmbito da sua função institucional de defesa do meio ambiente. A hipótese presente não se confunde com o regime das áreas de preservação permanente (APP), com o Cadastro Ambiental Rural (CAR) ou com o Novo Código Florestal (Lei 12.651/2012), regidos por normas próprias e específicas. Em suma, o ainda incipiente Estado de Direito Ambiental, também dito Estado Ecológico de Direito ou Estado Socioambiental de Direito (Environmental Rule of Law), brasileiro contempla dentre as medidas de transparência ambiental, entre outras: i) o dever estatal de produzir relatórios de execução de projetos ambientais, como os Planos de Manejo de APAs; ii) o dever estatal de publicar tais relatórios na internet, com periodicidade adequada; e iii) a averbação das APAs nos registros de imóveis rurais, mediante requerimento direto do Ministério Público aos ofícios" (STJ – REsp 1.857.098/MS, Rel. Min. Og Fernandes, j. 11/05/2022).

34. Cf. CGJSP – Processo 225/2004, Des. José Mário Antonio Cardinale, j. 01/04/2004.

35. Na hipótese, deferiu-se a averbação de indivisibilidade de imóvel decorrente de Termo de Ajustamento de Conduta (TAC) (CGSJP – Processo 215/2006, Des. Gilberto Passos de Freitas, j. 05/09/2006).

36. Cf. CGJSP – Processo 1005381-06.2015.8.26.0047, Des. Manoel de Queiroz Pereira Calças, j. 22/09/2017.

V. Concessão de lavra de água mineral pela União. Averbação de sua existência bem como de área circunvizinha para proteção da fonte e inerente às atividades que serão desempenhadas no exercício da exploração mineral.[37]

VI. Averbação de restrições urbanísticas convencionais em loteamentos.[38] Nesse caso, havendo restrições urbanísticas no contrato-padrão (art. 26, VII, da Lei 6.766/1979) ou no plano do loteamento (projeto aprovado ou memorial descritivo, cf. art. 9º, § 2º, II da Lei 6.766/1979) as restrições deverão ser indicadas na matrícula matriz do loteamento, fazendo-se averbação de remissão à sua existência nas matrículas dos lotes.

VII. Averbação notícia de existência de ação, mediante ordem judicial específica, ainda que não possua natureza real ou pessoal reipersecutória, mas que por sua natureza ou magnitude poderá inferir na esfera patrimonial do devedor.[39]

VIII. Protesto contra alienação de bens, desde que haja ordem judicial expressa para a inscrição predial.[40]

IX. Averbação de título que cria direito de preferência em caso de alienação e traz outras obrigações relativas ao imóvel, havendo interesse de se dar publicidade para conhecimento de futuros adquirentes.[41]

---

37. Cf. CGJSP – Processo 167.910/2015, Des. Manoel de Queiroz Pereira Calças, j. 24/02/2016.

38. Cf. CSMSP – Apelação Cível 43.832-0/1, Rel. Des. Sérgio Augusto Nigro Conceição, j. 05/06/1998.

39. Entendimento agasalhado pelo vigente art. 54, IV, da Lei 13.097/2015.

40. "O protesto judicial é medida destinada a comprovar ou documentar uma manifestação formal de vontade do promovente, o qual busca, por meio de referido procedimento, comunicar a terceiros interessados sua intenção de fazer atuar no mundo jurídico uma determinada pretensão, mas não acrescenta nem diminui direitos do promovente ou influencia diretamente as relações jurídicas que possua com terceiros. A averbação do protesto contra a alienação de bens na matrícula do imóvel consiste em manifestação do princípio da publicidade, tendo por escopo apenas dar conhecimento a terceiros interessados sobre o direito que o promovente alega possuir sobre o imóvel" (STJ – REsp 1.758.858/SP, Rel. Min. Nancy Andrighi, j. 19/05/2020). Em suma, o protesto contra alienação de bens é ato insuscetível de registro, admitindo-se sua averbação diante de determinação judicial expressa do juiz do processo, consubstanciada em mandado dirigido ao Oficial do Registro de Imóveis (Cap. XX, NSCGJ-SP, item76.3).

41. Cf. CGJSP – Processo 353/2007, Des. Gilberto Passos de Freitas, j. 24/07/2007.

X. Averbação da existência de ação civil pública com repercussão em empreendimento imobiliário. Com arrimo no art. 246 da LRP, considerou-se que a averbação serve para tornar completa e adequada a informação sobre a real situação do empreendimento, o que se coaduna com a finalidade do sistema registral e com os direitos do consumidor.[42]

XI. Possibilidade de averbação de decisão judicial determinando a reserva de bens.[43]

XII. Possibilidade de averbação da interdição do proprietário ou titular de direito real sobre imóveis, como forma de prevenir potenciais litígios e em atendimento ao princípio registral da concentração das informações na matrícula do imóvel. O objetivo da inscrição predial reside em evitar fraudes, devendo ser feita à vista de mandado judicial ou de certidão do registro da interdição no "Livro E" do Registro Civil das Pessoas Naturais, acompanhado acompanhada de petição do representante legal.[44]

De outro bordo, já se obstou o ingresso no fólio real a inúmeros atos, fatos e negócios jurídicos, por se ter entendido que o Registro Predial não é o *locus* adequado para sua publicidade. Confiram-se alguns precedentes.

XIII. Inviabilidade de ingresso do contrato de comodato, ante a completa ausência de eficácia real e sua limitação à esfera obrigacional.[45]

42. Cf. STJ – REsp 1.161.300/SC, Rel. Min. Herman Benjamin, j. 22/02/2011.

43. Cf. CGJSP – Processo 95.820/2009, Des. Antonio Carlos Munhoz Soares, j. 25/11/2010.

44. Vale lembrar que a oponibilidade *erga omnes* da interdição decorre de sua inscrição no Registro Civil das Pessoas Naturais e não no Registro Imobiliário, sendo, pois, a averbação na matrícula providência facultativa que demanda ordem judicial específica ou rogação do interessado, comprovando-se com documento oficial. Nesse sentido: 1ª VRPSP – Processo 1079106-97.2014.8.26.0100, Juíza Tânia Mara Ahualli, j. 09/01/2015.

45. "O contrato de comodato é desprovido de eficácia real, e não tem aptidão para alterar o registro, para modificar uma situação de direito real inscrito, limitando-se à esfera obrigacional. Não está relacionado entre os atos averbáveis (art. 167, II, da Lei 6.015/1973) –, é insuscetível de averbação, apesar do caráter enunciativo da lista positivada (art. 246 da Lei 6.015/1973)" (CSMSP – Apelação Cível 0003481-41.2011.8.26.0242, Rel. Des. José Renato Nalini, 21/09/2012).

XIV. Inviável a inscrição predial da promessa de doação, por ausência de previsão legal do negócio jurídico como fato inscritível (tipicidade).[46]

XV. Se há previsão legal para que o título seja registrado, havendo qualificação negativa impossibilitando seu pronto registro, não é possível o seu ingresso no sistema por ato de averbação apenas para dar notícia da transação havida, pois isso desvirtua o sistema registral.[47]

XVI. Incabível a averbação de decisão judicial que impõe o cumprimento de obrigações de fazer.[48]

XVII. Indeferimento de averbação de decreto expropriatório em procedimento de desapropriação.[49]

---

46. Cf. CSMSP – Apelação Cível 1.237-6/0, Rel. Des. Marco César Muller Valente, j. 30/06/2010.

47. Não raro são deduzidos pedidos alternativos de averbação quanto denegado registro em sentido estrito do título causal. A jurisprudência tem se pautado de modo rigoroso, inadmitindo-se burla ao sistema registral. "A questão referente à possibilidade de registro da r. sentença proferida nos autos do processo de usucapião, já foi enfrentada nos autos da dúvida 100.09.163901-5, desta Corregedoria Permanente, oportunidade em que a recusa do Oficial ao registro foi mantida. Agora, pede-se a averbação da r. sentença com fulcro nos arts. 246 e 167, II, 6, ambos da Lei 6.015/1973. Sucede que, como precisamente destacou o Ministério Público, tais dispositivos legais não se aplicam à espécie porque se referem a situações residuais, isto é, para as que a Lei não exige forma diversa para o ingresso do título. No caso, entretanto, há forma expressa de ingresso do título, qual seja, a prevista no Art. 167, I, da Lei 6.015/1973. Assim, admitir a averbação ora pleiteada, por qualquer se seja o fundamento legal adotado, não deixaria de implicar certa burla ao Art. 167, I, da Lei de Registros Públicos" (1ª VRPSP – Processo 0015004-88.2011.8.26.0100, Juiz Gustavo Henrique Bretas Marzagão, j. 16/05/2011). No mesmo sentido: "Dação em pagamento. Pedido de averbação de contrato particular de dação em pagamento. Impossibilidade. Dação é ato passível de registro. A CGJ decidiu que o pedido de averbação de ato passível de registro em sentido estrito é descabido e afronta o sistema registral imobiliário vigente (CGJSP – Processo 1000216-85.2019.8.26.0063, Des. Ricardo Mair Anafe, j. 19/03/2020).

48. "Averbação de decisão judicial que impõe o cumprimento de obrigações de fazer. Inadmissibilidade. Natureza meramente obrigacional das prestações determinadas no julgado, sem força atributiva ou modificativa de posição jurídico-real. Inaplicabilidade do disposto no art. 167, II, 12, da Lei 6.015/1973. Não incidência, ademais, da norma do art. 246 da Lei 6.015/1973, ausente eficácia modificativa do registro com a prática do ato pretendido" (CGJSP – Processo 462/2006, Des. Gilberto Passos de Freitas, j. 08/08/2006).

49. "Apesar da declaração de utilidade pública produzir efeitos perante a Administração, aqueles não modificam o conteúdo do registro, o que somente ocorrerá caso iniciado o processo de desapropriação a exemplo da imissão provisória na posse (art. 167, I, 36, da Lei 6.015/1973), portanto, não cabe averbação do Decreto que declarou os bens imóveis mencionados nos autos de utilidade pública para fins de desapropriação. Além disso, a

XVIII. Inviável a averbação do bem de família legal.[50]

XIX. Incabível averbar a existência de ação possessória.[51]

XX. Impossível a averbação de contrato de parceria imobiliária, ainda que com função preventiva. Direitos meramente obrigacionais que não devem aceder ao registro.[52]

XXI. Indeferida a averbação de cláusula em negócio obrigacional oneroso que imponha cláusula restritiva a bem imóvel.[53]

---

publicidade na fase declaratória da desapropriação é obtida por meio da publicação do decreto e não de sua averbação no registro imobiliário, sobretudo ao se considerar a possibilidade de caducidade da declaração de utilidade pública" (CGJSP – Processo 74.777/2013, Des. José Renato Nalini, j. 18/09/2013).

50. "A averbação de bem de família legal não está prevista em lei. E isso deriva do mero fato de que a proteção do bem de família não decorre de sua inscrição no folio real, mas da própria Lei 8.009/90. Daí porque o legislador não se preocupou senão com o registro do bem de família voluntário, esse sim previsto no art. 167, I, 1, da Lei 6.015/1973, e sujeito a requisitos próprios" (CGJSP – Processo 39.751/2015, Des. Hamilton Elliot Akel, j. 29/06/2015).

51. "Inviabilidade de averbação da distribuição da ação possessória na matrícula do imóvel. Além disso, os litigantes da ação possessória não figuram como proprietários na matrícula do imóvel, de sorte que o registro violaria o princípio da continuidade" (CGJSP – Processo 28.227/2010, Des. Antonio Carlos Munhoz Soares, j. 21/06/2010).

52. "Contrato particular de parceria em empreendimentos imobiliários. Título representativo de direito obrigacional. Pretensão de prevalência perante terceiros, visando assegurar o recebimento de suposto crédito. Recusa do registro. Ausência, ademais, dos requisitos para a realização de averbação preventiva" (CSMSP – Apelação Cível 1017364-22.2018.8.26.0071, Rel. Des. Geraldo Francisco Pinheiro Franco, j. 25/07/2019). Ressalve-se, quanto ao parcelamento do solo urbano, que a Lei 14.118/2021, ao inserir o art. 2.-A, "d", na Lei 6.766/1979, autorizou o averbamento do contrato de parceria nas seguintes condições: "Considera-se empreendedor, para fins de parcelamento do solo urbano, o responsável pela implantação do parcelamento, o qual, além daqueles indicados em regulamento, poderá ser d) a pessoa física ou jurídica contratada pelo proprietário do imóvel a ser parcelado ou pelo poder público para executar o parcelamento ou a regularização fundiária, em forma de parceria, sob regime de obrigação solidária, devendo o contrato ser averbado na matrícula do imóvel no competente registro de imóveis".

53. "No caso concreto, inexiste supedâneo legal para o ato registral pretendido: estipulação de cláusula de inalienabilidade como garantia do pagamento, pelos proprietários, do investimento feito pela empresa parceira na reforma do imóvel (negócio oneroso). A cláusula restritiva em questão somente se aplica a atos de liberalidade, implicando impenhorabilidade e incomunicabilidade, como se vê do Código Civil em vigor, notadamente da regra de seu art. 1.911. É certo que o título traz disposições relativas ao uso do bem (cessão da posse e restrição à ocupação), as quais, em tese, poderiam ter ingresso no fólio real por implicarem limitação ao domínio. Contudo, considerando que integram um único negócio jurídico atípico e se complementam para formar a vontade dos contratantes, impossível cindir o título para ingresso parcial" (1ªVRPSP – Processo 1002251-96.2022.8.26.0100, Juíza Luciana Carone Nucci Eugênio Mahuad, j. 03/03/2022).

XXII. Inadmitida a averbação de título obrigacional que impõe restrições construtivas em bem próprio.[54]

Em todos os casos arrolados, percebe-se que o *fiel da balança* para acolhida ou não no Registro de Imóveis é a aptidão do ato, fato ou negócio jurídico para interferir na esfera jurídica de terceiros, de modo que a inscrição predial funciona como verdadeiro mecanismo de profilaxia jurídica, ou seja, possui cariz preventivo para que se evitem futuros litígios. Em suma, não se sustenta a averbação de todo e qualquer tipo de informação, sem nenhum controle, mas apenas daquelas que, por sua relevância, interessem a terceiros ou tenham aptidão para gerar alguma posição jurídico-real ao interessado. Da mesma forma, a eventualidade de acesso do título ao fólio real não tem aptidão, por si só, para transmutar sua natureza jurídica.

Precisa, nessa perspectiva, a conclusão de Sérgio Jacomino, estribada em lições de Afrânio de Carvalho:

> Muito embora as averbações não se achem estereotipadas num rol ocluso – ou como se diz em um *numerus clausus* –, isto não quer significar que qualquer circunstância possa legitimar o acesso ao sistema registral, sob pena de transformar o Registro de Imóveis numa mixórdia informativa. O próprio *Afrânio de Carvalho*, a seu tempo, diria que o "registro não é o desaguadouro comum de todos e quaisquer títulos, senão apenas daqueles que confiram posição jurídico-real". A regra que deve imperar é a de que "não é inscritível nenhum direito que mediante a inscrição não se torne mais eficaz do que sem ela". Em suma: a "averbação não muda nem a causa nem a natureza do título que deu origem à inscrição, não subverte o assento original, tão somente o subentende".[55]

54. "No caso concreto, inexiste supedâneo legal para o ato registral pretendido: averbação de cláusula restritiva de construção visando impor limitações administrativas e direitos reais sobre coisa própria, com a finalidade de vincular futuros adquirentes, notadamente porque não cria, não modifica nem extingue direitos já inscritos. Estas são, porém, e como se sabem, as finalidades da averbação" (1ª VRPSP – Processo 057614-05.2021.8.26.0100, Juíza Luciana Carone Nucci Eugênio Mahuad, j. 10/09/2021).

55. JACOMINO, Sérgio. Manifestação do 5º Oficial de Registro de Imóveis de São Paulo/SP (28/05/2021), nos autos do Pedido de Providências 1057614-05.2021.8.26.0100, da 1ª VRPSP, Juíza Luciana Carone Nucci Eugênio Mahuad, j. 10/09/2021.

Por derradeiro, assegure-se que a Lei 14.382/2022 acabou por encampar no texto legal *práxis* já engendrada nas serventias prediais. Quando houver pretensão de averbação que diga respeito ato ou fato jurídico que dependa de comprovação por documento oficial, sobretudo nas hipóteses do art. 167, II, 4 e 5, da LRP,[56] o Oficial poderá providenciar, preferencialmente por meio eletrônico, ao requerimento e às custas do interessado, os documentos comprobatórios necessários perante as autoridades competentes (*v. g.*, certidões passadas por prefeituras, autarquias, órgãos e entidades públicas em geral, Oficiais de Registro Civil de Pessoas Naturais etc.).

Cuida-se de providência que vai ao encontro da máxima efetividade dos serviços prestados nos Ofícios Prediais. Nessa linha, as Normas de Serviço da Corregedoria Geral da Justiça do Estado de São Paulo já previam:

> 8. Quando a tramitação do título depender de informações disponíveis na própria unidade de serviço ou em serviços de informações de órgãos oficiais publicadas na *internet*, deverá o Oficial obtê-las e certificar a fonte que acessou, evitando-se a devolução do título para cumprimento de exigências. Havendo incidência de taxas ou emolumentos, o pagamento deverá ser feito na retirada do título, desde que a busca das informações onerosas tenha sido previamente autorizada pelo apresentante.

Em suma, com a autorização dos utentes desses serviços, poderão os Oficiais providenciar o que for necessário para a prática dos atos autorizados em lei.

5. CONCLUSÃO: O VERDADEIRO SENTIDO DA NORMA

Pelo exposto, foi possível perceber que a norma do art. 167, I, nº 48 da Lei 6.015/1973 merece interpretação cautelosa, assegurando-se, notadamente, que:

---

56. Os indigitados dispositivos tratam da averbação na matrícula "da mudança de denominação e de numeração dos prédios, da edificação, da reconstrução, da demolição, do desmembramento e do loteamento de imóveis"; e da "da alteração do nome por casamento ou por desquite [separação, divórcio ou restabelecimento da sociedade conjugal], ou, ainda, de outras circunstâncias que, de qualquer modo, tenham influência no registro ou nas pessoas nele interessadas".

i) a Lei Registral não deixou de exigir tipicidade para os fatos inscritíveis;

ii) negócios jurídicos, típicos ou atípicos, que versem sobre transferência de bens imóveis ou instituição de direitos reais imobiliários poderão ser objeto de registro em sentido estrito no Ofício Predial;

iii) o rol dos atos de registro em sentido estrito deixou de ser *numerus clausus;* taxatividade, aliás, que bem interpretada jamais conduziu à conclusão de que o art. 167, I, da LRP era exauriente em si mesmo;

iv) paulatinamente, em virtude de descuidado abalroamento legislativo, vai perdendo relevância a distinção entre atos de registro e atos de averbação, arquitetada na redação inaugural da Lei 6.015/1973;

v) no direito brasileiro não podem ser criados novos direitos reais sobre imóveis a partir de acordo entre as partes;

vi) direitos obrigacionais com repercussão imobiliária podem aceder ao fólio real, somente com autorização legislativa expressa, inaplicável a norma do art. 167, I, nº 48 da LRP que se restringe a direitos reais imobiliários;

vii) O Oficial Registrador não deve se vincular exclusivamente ao título do negócio jurídico atribuído pelas partes no instrumento contratual, sendo o *nomen juris* pouco relevante para a qualificação registral.

Assim, é possível sedimentar que para definir os casos de registro no Cartório de Imóveis, tornou-se totalmente irrelevante qual o tipo de ato jurídico escolhido pelas partes para a transmissão da propriedade ou para a instituição do direito real. Por isso, não mais se conceberá devolução para qualquer negócio jurídico dessa natureza ao argumento de que inexiste previsão específica no rol do art. 167, I, da LRP. Buscou-se, pois, destravar o sistema registral para agasalhar todos os negócios jurídicos – típicos ou atípicos – que versem sobre transmissão de bens imóveis ou instituição de direitos reais imobiliários.

Para rematar, é de se aplaudir a norma do art. 167, I, nº 48, da LRP, introduzida pela Lei 14.711/2023, que a um só tempo eliminou paradoxo da Lei Registral e consolidou que não há taxatividade de contratos nem de negócios jurídicos no Brasil. Consagrou-se que a taxatividade que existe no direito brasileiro é dos direitos reais, e não dos atos jurídicos que ensejam mutação jurídico-real. Destarte, o arcabouço legislativo nacional passa a ser mais hospitaleiro ao acolhimento de mais negócios jurídicos que transacionem imóveis e direitos reais imobiliários, agregando segurança jurídica, reduzindo os custos das transações e reforçando o mercado imobiliário nacional.

6. REFERÊNCIAS BIBLIOGRÁFICAS

AHUALLI, Tânia Mara; BENACCHIO, Marcelo; SANTOS, Queila Rocha Carmona dos (org.). *Direito Notarial e Registral*: Homenagem às Varas de Registros Públicos da Comarca de São Paulo. São Paulo: Quartier Latin, 2016.

ARONNE, Ricardo. *Propriedade e domínio*. Rio de Janeiro: Renovar, 1999.

ARRUÑADA, Benito. *La contratación de derechos de propriedad: um análisis econômico*. Madrid: Fundación Beneficentia Et Peritia Iuris, 2004.

ASCENSÃO, José de Oliveira. *Direito civil: teoria geral*. Coimbra: Almedina, 2002. v. III.

ASCENSÃO, José de Oliveira. *A tipicidade dos direitos reais*. Imprenta: Lisboa: Petrony, 1968.

BALBINO FILHO, Nicolau. *Registro de Imóveis: doutrina, prática e jurisprudência*. São Paulo: Saraiva, 2012.

BESSONE, Darcy. *Direitos reais*. 2. ed. São Paulo: Saraiva, 1996.

BEVILÁQUA, Clóvis. *Direito das coisas*. 4. ed. Rio de Janeiro: Forense, 1956. v. 1.

CARVALHO, Afrânio de. *Registro de imóveis*. 4. ed. Rio de Janeiro: Forense, 1997.

CENEVIVA, Walter. Lei dos Registros Públicos comentada. 20. ed. São Paulo: Saraiva, 2010.

CHICO Y ORTIZ, José Maria. *Estudios sobre derecho hipotecario*. Madrid: Marcial Pons, 1989, t. I, p. 67.

DIP, Ricardo Henry Marques. *Registro de imóveis (princípios)*. Descalvado: Editora PrimVs, 2017. t. I. (*Série registros sobre registros*).

DIP, Ricardo Henry Marques. *Registro de imóveis (princípios)*. São Paulo: Editorial Lepanto, 2019. t. III. (*Série registros sobre registros)*.

DIP, Ricardo Henry Marques. *Sobre a crise contemporânea da segurança jurídica. Revista de Direito Imobiliário*, São Paulo, v. 54/33, jan./jun. 2003.

DIP, Ricardo Henry Marques; ANDRIGHI, Fátima Nancy. Apontamentos acerca dos registros Públicos Lei n. 13.097/2015. *In*: JACOMINO, Sérgio; CRUZ, Nataly. *Registros Públicos e Notas*: Conselho Nacional de Justiça. São Paulo: Quinta Editorial, 2015.

ERPEN, Décio Antônio; PAIVA, João Pedro Lamana. *A autonomia registral e o princípio da concentração. Revista de Direito Imobiliário* (RDI), São Paulo, v. 49, p.46-52, jul./dez. 2000.

FARIAS, Cristiano Chaves de; ROSENVALD, Nelson. *Curso de direito civil: reais*. 15. ed. Salvador: Editora JusPodvm, 2019. v. 5.

FIORANELLI, Ademar. *Direito registral imobiliário*. Porto Alegre: Sérgio Antonio Fabris Editor, 2001.

FIORANELLI, Ademar. *Matrícula no registro de imóveis – questões práticas*. *In:* YOSHIDA, Consuelo Yatsuda Moromizato; FIGUEIREDO, Marcelo; AMADEI, Vicente de Abreu. *Direito notarial e registral avançado*. São Paulo: Revista dos Tribunais, 2014.

GANDOLFO, Maria Helena Leonel. *Reflexos sobre a matrícula 17 anos depois. Revista de Direito Imobiliário* (RDI), São Paulo, n. 33, jan./jun. 1994.

GARBI, Carlos Alberto; GABI JÚNIOR; Carlos Alberto. Tipicidade dos fatos inscritíveis. In: AHUALLI, Tânia Mara; BENACCHIO, Marcelo; SANTOS, Queila Rocha Carmona dos (org.). *Direito Notarial e Registral*: Homenagem às Varas de Registros Púublicos da Comarca de São Paulo. São Paulo, Quartier Latin, 2016, p. 511.

GOMES, Orlando. *Direitos reais*. Atualizador Luiz Edson Fachin. Rio de Janeiro: Forense, 2004.

JUNQUEIRA, José de Mello. *Alienação fiduciária de coisa imóvel*. São Paulo: Ed. ARISP, 1998.

KONNO, Alyne Yumi. *Registro de imóveis: teoria e prática*. São Paulo: Memória Jurídica Editora, 2007.

LAGO, Ivan Jacopetti do. *A Lei 13.097 de 2015 e sua contribuição para a governança fundiária. Revista de Direito Imobiliário* (RDI), São Paulo, v. 81, ano 39, p. 155-184, jul./dez. 2016.

LEITE, Carlos Kennedy da Costa. O Ingresso dos Contratos Atípicos no Registro de Imóveis. Revista de Direito Imobiliário. vol. 79. ano 38. p. 33-83. São Paulo: RT, jul.-dez. 2015.

LORENZETTI, Ricardo Luis. *Fundamentos do direito privado*. São Paulo: Revista dos Tribunais, 1998.

LOUREIRO, Francisco Eduardo. *A propriedade como relação jurídica complexa*. Rio de Janeiro: Renovar, 2003.

MELO, Marcelo Augusto Santana de. *Teoria geral do Registro de Imóveis: estrutura e função*. Porto Alegre: Sergio Antonio Fabris, 2016.

MENDES, Isabel Pereira. *Estudos sobre direito predial*. Coimbra: Almedina, 1999.

MIRRA, Álvaro Luiz Valery. Direito ambiental e registro de imóveis. *In*: MIRRA, Álvaro Luiz Valery. *Direito imobiliário brasileiro*. São Paulo: Quartier Latin, 2011.

MONTES, Angel Cristóbal. *Direito imobiliário registral*. Porto Alegre: Sergio Antonio Fabris Ed., 2005.

OLIVEIRA, Marcelo Salaroli de. *Publicidade registral imobiliária*. São Paulo: Saraiva, 2010.

ORLANDI NETO, Narciso. *Retificação do registro de imóveis*. 2. ed. São Paulo: Juarez de Oliveira, 1999.

PATAH, Priscila Alves. Os contratos agrários e a necessária interação com a matrícula imobiliária. *Revista de Direito Imobiliário*, São Paulo, v. 88, ano 43, p.179-204, jan./jun. 2020.

PELUSO, Cezar (coord.). *Código Civil comentado: doutrina e jurisprudência*. Barueri: Manole, 2018.

PENTEADO, Luciano de Camargo. *Direito das coisas*. São Paulo: RT, 2008.

PEREIRA, Caio Mário da Silva. *Instituições de direito civil*. 18. ed. Rio de Janeiro: Forense, 1997. v. 1.

PONTES DE MIRANDA, Francisco Cavalcanti. *Tratado de direito privado: parte especial. Direito das coisas*. 3. ed. Rio de Janeiro: Borsoi, 1971. t. XX.

PONTES DE MIRANDA, Francisco Cavalcanti. *Tratado de direito privado*. 4. ed. São Paulo: Ed. RT, 1974. t. III.

RIBEIRO, Luís Paulo Aliende. Regulação da Função Pública Notarial e de Registro. São Paulo: Saraiva, 2009.

RIBEIRO, Moacyr Petrocelli de. *A matrícula: paradigmas para o sistema de registro eletrônico de imóveis. Revista de Direito Imobiliário* (RDI), São Paulo, v. 86, ano 42, p. 215-262, jan./jun. 2019.

SARMENTO FILHO, Eduardo Sócrates Castanheira. *Direito registral imobiliário: teoria geral*. Curitiba: Juruá, 2017.

SASTRE, Roca. *Instituciones de Derecho Hipotecario*. Barcelona: Bosch, 1942. t. I.

SERPA LOPES, Miguel Maria de. *Tratado dos registros públicos*. Brasília: Brasília Jurídica, 1997. v. 4.

SILVA, Ulysses da. *Direito Imobiliário – O Registro de Imóveis e Suas Atribuições – A Nova Caminhada*. 2. ed. Porto Alegre: Sergio Antonio Fabris Editor, 2013

16

AS NOVAS ATRIBUIÇÕES DO TABELIÃO DE NOTAS

José Flávio Bueno Fischer

Exerce atividade notarial desde 1976, sendo Tabelião de Notas e Protestos em Novo Hamburgo, RS, BRASIL. Formado em Direito pela UNISINOS (Universidade do Vale do Rio dos Sinos) – São Leopoldo – RS, em 1972 e Pós Graduado em Direito Civil, pela mesma Universidade. Professor concursado naquela Universidade, na Cadeira de Registros Públicos. Presidente do Colégio Notarial do Brasil – Conselho Federal – (1993/1995 e 2005/2007 e 2008/2010). Presidente do Colégio Notarial do Brasil – RS – (2020/2022)-(2022/2024). Membro do Conselho Permanente da União Internacional do Notariado UINL. VICE PRESIDENTE para América do Sul da UINL, período de 2008/2010. Professor de cursos técnicos e de extensão universitária e palestrante em eventos sobre temas de Direito Notarial e Registral. Foi Professor de Registros Públicos e Direito Notarial na Escola Superior do Ministério Público do RS – e na Escola da Magistratura do RS.

Carolina Edith Mosmann dos Santos

Advogada, Professora e Pesquisadora. Ex-escrevente do 1º Tabelionato de Notas e Protesto de Novo Hamburgo/RS. Graduada em Direito pela Universidade do Vale do Rio dos Sinos – Unisinos. Pós-graduada em Direito de Família e Sucessões pelo Instituto Damásio de Direito. Pós-graduada em Direito Notarial e Registral pela Universidade Federal do Maranhão – UFMA. Aderente Individual da União Internacional do Notariado – UNIL. Autora de diversos artigos acadêmicos publicados em revistas e livros especializados e de trabalhos apresentados em Congressos Internacionais da União Internacional do Notariado – UINL. Membro da Comissão de Direito Notarial e Registral da OAB/SP.

Sumário: 1. Introdução. 2. Notário Latino: Terceiro Imparcial de confiança das Partes. 3. *Escrow Account* (Conta Garantia). 4. Ata notarial de certificação de implemento ou de frustração de condições negociais. 5. Ata notarial de arrematação. 6. Atuação na informação e negociação de precatórios. 7. Renovação e remuneração da atribuição da mediação e conciliação e arbitragem. 8. Conclusão. 9. Referências bibliográficas.

1. INTRODUÇÃO

No caminho da desjudicialização que estamos trilhando no Brasil, buscando dar efetividade às demandas da Sociedade, deixando para o Judiciário apenas o que realmente precisa de pronunciamento judicial, a Lei nº 14.711, de 2023, trouxe novas atribuições ao Tabelião de Notas, visando à maior agilidade e à eficácia nos negócios imobiliários.

A nova legislação promete trazer inúmeros benefícios para a sociedade, possibilitando a solução extrajudicial de conflitos na esfera negocial, sem a necessidade de intervenção do Poder Judiciário, reduzindo custos, sem descuidar da segurança jurídica.

O tabelião de Notas, além de sua função tradicional de assegurar a real manifestação da vontade das partes, garantindo a coincidência entre a vontade da parte e sua declaração expressa no ato negocial, irá atuar, a partir da Lei 14.711/23, como um importante agente com função jurisdicional e de garantia, trazendo fluidez ao comércio ao possibilitar que a execução das condições e garantias negociais sejam feitas de forma extrajudicial.

A renovação e remuneração da atribuição da mediação e conciliação, a arbitragem, a Escrow Account (Conta Garantia), a atuação na informação e negociação de precatórios, a ata notarial de certificação do implemento ou da frustração de condições negociais e a ata notarial de arrematação foram os atos incorporados à atuação do tabelião de notas pela Lei 14.771/23.

Neste artigo, analisaremos cada um destes atos, com a ressalva de que são considerações iniciais sobre o tema, sendo imperiosa sua regulamentação pelo Conselho Nacional de Justiça, a exemplo dos atos da Lei 11.441/07, da usucapião e, recentemente, da adjudicação compulsória.

2. NOTÁRIO LATINO: TERCEIRO IMPARCIAL DE CONFIANÇA DAS PARTES

Antes de adentrarmos nas novas atribuições trazidas ao tabelião de notas pela Lei nº 14.711/2023, é importante analisarmos, ainda que brevemente, a intervenção do notário do tipo latino nos negócios privados como terceiro imparcial de confiança das partes.

O Brasil faz parte do Notariado do tipo Latino. E, de acordo com as conclusões do XXVI Congresso Internacional do Notariado, realizado em Marrakech, em outubro de 2010, o notário do tipo latino constituí "(...) un sistema que ofrece confianza, cotidianamente reconocida y reafirmada. Conquistada en el curso de generaciones constituye el fiel reflejo de una concepción social, cultural y filosófica y una respuesta a una necesidad social."[1]

Nesta linha, as conclusões da XV Jornada Notarial Iberoamericana, afirmam que "el notario es un tercero, que actúa como profesional del derecho, en quien el Estado ha delegado una función pública, de reconocido interés general, que le ha hecho merecedor de la confianza de éste y de los ciudadanos."[2]

E a confiança popular depositada no notário remonta à história medieval. Assinala Leonardo Brandelli, com base em Ramón Fraguas que:

> "na história medieval, surgiram várias classes de notários, criados por certas autoridades, e que agiam a serviço da autoridade ou poder que os criara. Porém, paralelamente a eles, desenvolveram-se os notários das vilas e das cidades, que agiam a serviço de todos sem distinção, de maneira independente e, que por isso mesmo, conquistaram a confiança de todos e impuseram-se frente à outras classes, fazendo com que desaparecessem. Surge assim o notário público, com a característica da imparcialidade."[3]

Com efeito, uma das mais importantes qualidades que confere ao notário o status de pessoa de confiança das partes é sua imparcialidade. Nas palavras de Elsa Kiejzman, com tradução de Tullio Formicola:

---

1. REVISTA DE DIREITO NOTARIAL nº 3. *XXVI Congreso Internacional del Notariado. Conclusões sobre o tema "el documento notarial al servicio de la seguridade de las inversiones. Em particular, su fiabilidade para la publicidade registral y su fuerza ejecutiva"*. Marrakech, octubre de 2010. In: Revista de Direito Notarial nº 3. São Paulo: Quartier Latin, 2010. p. 334
2. REVISTA DE DIREITO NOTARIAL nº 4. *XV Jornada Notarial Iberoamericana. Conclusões sobre o tema "función notarial y las nuevas tecnologías; función notarial y la colaboración con los poderes públicos"*. In: Revista de Direito Notarial nº 4. São Paulo: Quartier Latin, 2012. p. 227.
3. BRANDELLI, Leonardo. *Atuação Notarial em uma economia de mercado – a tutela do hipossuficiente.* In: Revista de Direito Imobiliário nº 52. São Paulo: Instituto do Registro Imobiliário do Brasil – IRIB, jan-jun de 2002. p. 192.

> "ao notário está vedado exercer seu ministério favorecendo a alguma das partes que solicitam seus serviços, pelo que é seu dever manter independência de critério, não tomando partido nas questões em que deve intervir, desentranhando as reais vontades, aconselhando em pé de igualdade os comparecentes sobre os temas jurídicos em discussão, explicando suas possíveis consequências, compatibilizando os interesses, utilizando a forma jurídica apropriada, sujeitando-se inteiramente às leis vigentes, brindando as partes, em suma, com sua intervenção, com a segurança que as mesmas desejam obter."[4]

Em outras palavras, a imparcialidade do notário reafirma que deve ele conduzir sua atividade com igualdade e equidistância no tratamento com as partes envolvidas no ato jurídico: deve ele ser imparcial e tratar a todos com igualdade.

O notário latino, com sua imparcialidade, garante o equilíbrio contratual do negócio, adequando a vontade das partes ao ordenamento jurídico e evitando, com seu assessoramento jurídico qualificado, que a parte mais fraca da relação sofra algum prejuízo em razão de sua ignorância ou mesmo da má-fé da parte contrária. O notário assegura o espaço de liberdade do indivíduo, acrescido de uma eficiente tutela do sujeito deficitário.

Além disso, o notário latino assegura a real manifestação da vontade das partes, ou melhor, assegura a coincidência entre a vontade da parte e sua declaração expressa no ato. Agindo assim, o notário protege o destinatário do negócio jurídico, oferecendo, de consequência, maior segurança jurídica e eficácia às relações negociais, já que se amplia a confiança naquilo que efetivamente foi pactuado.

O notário latino é um instrumento indispensável para fixar a verdade negocial, especialmente quando se trata de negócios envolvendo partes em situação desigual, a exemplo dos negócios entre grandes empresas e pessoas com menos recursos e menos conhecimento. E, fixando a verdade negocial, o notário tutela a confiança nas legítimas expectativas criadas nas

4. KIEJZMAN, Elsa. *Alcance Social da Função Notarial.* Trabalho apresentado pela autora, Notária na República Agentina. In: V Jornada Notarial do Cone Sul, realizada de 19 a 23 de outubro de 1987, na cidade de Gramado/RS. Publicação patrocinada pelo Conselho Federal e pela Seção de São Paulo do Colégio Notarial do Brasil, 1987. p. 18.

partes contratantes, gerando certeza e segurança jurídica para os negócios. Ora, certeza e segurança jurídica é o que qualquer mercado precisa para ser próspero, pois quanto o menor o risco das transações, maior é o grau de investimento e, de consequência, maior a circulação de riqueza no país.

Diante deste contexto, da indispensável atuação do notário latino como ferramenta de desenvolvimento econômico, com a eficiente tutela da dignidade da pessoa humana, é que o legislador, através da Lei nº 14.711/23, trouxe novas atribuições ao tabelião de notas, ampliando a atuação do notário nos negócios privados e potencializando a função notarial como instrumento de celeridade, eficácia e segurança negocial.

Nos próximos itens, analisaremos cada uma das novas atribuições.

3. *ESCROW ACCOUNT* (CONTA GARANTIA)

A Lei nº 14.711/23 acrescentou o artigo 7º-A na Lei nº 8.935/94, trazendo no §1º o tabelião de notas como intermediário da conta garantia, a "escrow account":

> Art. 7º-A Aos tabeliães de notas também compete, sem exclusividade, entre outras atividades:
>
> § 1º O preço do negócio ou os valores conexos poderão ser recebidos ou consignados por meio do tabelião de notas, que repassará o montante à parte devida ao constatar a ocorrência ou a frustração das condições negociais aplicáveis, não podendo o depósito feito em conta vinculada ao negócio, nos termos de convênio firmado entre a entidade de classe de âmbito nacional e instituição financeira credenciada, que constituirá patrimônio segregado, ser constrito por autoridade judicial ou fiscal em razão de obrigação do depositante, de qualquer parte ou do tabelião de notas, por motivo estranho ao próprio negócio. (Incluído pela Lei nº 14.711, de 2023)

Segundo o referido dispositivo legal, o preço do negócio pode ser recebido ou consignado pelo tabelião de notas, que repassará o valor à parte devida ao constatar a ocorrência ou a frustração das condições negocias aplicáveis.

Em outras palavras, o preço do negócio é depositado em uma conta vinculada, conhecida como "escrow account" (conta garantia), e somente será liberada à parte devida após o tabelião de notas constatar a ocorrência ou a frustração das condições que as próprias partes estipularam no instrumento negocial.

Vamos imaginar uma compra e venda em que o comprador não quer pagar o preço antes de assinar a escritura e, de outro lado, o vendedor não quer firmar o ato antes de receber o valor. Neste cenário, o tabelião de notas, através da "escrow account" atuará como um terceiro imparcial no negócio, dando segurança a ambas as partes.

Como funcionará? O comprador irá depositar o preço em uma conta vinculada ao negócio, por meio do tabelião de notas, e este somente irá liberar o valor ao vendedor após constatar a implementação da condição estabelecida na escritura, por exemplo, a efetiva transferência da propriedade ao comprador através do registro do título no Ofício Imobiliário.

Assim, o tabelião de notas é quem fará o juízo de qualificação para verificar se, à luz do que foi pactuado na escritura, já se operou ou não o evento futuro autorizador do levantamento dos valores. No exemplo acima, é o tabelião de notas que irá verificar se houve o registro da escritura de compra e venda, através de uma constatação documental da certidão da matrícula do imóvel, e irá, então, liberar o valor ao vendedor.

O Professor Carlos Elias salienta que, por cautela e em nome do princípio do contraditório, é importante que o tabelião de notas dê ciência à outra parte acerca do levantamento dos valores, sugerindo, inclusive, que o saque aconteça somente após 5 (cinco) dias úteis da notificação da outra parte.[5]

Tal notificação pode acontecer, inclusive, por meio eletrônico, ou até mesmo ser dispensada, caso as partes tenham assim pactuado no instrumento negocial.

Ainda de acordo com o Professor Carlos Elias, após regular notificação, ficando a parte em silêncio após o transcurso do prazo de 5(cinco)

5. OLIVEIRA, Carlos E. Elias de. *Continuação da análise detalhada da lei das garantias (lei nº 14.711/2023).* Disponível em https://www.migalhas.com.br/arquivos/2023/11/B57BCEF5E85D95_PDF2023-11-2-ContinuacaoLeidas.pdf. Acesso em 15.02.24.

dias úteis ou não apresentando impugnação justificada, o valor poderá ser levantado.

Uma questão que emerge do novo instituto da "escrow account" é a seguinte: se houver frustração da condição negocial, devidamente constatada pelo tabelião de notas, poderá haver levantamento do valor em favor da parte depositante. Neste caso, como fica a escritura pública lavrada e assinada? O negócio estará desfeito?

No exemplo trazido, se não houver o registro da escritura no Ofício Imobiliário porque houve o ingresso de uma indisponibilidade na matrícula do imóvel no período compreendido entre a assinatura da escritura e a prenotação do título, restando frustrada, portanto, a condição negocial, o valor depositado deverá retornar ao comprador. Mas, e o negócio, estará automaticamente desfeito?

Nos parece muito importante que tudo isto seja muito bem estabelecido no instrumento negocial, na escritura de compra e venda, já prevendo o desfazimento do negócio caso não implementada a condição, inclusive podendo as partes se valerem da ata notarial para constatar a verificação da ocorrência ou da frustração das condições negociais, que certificará a rescisão do negócio. Tal ata está prevista no §2º, do artigo 7º-A, da Lei nº 8.935/94, sobre a qual trataremos no item seguinte.

É importante salientar que a "escrow account" formalizada com a participação do tabelião de notas constitui patrimônio segregado, não podendo, por expressa previsão legal contida no artigo 7º-A, §1º, da Lei nº 8.935/94, ser constrita por autoridade judicial ou fiscal em razão de obrigação do depositante, de qualquer parte ou do tabelião de notas, por motivo estranho ao próprio negócio.

Desta forma, é muito mais aconselhável que as partes se valham da "escrow account" que tenha a intermediação de notários, pois além da existência de patrimônio segregado por expressa previsão legal, o que não ocorre nas "escrow accounts" cujo intermediador é, por exemplo, um agente financeiro[6], a certificação do implemento ou frustração das condi-

6. Resolução CVM 175/2022:
Art. 2º Para fins deste Anexo Normativo II, entende-se por:

ções para levantamento dos valores é feita por uma agente público, dotado de fé pública, imparcial e com conhecimento técnico-jurídico.

A "escrow account" com a intermediação do tabelião de notas promete ser uma revolução no mercado imobiliário, trazendo ainda mais certeza e segurança jurídica aos negócios e potencializando a confiança das partes no cumprimento célere do que foi efetivamente pactuado, o que diminui os riscos e fomenta o mercado.

É certo, contudo, que a matéria merece regulamentação do Conselho Nacional de Justiça para a uniformização de procedimentos perante os Cartórios e também há necessidade de convênio do Colégio Notarial do Brasil com instituição bancária a fim de operacionalizar a abertura das contas que ficarão vinculadas aos negócios.

4. ATA NOTARIAL DE CERTIFICAÇÃO DE IMPLEMENTO OU DE FRUSTRAÇÃO DE CONDIÇÕES NEGOCIAIS

No inciso I do artigo 7º-A, da Lei nº 8.935/94, o tabelião de notas foi legitimado a certificar o implemento ou a frustração de condições e outros elementos negociais, respeitada a competência própria dos tabeliães de protesto.

A condição é uma cláusula que, derivando exclusivamente da vontade das partes, subordina o efeito do negócio jurídico a evento futuro e incerto (CC, art. 121). Ela pode ser suspensiva ou resolutiva. Se subordinar-se a eficácia do negócio jurídico à condição suspensiva, enquanto esta não se verificar, não se terá adquirido o direito, a que ele visa (CC, art. 125). Já se

---

(...)

VII – conta-vinculada: conta especial instituída pelas partes junto a instituição financeira ou de pagamento, sob contrato, destinada a receber pagamentos dos devedores e manter os recursos em custódia, para liberação caso satisfeitos determinados requisitos, a serem atestados pelo administrador, entidade registradora ou custodiante, conforme o caso.

Art. 39. O custodiante pode ser contratado pelo administrador para:

(...)

II – cobrar e receber, em nome da classe, pagamentos, resgate de títulos ou qualquer outro rendimento relativo aos ativos da carteira, depositando os valores recebidos diretamente em conta de titularidade da classe ou, se for o caso, em conta-vinculada; e

for resolutiva a condição, enquanto esta não se realizar, vigorará o negócio jurídico, podendo exercer-se desde a conclusão deste o direito por ele estabelecido (CC, art. 127).

Vamos a um exemplo trazido por Aline de Miranda em artigo sobre o tema:[7] contrato de promessa de compra e venda de terreno por incorporadora que deseja ali desenvolver projeto imobiliário. No entanto, a incorporadora ainda não conhece plenamente os custos do empreendimento, de modo que não está segura quanto à sua viabilidade econômica neste momento.

Segundo Aline, a condição resolutiva seria aquela em que a incorporadora apõe cláusula no contrato, estipulando que se ficar constatado, após levantamento junto ao mercado, que o custo da obra será superior a certo valor, o contrato será automaticamente resolvido. Neste caso, o negócio produz desde já todos os seus efeitos, que são resolvidos uma vez verificada a condição.

Já a condição suspensiva, de acordo com Miranda, seria aquela em que as partes preveem no instrumento negocial que o negócio só produziria efeitos após o implemento da condição, ou seja, após constatar-se a viabilidade econômica do empreendimento; até este momento, as partes teriam apenas expectativa dc dircito.

Já o termo, diferente da condição, é aquela cláusula que, derivando exclusivamente da vontade das partes, subordina o efeito do negócio jurídico a evento futuro e certo (CC, arts. 131 e 135).

Seja condição ou termo, tais elementos negociais não precisam mais da chancela judicial para atestar seu implemento ou frustração. A partir da Lei 14.711/23, o tabelião de notas também passou a ter esta atribuição, que será instrumentalizada através da ata notarial, conforme previsto no §2º, do artigo 7-A:

7. TERRA, Aline Miranda Valverde. Condição resolutiva, condição suspensiva ou cláusula resolutiva, eis a questão. Disponível em: https://www.migalhas.com.br/coluna/migalhas-edilicias/352799/condicao-resolutiva-condicao-suspensiva-ou-clausula-resolutiva. Acesso em 25.02.2024.

> § 2º O tabelião de notas lavrará, a pedido das partes, ata notarial para constatar a verificação da ocorrência ou da frustração das condições negociais aplicáveis e certificará o repasse dos valores devidos e a eficácia ou a rescisão do negócio celebrado, o que, quando aplicável, constituirá título para fins do art. 221 da Lei nº 6.015, de 31 de dezembro de 1973 (Lei de Registros Públicos), respeitada a competência própria dos tabeliães de protesto. (Incluído pela Lei nº 14.711, de 2023)

E como o tabelião de notas irá operacionalizar tal ata notarial? De que forma ele irá certificar o implemento ou a frustração de uma condição negocial?

Vamos imaginar uma escritura pública de compra e venda com cláusula resolutiva (CC, art. 474), em que se pactuou o pagamento do preço em 30 (trinta) parcelas. A escritura foi devidamente registrada no Ofício Imobiliário. Todavia, na décima parcela, o comprador deixa de pagar, tornando-se inadimplente.

Antes, o vendedor precisaria ingressar no Judiciário para executar a cláusula resolutiva, resolver o negócio e cancelar o registro da escritura no Ofício Imobiliário. Agora, ele pode requerer ao tabelião de notas uma ata notarial em que será certificado o não pagamento, o inadimplemento do comprador.

Tal ata, conforme prevê o §2º mencionado acima, é título para fins do art. 221 da Lei nº 6.015/73. Ou seja, será instrumento suficiente para operar o cancelamento do registro no Ofício Imobiliário.

Questionamos aqui se o §2º não deveria ter feito remissão ao artigo 250, da Lei nº 6.015/73, que traz as hipóteses de cancelamento do registro, uma vez que a ata notarial para certificar o implemento ou frustração de uma condição negocial não criará um novo negócio jurídico passível de registro, mas sim cancelará algum já existente ou terá o objetivo de inserir na matrícula o cumprimento de uma condição, como por exemplo, averbar o pagamento integral de uma compra e venda com cláusula resolutiva, operando a quitação e liberando o imóvel do ônus.

De qualquer forma, voltemos à pergunta inicial: de que modo o tabelião irá certificar o implemento ou a frustração de uma condição negocial?

No nosso exemplo, como ele irá certificar o não pagamento das parcelas pelo comprador?

Através de todos os meios de prova em direito admitidas: mensagens de texto, e-mails, extratos bancários, cambiais ainda em poder do credor (vendedor). Além disto, no exemplo trazido, uma forma efetiva de provar o inadimplemento é o protesto. O instrumento de protesto trazido na ata notarial será prova contundente do inadimplemento do comprador.

Ademais, o Professor Carlos Elias destaca que a outra parte (o comprador) deverá ser notificado pelo tabelião, em nome do princípio do contraditório e para evitar riscos de fraudes (como documentos falsos) ou divergências de interpretações contratuais.[8]

Segundo Carlos Elias, à vista do silêncio legal ou de impugnação injustificada, deve-se aplicar, por analogia, o procedimento previsto para a adjudicação extrajudicial de que trata o art. 216-B da LRP e os arts. 440- A ao 440-AM do Código Nacional de Normas do CNJ (Provimento nº 149 do CNJ).

A ata notarial de certificação de implemento ou frustração de condições negociais, conforme já mencionamos, é título, por expressa previsão legal, diferentemente da ata notarial de adjudicação compulsória ou usucapião, que não constituem títulos, mas sim apenas um dos elementos que irá compô-lo.

Além disto, tal ata notarial não se resume à descrição de atos, como ocorre, por exemplo, na ata que descreve mensagens de aplicativos de texto. De acordo com o Professor Carlos Elias, ela exige um juízo de qualificação tabelioa, própria de atividades jurídicas, numa verdadeira profilaxia jurídica dos atos jurídicos.[9]

Assim como a "escrow account", o tema merece regulamentação do CNJ.

---

8. OLIVEIRA, Carlos E. Elias de. *Continuação da análise detalhada da lei das garantias (lei nº 14.711/2023).* Disponível em https://www.migalhas.com.br/arquivos/2023/11/B57BCE-F5E85D95_PDF2023-11-2-ContinuacaoLeidas.pdf. Acesso em 15.02.24.

9. OLIVEIRA, Carlos E. Elias de. *Continuação da análise detalhada da lei das garantias (lei nº 14.711/2023).* Disponível em https://www.migalhas.com.br/arquivos/2023/11/B57BCE-F5E85D95_PDF2023-11-2-ContinuacaoLeidas.pdf. Acesso em 15.02.24.

5. ATA NOTARIAL DE ARREMATAÇÃO

A Lei nº 14.711/23 "ressuscitou" a hipoteca, ao trazer a possibilidade de sua execução extrajudicial.

O instituto abandonado em razão da alienação fiduciária, promete retornar ao ser trazida a possibilidade de execução do crédito hipotecário perante o Cartório de Registro de Imóveis competente, conforme prevê o artigo 9º, da Lei nº 14.711/23.

Em rito executivo semelhante à alienação fiduciária, o devedor será intimado pelo Registrador de Imóveis para purgação da mora no prazo de 15 (quinze dias). A não purgação da mora no prazo autoriza o início do procedimento de excussão extrajudicial da garantia hipotecária por meio de leilão público. Concluído o procedimento e havendo lance vencedor, os autos do leilão e o processo de execução extrajudicial da hipoteca serão distribuídos a tabelião de notas com circunscrição delegada que abranja o local do imóvel para a lavratura de ata notarial de arrematação, que conterá os dados da intimação do devedor e do garantidor e dos autos do leilão e constituirá título hábil de transmissão da propriedade ao arrematante a ser registrado na matrícula do imóvel, conforme §11º, do artigo 9º, da Lei nº 14.711/23.

O procedimento acima pode ser assim ilustrado:

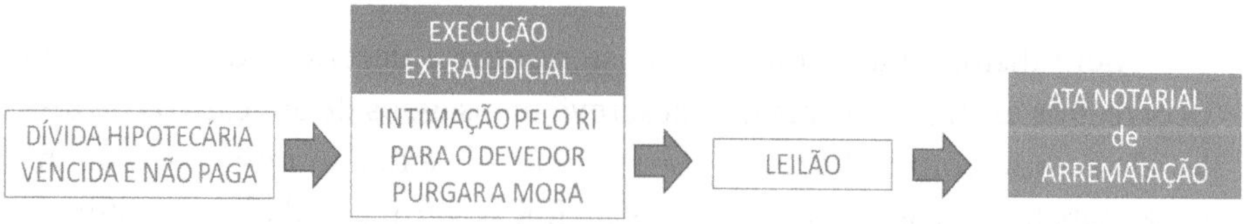

O primeiro ponto que precisa ser destacado em relação à ata notarial de arrematação é que ela excepciona o princípio da livre escolha do tabelião de notas previsto no artigo 8º, da Lei 8.935/94. Conforme prevê o referido §1º, só o tabelião de notas do local do imóvel é competente. E mais: haverá distribuição nos Municípios onde houver mais de um notário, a semelhança do que ocorre hoje com os tabeliães de protesto.

Por expressa previsão legal, a ata notarial de arrematação deverá conter os dados da intimação do devedor e do garantidor e dos autos do leilão. Além disto, novamente conforme nos ensina o Professor Carlos

Elias, a atividade do tabelião nesta ata não se resume a mera descrição fria do leilão e da arrematação. Cabe-lhe, nas palavras de Carlos Elias, "(...) realizar a qualificação tabelioa, ou seja, verificar se há ou não alguma irregularidade jurídica a impedir a arrematação. Em suma, entendemos que se aplicam, no que couber, as regras próprias de escrituras públicas de compra e venda."[10]

A ata notarial de arrematação também é título. Ela é título apto a transferir a propriedade, de forma que faria sentido se o §11º, do artigo 9º, da Lei nº 14.711/23, tivesse feito a remissão ao artigo 221, da Lei 6.015/73, que trata dos títulos registráveis.

Um último ponto que merece destaque é o §15º, do artigo 9º, da Lei nº 14.711/23, que prevê que "o título constitutivo da hipoteca deverá conter, sem prejuízo dos requisitos de forma do art. 108 da Lei nº 10.406, de 10 de janeiro de 2002 (Código Civil), ou da lei especial, conforme o caso, **como requisito de validade, expressa previsão do procedimento previsto neste artigo, com menção ao teor dos §§ 1º a 10 deste artigo.**"

Segundo o que depreendemos do referido parágrafo, para utilizar a execução extrajudicial do crédito hipotecário, os títulos constitutivos das hipotecas deverão ter expressa menção do procedimento previsto no artigo 9º, da Lei nº 14.711/23, e as hipotecas já existentes precisarão ter seus títulos devidamente aditados para se valer da excussão extrajudicial.

6. ATUAÇÃO NA INFORMAÇÃO E NEGOCIAÇÃO DE PRECATÓRIOS

Outra importante atribuição trazida pela Lei nº 14.711/23 ao tabelião de notas é a atuação na informação e negociação de precatórios, como forma de tentar reduzir fraudes.

A Lei nº 14.711/23 inseriu um novo artigo na Lei nº 8.935/94, o artigo 6-A, para tratar integralmente de tal matéria:

10. OLIVEIRA, Carlos E. Elias de. *Continuação da análise detalhada da lei das garantias (lei nº 14.711/2023).* Disponível em https://www.migalhas.com.br/arquivos/2023/11/B57BCEF5E85D95_PDF2023-11-2-ContinuacaoLeidas.pdf. Acesso em 15.02.24.

> Art. 6º-A A pedido dos interessados, os tabeliães de notas comunicarão ao juiz da vara ou ao tribunal, conforme o caso, a existência de negociação em curso entre o credor atual de precatório ou de crédito reconhecido em sentença transitada em julgado e terceiro, o que constará das informações ou consultas que o juízo emitir, consideradas ineficazes as cessões realizadas para pessoas não identificadas na comunicação notarial se, dentro do prazo de 15 (quinze) dias corridos, contado do recebimento desta pelo juízo, for lavrada a respectiva escritura pública de cessão de crédito. (Incluído pela Lei nº 14.711, de 2023)
>
> § 1º O tabelião de notas deverá comunicar ao juiz da vara ou tribunal, conforme aplicável e em atenção ao pedido dos interessados, a negociação, imediatamente, e a cessão realizada, em até 3 (três) dias úteis contados da data da assinatura da escritura pública. (Incluído pela Lei nº 14.711, de 2023)
>
> § 2º Para o fim da regular cessão dos precatórios que emitirem, os tribunais de todos os poderes e esferas darão, exclusivamente aos tabeliães de notas e aos seus substitutos, acesso a consulta ou a banco de dados, por meio de central notarial de âmbito nacional, com identificação do número de cadastro de contribuinte do credor e demais dados do crédito que não sejam sensíveis, bem como receberão as comunicações notariais das cessões de precatórios. (Incluído pela Lei nº 14.711, de 2023) Será, portanto, o instrumento através do qual o tabelião certificará a ocorrência ou a frustração das condições negociais aplicáveis.

O referido artigo traz que, a pedido dos interessados, o tabelião de notas pode fazer dois tipos de comunicação ao juiz da Vara ou Tribunal: a) Comunicação Premonitória[11]: o tabelião de notas comunicará a existência de negociação em curso entre o credor atual de precatório ou de crédito reconhecido em sentença transitada em julgado e terceiro; b) Cessão realizada: o tabelião de notas comunicará a cessão realizada.

A primeira, a comunicação premonitória, gera direito de preferência em favor do potencial cessionário objeto da comunicação, tornando

11. Nomenclatura criada por OLIVEIRA, Carlos E. Elias de. *Continuação da análise detalhada da lei das garantias (lei nº 14.711/2023).* Disponível em https://www.migalhas.com.br/arquivos/2023/11/B57BCEF5E85D95_PDF2023-11-2-ContinuacaoLeidas.pdf. Acesso em 15.02.24.

ineficazes as cessões realizadas para pessoas não identificadas na comunicação notarial se, dentro do prazo de 15 (quinze) dias corridos, contado do recebimento desta pelo juízo, for lavrada a respectiva escritura pública de cessão de crédito. Além disto, a comunicação premonitória deve ser feita imediatamente ao juiz da Vara ou Tribunal.

O Professor Carlos Elias esclarece que a "(...) comunicação premonitória tem de ocorrer mediante protocolo feito nos pertinentes autos do precatório, e não por meio de mero ofício encaminhado à vara ou à secretaria do juízo pertinente". Isto porque, segundo ele, terceiros só poderão tomar ciência da existência da comunicação se ela estiver nos autos ou se ela tiver sido protocolada para ingresso nos autos.

Em relação à segunda, a comunicação da cessão realizada, ela deve ser feita mediante o envio da escritura pública ao Juízo competente. E, conforme dispõe a lei, isto deve ser feito em até 3 dias úteis contados da data da assinatura da escritura pública.

É importante salientar que a lei deixa claro que estas comunicações não são obrigatórias ao tabelião de notas. Ambas, comunicação premonitória e cessão realizada serão comunicadas ao juiz da Vara ou Tribunal a requerimento das partes envolvidas.

A fim de elucidar as comunicações mencionadas, propomos a seguinte ilustração:

Por fim, o §2º do artigo 6º-A, da Lei nº 8.935/94, menciona que para o fim de regular a cessão dos precatórios que emitirem, os tribunais de todos os poderes e esferas darão, exclusivamente aos tabeliães de notas e aos seus substitutos, acesso a consulta ou a banco de dados, por meio de central notarial de âmbito nacional, com identificação do número de cadastro de contribuinte do credor e demais dados do crédito que não sejam sensíveis, bem como receberão as comunicações notariais das cessões de precatórios.

Esta Central Notarial de âmbito nacional visa dar ainda mais segurança às negociações e cessões de precatórios. Contudo ainda não foi instituída e dependerá de regulamentação pelo Conselho Nacional de Justiça.

7. RENOVAÇÃO E REMUNERAÇÃO DA ATRIBUIÇÃO DA MEDIAÇÃO E CONCILIAÇÃO E ARBITRAGEM

O artigo 7º-A (Lei nº 8.935/94), nos incisos II e III, trouxe que aos tabeliães de notas também compete, sem exclusividade, entre outras atividades, atuar como mediador ou conciliador e atuar como árbitro.

A mediação e conciliação já eram autorizadas aos notários pelo CNJ, conforme artigos 18 e seguintes do Código Nacional de Normas. A novidade está na sua remuneração, que foi valorizada, prevendo o §3º, do referido artigo, que na falta ou na inaplicabilidade de convênio, ela será remunerada pela tabela de emolumentos estadual aplicável para escrituras públicas com valor econômico.

Mas a verdadeira inovação está na arbitragem realizada por notários, que promete democratizar o instituto, tornando-o acessível à população em geral.

A arbitragem carece de regulamentação do CNJ para ser implementada.

8. CONCLUSÃO

A intervenção imparcial do notário nos negócios, como pessoa de confiança das partes, foi posta em evidência com as novas atribuições trazidas pela Lei nº 14.711/23.

A renovação e remuneração da atribuição da mediação e conciliação, a arbitragem, a *Escrow Account* (Conta Garantia), a atuação na informação e negociação de precatórios, a ata notarial de certificação do implemento ou da frustração de condições negociais e a ata notarial de arrematação, todos estes atos incorporados ao Universo Notarial, demonstram a confiança depositada nos tabeliães de notas enquanto agentes garantidores da celeridade e da segurança jurídica no cenário econômico.

No caminho de desjudicialização iniciado pela Lei nº 14.441/07, que autorizou a realização de inventários e divórcios de forma extrajudicial, a Lei nº 14.711/23 inaugura um novo "case" de sucesso, potencializando a função notarial como instrumento de prevenção de litígios e desafogamento do Judiciário.

Em última análise, podemos dizer que as novas atribuições notariais trazidas pela Lei nº 14.711/23 protegem o destinatário do negócio jurídico, uma vez que tutelam a confiança nas legítimas expectativas criadas nas partes contratantes ao trazerem soluções eficazes e rápidas para os possíveis descumprimentos das condições negociais, gerando certeza e segurança jurídica para os negócios.

É claro que, conforme já mencionamos, tais novas atribuições merecem regulamentação pelo CNJ, a fim de uniformizar os procedimentos. Contudo, não há impedimento para que os Cartórios já passem a praticar os mencionados atos, com exceção da arbitragem e daqueles que requerem convênios e criação de Centrais.

9. REFERÊNCIAS BIBLIOGRÁFICAS

BRANDELLI, Leonardo. Atuação Notarial em uma economia de mercado – a tutela do hipossuficiente. In: Revista de Direito Imobiliário nº 52. São Paulo: Instituto do Registro Imobiliário do Brasil – IRIB, jan-jun de 2002. p. 192.

KIEJZMAN, Elsa. Alcance Social da Função Notarial. Trabalho apresentado pela autora, Notária na República Agentina. In: V Jornada Notarial do Cone Sul, realizada de 19 a 23 de outubro de 1987, na cidade de Gramado/RS. Publicação patrocinada pelo Conselho Federal e pela Seção de São Paulo do Colégio Notarial do Brasil, 1987. p. 18.

OLIVEIRA, Carlos E. Elias de. Continuação da análise detalhada da lei das garantias (lei nº 14.711/2023). Disponível em https://www.migalhas.com.br/arquivos/2023/11/B57BCEF5E85D95_PDF2023-11-2-ContinuacaoLeidas.pdf. Acesso em 15.02.24.

REVISTA DE DIREITO NOTARIAL nº 3. XXVI Congreso Internacional del Notariado. Conclusões sobre o tema "el documento notarial al servicio de la seguridade de las inversiones. Em particular, su fiabilidade para la publicidade registral y su fuerza ejecutiva". Marrakech, octubre de 2010. In: Revista de Direito Notarial nº 3. São Paulo: Quartier Latin, 2010.

REVISTA DE DIREITO NOTARIAL nº 4. XV Jornada Notarial Iberoamericana. Conclusões sobre o tema "función notarial y las nuevas tecnologias; función notarial y la colaboración con los poderes públicos". In: Revista de Direito Notarial nº 4. São Paulo: Quartier Latin, 2012.

TERRA, Aline Miranda Valverde. Condição resolutiva, condição suspensiva ou cláusula resolutiva, eis a questão. Disponível em: https://www.migalhas.com.br/coluna/migalhas-edilicias/352799/condicao-resolutiva-condicao-suspensiva-ou-clausula-resolutiva. Acesso em 25.02.2024.

17

NEGOCIAÇÃO DE PRECATÓRIOS NO TABELIONATO DE NOTAS: CONSIDERAÇÕES QUANTO À GARANTIA DE SEGURANÇA JURÍDICA NA CIRCULAÇÃO DO CRÉDITO

Karin Regina Rick Rosa

Advogada. Mestre em Direito pela Universidade Unisinos. Especialista em Direito Processual Civil. Professora de Direito Civil e Direito Notarial e Registral. Membro da Academia Notarial Brasileira - Cadeira nº 38. Membro da diretoria executiva do IBDFAM-RS. Membro do Conselho Consultivo do IBRADIM. Possui certificação internacional EXIN - Data Protection and Privacy e Security Information System. Coordenadora de livros e autora de artigos jurídicos.

Gabriel Cemin Petry

Bolsista do CNPq. Graduando em Direito pela Universidade Feevale. Integrante do Grupo de Pesquisa CNPq/Feevale: Direito e Desenvolvimento. Integrante do Projeto de Pesquisa CNPq/Feevale: Inteligência Artificial para um Futuro Sustentável: Desafios Jurídicos e Éticos. Autor de artigos jurídicos.

Sumário: Introdução; Os precatórios no tabelionato de notas: um novo procedimento notarial criado pela Lei 14.711/23; 1. O panorama dos precatórios no Brasil; 2. Considerações quanto ao negócio jurídico de cessão de créditos e as regras que incidem sobre os precatórios; 3. Os precatórios no tabelionato de notas: um novo procedimento inserido pela Lei 14.711/23; Conclusão; Referências bibliográficas.

INTRODUÇÃO

Os precatórios são requisições de pagamento expedidas pelo Poder Judiciário decorrentes de valores devidos pelas Fazendas Públicas Federal, Estaduais, Distrital e Municipais, suas autarquias e fundações, após condenação judicial definitiva.[1] Os artigos 100 da Constituição Federal de 1988 e 78 do ADCT disciplinam a matéria, classificando os créditos de natureza alimentícia, estabelecendo as preferências na ordem de pagamento, derivadas da natureza do precatório ou de características subjetivas dos credores, determinando a inclusão no orçamento da verba para pagamento, fixando responsabilidades, autorizando a negociação pelo credor, entre outros. Os precatórios diferem em sua natureza, sendo alimentares, quando referentes a decisões sobre salários, vencimentos, proventos, pensões e suas complementações, benefícios previdenciários e indenizações por morte ou por invalidez, fundadas em responsabilidade civil, ou comuns, nos casos de desapropriações, ações tributárias, indenizações por dano material e/ou moral. O pagamento movimenta quantias vultosas por ano e os créditos podem ser ofertados para quitação de débitos parcelados ou inscritos em dívida ativa do ente federativo, compra de imóveis públicos à venda, e investimento, para citar alguns. A negociação dos precatórios por cessão de crédito tem autorização expressa na Constituição Federal desde 2009, incidindo os artigos 286 e seguintes do Código Civil. Trata-se de um mercado em crescimento, despertando o interesse dos credores na antecipação do recebimento e de adquirentes com perfil diversificado, pessoa física a jurídica, do devedor da Fazenda Pública ao investidor.

Objetiva-se com o presente estudo apresentar o cenário dos precatórios no Brasil, o mercado de investimentos e negócios jurídicos que envolvem esses créditos, delinear algumas das especificidades atreladas à cessão de precatórios (como direitos e ações) e entrelaçar a matéria com a atividade notarial, notadamente em razão das alterações introduzidas pela chamada Lei de Garantias (Lei 14.711/23). Algumas questões relativas à cessão dos precatórios são apresentadas juntamente com reflexões sobre

1. Para Pontes de Miranda o precatório é um ato processual mandamental, tendo em vista que é o Presidente do Tribunal quem *precata* (requisita) a inscrição do crédito. In: PONTES DE MIRANDA, Francisco Cavalcante. Comentários ao Código de Processo Civil. Tomo X. Rio de Janeiro: Forense, 1976, p. 471.

as novidades relacionadas à participação dos notários nesses negócios jurídicos.

Por meio de uma abordagem exploratória, fundada essencialmente na revisão bibliográfica, notícias jornalísticas e precedentes das Cortes brasileira, busca-se alcançar *insights* quanto ao aprimoramento legislativo proposto para a Lei 8.935/94 e o surgimento de novas atribuições legais ao notário: (i) a comunicação ao juiz da vara ou tribunal (mediante requerimento ao notário) da existência de "*negociação em curso*" entre credor de precatório e terceiro, ou o credor de crédito que tenha sido reconhecido em sentença transitada em julgado e terceiro e (ii) a comunicação obrigatória da escritura pública de cessão de precatório.

O texto inicia com a apresentação do atual panorama dos precatórios no cenário brasileiro, a partir dos dados constantes do Mapa Anual dos Precatórios (CNJ) e do Painel de Riscos com Demandas judiciais e precatórios (Tesouro Nacional). Também serão abordadas algumas das possibilidades de negociação e as suas finalidades, como a cessão do crédito para compensação tributária e para compor fundos de investimentos especializados (Fundos de Investimento em Direitos Creditórios – FIDC).

A evolução do regime dos precatórios no texto constitucional até a "*(re)institucionalização*" desse mercado (conforme os §§ 13 e 14 do art. 100 da Constituição Federal de 1988) será abordada no segundo capítulo. Nessa oportunidade, será explorada a cessão do crédito oriundo de precatórios, assim como analisada sob a perspectiva doutrinária e, igualmente, segundo os precedentes dos tribunais e cortes superiores algumas de suas peculiaridades.

O último capítulo é dedicado às novas atribuições notariais relativas ao tema, com a análise desde a comunicação na fase negocial e a prioridade criada pela lei, a lavratura da cessão e a comunicação do ato notarial lavrado ao tribunal, sempre na perspectiva da segurança jurídica. Por qual razão eleger a escritura pública para formalizar uma cessão de precatório? O que é e como funciona a comunicação e a prioridade notarial? Para quais prazos deverão os notários atentar? Quais os cuidados e perigos que circulam no mercado de precatórios? Esses e outros questionamentos norteiam a parte final do trabalho, em que se examinará, em minúcia, as inovações trazidas pela Lei 8.935/94, notadamente em seu art. 6º-A.

OS PRECATÓRIOS NO TABELIONATO DE NOTAS: UM NOVO PROCEDIMENTO NOTARIAL CRIADO PELA LEI 14.711/23

1. O PANORAMA DOS PRECATÓRIOS NO BRASIL

Com o objetivo de dar transparência à despesa da Fazenda Pública, o Conselho Nacional de Justiça (CNJ) desenvolveu uma ferramenta voltada a acompanhar a evolução das dívidas dos entes federados e suas entidades, consolidadas a partir do trânsito em julgado das decisões (observando o art. 85, § 3º, da Resolução Nº. 303/2019 do CNJ[2]), denominado "Mapa Anual dos Precatórios". A tabela de pagamentos realizados no ano de 2022 revela a quantia de quase R$ 28 bilhões paga por meio de precatórios apenas pela União:

Montante pago no ano de 2022 segundo Mapa Anual dos Precatórios

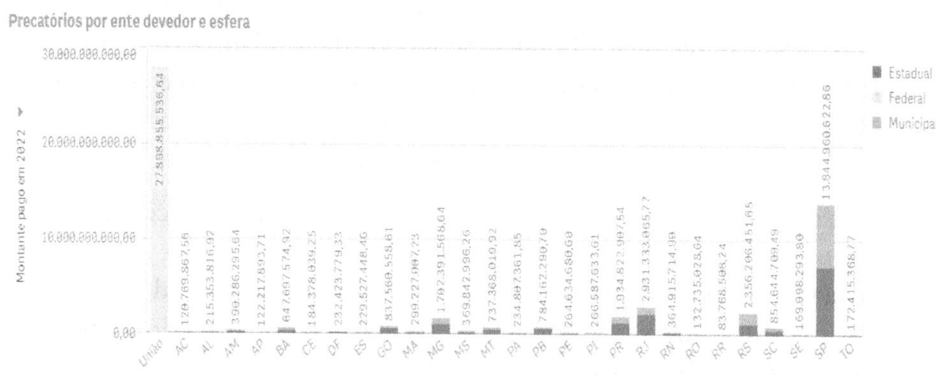

Fonte: CNJ.[3]

2. Art. 85. Os tribunais manterão banco de dados permanente contendo as seguintes informações acerca dos precatórios expedidos: [...].

   § 3º O CNJ consolidará as informações divulgadas pelos tribunais e comporá mapa anual sobre a situação dos precatórios a ser divulgado em seu sítio eletrônico. (redação dada pela Resolução n. 482, de 19.12.2022). In: CONSELHO NACIONAL DE JUSTIÇA. *Resolução Nº. 303, de 18 de dezembro de 2019.* Dispõe sobre a gestão dos precatórios e respectivos procedimentos operacionais no âmbito do Poder Judiciário. Disponível em: https://atos.cnj.jus.br/atos/detalhar/3130. Acesso em: 5 jan. 2024.

3. CONSELHO NACIONAL DE JUSTIÇA. *Mapa Anual dos Precatórios por ente devedor.* Disponível em: https://paineisanalytics.cnj.jus.br/single/?appid=24bb0aae-4341-48e7-b3b5-3606607894c4&sheet=1153abe6-54ad-4213-867b-f62ec96b15c9&lang=pt-BR&opt=ctxmenu,-currsel. Acesso: 23 dez. 2023.

Vale salientar que o pagamento dos precatórios da União estava retido em razão da PEC 23/2021, que estabelecera novo regime de pagamentos dos precatórios, até o julgamento de inconstitucionalidade do artigo 100, §9º, da Constituição Federal e do artigo 101, § 5º, do ADCT, com redação estabelecida pelo artigo 1º da EC 113/21 e dar interpretação conforme ao texto do artigo 100, §11, da Constituição Federal com a redação da EC 113/21 para afastar de seu texto a expressão "com auto aplicabilidade para a União." A decisão amparou a publicação da MP 1.200/23, abrindo crédito extraordinário no valor previsto de R$ 93 bilhões.

Em que pese o fluxo de pagamentos acima exposto, a dívida é alta e por vezes acompanhada de filas de espera até o efetivo pagamento. Em muitos casos, a depender da natureza do precatório, o credor é pessoa idosa, e fatores como o tempo e a necessidade podem determinantes para uma negociação com objetivo de antecipar o recebimento. E para quem pode estar se perguntando, por que alguém compraria um precatório, a resposta é: por várias razões. A mais conhecida talvez seja a compensação tributária, que acontece quando uma pessoa, devedora da Fazenda Pública, adquire o crédito do precatório com a finalidade de utilizá-lo para quitar a sua dívida. A compensação é forma de pagamento indireto disciplinada pela lei civil[4]. Não integra o escopo desse estudo as hipóteses que autorizam a compensação, mas é imprescindível examinar com cautela as normas aplicáveis e a jurisprudência antes de adquirir um crédito de precatório com esse objetivo.

Outra razão para adquirir um precatório é a possibilidade de oferecimento do crédito como garantia, inclusive para penhora em execução, pois "os precatórios não equivalem a dinheiro ou fiança bancária, mas configuram direito de crédito, inseridos no rol de bens penhoráveis na Lei nº 6.830/80 como direitos e ações (art. 11, VIII) e no Código de Processo Civil como outros direitos (art. 835, XIII)" (Agravo de Instrumento, Nº 52394876320218217000, Vigésima Segunda Câmara Cível, Tribunal de Justiça do RS, Relator: Francisco José Moesch, Julgado em: 20-04-2022).[5]

---

4. Ver artigos 368 a 380 do Código Civil.
5. Nesse sentido, conferir: Agravo de Instrumento, Nº 70084908300, Vigésima Primeira Câmara Cível, Tribunal de Justiça do RS, Relator: Armínio José Abreu Lima da Rosa, Julgado em:

O Superior Tribunal de Justiça também já se pronunciou sobre a equiparação do precatório a *"direitos e ações"*: "O precatório pode ser oferecido em caução para garantir débito tributário, mas, como não representa dinheiro e sim direito de crédito, é equiparável a direitos e ações (art. 11, VIII, da LEF)" (AgRg no AREsp 339.963/RS, Rel. Ministro GURGEL DE FARIA, PRIMEIRA TURMA, julgado em 07/04/2016, DJe 14/04/2016).

Para os interessados na aquisição, as características subjetivas do credor ou à natureza do crédito podem ser determinantes, tema que será abordado adiante.

Além da compensação tributária e da oferta em garantia, os precatórios são uma opção de investimento no mercado de capitais. A prática não é nova e o retorno financeiro se dá pelo deságio na compra do crédito. Bachega aponta que "o precatório se destaca como mais uma opção de investimento para aqueles que querem e precisam de escala, lucratividade, liquidez, diversificação e segurança jurídica"[6]. Neste caso, o investidor adquire cotas de fundos de investimentos especializados (FIDC)[7]. Os Fundos de Investimento em Direitos Creditórios atuam no mercado financeiro de capitais e são regulados e fiscalizados pela CVM – Comissão de Valores Mobiliários. Conforme explicam Pereira, Freitas e Versiani, "o FIDC ordinariamente opera mediante a securitização de recebíveis. É que '...o termo 'securitização' deriva do termo em inglês 'securities', que quer dizer, em tradução livre, 'valores mobiliários'. É usado para definir a operação por

10-05-2021; Agravo de Instrumento, Nº 70070342167, Primeira Câmara Cível, Tribunal de Justiça do RS, Relator: Carlos Roberto Lofego Canibal, Julgado em: 06-07-2021.

6. BACHEGA, Gustavo. *Precatório na prática.* São Paulo: Thomson Reuters Revista dos Tribunais, 2023. RB-14.1. E-book. Disponível em: ttps://next-proview.thomsonreuters.com/launchapp/title/rt/monografias/288582046/v1/page/RB-14.1. Acesso em: 5 jan. 2024

7. "O Fundo de Investimento em Direitos Creditórios (FIDC) é uma comunhão de recursos que destina parcela acima de 50% do seu respectivo patrimônio líquido para aplicações em direitos creditórios. Cabe ao administrador, uma instituição financeira específica, construir o fundo e realizar o processo de captação de recursos junto aos investidores através da venda de cotas. Os FIDCS são uma forma de investimento em renda fixa constituídos sob a forma de condomínio aberto, em que os cotistas podem solicitar o resgate de suas cotas de acordo com o disposto no regulamento do fundo, ou fechado, em que as cotas somente são resgatadas ao término do prazo de duração do fundo, de cada série ou classe de cotas conforme seu regulamento, ou em virtude de sua liquidação." In: B3. *Fundos de Investimento em Direitos Creditórios (FIDC).* Disponível em: https://www.b3.com.br/pt_br/produtos-e-servicos/negociacao/renda-fixa/fundos-de-investimentos-em-direitos-creditorios-fidc.htm. Acesso: 17 jan. 2023.

meio da qual determinado fluxo de caixa futuro é utilizado como lastro para a emissão de valores mobiliários colocados à disposição de investidores, fazendo com que o risco de crédito de adimplemento deste fluxo de caixa, que antes era concentrado somente no titular original do referido fluxo, seja pulverizado a cada um dos adquirentes dos valores mobiliários emitidos."'[8]

É um investimento considerado seguro, por se tratar de crédito originário de dívida pública, com vencimento de médio a longo prazo, em que o investidor deve aguardar o cumprimento do pagamento pelo devedor (cedido), de acordo com as regras para realização do pagamento.

Até o ano de 2022 a Instrução CVM nº 444/06[9] enquadrava os precatórios na categoria de créditos não padronizados (FIDC-NP), que se relacionam a "ações judiciais em curso, constituam seu objeto de litígio, ou tenham sido judicialmente penhorados ou dados em garantia" (artigo 1º, §1º, III). Recentemente a Resolução CVM nº 175/22[10] revogou a Instrução CVM nº 444/06 e excluiu os precatórios federais de modo expresso do conceito de direitos creditórios não padronizados (FIDC-NP), desde que preenchidos cumulativamente os seguintes requisitos: (i) não apresentem nenhuma impugnação, judicial ou não; (ii) tenham sido expedidos e remetidos ao Tribunal Regional Federal competente (artigo 2º §1º, II). Atendidos esses requisitos os precatórios são direitos creditórios padronizados, podendo ser adquiridos por fundos de investimento (FIDC) destinados a investidores qualificados e ao público em geral. Importante salientar que

8. SUPERIOR TRIBUNAL DE JUSTIÇA. *REsp n. 1.570.452/RJ,* relator Ministro Ricardo Villas Bôas Cueva, Terceira Turma, julgado em 22/9/2020, DJe de 28/9/2020. Disponível em: https://scon.stj.jus.br/SCON/GetInteiroTeorDoAcordao?num_registro=201502326121&dt_publicacao=28/09/2020. Acesso em 19 jan. 2024.

9. COMISSÃO DE VALORES MOBILIÁRIOS. *Instrução CVM N°. 444, de 08 de dezembro de 2006, com alterações introduzidas pela instrução CVM N°. 554/14.* Dispõe sobre o funcionamento de Fundos de Investimento em Direitos Creditórios Não Padronizados. Disponível em: https://conteudo.cvm.gov.br/legislacao/instrucoes/inst444.html. Acesso em 19 jan. 2024.

10. COMISSÃO DE VALORES MOBILIÁRIOS. *Resolução CVM N°. 175, de 23 de dezembro de 2022, com alterações introduzidas pelas resoluções CVM N°. 181/23 e 187/23.* Dispõe sobre a constituição, o funcionamento e a divulgação de informações dos fundos de investimento, bem como sobre a prestação de serviços para os fundos, e revoga as normas que especifica. Disponível em: https://view.officeapps.live.com/op/view.aspx?src=https%3A%2F%2Fconteudo.cvm.gov.br%2Flegislacao%2Fresolucoes%2Fanexos%2F100%2Fresol175consolid.docx&wdOrigin=BROWSELINK. Acesso em 19 jan. 2024.

a entrada em vigor da Resolução CVM nº 175/22 foi prorrogada para 2 de outubro de 2023 pela Resolução CVM nº 181/2023[11].

De acordo com o Banco Central do Brasil, a atual exposição do Sistema Financeiro Nacional (SFN) a precatórios é pequena, correspondendo a menos de 0,1% dos ativos. Contudo, uma recente tendência de crescimento desses ativos nos balanços das instituições financeiras tem sido observada, o que levou a instituição a aprovar no dia 04 de outubro a Resolução 346[12], para regulamentar o tratamento prudencial dessas exposições. A resolução entrou em vigor em 1º de janeiro de 2024. Observe-se, pois, o quadro que expressa os valores pendentes por ente devedor:

Montante pendente de pagamento segundo Mapa Anual dos Precatórios

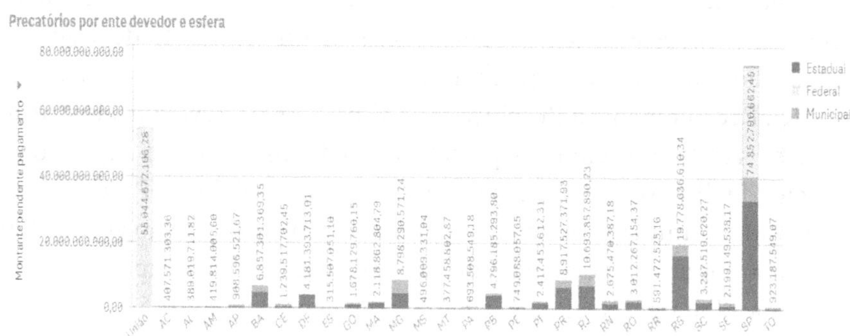

Fonte: CNJ.[13]

11. COMISSÃO DE VALORES MOBILIÁRIOS. *Resolução CVM N°. 181, de 28 de março de 2023.* Altera a Resolução CVM nº 175, de 23 de dezembro de 2022. Disponível em: https://conteudo.cvm.gov.br/legislacao/resolucoes/resol181.html. Acesso em 19 jan. 2024.

12. BANCO CENTRAL DO BRASIL. *Resolução BCB N°. 346, de 5 de outubro de 2023.* Altera a Resolução BCB nº 229, de 12 de maio de 2022, que estabelece os procedimentos para o cálculo da parcela dos ativos ponderados pelo risco (RWA) referente às exposições ao risco de crédito sujeitas ao cálculo do requerimento de capital mediante abordagem padronizada (RWACPAD), de que tratam a Resolução CMN nº 4.958, de 21 de outubro de 2021, e a Resolução BCB nº 200, de 11 de março de 2022. Disponível em: https://www.bcb.gov.br/estabilidadefinanceira/exibenormativo?tipo=Resolu%C3%A7%C3%A3o%20BCB&numero=346. Acesso em 17 jan. 2024.

13. CONSELHO NACIONAL DE JUSTIÇA. *Mapa Anual dos Precatórios por ente devedor.* Disponível em: https://paineisanalytics.cnj.jus.br/single/?appid=24bb0aae-4341-48e7-b3b5-3606607894c4&sheet=1153abe6-54ad-4213-867b-f62ec96b15c9&lang=pt-BR&opt=ctxmenu,currsel. Acesso: 23 dez. 2023.

O painel "Riscos Fiscais com Demandas Judiciais e Precatórios", elaborado pela Secretaria do Tesouro Nacional (STN) no intuito dar transparência às questões relativas aos pagamentos de sentenças judiciais pela União, auxilia a compreender a dimensão do avanço do "*estoque*" de precatórios devidos:

Estoque de precatórios constante
do Painel de Riscos com Demandas judiciais e precatórios

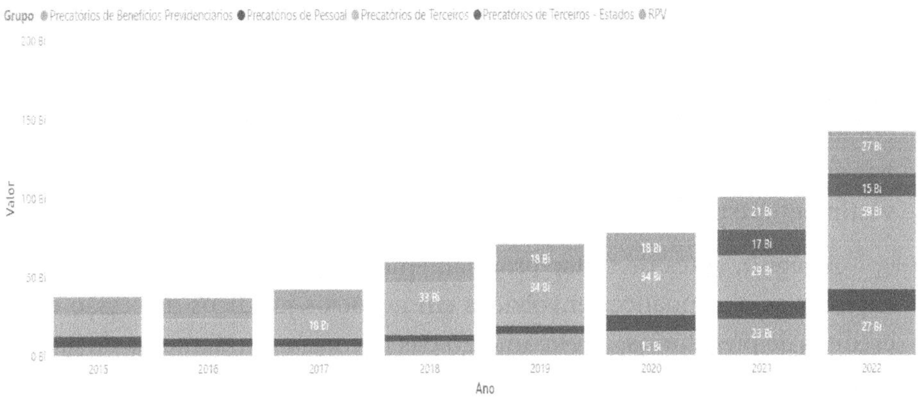

Fonte: Secretaria do Tesouro Nacional.[14]

Tendo em mente os dados e notícias acima expostos, é perceptível que o precatório não pode ser reduzido a um simples mecanismo pelo qual a Fazenda Pública quita as dívidas decorrentes de sentenças judiciais transitadas em julgado. Não, as dificuldades e dilemas práticos, desde a expedição até o pagamento, abriram as portas para um mercado em expansão, que movimenta milhões de reais e, com isso, traz novos desafios ao Direito, mormente em relação à segurança jurídica de tais operações de crédito. Afinal, o crédito é seguro, mas a sua negociação pode não ser. No dia 3 de janeiro foi noticiada a liberação dos saques dos precatórios referentes ao INSS dos anos de 2022, 2023 e 2024.[15] Outra notícia veiculada dia 16

14. TESOURO NACIONAL. *Riscos Fiscais com Demandas Judiciais e Precatórios:* precatórios e Requisições de Pequeno Valor (Estoque).. Disponível em: https://www.tesourotransparente.gov.br/visualizacao/riscos-fiscais-com-demandas-judiciais-e-precatorios. Acesso: 10 jan. 2024.

15. BRANCO, Ana Paula. Saques dos precatórios de 2022, 2023 e 2024 começam a ser liberados. *Folha de São Paulo.* Disponível em: https://www1.folha.uol.com.br/mercado/2024/01/saques-dos-precatorios-de-2022-2023-e-2024-comecam-a-ser-liberados.shtml. Acesso em 19 jan. 2024.

de janeiro informa que o Governo prepara pagamento do maior valor de precatórios da história e alerta para a ação de golpistas.[16] Independentemente de qual seja o objetivo do adquirente, compensação tributária ou investimento, a participação do tabelião de notas desde o momento da negociação garante maior segurança jurídica.

A transmissão (venda do precatório) se opera por meio de cessão de crédito realizada entre o credor – que aguarda o pagamento – e o terceiro interessado. A cessão do precatório promove a circulação do crédito, antecipando o recebimento pelo credor originário e atendendo à função do ordenamento, que, nas palavras de Farias, Netto e Rosenvald "não consiste em limitar a circulação do crédito, mas de apenas evitar abusos, direcionando-o à criação de empregos, pagamento de tributos, realização de investimentos e produção de bens e serviços de qualidade"[17].

A seguir, antes de tratar propriamente da negociação do precatório, explorar-se-á as nuances envolvidas em negócios jurídicos de cessão dos créditos de precatórios, o refinamento das normas e o tratamento da jurisprudência no curso do tempo.

2. CONSIDERAÇÕES QUANTO AO NEGÓCIO JURÍDICO DE CESSÃO DE CRÉDITOS E AS REGRAS QUE INCIDEM SOBRE OS PRECATÓRIOS

Pontes de Miranda, em seus estudos no campo do Direito Constitucional, esboçou a trilha regulatória do regime dos precatórios ao longo da evolução das constituições brasileiras: primeiro, são omissas em relação ao regime dos precatórios a Constituição Política do Império do Brasil e a Constituição de 1891. Posteriormente, o constituinte passou a adotar o regramento do precatório no texto da Constituição de 1934 (art. 182)[18], da

16. JORNAL NACIONAL. *Governo prepara pagamento do maior valor de precatórios da história e alerta para a ação de golpistas*. Disponível em: https://g1.globo.com/jornal-nacional/noticia/2024/01/16/governo-prepara-pagamento-do-maior-valor-de-precatorios-da-historia-e--alerta-para-a-acao-de-golpistas.ghtml. Acesso em 19 jan. 2024.

17. FARIAS, Cristiano Chaves de; NETTO, Felipe Braga; ROSENVALD, Nelson. *Manual de Direito Civil*. 8. ed. rev. atual. e ampl. São Paulo: JusPodivm, 2023, Vol. Ùnico, p. 560.

18. "Os pagamentos devidos pela Fazenda federal, em virtude de sentença judiciária, far-se-ão na ordem de apresentação dos precatórios e à conta dos créditos respectivos, sendo vedada a designação de caso ou pessoas nas verbas legais." In: BRASIL. *Constituição da República*

Constituição de 1937 (art. 95)[19], da Constituição de 1946 (art. 204)[20], da Constituição de 1967 (art. 112)[21], permanecendo o regramento na Constituição Federal de 1988 (art. 100).[22]

Assim, desde 1934 o regime dos precatórios está previsto nas Constituições brasileiras para o pagamento de condenações impostas ao Poder Público, observando o princípio da igualdade, o que significa dizer, não importando quem seja o detentor do crédito, como leciona Da Cunha: "Os credores devem receber os valores que lhes são devidos de acordo com a ordem cronológica de apresentação de seus créditos, não interessando suas condições pessoais, econômicas, sociais, políticas, etc.".[23] Tal é a explícita previsão do art. 100, *caput*, da Constituição Federal de 1988, ao prever que os pagamentos devidos pelas Fazendas Públicas Federal, Estaduais, Distrital e Municipais, em virtude de sentença judiciária, serão realizados conforme a ordem cronológica de apresentação dos precatórios e à conta dos créditos respectivos, restando proibida a designação de casos ou de pessoas nas dotações orçamentárias e nos créditos adicionais abertos para este fim. Constituem exceção à regra os §§ 1º e 2º do referido dispositivo

---

dos Estados Unidos do Brasil, de 16 de julho de 1934. Disponível em: https://www.planalto.gov.br/ccivil_03/constituicao/constituicao34.htm. Acesso: 23 dez. 2023.

19. "Os pagamentos devidos pela Fazenda federal, em virtude de sentenças judiciárias, far-se-ão na ordem em que forem apresentadas as precatórias e à conta dos créditos respectivos, vedada a designação de casos ou pessoas nas verbas orçamentárias ou créditos destinados àquele fim." In: BRASIL. *Constituição dos Estados Unidos do Brasil, de 10 de novembro de 1937.* Disponível em: https://www.planalto.gov.br/ccivil_03/constituicao/constituicao37.htm. Acesso: 23 dez. 2023.

20. "Os pagamentos devidos pela Fazenda federal, estadual ou municipal, em virtude de sentença judiciária, far-se-ão na ordem de apresentação dos precatórios e à conta dos créditos respectivos, sendo proibida a designação de casos ou de pessoas nas dotações orçamentárias e nos créditos extra-orçamentários abertos para esse fim.". In: BRASIL. *Constituição dos Estados Unidos do Brasil, de 18 de setembro de 1946.* Disponível em: https://www.planalto.gov.br/ccivil_03/constituicao/constituicao46.htm. Acesso: 23 dez. 2023.

21. "Os pagamentos devidos pela Fazenda federal, estadual ou municipal, em virtude de sentença judiciária, far-se-ão na ordem de apresentação dos precatórios e à conta dos créditos respectivos, proibida a designação de casos ou de pessoas nas dotações orçamentárias e nos créditos extra-orçamentários abertos para esse fim." In: BRASIL. *Constituição da República Federativa do Brasil, de 17 de outubro de 1967.* Disponível em: https://www.planalto.gov.br/ccivil_03/constituicao/constituicao67.htm. Acesso: 23 dez. 2023.

22. PONTES DE MIRANDA, Francisco Cavalcante. *Comentários à Constituição de 1967.* Tomo III. São Paulo: Revista dos Tribunais, 1967, p. 619-620.

23. DA CUNHA, Leonardo Carneiros da Cunha. Art. 100. In: *Constituição Federal Comentada.* Alexandre de Moraes (Coord.). Rio de janeiro: Forense, p. 860.

(prioridade de débitos alimentares, destinados a pessoas idosas e àqueles que estejam acometidos por doença grave).

O Constituinte originário silenciou quanto à possibilidade de cessão de créditos inscritos em precatório; a previsão expressa remonta à alteração realizada pela Emenda Constitucional nº. 30, de 2000, que a previu na parte final do art. 78, *caput*, do Ato das Disposições Constitucionais Transitórias[24]. A cessão dos precatórios passou a integrar o art. 100 da Carta Magna brasileira, em seus §§ 13 e 14, o primeiro incluído pela Emenda Constitucional nº 62, de 2009, e o segundo com a redação dada pela Emenda Constitucional nº 113, de 2021, *in verbis*:

> § 13. O credor poderá ceder, total ou parcialmente, seus créditos em precatórios a terceiros, independentemente da concordância do devedor, não se aplicando ao cessionário o disposto nos §§ 2º e 3º.
>
> § 14. A cessão de precatórios, observado o disposto no § 9º deste artigo, somente produzirá efeitos após comunicação, por meio de petição protocolizada, ao Tribunal de origem e ao ente federativo devedor.

Para Farias e Rosenvald a Emenda Constitucional nº. 62/2009 (esculpindo o § 3º do art. 100) criou a possibilidade de cessão parcial ou total de créditos litigiosos e futuros.[25] Segundo Moreira et. al., a regra descrita nos §§ 13 e 14 do artigo 100 veio para "(re)institucionalizar" normativamente o mercado de precatórios, criando um verdadeiro setor de investimentos (e mercados futuros) a partir da situação de inadimplemento de precatórios por parte da Administração Pública.[26] Mais uma vez, frisa-se,

24. Art. 78. Ressalvados os créditos definidos em lei como de pequeno valor, os de natureza alimentícia, os de que trata o art. 33 deste Ato das Disposições Constitucionais Transitórias e suas complementações e os que já tiverem os seus respectivos recursos liberados ou depositados em juízo, os precatórios pendentes na data de promulgação desta Emenda e os que decorram de ações iniciais ajuizadas até 31 de dezembro de 1999 serão liquidados pelo seu valor real, em moeda corrente, acrescido de juros legais, em prestações anuais, iguais e sucessivas, no prazo máximo de dez anos, permitida a cessão dos créditos.

25. FARIAS, Cristiano Chaves de; NETTO, Felipe Braga; ROSENVALD, Nelson. *Manual de Direito Civil*. 8. ed. rev. atual. e ampl. São Paulo: JusPodivm, 2023, Vol. Ùnico, p. 562.

26. MOREIRA, Egon Bockmann; et. al. *Precatórios*: o seu novo regime jurídico. São Paulo: Thomson Reuters Revista dos Tribunais, 2023. RB-1.4. E-book. Disponível em: https://proview.

"o precatório se tornou um importante ativo para compor o portfólio dos investidores mais atentos e especializados nesse segmento".[27] Nesse sentido, prossegue Moreira:

> Bem-vistas as coisas, ao não pagar os respectivos débitos, a Fazenda Pública instala os mais variados incentivos ao credor – entre eles, o de transformar uma dívida futura e incerta num valor presente e certo. Isso com o respectivo deságio, que atende ao risco representado pelo volume e histórico de adimplementos do devedor (quanto maior a inadimplência institucional, menor o valor real que o precatório poderá representar). Esta cessão não transmite nem estende ao cessionário as eventuais vantagens personalíssimas do cedente (maior de 60 anos, portador de doença grave etc.). Para gerar efeitos, ela precisa se referir a precatório em aberto e que represente o valor cedido – por isso, sua validade e eficácia subordinam-se à comunicação por meio de petição ao tribunal de origem e à pessoa devedora.[28]

Procedimentalmente, a cessão de precatórios é negócio jurídico que segue os preceitos dos artigos 286 e seguintes do Código Civil, podendo ser realizada total ou parcialmente sobre o valor do crédito. Questão relevante e controvertida se refere à manutenção ou não das qualidades especiais que constituam características subjetivas do titular do crédito, que priorizam a ordem de pagamento prevista no §2º do artigo 100 da Constituição Federal, como a idade avançada ou mesmo grave doença. Em seu comentário ao artigo, Da Cunha afirma que tais características não se transmitem com o crédito.[29] Não é outra a lição de Pontes de Miranda, para quem, sendo o direito ligado à pessoa do credor/cedente, os

---

thomsonreuters.com/launchapp/title/rt/monografias/310758838/v1/page/RB-14.10. Acesso em: 5 jan. 2024.

27. BACHEGA, Gustavo. *Precatório na prática.* São Paulo: Thomson Reuters Revista dos Tribunais, 2023. RB-14.1. E-book. Disponível em: ttps://next-proview.thomsonreuters.com/launchapp/title/rt/monografias/288582046/v1/page/RB-14.1. Acesso em: 5 jan. 2024

28. MOREIRA, Egon Bockmann; et. al. *Precatórios*: o seu novo regime jurídico. São Paulo: Thomson Reuters Revista dos Tribunais, 2023. RB-1.4. E-book. Disponível em: https://proview.thomsonreuters.com/launchapp/title/rt/monografias/310758838/v1/page/RB-14.10. Acesso em: 5 jan. 2024

29. DA CUNHA, Leonardo Carneiros da Cunha. Art. 100. In: *Constituição Federal Comentada.* Alexandre de Moraes (Coord.). Rio de janeiro: Forense, p. 880.

privilégios (gerais ou especiais) e direitos de preferência ligados ao crédito não são transferidos com o crédito cedido (e vice-versa): "o que não é personalíssimo, vai com o crédito cedido"[30]. Desse modo, não há como negociar ou transferir (pôr em circulação), características personalíssimas que determinado credor tenha em relação ao crédito, ou igualmente alterar a natureza do precatório em razão de características subjetivas ou objetivas do cessionário, como já decidiu o STF[31]. A lição de Netto, de Farias e Rosenvald revela que essa lógica em relação à cessão igualmente "se aplica ao direito de preferência em razão da idade no pagamento de precatórios, previsto no art. 100, §2º, da CF, que não pode ser estendido aos sucessores do titular originário do precatório, ainda que também sejam idosos".[32]

Contudo, ao decidir sobre o assunto, o Supremo Tribunal Federal firmou o seguinte entendimento em Repercussão Geral no Tema 361: "Transmudação da natureza de precatório alimentar em normal em virtude de cessão do direito nele estampado", com a seguinte tese fixada: "A cessão de crédito alimentício não implica a alteração da natureza".

O *leading case* foi o Recurso Extraordinário nº 631.537-RS, julgado em Sessão Virtual de 15.05.2020 a 21.05.2020, de relatoria do Ministro Marco Aurélio, no qual foi analisado se, havendo mudança na titularidade do crédito mediante negócio jurídico de cessão, haveria transmudação da natureza do precatório alimentar já expedido e pendente de pagamento, passando o cessionário a estar na categoria dos não preferenciais. Do voto do Ministro Relator constou:

> "Independentemente das qualidades normativas do cessionário e da forma como este veio a assumir a condição de titular, o crédito representado no precatório, objeto da cessão, permanece com a natureza possuída, ou seja, revelada quando da cessão. Consoante fiz ver na decisão de reconhecimento da repercussão geral,

---

30. PONTES DE MIRANDA, Francisco Cavalcante. *Tratado de Direito Privado*. Tomo XXIII. Rio de Janeiro: Borsoi, 1971, p. 296.

31. SUPREMO TRIBUNAL FEDERAL. *RE 631537*, Relator(a): MARCO AURÉLIO, Tribunal Pleno, julgado em 22-05-2020, PROCESSO ELETRÔNICO REPERCUSSÃO GERAL - MÉRITO DJe-137 DIVULG 02-06-2020 PUBLIC 03-06-2020.

32. FARIAS, Cristiano Chaves de; NETTO, Felipe Braga; ROSENVALD, Nelson. *Manual de Direito Civil*. 8. ed. rev. atual. e ampl. São Paulo: JusPodivm, 2023, Vol. Ùnico, p. 561.

> ao implementar-se a transmudação da natureza do precatório, prejudica-se justamente, aqueles a quem a Constituição Federal protege na satisfação de direitos – os credores ditos alimentícios. Isso porque, consideradas as condições do mercado, se o crédito perde a qualidade que lhe é própria, a viabilizar o pagamento preferencial, ocorre a perda de interesse na aquisição ou, ao menos, a diminuição do valor."

Antes disso, o Conselho Nacional de Justiça havia tratado do assunto em duas resoluções, a Resolução 115/2010 e a Resolução 303/2019. O artigo 42 da Resolução 303/2019[33] dispõe sobre a gestão dos precatórios e afirma que a cessão não altera a natureza do precatório, podendo o adquirente do crédito aproveitar a preferência decorrente da natureza alimentar do precatório[34]:

> Art. 42. O beneficiário poderá ceder, total ou parcialmente, seus créditos a terceiros, independentemente da concordância da entidade devedora, não se aplicando ao cessionário o disposto nos §§ 2° e 3° do art. 100 da Constituição Federal, cabendo ao presidente do tribunal providenciar o registro junto ao precatório.
>
> § 1° A cessão não altera a natureza do precatório, podendo o cessionário gozar da preferência de que trata o § 1° do art. 100 da Constituição Federal, quando a origem do débito assim permitir, mantida a posição na ordem cronológica originária, em qualquer caso. (...)

De acordo com a tese fixada, as cessões de crédito não implicam transmudação da natureza do precatório, se o crédito cedido for alimentar, assim permanecerá. Todavia, não são transmitidas as qualidades de **(1)** (super)preferência – do §2° do artigo 100, da Constituição Federal para

33. CONSELHO NACIONAL DE JUSTIÇA. *Resolução N°. 303, de 18 de dezembro de 2019*. Dispõe sobre a gestão dos precatórios e respectivos procedimentos operacionais no âmbito do Poder Judiciário. Disponível em: https://atos.cnj.jus.br/atos/detalhar/3130. Acesso em: 5 jan. 2024.

34. "Art. 100. (...) § 1° Os débitos de natureza alimentícia compreendem aqueles decorrentes de salários, vencimentos, proventos, pensões e suas complementações, benefícios previdenciários e indenizações por morte ou por invalidez, fundadas em responsabilidade civil, em virtude de sentença judicial transitada em julgado, e serão pagos com preferência sobre todos os demais débitos, exceto sobre aqueles referidos no § 2° deste artigo." In: BRASIL. *Constituição da República Federativa do Brasil de 1998*. Disponível em: https://www.planalto.gov.br/ccivil_03/constituicao/constituicao.htm. Acesso em: 5 jan. 2024.

pessoas idosas e para portadores de doença grave e (2) nas requisições de pequeno valor – §3º do artigo 100, da Constituição Federal.[35] Lembrando, que o interesse na aquisição pelo cessionário pode estar relacionado à vantagem que a preferência na ordem de pagamento representa, a qual tem vinculação direta com a natureza do precatório, que se manterá inalterada.

A cessão do crédito de precatório geralmente ocorre de forma onerosa, como explica Rodrigues, encontrando justificativa no fato de que ele - precatório - se apresenta como um bem de caráter notadamente patrimonial, sendo capaz de ser negociado.[36] Sob a perspectiva do Código Civil, a cessão se classifica como negócio jurídico bilateral de disposição pelo qual o credor-cedente transmite determinado direito subjetivo de crédito de sua titularidade, passando a figurar como credor o cessionário que o adquire, submetendo-se aos requisitos de validade do artigo 104 do Código Civil. Para que o devedor-cedido do crédito esteja submetido aos efeitos da cessão a lei impõe a sua notificação (artigo 290, *caput*, do CC/02).[37]

A doutrina sinaliza a possibilidade de a cessão ser *unilateral*, quando ocorrer pela via testamentária.[38] Lecionam Rodrigues e da Rosa que os créditos podem ser objeto de legado disposto pelo testador (operação que materializa uma transferência do crédito: "nessas situações, dessa forma, o testador transfere ao legatário os direitos sobre uma importância que lhe é devida, ficando o legatário, como na cessão de crédito (art. 286, do Código Civil), sub-rogado nos direitos do testador".[39]

---

35. Interessante a leitura do voto proferido por ocasião do julgamento do Recurso Especial nº 1.570.452-RJ, no qual o Ministro Ricardo Villas Bôas Cueva destaca o interesse na aquisição do crédito se dá justamente em razão das qualidades que lhe são próprias, a viabilizar pagamento preferencial. In: SUPERIOR TRIBUNAL DE JUSTIÇA. *REsp n. 1.570.452/RJ*, relator Ministro Ricardo Villas Bôas Cueva, Terceira Turma, julgado em 22/9/2020, DJe de 28/9/2020. Disponível em: https://scon.stj.jus.br/SCON/GetInteiroTeorDoAcordao?num_registro=201502326121&dt_publicacao=28/09/2020. Acesso em 19 jan. 2024.

36. RODRIGUES, Silvio. *Direito Civil*: parte geral das obrigações. Vol. 2. São Paulo: Saraiva, 2002, p. 91.

37. Art. 290. A cessão do crédito não tem eficácia em relação ao devedor, senão quando a este notificada; mas por notificado se tem o devedor que, em escrito público ou particular, se declarou ciente da cessão feita.

38. FARIAS, Cristiano Chaves de; NETTO, Felipe Braga; ROSENVALD, Nelson. *Manual de Direito Civil*. 8. ed. rev. atual. e ampl. São Paulo: JusPodivm, 2023, Vol. Ùnico, p. 560.

39. DA ROSA, Conrado Paulino; RODRIGUES, Marco Antônio. *Inventário e Partilha:* teoria e prática. 5 ed. rev. atual. e ampl. Salvador: JusPODIVM, 2023, pp. 385-386.

Pontes de Miranda ensina que aquele que é detentor de direito "*cessível*" tem igualmente o poder de cedê-lo, de modo que o credor cede porque é justamente o titular desse direito de determinado crédito – que, aliás, permanece o mesmo, alterando-se apenas o sujeito detentor do direito de crédito. No caso de pagamentos futuros (como o do precatório), a exigência é que seja caracterizado o objeto da cessão: "o que é preciso é que não se precise de concretização quanto ao crédito cedido, posto que o crédito cedido possa ser correspondente a dívida genérica".[40]

Os precatórios apresentam as características comuns aos títulos de crédito, como a literalidade, na medida em que sua existência se regula pelo teor de seu conteúdo, nesse caso uma obrigação de pagar quantia certa; a cartularidade se faz presente pela materialização do precatório em documento escrito; e a autonomia, que garante a negociabilidade, pela não oponibilidade de exceções pessoais ao cessionário.

Quanto à responsabilidade pela existência do crédito, destaca Venosa, "o cedente, ainda que não se responsabilize pela solvência do cedido, nem subsidiariamente pelo pagamento, é responsável pela *existência do crédito ao tempo da cessão*, se essa se operou a título oneroso (art. 295)".[41] Para a cessão do precatório essa responsabilidade não exige maior atenção do cedente.[42]

O artigo 288 do Código Civil diz ser ineficaz, em relação a terceiros, a transmissão de um crédito quando não for celebrada mediante instrumento público ou instrumento particular revestido das solenidades do §1º do artigo 654, referentes ao mandato, a saber: indicação do lugar onde foi passado, a qualificação do outorgante e do outorgado, a data e o objetivo da outorga com a designação e a extensão dos poderes conferidos. Por isso, atentam Andrade Nery e Nery Jr., que a produção de efeitos em relação a

40. PONTES DE MIRANDA, Francisco Cavalcante. *Tratado de Direito Privado*. Tomo XXIII. Rio de Janeiro: Borsoi, 1971, p. 265-275.

41. VENOSA, Silvio de Salvo. *Direito Civil:* Teoria geral das obrigações e teoria geral dos contratos. 13. ed. São Paulo: Atlas, 2013, pp. 145-146.

42. Ressalvado o risco de ajuizamento de uma ação rescisória.

terceiros depende do atendimento à forma legal, escrita, não se admitindo, neste sentido, a celebração de contrato verbal.[43]

Mas não é apenas a forma escrita que determina a oponibilidade da cessão a terceiros. O artigo 129, 10º, da Lei 6.015/73 determina o registro da cessão de direitos e de créditos no Registro de Títulos e Documentos para surtir efeitos em relação a terceiros.[44]

E uma dúvida que poderá surgir é: considerando a previsão no artigo 100, §14, da Constituição Federal, de comunicação da cessão ao juízo e à entidade devedora, prevalece a regra do artigo 129, 10º da Lei de Registros Públicos e a necessidade de registro? Não existe qualquer exceção à regra do registro no RTD, na lei ordinária ou na Constituição Federal, aplicável às cessões de crédito que tenham por objeto precatórios. Contudo, talvez a resposta para a dúvida possa ser encontrada a partir da análise de quem são os "*terceiros*" referidos na lei. O Enunciado nº. 618 da VIII Jornada de Direito Civil, de 2018, considerou que "o devedor não é terceiro para fins de aplicação do art. 288 do Código Civil, bastando a notificação prevista no art. 290 para que a cessão de crédito seja eficaz perante ele.". Nada é dito sobre a Lei de Registros Públicos. Para Netto, de Farias e Rosenvald, o termo "*terceiros*" engloba "os credores do cedente, do cessionário e do cedido, que eventualmente possam ser prejudicados pela transmissão dos créditos, pois possuem direitos anteriores à cessão"[45].

O entendimento da jurisprudência tem sido de que, quando o conceito de terceiros extrapola o limite subjetivo da relação obrigacional que deu origem ao crédito, resta inequívoco que o registro do instrumento de cessão do precatório no Registro de Títulos e Documentos é imprescindível, inclusive atendendo o que dispõe o art. 221 do CC/02: "O instrumento particular, feito e assinado, ou somente assinado por quem esteja na livre disposição e administração de seus bens, prova as obrigações convencionais

43. NERY JUNIOR, Nelson; NERY, Rosa Maria de Andrade. *Código Civil Comentado*. 13 ed. rev. atual. E ampl. São Paulo: Thomson Reuters Brasil, 2019, p. 700.

44. BRASIL. *Lei nº. 6.015, de 31 de dezembro de 1973*. Dispõe sobre os registros públicos, e dá outras providências. Disponível em: https://www.planalto.gov.br/ccivil_03/Leis/L6015compilada.htm. Acesso em 19 jan. 2024.

45. FARIAS, Cristiano Chaves de; NETTO, Felipe Braga; ROSENVALD, Nelson. *Manual de Direito Civil*. 8. ed. rev. atual. e ampl. São Paulo: JusPodivm, 2023, Vol. Ùnico, p. 563.

de qualquer valor; mas os seus efeitos, bem como os da cessão, não se operam, a respeito de terceiros, antes de registrado no registro público."[46]

Isso não afasta a condição de terceiro do devedor (cedido), por não participar do negócio jurídico de cessão, que está adstrito ao credor (cedente) e terceiro estranho à relação jurídica obrigacional (cessionário). O que o diferencia dos demais terceiros é justamente o fato de que a lei determina sua ciência da transmissão do crédito com o objetivo de permitir que o pagamento seja feito a quem de direito, ou seja, ao novo credor e não ao antigo (originário), que nem mais credor é. A ciência do devedor se dá por notificação, como visto, e não decorre do registro.

Bem sabe-se a densidade da temática posta em exame, possível de aprofundamento nas mais variadas áreas do Direito. Limitam-se os comentários e ponderações às colocações supracitadas, de modo que se ingressa, a seguir, nos pontos e refinamentos legislativos constantes da Lei nº 14.711, de 30 de outubro de 2023, relativamente aos novos desafios e incumbências conexas às negociações envolvendo o crédito de precatórios.

46. PROCESSUAL CIVIL. AGRAVO DE INSTRUMENTO. CESSÃO DE CRÉDITO DE PRECATÓRIO POR INSTRUMENTO PARTICULAR. REGISTRO. DESNECESSIDADE. 1. Para que tenha eficácia perante terceiros, a cessão de crédito firmada por instrumento particular deve estar revestida das solenidades do § 1º do art. 654 do CC, conforme preconiza o art. 288 do CC, e sujeita-se a registro público, nos termos do art. 221 do CC e do art. 129, 9º, da Lei 6.015/73. 2. O devedor principal não pode ser enquadrado como terceiro para fins de exigência do registro, bastando a sua notificação para que a cessão de crédito seja eficaz perante ele. Precedentes desta Corte. (TRF4, AG 5046909-94.2022.4.04.0000, TERCEIRA TURMA, Relator ROGER RAUPP RIOS, juntado aos autos em 10/05/2023)

ADMINISTRATIVO. CIVIL. AGRAVO DE INSTRUMENTO. *CESSÃO* DE CRÉDITO. *PRECATÓRIO*. INSTRUMENTO PÚBLICO OU PARTICULAR. POSSIBILIDADE. EFICÁCIA PERANTE DEVEDOR/CEDIDO. NOTIFICAÇÃO. AGRAVO DESPROVIDO. 1. A **cessão** de crédito pode ser realizada mediante instrumento público ou particular, sendo que o único requisito para que tal instituto seja eficaz perante o devedor/cedido é a sua notificação, nos moldes do § 14 do art. 100 da Constituição Federal e do art. 290 do Código Civil. 2. Ademais, em relação a necessidade de registro público do instrumento particular para produção de efeitos perante terceiros, tal disposição não entra em conflito com o exposto anteriormente. Com efeito, o devedor/cedido não pode ser confundido ou equiparado a terceiro na relação de **cessão** de crédito. 3. Nesse sentido o Enunciado doutrinário nº 618, aprovado na VIII Jornada de Direito Civil, em abril de 2018: «o devedor não é terceiro para fins de aplicação do art. 288 do Código Civil, bastando a notificação prevista no art. 290 para que a **cessão** de crédito seja eficaz perante ele». 4. Negado provimento ao agravo de instrumento. (TRF4, AG 5014707-98.2021.4.04.0000, QUARTA TURMA, Relator VICTOR LUIZ DOS SANTOS LAUS, juntado aos autos em 11/11/2021)

3. OS PRECATÓRIOS NO TABELIONATO DE NOTAS: UM NOVO PROCEDIMENTO INSERIDO PELA LEI 14.711/23

A Lei nº 14.711, de 30 de outubro de 2023, denominada Lei das Garantias ou Marco Legal das Garantias, trouxe novidades importantes para o cenário jurídico, alterando, entre outras, a Lei 8.935/94, que regulamenta o artigo 236 da Constituição Federal e disciplina as atividades notarial e de registro. Sua origem é o Projeto de Lei 4.188/21, apresentado com a finalidade de facilitar o uso das garantias na busca por crédito e melhorar o ambiente de negócios em nosso país, aprimorando as regras de garantia e recuperação do crédito, execução extrajudicial dos créditos garantidos por hipoteca e alienação fiduciária.[47] O projeto integra o programa Mais Garantias Brasil, e incluiu a MP 1.085, a MP 1.104/22 e a MP 11.321.

No âmbito do tabelionato de notas foram incluídos dois artigos na Lei 8.935/94, 6º-A e 7º-A, ambos relativos à competência e atribuições. Interessa para o presente estudo o artigo 6º – A, que trata dos precatórios desde a fase negocial até a comunicação da lavratura da escritura pública de cessão do crédito ao juízo ou tribunal. O *caput* dispõe sobre a comunicação da negociação dos créditos de precatórios e de outra natureza, reconhecidos por decisão judicial transitada em julgado, e introduz um novo e importante procedimento na atividade notarial, criando uma prioridade inédita no âmbito dos serviços prestados pelos tabeliães de notas:

> Art. 6º-A. A pedido dos interessados, os tabeliães de notas comunicarão ao juiz da vara ou ao tribunal, conforme o caso, a existência de negociação em curso entre o credor atual de precatório ou de crédito reconhecido em sentença transitada em julgado e terceiro, o que constará das informações ou consultas que o juízo emitir, consideradas ineficazes as cessões realizadas para pessoas não identificadas na comunicação notarial se, dentro do prazo de 15 (quinze) dias corridos, contado do recebimento desta pelo juízo, for lavrada a respectiva escritura pública de cessão de crédito.

O foco deste estudo são os precatórios, mas a comunicação de negociação também poderá ser feita em relação a toda e qualquer cessão que

47. PODER EXECUTIVO. *Projeto Lei 4.188/21*. Disponível em: https://www.camara.leg.br/propostas-legislativas/2309053. Acesso em 22 jan. 2024.

tenha por objeto um crédito reconhecido por decisão judicial em caráter definitivo.

A comunicação é facultativa para o cedente e o cessionário, e dependerá de requerimento, a ser apresentado individualmente pelo interessado na aquisição do crédito ou pelo cedente ou, ainda, juntos. Parece que o maior interessado em noticiar a existência da negociação é o possível adquirente-cessionário. Em que pese não ser obrigatória, é recomendável a sua utilização, pois uma vez requerida, a comunicação deverá ser imediatamente promovida pelo tabelião de notas, dando ciência da existência de negociação entre o cedente e terceiro, a qual constará das informações ou consultas que o juízo emitir, publicizando o fato, além de gerar uma preferência ao possível cessionário interessado no crédito. De modo que qualquer cessão feita a terceiro, estranho à comunicação, será considerada ineficaz, o que significa dizer, não produzirá efeitos em relação àquele referido na comunicação.

A proposta de cessão do precatório obriga o proponente (cedente), aplicando-se as regras dos artigos 427 e seguintes do Código Civil. A lei foi silente em relação ao conteúdo da comunicação. É suficiente informar que 'A' – credor-cedente – e 'B' – terceiro-cessionário – estão negociando a cessão do precatório 'X', ou deverá ser informado também o valor e outros dados, como, por exemplo, se já houve aceitação da proposta pelo interessado? Parece-nos que quanto mais completa for a comunicação em relação às condições do negócio, melhor será. No entanto, a simples informação contendo a identificação do cedente, do precatório e do interessado na aquisição do crédito, é suficiente para estabelecer a prioridade e seus efeitos.

E no caso de ter sido comunicada a negociação e mesmo assim o credor ceder para terceiro, quais serão as consequências? 'B' poderá haver para si o crédito mediante depósito da proposta comunicada diretamente no juízo onde tramita o precatório? Qual é o seu direito em razão da prioridade? Uma vez comunicada a existência de negociação e estabelecida a prioridade, caso seja noticiada a realização de cessão com outra pessoa, o juízo poderá declarar de ofício a ineficácia em relação àqueles mencionados na comunicação da negociação. Com relação aos direitos decorrentes da preferência, a questão deverá ser analisada caso a caso, com exame a partir das regras de direito material relativas aos contratos se já houve aceitação da proposta e sua vinculação entre os negociantes. Nesse sentido, apenas a título de exemplo, Pontes de Miranda destaca: "O que aceita a oferta, já com o não poder o oferente, se ainda não revogou a oferta, ou se não na pode revogar, por estar dentro do prazo a aceitação, se livrar da vinculação."[48] De modo que, ineficaz a cessão, o interessado com a preferência poderia fazer valer a proposta já aceita, se assim for o caso, pagando o preço estipulado na forma ajustada.

O prazo previsto na lei para a prioridade é de 15 dias corridos, iniciando a contagem a partir da data do recebimento da comunicação pelo juízo. Não sendo lavrada a escritura pública de cessão de crédito dentro de 15 dias a prioridade cai. Uma dúvida que poderá surgir é se existe possibilidade de prorrogação da prioridade, caso as partes não tenham encerrado a fase de negociação dentro dos 15 dias ou, ainda, se por algum outro motivo não foi possível assinar a escritura antes do término do prazo. Uma nova comunicação, requerida e apresentada antes do término, poderia impedir a extinção da prioridade. E um novo requerimento após os 15 dias também poderia ser apresentado, sem prejuízo, a não ser que nova comunicação tenha sido feita em relação a outra parte interessada na aquisição. Afinal, o objetivo é dar segurança a quem pretende adquirir e evitar o prejuízo de terceiro. Aliás, quando o assunto é precatório a preocupação com possíveis golpes deve abranger desde a verificação da idoneidade de quem comercializa precatórios, passando pela existência do crédito até a sua disponibilidade, servindo a comunicação como forte elemento de segurança à negociação.

Sobre a verificação da existência do crédito, a doutrina orienta quem pretende adquirir ou investir em precatórios:

> "11.1. Os 5 passos básicos e preventivos para quem pretende adquirir ou investir em precatórios
>
> 1. Antes de contratar o especialista, solicite indicações de pelo menos 03 (três) clientes para os quais ele tenha prestado serviço jurídico de *due diligence* na área de precatórios;

48. PONTES DE MIRANDA, Francisco Cavalcante. *Tratado de Direito Privado*. Tomo V. Rio de Janeiro: Editor Borsoi, 1970, p. 92.

> 2. No contrato de prestação de serviço que será firmado com a empresa especializada ou profissional (pessoa física), deverá conter uma cláusula de garantia, esclarecendo que, se por culpa ou dolo o precatório analisado e recomendado por ele apresentar algum defeito ou irregularidade que impeça o seu regular aproveitamento, haverá aplicação de multa;
>
> 3. O especialista contratado deverá ter acesso ao processo judicial de precatório completo (capa a capa), mediante cópia no formato físico ou digital, bem como todas as certidões e relatórios do "checklist" que comprovam a idoneidade dos vendedores (cessionários);
>
> 4. Realização da "*due diligence jurídica*" completa: que é um método de prestação de serviço jurídico de investigação e análise de todo processo judicial de precatório, bem como a verificação de documentos e certidões dos cedentes (vendedores) e de sua regularidade fiscal e financeira. Sendo que, ao final de tal análise, será emitido um parecer técnico jurídico com a indicação da regularidade ou não do referido precatório, visando, com isso, auferir segurança jurídica e econômica aos potenciais compradores e investidores. Portanto, a *due diligence* é uma prestação de serviço jurídico de revisão e análise de processo, informações e documentos, de cunho preventivo, objetivando à verificação de regularidade do precatório e de seu vendedor (cedente);
>
> 5. Parecer jurídico, com conclusão final, devidamente assinado por um advogado, sobre a viabilidade ou não da aquisição do precatório."[49]

A negociação exitosa resultará na formalização da cessão do crédito por escritura pública lavrada pelo tabelião de notas, que terá o prazo de três dias úteis, contados a partir da data da assinatura para comunicar a lavratura ao juiz da vara ou tribunal:

> § 1º O tabelião de notas deverá comunicar ao juiz da vara ou tribunal, conforme aplicável e em atenção ao pedido dos interessados,

---

49. BACHEGA, Gustavo. *Precatório na prática.* São Paulo: Thomson Reuters Revista dos Tribunais, 2023. RB-13.2. E-book. Disponível em: ttps://next-proview.thomsonreuters.com/launchapp/title/rt/monografias/288582046/v1/page/RB-13.2. Acesso em: 5 jan. 2024

> a negociação, imediatamente, e a cessão realizada, em até 3 (três) dias úteis contados da data da assinatura da escritura pública.

Como mencionado, o artigo 100, §14 da Constituição Federal determina, como requisito de eficácia da cessão de precatórios, a comunicação ao Tribunal de origem e ao ente federativo devedor, o que é feito por meio de petição protocolizada. Não resta dúvida de que nos casos em que os contratantes optarem pela formalização da cessão do crédito de precatório por instrumento particular a exigência se mantém. Contudo, questiona-se a sua necessidade a partir do momento em que o legislador tornou obrigatória a comunicação pelo tabelião de notas, lembrando que não houve alteração no dispositivo constitucional. Certo é que a comunicação feita por petição nos autos, somando-se à comunicação do tabelião, não trará prejuízo; aliás, o cessionário poderá promovê-la imediatamente e antes mesmo da comunicação notarial, que tem prazo de até três dias úteis.

Por outro lado, a falta de comunicação ou comunicação intempestiva pelo notário caracteriza infração disciplinar do artigo 31, I, da Lei 8.935/94, sujeitando-o às penalidades administrativas previstas na mesma lei, além de responsabilidade civil que poderá advir no caso de culpa ou dolo.

Cabe examinar como as comunicações serão feitas pelos tabeliães de notas. A lei previu a criação de uma central notarial de âmbito nacional:

> Art. 6º-A. (...)
>
> § 2º Para o fim da regular cessão dos precatórios que emitirem, os tribunais de todos os poderes e esferas darão, exclusivamente aos tabeliães de notas e aos seus substitutos, acesso a consulta ou a banco de dados, por meio de central notarial de âmbito nacional, com identificação do número de cadastro de contribuinte do credor e demais dados do crédito que não sejam sensíveis, bem como receberão as comunicações notariais das cessões de precatórios.

A central terá duas funções: (i) receber as comunicações das cessões de precatórios; (ii) dar acesso exclusivo aos tabeliães de notas e seus substitutos à consulta ou a banco de dados com identificação do número de cadastro de contribuinte do credor e demais dados do crédito que não sejam sensíveis.

Quanto às comunicações, a alimentação da central será feita exclusivamente pelos tabeliães de notas e seus substitutos, vinculada ao tribunal onde está o precatório. Já o acesso para consulta não está claro se será exclusivo do tribunal ou se será permitido a qualquer pessoa, tendo em vista o disposto no *caput* do artigo 6º-A "*constará das informações ou consultas que o juízo emitir*". Parece-nos que a consulta pelos interessados no precatório às comunicações diretamente na central deveria ser a opção, facilitando o acesso às informações relevantes.

A Central Nacional de Precatórios deverá figurar como mais um módulo integrante da plataforma de serviços notariais eletrônicos – e-notariado – instituída pelo Provimento CNJ nº 100/20 e gerida pelo Colégio Notarial do Brasil. Enquanto não implementada, deverão ser observadas as regras estaduais sobre comunicação de cessão de precatórios.

No Estado do Rio Grande do Sul a obrigação de comunicação imediata pelo tabelião que lavra escritura de cessão de créditos de precatórios consta no artigo 964 da Consolidação Normativa Notarial e Registral:

> Art. 964 – Os Tabeliães de Notas deverão realizar a remessa, imediatamente após a assinatura, das Escrituras Públicas de Cessão de Créditos de Precatórios, pelo Sistema de Escrituras Públicas disponível na página eletrônica do TJRS na Internet: www3.tj.rs.gov.br, Sistema Escrituras Públicas.
>
> Parágrafo único – Os Tabeliães deverão lançar todos os dados solicitados pelo sistema, que são os seguintes:
>
> I – número do livro;
>
> II – número da folha;
>
> III – número do ato;
>
> IV – data da lavratura do ato;
>
> V – tipo de ato – Cessão de Crédito de Precatório;
>
> VI – número do precatório;
>
> VII – cadastro de todas as partes e, se for o caso, do advogado assistente.[50]

50. CORREGEDORIA-GERAL DE JUSTIÇA. *Consolidação Normativa Notarial e Registral do Estado do Rio Grande do Sul.* Disponível em: https://tjrs.jus.br/static/2020/07/Consolida%

Não foram localizadas outras normas administrativas estaduais prevendo comunicação das cessões pelos tabeliães de notas.

Interessante refletir sobre a conveniência de o sistema E-PROC conter no painel dos dados processuais um campo para a informação sobre a existência de cessão e o a identificação do cessionário, já que a Resolução CNJ nº 258/217 estabelece não ser necessária a habilitação do cessionário nos autos, entendendo a jurisprudência não se tratar de substituição processual, de modo que permita a ciência por qualquer pessoa que consultar o processo da cessão comunicada pelo tabelião de notas ou terceiro sem a necessidade de acesso integral aos autos, o que se mostra adequado inclusive sob o ponto de vista da proteção dos dados pessoais.[51]

Uma última questão que merece ser abordada é a segurança que o instrumento público proporciona à cessão dos precatórios. Como visto, o Código Civil prevê a forma escrita para a cessão de crédito, permitindo a formalização tanto por instrumento público quanto particular. Especificamente em relação à cessão de precatório, no ano de 2021 o Superior Tribunal de Justiça decidiu, quando do julgamento do Recurso Ordinário em Mandado de Segurança nº 67005/DF, que a escritura pública não é obrigatória na cessão de precatórios:

> PROCESSUAL CIVIL. CIVIL. ADMINISTRATIVO. RECURSO EM MANDADO DE SEGURANÇA. CESSÃO DE PRECATÓRIO EM TRAMITAÇÃO NO TJDFT REALIZADA POR INSTRUMENTO PARTICULAR. POSSIBILIDADE. ESCRITURA PÚBLICA. EXIGÊNCIA RESTRITA À HIPÓTESE PREVISTA NO ART. 4º, V, DA LEI DISTRITAL N. 52/1997. INTERPRETAÇÃO RESTRITIVA. TESE REPETITIVA FIRMADA NO RESP 1.102.473/RS QUE NÃO ESTABELECEU A OBRIGATORIEDADE DE A CESSÃO

C3%A7%C3%A3o-Normativa-Notarial-Registral-2020-TEXTO-INTEGRAL.pdf. Acesso em 18 jan. 2024.

51. ADMINISTRATIVO. AGRAVO DE INSTRUMENTO. CUMPRIMENTO DE SENTENÇA. FAZENDA PÚBLICA. CESSÃO DE CRÉDITO. PRECATÓRIO. ALTERAÇÃO DE TITULARIDADE. BENEFICIÁRIO. 1. A Resolução nº 458/2017-CJF estabelece ser desnecessária a habilitação do cessionário nos autos, cabendo apenas comunicação do Juiz da execução ao Tribunal, para que bloqueie e coloque os valores requisitados à disposição do cessionário. 2. No caso, o agravante possui direito a ter seu crédito resguardado, porém, sem a alteração de titularidade do beneficiário, colocando-se os valores à sua disposição quando depositados. (TRF4, AG 5050413-11.2022.4.04.0000, DÉCIMA SEGUNDA TURMA, Relatora ANA BEATRIZ VIEIRA DA LUZ PALUMBO, juntado aos autos em 28/09/2023)

DE CRÉDITO CONSTANTE DE PRECATÓRIO SER REALIZADA POR ESCRITURA PÚBLICA. RECURSO PROVIDO. ORDEM CONCEDIDA.

1. Cuida-se de recurso em mandado de segurança interposto contra acórdão do TJDFT que denegou a segurança impetrada em desfavor do MM. Juiz de Direito da Coordenadoria de Conciliação de Precatórios, cuja autoridade, por reputar indispensável a apresentação do original ou da cópia autenticada da escritura pública de cessão de direitos creditícios, indeferiu pedido de habilitação do impetrante/cessionário no Precatório n. 2014.00.2.012612-8.

2. Segundo lição doutrinária de SÍLVIO RODRIGUES, a cessão de crédito pode ser conceituada como "[...] o negócio jurídico, em geral de caráter oneroso, através do qual o sujeito ativo de uma obrigação a transfere a terceiro, estranho ao negócio original, independentemente da anuência do devedor. O alienante toma o nome de cedente, o adquirente o de cessionário, e o devedor, sujeito passivo da obrigação, o de cedido" (Direito civil. 27. ed. São Paulo: Saraiva, 1999, p. 291).

3. Nos termos do art. 286 do Código Civil, "O credor pode ceder o seu crédito, se a isso não se opuser a natureza da obrigação, a lei, ou a convenção com o devedor; a cláusula proibitiva da cessão não poderá ser oposta ao cessionário de boa-fé, se não constar do instrumento da obrigação".

4. Conforme jurisprudência desta Corte, "a forma do negócio jurídico é o modo pelo qual a vontade é exteriorizada. No ordenamento jurídico pátrio, vigora o princípio da liberdade de forma (art. 107 do CC/02). Isto é, salvo quando a lei requerer expressamente forma especial, a declaração de vontade pode operar de forma expressa, tácita ou mesmo pelo silêncio (art. 111 do CC/02)", sendo certo, ademais, que "a exigência legal de forma especial é questão atinente ao plano da validade do negócio (art. 166, IV, do CC/02)" (REsp 1.881.149/DF, Rel. Ministra NANCY ANDRIGHI, TERCEIRA TURMA, DJe 10/6/2021).

5. A obrigatoriedade de que a cessão de créditos se dê por escritura pública representa uma exceção à regra geral estabelecida no art. 107 do Código Civil. Inteligência dos arts. 288 e 654, § 1º, do mesmo diploma substantivo.

6. A teor dos arts. 1º e 4º, V, da Lei Distrital 52/1997, a exigência de que a cessão de precatório seja realizada por instrumento público se aplica apenas a uma única hipótese, a saber:

> quando se objetivar a compensação de débitos de natureza tributária de competência do Distrito Federal, o que não é o caso dos autos.
>
> 7. Uma vez que o art. 4º, V, da Lei Distrital 52/1997 se configura como sendo uma regra de natureza excepcional, impõe-se que sua interpretação deve se dar de forma restrita. Nesse sentido, desponta o seguinte e já longevo julgado: REsp 20.101/PR, Rel. Ministro SÁLVIO DE FIGUEIREDO TEIXEIRA, QUARTA TURMA, DJ 22/6/1992.
>
> 8. A tese repetitiva firmada no REsp 1.102.473/RS (Rel. Ministra MARIA THEREZA DE ASSIS MOURA, CORTE ESPECIAL, DJe 27/8/2012), mesmo porque não era esse o seu objeto de atenção, não estabeleceu compreensão de que a cessão de crédito constante de precatório deva se operar apenas por escritura pública.
>
> 9. Recurso em mandado de segurança conhecido e provido para reformar o acórdão recorrido, concedendo a segurança.
>
> (RMS n. 67.005/DF, relator Ministro Sérgio Kukina, Primeira Turma, julgado em 16/11/2021, DJe de 19/11/2021)[52]

A leitura da ementa revela que a exigência foi afastada por não se enquadrar na hipótese prevista no artigo 4º, V, da Lei Complementar Distrital 52/1997, sendo essa regra de natureza excepcional e de interpretação restritiva, aplicada apenas aos casos de compensação de débitos de natureza tributária de competência do Distrito Federal:

> Art. 1º Os titulares originais ou cessionários de créditos líquidos e certos, de qualquer natureza, decorrentes de ações judiciais contra a Fazenda Pública do Distrito Federal, suas autarquias e fundações, poderão utilizá-los na compensação de débitos de natureza tributária de competência do Distrito Federal, desde que:
>
> [...]
>
> Art. 4º O precatório deverá ser oferecido para compensação no prazo de noventa dias a partir da ciência do deferimento da opção

52. SUPERIOR TRIBUNAL DE JUSTIÇA. *RMS n. 67.005/DF*, relator Ministro Sérgio Kukina, Primeira Turma, julgado em 16/11/2021, DJe de 19/11/2021. Disponível em: https://scon.stj.jus.br/SCON/GetInteiroTeorDoAcordao?num_registro=202102375230&dt_publicacao=19/11/2021. Acesso em 18 jan. 2024.

> pela sistemática de compensação, mediante requerimento instruído com:
>
> [...]
>
> V – a prova de titularidade ativa do precatório pelo requerente titular ou cessionário, neste caso com o comprovante da cessão feita por instrumento público, na forma da Lei;[53]

O que se observa é a cautela da Fazenda Pública do Distrito Federal nas compensações com precatórios, exigindo a formalização por instrumento público. A razão de ser não é outra, senão as vantagens significativas que a escritura pública apresenta em relação ao instrumento particular, como por exemplo, a certeza da capacidade jurídica das partes para o ato, da existência legal e a representação da parte quando é pessoa jurídica, da disponibilidade do objeto, da conservação pelo arquivamento em livro próprio e do acesso por meio de certidão.[54] No caso da cessão de precatório não é diferente, a atuação do tabelião de notas inicia com a conferência da identidade e da capacidade dos contratantes e/ou seus procuradores para manifestação da vontade (qualificação notarial), verificação da existência e legalidade do crédito (precatório), da legalidade das cláusulas e condições negociadas, até comunicação ao tribunal, promovendo a ciência do devedor-cedido.

Independentemente de quem sejam o cedente ou o cessionário, considerando que a cessão de precatórios é uma operação que pode movimentar bilhões de reais e, por isso, atrair toda sorte de oportunistas, por que não adotar a segurança jurídica por *default* em todas as cessões de precatórios, sejam para compensação tributária, para investimento, para garantia ou qualquer outra finalidade? Ainda que a lei não estabeleça a forma pública como requisito de validade desses negócios jurídicos, as boas práticas recomendam que a cessão seja formalizada por escritura pública.

---

53. SUPERIOR TRIBUNAL DE JUSTIÇA. *RMS n. 67.005/DF*, relator Ministro Sérgio Kukina, Primeira Turma, julgado em 16/11/2021, DJe de 19/11/2021. Disponível em: https://scon.stj.jus.br/SCON/GetInteiroTeorDoAcordao?num_registro=202102375230&dt_publicacao=19/11/2021. Acesso em 18 jan. 2024.

54. POISL, Carlos Luiz. *Em testemunho da verdade:* lições de um notário. Porto Alegre: Sérgio Antonio Fabris, 2006, p. 41.

CONCLUSÃO

Após apresentar o panorama dos precatórios no Brasil e verificar como a sua comercialização pode atender a diversos objetivos distintos, analisando as questões legais relativas ao negócio jurídico de cessão, conclui-se que a inclusão do artigo 6º-A na Lei 8.935/94 vai ao encontro dos objetivos apresentados na justificativa do P.L. 4188/21, em que pese o dispositivo relativo à atuação dos notários nas cessões de precatórios não constar da redação original do projeto.

A comunicação da existência de negociação do crédito e sua posterior formalização por escritura pública, com a comunicação da lavratura ao tribunal, protegem a população economicamente vulnerável, seja no contexto do cedente, que, por exemplo, poderá ser pessoa idosa que tem preferência e aguarda o pagamento de seu crédito e tem interesse na antecipação do recebimento, seja no contexto do cessionário, que poderá ser uma pessoa jurídica interessada na aquisição do precatório para promover a compensação de uma dívida tributária, e com isso manter ativo seu negócio e os contratos de trabalho de seus empregados.

Portanto, a segurança é crucial para que se alcance os resultados práticos desse negócio jurídico, especialmente diante de um cenário em que golpes e esquemas envolvendo precatórios são cada vez mais recorrentes. Nesse sentido, a cautela é imprescindível, de modo que importa ter atenção e proceder preventivamente em relação aos possíveis riscos da cessão, com a contratação de profissional capacitado para auxiliar na realização de *due diligence* quando da oferta do crédito de precatório para comercialização, sempre atentando a detalhes como a natureza do precatório e a idoneidade do cedente – passível de comprovação mediante apresentação de certidões e documentos que atestem sua regularidade financeira (*v.g.* certidão negativa de débitos e negativas de débitos trabalhistas). Sob a ótica do cedente, a segurança do recebimento do valor negociado pelo crédito também merece atenção.

A cessão faz o crédito circular de maneira segura e a economia reagir. Na perspectiva da análise econômica do Direito, a segurança jurídica é um princípio-valor basilar do Estado Democrático de Direito, propulsor de crescimento e desenvolvimento econômico. Não por acaso, garantir a segurança e eficácia dos atos jurídicos é dever legal dos notários, conforme artigo 1º da Lei 8.935/94.

Com efeito, a produção dos efeitos da cessão do precatório, a teor do §14, do art. 100, da Constituição Federal, depende da comunicação ao juízo e, também por força das regras que norteiam a cessão de crédito no Código Civil, à entidade devedora (dispensada sua anuência, conforme estudado). O papel do notário na comunicação da negociação noticiada pelos interessados (cedente ou terceiro), a ambos é crucial para publicizar o fato no processo e gerar a prioridade ao cessionário-adquirente dentro do prazo legal (passível de renovação). Após a lavratura da escritura de cessão, a comunicação tem a finalidade de dar ciência ao devedor cedido da mudança de credor e promover a devida substituição processual. A participação do tabelião de notas proporciona a almejada segurança jurídica ao negócio e proteção dos contratantes e terceiros, uma vez que não produzirão efeitos a cessão realizada em favor de sujeito distinto daquele constante da comunicação, ineficaz diante da prioridade assegurada.

REFERÊNCIAS BIBLIOGRÁFICAS

B3. *Fundos de Investimento em Direitos Creditórios (FIDC)*. Disponível em: https://www.b3.com.br/pt_br/produtos-e-servicos/negociacao/renda-fixa/fundos-de-investimentos-em-direitos-creditorios-fidc.htm. Acesso: 17 jan. 2023

BACHEGA, Gustavo. *Precatório na prática.* São Paulo: Thomson Reuters Revista dos Tribunais, 2023. RB-14.1. E-book. Disponível em: ttps://next-proview.thomsonreuters.com/launchapp/title/rt/monografias/288582046/v1/page/RB-14.1. Acesso em: 5 jan. 2024.

BANCO CENTRAL DO BRASIL. *Resolução BCB N°. 346, de 5 de outubro de 2023.* Altera a Resolução BCB nº 229, de 12 de maio de 2022, que estabelece os procedimentos para o cálculo da parcela dos ativos ponderados pelo risco (RWA) referente às exposições ao risco de crédito sujeitas ao cálculo do requerimento de capital mediante abordagem padronizada (RWACPAD), de que tratam a Resolução CMN nº 4.958, de 21 de outubro de 2021, e a Resolução BCB nº 200, de 11 de março de 2022. Disponível em: https://www.bcb.gov.br/estabilidadefinanceira/exibenormativo?tipo=Resolu%C3%A7%C3%A3o%20BCB&numero=346. Acesso em 17 jan. 2024.

BRANCO, Ana Paula. Saques dos precatórios de 2022, 2023 e 2024 começam a ser liberados. *Folha de São Paulo.* Disponível em: https://www1.folha.uol.com.br/mercado/2024/01/saques-dos-precatorios-de-2022-2023-e-2024-comecam-a-ser-liberados.shtml. Acesso em 19 jan. 2024.

BRASIL. *Lei nº. 6.015, de 31 de dezembro de 1973.* Dispõe sobre os registros públicos, e dá outras providências. Disponível em: https://www.planalto.gov.br/ccivil_03/Leis/L6015compilada.htm. Acesso em 19 jan. 2024.

BRASIL. *Lei nº. 10.406, de 10 de janeiro de 2002.* Institui o Código Civil. Disponível em: https://www.planalto.gov.br/ccivil_03/leis/2002/l10406compilada.htm. Acesso em 19 jan. 2024.

BRASIL. *Constituição da República dos Estados Unidos do Brasil, de 16 de julho de 1934.* Disponível em: https://www.planalto.gov.br/ccivil_03/constituicao/constituicao34.htm. Acesso: 23 dez. 2023.

BRASIL. *Constituição dos Estados Unidos do Brasil, de 10 de novembro de 1937.* Disponível em: https://www.planalto.gov.br/ccivil_03/constituicao/constituicao37.htm. Acesso: 23 dez. 2023.

BRASIL. *Constituição dos Estados Unidos do Brasil, de 18 de setembro de 1946.* Disponível em: https://www.planalto.gov.br/ccivil_03/constituicao/constituicao46.htm. Acesso: 23 dez. 2023.

BRASIL. *Constituição da República Federativa do Brasil, de 17 de outubro de 1967.* Disponível em: https://www.planalto.gov.br/ccivil_03/constituicao/constituicao67.htm. Acesso: 23 dez. 2023.

BRASIL. *Constituição da República Federativa do Brasil de 1998.* Disponível em : https://www.planalto.gov.br/ccivil_03/constituicao/constituicao.htm. Acesso em: 5 jan. 2024.

COMISSÃO DE VALORES MOBILIÁRIOS. *Resolução CVM Nº. 175, de 23 de dezembro de 2022, com alterações introduzidas pelas resoluções CVM Nº. 181/23 e 187/23.* Dispõe sobre a constituição, o funcionamento e a divulgação de informações dos fundos de investimento, bem como sobre a prestação de serviços para os fundos, e revoga as normas que especifica. Disponível em: https://view.officeapps.live.com/op/view.aspx?src=https%3A%2F%2Fconteudo.cvm.gov.br%2Flegislacao%2Fresolucoes%2Fanexos%2F100%2Fresol175consolid.docx&wdOrigin=BROWSELINK. Acesso em 19 jan. 2024.

COMISSÃO DE VALORES MOBILIÁRIOS. *Resolução CVM Nº. 181, de 28 de março de 2023.* Altera a Resolução CVM nº 175, de 23 de dezembro de 2022. Disponível em: https://conteudo.cvm.gov.br/legislacao/resolucoes/resol181.html. Acesso em 19 jan. 2024.

COMISSÃO DE VALORES MOBILIÁRIOS. *Instrução CVM Nº. 444, de 08 de dezembro de 2006, com alterações introduzidas pela instrução CVM Nº. 554/14.* Dispõe sobre o funcionamento de Fundos de Investimento em Direitos Creditórios Não Padronizados. Disponível em: https://conteudo.cvm.gov.br/legislacao/instrucoes/inst444.html. Acesso em 19 jan. 2024.

CONSELHO NACIONAL DE JUSTIÇA. *Mapa Anual dos Precatórios por ente devedor.* Disponível em: https://paineisanalytics.cnj.jus.br/single/?appid=24bb0aae4341-48e7-b3b5-3606607894c4&sheet=1153abe6-54ad-4213-867b-f62ec96b15c9&lang=pt-BR&opt=ctxmenu,currsel. Acesso: 23 dez. 2023.

CONSELHO NACIONAL DE JUSTIÇA. *Resolução Nº. 303, de 18 de dezembro de 2019*. Dispõe sobre a gestão dos precatórios e respectivos procedimentos operacionais no âmbito do Poder Judiciário. Disponível em: https://atos.cnj.jus.br/atos/detalhar/3130. Acesso em: 5 jan. 2024.

CORREGEDORIA-GERAL DE JUSTIÇA. *Consolidação Normativa Notarial e Registral do Estado do Rio Grande do Sul*. Disponível em: https://tjrs.jus.br/static/2020/07/Consolida%C3%A7%C3%A3o-Normativa-Notarial-Registral-2020-TEXTO-INTEGRAL.pdf. Acesso em 18 jan. 2024.

DA CUNHA, Leonardo Carneiros da Cunha. Art. 100. In: *Constituição Federal Comentada*. Alexandre de Moraes (Coord.). Rio de janeiro: Forense.

DA ROSA, Conrado Paulino; RODRIGUES, Marco Antônio. *Inventário e Partilha:* teoria e prática. 5 ed. rev. atual. e ampl. Salvador: Juspodivm, 2023.

EL DEBS, Martha. *Legislação Notarial e de Registros Públicos Comentada*. 6 ed. São Paulo: Juspodivm, 2023.

FARIAS, Cristiano Chaves de; NETTO, Felipe Braga; ROSENVALD, Nelson. *Manual de Direito Civil*. 8. ed. rev. atual. e ampl. São Paulo: Juspodivm, 2023, Vol. Único.

JORNAL NACIONAL. *Governo prepara pagamento do maior valor de precatórios da história e alerta para a ação de golpistas*. Disponível em: https://g1.globo.com/jornal-nacional/noticia/2024/01/16/governo-prepara-pagamento-do-maior-valor-de-precatorios-da-historia-e-alerta-para-a-acao-de-golpistas.ghtml. Acesso em 19 jan. 2024.

MOREIRA, Egon Bockmann; et. al. *Precatórios*: o seu novo regime jurídico. São Paulo: Thomson Reuters Revista dos Tribunais, 2023. RB-1.4. E-book. Disponível em: https://proview.thomsonreuters.com/launchapp/title/rt/monografias/310758838/v1/page/RB-14.10. Acesso em: 5 jan. 2024.

NERY JUNIOR, Nelson; NERY, Rosa Maria de Andrade. *Código Civil Comentado*. 13 ed. rev. atual. E ampl. São Paulo: Thomson Reuters Brasil, 2019.

PODER EXECUTIVO. *Projeto Lei 4.188/21*. Disponível em: https://www.camara.leg.br/propostas-legislativas/2309053. Acesso em 22 jan. 2024.

POISL, Carlos Luiz. *Em testemunho da verdade:* lições de um notário. Porto Alegre: Sérgio Antonio Fabris, 2006.

PONTES DE MIRANDA, Francisco Cavalcante. *Comentários à Constituição de 1967*. Tomo III. São Paulo: Revista dos Tribunais, 1967.

PONTES DE MIRANDA, Francisco Cavalcante. *Comentários ao Código de Processo Civil*. Tomo X. Rio de Janeiro: Forense, 1976.

PONTES DE MIRANDA, Francisco Cavalcante. *Tratado de Direito Privado*. Tomo V. Rio de Janeiro: Editor Borsoi, 1970, p. 92.

PONTES DE MIRANDA, Francisco Cavalcante. *Tratado de Direito Privado*. Tomo XXIII. Rio de Janeiro: Borsoi, 1971.

RODRIGUES, Silvio. *Direito Civil*: parte geral das obrigações. Vol. 2. São Paulo: Saraiva, 2002.

SUPERIOR TRIBUNAL DE JUSTIÇA. *REsp n. 1.570.452/RJ*, relator Ministro Ricardo Villas Bôas Cueva, Terceira Turma, julgado em 22/9/2020, DJe de 28/9/2020. Disponível em: https://scon.stj.jus.br/SCON/GetInteiroTeorDoAcordao?num_registro=201502326121&dt_publicacao=28/09/2020. Acesso em 19 jan. 2024.

SUPERIOR TRIBUNAL DE JUSTIÇA. RMS n. 67.005/DF, relator Ministro Sérgio Kukina, Primeira Turma, julgado em 16/11/2021, DJe de 19/11/2021. Disponível em: https://scon.stj.jus.br/SCON/GetInteiroTeorDoAcordao?num_registro=202102375230&dt_publicacao=19/11/2021. Acesso em 18 jan. 2024.

SUPREMO TRIBUNAL FEDERAL. *RE 631537*, Relator(a): MARCO AURÉLIO, Tribunal Pleno, julgado em 22-05-2020, PROCESSO ELETRÔNICO REPERCUSSÃO GERAL – MÉRITO DJe-137 DIVULG 02-06-2020 PUBLIC 03-06-2020.

TESOURO NACIONAL. *Riscos Fiscais com Demandas Judiciciais e Precatórios:* precatórios e Requisições de Pequeno Valor (Estoque). Disponível em: https://www.tesourotransparente.gov.br/visualizacao/riscos-fiscais-com-demandas-judiciais-e-precatorios. Acesso: 10 jan. 2024.

VENOSA, Silvio de Salvo. *Direito Civil:* Teoria geral das obrigações e teoria geral dos contratos. 13. ed. São Paulo: Atlas, 2013.

18

A CRIAÇÃO DE UM SISTEMA NACIONAL DE PRECATÓRIOS E REQUISIÇÃO DE PEQUENO VALOR (RPV) E O PAPEL DO NOTÁRIO NA REDUÇÃO DOS CUSTOS DE TRANSAÇÃO DAS CESSÕES DE PRECATÓRIOS

Fernando Domingos Carvalho Blasco

Tabelião de Notas em São Paulo – SP; Diretor no Colégio Notarial do Brasil. Formado em direito pela Universidade de São Paulo.

INTRODUÇÃO

A criação de uma central de precatórios se deu por ordem legal, em especial pelo § 2º do artigo 6º-A da Lei 8.935/94, introduzido pela Lei 14.711/2023:

> "Art. 6º-A A pedido dos interessados, os tabeliães de notas comunicarão ao juiz da vara ou ao tribunal, conforme o caso, a existência de negociação em curso entre o credor atual de precatório ou de crédito reconhecido em sentença transitada em julgado e

> terceiro, o que constará das informações ou consultas que o juízo emitir, consideradas ineficazes as cessões realizadas para pessoas não identificadas na comunicação notarial se, dentro do prazo de 15 (quinze) dias corridos, contado do recebimento desta pelo juízo, for lavrada a respectiva escritura pública de cessão de crédito.
>
> § 1º O tabelião de notas deverá comunicar ao juiz da vara ou tribunal, conforme aplicável e em atenção ao pedido dos interessados, a negociação, imediatamente, e a cessão realizada, em até 3 (três) dias úteis contados da data da assinatura da escritura pública.
>
> **§ 2º Para o fim da regular cessão dos precatórios que emitirem, os tribunais de todos os poderes e esferas darão, exclusivamente aos tabeliães de notas e aos seus substitutos, acesso a consulta ou a banco de dados, por meio de central notarial de âmbito nacional, com identificação do número de cadastro de contribuinte do credor e demais dados do crédito que não sejam sensíveis, bem como receberão as comunicações notariais das cessões de precatórios**." (BRASIL, 1994) (grifo nosso)

Por sua vez, a Lei 14.711/2023, conhecida como Marco Legal das Garantias, foi originada no Poder Executivo em 26 de novembro de 2021, com o que veio a ser o Projeto de Lei 4.188/2021 (BRASIL, 2021a).

É pertinente ressaltar que o anteprojeto remonta a novembro de 2021, sendo que, em dezembro do mesmo ano, foram promulgadas as Emendas Constitucionais nº 113 e 114, que abordam especificamente o tema dos precatórios. A inserção do Artigo 6º-A, contudo, não constava do original. O Projeto de Lei em questão, em sua concepção primeira, almejava otimizar o acesso a garantias por meio de uma gestão especializada de bens móveis e imóveis, incumbência originalmente atribuída às Instituições Gestoras de Garantia (IGG). Todavia, o Projeto, ao transitar pelo Congresso Nacional, sofreu alterações substanciais, mantendo, contudo, sua essência quanto à regulação das garantias, inclusive se observada a inclusão do Artigo 6º-A na Lei 8.935/94 (SENADO FEDERAL).

Essa inclusão se materializou por intermédio do Parecer da Comissão de Assuntos Econômicos do Senado, por meio da Emenda 66, a qual, em conjunto com outras emendas, delineou os contornos finais da lei aprovada. (SENADO FEDERAL, 2023).

Na lista de alterações, o relator aponta que, dentre outros itens: "(...) 8) Acrescemos emenda para disciplinar a faculdade de o cidadão poder formalizar a cessão de precatórios no Cartório de Notas. (...)" (SENADO FEDERAL, 2023)

Tendo isso, percebe-se que a proposta legislativa, ao inserir essa modificação na Lei 8.935/94, o fez justamente para trazer aos Tabelionatos de Notas uma competência específica relacionada a essas cessões de precatórios.

Embora não conste do voto do Relator da Comissão de Assuntos Econômicos do Senado, a alteração legislativa também reflete a intenção de regulamentar as referidas emendas acima citadas, considerando sua recente promulgação (BRASIL, 2021b).

A Emenda Constitucional nº 113, ao promover modificações no §11 do artigo 100 da Constituição Federal, substancialmente ampliou as opções de utilização do crédito precatório, previamente limitado à aquisição de imóveis públicos. Essa revisão normativa tornou o crédito precatório mais atrativo para uma ampla gama de atores econômicos, uma vez que possibilita agora sua utilização em outras finalidades, tais como a quitação de dívidas ativas ou a realização de aquisições societárias.

Já a EC 114 estabeleceu essas possibilidades como exceções às suspensões e adiamentos previstos, conforme o artigo 107-A, §§ 5º e 6º, inserido no Ato das Disposições Constitucionais Transitórias (ADCT). Este contexto, por sua vez, contribuiu para tornar o mercado de cessão de precatórios mais dinâmico, demandando, consequentemente, uma regulamentação mais abrangente, justificando, mais uma vez, a introdução do Artigo 6º-A no ordenamento.

Adicionalmente, o §14 da EC 113 estabelece a obrigatoriedade de comunicação ao juízo e ao ente federativo quando da cessão do crédito precatório. Essa exigência, evidente, aumenta os custos de transação desses contratos, o que torna urgente a emanação das disposições contidas no Artigo 6º-A, tendo em vista que suas previsões são uma contrapartida a essa dificuldade, facilitando a observância dessa exigência constitucional e diminuindo custos de transação (AKERLOF, 1970).

E é nessa linha que o §2º se posiciona. Em conjunto com o restante do artigo, esse parágrafo é de essencial observância para que as cessões de créditos precatórios sejam facilitadas: a central ali prevista visa, exatamente, propiciar uma *due diligence* mais simples e com maior segurança jurídica, diminuindo custos de transação.

Seja porque a central fornece informações para o credor ter mais segurança na aquisição, tendo em vista que saberá exatamente de quem é aquele precatório, seja porque a centralização diminui a quantidade de atos para a formalização do negócio, inclusive dando velocidade a ele. Uma central de precatórios é, essencialmente, um mecanismo de facilitação do mercado e de suporte aos agentes envolvidos nessas transações, porque garante segurança jurídica ao mesmo tempo que acelera as negociações, diminuindo, consequentemente, os custos de transação.

O presente trabalho visa analisar as previsões do §2º do artigo 6º-A da Lei 8.935/94, discorrendo acerca da central de precatórios, nomeada pelo Conselho Nacional de Justiça como Sistema Nacional de Precatórios e Requisição de Pequeno Valor (RPV), bem como analisar o papel do notário nesse sistema, evidenciando que a lei, ao ser elaborada, pensou em um sistema que facilitasse o mercado de cessão de créditos, diminuindo custos de transação ao eleger o notário para figurar como elemento essencial nessas negociações.

1. DA CESSÃO DE PRECATÓRIOS

O crédito desempenha um papel crucial no desenvolvimento socioeconômico, influenciando a alocação de capital, a circulação de riquezas e os investimentos na produção. Ele é essencial para o acesso aos bens materiais e para satisfazer as necessidades básicas e pode assumir várias formas. Suas operações são fundamentadas na confiança e no tempo, pressupondo sempre um prazo para pagamento.

Tendo em vista essa dilação temporal, o Direito desenvolveu instrumentos para facilitar a transferência da posição do credor. Um dos principais, senão o fundamental, são os títulos de crédito. Esses negócios jurídicos são negócios jurídicos abstratos e, por isso, distanciam-se da causa obrigacional que lhe deram origem, permitindo que as partes da obrigação (credor e devedor) possam ser alteradas sem grandes empecilhos, possibilitando a circulação do próprio crédito em si, independente da relação obrigacional que o gerou.

A cessão de crédito, nesse contexto, é um instrumento vital para o funcionamento eficaz do mercado econômico, viabilizando a transferência dos direitos de um credor para um terceiro, de forma gratuita ou onerosa, tornando o próprio crédito, em si, um bem circulável.

Além disso, quando realizada de forma transparente e dentro dos parâmetros legais estabelecidos, a cessão de crédito fortalece a segurança jurídica das transações comerciais e promove o desenvolvimento econômico e social, por facilitar o crédito e, consequentemente, o acesso a bens por quem não tem, de forma imediata, capital para adquiri-los.

Quanto aos créditos precatórios especificamente, a lógica é bastante parecida. O devedor, por sua vez, é o Estado, o ente federativo. O propósito do pagamento por meio de precatórios, como é possível extrair do artigo 100 da CF, é garantir a igualdade entre os credores, impedindo, assim, qualquer forma de favorecimento em conformidade com o princípio da impessoalidade. Ainda, a sistemática permite a organização do caixa do ente federativo, com planejamento orçamentário, para arcar com essas dívidas.

Nesse contexto, o artigo 100 da Constituição Federal estabelece que após o trânsito em julgado da decisão condenatória do Poder Público ao pagamento em dinheiro, o magistrado de primeira instância, mediante requerimento do credor e com o parecer favorável do Ministério Público, deve enviar um ofício ao presidente do Tribunal para requisitar o pagamento. O valor deve ser incluído no orçamento da Entidade Pública devedora para liberação até o término do exercício financeiro.

Por esse caminho, nota-se que, por vezes, o credor do crédito precatório pode demorar a receber, tendo em vista a necessidade da capacidade financeira do ente federativo para o pagamento. É nesse ponto que a cessão de crédito precatório apresenta vantagens, pois ele possibilita um adiantamento do recebimento por parte do credor, ainda que por valor inferior.

A base jurídica do sistema de precatórios se encontra no artigo 100 da Constituição Federal, que trata acerca de cessão de precatórios em seus §§ 13 e 14.

Em verdade, a redação original não abordava do tema, foi a Emenda Constitucional nº 62, de 09 de dezembro de 2009, que alterou o teor do artigo 100 da Constituição Federal e acrescentou o referido parágrafo. Assim era a redação original dada por essa Emenda:

> "§ 13. O credor poderá ceder, total ou parcialmente, seus créditos em precatórios a terceiros, independentemente da concordância do devedor, não se aplicando ao cessionário o disposto nos §§ 2º e 3º
>
> § 14. A cessão de precatórios somente produzirá efeitos após comunicação, por meio de petição protocolizada, ao tribunal de origem e à entidade devedora." (BRASIL, 1988)

Com a Emenda Constitucional 113, a redação do § 14 ganhou novo contorno, agora apresentando o seguinte texto:

> "§ 14. A cessão de precatórios, observado o disposto no § 9º deste artigo, somente produzirá efeitos após comunicação, por meio de petição protocolizada, ao Tribunal de origem e ao ente federativo devedor." (BRASIL, 1988)

O parágrafo 13 permite que o credor ceda total ou parcialmente seus créditos em precatórios a terceiros, independentemente do consentimento do devedor. Essa disposição facilita o recebimento dos créditos pelos credores, uma vez que sem essa possibilidade muitos não receberiam os valores representados pelos precatórios durante a vida. Esses precatórios adquiridos por terceiros servem para assegurar a execução judicial e também como instrumento de proteção patrimonial (CASSIS, 2013).

A proteção patrimonial envolve o uso por empresas de precatórios judiciais de terceiros, adquiridos por meio de cessão de direitos, para liquidar suas dívidas tributárias vencidas e vincendas. Na prática, as empresas compram os precatórios por um valor abaixo do estabelecido em juízo e utilizam seu valor de face para compensar a dívida com o Fisco (CASSIS, 2013). Ainda, com a nova redação dada ao §11 do artigo 100, outras opções surgem a eventuais interessados em comprar esses créditos precatórios.

O instrumento de formalização desse negócio, por sua vez, é um contrato de cessão de crédito, regulado pelo Direito Civil (BRASIL, 2002), podendo se dar por instrumento público ou particular, e deverá ser efetivada comunicações, conforme o §14 do artigo 100 da CF.

Tendo isso, a cessão de crédito precatório é um negócio jurídico bastante relevante no cenário brasileiro, merecendo dedicado estudo. Ainda, sua forma, em tese, é livre, ou seja, pode se dar por instrumento público ou particular, desde que as comunicações previstas na Constituição sejam cumpridas.

2. DA CESSÃO DE PRECATÓRIOS POR ESCRITURA PÚBLICA

A forma do ato jurídico está para o direito assim como a linguagem está para a sociedade. Ambas, forma e linguagem, são o meio de manifestação das vontades e das liberdades da pessoa e devem ser protegidas e interpretadas com esteio na garantia da inviolabilidade da liberdade, da igualdade substancial (art. 5ª, *caput*, da Constituição Federal) e do princípio constitucional implícito da segurança jurídica.

Ademais, como nos lembra Jean-Jacques Rousseau (1781) em seu Ensaio sobre a Origem da Linguagem, há línguas que favorecem as liberdades, mas há línguas que lhe são contrárias. No Direito, a forma pública notarial é dessas línguas que favorecem a liberdade, imprimindo segurança jurídica, assegurando a igualdade substancial às partes contratantes e, assim, legitimando o próprio ordenamento jurídico; afinal, "Um bom tabellião exerce benefico influxo no destino dos povos", como já dizia Joaquim de Oliveira Machado (1904, p. 447). A cessão de precatórios, como dito acima, não possui exigência de forma pública, mas assim pode ser feita e, se assim feita, mais "liberdades" apresenta.

Segundo Antônio Junqueira de Azevedo, por forma, no direito, entende-se o "meio através do qual o agente expressa a sua vontade" (AZEVEDO, 1986, p. 145). Ou seja, forma é o meio, o canal pelo qual a vontade interna ou psíquica é levada ao mundo do direito, consubstanciando-se vontade em ato jurídico apto à produção de efeitos. Nessa linha, em uma análise escalonar dos planos do negócio jurídico, pode-se observar forma como (i) elemento de existência (sem forma, não há ato), (ii) requisito de validade (a forma deve ser prescrita ou não defesa em lei - art. 104, III, do Código Civil) e (iii) fatores de eficácia (a forma detém, no mínimo, eficácia probatória, podendo, ainda, ser instrumento constitutivo ou desconstitutivo de direitos, ou executivo) (AZEVEDO, 1986).

O Código Civil adotou o sistema consensualista ou o preceito da forma livre, em seu art. 107, pelo qual a validade da declaração não dependerá de formal especial, salvo se a lei expressamente o exigir. Assim, de ordinário, a forma pode de dar de quatro formas: escrita, falada, gestual ou decorrente mesmo do silêncio usual ou contextual de que trata o art. 111 do CC. Por outro lado, a lei obrigará o uso de forma especial, notadamente a notarial, em prol de certos valores.

Segundo a doutrina clássica, três são os motivos da forma especial: 1) levar as partes a refletirem melhor diante de situações consideravelmente graves, como o casamento; 2) reforçar a segurança jurídica do ato, pela inserção de um terceiro imparcial (e *expert* na matéria), como o tabelião; e 3) facilitar a prova. A esses motivos, na seara notarial, outros três podem ser acrescidos: 4) a necessidade de tutela do hipossuficiente; 5) a necessidade de prevenção de litígios; e 6) de modo anômala e cooperativa, a tutela preventiva específica de fraudes e crimes, em que a forma pública notarial é utilizada para auxiliar o Estado em controles vários, como o da aquisição de imóveis rurais por estrangeiros, a lavagem de dinheiro, questões ambientais e previdenciárias.

Nesse sentir, a forma pública ultrapassa o modelo contratual liberal--individualista-normatista e se torna instrumento consagrador da função social do contrato, esculpida no art. 170 da CF. A finalidade do art. 108 do CC, conforme enfatiza Carlos Roberto Gonçalves (2011), é assegurar a autenticidade dos negócios, garantir a livre manifestação da vontade, demonstrar a seriedade do ato e facilitar a sua prova.

Nesse ponto, vale lembrar que a doutrina costuma designar por "*forma ad solemnitatem*" (ou *ad substantiam*) a forma especial exigida por lei sob pena de nulidade (art. 166, IV, do CC), não sendo possível sequer provar que a finalidade da solenidade foi atingida. Já a designação de forma *ad probationem tantum* atribui-se quando a forma pública não é requisito de validade, mas a escolha por essa forma traz ao negócio jurídico valor probatório com presunção. Nessa toada, há forma pública quando o documento é elaborado ou autorizado por agente investido de função pública; se a forma pública é obrigatória, como requisito de validade, é, pois, *ad solemnitatem*, porém, se utilizada por mera faculdade das partes, tem-se uma forma *ad probationem* reforçada pela presunção de veracidade da qual, em geral, gozam os atos públicos, como ocorre com os atos notariais (art. 1º da Lei 8.935/94).

O sistema jurídico brasileiro adotou, em substância, o modelo do notariado latino, em que o Tabelião coloca-se como o juízo preventivo, consensual e assessor das partes, que capta a vontade, interpreta e a molda juridicamente, conferindo segurança, autenticidade e eficácia, com pública fé (art. 1º da L.8935/94), pelo que apenas por sentença judicial fundamentada a escritura pública poderia ser invalidada (ao passo que o instrumento particular perde sua presunção natural de veracidade pela mera impugnação - art. 427 e 428 do CPC).

No âmbito registral, deve-se lembrar, o título público (a forma pública apresentada), por gozar da presunção de fé pública, impõe ao registrador de imóveis uma análise menos extensa da exercida sobre os títulos particulares. Assim é que tudo o que o tabelião declarar ter verificado não precisar ser revisto pelo registrador, a exemplo da apresentação das certidões exigidas em lei, ou dos documentos de identificação das partes. Em sentido contrário, o título particular terá que ser revisto extensamente pelo registrador.

Dessa forma, o instrumento público dá ao negócio jurídico presunção de veracidade e presunção de validade. Evidencia-se, assim, que o preceito da forma livre deve ser lido como a forma livre adequada, isto é, as partes devem ser livres a formalizar os atos de modo que lhes sejam assegurados o efetivo exercício de suas liberdades, o que, em muitas vezes, pressupõe justamente a forma solene do notário, que deontologicamente dá segurança jurídica e assegura o princípio da igualdade substancial.

Nessa lógica, a escolha pela escritura pública se dá não por mera exigência em lei, mas porque as formalidades que contornam o serviço notarial dão ao negócio tamanha segurança jurídica que até seus custos se tornam menores.

Isso porque, ao formalizar qualquer contrato, as partes, em regra, contratam com pessoas que não conhecem, correndo, já a princípio, o risco de fraudes. Além disso, é necessário pensar no formato do instrumento, o que necessita do auxílio de um profissional do direito ou o risco de delinear uma redação com cláusulas adversas ao ordenamento. Não bastasse isso, como já exposto, a forma privada perde a presunção de veracidade assim que o negócio é contestado em juízo.

Diante desse cenário, em alguns casos, a expertise do notário em reconhecer as partes, propor um instrumento padronizado, já ter pensado juridicamente nas cláusulas previstas no contrato e ainda ofertar um instrumento que traz presunção *juris tantum* acerca da sua veracidade e validade é, de rigor, muitas vezes menos custoso do que enfrentar os riscos decorrentes do instrumento particular.

E é exatamente nesse cenário que se inserem as cessões de precatórios. Por se tratar de um negócio jurídico em que, geralmente, o cedente e o cessionário raramente se conhecem, antes de firmar o contrato é necessário a realização de grande pesquisa e análise (*due diligence*) para garantir que o objeto do contrato e as partes são, de fato, quem dizem que são e têm aquilo que dizem ter.

Além disso, esses negócios possuem como objeto um crédito que envolve o poder público e precisa, inclusive, de comunicação específica prevista constitucionalmente, o que gera, por si só, a necessidade de um instrumento muito bem elaborado juridicamente, demandando especialistas gabaritados no assunto.

Não bastassem todas essas circunstâncias, ainda há grande risco de o instrumento ser questionado em juízo, tanto porque muitas vezes se trata de altas quantias, quanto porque o envolvimento do poder público como devedor implica maior atenção quando do levantamento da quantia por quem de direito.

Tendo isso, evidente que os custos de transação advindos de um contrato particular de cessão de créditos precatórios são substancialmente altos e acabam por serem muitas vezes maiores do que os valores de emolumentos de uma escritura pública.

O serviço notarial, nesse caso, é a melhor escolha para as partes, pois o notário já propõe um instrumento padronizado, juridicamente pensado e bem estruturado, elaborado por alguém com grande expertise jurídica e que lida diariamente com isso; verifica a legitimidade das partes com grande zelo que a própria legislação lhe impõe, o que implica em diminuição de custos na realização da *due diligence*; e, ainda, entrega aos contratantes um instrumento que goza de fé pública, com presunção de veracidade e validade, diminuindo, assim, o risco de anulação ou declaração de nulidade do negócio.

Por essas questões, já resta evidente que os custos de transação de uma escritura pública em caso de cessão de crédito precatório podem ser menores do que se realizada por meio de instrumento particular, contudo, o artigo 6º-A da ei 8.935/94 trouxe mais três vantagens de se optar pela forma pública nesse caso.

A primeira consta do *caput* do artigo, que traz a possibilidade do tabelião informar ao juízo acerca da negociação existente entre as partes, caso elas assim solicitem. Dessa forma, além dos fatores acima elencados, no caso específico da cessão de crédito de precatórios as partes ainda contam com essa possibilidade, oferecida pelo tabelião.

A segunda é a previsão do §1º, que impõe ao tabelião a função de cumprir o §14º da Constituição Federal, se assim as partes solicitarem. Dessa forma, um dos atos necessários nessa negociação já é ofertada ali mesmo pelo próprio notário, inclusive facilitando a análise do juízo que, ao receber uma comunicação oficial terá que analisar com menos cautela do que quando peticionado pelas próprias partes, tendo em vista a presunção de veracidade e validade já aqui bem tratada.

Por último, o §2º dá aos notários acesso direto à central de precatórios, o que possibilita que eles ofertem ao usuário que escolha a escritura a possibilidade de uma análise prévia do crédito já no sistema, evitando fraudes. Além disso, realizada a escritura, o sistema será alimentado pelo próprio tabelião, já garantindo eficácia *erga omnes* ao negócio.

Dessa forma, a escritura pública é, por fim, a melhor opção para a cessão de precatórios na maior parte dos casos, tendo em vista que o serviço ofertado pelo tabelião nesse caso é bastante completo e acaba por reduzir consideravelmente os custos de transação.

3. O SISTEMA NACIONAL DE PRECATÓRIOS E REQUISIÇÃO DE PEQUENO VALOR (RPV) – A CENTRAL DE PRECATÓRIOS

O §2º, do artigo 6º-A, da Lei 8.935/94, veio trazer ao ordenamento a criação de uma Central de Precatórios. Nomeado como Sistema Nacional de Precatórios e Requisição de Pequeno Valor (RPV) pelo CNJ, a proposta é que se possa ter praticamente um sistema registral desses créditos e suas cessões, garantindo maior segurança jurídica a essas transações.

Vale apontar que, no final do ano de 2022, o Brasil registrou R$ 273 bilhões em dívida em precatórios, conforme indicado pelas estatísticas fornecidas pelo Conselho Nacional de Justiça. Paralelamente, observa-se um aumento notório na relevância da movimentação de ativos, o que tem impulsionado o crescimento recente do mercado de capitais, conforme acima já dito (BLASCO, 2023).

Entretanto, é no âmbito das transações cotidianas de precatórios que emergem desafios peculiares, inexistentes nas negociações de dívidas privadas. Os custos de transação, como acima delineado, são de uma grandeza desproporcional nesse tipo específico de cessão.

Além de tudo o acima já exposto, os agentes privados ainda se deparam com obstáculos significativos na validação judicial das transferências de crédito, decorrentes de uma variedade de fatores, tais como a morosidade e sobrecarga do sistema judiciário e interpretações judiciais discrepantes, sem falar na falta de sistemas transparentes e uniformizados para acesso às informações em todo o território nacional, encarecendo, portanto, a *due diligence*.

Dessa forma, percebe-se que a finalidade do artigo 6º-A é de trazer às cessões de precatórios, dentre outras coisas, o registro e a transferência imediatos do precatório, sem a necessidade de homologação judicial.

Para tanto, a existência e funcionalidade do Sistema Nacional de Precatórios e Requisição de Pequeno Valor (RPV) e a disponibilização gratuita da informação acerca da titulação do crédito para qualquer interessado são essenciais para a efetivação da proposta do legislador, reduzindo os custos de transação.

Ao analisar o artigo 6º-A como um todo, é possível perceber que ele traz dois novos mecanismos destinados a contribuir de forma significativa para a facilitação da circulação dos créditos judiciais: a comunicação notarial da transação de recebíveis e precatórios e a instauração do Sistema Nacional de Precatórios e Requisição de Pequeno Valor (RPV).

A primeira, a comunicação notarial, consiste, em suma, em um procedimento de notificação realizado pelo tabelião ao tribunal competente, comunicando a suposta transação entre partes específicas de um crédito reconhecido em sentença definitiva ou precatório.

Por sua vez, a implementação do Sistema Nacional de Precatórios e Requisição de Pequeno Valor (RPV), conforme estipulado no §2º da referida disposição, ficou a cargo do Conselho Nacional de Justiça (CNJ), que ainda irá estabelecer os parâmetros de interoperabilidade sistêmica.

Tal medida visa facilitar a troca de informações sobre precatórios e transferências entre as serventias e os respectivos tribunais. Uma vez estabelecida essa regulamentação, antevê-se que o processo de comunicação e a formalização das escrituras ocorrerão de maneira mais eficiente e simplificada, reduzindo, mais uma vez, os custos de transação.

A sistemática dessa central de precatórios tem o condão de simplificar, e muito, as transações atinentes à cessão de precatórios. A implementação desses novos mecanismos é esperada para promover a redução dos custos e do tempo associados aos procedimentos de *due diligence*, eliminar despesas relacionadas ao registro em sistemas paralelos, fornecer previsibilidade quanto à eficácia das transferências e uniformizar as informações em âmbito nacional, além de possibilitar uma velocidade muito maior ao registro e comunicação ao juízo acerca dessas transações, inclusive no que tange à comunicação prevista no §1º do artigo 6º-A, que deve ser feita em três dias, mas que o prazo deixará de ser necessário quando o Sistema Nacional de Precatórios e Requisição de Pequeno Valor (RPV) for implementado.

Recentemente, o CNJ promoveu um encontro envolvendo representantes técnicos dos sistemas de precatórios de diversos tribunais, com o intuito de colaborar na elaboração do referido sistema nacional. Realizado no final de janeiro, este *workshop* contou com a participação de indivíduos provenientes do Tribunal Regional Federal da 1ª Região (TRF-1), do Tribunal Regional do Trabalho da 8ª Região (TRT-8), do Tribunal de Justiça do Maranhão (TJMA) e do Programa das Nações Unidas para o Desenvolvimento (Pnud), que é parceiro do CNJ no programa Justiça 4.0. A iniciativa tem como objetivo central desenvolver o Sistema Nacional de Precatórios e Requisição de Pequeno Valor (RPV) mediante a contribuição dos tribunais, especialmente aqueles que já possuem sistemas consolidados de gestão de precatórios (CONSELHO NACIONAL DE JUSTIÇA, 2024).

Vale apontar, entretanto, que todos os setores ainda estão se desenvolvendo nesse assunto. Os sistemas locais parecem também ainda se apresentarem de forma incipiente. Quanto ao TRF-1, por exemplo, que esteve na reunião com o CNJ, ao adentrar ao *site* do Tribunal é possível perceber que seu sistema, aparentemente, ainda não permite registrar uma cessão de precatório ou mesmo realizar uma pesquisa com ferramentas de buscas diretamente. (JUSTIÇA FEDERAL) O mesmo é possível se verificar quanto ao sistema do Tribunal de Justiça do Maranhão (Estado do Maranhão).

Já o TRT-8 apresenta uma plataforma mais consistente com a proposta de um sistema. Ao entrar em seu *site*, há três *links* que transferem o usuário para uma página do PJe (plataforma em que tramitam os processos naquele Tribunal). Lá é possível escolher o ente federativo por meio de um seletor e, então, escolhido o ente, o sistema gera a lista, em ordem de pagamento e com vários dados (Justiça do Trabalho. TRT da 8ª Região (PA/AP)).

De rigor que cada um dos tribunais do país já possui, em alguma medida, uma sistemática para lidar com os precatórios sob sua competência, mas ainda há um longo caminho a percorrer até que um sistema como o previsto no §2º do artigo 6º-A se concretize.

O Tribunal de Justiça de São Paulo, a exemplo, ainda não conta com um sistema que viabilizasse um registro imediato de cessões de precatórios. Contudo, o assunto não está esquecido, tendo o Tribunal envidado esforços para melhor desenvolver seu sistema.

Nessa linha, no último dia 06 de março de 2024, o TJSP disponibilizou no Diário Oficial o Comunicado 128/2023 tratando justamente da cessão de precatórios e continha o seguinte teor:

> "COMUNICADO CONJUNTO Nº 128/2023
>
> (Processo CPA nº 2023/12987)
>
> A Presidência do Tribunal de Justiça do Estado de São Paulo e a Corregedoria Geral da Justiça, considerando o estabelecido na Resolução CNJ 303/2019 (artigos 42, 43 e 44), COMUNICAM aos Senhores Magistrados, Advogados, Defensores Públicos, Procuradores Federais, Estaduais e Municipais, Promotores de Justiça, Dirigentes e Servidores das Unidades Judiciais da Primeira Instância

(área cível em geral e em especial Fazenda Pública) que, disponibilizada nova funcionalidade no sistema SAJ/PG5 e Portal e-SAJ, para o peticionamento eletrônico estruturado de pedido de registro de Cessão de Crédito de Precatórios e comunicação automatizada à DEPRE, conforme segue:

I – DISPOSIÇÕES GERAIS

1) A funcionalidade estará disponível, inicialmente, para a comunicação da cessão de crédito de precatórios individualizados, em que o peticionamento do requisitório foi realizado a partir de JULHO/2019 e desde que não tenha sido comunicada outra cessão de crédito do mesmo credor originário pelo peticionamento eletrônico convencional (ou seja, deve tratar-se de primeira cessão, constando como cedente o credor original do precatório), e seguirá o seguinte procedimento:

a) Deverá ser realizada no Portal do Tribunal de Justiça, no peticionamento eletrônico de primeiro grau, item "Petição Intermediária de 1° Grau para Requisitórios", utilizando exclusivamente o novo tipo de petição Cessão de Crédito de Precatórios código 8924, que contempla os campos necessários, documentos obrigatórios e a configuração para o devido andamento do pleito;

b) O peticionamento intermediário estruturado da Cessão de Crédito deverá ser dirigido ao incidente de precatório ou RPV onde houver a requisição de valores para a parte cedente.

2) O peticionamento intermediário estruturado gerará, automaticamente, pendência na DEPRE para conhecimento da cessão de crédito em análise (pendente).

3) Para os precatórios que foram iniciados em fase anterior à individualização do precatório (anterior a Julho de 2019) ou que já tenha cessão de crédito comunicada pelo peticionamento eletrônico convencional permanece, por enquanto, o peticionamento eletrônico utilizando o tipo de petição intermediária Código 9391-Cessão de Crédito de Requisitórios.

II – PROCEDIMENTOS DAS UNIDADES CARTORÁRIAS

1) Implantada a funcionalidade de peticionamento eletrônico de Cessão de Crédito, a Unidade Judicial observará os pedidos na fila "Ag análise de Cessão de Crédito/Hab de Herdeiros".

2) Eventuais erros de preenchimento do peticionante poderão ser corrigidos nas abas TABELA e Formulário da Tela de Cadastro de Cessão de Crédito do menu Requisitórios.

> 3) Para possibilitar a alteração do status (pendente, aprovada, distrato e anulação) da Cessão de Crédito comunicada pela nova funcionalidade, a Unidade Judicial deverá utilizar os seguintes modelos institucionais de certidão:
>
> (...)
>
> 4) Com a expedição de uma das certidões do quadro acima a unidade judicial alterará o status da cessão de crédito no histórico e informações das Cessões de Crédito que será realizado nas abas TABELA e Formulário da Tela de Cadastro de Cessão de Crédito do menu Requisitórios.
>
> 5) Após a alteração do status da Cessão de Crédito deverá expedir o respectivo ofício de comunicação à DEPRE:
>
> (...)
>
> 6) Para comunicação à DEPRE de Cessões de Crédito anteriores a JULHO/2019, permanecerá o procedimento de expedição do ofício Código 503881, nos termos do item 4 do Comunicado Conjunto 1456/2017.
>
> (...)" (TRIBUNAL DE JUSTIÇA DO ESTADO DE SÃO PAULO)

Pelo seu conteúdo, percebe-se do comunicado dois pontos: (i) o sistema da Diretoria de Execução de Precatórios aparentemente ainda se comunica com as unidades judiciais por meio de ofício e não diretamente em um sistema; e (ii) a lógica do sistema de precatórios do TJSP ainda não incorporou a presença do notário.

Nessa toada, ainda serão necessários numerosos passos até que a proposta de um Sistema Nacional, conforme previsto no §2º do artigo 6º-A, concretize-se.

A ideia é que o advento do novo Sistema proposto estabeleça uma plataforma eletrônica de acesso remoto pela internet, disponível para cadastramento por parte de qualquer indivíduo interessado. A finalidade principal seria a identificação e registro de precatórios emitidos em todo o território nacional por diversos tribunais, a atualização em tempo real dos beneficiários de cada precatório, o monitoramento das comunicações notariais em vigor e o registro das cessões de precatórios efetuadas. Ademais, o Sistema teria a capacidade de receber informações acerca das cessões realizadas mediante atos notariais, os quais serão comunicados e integrados ao sistema por meio de programas computacionais interconectados.

Para tanto, além de contar com a participação dos tribunais, muito provável que o Conselho Nacional de Justiça invoque a participação dos notários nesse debate.

A primeiro porque o dispositivo legal que implica na implantação desse Sistema está incluso dentro de diploma legal que tem como objeto o serviço extrajudicial, que é a Lei 8.935/94. Evidente que a escolha do legislador em posicionar a criação desse sistema nesse diploma não foi ao acaso e, portanto, não poderá o Sistema nascer à revelia do notariado.

Outro fator relevante é que há muito a categoria notarial tem estado na vanguarda do desenvolvimento de sistemas informatizados para melhor atender o cidadão. O E-notariado, por exemplo, é uma plataforma desenvolvida pelo Colégio Notarial do Brasil e realiza atividades de altíssima complexidade, como a emissão do certificado digital notarizado, que exige um elaborado sistema informático para existir. Assim, o *know-how* acerca dessa plataforma seria ímpar para auxiliar no desenvolvimento da central de precatórios (COLÉGIO NOTARIAL DO BRASIL).

Tendo isso, a elaboração do Sistema Nacional de Precatórios e Requisição de Pequeno Valor (RPV) será de grande valia para a diminuição dos custos de transação e consequente maior dinamização das cessões de precatórios, contudo ainda há muitos passos até que um sistema eficiente fique disponível ao cidadão e, ainda, será indispensável a participação dos notários nesse processo, tendo em vista sua relevância na lógica projetada pelo legislador para esse Sistema.

CONCLUSÃO

A Lei 8.935/94 ganhou um novo artigo com a Lei 14.711/23: o artigo 6º-A. Nele duas grandes modificações acerca da cessão de precatórios foram inseridas: a possibilidade de o notário realizar as comunicações necessárias previstas no §14, do artigo 100, da Constituição Federal; e a determinação da criação de um sistema nacional unificado, uma central.

É importante ressaltar que a cessão de precatórios tem se tornado um negócio jurídico cada dia mais relevante no mercado brasileiro, pois a dívida precatorizada dos entes federados se apresenta em grande monta e essa é uma excelente saída para que o credor receba algum valor ainda em vida. Além disso, as novas previsões do §11, do artigo 100, da Constituição Federal aumentam as possibilidades do uso dos créditos desses precatórios, o que eleva o número de interessados em adquiri-los.

Nesse cenário, a inclusão do notário como personagem central na cessão de precatórios advém como uma solução bem formulada aos grandes custos de transação que esse complexo negócio exige. Os custos da cessão de crédito precatória são bastante grandes, pois incluem grandes riscos, relações entre partes completamente desconhecidas e necessária implicação do poder público. Todas essas questões são facilmente minimizadas ao se optar pelo auxílio do notário, que por meio de uma escritura pública consegue contornar, ou ao menos amenizar, essas questões.

Além disso, com as novidades trazidas pelo 6º-A da Lei 8.93/94, o serviço notarial quanto à cessão de precatórios passou a ser ainda mais completo, pois além de oferecer todas as vantagens que existem na realização de um negócio jurídico por meio de escritura, o usuário ainda poderá contar com o serviço notarial para realizar a comunicação prevista no §14, do artigo 100, da CF, além de também contar com a possibilidade de comunicação da possível cessão já na fase de negociação.

Não bastasse isso, a implantação do Sistema Nacional de Precatórios e Requisição de Pequeno Valor (RPV) permitirá que a cessão realizada por escritura pública seja automaticamente inserida, pelo próprio tabelião, no referido sistema, diminuindo esperas e riscos de aguardar por uma homologação judicial. Ainda que o Sistema demore a ser implantado, evidente que sua existência trará facilitações que, substancialmente, reduzem custos de transação.

A criação desse sistema, por sua vez, ficou a cargo do CNJ, que poderá contar com os tribunais que já possuem sistemas operantes para tanto, mas contará principalmente com os próprios tabeliães, que são, nesse sistema, colocados pelo legislador como elementos centrais, tendo em vista a escolha pelo diploma legal a ser modificado (a Lei 8.935/94). Além disso, os notários são reconhecidos no cenário nacional por trazer inovações tecnológicas, estando na vanguarda da elaboração de soluções digitais em questões jurídicas.

Dessa forma, o novo artigo 6º-A da Lei 8.935/94 tem o condão de colocar o notário na centralidade do sistema de cessão de precatórios, reduzindo custos de transação ao fazer isso e, principalmente, inovando ao trazer a determinação da implantação de uma central de precatórios, que será o Sistema Nacional de Precatórios e Requisição de Pequeno Valor (RPV), medida que será de grande valia para a dinamização desses negócios e, consequentemente, instrumento essencial para a redução dos custos de transação.

REFERÊNCIAS BIBLIOGRÁFICAS

AKERLOF, George A. The Market for "Lemons": Quality Uncertainty and the Market Mechanism. *The Quarterly Journal of Economics*, vol. 84, Nº. 3, ago, 1970, pp. 488-500.

AZEVEDO, Antônio Junqueira de. *Negócio Jurídico*: existência, validade e eficácia. 2ª ed. São Paulo: Saraiva, 1986.

Bem-vindo ao serviço notarial do século XXI. *Colégio Notarial do Brasil*. Disponível em: https://www.e-notariado.org.br/ Acesso em: 04 de março de 2024.

BLASCO, Fernando. Marco Legal das Garantias: o que muda na venda de precatórios? *Estadão*, 23 de novembro de 2023. Disponível em: https://www.estadao.com.br/politica/blog-do-fausto-macedo/marco-legal-das-garantias-o-que-muda-na-venda-de-precatorios/ Acesso em: 22 de fevereiro de 2024.

BRASIL. *Constituição Federal*, 25 de outubro de 1988. Disponível em: https://www.planalto.gov.br/ccivil_03/constituicao/constituicao.htm. Acesso em: 22 de fevereiro de 2024.

______. *Emenda Constitucional Nº 113, de 8 de dezembro de 2021*. Altera a Constituição Federal e o Ato das Disposições Constitucionais Transitórias para estabelecer o novo regime de pagamentos de precatórios, modificar normas relativas ao Novo Regime Fiscal e autorizar o parcelamento de débitos previdenciários dos Municípios; e dá outras providências. Brasília, DF: Presidência da República Disponível em: https://www.planalto.gov.br/ccivil_03/constituicao/emendas/emc/emc113.htm Acesso em: 22 de fevereiro de 2024.

______. *Emenda Constitucional Nº 114, de 16 de dezembro de 2021*. Altera a Constituição Federal e o Ato das Disposições Constitucionais Transitórias para estabelecer o novo regime de pagamentos de precatórios, modificar normas relativas ao Novo Regime Fiscal e autorizar o parcelamento de débitos previdenciários dos Municípios; e dá outras providências. Brasília, DF: Presidência da República Disponível em: https://www.planalto.gov.br/ccivil_03/constituicao/emendas/emc/emc114.htm Acesso em: 22 de fevereiro de 2024.

______. *Lei 8.935 de 18 de novembro de 1994*. Regulamenta o art. 236 da Constituição Federal, dispondo sobre serviços notariais e de registro. (Lei dos cartórios). Brasília, DF: Presidência da República. Disponível em:

https://www.planalto.gov.br/ccivil_03/leis/l8935.htm. Acesso em: 22 de fevereiro de 2024.

______. *Lei 10.406, 10 de janeiro de 2002*. Institui o Código Civil. Brasília, DF: Presidência da República. Disponível em: https://www.planalto.gov.br/ccivil_03/leis/2002/l10406compilada.htm. Acesso em: 04 de março de 2023.

______. *Lei 13.105 de 16 de março de 2015*. Dispõe sobre o Código de Processo Civil. Brasília, DF: Presidência da República. Disponível em: https://www.planalto.gov.br/ccivil_03/_ato2015-2018/2015/lei/l13105.htm . Acesso em: 04 de março de 2023.

______. *Lei Nº 14.711, de 30 de outubro de 2023*. Dispõe sobre o aprimoramento das regras de garantia, a execução extrajudicial de créditos garantidos por hipoteca, a execução extrajudicial de garantia imobiliária em concurso de credores, o procedimento de busca e apreensão extrajudicial de bens móveis em caso de inadimplemento de contrato de alienação fiduciária, o resgate antecipado de Letra Financeira, a alíquota de imposto de renda sobre rendimentos no caso de fundos de investimento em participações qualificados que envolvam titulares de cotas com residência ou domicílio no exterior e o procedimento de emissão de debêntures; altera as Leis nºs 9.514, de 20 de novembro de 1997, 10.406, de 10 de janeiro de 2002 (Código Civil), 13.476, de 28 de agosto de 2017, 6.015, de 31 de dezembro de 1973 (Lei de Registros Públicos), 6.766, de 19 de dezembro de 1979, 13.105, de 16 de março de 2015 (Código de Processo Civil), 9.492, de 10 de setembro de 1997, 8.935, de 18 de novembro de 1994, 12.249, de 11 de junho de 2010, 14.113, de 25 de dezembro de 2020, 11.312, de 27 de junho de 2006, 6.404, de 15 de dezembro de 1976, e 14.382, de 27 de junho de 2022, e o Decreto-Lei nº 911, de 1º de outubro de 1969; e revoga dispositivos dos Decretos-Lei nºs 70, de 21 de novembro de 1966, e 73, de 21 de novembro de 1966. Brasília, DF: Presidência da República. Disponível em:

https://www.planalto.gov.br/ccivil_03/_ato2023-2026/2023/lei/l14711.htm. Acesso em: 05 de março de 2024.

______. *Projeto de Lei 4.188/2021*. Dispõe sobre o aprimoramento das regras de garantia, a execução extrajudicial de créditos garantidos por hipoteca, a execução extrajudicial de garantia imobiliária em concurso de credores, o procedimento de busca e apreensão extrajudicial de bens móveis em caso de inadimplemento de contrato de alienação fiduciária, o resgate antecipado de Letra Financeira, a alíquota de imposto de renda sobre rendimentos no caso de fundos de investimento em participações qualificados que envolvam titulares de cotas com residência ou domicílio no exterior e o procedimento de emissão de debêntures; altera as Leis nºs 9.514, de 20 de novembro de 1997, 10.406, de 10 de janeiro de 2002 (Código Civil), 13.476, de 28 de agosto de 2017, 6.015, de 31 de dezembro de 1973 (Lei de Registros Públicos), 6.766, de 19 de dezembro de 1979, 13.105, de 16 de março de 2015 (Código de Processo Civil), 9.492, de 10 de setembro de 1997, 8.935, de 18 de novembro de 1994, 12.249, de 11 de junho de 2010, 14.113, de 25 de dezembro de 2020, 11.312, de 27 de junho de 2006, 6.404, de 15 de dezembro de 1976, e 14.382, de 27 de junho de 2022, e o Decreto-Lei nº 911, de 1º de outubro de 1969; e revoga dispositivos dos Decretos-Lei nºs 70, de 21 de novembro de 1966, e 73, de 21 de novembro de 1966. Disponível em: https://www.camara.leg.br/proposicoesWeb/prop_mostrarintegra?codteor=2112509 Acesso em: 22 de fevereiro de 2024.

CASSIS, Eduardo Bichir. *Revisão Judicial de Contrato de Cessão de Crédito Decorrente de Precatórios*. 2013. Dissertação (Mestrado em Direito). Programa de Estudos Pós-Graduados em Direito, Pontifícia Universidade Católica, São Paulo, 2013.

GONÇALVES, Carlos Roberto. *Direito Civil Brasileiro*, Vol. I. 6ª ed. São Paulo: Saraiva, 2011.

Justiça do Trabalho. TRT da 8ª Região (PA/AP). Disponível em: https://www.trt8.jus.br/precatorios Acesso em: 04 de março de 2024.

JUSTIÇA FEDERAL. Disponível em: https://portal.trf1.jus.br/portaltrf1/processual/rpv-e-precatorios/rpv-e-precatorios.htm Acesso em: 04 de março de 2024.

MACHADO, Joaquim de Oliveira. *NOVÍSSIMA GUIA PRATICA DOS TABELLIÃES ou O NOTARIATO NO BRAZIL e a necessidade de sua reforma*. 2ª ed. Rio de Janeiro/Paris: H. Garnier, 1904.

PODER JUDICIÁRIO / PREC. *Estado do Maranhão*. Disponível em: https://www.tjma.jus.br/midia/prec/pagina/hotsite/500708 Acesso em: 04 de março de 2024.

ROUSSEAU, Jean-Jacques. *Essai sur L'origine des Langues, ou il est parle de la Mélodie & de l'imitation Musicale*. 1781. Disponível em: https://www.rousseauonline.ch/Text/essai-sur-l-origine-des-langues.php Acesso em: 04 de março de 2024.

Projeto de Lei nº 4188, de 2021. *Senado Federal*. Disponível em: https://www25.senado.leg.br/web/atividade/materias/-/materia/154430 Acesso em: 22 de fevereiro de 2024.

SENADO FEDERAL. PARECER (SF) Nº 44, DE 2023. Disponível em: https://legis.senado.leg.br/sdleg-getter/documento?dm=9404193&ts=1708028331169&disposition=inline&ts=1708028331169&_gl=1*3t5fw6*_ga*OTg2MDcyMzIxLjE2ODQ3NTc2MDg.*_ga_CW3ZH25XMK*MTcwODYwODkzNy4zLjEuMTcwODYxOTE5OS4wLjAuMA..#Emenda20 Acesso em: 22 de fevereiro de 2024.

Sistema Nacional de Precatórios será desenvolvido com apoio de tribunais. *Conselho Nacional de Justiça*, 23 de janeiro de 2024. Disponível em: https://www.cnj.jus.br/sistema-nacional-de-precatorios-do-cnj-sera-desenvolvido-de-forma-colaborativa-com-tribunais/ Acesso em: 22 de fevereiro de 2024.

TRIBUNAL DE JUSTIÇA DO ESTADO DE SÃO PAULO. Comunicado Conjunto Nº 128/2023. São Paulo, 2024. Disponível em: https://www.tjsp.jus.br/Corregedoria/Comunicados/Comunicado?codigoComunicado=35589&pagina=4 Acesso em: 04 de março de 2024.

19

ATA NOTARIAL DE CONSTATAÇÃO DA FRUSTRAÇÃO OU DA IMPLEMENTAÇÃO DE CONDIÇÕES CONTRATUAIS

Paulo Roberto Gaiger Ferreira

26º Tabelião de Notas de São Paulo. Graduado em Direito e Jornalismo, é especialista em Direito Empresarial e em Direito Notarial (Universidade de Salamanca). Autor de livros sobre Direito Notarial, dentre eles Ata Notarial como Meio de Prova e Tabelionato de Notas, Coleção Cartórios. Escritor e roteirista. É membro da Academia Notarial Brasileira e Conselheiro da União Internacional do Notariado. Foi presidente do Colégio Notarial do Brasil, Conselho Federal, no triênio 2016-2019.

A Lei n º 14.711/23, a Lei de Garantias, foi generosa com o Notariado brasileiro, afirmando inéditas atribuições e reforçando outras.

Brevemente, elencamos:

1. Inclui na Lei 8.935/94 o art. 7º-A e nele se reforça a possibilidade de o notário operar nas áreas de conciliação e mediação, atribuição já prevista na Lei 13.140/2015, art. 42;
2. No mesmo art. 7º-A, inc. III, se reforça a possibilidade de o tabelião atuar como árbitro, reforçando o disposto na Lei de Arbitragem (Lei 9.307/96, art. 13);

3. Cria uma ata notarial de arrematação para os autos do leilão e o processo de execução extrajudicial dos créditos garantidos por hipoteca (art. 9º, § 11, da Lei n. 14.711/2023);
4. Inclui na Lei 8.935/94 o art. 6º-A, criando uma interoperabilidade entre os tabeliães chamados a lavrarem escrituras de cessão de precatórios e os juízos que os fixaram por sentença;
5. A conta *Escrow*, instituto oriundo do direito anglo-saxão para garantir o implemento recíproco das obrigações de cada parte contratual, é introduzida em nosso ordenamento, com a possibilidade inserida no art. 7º-A, § 1º, da Lei 8.935/94, o que, nos parece, pode ser feito por ata notarial ou no seio da escritura pública que formalizar o negócio;
6. Também na Lei 8.935/94, no art. 7º-A, inc. I e § 2º, há a especificação de uma ata notarial para atestar o implemento ou a frustração de condições e outros elementos negociais.

Veremos, a seguir, esta última inovação, a ata notarial de constatação da implementação ou da frustração de condições contratuais. Começamos pelo conceito e evolução do instrumento e, ao final, elencaremos algumas possibilidades de uso desta ata.

NATUREZA JURÍDICA DOS INSTRUMENTOS NOTARIAIS

É importante identificar, em primeiro lugar a natureza jurídica dos instrumentos notariais, que são apenas duas: a) ata notarial; e b) escritura pública.

A ata notarial, na lapidar definição do CPC/2015 é o documento notarial destinado a atestar a existência e o modo de existir de algum fato.[1]

A lei não dispõe sobre os requisitos da ata notarial, exceto de que necessita de um solicitante. À mingua disso, os tabeliães orientam-se pelo disposto no Código Civil, art. 215, que indica os requisitos para as

1. CPC, art. 384.

escrituras públicas. A adaptação deve ser feita com moderação e técnica, pois são atos bem distintos.[2]

A escritura pública é o instrumento notarial que formaliza juridicamente a vontade das partes nos atos e negócios jurídicos em que se exija, ou que as partes queiram, a forma pública.[3]

Resumidamente, as duas principais distinções entre ata e escritura são: a) a ata contém uma narrativa do tabelião sobre a constatação de um fato; a escritura formaliza um ato ou negócio jurídico; b) a ata pode constatar ilícitos enquanto a escritura jamais pode ter por objeto ato ou negócio ilícito.[4]

As atas notariais são classificadas segundo o seu objeto em:

1. Atas *lato sensu* de verificação de qualquer fato

1.1. Atas de verificação documental: 1.1.1) Auto de aprovação do testamento cerrado; 1.1.2) Intimação do protesto; 1.1.3) Instrumento do protesto; 1.1.4) Pública-forma; 1.1.5) Autenticação de cópia documental; e a nova 1.1.6) Ata de arrematação.

1.2. Atas de autenticação pessoal: 1.2.1) Reconhecimento de firma autêntico; 1.2.2) Reconhecimento de firma por semelhança; 1.2.3) Reconhecimento de firma por abono; 1.2.4) Reconhecimento de sinal ou chancela mecânica; 1.2.5) Ata de caracteres pessoais.

1.3. Atas imobiliárias: 1.3.1) Ata para usucapião; 1.3.2) Ata para adjudicação; e a nova 1.3.3) Ata de recebimento do valor e entrega da posse (*Escrow*).

1.4. Atas de ocorrência ou frustração das condições negociais;

2. Não há como, por exemplo, qualificar as partes intervenientes que se recusarem a ser identificadas.

3. Lei 8.935/94, art. 6º, incs. I e II.

4. Ferreira e Rodrigues. Ata Notarial – Doutrina, prática e meio de prova. São Paulo: Ed. JusPodium, 4ª ed., 2023, p. 151.

1.5. Atas de constatação de todo e qualquer fato, conforme solicitado.[5]

Uma observação importante sobre a classificação acima, com certa polêmica. Quantas atas novas a Lei 14.711/23 criou? Seriam duas, a ata de arrematação (art. 9º, § 11) e a ata de ocorrência ou frustração das condições negociais (art. 7º-A, inc. I e §§ 1º e 2º)? Ou três, destacando-se a ata de (constatação) do recebimento do preço e entrega da posse (*Escrow*, art. 7º-A, § 1º)?

Defendemos que são três, as novidades. Parece-nos que a lei especializou a ata de *Escrow*, cuidando de dar-lhe até mesmo um rito básico (§ 1º).

Por outro lado, a ata de ocorrência ou frustração das condições negociais parece ser um canivete suíço, uma ferramenta de mil utilidades posta à disposição da comunidade jurídica para constatar fatos, fazer prova e, com isso, desobstruir, no que for possível, o Poder Judiciário.

A QUEBRA DE UM PARADIGMA: O WYSIWYG SEGUE, MAS SERÁ MENOR

Em nossa obra,[6] sugerimos muitas técnicas para a redação das atas notariais, duas deles expomos a seguir.

A primeira delas é agir segundo o acrônimo WYSIWYG, de *What You See Is What You Get*,[7] e além de ver, também ouvir, cheirar, tocar e sentir, em suma, usar todos os sentidos para apreender a realidade que o tabelião está a constatar.

A segunda técnica explora o lide jornalístico, que guarda boa semelhança não só com a ata, mas com a construção de textos jurídicos. Quem, o quê, onde, quando, como e, possivelmente, o porquê.

5. Destaco aqui as atas de fatos digitais, como a verificação de sites ou mensagens eletrônicas, e as atas de direito de família, como as constatações de adultério, violência doméstica ou abuso infantil.

6. Ata Notarial, Doutrina, prática e meio de prova.

7. Wysiwyg é uma frase aplicada aos processadores e editores de texto, como, por exemplo, HTML, que possibilitam escrever um documento digital mostrando diretamente o resultado, como se estivesse impresso.

Quem envolve a indicação das partes, no caso da ata, o solicitante ou requerente e eventuais terceiros participantes da constatação. *Onde* é a indicação do lugar, ou lugares, do fato. *Quando* é o momento ou sequência de momentos em que a ação transcorre. *Como* indica o modo como ocorre a verificação e os fatos. Finalmente, o *Porquê* teria um peso menor, pois não toca ao tabelião, na constatação dar as razões pelas quais o solicitante e terceiros operam, bastaria descrevê-las.

O porquê costumava estar implícito nas atas notariais. "Quero a aprovação de um testamento cerrado?", claro, porque não quero revelar em vida algum segredo que precisar aparecer após a minha morte. "Quero constatar o recebimento da intimação do protesto?", claro, porque quero receber o pagamento no tríduo ou ter a ata de protesto para os efeitos legais. Ou, final exemplo, "Verifique as mensagens deste celular", posto que elas indicam uma profanação de meu direito e quero tomar a ação cabível.

O porquê estava condenado ao oculto. Dizia-se, "Não, a ata não terá jamais um juízo de valor".[8] Simplificava-se um instrumento que tinha em suas nuances o juízo. Há qualificação valorativa no protesto do título cambial após o terceiro dia: após constatar dois fatos, um positivo, o recebimento da intimação, outro negativo, a ausência de pagamento e, logo, concluir (valorar), e lavrar o instrumento do protesto. Há também no singelo reconhecimento de firma por semelhança, quando em duas verificações, o cotejo gráfico com o cartão depositado e uma variada qualificação do documento (objetiva, buscando encontrar indícios de falsidade material, e subjetiva, avaliando se o documento não contém ilícito ou lhe falta algum caráter indispensável) e, logo, concluir (valorar), e lavrar a ata de autenticação.

Na simplificação do "sem juízo de valor", estivemos alheios até mesmo aos documentos históricos. A ata de descobrimento da América, de lavra do notário Rodrigo de Escobedo, uma verdadeira ata de posse *ad usucapionem*, na qual o notário ouviu as declarações de Cristóvão Colombo para que a ata servisse de título constitutivo para estabelecer a soberania

8. Nós mesmos assim dissemos, em Ata Notarial, Doutrina, prática e meio de prova, 1ª.ed., em 2010. Também, Leonardo Brandelli, em Teoria Geral do Direito Notarial, Saraiva Ed., 2011.

daquele terreno, a América, para a rainha de Castela e o rei de Aragão, financiadores da expedição.[9]

Foram justamente as atas imobiliárias que mudaram tudo, reverteram a percepção de que as atas não devem conter juízo de valor.

O que se requer numa ata para a usucapião é justamente o juízo de valor do tabelião para que ele ateste a posse mansa e pacífica, prolongada e ininterrupta, avaliando diversos outros aspectos como, por exemplo, a interrupção da prescrição, ou a posse *ad sucesiones*, etc.

Não há WYSIWYG nas atas imobiliárias; o tabelião não tem como verificar 5, 10, 15 anos de posse.

A ata de usucapião transformou o notário em investigador. Ele deve avaliar o conjunto probatório, documental, declarações, verificação *in loco*, e o que mais entender necessário para convencer-se da presença dos requisitos legais para a aquisição da propriedade por usucapião. Se o juízo for positivo, documenta todo o processo e conclui reconhecendo que estão presentes todos os requisitos legais para a usucapião pretendida atestando este fato.[10]

Convencido disso, ele deve lavrar um documento minucioso, técnico e objetivo com uma só finalidade: convencer o registrador de que ele acertou em seu **juízo de valor** e, portanto, as partes têm direito ao registro da propriedade.

A ata de adjudicação compulsória, introduzida pela Lei nº 14.382/2022, impõe a mesma avaliação, criando um rito de verificação documental e convocação da parte inadimplente para a outorga da escritura ou, não havendo a presença, a lavratura da ata para a obtenção da adjudicação pelo oficial de registro de imóveis.

---

9. Do Diário de bordo de Cristovão Colombo: "El Almirante llamó (...) a Rodrigo de Escobedo, escribano de toda la armada y a Rodrigo Sánchez de Segovia, y dijo que le diesen por fe y testimonio como él por ante todos tomaba, como de hecho tomó, posesión de la dicha Isla por el Rey y por la Reina sus señores, haciendo las protestaciones que se requerían, como más largo se contiene en los dos testimonios que allí se hicieron por escrito."

10. O notário atesta que a posse ocorre há 10 anos, por exemplo, sem ter presenciado esta posse. Há uma dedução lógica, escorada em juízo de valor.

Em ambas há uma qualificação jurídica notarial complexa e a provocação de ações do tabelião tendentes a investigar e convencer-se a atestar a existência dos requisitos legais tendentes à obtenção do direito.

A partir da objetividade técnica, o tabelião é obrigado a uma conclusão subjetiva: esta pessoa, de fato, mora aqui há 30 anos? Eu devo atestar isso ou não estou convencido?

Estas atas são autenticatórias no sentido de proverem uma autorização estatal, a qual o tabelião fornece com a fé pública, como um sacramento.

Quebrou-se o paradigma: algumas atas têm, sim, juízo de valor. Por isso, *data máxima vênia*, com respeito às opiniões já publicadas[11][12], é fundamental para o trato da nova ata de ocorrência ou frustração das condições negociais, alinharmos a premissa da indispensável qualificação jurídica e juízo de valor do tabelião nesses atos que configuram uma evolução da ata notarial.

PRIMÓRDIOS E VIABILIDADE DA ATA DE CONSTATAÇÃO DO IMPLEMENTO OU FRUSTRAÇÃO DE CONDIÇÕES NEGOCIAIS

A possibilidade da lavratura de atas é ampla, sem limite de objeto, exceto quanto aos atos privativos do tabelião de protestos e do oficial de registro de títulos e documentos, cuja competência é exclusiva.

Antes mesmo da previsão expressa da Lei de Garantias, já seria possível lavrar uma ata com este objeto, o de constatar o implemento de uma condição ou a sua frustração.[13]

O advento da expressa previsão legal demonstra a *mens legis* de provocar a desjudicialização de muitos eventos probatórios que são usualmente

---

11. Ivan Jacopetti do Lago, *In* https://www.migalhas.com.br/coluna/migalhas-notariais-e-registrais/399099/a-ata-notarial-deconstatacao-do-implemento-das-condicoes. Acesso em 24.01.2024, às 15h07.

12. Alexandre Junqueira Gomide, *in https://www.migalhas.com.br/coluna/migalhas-notariais-e--registrais/399099/a-ata-notarial-deconstatacao-do-implemento-das-condicoes.* Acesso em 24.01.2024, às 15h08.

13. Como exemplo, a ata de certificação de documentos, quando prevíamos a possibilidade de o tabelião verificar "uma cláusula específica de um contrato", *in* Tabelionato de Notas, 6ª. ed., pag. 195.

processados perante os juízes. Busca-se a sinapse probatória, oferecendo às partes uma ferramenta cujo efeito será acelerar o processo e permitir que os juízes estejam focados no julgamento da ação.

Infelizmente, a lei não declarou expressamente que as partes munidas de uma ata estariam satisfazendo certas provas judiciais. Vige a ampla liberdade probatória em nosso Direito, mas há procedimentos já tipificados e outros que são de uso frequente nos tribunais. A nova lei poderá se impor aos arraigados procedimentos judiciais, possibilitando às partes[14] e aos juízes[15] que optem pela ata notarial como meio probatório.

O texto da lei é repetitivo e de pobre técnica redacional:

Art. 7º-A, inc. I: certificar o implemento ou a frustração de condições e outros elementos negociais, respeitada a competência própria dos tabeliães de protesto;

Art. 7º-A, § 2º: O tabelião de notas lavrará, a pedido das partes, ata notarial para constatar a verificação da ocorrência ou da frustração das condições negociais aplicáveis e certificará o repasse dos valores devidos e a eficácia ou a rescisão do negócio celebrado, o que, quando aplicável, constituirá título para fins do art. 221 da Lei nº 6.015, de 31 de dezembro de 1973 (Lei de Registros Públicos), respeitada a competência própria dos tabeliães de protesto.

Opinamos que os dois textos tratam da mesma ata, uma cujo objeto seja, alternativamente um desses: a) atestar o adimplemento (implemento) de algum elemento negocial, ou b) atestar o não-adimplemento de algum elemento negocial, ou c) atestar o pagamento de valores devidos com o exaurimento da prestação (eficácia do negócio celebrado), ou d) atestar o inadimplemento dos valores devidos declarando a rescisão do negócio celebrado.

Comecemos o trato da matéria pelas exceções. Na primeira delas, a lei repete duas vezes, o tabelião de notas não poderá invadir a competência

14. Art. 369. As partes têm o direito de empregar todos os meios legais, bem como os moralmente legítimos, ainda que não especificados neste Código, para provar a verdade dos fatos em que se funda o pedido ou a defesa e influir eficazmente na convicção do juiz.

15. Art. 370. Caberá ao juiz, de ofício ou a requerimento da parte, determinar as provas necessárias ao julgamento do mérito.

própria dos tabeliães de protestos (Lei nº 9.492/97). Logo, as atas notariais não poderão tratar de intimar, notificar, ou lavrar um instrumento de protesto de um documento de dívida. Podem atestar o cumprimento de uma obrigação para a finalidade de constatar e declarar o cumprimento contratual, podendo ser o pagamento integral do preço, ou o seu inadimplemento à vista do instrumento de protesto lavrado, para o oposto. Também podem, como veremos, indicar o não-adimplemento contratual, em face do contrato e evidências que verificar.

Outra exceção, esta implícita, é de que, igualmente, os tabeliães de notas não deverão invadir a competência dos oficiais de registro de títulos e documentos, com suas atribuições indicadas na Lei nº 6.015/73 e outras esparsas, inclusive na Lei de Garantias.[16]

A solicitação da ata deve ser pormenorizada, juntando cópia do contrato objeto da constatação, outros documentos necessários ou convenientes, e indicando com exatidão aquilo que deseja ter provado. Deve indicar, também, a conclusão buscada, seja a prestação positiva ou negativa, e os fundamentos fáticos e legais para que o tabelião faça a qualificação notarial e faça seu juízo de valor, lavrando a ata nos termos pretendidos, ou se recuse, expondo os motivos.

A parte ou o tabelião podem solicitar ações ou documentos adicionais, como por exemplo, a visita a um local ou o depoimento da contraparte contratual.

O solicitante pode emendar o pedido, alterando-o por orientação do tabelião ou para atender circunstâncias não previstas.

Ocorrendo demora do solicitante em providenciar documentos, o tabelião poderá devolver a documentação, encerrando o dossier. Por outro lado, se a demora ocorrer por circunstâncias alheias, o tabelião poderá sobrestar o ato indefinidamente, indicando motivo razoável.[17]

---

16. Como é a intimação prevista na nova redação do art. 26, § 3º, da Lei 9.514/97.
17. Em São Paulo, o órgão corregedor não aprecia esta situação. Na prática, há dossiers de escrituras que ficam parados nas gavetas por anos, aguardando certa providência das partes, às vezes os recursos econômicos para fazer frente ao custo dos impostos, escritura e registro.

A solicitação pode ser múltipla, ou seja, envolver uma, diversas ou todas as partes do contrato. Se os objetivos forem distintos, uma só constatação poderá dar origem a várias atas notariais.

O requerente pode ser representado por procuração, particular ou pública, ou até se fazer representar por empregado, neste caso com a carta de preposição.

Com a solicitação e os documentos, o tabelião poderá qualificá-los verificando a sua higidez formal e material.

A ata notarial deverá conter, sem prejuízo de outras específicas constatações: a) a identificação, qualificação e o pedido do solicitante; b) indicação do elemento negocial que se quer constatar; c) indicação dos documentos ou fatos que necessitam ser constatados e como eles se constituem no suporte fático do implemento ou da frustração; d) eventuais procedimentos realizados (como notificações, transferências bancárias, entrega de documento ou coisa); e) os efeitos constatados pelo tabelião; e) atestação da ocorrência do implemento ou da frustração da cláusula contratual.

Lavrada a ata, é essencial que seja assinada pelo solicitante, pelo escrevente e subscrita pelo tabelião. As outras partes do contrato podem assinar, se requererem, o que será feito com a permissão do solicitante. Se houver recusa, resta às demais partes do contrato solicitar a lavratura de uma ata notarial idêntica.

Se a ata se destina a produzir efeito no ofício imobiliário, ela constituirá título apto a ingressar no registro (art. 7º-A, § 2º, parte final). Ocorrendo nota devolutiva, o tabelião poderá atender, conforme o caso, com uma ata retificativa e ratificativa.

A lavratura de outra ata como complemento da primeira, ou de uma nova ata notarial, também podem ser feitas, a critério do tabelião, que é o autor do ato.

VISÃO INTERPRETATIVA: PROLEGÔMENOS

As atas notariais para constatação do implemento ou frustração de cláusulas negociais demandam que os tabeliães compreendam bem a parte geral do Código Civil, no que toca às declarações de vontade, interpretação e condições dos negócios, e da parte especial quanto às nuances do direito obrigacional e contratual.

A primeira regra de interpretação informa que nas declarações de vontade se atenderá mais à intenção buscada do que ao sentido literal da linguagem.[18]

A interpretação do negócio jurídico deve lhe atribuir o sentido que: I - for confirmado pelo comportamento das partes em momento posterior à celebração do negócio; II - corresponder aos usos, costumes e práticas do mercado relativas ao tipo de negócio; III - conter boa-fé; IV - for mais benéfico à parte que não redigiu o dispositivo, se identificável; e V - identificar qual seria a razoável negociação das partes sobre a questão discutida, inferida das demais disposições do negócio e da racionalidade econômica das partes, consideradas as informações disponíveis no momento de sua celebração.

As partes podem pactuar regras de interpretação, de preenchimento de lacunas e de integração dos negócios jurídicos diversas daquelas previstas em lei, resguardadas as normas de ordem pública.[19]

Os contratos, com frequência, contêm condição, a cláusula que subordina o efeito do negócio jurídico a evento futuro e incerto.[20] A **condição suspensiva** é a que submete a eficácia do negócio jurídico a evento futuro que, enquanto não se verificar, não se tem adquirido o direito a que ele visa.[21]

A **condição resolutiva** é aquela disposição contratual que, enquanto não se realizar, mantém vigente o negócio jurídico, cujo exercício obrigacional pode ser exercido desde o seu início.[22]

Termo é a indicação do momento em que a prestação deve ser satisfeita. Pode ser fixado numa data futura e determinada, ou por acontecimento

18. Código Civil, art. 112.
19. Código Civil, art. 113.
20. Código Civil, art. 121.
21. Código Civil, art. 125.
22. Código Civil, art. 127.

futuro e certo.[23] (CC, arts. 131 a 135). Nos contratos, presume-se o prazo em proveito do devedor, salvo se do teor do instrumento, ou das circunstâncias, resultar que se estabeleceu a benefício do credor, ou de ambos os contratantes.

Se não houver indicação do prazo, a lei presume que são exequíveis imediatamente, exceto se a execução tiver de ser feita em lugar diverso ou depender de tempo.[24]

Os defeitos dos atos jurídicos, como o erro ou ignorância, o dolo, a coação, o estado de perigo, a lesão ou a fraude contra credores, também podem motivar a ata de frustração do contrato, devendo o tabelião verificar a ocorrência deles. Eles poderão atuar para verificar elementos que caracterizam a simulação, como é exemplo, a ante ou pós-datação de um contrato particular (art. 167, inc. III).

Os contratos têm por objeto certas prestações obrigacionais.

Pontes divide o objeto da prestação em bem *dável*, bem *fazível* e bem *abstencional*. O resultado da **obrigação de dar** é sobre coisa (propriedade, uso, fruição, posse). O da **obrigação de fazer** é a coisa a ser feita, como o chapéu, a caminhada, a construção.[25]

Na **obrigação de não fazer** temos como resultado a abstenção de certa ação, como a de não construir em certa área.

A mora do devedor resulta do não-adimplemento. Há violação de dever e de obrigação. O devedor havia de prestar, e não prestou no tempo, lugar e forma devidos.[26] O não-adimplemento no termo pode resultar em multa, juros, cláusula penal e perdas e danos. O devedor, se entender não devido o pagamento que o credor exige tem a via do depósito em consignação para o adimplemento.[27]

---

23. Código Civil, arts. 131 a 135.
24. Código Civil, art. 134.
25. Tratado de Direito Privado, tomo 23, pag. 71.
26. Tratado de Direito Privado, tomo 23, pag. 171.
27. Tratado de Direito Privado, tomo 24, pag. 204.

Nas obrigações de dar coisa incerta, destacamos a possibilidade da constatação notarial para fixar o que foi dado e a sua adequação ao previsto no contrato (CC, arts. 243 a 246).

A obrigação se resolve se a prestação do fato se tornar impossível, sem que haja culpa do devedor (CC, art. 248).[28] O mesmo ocorre com a obrigação de não fazer, se a abstenção for impossível sem culpa do devedor (CC, art. 250). Nestes casos, o tabelião pode ser chamado para verificar se houve ação ou omissão, por parte do devedor, constituindo um documento probatório da situação.

O capítulo do Código Civil que trata do adimplemento e extinção das obrigações (art. 304 e seguintes) deverá nortear a prudência notarial nas atas de verificação do implemento ou frustração das cláusulas negociais. O tabelião poderá ser chamado para verificar quem deve pagar ou a quem deve ser paga a dívida.

Havendo dúvida sobre a identificação do objeto do pagamento ou necessidade de provar o seu implemento, também se poderá utilizar a certificação notarial.

O art. 317 prevê ação judicial para verificar a imprevisibilidade que gerar desproporção entre o valor da prestação e o momento de sua execução. Será que as partes, em conjunto, podem chamar o tabelião para decidir? A pretensão assemelha-se mais ao objeto de uma escritura de transação ou a uma arbitragem.[29]

O inadimplemento da obrigação, ou sua prestação deficiente ou insuficiente, caso de frustração do negócio, são tratados nos arts. 389 e seguintes. É sempre difícil constatar a prova do inexistente, mas há muitos casos cuja constatação é possível, como o das obrigações de dar ou fazer algo em dado momento. Será necessário que o credor antecipe que haverá o não-adimplemento e chame o tabelião para constatar no momento apropriado.

28. Pontes de Miranda dá o exemplo da locação de uma certa zona em uma exposição promovida pelo governo que, após o contrato, cancela a exposição (tomo 25, pag. 255).

29. Art. 317. Quando, por motivos imprevisíveis, sobrevier desproporção manifesta entre o valor da prestação devida e o do momento de sua execução, poderá o juiz corrigi-lo, a pedido da parte, de modo que assegure, quanto possível, o valor real da prestação.

A NOVA ATA NOTARIAL COMO FERRAMENTA DA ATIVIDADE IMOBILIÁRIA

Na seara imobiliária são inúmeras as situações fáticas que podem indicar a frustração, como por exemplo, a utilização de material inferior ao contratado, o atraso na obra ou liberação, a inação do credor quanto a algo.

Ivan Jacopetti do Lago, em primordial artigo sobre o tema, informa que a nova Lei das Garantias amplia o escopo de eventos futuros e incertos que podem ser carreados ao Registro de Imóveis sem necessidade de recurso ao Poder Judiciário. Para ele, o tabelião de notas certificará o implemento ou a frustração de condições apostas a negócios jurídicos na ata notarial e exemplifica:

"Assim, havendo, por exemplo, condição suspensiva, tornou-se possível a prática do ato da averbação que confirma a eficácia do ato com base na apresentação a registro e qualificação positiva da respectiva ata notarial; por outro lado, havendo condição resolutiva, a ata foi agora erigida em "documento hábil" a autorizar o cancelamento a requerimento do interessado, nos termos do artigo 250, III, da lei 6.015/1973."[30]

Alexandre Junqueira Gomide segue na mesma linha, relacionando os avanços da Lei de Garantia com a promessa de compra e venda, contrato preliminar que contém, quase sempre, a cláusula resolutiva expressa (CC, art. 474), ou a condição resolutiva (CC, art. 128). Para ele, é necessário que ocorra a desjudicialização da resolução desses contratos, pois a ata notarial possibilita que o credor notifique o devedor e, não havendo a satisfação do crédito, opera-se a resilição contratual.[31]

O inadimplemento contratual é uma condição resolutiva inata a todo contrato: se a outra parte descumprir a sua obrigação, a outra poderá resolver o contrato (arts. 474 e 475, CC).[32] Carlos Eduardo Elias de Oliveira

30. Ivan Jacopetti do Lago, *In* https://www.migalhas.com.br/coluna/migalhas-notariais-e-registrais/399099/a-ata-notarial-deconstatacao-do-implemento-das-condicoes. Acesso em 24.01.2024, às 15h07.

31. Alexandre Junqueira Gomide, *in https://www.migalhas.com.br/coluna/migalhas-notariais-e-registrais/399099/a-ata-notarial-deconstatacao-do-implemento-das-condicoes.* Acesso em 24.01.2024, às 15h08.

32. Carlos Eduardo Elias de Oliveira, *in* https://www.migalhas.com.br/arquivos/2023/11/62F8456B964A81_Resolucaocontratualedesnecessi.pdf, acessado em 24.01.2024, às 17h32.

entende que, ainda assim, quando houver condição resolutiva expressa, consistente no inadimplemento do preço, é necessária a notificação do devedor, a fim de permitir-lhe purgar a mora. A notificação indicará também que a parte lesada não fez a opção por exigir o cumprimento forçado do contrato com base no art. 475 do CC.[33]

Nos contratos com cláusula resolutiva expressa, o credor poderá apresentar o documento de dívida protestado, ou, se preferir, notificar o devedor sobre a resolução, via oficial de registro de títulos e documentos. Se, no primeiro caso, não houver contraprotesto ou, no segundo caso, o devedor quedar-se inerte ou aceitar a resolução, o contrato e esta documentação serão apresentados ao tabelião para a ata notarial resolutiva do contrato.

Este entendimento tem amparo tanto na nova lei como nas decisões judiciais. Carlos Eduardo Elias de Oliveira destaca:

"A interpretação que ora defendemos vem sendo chancelada pelo Superior Tribunal de Justiça (STJ) e também pelo legislador, notadamente com o supracitado art. 251-A da LRP (acrescido pela Lei n. 14.382/2023). Por um lado, o STJ analisou caso de condição resolutiva expressa consistente em inadimplemento e satisfez-se com a notificação extrajudicial previamente enviada pelo credor, conforme já expusemos acima, citando Carlos E. Elias de Oliveira e João Costa Neto (STJ, REsp 1.789.863/MS, 4a Turma, Rel. Min. Marco Buzzi, j. 10/08/2021). Por outro lado, o art. 251-A da LRP não exige qualquer decisão judicial para o cancelamento extrajudicial do registro da promessa de compra e venda de imóveis no caso de inadimplemento do preço pelo promitente comprador. E assim o legislador o fez, porque já parte do pressuposto de que a cláusula resolutiva tácita não depende de qualquer intervenção judicial. De fato, o cancelamento do registro obrigatoriamente pressupõe que o contrato preliminar tenha sido resolvido pelo implemento da cláusula resolutiva tácita. É idêntico o raciocínio com a ata notarial de que trata o art. 7º-A, I e § 2º, da Lei nº 8.935/1994."

Em outra decisão, esta da 3ª Turma do STJ, foi decidido que "não se vislumbra razão para exigir manifestação judicial para a rescisão de

33. *Idem.*

contrato de compra e venda de imóvel que contenha cláusula resolutiva expressa".[34]

Esta mudança também é reverberada por Victor Bosa Paulim, dizendo que "com o Marco Legal das Garantias, independentemente da espécie do contrato de compra e venda, a interpelação do comprador em mora e a consumação da cláusula resolutiva poderão ser realizadas de maneira completamente extrajudicial. Nesse caso, com a certificação da inadimplência do comprador, o Tabelião expedirá ata notarial com força de título capaz de ensejar registro na matrícula do imóvel (em procedimento muito parecido com aquele previsto pela lei 14.382/22).[35]

Nos contratos com cláusula resolutiva tácita, não é pacífica a aceitação da ata notarial. Segundo o art. 474, ela dependeria de interpelação judicial. Porém, no espírito da desjudicialização, se o credor notificar o devedor via oficial de registro de títulos e documentos, aviso que deve ser entregue inequivocamente ao devedor, sem haver oposição ou resposta, estará configurada a aceitação da resilição. Levados os documentos ao tabelião, a ata poderá ser lavrada e ensejar o registro. Segundo Carlos E. de Oliveira, a matéria deve ser regulamentada pelo CNJ, o que reforçaria a desjudicialização pretendida pela lei.[36]

Entendemos que o silêncio do notificado, ultrapassado o prazo para manifestação, importará na verificação da ocorrência ou não do evento, resultando na atestação pelo tabelião.

Por isso, é importante inserir claramente nas escrituras e contratos particulares como as cláusulas devem operar seus efeitos, seja uma condição suspensiva, resolutiva, ou de elementos do negócio. Assim, é facilitada a conclusão da ocorrência ou não dos efeitos, evitando-se a insegurança no procedimento interpretativo.

---

34. REsp n. 2.044.407/SC, relatora Ministra Nancy Andrighi, Terceira Turma, julgado em 21/11/2023, DJe de 23/11/2023.

35. Victor Bosa Paulim, *in* https://www.migalhas.com.br/depeso/401114/necessaria-superacao-da-velha-opiniao-sobre-contratos-de-imoveis, acessado em 01.02.2024, às 17h05.

36. Carlos Eduardo Elias de Oliveira, *in* https://www.migalhas.com.br/arquivos/2023/11/62F8456B964A81_Resolucaocontratualedesnecessi.pdf, acessado em 24.01.2024, às 17h32.

Tomamos, como exemplo, que a condição seja o pagamento do preço ou a resolução pelo não término de uma obra. O contrato pode prever que o implemento da condição será feito pela constatação da transferência bancária ou a diligência e a constatação *in loco* do estado da obra pelo tabelião, dispensada a notificação. É necessário que um profissional técnico, como um engenheiro ou arquiteto, também apresente o seu laudo, pois o tabelião não possuí conhecimento técnico especializado para verificar a ocorrência do evento, a depender do caso.

A verificação da eficácia ou da rescisão do negócio celebrado decorre da ocorrência e dos efeitos da cláusula estipulada, determinando ou não a ineficácia ou a rescisão do negócio.

Alexandre Junqueira Gomide ressalta que o tabelião não pode declarar a resolução do contrato. Segundo ele, o tabelião apenas lavra a ata notarial, atestando a existência dos requisitos que autorizam a resolução contratual, tal como as partes contrataram.[37]

Esta conclusão, a qual endossamos, deixa a resolução contratual em abstrato, ou seja, ninguém a declara. A atestação notarial do implemento ou frustração das condições contratuais se assemelha àquela do instrumento do protesto, na qual o tabelião declara simplesmente que, intimado o devedor, não houve o pagamento. Os efeitos são operados pela mera publicidade ou pela eventual interposição da ação judicial. No caso da nova ata notarial, teremos o registro imobiliário, quando cabível.

Para finalizar, cito outros exemplos de fatos que podem ensejar a ata notarial de verificação contratual.

A indenização por benfeitorias necessárias pode ser solicitada pela parte, buscando o tabelião para atestar a existência da benfeitoria e do valor dispendido no tempo de sua realização.

Da mesma forma, o confinante que necessita demarcar e cercar a sua área. O proprietário tem o direito de cercar, murar, valar ou tapar seu imóvel, e pode constranger o seu confinante a promover junto com ele

37. Alexandre Junqueira Gomide, in https://www.migalhas.com.br/coluna/migalhas-notariais-e-registrais/399099/a-ata-notarial-deconstatacao-do-implemento-das-condicoes. Acesso em 24.01.2024, às 15h08.

a demarcação entre os dois imóveis.[38] O tabelião poderá, de preferência junto ao profissional habilitado, verificar a realização da demarcação e dos custos dispendidos para cobrança do valor devido pelo confinante.

Na proposta de contrato, que obriga o proponente, o tabelião poderá verificar se ocorre uma das situações previstas no CC, art. 428, como, por exemplo, a entrega tempestiva da retratação (inc. IV). Também, quanto a eventos que impliquem na suspensão da prestação, como uma pandemia, podem ser objeto da ata.

CONCLUSÃO

A incerteza e a burocracia de procedimentos judiciais são fonte de insegurança e prejuízos. As relações privadas estão cada vez mais dinâmicas e o dispêndio de tempo, energia e capital para evidenciar e provar situações contratuais precisa ser o essencial.

A ata notarial de verificação contratual instituída pela nova Lei de Garantias abre um amplo leque de possibilidades probatórias, disponível ao mercado, em especial o imobiliário e à advocacia. Deverá servir para aumento da produtividade privada e desafogamento do Poder Judiciário.

REFERÊNCIAS BIBLIOGRÁFICAS

BRANDELLI, Leonardo. *Teoria Geral do Direito Notarial, 4ª. ed.* São Paulo: Saraiva, 2011.

CHALHUB, Melhim Namem. *Curso de Direito Civil, Direitos Reais.* Rio de Janeiro: Ed. Forense, 2003.

FERREIRA, Paulo Roberto G.; RODRIGUES, Felipe Leonardo. *Ata notarial, doutrina, prática e meio de prova*, 4ª.ed. São Paulo: Ed. Juspodivm, 2023.

FERREIRA, Paulo Roberto G.; RODRIGUES, Felipe Leonardo. *Tabelionato de Notas*, 6ª.ed. Indaiatuba: Ed. Foco, 2023.

GOMIDE, Alexandre Junqueira. *Resolução contratual, ata notarial e as recentes alterações advindas da lei 14.711/2023 (Novo marco legal das garantias).* https://www.migalhas.com.br/arquivos/2024/1/0E68713FC98985_edilicias.pdf.

38. Melhim Namem Chalhub - Curso de Direito Civil - Direitos reais, p. 109.

LAGO, Ivan Jacopetti do. *A ata notarial de constatação do implemento das condições (lei 8.935/1994, art. 7º-A, I) e seu ingresso no registro de imóveis.* https://www.migalhas.com.br/coluna/migalhas-notariais-e-registrais/399099/a-ata-notarial-deconstatacao-do-implemento-das-condicoes.

OLIVEIRA, Carlos E. Elias. *Resolução contratual e a desnecessidade de decisão judicial.* https://www.migalhas.com.br/arquivos/2023/11/62F8456B964A81_Resolucaocontratualedesnecessi.pdf.

PAULIM, Victor Bosa. *Metamorfose ambulante: a necessária superação da velha opinião formada sobre a resolução dos contratos de compra e venda de imóveis. https://www.migalhas.com.br/depeso/401114/necessaria-superacao-da-velha-opiniao-sobre-contratos-de-imoveis*

Pontes de Miranda. *Tratado de Direito Privado. Tomos 1, 14, 23, 24, 25.* Campinas: Ed. Bookseller, 2003.

20

RESOLUÇÃO CONTRATUAL, ATA NOTARIAL E AS RECENTES ALTERAÇÕES ADVINDAS DA LEI 14.711/2023 ("NOVO MARCO LEGAL DAS GARANTIAS")

Alexandre Junqueira Gomide

Doutor e Mestre em Direito Civil pela Faculdade de Direito da Universidade de São Paulo. Especialista e Mestre em Ciências Jurídicas pela Faculdade de Direito da Universidade de Lisboa. Fundador e Vice-Presidente do Instituto Brasileiro de Direito Imobiliário – IBRADIM. Diretor de Relações Institucionais do Instituto dos Advogados de São Paulo – IASP. Advogado e parecerista.

INTRODUÇÃO

A Lei 14.711/2023, chamada de Novo Marco Legal Das Garantias, trouxe substanciais alterações não apenas no aprimoramento das regras de garantias, mas também nos serviços notariais.

A partir de alteração na Lei 8.935/1994 (que dispõe sobre os serviços notariais e de registro) foi introduzido o artigo 7º-A. Segundo o dispositivo, os tabeliães de notas poderão "certificar o implemento ou a frustração de condições e outros elementos negociais" e "a rescisão do negócio celebrado" (inciso I e § 2º). Além disso, o dispositivo passou a admitir que tabeliães atuem como mediadores ou conciliadores (inciso II) e árbitros (inciso III).

Outra novidade foi a permissão de recebimento ou consignação do preço do negócio jurídico pelo tabelionato de notas, que fica responsável por transferir o montante à parte devida após constatar a ocorrência ou frustração das condições negociais aplicáveis (art. 7º, § 1º), ou seja, uma espécie de *escrow account*.

Não obstante tantas novidades, o objetivo precípuo deste estudo é avaliar a resolução do contrato de promessa de compra e venda de bens imóveis e como a ata notarial tratada no artigo 7º-A, da Lei 8.935/1994 pode facilitar a extinção extrajudicial do negócio jurídico.

1. RESOLUÇÃO CONTRATUAL E A PROMESSA DE COMPRA E VENDA DE BEM IMÓVEL

Embora o ordenamento civil brasileiro determine que os negócios jurídicos que visem à constituição, transferência, modificação ou renúncia de direitos reais sobre imóveis sejam firmados por escritura pública[1] (art. 108 do Código Civil), a prática contratual demonstra que na comercialização de imóveis, antes da lavratura da escritura, é comum os contratantes firmarem *contrato preliminar* de compra e venda, comumente intitulado promessa de compra e venda. As razões, para tanto, são distintas.

Em primeiro lugar, ao firmarem o contrato preliminar, os contratantes podem tornar irretratável a manifestação de vontade. Essa irretratabilidade

1. Não é o caso de tratar, neste estudo, a respeito das possíveis exceções ao artigo 108, do Código Civil. Contudo, relevante afirmar que o art. 38, da Lei 9.514/1997 admite que contratos com pacto adjeto de alienação fiduciária sejam celebrados por instrumento particular, que terá efeito de escritura pública. Sabe-se, contudo, que há muita controvérsia a respeito desse tema. Nesses termos, cite-se o Procedimento de Controle Administrativo nº 0000145-56.2018.2.00.0000, em que o Conselho Nacional de Justiça entendeu que não cabe interferir na decisão do Tribunal de Justiça de Minas Gerais que, por sua vez, limitou o uso do instrumento particular às entidades integrantes do SFI e às Cooperativas de Crédito para celebração dos contratos de alienação fiduciária em garantia de bem imóvel. Evidentemente, considerando o escopo do presente estudo, não entraremos nesse espinhoso assunto.

é relevante porque entre a assinatura do contrato preliminar e a lavratura da escritura, as partes podem realizar auditoria jurídica para aferir a segurança jurídica do negócio pretendido, obtendo documentos e certidões a respeito do imóvel e dos vendedores. Referida auditoria pode levar alguns dias ou semanas e a irretratabilidade impede que uma das partes se arrependa da contratação (caso, evidentemente, o direito de arrependimento não tenha sido ajustado). A irretratabilidade também é relevante a considerar que o pagamento do preço muitas vezes é celebrado de maneira protraída no tempo.

Em segundo lugar, as partes podem estabelecer situações e fatos que podem levar à extinção do contrato, seja em decorrência de condição resolutiva (art. 128 do Código Civil) ou cláusula resolutiva expressa (art. 474 do Código Civil). Nesses termos, as partes podem elencar situações que podem culminar no término da relação jurídica, ainda que inexista culpa atribuível à contraparte[2]. Segundo Aline de Miranda Valverde Terra[3]

> [...] entende-se legítima a pactuação pelos contratantes, com base na autonomia privada, de cláusulas resolutivas por meio das quais se estabeleça a resolução da relação obrigacional diante da verificação ou constatação de qualquer outro evento, além desses que interferem diretamente no programa econômico do contrato e que conformam, portanto, a cláusula resolutiva expressa [...][4].

2. No escólio de Giovanni Ettore Nanni "[...] faculta-se às partes, valendo-se da cláusula resolutiva expressa, redistribuir os riscos de caso fortuito ou força maior, ou de qualquer outro evento que indica diretamente sobre a relação, inviabilizando a atuação do programa contratual; para tanto, esses riscos, quando externos ao negócio, devem ser a ele internalizados. Ou então podem também os contratantes manter a alocação do risco feita pelo legislador e alterar somente os efeitos de sua superveniência, a exemplo do que ocorre quando se incluem os vícios redibitórios no suporte fático da cláusula". (NANNI, Giovanni Ettore. *Inadimplemento absoluto e resolução contratual:* requisitos e efeitos. São Paulo: Revista dos Tribunais, 2021. p. 483).
3. TERRA, Aline de Miranda Valverde. *Cláusula resolutiva expressa.* Belo Horizonte: Fórum, 2017. p. 69 (nota de rodapé n. 174 da obra referida). No mesmo sentido, vide TERRA, Aline de Miranda Valverde; NANNI, Giovanni Ettore. A cláusula resolutiva expressa como instrumento privilegiado de gestão de riscos contratuais. *Revista Brasileira de Direito Civil – RBDCivil.* Belo Horizonte. v. 31. n.1, jan/março 2022. p. 143 e seguintes.
4. No mesmo sentido, mas em outra oportunidade, em coautoria com Paula Greco Bandeira, Aline Terra afirma que "[...] não há óbice à inclusão, em seu suporte fático, de riscos diversos, desde que sua verificação conduza à disfuncionalização da relação obrigacional. Embora, em sua origem, o instituto estivesse ligado, de fato, ao inadimplemento absoluto,

Assim, é comum no âmbito da incorporação imobiliária o incorporador indicar situações em que ele poderá fazer o uso da cláusula resolutiva expressa para resolver o contrato. Cite-se, por exemplo, a não aprovação do projeto construtivo pretendido pela Prefeitura Municipal; o apontamento, pelo estudo ambiental da área, de contaminação do terreno; o insucesso na aquisição do imóvel contíguo, relevante na formação necessária da área, dentre outras hipóteses.

Da mesma forma, na relação entre particulares, os contratantes podem estabelecer que a compra de determinado sobrado residencial fica condicionada à aprovação da edificação por laudo de engenharia ou que a venda de determinada fazenda depende da comprovação de que o imóvel se encontra arrendado para usina de cana de açúcar pelo prazo mínimo de dez anos.

O uso da cláusula resolutiva expressa também é corriqueiro para que o contrato de compra e venda seja resolvido em caso de inadimplência do pagamento do preço pelo promitente comprador. Isso porque, uma vez inadimplido o pagamento do preço estabelecido na promessa de compra e venda, o vendedor poderá optar pela cobrança dos valores devidos ou pelo desfazimento do negócio jurídico[5]. Todavia, optando pelo desfazimento

---

sua percepção histórico-relativa impõe a ampliação de seus confins, a permitir a gestão de outros riscos que, uma vez implementados, impeçam a promoção da função econômico-individual do negócio". (TERRA, Aline de Miranda Valverde; BANDEIRA, Paula Greco. A cláusula resolutiva expressa e o contrato incompleto como instrumentos de gestão de riscos nos contratos. *In:* TEPEDINO, Gustavo; TEIXEIRA, Ana Carolina; ALMEIDA, Vitor (coord.). *Da dogmática à efetividade do Direito Civil:* Anais do Congresso Internacional de Direito Civil Constitucional – IV Congresso do IBDCivil. 2. ed. Belo Horizonte: Fórum, 2019. p. 147). Vide mais a respeito em: TERRA, Aline de Miranda Valverde; NANNI, Giovanni Ettore. A cláusula resolutiva expressa como instrumento privilegiado de gestão de riscos contratuais. *Revista Brasileira de Direito Civil – RBDCivil.* Belo Horizonte. v. 31. n.1, jan/março 2022. p. 141 e seguintes.

5. Importante ressaltar que não é qualquer incumprimento contratual que admite a resolução. Caso o adimplemento seja substancial, ou seja, apesar do incumprimento no tempo, modo e forma, o cumprimento tenha sido muito próximo ao previsto no contrato como resultado devido, o negócio jurídico deve ser preservado, limitando-se o direito do credor em resolver o contrato. Segundo Judith Martins-Costa, havendo o adimplemento substancial, "limita-se o exercício desse direito pelo credor, pois a resolução caracteriza afronta à boa-fé como regra de lealdade entre os contraentes. Com essa solução, fica preservado o direito de crédito, limitando-se apenas a forma como pode ser exigido pelo credor, que não pode escolher diretamente o modo mais gravoso para o devedor, que é a resolução do contrato". (MARTINS-COSTA, Judith. *A boa-fé no direito privado.* 2. ed. São Paulo: Saraiva, 2018. p. 760).

do negócio jurídico, há necessidade do atendimento de requisitos específicos e previstos em legislação extravagante.

Embora o Código Civil estabeleça que o inadimplemento de obrigação positiva e líquida, no seu termo, constitui o devedor em mora (art. 397 – mora *ex re*), o inadimplemento absoluto por falta de pagamento em contratos de promessa de compra e venda de imóvel somente ocorre após conferida, via notificação, a possibilidade de o inadimplente purgar a mora. Realizado o pagamento do saldo devedor dentro do prazo estabelecido na Lei, o contrato se mantém, ainda que o cumprimento tenha sido tardio.

Tal necessidade se dá porque o legislador brasileiro entendeu que a promessa de compra e venda de bens imóveis envolve interesses contratuais de relevância qualificada, por razões de ordem social e axiológica, como bem observado por Antonio dos Reis Junior[6].

Nesses termos, na promessa de compra e venda, o ordenamento obriga que o comprador inadimplente seja notificado para que tenha a possibilidade de purgar a mora e manter a eficácia contratual. Somente após o transcurso de tal prazo é que poderá ser confirmado o inadimplemento absoluto e resolvido o contrato.

O Decreto-Lei nº 745/1969[7], por exemplo, estabelece que nos contratos de bens imóveis *não loteados*, o inadimplemento absoluto só se caracterizará se, "interpelado por via judicial ou por intermédio de cartório de

---

6. REIS JÚNIOR, Antonio dos. *A promessa de compra e venda de imóveis:* os efeitos do inadimplemento em perspectiva civil-constitucional. São Paulo: Almedina, 2018. p. 196.

7. O regime jurídico do compromisso de compra e venda, segundo Francisco Eduardo Loureiro, é tríplice: imóveis loteados, imóveis não loteados e imóveis em incorporação imobiliária. A legislação aplicável aos lotes urbanos é a Lei 6.766/1979. Se o loteamento for rural, a previsão é a do Decreto-Lei 58/1937. O regime jurídico dos imóveis não loteados é regulado por partes de diversas leis especiais (o que em nada facilita o seu estudo). Aplicam-se determinados dispositivos sobre resolução, constituição em mora emprestados do Decreto-Lei 58/1937 que, após o advento de leis posteriores (Leis 649/1949, 4.380/1964 e Decreto-Lei 745/1969) algumas regras estenderam-se aos imóveis não loteados. Por fim, o terceiro regime jurídico é o dos imóveis incorporados, regulados pela Lei 4.591/1964. (LOUREIRO, Francisco Eduardo. Três aspectos atuais relativos aos contratos de compromisso de venda e compra de unidades futuras. *In*: GUERRA, Alexandre Dartanhan de Mello (coord.). *Estudos em homenagem a Clóvis Beviláqua por ocasião do centenário do Direito Civil codificado no Brasil*. v. 2. São Paulo: Escola Paulista da Magistratura, 2018. v. 2, p. 722-723. Vide, também, AZEVEDO JÚNIOR, José Osório de. *Compromisso de compra e venda*. 5. ed. São Paulo: Malheiros, 2006. p. 127 e seguintes.

Registro de Títulos e Documentos, deixar de purgar a mora, no prazo de 15 (quinze) dias contados do recebimento da interpelação" (art. 1º).

No mesmo sentido, para os imóveis *loteados*, a Lei 6.766/1979 estabelece, no parágrafo primeiro do seu art. 32, que "o devedor-adquirente será intimado, a requerimento do credor, pelo Oficial do Registro de Imóveis, a satisfazer as prestações vencidas e as que se vencerem até a data do pagamento, os juros convencionados e as custas de intimação". Essa mesma dicção é verificada no art. 14 do Decreto-Lei 58/1937, que estabelece que "vencida e não paga a prestação, considera-se o contrato rescindido 30 dias depois de constituído em mora o devedor".

No âmbito da *incorporação imobiliária*, a falta de pagamento do adquirente, de três prestações do preço da construção, "depois de prévia notificação com o prazo de 10 dias para purgação da mora", implicará "na rescisão do contrato" (art. 63 da Lei 4.591/1964).

Como se nota, em todas essas situações, embora a mora já esteja configurada desde o atraso do pagamento do preço em seu vencimento (mora *ex re*), o inadimplemento absoluto só se configura após o transcurso do prazo conferido na notificação[8]. A partir da verificação de que a mora se converteu em inadimplemento absoluto é que o contrato poderá ser resolvido[9].

8. Segundo José Osório de Azevedo Júnior, "[...] a interpretação sistemática dá o razoável entendimento do que significa a expressão 'constituição em mora' constante do Decreto-Lei 745/1969: significa que a mora que vai converter-se em inadimplemento absoluto e possibilitar a resolução do contrato". (AZEVEDO JÚNIOR. José Osório de. *Compromisso de compra e venda.* 5. ed. São Paulo: Malheiros, 2006. p. 182).

9. Nesse sentido, vide: COMPROMISSO DE VENDA E COMPRA – Ação de rescisão contratual c.c. reintegração de posse, cobrança de IPTU e taxa de associação proposta por alienante de imóvel, ante o não pagamento das parcelas do preço – Sentença de extinção do feito sem resolução do mérito por ausência de requisito essencial da ação consistente na notificação prévia da devedora para constituí-la em mora – Recurso da autora aduzindo que o vencimento das prestações líquidas e certas do contrato foram suficientes para a constituição da mora *ex re*, não sendo necessária a notificação prévia da devedora – Descabimento – *Constituição prévia do devedor em mora, de forma a permitir-lhe o direito e purga-la que é condição essencial para a medida – Inteligência do Decreto-Lei 745/69* – Apelo desprovido. (TJSP; Apelação Cível 1007425-52.2020.8.26.0037; Relator (a): Galdino Toledo Júnior; Órgão Julgador: 9ª Câmara de Direito Privado; Foro de Araraquara – 2ª Vara Cível; Data do Julgamento: 15/03/2022; Data de Registro: 15/03/2022)

Pois bem. Antes de avançar, relevante traçar uma importante distinção. A cláusula resolutiva expressa **não deve ser confundida com a** *condição* resolutiva. Sendo cláusula resolutiva expressa, deve haver a declaração do credor dirigida à resolução[10]. Se é obrigação do vendedor, por exemplo, apresentar laudo que aponte a inexistência de contaminação do solo, a ausência de tal documento *pode* ensejar a resolução. Contudo, nessa hipótese, o comprador pode reservar a si o direito de manter a higidez do contrato caso, por exemplo, entenda que a contaminação pode ser facilmente remediada. Assim, não havendo declaração do credor, o contrato poderá manter sua plena eficácia[11]. Já na condição resolutiva, "a solução é automática, independe da vontade ou mesmo do conhecimento das partes. Inútil, portanto, a oposição dos contratantes à resolução, que se opera instantaneamente; caso as partes desejem retomar a relação contratual resolvida, deverão celebrar novo contrato[12]".

O fato é que a extinção contratual *extrajudicial* em decorrência da inadimplência do pagamento do preço ou diante de situações que as partes elencaram como aptas a permitir a extinção do contrato sempre foi questão muito tormentosa. Assim, relevante analisar tal controvérsia a partir da introdução do artigo 7-A, § 1º e 2º na Lei 8.935/1994.

---

10. Segundo Giovanni Ettore Nanni "[...] em qualquer cenário, exige-se que a parte inocente decida qual caminho adotar na salvaguarda de seus interesses e que o devedor seja comunicado da decisão, pois não tem como pressupor qual será nem se o lesado fará uso do mecanismo resolutório. Depende-se, assim, de o credor efetivamente se valer do remédio conferido pela convenção em testilha. A iniciativa de definir a continuidade ou não da relação entre as partes cabe ao credor, comunicando ao devedor que tem o contrato por extinto. A assertiva legal de que a cláusula resolutiva expressa atua de pleno direito não quer dizer que seja automática, mas, sim, que dispensa intervenção judicial, mas não dispensa a deliberação do credor em extinguir ou executar". (NANNI, Giovanni Ettore. *Inadimplemento absoluto e resolução contratual:* requisitos e efeitos. São Paulo: Revista dos Tribunais, 2021. p. 492).

11. Como bem referido por Antunes Varela "A cláusula resolutiva expressa distingue-se da condição resolutiva, porque esta arrasta consigo a imediata destruição da relação contratual, logo que o facto futuro e incerto se verifica. Ao passo que a cláusula resolutiva, uma vez verificado o facto, apenas concede ao beneficiário o poder de resolver o contrato". (ANTUNES VARELA, João de Matos. *Das obrigações em geral.* v. II. 7. ed. Coimbra: Almedina, 2006. p. 278).

12. TERRA, Aline de Miranda Valverde. *Cláusula resolutiva expressa.* Belo Horizonte: Fórum, 2017. p. 71.

2. RESOLUÇÃO CONTRATUAL E A (DES)NECESSIDADE DE PRONUNCIAMENTO JUDICIAL

Orlando Gomes[13] ensinava que o exercício da faculdade de resolução era tradicionalmente distinto por dois sistemas: o francês e o alemão. Segundo o autor, pelo sistema francês, a resolução deveria ser necessariamente requerida judicialmente (vide o artigo 1.184 do *Code*, antes da reforma realizada em 2016[14]). Já pelo sistema alemão (§ 346 a 354 do BGB), ao contrário, admitia-se a resolução sem intervenção judicial, ou seja, o contrato resolve-se independentemente de pronunciamento judicial.

A respeito da resolução do contrato ser operada por via judicial ou extrajudicial, Ruy Rosado de Aguiar Júnior[15] advertia que "a opção legislativa de resolução pela sentença acumula pontos favoráveis, mas tem desvantagens". Sustentava o autor que embora a decretação judicial da resolução possivelmente atendesse melhor às partes por ser mais equânime, sobretudo na proteção do mais enfraquecido, contrapõe-se à necessidade de dinamismo nas relações jurídicas.

Da análise de ordenamentos europeus, podemos verificar que diversos sistemas têm admitido a resolução sem o pronunciamento judicial. No

13. GOMES, Orlando. *Contratos*. 26. ed. Atualizado por Antonio Junqueira de Azevedo e Francisco Paulo de Crescenzo Marino. Rio de Janeiro: Forense, 2008. p. 207.

14. Art. 1.184. La résolution doit être demandeé en justice. (Redação anterior à reforma de 2016).

15. Nas palavras de Ruy Rosado Aguiar Júnior: "A opção legislativa de resolução pela sentença acumula pontos favoráveis, mas tem desvantagens. A seu favor sobressai o argumento de que a revisão judicial garante melhor as partes quanto a uma decisão equânime, especialmente na proteção do lado mais enfraquecido, que encontrará mais facilmente tolerância com o juiz do que com o credor, além da natural falta de isenção da parte que apreciar, com justa medida, a gravidade das falhas da contraparte, Mas a visão do contrato como 'instrumento a favor da economia' contrapõe-se àquela conveniência, de garantia do interesse da parte, o interesse da ordem econômica, ferido pela persistência de um vínculo já sem eficácia, a restringir o livre tráfico de bens. De acordo com esse ponto de vista, mais dinâmico e apropriado é o sistema da resolução extrajudicial, que não depende da demora e do custo do processo". (AGUIAR JÚNIOR, Ruy Rosado de. *Extinção dos contratos por incumprimento do devedor (resolução)*. 2. ed. Rio de Janeiro: AIDE, 2004. p. 57). Ainda a respeito do tema, vide USTARRÓZ, Daniel. A resolução do contrato no novo Código Civil. *Revista Jurídica*, n. 304, ano 51, fevereiro de 2003. p. 32-53; e PINHEIRO FRANCO, Antônio Celso; PINHEIRO FRANCO José Roberto. Cláusula resolutiva expressa: o exato sentido do art. 119 do CC/1916 e dos arts. 128 e 474 do Diploma Substantivo de 2002. *Revista do Instituto dos Advogados*, ano 13, n. 25, janeiro-junho de 2010. p. 80.

sistema português, assevera Pedro Romano Martinez[16] que a resolução, nos termos do artigo 436º do Código Civil português[17], pode se fazer mediante declaração unilateral e não precisa de decretação judicial, excepcionadas algumas situações.

Possivelmente por ter compreendido haver mais vantagens do que desvantagens e seguindo a tendência da doutrina e jurisprudência[18], a França, a partir da reforma legislativa do *Code* em 2016, resolveu alterar a necessidade de a resolução do contrato ser decretada judicialmente, permitindo que os contratantes possam, por sua conta e risco, resolver o contrato de forma extrajudicial mediante notificação à contraparte. A lei francesa ressalva os direitos de o devedor impugnar a resolução, hipótese em que o credor deve provar a gravidade do inadimplemento que permitiu a resolução (art. 1.226, do *Code*)[19]. Como bem destacam Ana Perestrelo de

---

16. MARTINEZ, Pedro Romano. *Da cessação do contrato.* 3. ed. Coimbra: Almedina, 2015. p. 171. O autor ressalva, contudo, que "[...] ainda que a resolução seja informal, nada obsta que se recorra a um tribunal para apreciar da sua licitude, mas importa distinguir. Se uma parte resolve o contrato, a contraparte pode impugnar judicialmente a resolução, e se a decisão judicial confirma a validade da declaração, o contrato cessou no momento em que esta chegou ao poder do destinatário e não mediante a intervenção judicial. Diferentemente, se aquele a quem assiste o direito, duvidando da sua existência, em vez de emitir a declaração negocial, intenta uma ação judicial em que pede a apreciação do direito, o contrato cessa com a decisão judicial, se na acção, além da apreciação do direito, também se tiver feito o pedido de resolução do contrato".

17. Art. 436. 1. A resolução do contrato pode fazer-se mediante declaração à outra parte.

18. Segundo Joana Farrajota, desde final do século XIX, tanto a jurisprudência quanto a doutrina francesa se posicionavam favoravelmente pela resolução extrajudicial. Segundo a autora "[...] o próprio fenômeno de extrajudicialização da resolução não é tão recente quanto se possa parecer à primeira vista pensar. De facto, desde finais do século XIX, perante uma situação de urgência ou de estado de necessidade, era já o exercício da resolução por mera declaração à contraparte admitido, tendo a exigência de tais pressupostos aliás cessado posteriormente, em 1998, com a decisão de 13.10.98 da *Cour de Cassation*, conhecida por 'arrêt Tocqueville'. Desde então, o comportamento grave da contraparte passou a constituir fundamento bastante para o exercício extrajudicial da resolução" (FARRAJOTA, Joana. *A resolução do contrato sem fundamento.* Coimbra: Almedina, 2015. p. 34).

19. Article 1226: Le créancier peut, à ses risques et périls, résoudre le contrat par voie de notification. Sauf urgence, il doit préalablement mettre en demeure le débiteur défaillant de satisfaire à son engagement dans un délai raisonnable. La mise en demeure mentionne expressément qu'à défaut pour le débiteur de satisfaire à son obligation, le créancier sera en droit de résoudre le contrat. Lorsque l'inexécution persiste, le créancier notifie au débiteur la résolution du contrat et les raisons qui la motivent. Le débiteur peut à tout moment saisir le juge pour contester la résolution. Le créancier doit alors prouver la gravité de l'inexécution.

Oliveira e Madalena Perestrelo de Oliveira[20], a partir da reforma do *Code* em 2016, o sistema francês aproximou-se do sistema alemão.

Joana Farrajota[21] também demonstra que em outros sistemas onde a resolução é exercida de forma judicial, há uma tendência à extrajudicialização. Nesse sentido, adverte que embora o artigo 1.453 do Código Civil italiano[22] determine a resolução por via judicial, o sistema é "fortemente temperado por um amplo conjunto de exceções, em que é admitido o recurso à resolução extrajudicial". Nesse sentido, cita o artigo 1.454 que permite à parte inadimplente interpelar a contraparte, concedendo-lhe prazo para o cumprimento contratual, findo o qual, o contrato se terá resolvido automaticamente[23]. Além disso, o Código Civil italiano também prevê o uso da cláusula resolutiva expressa e, caso a obrigação não seja adimplida segundo estipulado contratualmente, a resolução se realiza de pleno direito (art. 1.456).

O sistema jurídico brasileiro, com alguma proximidade do italiano, valeu-se de um sistema híbrido. Segundo o artigo 474 do Código Civil, a "cláusula resolutiva expressa opera de pleno direito; a tácita depende de interpelação judicial". Assim, caso o contrato estabeleça cláusula resolutiva expressa, o Código Civil permite a resolução de pleno direito, sem a necessidade de confirmação por sentença judicial. Contudo, na hipótese de cláusula resolutiva tática, a resolução depende de pronunciamento judicial,

---

20. OLIVEIRA, Ana Perestrelo de; OLIVEIRA, Madalena Perestrelo de. *Incumprimento resolutório:* uma introdução. Coimbra: Almedina, 2019. p. 28 e seguintes.

21. FARRAJOTA, Joana. *A resolução do contrato sem fundamento.* Coimbra: Almedina, 2015. p. 34.

22. Art. 1.453. Nei contratti con prestazioni corrispettive, quando uno dei contraenti non adempie le sue obbligazioni, l'altro può a sua scelta chiedere l'adempimento (1) o la risoluzione del contratto (2), salvo, in ogni caso, il risarcimento del danno. La risoluzione può essere domandata anche quando il giudizio è stato promosso per ottenere l'adempimento; ma non può più chiedersi l'adempimento quando è stata domandata la risoluzione. Dalla data della domanda di risoluzione l'inadempiente non può più adempiere la propria obbligazione.

23. Art. 1.454. Alla parte inadempiente l'altra può intimare per iscritto di adempiere in un congruo termine, con dichiarazione che, decorso inutilmente detto termine, il contratto s'intenderà senz'altro risoluto. Il termine non può essere inferiore a quindici giorni, salvo diversa pattuizione delle parti o salvo che, per la natura del contratto o secondo gli usi, risulti congruo un termine minore. Decorso il termine senza che il contratto sia stato adempiuto, questo è risoluto di diritto.

Tal como o sistema brasileiro, o Direito Civil italiano também prevê a possibilidade do uso de cláusula resolutiva expressa e caso a obrigação não seja adimplida segundo estipulado contratualmente, a resolução se realiza de pleno direito (art. 1456).

embora respeitável e recente entendimento doutrinário de Giovanni Ettore Nanni[24] defenda o contrário, ao interpretar o sentido da 'interpelação' contida no dispositivo.

Ao permitir às partes a possibilidade de o contrato ser resolvido de forma automática e sem a necessidade de pronunciamento judicial, a cláusula resolutiva expressa mostra-se relevante mecanismo de alocação dos riscos nos contratos, conferindo dinamismo aos negócios.

Mas nem sempre o Poder Judiciário admitiu a resolução independentemente de pronunciamento judicial, sobretudo quando há inadimplemento no pagamento do preço pelo adquirente em contratos de promessa de compra e venda de bens imóveis[25].

24. Recentemente, Giovanni Ettore Nanni, em tese de vanguarda, defende que mesmo na hipótese de cláusula resolutiva tácita, a resolução opera-se sem a necessidade de pronunciamento judicial. Segundo Nanni, há necessidade de interpretar a expressão 'interpelação judicial' contida no art. 474, do Código Civil. Segundo o autor, a interpelação judicial não significa pronunciamento judicial. Nesses termos entende que "[...] a regra codificada no artigo 474 do Código Civil deve ser interpretada como simples referência, exemplificativa, e não como único e obrigatório veículo resolutório. A interpelação judicial, que é sempre facultada ao lesado pelo inadimplemento absoluto, é uma das opções de que o interessado dispõe, ao lado de formatos extrajudiciais, como por meio de cartório de títulos e documentos, pela remessa postal ou por correio eletrônico, ou ainda diversos modos de comunicação físicos ou digitais, mediante uso de outros recursos tecnológicos, sendo ela também permitida tacitamente. [...] Todavia, ela não necessita ser judicial. [...] É preciso reservar ao tão saturado Poder Judiciário o cumprimento de sua missão precípua, que é a de distribuir justiça, poupando-lhe da atribuição de medidas desprovidas de conflitos, que não demandam qualquer pronunciamento jurisdicional, como é o caso da interpelação". (NANNI, Giovanni Ettore. *Inadimplemento absoluto e resolução contratual:* requisitos e efeitos. São Paulo: Revista dos Tribunais, 2021. p. 503-506).

25. A exemplo disso: "CIVIL E PROCESSUAL CIVIL. RECURSO ESPECIAL. VIOLAÇÃO AO ARTIGO 535 DO CPC. NÃO-OCORRÊNCIA. AÇÃO DE REINTEGRAÇÃO DE POSSE AJUIZADA EM VIRTUDE DE INADIMPLEMENTO DE CONTRATO DE COMPROMISSO DE COMPRA E VENDA. IMPOSSIBILIDADE DE DEFERIMENTO DE ANTECIPAÇÃO DE TUTELA SEM QUE TENHA HAVIDO MANIFESTAÇÃO JUDICIAL ACERCA DA RESOLUÇÃO DO CONTRATO, AINDA QUE ESTE CONTE COM CLÁUSULA RESOLUTÓRIA EXPRESSA. PRINCÍPIO DA BOA-FÉ OBJETIVA. 1. Não há violação ao artigo 535 do CPC quando a Corte de origem aprecia a questão de maneira fundamentada, apenas não adotando a tese do recorrente. 2. É imprescindível a prévia manifestação judicial na hipótese de rescisão de compromisso de compra e venda de imóvel para que seja consumada a resolução do contrato, ainda que existente cláusula resolutória expressa, diante da necessidade de observância do princípio da boa-fé objetiva a nortear os contratos. 3. Por conseguinte, não há falar-se em antecipação de tutela reintegratória de posse antes de resolvido o contrato de compromisso de compra e venda, pois somente após a resolução é que poderá haver posse injusta e será avaliado o alegado esbulho possessório. 4. Recurso provido em parte, para afastar a antecipação de tutela". (STJ, REsp

Em razão da larga utilização da cláusula resolutiva expressa no âmbito dos contratos imobiliários e, ainda, diante da dificuldade imposta pelo Poder Judiciário para a resolução sem a necessidade de pronunciamento judicial, foi editada a Lei 13.097/2015 que, dentre suas medidas (art. 62), alterou o **já referido** art. 1º, do Decreto-Lei **nº** 745/1969[26] para, a toda evidência, corrigir o erro de percurso jurisprudencial, permitindo que a cláusula finalmente atingisse seus objetivos.

Segundo referido dispositivo, nos contratos de compromisso de venda e compra de imóveis *não loteados* e sem cláusula de arrependimento, havendo cláusula resolutiva expressa e uma vez caracterizado o inadimplemento absoluto, a resolução "se operará de pleno direito"[27]. A Lei 13.097/2015, a bem da verdade, não trouxe grandes novidades. Apenas e simplesmente reforça o artigo 474, do Código Civil, ressaltando a aplicação da cláusula resolutiva expressa aos compromissos de compra e venda e cessão de direito de imóveis não loteados.

620.787/SP, Rel. Min. Luis Felipe Salomão, Quarta Turma, julgado em 28/04/2009, *REPDJe* 15/06/2009, *REPDJe* 11/05/2009, *DJe* 27/04/2009)

26. Art. 1º Nos contratos a que se refere o art. 22 do Decreto-Lei n. 58, de 10 de dezembro de 1937, ainda que não tenham sido registrados junto ao Cartório de Registro de Imóveis competente, o inadimplemento absoluto do promissário comprador só se caracterizará se, interpelado por via judicial ou por intermédio de Cartório de Registro de Títulos e Documentos, deixar de purgar a mora, no prazo de 15 (quinze) dias contados do recebimento da interpelação. Parágrafo único. Nos contratos nos quais conste cláusula resolutiva expressa, a resolução por inadimplemento do promissário comprador se operará de pleno direito (art. 474 do Código Civil), desde que decorrido o prazo previsto na interpelação referida no caput, sem purga da mora.

27. A expressão 'de pleno direito' do dispositivo foi criticada por José Roberto de Castro Neves: "[...] o que significa essa resolução 'de pleno direito'? O nome, reconheça-se, tem pompa e perfume. Propriedade de 'pleno direito'. Contrato 'de pleno direito'. Resolução 'de pleno direito'. Dá-se uma ideia que existiria uma gradação entre o 'direito' e o 'pleno direito', tal como o Duque e o Grão-Duque, ou o x-burguer e o super x-burguer – todos matizes imprecisos. Por outro lado, o termo fragiliza o conceito de direito, pois faz uma referência a um direito ainda superior: 'pleno', em contraposição a um 'direito sem qualificação'". (NEVES, José Roberto de Castro. As 'imperfeitas' cláusulas resolutivas. *In:* TERRA, Aline de Miranda Valverde; GUEDES, Gisela Sampaio da Cruz (coord.). *Inexecução das obrigações*: pressupostos, evolução e remédios. v. I. Rio de Janeiro: Processo, 2020. p. 301). Para Ruy Rosado de Aguiar Júnior, contudo, a expressão contida no dispositivo "significa apenas que a resolução se dá independentemente de sentença judicial, mas não dispensa a manifestação do credor, que pode escolher pela extinção ou pela manutenção do contrato." (AGUIAR JÚNIOR, Ruy Rosado. *Comentários ao novo Código Civil,* v. IV, tomo II. Rio de Janeiro: Forense, 2011. p. 399).

Contudo, mesmo em razão da alteração legislativa, alguns julgados do Tribunal de Justiça de São Paulo ainda mantinham entendimento contrário para determinar a necessidade de pronunciamento judicial[28], embora outros também admitissem a resolução extrajudicial[29].

O Superior Tribunal de Justiça, por sua vez, nas últimas décadas, entendia que mesmo havendo cláusula resolutiva expressa, o contrato

28. Nesse sentido: Compra e venda de imóvel – Descumprimento de acordo pela adquirente, que deixou de pagar as parcelas avençadas – Cláusula resolutiva expressa que não opera de pleno direito – Precedentes do Colendo STJ – Reintegração na posse que não pode ser deferida, posto que é mero consectário da resolução contratual, não postulada – Sentença de carência mantida – Recurso desprovido. (TJSP, Apelação Cível 1002269-22.2019.8.26.0004; Rel. A. C. Mathias Coltro; 5ª Câmara de Direito Privado; Data do Julgamento: 11/03/2020; Data de Registro: 12/03/2020). AGRAVO DE INSTRUMENTO – Compra e venda de imóvel – Ação de reintegração de posse – Decisão que deferiu a liminar de reintegração de posse – Insurgência dos réus – Cláusula resolutiva expressa que não produz efeitos automáticos – Posse derivada de relação contratual – Necessidade de resolução do contrato – Precedentes do C. STJ e deste E. Tribunal – Decisão reformada – Recurso provido. (TJSP, AI 2126596-68.2018.8.26.0000; Rel. Egidio Giacoia; 3ª Câmara de Direito Privado; Data do Julgamento: 04/09/2018; Data de Registro: 04/09/2018); AGRAVO DE INSTRUMENTO. Insurgência contra decisão que indeferiu a antecipação de tutela requerida em ação de rescisão contratual c/c pedido de reintegração de posse. Embora o art. 474 do CC preveja que a cláusula resolutiva expressa opera de pleno direito, a apuração do inadimplemento contratual absoluto e a legalidade do dispositivo contratual que embasa o pedido rescisório devem ser mais bem examinados antes do deferimento da reintegração de posse. Ademais, a tutela pleiteada pode causar danos sociais irreversíveis, enquanto sua postergação pode ser facilmente convertida em perdas e danos sem consequências agudas a qualquer dos litigantes. Decisão mantida. RECURSO DESPROVIDO. (TJSP, AI 2100479-74.2017.8.26.0000; Rel. Beretta da Silveira; 3ª Câmara de Direito Privado; Data do Julgamento: 28/11/2017; Data de Registro: 28/11/2017). Agravo de instrumento. Reintegração na posse. Indeferimento da tutela de provisória de urgência. Decisão acertada. Não obstante a existência de cláusula resolutiva expressa e a inadimplência dos agravados, necessária se faz o prévio contraditório. Ausência de urgência, já que os agravados estão na posse do imóvel desde 2018. Requisitos para a antecipação de tutela que não se encontram preenchidos. Agravo desprovido. (TJSP, AI 2005331-94.2021.8.26.0000; Rel. Natan Zelinschi de Arruda; 4ª Câmara de Direito Privado; Data do Julgamento: 11/02/2021; Data de Registro: 26/02/2021).

29. A esse exemplo: "AGRAVO DE INSTRUMENTO. Compromisso de compra e venda de imóvel. Inadimplemento das parcelas do preço. Pedido de tutela antecipada para declarar a rescisão do instrumento firmado e possibilitar a revenda do bem. Indeferimento. Cláusula resolutiva expressa que se opera de pleno direito. Preceptivo do artigo 474 do Código Civil de 2002. Lei n. 13.097/2015 que alterou a redação do Artigo 1º do Decreto-Lei n. 745/1969, dando eficácia à cláusula quando o promissário comprador é interpelado e deixa de purgar a mora no prazo de 15 dias, contados de seu recebimento. Requisitos legais devidamente preenchidos. Presença do perigo da demora e probabilidade do direito. Interlocutória reformada. RECURSO PROVIDO". (TJSP, AI 2224490-78.2017.8.26.0000; Rel. Rodolfo Pellizari; 6ª Câmara de Direito Privado; Data do Julgamento: 15/02/2018; Data de Registro: 15/02/2018).

somente poderia ser resolvido mediante sentença judicial[30]. Ocorre que, mais recentemente, em demanda que envolvia a extinção extrajudicial de compromisso de compra e venda de imóvel rural, a Corte Superior admitiu a resolução sem a necessidade de pronunciamento judicial porque, havendo cláusula resolutiva expressa, o devedor foi intimado a purgar a mora, quedando-se inerte. Embora o julgado não se refira a contrato que envolva relação de consumo (com ressalvas expressas no acórdão), afirmou-se a necessidade de uma revisitação da jurisprudência "a fim de que se estabeleça solução distinta mais condizente com as expectativas da sociedade hodierna, voltadas à mínima intervenção estatal no mercado e nas relações particulares, com foco na desjudicialização, simplificação de formas e ritos e, portanto, na primazia da autonomia privada"[31].

Não se pode dizer que o julgado referido definitivamente altera a posição do Superior Tribunal de Justiça porque, reitere-se, não foi apreciado sob o enfoque de contratos que envolvam relação de consumo, além do destaque de que a votação não foi unânime, tendo sido proferido voto divergente, o que demonstra o elevado grau de controvérsia. Contudo, julgados mais recentes têm demonstrado que esse entendimento vem sendo confirmado pela Corte à medida que apontam que

30. A exemplo disso: "AGRAVO INTERNO NO AGRAVO EM RECURSO ESPECIAL. AÇÃO POSSESSÓRIA E AÇÃO CONSIGNATÓRIA. COMPRA E VENDA DE IMÓVEL. CLÁUSULA RESOLUTIVA EXPRESSA. AUSÊNCIA DE PREQUESTIONAMENTO. NECESSIDADE DE MANIFESTAÇÃO JUDICIAL PARA A RESOLUÇÃO DO CONTRATO. RECURSO NÃO PROVIDO. 1. Observa-se que o tema inserto nos arts. 474 e 475, do Código Civil não foi objeto de debate pela Corte local, tampouco foram opostos embargos de declaração, nesse ponto, a fim de suprir eventual omissão. É entendimento assente no Superior Tribunal de Justiça a exigência do prequestionamento dos dispositivos tidos por violados, ainda que a contrariedade tenha surgido no julgamento do próprio acórdão recorrido. Incidem, na espécie, as Súmulas 282 e 356 do Supremo Tribunal Federal. 2. De qualquer forma, a jurisprudência do STJ entende que é imprescindível a prévia manifestação judicial na hipótese de rescisão de compromisso de compra e venda de imóvel para que seja consumada a resolução do contrato, ainda que existente cláusula resolutória expressa, diante da necessidade de observância do princípio da boa-fé objetiva a nortear os contratos. Precedentes. 3. Agravo interno não provido. (STJ, AgInt no AREsp 1278577/SP, Rel. Min. Luis Felipe Salomão, Quarta Turma, j. 18/09/2018, *DJe* 21/09/2018). Nos termos do julgado: "[...] é imprescindível a prévia manifestação judicial na hipótese de rescisão de compromisso de compra e venda de imóvel para que seja consumada a resolução do contrato, ainda que existente cláusula resolutória expressa, diante da necessidade de observância do princípio da boa-fé objetiva a nortear os contratos".

31. STJ, REsp 1789863/MS, Rel. Min. Marco Buzzi, Quarta Turma, j. 10/08/2021, *DJe* 04/10/2021.

> [...] inexiste óbice para a aplicação de cláusula resolutiva expressa em contratos de compromisso de compra e venda, porquanto, após notificado/interpelado o compromissário comprador inadimplente (devedor) e decorrido o prazo sem a purgação da mora, abre-se ao compromissário vendedor a faculdade de exercer o direito potestativo concedido pela cláusula resolutiva expressa para a resolução da relação jurídica extrajudicialmente[32].

De todo modo, não se negue que a tendência da jurisprudência e da legislação é justamente dispensar a declaração judicial a respeito da resolução do contrato. Além da já citada Lei 13.097/2015, a Lei 14.382/2022 alterou a Lei de Registros Públicos (6.015/1973) para incluir o art. 251-A e permitir que o cancelamento do registro do compromisso de compra e venda seja realizado pelo Cartório de Registro de Imóveis, quando houver falta de pagamento do preço. **É inegável o caminho pela** extrajudicialização, agora reforçada em dispositivo introduzido pelo novo marco legal das garantias.

3. A LEI 14.711/2023 E AS ALTERAÇÕES ADVINDAS À LEI 8.935/1994

A Lei 14.711/2023 ao incluir o art. 7º-A na Lei 8.935/1994 seguiu o caminho legislativo da extrajudicialização e passou a permitir aos tabeliães de notas certificarem, via ata notarial, o implemento ou a frustração de condições e outros elementos negociais (art. 7º-A, inciso I). A lei também admite a certificação da "rescisão do negócio celebrado" (art. 7º-A, § 2º), o que denota que o Tabelião poderá, uma vez inadimplido o preço ou frustrada alguma condição negocial, certificar a ocorrência dos requisitos que permitem a resolução contratual.

Assim, o Tabelião poderá certificar não apenas a inadimplência do preço, mas a constatação de certos acontecimentos que podem levar à resolução do contrato. Como bem observado por Ivan Jacopetti do Lago[33]

---

32. AgInt no REsp n. 1.966.946/MS, Rel. Min. Luis Felipe Salomão, Quarta Turma, j. 26/4/2022, *DJe* de 03/05/2022.

33. LAGO, Ivan Jacopetti do. A ata notarial de constatação do implemento das condições (Lei 8.935/1997, art. 7º-A, I) e seu ingresso no registro de imóveis. *Migalhas*, 18 dez.

> [...] podem ser constatados fatos objetivamente verificáveis, constatáveis ictu oculi pelo notário. Recorde-se que não cabe ao notário realizar juízo de valor sobre os fatos por ele apreendidos. Assim, havendo necessidade de oitiva de testemunhas, elaboração de laudos periciais, ou de qualquer outro elemento que complemente aquilo que o notário capta com seus sentidos, inafastável será o recurso à via judicial, onde a ata poderá ser utilizada como meio de prova, nos termos do Artigo 384 do Código de Processo Civil.

Assim, evidentemente não compete ao tabelião avaliar se o terreno objeto de determinado negócio jurídico está ou não contaminado. Por outro lado, poderá confirmar em sua ata notarial que as partes elencaram, na escritura de promessa de compra e venda, que a avaliação ambiental do terreno seria realizada por determinada empresa, que emitiu laudo confirmando a contaminação do solo, fato que autoriza a resolução do contrato. Também poderá constatar a recusa da Prefeitura Municipal na aprovação do projeto de edificação pretendido, fato que admite a extinção do contrato, pelo incorporador. **É possível ao tabelião** fazer constar da ata notarial que pretensa estação de metrô não foi viabilizada até determinada data, o que frustrou condição comercial estabelecida pelas partes. Pode, ainda, certificar que laudo pericial constatou vícios construtivos no imóvel, condição comercial que permite ao promitente comprador não seguir com o contrato.

A ata notarial também é relevante para confirmar a inadimplência do preço e a presença dos requisitos que autorizam a resolução extrajudicial do contrato. Em nossa opinião, em tal hipótese, o Tabelião deve certificar os seguintes fatos: (i) a ausência do pagamento em seu vencimento; (ii) o regular encaminhamento de notificação para purgação da mora no endereço indicado no contrato (ou endereço eletrônico) e (iii) o transcurso do prazo sem a purgação da mora (fato que configura o inadimplemento absoluto).

2023. Disponível em: https://www.migalhas.com.br/coluna/migalhas-notariais-e-registrais/399099/a-ata-notarial-de-constatacao-do-implemento-das-condicoes. Acesso em: 22 dez. 2023.

Atente-se que não cabe ao Tabelião *declarar* a resolução do contrato. Havendo cláusula resolutiva expressa, notificação para purgação da mora e configuração de inadimplemento absoluto, a resolução é automática ou de pleno direito. Da mesma forma, caso determinado fato estabelecido na condição resolutiva imponha a extinção do contrato, a resolução também é automática (sendo desnecessário, nesse caso, qualquer notificação). O Tabelião apenas lavra ata notarial, confirmando que presenciou a existência dos requisitos que autorizam a resolução contratual, tal como as partes contrataram.

Em nossa opinião, a ata notarial, reputada como prova relevante no Código de Processo Civil (art. 384) será importante na facilitação da resolução extrajudicial, uma vez que atesta os requisitos que autorizam a extinção do vínculo jurídico. A certificação, pelo tabelião de notas, da inadimplência do preço, da ocorrência ou frustração das condições negociais que permitem a resolução do contrato apenas reforça o caminho pela extrajudicialização.

Também é relevante destacar que o art. 7-A, § 1º da Lei 8.935/1994 inova ao permitir que o preço do negócio possa ser recebido ou consignado por meio do tabelião de notas[34], numa espécie de *escrow account*, instrumento mais corriqueiro em transações societárias[35]. Essa interessante ferramenta permitirá que os valores dos contratos de promessa de compra e venda possam ser pagos diretamente no tabelião de notas, que repassará os valores ao promitente vendedor. Todavia, em caso de inadimplência do

34. Lei 8.935/1994. Art. 7º-A, § 1º O preço do negócio ou os valores conexos poderão ser recebidos ou consignados por meio do tabelião de notas, que repassará o montante à parte devida ao constatar a ocorrência ou a frustração das condições negociais aplicáveis, não podendo o depósito feito em conta vinculada ao negócio, nos termos de convênio firmado entre a entidade de classe de âmbito nacional e instituição financeira credenciada, que constituirá patrimônio segregado, ser constrito por autoridade judicial ou fiscal em razão de obrigação do depositante, de qualquer parte ou do tabelião de notas, por motivo estranho ao próprio negócio. (Incluído pela Lei nº 14.711, de 2023).

35. A *escrow account* é utilizada com mais frequência nas aquisições das participações societárias em que há valores expressivos e riscos às partes envolvidas. Assim, o crédito dos valores fica em favor de depositário, que funciona como mandatário das partes e age conforme o regramento contratual, liberando os recursos a uma ou a outra parte conforme as previsões estabelecidas no contrato. Vide mais em BUSCHINELLI, Gabriel Saad Kik. *Compra e venda de participações societárias de controle*. São Paulo: Quartier Latin, 2018. p. 193 e seguintes e SILVA NETO, Antonio Carlos da. O contrato de compra e venda de quotas e a Escrow account. *Revista Jurídica Luso-Brasileira*, n. 4, ano 3, 2017. p. 183-216.

preço ou na ocorrência de frustração das condições negociais e uma vez resolvido o contrato, o Tabelião poderá, avaliando os termos do contrato, permitir que o promitente comprador possa levantar os valores depositados, avaliando os termos do contrato e eventuais descontos decorrentes de cláusula penal ou demais encargos.

CONCLUSÃO

Não obstante o artigo 474, do Código Civil, a jurisprudência e boa parte da doutrina, por muitos anos, entenderam pela necessidade do pronunciamento judicial para declarar a resolução da promessa de compra e venda, ainda que houvesse cláusula resolutiva expressa.

Ocorre que tal necessidade se mostrou inadequada, seja porque retira o dinamismo das relações jurídicas, seja porque, muitas vezes, o promitente comprador, com má-fé, embora inadimplente, ocupava o imóvel por muitos anos, aguardando o trânsito em julgado da ação de resolução. Transitada em julgado a ação de resolução, somente após deferimento de liminar em ação de reintegração de posse é que o imóvel era retomado pelo promitente vendedor. Essa solução também não era vantajosa ao promitente comprador porque, ao final, sofria elevada condenação pela fruição do imóvel ao longo do trâmite da ação judicial.

Também não **é razoável** que a frustração ou ocorrência de determinada condição negocial seja aferida exclusivamente por um magistrado. Se o fato em questão pode ser constatado sem a emissão de juízo de valor, nada obsta que o tabelião de notas narre fatos jurídicos por ele presenciados.

Assim, as recentes alterações legislativas e, agora, a inclusão do artigo 7º-A na Lei 8.935/1994, demonstram que há uma busca pela extrajudicialização da resolução contratual. A jurisprudência, do mesmo modo, tem permitido que a resolução ocorra sem a necessidade de pronunciamento judicial desde que, evidentemente, os seus requisitos sejam atendidos.

Em nossa opinião, a ata notarial referida no artigo 7º-A será prova relevante para que os contratantes comprovem a presença dos requisitos que autorizam a resolução do contrato, seja em razão da inadimplência do pagamento do preço, seja pela ocorrência ou frustração das condições negociais aplicáveis.

REFERÊNCIAS BIBLIOGRÁFICAS

AGUIAR JÚNIOR, Ruy Rosado de. *Extinção dos contratos por incumprimento do devedor (resolução).* 2. ed. Rio de Janeiro: AIDE, 2004.

AGUIAR JÚNIOR, Ruy Rosado. *Comentários ao novo Código Civil*, v. IV, tomo II. Rio de Janeiro: Forense, 2011.

ANTUNES VARELA, João de Matos. *Das obrigações em geral*, v. II. 7. ed. Coimbra: Almedina, 2006.

AZEVEDO JÚNIOR. José Osório de. *Compromisso de compra e venda.* 5. ed. São Paulo: Malheiros, 2006.

BUSCHINELLI, Gabriel Saad Kik. *Compra e venda de participações societárias de controle.* São Paulo: Quartier Latin, 2018.

FARRAJOTA, Joana. *A resolução do contrato sem fundamento.* Coimbra: Almedina, 2015.

GOMES, Orlando. *Contratos.* 26. ed. Atualizado por Antonio Junqueira de Azevedo e Francisco Paulo de Crescenzo Marino. Rio de Janeiro: Forense, 2008.

LAGO, Ivan Jacopetti do. A ata notarial de constatação do implemento das condições (Lei 8.935/1997, art. 7º-A, I) e seu ingresso no registro de imóveis. *Migalhas*, 18 dez. 2023. Disponível em: https://www.migalhas.com.br/coluna/migalhas-notariais-e-registrais/399099/a-ata-notarial-de-constatacao-do-implemento-das-condicoes. Acesso em: 22 dez. 2023.

LOUREIRO, Francisco Eduardo. Três aspectos atuais relativos aos contratos de compromisso de venda e compra de unidades futuras. *In*: GUERRA, Alexandre Dartanhan de Mello (coord.). *Estudos em homenagem a Clóvis Beviláqua por ocasião do centenário do Direito Civil codificado no Brasil.* v. 2. São Paulo: Escola Paulista da Magistratura, 2018. v. 2, p. 722-723.

MARTINEZ, Pedro Romano. *Da cessação do contrato.* 3. ed. Coimbra: Almedina, 2015.

MARTINS-COSTA, Judith. *A boa-fé no direito privado.* 2. ed. São Paulo: Saraiva, 2018.

NANNI, Giovanni Ettore. *Inadimplemento absoluto e resolução contratual:* requisitos e efeitos. São Paulo: Revista dos Tribunais, 2021.

NEVES, José Roberto de Castro. As 'imperfeitas' cláusulas resolutivas. *In:* TERRA, Aline de Miranda Valverde; GUEDES, Gisela Sampaio da Cruz (coord.). *Inexecução das obrigações*: pressupostos, evolução e remédios. v. I. Rio de Janeiro: Processo, 2020.

OLIVEIRA, Ana Perestrelo de; OLIVEIRA, Madalena Perestrelo de. *Incumprimento resolutório:* uma introdução. Coimbra: Almedina, 2019.

PINHEIRO FRANCO, Antônio Celso; PINHEIRO FRANCO José Roberto. Cláusula resolutiva expressa: o exato sentido do art. 119 do CC/1916 e dos arts. 128 e 474 do Diploma Substantivo de 2002. *Revista do Instituto dos Advogados*, ano 13, n. 25, janeiro-junho de 2010.

REIS JÚNIOR, Antonio dos. *A promessa de compra e venda de imóveis:* os efeitos do inadimplemento em perspectiva civil-constitucional. São Paulo: Almedina, 2018.

SILVA NETO, Antonio Carlos da. O contrato de compra e venda de quotas e a Escrow account. *Revista Jurídica Luso-Brasileira*, n. 4, ano 3, 2017. p. 183-216.

TERRA, Aline de Miranda Valverde. *Cláusula resolutiva expressa.* Belo Horizonte: Fórum, 2017.

TERRA, Aline de Miranda Valverde; BANDEIRA, Paula Greco. A cláusula resolutiva expressa e o contrato incompleto como instrumentos de gestão de riscos nos contratos. *In:* TEPEDINO, Gustavo; TEIXEIRA, Ana Carolina; ALMEIDA, Vitor (coord.). *Da dogmática à efetividade do Direito Civil:* Anais do Congresso Internacional de Direito Civil Constitucional - IV Congresso do IBDCivil. 2. ed. Belo Horizonte: Fórum, 2019.

TERRA, Aline de Miranda Valverde; NANNI, Giovanni Ettore. A cláusula resolutiva expressa como instrumento privilegiado de gestão de riscos contratuais. *Revista Brasileira de Direito Civil - RBDCivil.* Belo Horizonte. v. 31. n.1, jan/março 2022.

USTARRÓZ, Daniel. A resolução do contrato no novo Código Civil. *Revista Jurídica*, n. 304, ano 51, fevereiro de 2003.

21

A ATA NOTARIAL DE CONSTATAÇÃO DO IMPLEMENTO DAS CONDIÇÕES (LEI 8.935/1994, ART. 7º-A, I) E SEU INGRESSO NO REGISTRO DE IMÓVEIS

Ivan Jacopetti do Lago

Bacharel, mestre e doutor em Direito Civil pela Faculdade de Direito da USP. Pós-graduado pelo CeNOR – Centro de Estudos Notariais e Registrais da Universidade de Coimbra e pela Universidade Autónoma de Madri (Cadri 2015). 4º Oficial de Registro de Imóveis de SP. Coordenador Editorial do IRIB. Diretor Acadêmico da ARISP e da Anoregsp. Professor de Direito Civil na FADITU.

As condições são elementos acidentais dos negócios jurídicos consistentes em estipulações que sujeitam os efeitos deste negócio – ou a sua resolução – a um evento futuro e incerto. Sendo elementos acidentais, não têm autonomia, com o que devem sempre integrar um negócio jurídico.

Tratando-se de negócio que tenha por objeto bens imóveis, as condições que o subordinem ingressarão no Registro de Imóveis juntamente com o título que transmitir ou onerar o bem. Com isso, qualquer que seja sua modalidade – suspensiva ou resolutiva[1] – não será objeto de assento

1. A respeito do ingresso no Registro de Imóveis das condições em si, em especial das condições suspensivas, cf. Ivan Jacopetti do Lago, *As Condições Suspensivas e o Registro de Imóveis*, in, *Boletim IRIB em Revista* (354) (2016).

autônomo, mas, ao contrário, deverá ser mencionada no corpo do próprio ato que registra ou averba o título que a contem.

O implemento da condição – ou seja, a ocorrência do evento futuro e incerto – importará efeitos de suma relevância para o negócio, que se projetam no próprio direito real: sendo suspensiva a condição, a ocorrência do evento implicará a aquisição da propriedade ou constituição do direito real, acerca do qual seu agora titular anteriormente somente tinha uma expectativa; por outro lado, sendo resolutiva, implicará a sua extinção.

Em qualquer dos dois casos o resultado no Registro de Imóveis será a prática de um ato de averbação, destacando-se que em se tratando de condição resolutiva, a averbação terá por conteúdo o cancelamento do registro prejudicado.

Já Serpa Lopes[2] reconhecia que estes fatos poderiam ingressar no Registro de Imóveis com base no requerimento unânime das partes; ou, ainda, mediante requerimento unilateral, desde que acompanhado de prova documental do consentimento de todos – por exemplo, em uma cláusula resolutiva vinculada ao pagamento do preço (o antigo "pacto comissório", do Código Civil de 1916), caberia ao termo de quitação este mister. Tratando-se de requerimento unilateral solicitando a averbação do implemento de condição resolutiva, esta prova documental faria mesmo as vezes do "documento hábil" de que trata o artigo 250, III, da Lei 6.015/1973.

Por outro lado, ainda segundo Serpa Lopes, não sendo possível obter este consenso, quer fosse ele exarado no próprio requerimento, quer fosse em um documento complementar, não haveria outro meio de se confirmar o negócio, na condição suspensiva, ou de se cancelar o registro, na condição resolutiva, fora da via judicial.

Há, todavia, certos fatos jurídicos cuja prova se faz com documentos autênticos e que gozam de presunções legais. Tenha-se, por exemplo, o óbito. Consistindo a condição no falecimento de certa pessoa antes do adquirente de um bem, demonstrada pela respectiva certidão de óbito; ou, ainda, pela realização de uma construção no terreno, demonstrada pelo

2. Cf. Miguel Maria de Serpa Lopes, *Tratado dos Registros Públicos*, Vol. III, 4a Ed., Rio de Janeiro, Freitas Bastos, 1960, p, 375.

respectivo habite-se, não haveria nenhuma razoabilidade em se exigir um processo judicial para verificação do implemento da condição.

Nessa toada, a Lei 14.711/2023, ao inserir na Lei 8.935/1994 o Artigo 7º-A, I, tornou ainda mais abrangente o escopo de eventos futuros e incertos que podem ser carreados ao Registro de Imóveis sem necessidade de recurso ao Poder Judiciário. Referido dispositivo atribui ao tabelião de notas a certificação do implemento ou frustração de condições apostas a negócios jurídicos, com o que será possível a produção de um documento autêntico – uma ata notarial – que ateste os fatos que, nos termos do negócio, estariam destinados a subordinar sua eficácia.

Assim, havendo, por exemplo, condição suspensiva, tornou-se possível a prática do ato da averbação que confirma a eficácia do ato com base na apresentação a registro e qualificação positiva da respectiva ata notarial; por outro lado, havendo condição resolutiva, a ata foi agora erigida em "documento hábil" a autorizar o cancelamento a requerimento do interessado, nos termos do Artigo 250, III, da Lei 6.015/1973.

Não há nisso grande novidade: em já citado trabalho publicado em 2016 já havíamos defendido a conveniência da adoção da ata notarial em casos semelhantes[3]. Observe-se que na Espanha desde ao menos os anos 1940 com base na Resolução de 10 de Janeiro de 1944, da Direção Geral dos Registros e Notariado – já se vinha admitindo o ingresso no registro do implemento das condições até mesmo pela notoriedade do fato em questão[4]. Mais recentemente, a Resolução de 25 de Janeiro de 2010 da mesma Direção reiterou o seu entendimento, acrescentando ainda o ingresso por documento público que dê fé da ocorrência do fato.

A delimitação dos fatos jurídicos que podem ser, por essa via, levados ao Registro de Imóveis é determinado pelas próprias limitações da ata notarial. Podem ser constatados fatos objetivamente verificáveis, constatáveis *ictu oculi* pelo notário. Recorde-se que não cabe ao notário realizar juízo

3. cf. Ivan Jacopetti do Lago, *As Condições Suspensivas e o Registro de Imóveis*, in, *Boletim IRIB em Revista* (354) (2016).
4. Cf. Jose Maria Chico y Ortiz, *Estudios Sobre Derecho Hipotecario*, Vol. I, 2ª Ed., Zaragoza, Marcial Pons, 1989, p. 483.

de valor sobre os fatos por ele apreendidos[5]. Assim, havendo necessidade de oitiva de testemunhas, elaboração de laudos periciais, ou de qualquer outro elemento que complemente aquilo que o notário capta com seus sentidos, inafastável será o recurso à via judicial, onde a ata poderá ser utilizada como meio de prova, nos termos do Artigo 384 do Código de Processo Civil.

Em observância do princípio da legalidade, tendo a ata notarial conteúdo que ultrapasse estes limites, deverá o registrador qualificá-la negativamente, exigindo o consentimento da outra parte, ou decisão judicial.

A tramitação no registro de imóveis segue o procedimento geral: protocolo, qualificação e averbação (em caso de qualificação positiva) ou devolução (em caso de qualificação negativa). É importante se ter claro que nas condições resolutivas a ocorrência do evento futuro e incerto implica a resolução de pleno direito do negócio, independente de interpelação, ou até mesmo do conhecimento das partes[6]. Dessa maneira, tendo sido o fato objetivamente constatado, o ingresso da resolução no Registro de Imóveis independerá de anuência, ou mesmo da interpelação, da parte prejudicada. Destaque-se que diferentemente do que fez com a Execução Extrajudicial da Alienação Fiduciária em Garantia de Bens Móveis, com a Execução Extrajudicial dos Créditos Garantidos por Hipoteca, ou com a Execução Extrajudicial de Garantia Imobiliária com Concurso de Credores, a Lei 14.711/2023 não previu qualquer tipo de procedimento notificatório, ou mesmo contraditório abreviado, para a constatação do implemento da condição pelo notário, ou para seu acolhimento pelo Registro de Imóveis.

Em conclusão, tem-se com a novidade mais um capítulo no caminho da desjudicialização que vem sendo empreendida no Direito Brasileiro. Oxalá sirva como meio de facilitação da vida das pessoas e correção de injustiças.

---

5. Cf. Leonardo Brandelli, *Teoria Geral do Direito Notarial*, 4ª Ed., São Paulo, Saraiva, 2011, p. 353.

6. Cf. Micaela Barros Barcelos Fernandes, *Distinção Entre a Condição Resolutiva e a Cláusula Resolutiva Expressa: Repercussões na Falência e na Recuperação Judicial*, in, *Revista Brasileira de Direito Civil* (20) (2019).

22

"*ESCROW* NOTARIAL": PRIMEIRAS IMPRESSÕES

> Then I saw in the right hand of him who sat on the throne a scroll with writing on both sides and sealed with seven seals. And I saw a mighty angel proclaiming in a loud voice, "Who is worthy to break the seals and open the scroll?"
>
> (Apocalipse, 5:1,2)

Alexandre Kassama

Notário em São Paulo-SP. Mestre em Direito pela USP. Membro da Academia Notarial Americana.

Sumário: Introdução; 1. A função da *escrow*: complexidade e tempo nas relações contratuais sinalagmáticas e aproximação com institutos do direito continental; 2. A estrutura da *escrow*: a obrigação enquanto processo e a eficácia específica da "delivery" no *common law;* 3. Perfil subjetivo e objetivo da *escrow* notarial e peculiaridades da disposição brasileira; Conclusão; Referências bibliográficas.

INTRODUÇÃO

A recente Lei nº. 14.711, de 30 de outubro de 2023, reformulou as garantias imobiliárias da alienação fiduciária e da hipoteca, além de trazer nova forma de execução da garantia da alienação fiduciária sobre bens móveis, sobretudo de veículos, com o que ficou irremediavelmente conhecida pelo nome de novo "Marco Legal das Garantias".

Sem tantos holofotes, foram também instituídas novas disposições na Lei 8.935, de 18 de novembro de 1994, as quais visaram dar maior fluidez e previsibilidade às transações negociais em geral, com destaque para os mercados de precatórios e recebíveis judiciais (art. 6º-A) e para a aproximação das partes nos diversos momentos do iter contratual (art. 7º-A). Neste último caso, as partes passaram a poder contar com um notário de sua confiança para o acompanhamento das diferentes fases da execução até seu adimplemento, sendo normatizada a possibilidade de certificação de condições negociais pelo notário (art. 7º-A, §2º), a utilização de espécie de "escrow account" notarial (art. 7º-A, §1º), e a realização de conciliação, mediação e arbitragem notarial (Art. 7º-A, inciso III e §3º).

Nesse sentido, o Legislador enxergou soluções para além do recital tradicional de "menos intervenção" e "mais liberdade", que não raro se traveste de mera exortação de "autoajuda empresarial"[1] sem maior alcance jurídico-prático, reconhecendo que, algumas vezes, as melhores opções para o adequado desenvolvimento do mercado podem estar, mesmo, fora do mercado, como através da atuação de um notário público.

Assim, mais do que tratar apenas de garantias, a nova lei inovou ao trazer verdadeira infraestrutura auxiliar ao desenvolvimento das relações negociais no direito brasileiro, muito antes de elas atingirem vicissitudes que demandem a execução de suas garantias, donde poderia ser entendida como um novo "marco legal das relações negociais" em geral.

Apesar de terem sido pensadas em conjunto, com enorme potencial para a aplicação articulada de todas as novas medidas inseridas na Lei 8.935/94, o presente texto se deterá especificamente no tema da "escrow notarial", a qual, embora assim não nomeada expressamente pelo novo §1º do art. 7º-A[2], sugere relevantes aproximações com o instituto de direito

1. V. SILVA FILHO, O. da *MP 881:* Liberdade econômica e autoajuda empresarial. 03.05.2019. Disponível em https://www.jota.info/opiniao-e-analise/artigos/liberdade-economica-e-autoajuda-empresarial-03052019. Acesso em 12.01.2024.

2. § 1º O preço do negócio ou os valores conexos poderão ser recebidos ou consignados por meio do tabelião de notas, que repassará o montante à parte devida ao constatar a ocorrência ou a frustração das condições negociais aplicáveis, não podendo o depósito feito em

estrangeiro, hoje mundialmente difundido. Como se verá, o §1º ora estudado também possui proximidade com o §2º[3] do mesmo novo artigo – "certificação de condições" –, e com a própria função notarial, enquanto intervenção de um terceiro imparcial na relação jurídico-econômica privada.

1. A FUNÇÃO DA *ESCROW*: COMPLEXIDADE E TEMPO NAS RELAÇÕES CONTRATUAIS SINALAGMÁTICAS4 E APROXIMAÇÃO COM INSTITUTOS DO DIREITO CONTINENTAL

O contrato pode ser entendido, em grande medida, como uma expectativa em relação ao futuro. Por meio dele, as partes delimitam aquilo que esperam que, em um específico campo de sua relação, seja concretizado futuramente. Assim, ao travar uma relação contratual, o que se busca é reduzir o número de possíveis alternativas comportamentais, referenciando um programa comum que passa a guiar aquilo que deve ser, e se espera que seja, concretizado por meio da relação pautada pelo Direito.

Nesse sentido, a relação contratual e o contrato em si podem ser analisados enquanto sistema, separando esta específica realidade dos demais elementos pressupostos para sua existência e operação[5].

---

conta vinculada ao negócio, nos termos de convênio firmado entre a entidade de classe de âmbito nacional e instituição financeira credenciada, que constituirá patrimônio segregado, ser constrito por autoridade judicial ou fiscal em razão de obrigação do depositante, de qualquer parte ou do tabelião de notas, por motivo estranho ao próprio negócio.

3. § 2º O tabelião de notas lavrará, a pedido das partes, ata notarial para constatar a verificação da ocorrência ou da frustração das condições negociais aplicáveis e certificará o repasse dos valores devidos e a eficácia ou a rescisão do negócio celebrado, o que, quando aplicável, constituirá título para fins do art. 221 da Lei nº 6.015, de 31 de dezembro de 1973 (Lei de Registros Públicos), respeitada a competência própria dos tabeliães de protesto.

4. Deixa-se aqui de lado o espectro de contratos não sinalagmáticos, pois, para um estudo introdutório, formam os contratos sinalagmáticos o principal campo de utilização da conta "escrow".

5. Que seriam, assim, o "meio", o "ambiente" do sistema. V. LUHMANN, N. *Sistemas sociais.* Esboço de uma teoria geral. Tradução de Antonio Luz Costa, Roberto Dutra Torres Junior e Marco Antonio dos Santos Casanova. Petropolis: Vozes, 2016. p. 51. Para um estudo mais detalhado da relação contratual enquanto sistema complexo, v. COSTA, J. A. F. *Complexidade e contratos:* uma introdução. In: COSTA, J.A.F.; RIBEIRO, M. R. de S.; XAVIER JUNIOR, E. C. (orgs.) *Complexidade e contratos:* enfoques teóricos e possibilidades metodológicas. Curitiba: IODA, 2023. p. 13-24.

Dessa perspectiva, o sistema contratual se originaria a partir da interação entre dois focos de incerteza constituídos pelos polos contratuais[6], sendo o contrato o instrumento originário de proposição de expectativas para as partes em relação ao futuro, objetivando, como em qualquer sistema, a redução da complexidade desordenada do estado anterior ao próprio contrato em prol de uma maior complexidade ordenada derivada da estrutura contratual[7] e comportamental[8] a partir de então referenciada[9].

De uma perspectiva macro, e deixando de lado todo o plexo de expectativas fornecido na relação real por outros subsistemas sociais, como o político, o religioso, o econômico, ou expectativas gerais sem um referencial preciso, o sistema jurídico seria o subsistema social responsável por lidar com a condensação generalizada de *expectativas normativas*[10]. Para o que nos importa, as regras contratuais que determinam o "dever-ser" da relação seriam então as expectativas a serem mantidas contrafaticamente. Nas palavras de Luhmann,

> A diferenciação entre o cognitivo e o normativo não é definida em termos semânticos ou pragmáticos, (...) mas sim em termos funcionais, tendo em vista a solução de um determinado problema. **Ela aponta para o tipo de antecipação da absorção de desapontamentos** (...). **Ao nível cognitivo são experimentadas e tratadas as expectativas que, no caso de desapontamentos, são adaptadas à realidade. Nas expectativas normativas**

6. Por uma questão de didática, nos limitamos aqui à hipótese padrão de dois polos contratuais, não tratando ainda dos contratos plurilaterais.
7. Expectativas "normativas", v. infra.
8. Expectativas "cognitivas", v. infra.
9. Embora se parta de uma exposição didática com diferenciação entre os tipos de expectativa segundo sua proximidade com a norma jurídica e o comportamento específico da parte, na relação real é mais comum que ambas se encontrem indiferenciadas, conformando as tradicionais contratações informais e no modelo do que se espera porque "sempre foi assim". Sobre essa indiferenciação, v. LUHMANN, N. *Sociologia do Direito I.* Tradução de Gustavo Bayer. Rio de Janeiro: Tempo brasileiro, 1983. p. 53-65.
10. "O direito não é primariamente um ordenamento coativo, mas sim um alívio para as expectativas. O alívio consiste na disponibilidade de caminhos congruentemente generalizados para as expectativas, significando uma eficiente indiferença inofensiva contra outras possibilidades, que reduz consideravelmente o risco da expectativa contrafática." LUHMANN, N. *Sociologia do Direito I.* Tradução de Gustavo Bayer. Rio de Janeiro: Tempo brasileiro, 1983 p. 115.

> **ocorre o contrário: elas não são abandonas se alguém as transgride. (...) Dessa forma as expectativas cognitivas são caracterizadas por uma nem sempre consciente disposição de assimilação em termos de aprendizado, e as expectativas normativas, ao contrário, caracterizam-se pela determinação em não assimilar os desapontamentos.**[11]

O Direito seria o subsistema social responsável pelo tratamento e manutenção das expectativas normativas apesar de suas possíveis e eventuais frustrações: ao violar a norma, não se muda a norma, mas se pune o violador, garantindo a manutenção fiável da expectativa para o futuro[12]. Em outras palavras,

> as normas são expectativas de comportamento estabilizadas em termos contrafáticos. Seu sentido implica na incondicionalidade de sua vigência (...) independentemente da satisfação fática ou não da norma. O símbolo do 'dever ser' expressa principalmente a expectativa dessa vigência contrafática.[13]

De forma bastante simplificada, o contrato estipula o perfil das expectativas normativas que, de alguma maneira, embora nem sempre aderente à realidade, as partes esperam ter consensualmente estabelecido em conjunto, de modo que, a priori, cada parte espera que a outra parte possua a mesma compreensão que a sua em relação ao que esperar de cada um com referência àquele plano contratual a ser executado no futuro[14]. Esse "esperar", por sua vez, se mantém, em decorrência do sistema jurídico, apesar da possibilidade de defraudação: não se fazem contratos acreditando que eles serão descumpridos, ainda que essa seja uma possibilidade. Precisamente

11. LUHMANN, N. op. cit. p. 56. grifo nosso.
12. Novamente, deixa-se de lado aqui, por uma questão de didática para os fins propostos por este artigo, outros mecanismos de tratamento da expectativa para além do âmbito temporal.
13. LUHMANN, N. op. cit. p. 57.
14. É o problema da dupla contingência: "dois complexos com perspectivas divergentes para a constituição daquilo que atua como unidade (elemento) no sistema." V. LUHMANN, N. *Sistemas Sociais.* Esboço de uma teoria geral. Tradução de Antonio Luz Costa, Roberto Dutra Torres Junior e Marco Antonio dos Santos Casanova. Petropolis: Vozes, 2016. p. 58.

o contrário, o desenvolvimento "normal" do contrato é a sua solução pelo adimplemento[15].

Inobstante, e apesar de a execução imediata ser a regra em nosso sistema[16], é comum que entre o estabelecimento do esperado e a sua concretização no plano fático, medeie um intervalo temporal no qual o adimplemento contratual, embora determinado pela expectativa normativa, se encontra em um estado de potencial incerteza. E a própria dilatação temporal, somada a outros fatores, como a falta de confiança na contraparte[17], ou a forma de redação do instrumento[18], podem ensejar uma situação de contingência que necessitará ser tratada para que se possa manter a credibilidade da expectativa e, assim, o contrato como forma de orientação válida à atuação das partes na realidade fática.

Para arrefecer a incerteza e liberar o sistema para "acreditar" na expectativa entabulada sem maiores sobrecargas, existem os mais diversos expedientes jurídicos.

A escritura pública, assim como o processo judicial, são mecanismos cujo design é especificamente planejado para o tratamento de tais dificuldades num espectro que abrange desde a adequada identificação das partes, a publicidade dos atos ali produzidos, até as formas ritualísticas por eles utilizadas[19].

---

15. "as relações obrigacionais unas ou simples extinguem-se normalmente em consequência de factos que atingem de forma directa os efeitos do negócio, isto é, as obrigações em si. Entre estes, como sabemos, *o cumprimento representa o modo comum ou usual e mais importante de satisfação do direito do credor.*" ALMEIDA COSTA, M. J. de. *Direito das Obrigações*. 12. ed. Coimbra: Almedina, 2013. p. 1092. Grifo nosso.

16. Arts. 134 e 331 do Código Civil.

17. "Parece que la confianza personal sólo se forma donde és necesaria". LUHMANN, N. *Confianza.* Tradução para o Espanhol de Amada Flores. Santiago: Pontificia Universidad Católica, 2005. p. 78.

18. Em especial, v. RODRÍGUEZ ADRADOS, A.; ROJAS MONTES, L.; SOLÍS VILLA, I. *La necesidad social de la imparcialidad del redactor del contrato*. In: *Revista de Derecho Notarial*. CXVI. Abr-Jun, 1982. p. 227-402, onde se explica que "El entendimiento de la labor asesora del notario como jurisprudencia cautelar, viene determinado por el momento de su inserción en el iter formativo del instrumento público: 'el notario – nos dice SALA – asiste al nacimiento del sinalagma genético y en este nacimiento hace la función de catalizador'".

19. V. LUHMANN, N. *Legitimação pelo procedimento.* Tradução de Maria da Conceição Côrte-Real. Brasília: Universidade de Brasília, 1980. Embora sem um estudo semelhante para a escritura, parece que alguns dos instrumentos utilizados pelo procedimento, sobretudo o

Nesses termos, o Direito não se pode manter contrafaticamente se não houver o mínimo de salvaguardas. Em outras palavras, a expectativa por ele criada deve ser minimamente razoável, sob pena de se deteriorar e deixar de cumprir seu papel enquanto expectativa normativa[20]. Para lidar com essas possibilidades na relação contratual, existem os mais diversos mecanismos de reforço da posição jurídica daquele que espera, sendo este o papel das garantias[21] em sentido jurídico. Além disso, para a específica questão temporal no cumprimento das obrigações nos contratos bilaterais, tem-se, antes ainda do eventual inadimplemento, o reforço da posição jurídica do expectante através do estabelecimento de ordens para o cumprimento das prestações, criando, destarte, uma dissociação temporal entre elas, seja por meio de uma ordem legal normativamente imposta, seja pela própria iniciativa das partes.

A partir do estabelecimento da relação contratual com obrigações correspectivas, a grande questão para cada polo de expectativas passa a ser então o tempo até que cada uma das prestações possa se concretizar ou se frustrar, encerrando o sistema contratual *ad hoc* construído com a finalidade de lidar com essa potencial incerteza[22]. A partir do momento que ao menos uma das expectativas é concretizada, alivia-se totalmente

judicial, para neutralizar o dissenso também se fazem presentes, com as mesmas funções, nas escrituras, tais como a publicidade dos atos, a dissociação dos papéis das partes nos atos daqueles ocupados em geral na sociedade e o controle centrado em uma figura imparcial.

20. "as expectativas normativas não estão atadas à sua proclamada resistência à assimilação. A possibilidade de perseverança interna de expectativas repetidamente desapontadas tem seus limites. As placas de estacionamento proibido cercadas pelos carros parados acabam por não mais provocar expectativas normativas, mas tão-só cognitivas: olha-se para ver se há algum policial por perto." LUHMANN, N. *Sociologia do Direito I*. Tradução de Gustavo Bayer. Rio de Janeiro: Tempo brasileiro, 1983. p. 63.

21. "uma noção geral de garantia em virtude de sua função**: proteger contra um risco**, por meio da sujeição. (...) **O termo garantia**, em seu sentido mais amplo, tem caráter proteiforme e multifuncional, mas **sua definição funcional corresponde à tutela de um risco. Adquire função de garantia o conjunto de mecanismos destinados a mitigar as consequências de um risco**, em Direito Privado, pela sua atribuição ao garantidor." SILVA, F. R. P. e. *Garantia das obrigações*: uma análise sistemática do Direito das Garantias e uma proposta abrangente para a sua reforma. São Paulo: IASP, 2017. p.55-57. Grifo nosso.

22. Também se deixa de lado aqui a possibilidade de contratos cativos de longa duração, sem prejuízo ao raciocínio uma vez que "as obrigações apresentam-se em regra como vínculos de curta duração ou transitórios, que não são queridos em si mesmos, antes nascem para se extinguir." ALMEIDA COSTA, M. J. de. op. cit. p. 991.

a disposição para sua defraudação, assumindo a contraparte todo o risco restante do sistema contratual[23-24-25].

A própria lei acaba por prever para alguns tipos contratuais a ordem das prestações de forma a pré-determinar a assunção do risco segundo uma disposição "*id quod plerumque accidit*". Assim, na compra e venda, primeiro paga-se, para depois receber o bem[26]. De outra sorte, na prestação de serviços, primeiro presta-se para depois receber a paga[27]. Em ambos

23. O risco é, assim, entendido como a possibilidade de defraudação da expectativa decorrente de uma ponderação de alternativas existentes ao momento da tomada de decisão. Para uma descrição do risco na semântica moderna, v. LUHMANN, N. *Risk:* a sociological theory. Tradução para o inglês de Rohdes Barrett Berlin. Nova Iorque: De Gruyter, 1993.

24. "A possibilidade de exercício simultâneo das prestações parece se acomodar bem dentro da lógica do desenvolvimento paralelo da relação obrigacional. Afinal, qualquer parte pode exigir da outra o cumprimento imediato da prestação. Ocorre, entretanto, que se uma das partes exigir o cumprimento da outra sem ter antes cumprido com sua prestação, é possível haver um desequilíbrio deste sinalagma funcional. Isso porque, **mesmo que o devedor também possa exigir do outro a sua contraprestação, haveria uma distribuição desigual de risco de inadimplemento** – sem prévia concordância das partes quanto a isso." BIAZI, J. P. DE O. DE. *A exceção de contrato não cumprido no Direito Privado Brasileiro*. Rio de Janeiro: GZ, 2019. p. 108. Grifo nosso.

25. Para exemplificar a ideia do risco envolvendo o cumprimento antecipado por qualquer das partes, permissa venia, seja consentido recordar uma experiência pessoal do autor que configura um verdadeiro "dilema do prisioneiro" no campo da execução de prestações correspectivas. Trata-se da situação padrão de rebeliões em penitenciárias em que o ápice da tensão é atingido no momento da troca de prisioneiros. Em geral, a única garantia que os presos rebelados possuem em relação à sua própria integridade física são as pessoas que são capazes de tomar como reféns. O processo de negociação até que seja possível a entrega dos reféns e o término da rebelião envolve, talvez como nenhum outro, um misto de construção de expectativas e confiança erigidos mais ou menos ad hoc da forma mais intensa possível em todos os processos negociais. O autor presenciou algumas delas ao longo de sua curta atuação como defensor público, muitas vezes servindo como terceiro imparcial a garantir a fiabilidade das prestações negociadas de lado a lado. V. "Paraná enfrenta onda de revoltas em presídios. UFPR. 18.12.2014. Disponível em https://jornalcomunicacao.ufpr.br/parana-enfrenta-onda-de-revoltas-em-presidios/. Acesso em 19.01.2024. E "DPPR auxilia na liberação de refém mantido na PEP II". Defensoria Pública do Paraná. 15.01.2014. Disponível em https://www.defensoriapublica.pr.def.br/Noticia/DPPR-auxilia-na-liberacao-de-refem-mantido-na-PEP-II. Acesso em 19.01.2024. Para um estudo mais profundo sobre as relações de confiança surgidas na comunidade prisional entre Estado e população carcerária, que exemplificam talvez como nenhuma outra a forma nem sempre suficientemente sublinhada de miscigenação das expectativas normativas e cognitivas, v. DARKE, S. *Comunidades prisionais autoadministradas:* o fenômeno Apac. In: *Revista Brasileira de Ciências Criminais*. Vol. 107/2014. Mar-abr 2014. p. 357-376.

26. Art. 491 do Código Civil.

27. Art. 597 do Código Civil.

os contratos acaba por se pré-determinar normativamente a parte responsável pelo risco do incumprimento subsequente[28].

Essas normas, contudo, estão longe de perfazer regramento suficiente, uma vez que as partes podem dispor de forma diferente, sendo as normas sobre tempo de cumprimento dispositivas, ao mesmo tempo em que uma grande quantidade de contratos não encontra uma regra específica sobre a ordem do pagamento.

Justamente para lidar com o risco do incumprimento no tempo é que se criou a famosa "exceptio non adimpleti contractus".

A *exceptio* tem origem medieval, nos glosadores e pós-glosadores que passaram a ver no esquema de prestações e contraprestações manifestações da justiça contratual como um raciocínio edificante em abstrato do instituto, presente em toda relação contratual bilateral, para além de uma exigibilidade independente de cada obrigação, como se entendia até então no modelo anterior romano[29].

28. Na realidade social, a grande maioria dos contratos não encontra um cumprimento simultâneo, estando no mais das vezes normatizado legal ou costumeiramente o tempo de cada prestação. "As reservas legais aparecem em contratos típicos importantes do nosso ordenamento. É o caso, por exemplo, da compra e venda à vista, que estabelece ordem nas prestações em caso de silêncio das partes: o comprador deve primeiro pagar o preço para depois ser exigível a entrega da coisa pelo vendedor (art. 491 do Código Civil). A regra da simultaneidade também se encontra afastada no contrato de prestação de serviços (art. 597 do Código Civil) e na locação de bens imóveis (art. 23, I da Lei 8.245/1991). Também escapa da regra geral da simultaneidade os contratos com execução de dever de prestar que depende naturalmente de tempo ou que é feita em lugar diverso daquele em que se celebrou o negócio jurídico (segunda parte do art. 134 do Código Civil) (...) Se a reserva à regra geral de simultaneidade não é feita por lei, não são poucas as vezes que as partes empregam esforços para estabelecer convenções particulares que dão ordem às prestações. Como exemplo, citam-se os modelos negociais elaborados pela Fédération Internationale des Ingénieurs-Conseils (FIDIC) para contratos de construção. Em todos os modelos sugeridos pela FIDIC, uma extensa cláusula é dedicada a apontar o momento de cumprimento de cada dever de prestar. (...) Os próprios usos e costumes também colaboram por integrar contratos em que se verifica a prática reiterada de ordem nas prestações. É o que se verifica, por exemplo, nos restaurantes a la carte, que costumeiramente atendem os pedidos dos clientes antes de exigir o pagamento da conta." BIAZI, J. P. DE O. DE. *A exceção de contrato não cumprido no Direito Privado Brasileiro*. Rio de Janeiro: GZ, 2019. p. 189-191.

29. "Trata-se da união da contribuição do glosador Acúrsio, que sustenta a matéria de defesa como exceptio; com a contribuição do pós-glosador Bártolo, que estende a exceptio mercis non traditae para os contratos bilaterais. Partindo destes ensinamentos, em 1560 o conselheiro Fr. Marcus reuniu em uma coletânea de sentenças de diversos parlamentos europeus da época e, pela primeira vez, utilizou a expressão exceptio non adimpleti contractus para designar a exceção de inexecução idealizada pelos glosadores e comentadores. Surgia

Em decorrência da ideia de justiça contratual e da própria figura do contrato em abstrato que surgia separado dos tipos específicos até então utilizados na praxis romana, a absorção da exceptio na França emerge a partir da conhecida estrutura de condições resolutivas tácitas, decorrentes, em última análise, da necessidade de justiça em cada relação: se a parte que se obrigou a cumprir não cumpre, tem a outra parte o direito sempre presente de resolver o contrato e consequentemente sua própria obrigação, mantendo assim a justiça contratual que se veria abalada se tivesse de cumprir a sua própria parte sem ter recebido a respectiva contraprestação[30]. Ora, se se pode resolver, também se pode simplesmente evitar temporariamente a própria prestação – *exceptio non adimpleti.*

A *exceptio* e a própria condição resolutiva tácita do sistema francês cumprem assim uma função específica que no sistema do Common Law foi, por sua vez, absorvida pela figura da "escrow account". Vale dizer, a *escrow* surge como equivalente funcional de tais institutos do Civil Law em algumas transações do direito inglês, tendo exatamente a mesma função: aliviar a carga de risco da parte expectante nas relações contratuais com prestações dissociadas no tempo, ou, em jargão jurídico, salvaguardar o sinalagma funcional do contrato para que concretize o plano do sinalagma genético desenhado em sua origem. *Exceptio non adimpleti* e sua correspondente antagônica *solve et repete*, bem como a certificação de ocorrência

aí a terminologia que acompanharia o instituto até os nossos tempos". BIAZI, J. P. DE O. DE. *A exceção de contrato não cumprido no Direito Privado Brasileiro*. Rio de Janeiro: GZ, 2019. p. 49.

30. A ideia de cláusula resolutiva tácita nos moldes franceses está presente até hoje em nosso ordenamento no art. 474. Ao impor a necessidade de apreciação judicial para a resolução da relação, o que subjaz ao raciocínio legal é a necessidade de avaliação da quebra dos pressupostos de justiça da relação contratual, o que demandaria análise específica em cada caso concreto. "Dois são os sistemas admitidos: o francês e o alemão. Pelo sistema francês, o contrato não se resolve de pleno direito. Se uma das partes não cumpre as obrigações que lhe incumbem, a outra pode optar entre exigir o cumprimento, quando possível, ou pedir a resolução do contrato, pleiteando, concomitantemente, a indenização das perdas e danos. O que caracteriza esse sistema é que a resolução tem de ser pedida ao juiz, requerendo, por conseguinte, sentença judicial. (...) Substancialmente, distingue-se por exigir a intervenção judicial para a resolução do contrato. (...) O sistema alemão, ao contrário, admite a resolução sem intervenção judicial. O contrato resolve-se de pleno direito. Se um dos contratantes não cumpre suas obrigações, pode o outro declarar resolvido o contrato, independentemente de pronunciamento judicial, funcionando a cláusula tácita como verdadeira condição." GOMES, O. *Contratos*. 26. ed. Atualizadores Antonio Junqueira de Azevedo e Francisco Paulo De Crescenzo Marino. Rio de Janeiro: Forense, 2009. p. 207.

de certas condições se encontram absorvidos funcionalmente na figura da *escrow account* e do agente de *escrow* nos ordenamentos que assim o preveem[31].

Não deixa de ser curioso verificar que as antigas Ordenações Filipinas chegaram a sugerir uma espécie escrow "em minuta" no próprio regramento da compra e venda. No item 4.5.1 do Título V do Livro IV, onde consta que "E' por quanto, tanto que a compra e venda for acabada per cousentimento das partes, deve o vendedor entregar primeiro a cousa vendida ao comprador. E depois o comprador lhe deve logo pagar o preço. Se o vendedor recuzar entregar a cousa vendida ao comprador, receando de nao poder delle haver o preço, e o comprador nao confiar no vendedor, duvidando ao haver delle a cousa comprada, em lhe primeiro pagar o preço. **Mandamos, que a cousa vendida e o preço sejam entregues em mão de homem fiel, o qual tanto que de tudo fór entregue, faça as partes contentes, dando ao vendedor o preço, e ao comprador a cousa**". (grifo nosso)

2. A ESTRUTURA DA *ESCROW*: A OBRIGAÇÃO ENQUANTO PROCESSO E A EFICÁCIA ESPECÍFICA DA "DELIVERY" NO *COMMON LAW*

Se a função da *escrow* até hoje está no mesmo local em que se encontram, nos ordenamentos do Civil Law, a cláusula resolutiva tácita, a *exceptio non adimpleti contractus* e a sua antagônica, solve et repete[32], a sua estruturação histórica decorre, por sua vez, de algumas formalidades inerentes à necessidade de demarcação da eficácia dos negócios jurídicos, em especial, os translativos da propriedade.

31. Considerando que muitos dos glosadores, inclusive aquele considerado o primeiro grande mestre da Escola de Bolonha – Irnério – eram notários, é digno de relevo o arco histórico que liga os institutos derivados de sistemas jurídicos distintos na exceção de contrato não cumprido à agora instituída escrow notarial, o que talvez seja favorecido pelo próprio papel historicamente marcado do notário na intermediação das relações negociais privadas naquele tempo e ainda hoje.

32. Para a aproximação da escrow com a exceptio, v. FELIU REY, J. *El contrato de escrow*. Pamplona: Aranzadi, 2021. p. 212, para quem, a escrow, "Estaría actuando, en cierta manera, como un mecanismo de aplicación de la excepción non adimpleti contractus".

O próprio termo "escrow" se refere a um mero "pergaminho", "scroll"[33], em contraposição ao termo "deed", que enseja a percepção de produção de eficácia jurídica. O mecanismo pelo qual o mesmo pedaço de papel é recebido como mero scroll, e não *deed*, por sua vez, se relaciona com o iter de adimplemento contratual no Common Law que, no direito brasileiro, se descreveu na tese de Clóvis do Couto e Silva da obrigação como processo[34].

Segundo Clóvis,

> A obrigação é um processo, vale dizer, dirige-se ao adimplemento, para satisfazer o interesse do credor. A relação jurídica, como um todo, é um sistema de processos. Não seria possível definir a obrigação como ser dinâmico se não existisse separação entre o plano do nascimento e desenvolvimento e o plano do adimplemento. A distância que se manifesta, no mundo do pensamento, entre esses dois atos, e a relação funcional entre eles existente, é que permite definir-se a obrigação como fizemos.[35]

Como acima explicitado, o contrato enquanto norma é apenas um mecanismo estático de fixação de expectativas construído sob o sinalagma genético das prestações. Se estas expectativas e prestações serão, ou não, cumpridas, é realidade fática que se encontra no âmbito do processo ao adimplemento, tema do chamado sinalagma funcional. Até o adimplemento são praticados diversos atos que conformam um verdadeiro processo polarizado pelo interesse último do credor que, no limite, ensejou o próprio contrato em sua origem. Nas obrigações de dar, o adimplemento se encontra na transmissão da coisa. No sistema brasileiro, a transmissão imobiliária ganha efeitos *erga omnes* a partir do registro imobiliário, embora até lá, seja necessário realizar diversos atos preparatórios e devidos,

33. E daí a epígrafe que encabeça este texto, não apenas por se referir ao "scroll", mas também por ser vista por algumas interpretações teológicas como o trecho bíblico que fundamenta uma verdadeira conta escrow em que as bençãos do povo cristão são recebidas em troca do sangue de Cristo e conforme condições a serem preenchidas.

34. COUTO E SILVA. C. V. do. *A obrigação como processo*. Rio de Janeiro: FGV, 2006.

35. COUTO E SILVA, C. V. do. op. cit. p. 167.

inclusive o próprio negócio jurídico dispositivo[36]. No processo de adimplemento do Common Law, por sua vez, a eficácia jurídica de alguns atos específicos, entre eles o de transmissão imobiliária, dependeria do momento da "delivery", que seria o ato pelo qual, mediante a entrega física do documento assinado e selado ao comprador[37], o vendedor expunha a público a sua intenção de transmitir, gerando a eficácia pretendida[38].

Explicando o conceito de "delivery", leciona Herbert Tifanny:

> this term serving to designate the final act by which one who has previously signed the instrument, or both signed and sealed it, signifies his intention that the instrument, shall have a legal operation, and so realizes his intention in fact. Conveyances of land,

36. Apontando a doutrina a localização deste na escritura pública. V. VANZELLA, R. D. F. *O contrato e os direitos reais*. São Paulo: RT, 2012. p.257 e 329: "Todos os negócios jurídicos de atribuição patrimonial inter vivos são, por princípio, contratos." e, tratando da dicotomia compromisso de compra e venda x escritura: "tivesse a doutrina diferenciado a categoria do contrato de disposição da categoria do contrato obrigacional, teria percebido que o processo obrigacional preparatório da transmissão da propriedade já está todo estabelecido pelo compromisso de compra e venda e só o acordo de transmissão da propriedade – necessariamente celebrado por escritura pública (art. 108 CC/2002) – é postergado, e não assim um inútil contrato 'definitivo' de compra e venda" Ainda, METTLACH-PINTER, J. C. *Summa divisio do Direito Civil patrimonial*. Estrutura, sistematização e sentido da distinção entre direitos reais e obrigacionais. Curitiba: Juruá, 2023. p.416-417: "por mais que, teoricamente, a escritura designe apenas uma forma externa, a tradição tende a utilizar o mesmo termo para designar o negócio de disposição. (...) escritura pública é empregada no sentido de negócio de disposição. (...) A criação do registro foi um requisito que se adicionou à escritura, sem que nada fosse tirado dela."

37. Tratando da formalidade para que se tenha um "deed" conforme o ritual dos "act under seal", Gino Gorla explica que "Es um documento firmado, sellado y entregado: 'signed, sealed and delivered'. En esto consiste la forma. La ceremonia de poner el sello y entregar el documento indica que la persona se identifica con su deed (con su acto) y compromete en ello la propia personalidad." GORLA, G. *El contrato*. Estudio de Derecho Comparado. Tradução de Jo´se Ferrandis Vilella. Santiago: Olejnik, 2018. p. 523. No mesmo sentido, BURKE, B.; BURKHART, A. M.; GALLANIS T.; HELMHOLZ, R.H. *Fundamentals of property law*. 4. ed. Durham: Carolina Academic Press, 2015. p.503-506: "A deed is effective only if (1) the grantor had a present intent to convey a property interest to the grantee, (2) the grantor delivered the deed to the grantee, and (3) the grantee accepted the conveyance (...) the essential fact to render delivery effective always is that the deed itself has left the control of the grantor, who has reserved no right to recall it, and it has passed to the grantee".

38. Exposição a público que também se encontra na famosa passagem bíblica de Jeremias que pode ser assim entendida como a antecedente longeva da "delivery": "Peguei a escritura, a cópia selada com os termos e condições da compra, bem como a cópia não selada, e entreguei essa escritura de compra a Baruque, filho de Nerias, filho de Maaséias, na presença de meu primo Hanameel, das testemunhas que tinham assinado a escritura e de todos os judeus que estavam sentados no pátio da guarda." Jeremias, 32:11.

> including leases, contracts under seal, mortgages of land and of chattels, deeds of gift, insurance policies, and promissory notes, take effect by delivery.[39]

Adiciona o autor que a construção da referida fase de adimplemento deriva diretamente do direito continental europeu:

> the view that a transfer of land could be effected by means of the manual transfer of a writing was originally adopted in England to but a limited extent, but in so far as the courts recognized the effectiveness of a written instrument for the purpose of transfer or of contract, they adopted the continental conception of a physical change of possession thereof as a prerequisite to its legal operation, and accordingly the necessity of delivery became established in connection with various classes of written instruments as they came to be recognized by the courts.[40]

A questão nos parece mais ligada ao formalismo presente no direito germânico para a transmissão da propriedade imóvel, sendo irresistível a aproximação da entrega do documento, como ato formador da transmissão da propriedade, com a *traditio chartae* medieval, documentada nas escrituras notariais da Alta Idade Média[41]. Trata-se de figura condensadora dos antigos mecanismos da *auflassung* e da *gewere* germânica junto ao uso corriqueiro, já no período justinianeu do Direito Romano, de se formalizar a *stipulatio* por escrito, estando todos eles mesclados na praxis notarial do direito comum[42].

---

39. TIFFANY, H. T. *Delivery and acceptance of deeds*. In: Michigan Law Review. Vol. 17. N. 2. 1918. p. 103-126.
40. TIFFANY, H. T. op. cit. p. 104.
41. "Hay una gran masa de diplomas de los siglos VI, VII y posteriores que en su texto mencionan expresamente la stipulatio. Hay grupos de documentos que no la mencionan, conteniendo, en cambio, la traditio chartae. Para Brunner y sus seguidores, la traditio chartae era la misma stipulatio en su degeneración bizantina." NUÑES LAGOS, R. *Hechos y derechos en el documento público*. Madri: Instituto Nacional de Estudios Jurídicos, 1950. p. 91
42. Também aproximando o deed enquanto ato assinado, selado e entregue à traditio chartae, GORLA, G. op. cit. p. 524: "El deed (...) es un acto formal (...) es el acto propio para la conveyance en general, 'de derechos reales inmobiliarios'. El civil law, en el que ha desaparecido la institución medieval de la carta o de la traditio chartae, tampoco conserva una forma de esta naturaleza, capaz de servir para todos aquellos distintos tipos de negocio."

Pela *auflassung*, o vendedor se despojava do bem, deixando costumeiramente sua declaração por escrito depositada no imóvel a que se referia. Pela *gewere*, o adquirente dele se apropriava, levando o documento que no imóvel se encontrava depositado. Era a "*levare chartam*"[43]. Quando não realizada no imóvel, bastava a entrega do documento, a "*traditio chartae*"[44]. O paralelo com a "delivery" anglo-saxã é gritante.

No direito continental, esse ritualismo da entrega foi progressivamente sendo absorvido, tal qual anteriormente o fora a declaração oral da *stipulatio* romana, pela redação autoral do notário, sendo substituída a efetiva ocorrência dos atos materiais pela declaração com fé pública do funcionário autorizado. A entrega foi se tornando simbólica, passando para o mero "tocar com as mãos" o documento até finalmente passar a mera cláusula escrita. "El terno del instrumento absorbe a los actos"[45], e vem desde essa época longínqua algumas cláusulas padrões das escrituras notariais que hoje mais parecem mero arcaísmo, sendo, em verdade, preciosos vestígios da genealogia de nossos institutos: "Rolandino encabeza su fórmula dispositiva: dedi, vendidi et tradidi"[46], ou os nossos atuais, "por esta vende, como vendido tem", ou, como preferiu o Legislador na Lei 14.711/2023, parafraseando a praxis comum notarial, "transmitir domínio, direito, posse e ação"[47].

A ausência de um funcionário público e de um instrumento solene acabou fazendo com que o Common Law desenvolvesse uma série de mecanismos específicos para lidar com a dificuldade de fixação do momento da transmissão da propriedade, adimplemento obrigacional com realização dos efeitos de direito real[48]. Essa a razão da manutenção histórica da

43. NUÑES LAGOS, R. op. cit. p. 108.

44. *Idem, ibidem.*

45. NUÑES LAGOS, R. op. cit. p. 117.

46. *Idem, ibidem.*

47. Art. 9º, § 9º, inciso II.

48. Modernamente, o sistema do Common Law se distanciou do esqueomorfismo histórico da entrega física formal do documento, sendo aceito qualquer ato tendente a demonstrar a intenção de produção de eficácia do documento por parte de seu autor. V. TIFFANY, H. T. op. cit. p. 104-106. Essa profusão de atos passíveis de demonstrar a delivery, contudo, deu origem a uma multiplicação de presunções jurisprudenciais de casos a caracterizar ou não a eficácia decorrente da delivery que, aos olhos de um observador externo acostumado às

delivery no direito inglês, que surge, assim, cobrindo parcialmente a função da certeza decorrente do instrumento público continental em mais um caso de equivalência funcional, ainda que extremamente limitada.

Por outro lado, em decorrência dessa manutenção da "*traditio chartae*" fisicamente realizada, e não meramente constante da escritura, foi possível o desenvolvimento de um mecanismo auxiliar amortecedor dos efeitos imediatos da transmissão real enquanto não formalizado o pagamento: a entrega em *escrow*.

Para que a delivery se aperfeiçoasse, transformando o documento escrito em *deed*, ou seja, autorizando-o a produzir sua específica eficácia jurídica, era necessária a entrega física a quem de direito. Para evitar esse efeito, bastava que a entrega não fosse realizada. Se se pretendesse, por outro lado, salvaguardar o próprio comprador de que a entrega seria feita quando fosse o momento adequado – após o cumprimento do pagamento, por exemplo – bastava, como no mecanismo das Ordenações Filipinas acima citado, que o documento fosse entregue a terceiro, verdadeiro depositário não só do documento, mas da confiança de ambas as partes, no que se tem a configuração da *escrow* em sua essência: não a guarda dos valores, mas do próprio título objeto da venda, a ser retransmitido, ou não, conforme haja a certificação de ocorrência ou frustração de determinadas circunstâncias. Conforme a lição de Jorge Feliu Rey:

> basándose en los textos históricos, se tiene noticia escrita de esta figura desde la primera mitad del siglo XV en Inglaterra. (...) El término escrow, como scroll y scrawl, es una palabra procedente del francés-normando, que significaba, originalmente, una pieza o rollo de pergamino o papel. Como expondremos más adelante, se refiere, principalmente, a la escritura (deed) que no ha adquirido

---

formalidades da escritura pública, exsurgem como uma involução estrutural que acaba por gerar mais dificuldades do que benefícios em sua ampla liberdade. De fato, a escritura é o mecanismo formal pelo qual se extinguem as dúvidas sobre a intenção e implemento da transferência de propriedade nos sistemas que a adotam, tornando desnecessário qualquer recurso a presunções e regras de julgamento. Trata-se de um potente desenvolvimento que cerra uma parte específica do processo de adimplemento em um momento pontual e formal isento de confusão com qualquer outro ato praticado no desenvolvimento obrigacional. Para o papel da escritura e seu caráter de completude, v. RODRÍGUEZ ADRADOS, A. *Princípios notariais*. Tradução de Gabriela Saciloto Cramer. Diadema: JS Gráfica, 2023. p. 137-170.

> todos sus efectos legales o que no es legalmente operativa por falta de entrega a la otra parte (delivery), por lo que no tiene la consideración de deed sino de escrow. En el Derecho anglo-americano, esta figura aparece relacionada, principalmente, con los denominados writings under seal.[49]

Nesse sentido, tem-se aqui a estrutura padrão de todo contrato de escrow até hoje: uma entrega a um terceiro (*first delivery*) com sua posterior entrega ao beneficiário (*second delivery*), ou devolução ao depositante inicial (*redelivery*), conforme o implemento ou não de condições a serem verificadas pelo terceiro[50].

Toda *escrow* possui, assim, duas entregas e ao menos uma certificação de condições entre elas. A primeira entrega, por parte do disponente – *first delivery* –, a qual se dá em caráter cautelar a terceiro, sendo este terceiro um agente imparcial que não é parte do contrato principal ("*thrid-party stranger rule*"), e que verificará a realização ou não das condições dispostas neste contrato para que se proceda à segunda entrega – *second delivery* – ou a restituição – *redelivery*. Assim:

> Generally, an escrow agreement is created in a formal contract between the parties, setting forth the conditions and contingencies under which the instruments deposited in escrow are to be delivered and to take effect. However, no precise form of words is necessary to create an escrow but it must appear from all the facts and circumstances surrounding the execution and delivery of the instruments that they were not to take effect until certain conditions are performed. A valid escrow agreement is a triangular arrangement. **First there must be a contract between the seller and the buyer agreeing to the conditions of a deposit, then then must be delivery of the items on deposit to the escrow agent, and he must agree to perform the function of receiving and dispersing the items.** (...) **as a depository for the funds and documents necessary for the sale, an escrow agent is a fiduciary for the buyer and the seller.**[51]

49. FELIU REY, J. op. cit. p. 22-23.
50. FELIU REY, J. op. cit. p. 20.
51. BURKE, B.; BURKHART, A. M.; GALLANIS T.; HELMHOLZ , R.H. op. cit. p. 576-582. Grifo nosso.

Nesse esquema tem-se a caracterização da *escrow* a partir de um perfil objetivo, relativo à entrega e guarda do bem por terceiro, e de um perfil subjetivo, relativo à confiança depositada pelas partes neste terceiro em seu papel de verificador competente das condições a serem realizadas para a segunda entrega ou devolução do bem ao primeiro depositário. Em decorrência dessa caracterização, doutrina internacional e jurisprudência veem a *escrow* em um misto de depósito, mandato e prestação de serviços[52]. Além disso, trata-se de contrato funcionalmente acessório, sendo, no mais das vezes, a prestação do contrato principal que originou a necessidade de utilização da *escrow* o próprio objeto de depósito.

Ora, dado que o momento de eficácia da transação imobiliária no sistema continental se encontra unido na manifestação do ato dispositivo pela escritura pública[53], prescindindo da entrega do contrato, bem como considerando o próprio papel do notário enquanto terceiro imparcial a formalizar e concertar todas as partes no âmbito da transação por ele fabricada juridicamente, nada mais natural que pelas condições em que

52. Com amplas referências, v. FELIU REY, J. op. cit. p. 80 e ss. Tratando a escrow como depósito "irregular, inominado e atípico, com função de garantia", v. MARQUES FILHO, V. de P.; GIMENES, A. G. *A ação de depósito e o contrato de escrow nas operações de fusões e aquisições.* Disponível em http://www.publicadireito.com.br/artigos/?cod=4206e38996fae402. Acesso em 19.01.2024.

53. E não é trivial o efeito "irretratável da escritura" que nas Ordenações Filipinas e no Código Beviláqua era assim disposto: "se algumas pessoas fizerem contracto de venda, ou de outra qualquer convença, e ficarem para fazer scriptura desse contracto antes que se a tal scriptura faça, se póde arrepender e arredar da convença o que havia de fazer a scriptura. E isto haverá lugar, quando o contracto fôr tal, que segundo Direito não possa valer sem scriptura, e que a scriptura seja de substancia do contracto, assi como nos contractos que se devem fazer e insinuar e em contracto emphyteutico de cousa Ecclesiastica e em outros, que segundo Direito são de semelhante qualidade e condição" (Título XIX do Livro IV das Ordenações) "quando o instrumento público for exigido como prova do contrato, qualquer das partes pode arrepender-se, antes de o assinar, ressarcindo à outra as perdas e danos resultantes do arrependimento, sem prejuízo do estatuído nos art. 1.095 a 1.097" (art. 1.088 do CC/16). O que nos parece é que a verdadeira pretensão dos referidos artigos, diferente do quanto normalmente interpretado, não foi dar ares de irretratabilidade ao negócio obrigacional, mas, antes, estipular de forma específica que pelo exercício do negócio dispositivo, localizado na escritura, não mais seria possível retornar ao status quo ante, sem que fosse realizado, agora pela contraparte, novo negócio dispositivo. Essa eficácia específica do negócio dispositivo se assemelharia, aqui, à "delivery" do sistema anglo-saxão.

caracterizada a transmissão, a *escrow* se desenvolva, em nosso sistema, precipuamente ante notários[54].

3. PERFIL SUBJETIVO E OBJETIVO DA *ESCROW* NOTARIAL E PECULIARIDADES DA DISPOSIÇÃO BRASILEIRA

Conforme o novo art. 7º-A, §1º, da Lei 8.935/94,

> § 1º O preço do negócio ou os valores conexos poderão ser recebidos ou consignados por meio do tabelião de notas, que repassará o montante à parte devida ao constatar a ocorrência ou a frustração das condições negociais aplicáveis, não podendo o depósito feito em conta vinculada ao negócio, nos termos de convênio firmado entre a entidade de classe de âmbito nacional e instituição financeira credenciada, que constituirá patrimônio segregado, ser constrito por autoridade judicial ou fiscal em razão de obrigação do depositante, de qualquer parte ou do tabelião de notas, por motivo estranho ao próprio negócio.

Estão presentes, assim, o perfil subjetivo do contrato de *escrow* na certificação de condições e na confiança das partes no tabelião de sua escolha (art. 8º da mesma lei[55]), e o perfil objetivo na consignação dos valores e na sua constituição enquanto patrimônio segregado.

Em relação ao primeiro perfil, apesar da novidade legislativa, fato é que o tabelião já fazia as vezes de *gatekeeper* da operacionalização das relações negociais muito antes de sua promulgação. A própria possibilidade de se instrumentalizar a relação por escritura pública já submete o negócio

---

54. Em movimento que também se observou, ante os notários espanhóis, italianos e outros. V. TRUYOLS, A. D. *El notario como depositario de fondos para el pago de ciertos negocios jurídicos.* Disponível em https://www.elnotario.es/practica-juridica/9618-el-notario-como-depositario-de-fondos-para-el-pago-de-ciertos-negocios-juridicos. Acesso em 02.02.2024. E TAGLIAFERRI, V. *Il conto corrente dedicato e i conseguenti oblighi in capo al notaio.* 13.03.2018. Disponível em https://i2.res.24o.it/pdf2010/Editrice/ILSOLE24ORE/QUOTIDIANO_FISCO/Online/_Oggetti_Correlati/Documenti/2018/03/22/Studio419-2017Cvt.pdf?uuid=c74d-21f4-2d40-11e8-8456-ccf9bd2228a6#:~:text=PETRELLI%2C%20Il%20deposito%20del%20prezzo,caparra%20di%20un%20contratto%20preliminare. Acesso em 02.02.2024.

55. Art. 8º É livre a escolha do tabelião de notas, qualquer que seja o domicílio das partes ou o lugar de situação dos bens objeto do ato ou negócio.

a um controle de ordem pública, que poucas vezes cintila aos olhos de um observador desatento. Um negócio que passa de minuta a escritura é um negócio já avaliado adequadamente pelo notário que entendeu que sua formalização é adequada para a produção dos efeitos que se pretendem[56]. Além disso, no próprio iter da formação da escritura é comum que algumas condições sejam verificadas pelo tabelião como requisitos para a sua formalização – "delivery" em sentido anglo-saxão – sem que tal seja melhor desenvolvido pela doutrina enquanto função de certificação.

Com efeito, na estrutura padrão da conta *escrow*, os negócios são submetidos a diversas condições cujo auferimento se dá ao longo da relação contratual, após sua adequada formalização, se encontrando assim no período de atuação do sinalagma funcional. Na maior parte das escrituras, em outro sentido, o negócio só "passa para o livro", só se torna efetivamente formalizado por escritura pública, quando cumpre todos os requisitos necessários para tanto, antes, portanto, da formalização. Na maior parte das vezes, o que a *escrow* notarial instrumentalizará será então o mero pagamento contra a assinatura do ato, mas todos os requisitos necessários para a eficácia do negócio – disponibilidade do bem, eventuais autorizações judiciais ou administrativas, conjunção de fatores adequados de representação ou presentação das partes etc. – já terão sido previamente preenchidos anteriormente ao nascimento do próprio sinalagma genético. Esse perfil subjetivo de controle das condições do negócio se imiscui na própria função do notariado enquanto polícia da regularidade dos atos jurídicos privados com potencial para afetar terceiros[57], o que mais uma

56. CAMPILONGO, C. F. *Função social do notariado*: eficiência, confiança e imparcialidade. São Paulo: Saraiva, 2014. p. 75, para quem a atuação notarial constitui verdadeiro "bem público", aportando "eficácia probatória, redução de litigiosidade, interação com outros ramos da administração pública, benefícios para futuros negócios com o mesmo bem, recolhimento de tributos, certeza jurídica, redução de custos de transação, proteção do consumidor". Também a célebre exposição de Carnelutti comparando o notário ao defensor em CARNELUTTI, F. *La figura juridica del notario*. Conferência na Academia Madrilenha do Notariado. Maio de 1950. In: *Teoría del Derecho Notarial*. Lima: Gaveta Notarial, 2021. p. 123-149

57. Interessante comparativo fornece a figura do "agente fiduciário" presente nas emissões de dívidas a mercado. Tendo o objetivo de proteger os credores, normalmente hipossuficientes em relação à sociedade emissora da dívida, a CVM já teve oportunidade de se manifestar sobre a necessidade de se manter o agente fiduciário em emissões de dívidas cujos credores fossem parte do mesmo grupo econômico do emissor, tendo, a princípio, entendido pela sua desnecessidade. Posteriormente, contudo, reviu sua posição, apontando que a dívida poderia circular, demonstrando, assim, que o próprio mercado reconhece

vez faz ressoar a figura do notário como agente privilegiado para a instrumentalização de tal contrato.

Mais próximas da realidade estrangeira do contrato de *escrow*, a prática notarial se encarregou de criar soluções, normalmente por meio de cláusulas específicas, para situações em que fosse necessária uma prévia formalização por escritura pública de algum negócio sem que todas as condições específicas fossem passíveis de verificação no momento de sua instrumentalização, dependendo, assim, de uma constatação *a posteriori*[58].

Nesse sentido, as procurações em causa própria, forma tradicional de transmissão de imóveis da população de baixa renda, só ganham vida em escrituras de transmissão final quando o notário é capaz de vincular cada procuração a um negócio jurídico subjacente já quitado, sendo esta uma típica verificação de condição como normalmente se interpreta no contrato estrangeiro: o pagamento contra a "*delivery*".

Também o cumprimento de negócios celebrados em vida pela parte que vem a falecer antes de outorgar a escritura se dá por meio de escrituras de nomeação de inventariante com poderes específicos para tanto, só sendo tal modelo possível quando verificado igualmente o negócio subjacente cumprido[59], sob pena de burla, inclusive, ao tributo *causa mortis*.

Em ambos os casos o que se tem é a figura do tabelião como *gatekeeper* do cumprimento de condições do negócio para que se possa proceder à sua instrumentalização na forma devida para alcançar a eficácia jurídica necessária– como na delivery e sua entrega em *escrow* anglo-saxã. Pode-se dizer que por meio de certas cláusulas e procedimentos, o que se tinha era

que eventuais obrigações que possam afetar terceiros em dados mercados dependem da atuação de agentes imparciais em sua fiscalização, não sendo puros negócios particulares entre as partes que imediatamente transacionam. V. LOUREIRO, N. M. *O agente fiduciário como gatekeeper*. São Paulo. Dissertação (Mestrado). FGV/SP, 2021. p. 27.

58. V. o nosso *A cláusula-mandato em escrituras públicas translativas imobiliárias*. In: ADAMEK, M. V. Von; MARINO, F. P. DE C.; SILVA FILHO, O. Da. (orgs.) *Cláusulas Contratuais*. São Paulo: Almedina, no prelo.

59. V. Enunciado 48 da I Jornada de Direito Notarial e Registral do CJF/STJ: O inventariante nomeado pelos interessados poderá, desde que autorizado expressamente na escritura de nomeação, formalizar obrigações pendentes do falecido, a exemplo das escrituras de rerratificação, estremação e, especialmente, transmissão e aquisição de bens móveis e imóveis contratados e quitados em vida, *mediante prova ao tabelião*. (Grifo nosso)

o depósito "em *scroll*" do negócio jurídico dispositivo ao fiel cumprimento do tabelião: só se poderia lavrar escritura se verificado o prévio atendimento da prestação anterior, e mesmo sem a parte praticante do negócio dispositivo que se faria presente quer por representação convencional - na procuração em causa própria –, quer por seu inventariante nomeado em comum acordo pelos herdeiros.

Essa possibilidade de obtenção do título que por qualquer razão se tornou pendente a partir da delibação do próprio tabelião foi também reconhecida de maneira ampla com o novo provimento relativo à ata de adjudicação compulsória que reconheceu entre os expedientes a constarem da ata lavrada pelo notário uma gama bastante diversa de situações que, no limite, confirmam seu poder geral de certificação de condições:

> Art. 440-G. Além de seus demais requisitos, para fins de adjudicação compulsória, a ata notarial conterá:
>
> I - a referência à matrícula ou à transcrição, e a descrição do imóvel com seus ônus e gravames;
>
> II - a identificação dos atos e negócios jurídicos que dão fundamento à adjudicação compulsória, incluído o histórico de todas as cessões e sucessões, bem como a relação de todos os que figurem nos respectivos instrumentos contratuais;
>
> III - **as provas do adimplemento integral do preço ou do cumprimento da contraprestação à transferência do imóvel adjudicando;**
>
> IV - **a identificação das providências que deveriam ter sido adotadas pelo requerido para a transmissão de propriedade e a verificação de seu inadimplemento**;
>
> V - o valor venal atribuído ao imóvel adjudicando, na data do requerimento inicial, segundo a legislação local.
>
> **§ 1º O tabelião de notas orientará o requerente acerca de eventual inviabilidade da adjudicação compulsória pela via extrajudicial.**
>
> § 2º O tabelião de notas fará constar que a ata não tem valor de título de propriedade, que se presta à instrução de pedido de adjudicação compulsória perante o cartório de registro de imóveis, e que poderá ser aproveitada em processo judicial.

§ 3º A descrição do imóvel urbano matriculado poderá limitar-se à identificação ou denominação do bem e seu endereço.

§ 4º Caberá ao tabelião de notas fazer constar informações que se prestem a aperfeiçoar ou a complementar a especialidade do imóvel, se houver.

§ 5º Poderão constar da ata notarial imagens, documentos, gravações de sons, depoimentos de testemunhas e declarações do requerente. As testemunhas deverão ser alertadas de que a falsa afirmação configura crime.

§ 6º Para fins de prova de quitação, na ata notarial, poderão ser objeto de constatação, além de outros fatos ou documentos:

I - ação de consignação em pagamento com valores depositados;

II - mensagens, inclusive eletrônicas, em que se declare quitação ou se reconheça que o pagamento foi efetuado;

III - comprovantes de operações bancárias;

IV - informações prestadas em declaração de imposto de renda;

V - recibos cuja autoria seja passível de confirmação;

VI - averbação ou apresentação do termo de quitação de que trata a alínea 32 do inciso II do art. 167 da Lei n. 6.015, de 31 de dezembro de 1973; ou

VII - notificação extrajudicial destinada à constituição em mora.

§ 7º O tabelião de notas poderá dar fé às assinaturas, com base nos cadastros nacionais dos notários (art. 301 deste Código Nacional de Normas), se assim for viável à vista do estado da documentação examinada.

§ 8º O tabelião de notas poderá instaurar a conciliação ou a mediação dos interessados, desde que haja concordância do requerente, nos termos do Capítulo II do Título I do Livro I deste Código Nacional de Normas.

(grifo nosso)

Como se verifica, o uso da ata só se dará quando o próprio notário entender que o título faltante deve ser passível de suprimento, conforme as condições que se apresentarem em cada caso (§1º acima transcrito). E o coligir das provas em ata abrangendo um espectro tão amplo de possíveis diligências (§6º) é o reconhecimento do regulador sobre a capacidade ampla do tabelião de ponderar as circunstâncias negociais que autorizam a formalização do título que por qualquer razão veio a faltar (inciso IV do caput). Em síntese, não fosse o caso de adjudicação, deveria o notário recusar-se à ata, sendo o caso de adjudicação, deve agora formalizar todos os fatores pelo qual formou seu convencimento sobre a admissibilidade do instrumento, certificando, assim, todo o iter de adimplemento da prestação já paga e sem entrega de escritura ("delivery"). Recorde-se, inclusive, que toda a produção probatória acaba se centrando no momento da ata, uma vez que o Registro de Imóveis somente agregará toda a documentação já produzida para o devido processo legal em contraditório.

Esse o perfil subjetivo de confiança no tabelião na certificação de condições que faz dele o agente precípuo para a instrumentalização da *escrow* nas negociações privadas. Com a nova legislação, reconhece-se legalmente a atuação ampla do tabelião como agente verificador de condições, o que abrange a possibilidade de utilização de *escrow* em negócios por ele formatados ou não, podendo certificar condições em geral[60], as quais passam, por óbvio, pelo pagamento em si do negócio, mas também por uma ampla gama de possibilidades de interpretação jurídica que vão além do mero concerto no tempo do pagamento e assinatura da escritura.

Na estrutura padrão do negócio corriqueiro de uma compra e venda "simples", a *escrow* surge como amortecedor da desconfiança entre as partes e redutora do tempo necessário para cada transação. É certo que se tratando de compra e venda sem disposição de ordem específica de cumprimento pelas partes, a rigor, se aplicaria o art. 491 do Código Civil,

60. V. LAGO, I. J. do. *A ata notarial de constatação do implemento das condições (lei 8.935/1994, art. 7º-A, I) e seu ingresso no registro de imóveis*. 18.12.2023. disponível em https://www.migalhas.com.br/coluna/migalhas-notariais-e-registrais/399099/a-ata-notarial-de-constatacao-do-implemento-das-condicoes. Acesso em 22.02.2024. E GOMIDE, A. J. *Resolução contratual, ata notarial e as recentes alterações advindas da lei 14.711/23 ("novo Marco Legal das Garantias")*. 15.0.1.2024. Disponível em https://www.migalhas.com.br/coluna/migalhas-edilicias/400267/resolucao-contratual-ata-notarial-e-as-alteracoes-da-lei-14-711-23. Acesso em 22.02.2024.

pelo qual primeiro se paga, para depois se receber. Contudo, a forma pela qual comumente se operacionaliza a compra e venda financiada no país, na qual o banco financiador somente libera os valores financiados após registro da disposição no Registro de Imóveis, e, nesse sentido, age com uma função de *escrow* na relação, acaba por fazer surgir desconfianças nas partes da transação à vista, as quais veem os valores serem pagos antes de qualquer transmissão. Agora, com a *escrow*, reduz-se esse atrito na relação de transmissão com pagamento à vista.

Em algumas estruturas de operações, como a formalização de venda de veículos, a transmissão conectada das informações obtidas pelo tabelião com fé pública aos Departamentos de Trânsito e Secretaria Nacional de Trânsito, poderão, junto da *escrow*, criar verdadeiros *smart contracts*, em que o tabelião será tão somente o designer jurídico da operação que acabará por ser automaticamente realizada conforme a série de acontecimentos sequenciais pensados no fluxo de decisões estruturadas do processo de operação do *smart contract*[61]. Ex: uma vez tendo os dados do veículo e da própria pessoa que sobre ele transaciona, e sendo estes dados conectados à base de dados do Detran, é possível se estruturar uma *escrow* na qual os valores da compra do veículo são liberados para o vendedor somente após a conferência da adequação dos dados transmitidos pelo sistema integrado. Com algumas interligações é factível se operacionalizar a própria transferência de veículo por tais comunicações contra o pagamento em tempo real, sendo ambas as prestações controladas pelo *smart contract* notarial.

Como se vê, o espectro de possibilidades é amplo e aberto, não à toa tendo o §2º do mesmo artigo 7º-A previsto de forma ampla a certificação de condições pelo tabelião, inclusive com previsão de acesso a tal certificação ao fólio registral quando necessário.

Por sua vez, em relação ao perfil objetivo do contrato de *escrow*, salta aos olhos a constituição de um "patrimônio segregado", sendo o único contrato de *escrow* com tal previsão legal expressa no sistema brasileiro.

Ora, a partir da entrega pelo depositante, o pagamento não mais pode ser constrito senão por vicissitudes do próprio negócio. Inclusive, nem

61. Sobre a relação de smart contracts e a praxis notarial, v. o nosso *Smart Escritura:* formalizing and securing relationships by latin notaries. No prelo.

sequer pode o depósito ser desfeito por requisição do próprio depositante, ficando sujeito à certificação da condição para a qual foi submetida, ou então do desfazimento de todo o negócio com concordância da contraparte. Nesse aspecto, a transferência do valor para a custódia do notário se assemelha aqui muito mais ao mandato, e em específico ao mandato irrevogável para o cumprimento de negócio bilateral[62], do que ao depósito, em que a custódia da coisa pode ser revogada ad nutum pelo depositante.

Contudo, a entrega do bem ao notário guarda do contrato de depósito a formalização do momento em que o patrimônio se torna segregado e destinado ao fim específico. Como se sabe, o depósito é contrato real, cuja formação se dá com a entrega do bem para custódia do depositário[63]. Embora seja comum se associar o contrato real à unilateralidade, uma vez que o momento anterior da entrega não traz qualquer obrigação à parte que o faz, fato é que essa característica de "realidade" se aproxima bastante do formalismo da "delivery" inglesa acima tratada, servindo perfeitamente para demarcar o momento exato em que alguns efeitos são atingidos. Embora a *escrow* em si não nos pareça um contrato real, até porque anteriormente à entrega devem ser definidos um plexo de situações que regerão o tema da *second delivery* ou *redelivery* pelo notário, é pelo ato material de depósito que o patrimônio se torna efetivamente indisponível à própria parte que dele dispõe e especificamente destinado[64].

Nesse aspecto, a nova *escrow* notarial guarda analogia com dois patrimônios segregados que não respondem por obrigações senão àquelas para os quais foram especificamente constituídos, quais sejam: 1 – o patrimônio

62. Art. 684 do Código Civil: "Quando a cláusula de irrevogabilidade for condição de um negócio bilateral, ou tiver sido estipulada no exclusivo interesse do mandatário, a revogação do mandato será ineficaz."

63. "É real, pois somente se aperfeiçoa por meio da tradição da coisa móvel ao depositário. O simples consentimento das partes não é suficiente para que surja o vínculo obrigacional. Somente com a transmissão da posse do objeto é que o contrato passa a existir." LOPEZ, T. A. In: AZEVEDO, A. J. de. (Coord) *Comentários ao Código Civil.* Parte Especial. Das várias espécies de contratos. Da locação de Coisas; do Empréstimo; da Prestação de Serviço; da Empreitada; do Depósito. Arts. 565 a 652. Vol. 7. São Paulo: Saraiva, 2003. p. 347

64. O que pode gerar, inclusive, o raciocínio de que a partir do depósito, em tese, se teria o cumprimento da obrigação, que aguardaria a parte contrária a cumprir a sua para ser simplesmente liberada pelo terceiro, não mais dependendo de ação da própria parte, o que demonstra mais uma vez como a escrow é sucedâneo reverso da exceptio non adimpleti contractus.

de afetação das incorporações imobiliárias; 2 – os patrimônios especiais das câmaras e prestadores de serviços de compensação e liquidação no âmbito do mercado de capitais.

Deixando de lado especificidades relativas à finalidade de cada um dos referidos patrimônios, para os efeitos que imediatamente importam, o que se tem, em ambos, é o "destacamento de um núcleo patrimonial orientado a uma finalidade específica com a segregação para efeito de responsabilidade por dívidas"[65], em especial, no último, no qual há um

> fortíssimo grau de imunização (as posições patrimoniais integrantes não podem ser objeto de constrição judicial de nenhum tipo, exceto para o cumprimento das obrigações assumidas pela própria câmara ou prestador de serviços de compensação e de liquidação, e não se submetem aos regimes de insolvência civil, concordata, intervenção, falência ou liquidação extrajudicial.[66]

Efetivamente, a disposição legal que traz o referido grau "fortíssimo de imunização" é muito semelhante à ora adotada no art. 7º-A, §1º, da Lei 8.935/94, trazendo uma vinculação de patrimônio a uma específica função[67]. *Ubi eadem ratio ibi idem jus.*

Por fim, o novo dispositivo legal traz a necessidade de se celebrar um convênio com instituição financeira para que haja a prestação do novo serviço, sendo esta uma peculiaridade da lei brasileira não presente em outros países[68]. Como acima explicado, o contrato de *escrow* envolve precipuamente a verificação de condições que, no caso do tabelião, serão, de se imaginar, em sua grande maioria, condições – em sentido amplo – jurídicas, donde não se vê a razão para que o próprio tabelião não prestasse

65. SIMÕES, M. E. *O patrimônio no Direito Civil e no Direito Empresarial.* Patrimônios destinados, patrimônios separados e patrimônios autônomos. Indaiatuba: Foco, 2023. p.158.

66. SIMÕES, M. E. op. cit. p. 178.

67. Art. 6º da Lei 10.214/2001: Art. 6º Os bens e direitos integrantes do patrimônio especial, bem como aqueles oferecidos em garantia pelos participantes, são impenhoráveis, e não poderão ser objeto de arresto, seqüestro, busca e apreensão ou qualquer outro ato de constrição judicial, exceto para o cumprimento das obrigações assumidas pela própria câmara ou prestador de serviços de compensação e de liquidação na qualidade de parte contratante, nos termos do disposto no caput do art. 4º desta Lei.

68. V. nota 54 acima.

diretamente o serviço, inclusive tendo em vista o reconhecimento amplo da competência para a certificação de condições dada pelo novo §2º do mesmo artigo.

A rigor, o custo maior de qualquer contrato de *escrow* conforme normalmente estipulado pelas próprias instituições financeiras é justamente a estrutura de certificação jurídica que é necessária para tais contratos que, assim, normalmente fogem ao escopo de atuação dessas instituições, sendo contratos caros por envolverem mão de obra especializada. Justamente o grosso desse serviço operacional estará nas mãos do tabelião como *gatekeeper*, ou aqui, *escrow agent*, não havendo razão de ser para que não pudesse, a priori, realizar o serviço em suas próprias contas.

Ao que parece, a intenção foi realizar um controle maior do patrimônio segregado, inclusive dando poderes para o Conselho Federal do Colégio Notarial do Brasil estipular as condições do convênio a ser celebrado.

Outra possível razão decorre, talvez, da cobrança de valores pelo novo serviço. É que nos termos do art. 7º, §5º, da mesma Lei 8.935/94, que trata justamente dos convênios, os tabeliães são autorizados a prestar outros serviços remunerados na forma prevista em tais convênio. Ora, ao analisar os atos já celebrados por Colégios Notariais de âmbitos estaduais, diversas Corregedorias de Justiça entenderam que a cobrança dos novos serviços, sobretudo por envolverem uma competição à mercado com players já estabelecidos a oferecer o mesmo produto, deveria ter seus valores regidos diretamente pelo próprio contrato, na forma de preço de mercado, e não por emolumentos, como quando se está diante de serviço próprio dos notários.

Nesses termos, a lei também parece tornar o novo serviço facultativo, ao estipular que o tabelião "**poderá** receber os valores", não determinando sua recepção de forma obrigatória, o que reforça a ideia de que o serviço será cobrado conforme convênio, e no que parece se aproximar do sistema de depósito ante o notário espanhol, no qual a aceitação do contrato é facultativa pelo notário, regendo-se, nesse aspecto, pelas regras gerais de direito privado como qualquer cidadão[69].

---

69. V. FELIU REY, J. op. cit. p. 102-103: "Por un lado, son funcionarios públicos y, por otro, profesionales del Derecho (art. 1 RN). La cuestión es si esa función pública alcanza a los depósitos voluntarios constituidos ante Notario, pudiendo, en alguna manera, modificar su naturaleza jurídica y las actuaciones del Notario. (...) La negación de competencia está relacionada

CONCLUSÃO

O "Novo Marco Legal das Garantias", Lei 14.711/2023, trouxe um amplo plexo de atribuições ao notariado, as quais, ao serem aplicadas conjuntamente, permitem uma nova dinâmica às relações privadas, asseguradas e acompanhadas por um terceiro imparcial, com fé pública e alta especialização jurídica.

Nesse sentido, duas das novas atribuições guardam especial proximidade entre si, sendo elas o recebimento de valores destinados e segregados em conta pelo notário, e a certificação ampla de condições negociais (art. 7º-A, §1º e 2º, da Lei 8.935/94).

Conjuntamente, ambas as disposições permitem a criação de um verdadeiro "*escrow* notarial", pelo qual o tabelião assumiria as vezes de *escrow agent*, certificando condições do negócio e repassando valores que se tornariam absolutamente inatingíveis, senão pelas próprias circunstâncias do negócio.

Analisando a estrutura e função do contrato de *escrow* no direito estrangeiro, percebe-se que o notariado latino é ator particularmente vocacionado para sua operacionalização, possuindo em seu cerne o dever de imparcialidade, bem como as qualidades de alta especialização no conhecimento jurídico, e a própria fé pública que permite uma maior fiabilidade das certificações realizadas.

Historicamente, a ligação entre a *escrow* e o notariado também se dá pela localização funcional de ambos os institutos nos momentos cruciais de eficacização da transmissão imobiliária.

Lado outro, o notariado pátrio já vinha efetivamente atuando como espécie de *escrow agent* em seu sentido histórico, sendo o guardião da "*delivery*", o que, no Brasil, poderia se entender como o momento de eficácia

con la naturaleza del contrato objeto de controversia. A este respecto, se declara que el depósito que se constituyó no entra dentro de las obligaciones funcionariales del Notario (art. 145 RN), ya que es de voluntaria aceptación (art. 216 RN). Siendo, por tanto, el depósito constituido un verdadero contrato de depósito cuyo contenido se regirá por las estipulaciones previstas por los contratantes a las normas establecidas para el contrato de depósito en el Código Civil." V. Resolução 5 de dezembro de 1961 do Ministério de Justiça Espanhol, dispondo exatamente que o recebimento dos valores é facultativo pelo notário, se regendo pelas regras e disposições comuns, e não pelo sistema próprio ao notariado.

de alguma relação específica, o que se dava por meio de cláusulas contratuais como o "mandato em causa própria" e da própria praxis que reconheceu em sua delibação a função de *gatekeeper* da adequada instrumentalização do negócio, sendo a certificação de condições subjacentes a tal instrumentalização presente há décadas no sistema notarial.

Com a previsão expressa do recebimento de valores do negócio de forma inatacável, tem-se a utilização de tal expertise jurídica já construída para o encaminhamento das decisões de repasse (*second delivery*) ou retorno (*redelivery*) do bem depositado na *escrow* notarial.

Por fim, analisando as particularidades da disposição brasileira, tem-se a vinculação da atuação notarial junto a um convênio com instituição financeira, provavelmente aproximando-o da regulamentação espanhola, na qual o contrato de *escrow* é visto como não precipuamente notarial, embora seja o notário, como relatado, agente especialmente vocacionado a realizá-lo, por sua própria posição no iter contratual.

Em suma, trata-se de mais uma possibilidade de intervenção do notariado nas relações privadas de modo a dotá-las de certeza e eficácia, como antídotos à complexidade desestruturante das relações negociais, que inevitavelmente acabam por procurar alívio, quando não adequadamente tratadas, no Judiciário.

REFERÊNCIAS BIBLIOGRÁFICAS

ALMEIDA COSTA, Mário Júlio de. *Direito das Obrigações*. 12. ed. Coimbra: Almedina, 2013.

BIAZI, João Pedro de Oliveira de. *A exceção de contrato não cumprido no Direito Privado Brasileiro*. Rio de Janeiro: GZ, 2019.

BURKE, Barlow; BURKHART, Ann. M.; GALLANIS Thomas; HELMHOLZ, Richard H. *Fundamentals of property law*. 4. ed. Durham: Carolina Academic Press, 2015

CAMPILONGO, Celso Fernandes. *Função social do notariado*: eficiência, confiança e imparcialidade. São Paulo: Saraiva, 2014.

CARNELUTTI, Francesco. *La figura juridica del notario*. Conferência na Academia Madrilenha do Notariado. Maio de 1950. In: *Teoría del Derecho Notarial*. Lima: Gaveta Notarial, 2021. p. 123-149

COSTA, José Augusto Fontoura. *Complexidade e contratos:* uma introdução. In: COSTA, José Augusto Fontoura; RIBEIRO, Maria Rosado de Sá; XAVIER JUNIOR, Ely Caetano. (orgs.) *Complexidade e contratos:* enfoques teóricos e possibilidades metodológicas. Curitiba: IODA, 2023. p. 13-24

COUTO E SILVA. Clóvis Veríssimo do. *A obrigação como processo*. Rio de Janeiro: FGV, 2006

DARKE, Sacha. *Comunidades prisionais autoadministradas:* o fenômeno Apac. In: *Revista Brasileira de Ciências Criminais*. Vol. 107/2014. Mar-abr 2014. p. 357-376.

FELIU REY, Jorge. *El contrato de escrow.* Pamplona: Aranzadi, 2021

GIMENES, Amanda Goda; MARQUES FILHO, Vicente de Paula.; *A ação de depósito e o contrato de escrow nas operações de fusões e aquisições.* Disponível em http://www.publicadireito.com.br/artigos/?cod=4206e38996fae402. Acesso em 19.01.2024.

GOMIDE, Alexandre Junqueira. *Resolução contratual, ata notarial e as recentes alterações advindas da lei 14.711/23 ("novo Marco Legal das Garantias").* 15.0.1.2024. Disponível em https://www.migalhas.com.br/coluna/migalhas-edilicias/400267/resolucao-contratual-ata-notarial-e-as-alteracoes-da-lei-14-711-23. Acesso em 22.02.2024.

GORLA, Gino. *El contrato.* Estudio de Derecho Comparado. Tradução de José Ferrandis Vilella. Santiago: Olejnik, 2018

KASSAMA, Alexandre Gonçalves. *A cláusula-mandato em escrituras públicas translativas imobiliárias*. In: ADAMEK, M. V. Von; MARINO, F. P. DE C.; SILVA FILHO, O. da. (orgs.) *Cláusulas Contratuais*. São Paulo: Almedina, no prelo.

KASSAMA, Alexandre Gonçalves. *Smart Escritura:* formalizing and securing relationships by latin notaries. No prelo.

LAGO, Ivan Jacopetti do. *A ata notarial de constatação do implemento das condições (lei 8.935/1994, art. 7º-A, I) e seu ingresso no registro de imóveis*. 18.12.2023. disponível em https://www.migalhas.com.br/coluna/migalhas-notariais-e-registrais/399099/a-ata-notarial-de-constatacao-do-implemento-das-condicoes. Acesso em 22.02.2024

LOPEZ, Teresa Ancona. In: AZEVEDO, Antônio Junqueira de. (Coord) *Comentários ao Código Civil.* Parte Especial. Das várias espécies de contratos. Da locação de Coisas; do Empréstimo; da Prestação de Serviço; da Empreitada; do Depósito. Arts. 565 a 652. Vol. 7. São Paulo: Saraiva, 2003

LOUREIRO, Nathalia Machado. *O agente fiduciário como gatekeeper*. São Paulo. Dissertação (Mestrado). FGV/SP, 2021

LUHMANN, Niklas. *Confianza.* Tradução para o Espanhol de Amada Flores. Santiago: Pontificia Universidad Católica, 2005.

LUHMANN, Niklas. *Legitimação pelo procedimento.* Tradução de Maria da Conceição Côrte-Real. Brasília: Universidade de Brasília, 1980

LUHMANN, Niklas. *Risk:* a sociological theory. Tradução para o inglês de Rohdes Barrett Berlin. Nova Iorque: De Gruyter, 1993

LUHMANN, Niklas. *Sistemas Sociais.* Esboço de uma teoria geral. Tradução de Antonio Luz Costa, Roberto Dutra Torres Junior e Marco Antonio dos Santos Casanova. Petropolis: Vozes, 2016.

LUHMANN, Niklas. *Sociologia do Direito I.* Tradução de Gustavo Bayer. Rio de Janeiro: Tempo brasileiro, 1983

METTLACH-PINTER, João Carlos. *Summa divisio do Direito Civil patrimonial.* Estrutura, sistematização e sentido da distinção entre direitos reais e obrigacionais. Curitiba: Juruá, 2023.

NUÑES LAGOS, Rafael. *Hechos y derechos en el documento público.* Madri: Instituto Nacional de Estudios Jurídicos, 1950.

RODRÍGUEZ ADRADOS, Antonio. *Princípios notariais.* Tradução de Gabriela Saciloto Cramer. Diadema: JS Gráfica, 2023. p. 137-170.

RODRÍGUEZ ADRADOS, Antonio; ROJAS MONTES, Luis.; SOLÍS VILLA, Ignacio. *La necesidad social de la imparcialidad del redactor del contrato.* In: *Revista de Derecho Notarial.* CXVI. Abr-Jun, 1982. p. 227-402

SILVA, Fábio Rocha Pinto e. *Garantia das obrigações*: uma análise sistemática do Direito das Garantias e uma proposta abrangente para a sua reforma. São Paulo: IASP, 2017.

SILVA FILHO, Osny da. *MP 881:* Liberdade econômica e autoajuda empresarial. 03.05.2019. Disponível em https://www.jota.info/opiniao-e-analise/artigos/liberdade-economica-e-autoajuda-empresarial-03052019. Acesso em 19.02.2024.

SIMÕES, Marcel Edvar. *O patrimônio no Direito Civil e no Direito Empresarial.* Patrimônios destinados, patrimônios separados e patrimônios autônomos. Indaiatuba: Foco, 2023.

TAGLIAFERRI, Vera. *Il conto corrente dedicato e i conseguenti oblighi in capo al notaio.* 13.03.2018. Disponível em https://i2.res.24o.it/pdf2010/Editrice/ILSOLE24ORE/QUOTIDIANO_FISCO/Online/_Oggetti_Correlati/Documenti/2018/03/22/Studio-419-2017Cvt.pdf?uuid=c74d21f4-2d40-11e8-8456-ccf9bd2228a6#:~:text=PETRELLI%2C%20Il%20deposito%20del%20prezzo,caparra%20di%20un%20contratto%20preliminare.. Acesso em 02.02.2024.

TIFFANY, Herbert T. *Delivery and acceptance of deeds.* In: Michigan Law Review. Vol. 17. N. 2. 1918. p. 103-126.

TRUYOLS, Alvaro Delgado. *El notario como depositario de fondos para el pago de ciertos negocios jurídicos.* Disponível em https://www.elnotario.es/practica-juridica/9618-el-notario-como-depositario-de-fondos-para-el-pago-de-ciertos-negocios-juridicos. Acesso em 02.02.2024.

VANZELLA, Rafael Domingos Faiardo. *O contrato e os direitos reais.* São Paulo: RT, 2012.

23

ARBITRAGEM NOTARIAL E A LEI 14.711/2023

Ygor Ramos Cunha Pinheiro

Graduado em Direito Pela Universidade Federal do Rio de Janeiro – UFRJ. Mestre em soluções extrajudiciais de controvérsias pela Escola Paulista de Direito – EPD. 1º Tabelião de Notas e Protesto de Atibaia – SP. Ex Tabelião de Notas e Protesto de Jardinópolis – SP. Ex Oficial de Registro Civil e Tabelião de Notas de São José do Barreiro – SP. Autor do livro *Arbitragem Notarial*, publicado em 2020, pela editora Juspodvim.

Marco Antônio Ribeiro Tura

2º Tabelião de Notas da Comarca de Osasco. Procurador do Ministério Público da União (2005/2017). Pós-Doutor em Direito pela UPM. Doutor em Direito pela UERJ. Mestre em Direito pela UFSC e Bacharel em Direito pela PUCSP. Professor de Arbitragem Comercial Internacional e de Arbitragem de Investimentos Estrangeiros da Escola Brasileira de Direito. Juiz da V Competição Internacional de Arbitragem de Investimentos Estrangeiros da Escola de Direito de Washington – DC. Representante do Brasil no Comitê Global de Investimentos Internacionais e Estado de Direito da International Law Association – HQ.

INTRODUÇÃO

Há muito, os presentes autores dedicam-se ao estudo da condução do procedimento arbitral por notários, no Brasil e no mundo. Ao analisar os princípios e características da arbitragem, confrontando-a com o notariado latino, modelo adotado pelo Constituinte de 1988, notou-se a perfeita compatibilidade entre ambos, mesmo antes da expressa previsão legal.

A arbitragem, embora não tenha sua natureza pacífica na doutrina, tem pontos de contato com o privado e o público. Desta forma, ela surge a partir da autonomia privada das partes litigantes, que escolheram aquela forma extrajudicial de solução de seu conflito, mas desenvolve-se em bases jurisdicionais[1].

São seus princípios basilares, expressos no artigo 21, parágrafo 2º, da Lei 9.307/1996, o contraditório, a igualdade, a imparcialidade e o livre convencimento. Dentre estes, destaca-se a imparcialidade, que será objeto de capítulo próprio no presente artigo, tendo em vista ser um dos nortes da atuação do Tabelião de Notas.

As vantagens do procedimento arbitral, que o tornam, em certo ponto, mais efetivo que o processo judicial, são a celeridade, a confidencialidade, a irrecorribilidade, a especialização do árbitro e o menor grau de beligerância gerado nas partes.[2] Em tudo, é possível aferir a capacidade de o notário contribuir ainda mais. Ou seja, este profissional está habituado a solucionar casos com velocidade e eficiência ímpares, tal qual ocorre com os divórcios, inventários e usucapiões; tem dever legal e ético de proteger toda e qualquer informação a que tenha acesso pelo exercício de sua profissão; e tem alto grau de especialização, notadamente no âmbito do direito civil, sendo submetido a árduo concurso público de provas e títulos, além de precisar estar permanentemente atualizado, como profissional do direito, para que consiga desempenhar com capacidade e dignidade seu *mister*.

1. BASÍLIO, Ana Tereza Palhares; FONTES, André Ricardo Cruz. *Notas introdutórias sobre a natureza jurídica da arbitragem. In: Revista de Arbitragem e Mediação.* São Paulo: RT, v. 4, n. 14, jul./set. 2007, p. 51.
2. PINHEIRO, Ygor Ramos Cunha. *Arbitragem notarial.* Salvador: Juspodivm, 2020, pág. 56.

Além do mencionado, goza o árbitro da confiança das partes que o elegem, seja na arbitragem avulsa, seja na institucional.

A partir destas premissas, pode-se destacar a arbitragem como meio efetivo de acesso à justiça, tendo as partes sua demanda solucionada em tempo razoável, de modo seguro, racional e justo.

Sendo assim, o presente trabalho visa demonstrar a aptidão, natural e agora legal, do notário para conduzir o processo arbitral, bem como todos os benefícios que tal atuação pode gerar,

1. O ACERTO DO LEGISLADOR

Após a tramitação do Projeto de Lei nº 4188/2021, foi promulgada, com vetos parciais, a Lei Federal nº 14.711/2023, que acrescentou o artigo 7º-A à Lei Federal nº 8.935/1994, cujo inciso III é objeto do presente estudo. Não foi a primeira vez que projeto de lei semelhante tramitou no Congresso Nacional[3], mas agora, finalmente, foi promulgada a previsão expressa da arbitragem notarial em nosso ordenamento jurídico.

Em tese, tal previsão legislativa sequer seria necessária, haja vista que o artigo 13, da Lei de Arbitragem, já prevê que qualquer pessoa física de confiança das partes poderia atuar como árbitro.

Embora certos articulistas sustentassem a desnecessidade de tal previsão à vista da existência desta permissão a todos, fato é que, em setores regulados, não bastam as permissões fracas. Nesses, as permissões fortes não apenas são recomendáveis, mas exigíveis[4], dando ao que pactuou com

3. Vide PL n. 5.243/2009 e PLS n. 414/2014, além da MP n. 1.085/2021.

4. A necessidade de forte regulação estatal é da natureza das atividades notariais e de registro. É o que se verifica na referência de Pedro Gonçalves à atividade notarial em Portugal: "Neste caso específico, diremos até que a disciplina jurídica particularmente restritiva prevista na lei não é uma consequência da publicização da profissão, mas antes uma implicação da *auctoritas* que normalmente se associa ao notário. Na tradição jurídica partilhada pelo direito português seria difícil (e arriscado) conceber a profissão notarial como uma profissão livre e desregulada; desde logo, a importância social da actividade notarial reclama uma especial credibilidade do notário. Mesmo que não nos encontremos diante da única via pensável, a ligação do notário ao Estado, por força da publicização da profissão (e do controle do acesso, bem como da fiscalização pública), constitui, aos nossos olhos, um meio legítimo de realização do interesse público: especificamente, o interesse de atribuir

o Estado a certeza de que seu comportamento de maneira alguma será visto como estranho ao objeto da delegação e de qualquer modo não será apontado como um estorvo ao seu exercício.

Parecer do Comitê Brasileiro de Arbitragem chegou a dizer que a previsão legislativa poderia gerar uma discriminação inversa[5], o que não procede. Como a atividade notarial tem natureza híbrida, havendo a atuação em caráter privado de agente munido de função pública, o simples esclarecimento já seria relevante. Assim, andou bem o legislador ao evitar qualquer dissabor a algum Tabelião que eventualmente pudesse estar atuando como árbitro, e viesse a sofrer sanção administrativa.

Desta forma, restou claro que o notário poderá vir a utilizar seu conhecimento jurídico especializado para dirimir algum conflito pela via arbitral, efetivando-se justamente a especialização característica da arbitragem. Da mesma maneira, conflitos envolvendo, por exemplo, direito médico serão dirimidos por quem tenha conhecimento específico do assunto, e assim por diante.

Outro ponto combatido pelo parecer retromencionado era uma suposta responsabilização estatal por atos mal praticados nas arbitragens notariais. Falar em responsabilidade do estado por atos do procedimento arbitral não faz sentido, já que a responsabilidade dos delegatários é pessoal pelos atos por ele praticados, como se extrai do artigo 22, da Lei Federal n. 8.935/94[6].

à função notarial a seriedade e a credibilidade de que ela carece." GONÇALVES, Pedro. *Entidades privadas com poderes públicos – -o exercício de poderes públicos de autoridade por entidades privadas com funções administrativas. Coimbra: Almedina*, 2005, págs. 477-478, *apud* RIBEIRO, Luiz Paulo Aliende. *Regulação da função pública notarial e de registro.* São Paulo: Saraiva, 2009, pág. 177.

5. Disponível em: <https://legis.senado.leg.br/sdleg-getter/documento?dm=9458518&ts=1703775394470&disposition=inline&_gl=1*1kwytno*_ga*MjA4NDQ2MzMwMC4xNzA1NjA0MDg0*_ga_CW3ZH25XMK*MTcwNTYwNDA4My4xLjEuMTcwNTYwOTQzNC4wLjAuMA..>. Acesso em 18 de janeiro de 2024. De teor praticamente idêntico aos pareceres elaborados quando da tramitação da Medida Provicória n. 1.085/2021 e do PL 5.243/2009, que também traziam previsão específica sobre a arbitragem notarial. Disponível em: <https://legis.senado.leg.br/sdleg-getter/documento?dm=9167794&ts=1702658388436&disposition=inline> e <https://cbar.org.br/site/wp-content/uploads/2019/05/parecer-pl-5243_sem-enderecamento.pdf>. Acesso em 18 de janeiro de 2024.

6. Art. 22. Os notários e oficiais de registro são civilmente responsáveis por todos os prejuízos que causarem a terceiros, por culpa ou dolo, pessoalmente, pelos substitutos que designarem ou escreventes que autorizarem, assegurado o direito de regresso.

Dizer apenas que a arbitragem é incompatível com a atuação, até certo ponto pública, do tabelião não é o suficiente. A fé pública do tabelião pode ser elemento que confira ainda maior confiança às partes sobre sua atuação e, ainda, como presentes características da jurisdição no poder arbitral, não há que se falar em um instituto cem por cento privado. Logo, é possível o seu exercício por uma pessoa física, na qualidade de delegatário de serviço público.

Por oportuno, cabe destacar que até mesmo Procuradores do Estado podem atuar como árbitros[7], não sendo uma novidade, portanto, a atuação de quem exerce função pública.

Frise-se, também, que, ao incluir o dispositivo na lei que regulamenta a atividade notarial, o legislador tornou evidente que o Tabelião de Notas pode conduzir o procedimento arbitral tanto como pessoa física dotada da confiança das partes, quanto como tabelião investido de sua função delegada. Isto porque, como já afirmamos anteriormente[8], tal atuação é plenamente compatível com o notariado latino, havendo previsão expressa em diversos países, como será visto adiante.

Javier Arce Gargollo leciona que quando o notário atua como árbitro, "*no se desprende de las cualidades personales que le corresponden como notario y que puede ser la razón por las que ha sido designado*"[9], percebendo, portanto, que as características inerentes ao notariado podem ser justamente a razão de sua escolha como árbitros.

Este também foi o entendimento do deputado Marcelo Itagiba, ao proferir voto sobre o Projeto de Lei n. 5.243/2009, na Comissão de Constituição e Justiça:

> Isto porque a sociedade só teria a ganhar se os cartórios, a exemplo do que já acontece hoje na separação, no divórcio, no inventário e na partilha, pudessem oferecer também o serviço de

---

7. Processo Administrativo PGE n. 18487-900140/2016. Disponível em: https://apesp.org.br/wp-content/uploads/2015/07/parecerpa10_100517.pdf. Acesso em 23 de dezembro de 2023.
8. PINHEIRO, Ygor Ramos Cunha. *Arbitragem notarial*. Salvador: Juspodivm, 2020, págs. 181-224.
9. GARGOLLO, Javier Arce. *Arbitraje y función notarial*. México: Librería Porrua, 2007, p. 53.

> arbitragem, na medida em que já contam com estrutura física adequada para tal fim.
>
> Ademais, o fato de o ingresso na atividade notarial e de registro depender de concurso público de provas e títulos, e a circunstância de que são profissionais do direito, dotados de fé pública (art. 3º da Lei nº 8.935, de 1994), como bem disse o autor da medida é, a meu ver, garantia de acesso da população brasileira a uma arbitragem com todos os elementos para atingir os fins colimados pela proposta.[10]

A sentença arbitral que será exarada não será ato notarial em sentido estrito, que é o ato de narração ou de redação com finalidades preventivas, atuando *ex ante*. O ato notarial em sentido amplo em que se inserem as formas de composição de litígios é ato que se opera *ex post*, com componente de carga decisória, ainda que fraca, como se mostra na decisão tão somente acerca do pedido de instauração (mediação), ou forte, como se apresenta no processamento integral, da instauração à extinção, à prolação de sentença (arbitragem), definitiva ou terminativa. A narração e a redação, que são um fim nos atos notariais em sentido estrito, são apenas um meio nos atos notariais em sentido amplo de cunho decisório.

Outro tópico que demonstra o acerto do legislador é a tendência de popularização da arbitragem, que será tratada em capítulo posterior.

2. COMPARATIVO INTERNACIONAL

O tema aqui tratado não se trata de exclusividade brasileira. Como já mencionado, as características do notariado latino fazem com que o notário se afigure como um perfeito agente para condução do procedimento arbitral.

Atualmente, em muitos países que adotam este modelo de notariado, fala-se na ampliação da competência notarial[11]:

---

10. Disponível em: <http://www.camara.gov.br/sileg/integras/661835.pdf>. Acesso em 11 de agosto de 2018.
11. Artigo interessante da notária de Madrid, Concepción Pilar Barrio Del Olmo, traz propostas e sugestões para que notários contribuam para evitar o colapso da justiça espanhola após a crise gerada pela COVID-19, momento em que a litigância entre as pessoas cresceu

> *Las últimas leyes del notariado que han regido en el Distrito Feeral (1946, 1980 y 2000) han aumentado en forma importante las actuaciones del notario, especialmente por lo que se refiere a las actas notariales y los asuntos extrajudiciales. Existe una tendencia, no solo en México sino en algunos países de notariado latino, de ampliar la competencia notarial.*[12]

Não é outro o entendimento de Celso Fernandes Campilongo:

> Assim, o notariado latino não apenas funciona como pilastra de estabilização de relações jurídicas, redução de custos de transação e fonte de produção de direitos, como revela automática – e, na verdade, antiga e tradicional -capacidade adaptativa para tratar das formas alternativas de resolução de conflitos [...].[13]

Em 2001, no XXIII *Congresso Internacional del Notariado Latino*, realizado em Atenas, já se chegara a esta conclusão:

> *Recomendaciones del Congreso:*
>
> *En materia de consejo y mediación y, en su caso, en materia de arbitraje, más concretamente en su relación con las funciones y actividades de la profesión notarial, se anima y solicita a los legisladores nacionales e internacionales, a cualquier otra instancia competente de los Estados y a los Consejos Notariales Nacionales para que:*
>
> *- respeten los principios fundamentales y las características particulares – enumeradas a continuación – en las mencionadas materias de consejo, mediación y arbitraje, si esas funciones son desempeñadas por el notario perteneciente al sistema de Notariado Latino.*
>
> *[...]*
>
> *El arbitraje*
>
> *1.- Cuando ni el asesoramiento y el consejo adecuados, ni la mediación, bastan para prevenir o resolver los conflictos, el arbitraje –visto*

---

consideravelmente em todo mundo. OLMO, Concepción Pilar Barrio Del. *Colaboración notarial para evitar el colapso de la Administración de Justicia subsiguiente al estado de alarma.* Disponível em: <https://www.elnotario.es/index.php/hemeroteca/revista-91-92/10122-colaboracion-notarial-para-evitar-el-colapso-de-la-administracion-de-justicia-subsiguiente-al-estado-de-alarma>. Acesso em 19 de janeiro de 2024.

12. GARGOLLO, Javier Arce. *Arbitraje y función notarial.* México: Librería Porrua, 2007, ps. 41-42.

13. CAMPILONGO, Celso Fernandes. *Função social do notariado: eficiência, confiança e imparcialidade.* São Paulo: Saraiva, 2014, p. 135.

desde la perspectiva de la función notarial- representa el último medio para la solución de las controversias en el exterior de la Jurisdicción del Estado. En el contexto de una evitación de los litigios, se pretende insertar en la vida jurídica de los conflictos una última etapa para su solución extrajudicial, etapa que tiene como ventaja el elemento de la confianza de las partes que escogen libremente sus árbitros y el elemento de la especial competencia de quienes han de decidir el asunto, condición generalmente buscada por quienes recurren al arbitraje. En este sentido específico y limitado, se trata de evitar un litigio, que, sin el arbitraje, estaría condenado a la Jurisdicción del Estado.

2.- El Notariado representa la profesión de lo amistoso, de la prevención de los conflictos y de los litigios en sentido amplio. Pero, reconociendo el hecho de que ni siquiera la mediación puede resolver todos los conflictos jurídicos, ***el Notariado – representado por los notarios competentes, bien formados, capaces y autorizados para ejercer la función de árbitro- ofrece la intervención del notario en este campo, aprovechando su experiencia profesional en relación a las partes en proceso de negociación y su competencia en materia jurídica. El notario puede ejercer el papel de árbitro bien formando parte de un tribunal colegiado, bien como árbitro único.***

3.- Según la situación nacional de cada país, los Consejos Notariales Nacionales podrían organizar un colegio de árbitros, compuesto preferentemente por notarios, eventualmente asociado a los centros de mediación, para ofrecer al público la institución del arbitraje notarial, con el fin de combinar las experiencias de la mediación notarial con la práctica del arbitraje, estableciendo una deontología apropiada, una remuneración aceptable y un control pertinente.

4.- El arbitraje en el que se produce la intervención de notarios no se considera como función notarial suplementaria, sino como actividad extraordinaria, compatible en la mayor parte de los casos con otras actividades notariales y asociado a las funciones habituales, que permanecen destinadas prioritariamente al consejo y a la mediación notariales, formando el sistema de la "Justicia Amistosa", y al espíritu de la prevención de conflictos y litigios, fin principal de la profesión de notario.[14] (grifo nosso)

14. Disponível em: <http://www.uinl.org/documents/20181/72808/XXIII+CONGRES+-+CONCLUSIONS+THEME+I+-+NOT.+HELLGE+%28ES%29/ba3ed439-58be-4d9f-ac3f-d644283bab11>. Acesso em 24 de junho de 2018.

Há muitos países em que já é comum a contratação da arbitragem notarial, como Espanha, México, Portugal, Estônia, Peru, Argentina, Canadá (Québec), Uruguai e Alemanha. Na Espanha, por exemplo, destaca-se a *Fundación Notarial Signum*, corte arbitral formada pelo Colégio Notarial de Madri, onde os árbitros são notários membros deste. De seu endereço eletrônico, destaca-se trecho que enumera vantagens de referida arbitragem:

> *¿Por qué se recomienda someter el contrato de compraventa o arrendamiento al Arbitraje Notarial?*
>
> *Porque se unen las ventajas del Arbitraje en cuanto a rapidez y ahorro, y las del Notario en cuanto a seguridad jurídica, ya que el Notario en nuestro sistema jurídico tiene la función decontrolador de la legalidad en el tráfico jurídico, y vela por la seguridad jurídica de las relaciones contractuales, protegiendo los intereses individuales de todas las partes intervinientes en los contratos.*
>
> *Desde Fomento del Arbitraje Notarial abogamos e instamos a someter las operaciones de compraventa de inmuebles y arrendamientos urbanos a la figura del Arbitraje Notarial para afrontar dicha operación con la máxima confianza y tranquilidad. Además, en el caso de que surja un conflicto, se evitarán muchos problemas y costes en el caso de que la otra parte no quiera cumplir con lo acordado.*[15]

Reforçando a confiança na arbitragem notarial, a espanhola Concepción Barrio del Olmo sustenta que, se o aumento da confiança nos árbitros passa por sua formação qualificada e imparcialidade, a conclusão lógica é que os notários devem desempenhar esta função. E prossegue afirmando que "*en el arbitraje el notario puede, en el ejercicio de su propia función, intervenir en dos momentos relevantes cuáles son en la conclusión del convenio arbitral y en la protocolización del laudo; pero además, y desde la Ley 60/2003, el notario puede ser árbitro*"[16].

---

15. Disponível em: <http://www.arbitrajenotarial.com/en-qu%C3%A9-podemos-ayudarle/resolvemos-sus-dudas/>. Acesso em 24 de junho de 2018.

16. OLMO, Concepción Pilar Barrio del. *Reflexiones sobre las funciones del notario en el arbitraje*. Disponível em: <http://www.elnotario.es/index.php/hemeroteca/revista-61/4081-reflexiones-sobre-las-funciones-del-notario-en-el-arbitraje>. Acesso em 12 de agosto de 2018.

Por oportuno, destaca-se o avanço da matéria na Espanha. Isto porque sua lei arbitral de 1988 vedava a atuação de notários como árbitros de direito, permitindo esta atividade somente a advogados. Esta lei, em seu artigo 12.4 vedava a atividade de árbitro a "*quién ejerza funciones públicas retribuidas por arancel*", o que excluia os notários. Entretanto, por ser um país onde funciona o notariado do tipo latino, a lei foi modificada em 2003, permitindo que juristas, como o são os tabeliães, possam arbitrar.[17]

Sobre a anterior proibição, Elias Campo Villegas assim se manifestou contrariamente:

> *Se trataba de una prohibición que contrariaba nuestra tradición, resultaba extraña en el Derecho comparado y tenía difícil explicación satisfactoria. La doctrina la criticó, y sociológicamente se recibió sin entender la desconfianza que entrañaba hacía aquéllos, cuando tanto el legislador como la sociedad recurren habitualmente a los mismos confiándoles misiones de seguridad, imparcialidad e incluso decisorias, sobre la base de su técnica jurídica, independencia y prestigio.*[18]

O benefício desta atuação é reconhecido no país. Prova disso são as declarações do então Ministro da Justiça espanhol, Alberto Ruiz Gallardón, alegando que devem-se buscar as vias alternativas de soluções de conflitos, tais como a arbitragem, haja vista que há, na Espanha, notários

17. OMEDES, Francisco Armas. *El papel del notario dentro de la Reforma de la Ley de Arbitraje.* Disponível em: <https://www.diariojuridico.com/el-papel-del-notario-dentro-de-la-reforma-de-la-ley-de-arbitraje/>. Acesso em 19 de janeiro de 2024. Assim disse o autor: "El artículo 15.1, tras su reforma, ya no exige la condición de abogado en ejercicio para poder ser nombrado árbitro de derecho sino la de jurista. Se abre por tanto como señala el preámbulo de la ley de reforma el abanico de profesionales que pueden serlo. En particular, notarios, registradores, catedráticos y profesores de universidad podrán ser nombrados. En cuanto a notarios y registradores queda definitivamente superada la prohibición establecida en la ley de arbitraje de 1988 y que estuvo vigente hasta su modificación por la ley de 2003. Hay que destacar aquí la soberanía de las partes ya que cabe el pacto en contrario como dice el artículo, y por tanto éstas podrán decidir libremente nombrar árbitro, incluso en un arbitraje de derecho, a una persona que no sea jurista si esta es su voluntad. Los notarios, por tanto, ya pueden ser nombrados árbitros de derecho."

18. VILLEGAS, Elias Campo. *Los notarios ante el arbitraje. Nuestra postura.* Disponível em: <http://www.elnotario.es/index.php/hemeroteca/revista-20/1920-los-notarios-ante-el-arbitraje--nuestra-postura-0-1127410504154312>. Acesso em 02 de setembro de 2018.

com grande qualidade jurídica, o que poderia fazer com que muitos conflitos fossem resolvidos sem a intervenção judicial.[19]

A doutrina espanhola também valoriza a arbitragem notarial, como se destaca no texto de Borja Revilla Fernández e Fernando Rodríguez Prieto:

> *A través del sometimiento al Arbitraje Notarial de la Fundación Notarial Signum como institución arbitral se evitan estas situaciones, con la seguridad que aporta el hecho de que el árbitro que vaya a conocer del arbitraje sea un notario en ejercicio.*
>
> *[...]*
>
> *El arbitraje de derecho comporta la sujeción a las mismas reglas para el árbitro que para el juez de la jurisdicción ordinaria a la hora de decidir, con un árbitro, obligatoriamente jurista, el cual será conveniente que disponga de especialización en materia inmobiliaria, como puede ser un notario, lo que proporciona sin duda valor añadido a la aplicación del arbitraje. En este sentido, el Arbitraje Notarial aplicado por la Fundación Notarial Signum, es arbitraje de derecho, con árbitros notarios miembros del Colegio Notarial de Madrid con especialización y dedicación cotidiana en materia de derecho inmobiliario.*[20]

Já em Portugal, o Despacho nº14517/2013[21] do Ministério da Justiça, autorizou a criação do Centro de Informação, Mediação e Arbitragem da Ordem dos Notários (CIMA). Neste país, o artigo 4º, inciso 2, alínea m, do Decreto-Lei 26/2004, o Estatuto do Notariado, prevê que compete ao notário "Intervir em processos de mediação e de arbitragem".

Ainda no âmbito europeu, pode-se analisar a posição levada pela delegação dos notários alemães ao XXIII *Congreso Internacional del Notariado Latino*. Neste país, o notário pode atuar como juiz, árbitro e advogado, a depender do regime de cada estado membro, podendo o notariado alemão

19. Disponível em: <http://fundacionsignum.org/2012/04/17/noticia-9/>. Acesso em 22 de junho de 2018.
20. FERNÁNDEZ, Borja Revilla; PRIETO, Fernando Rodríguez. *El arbitraje en el llamado contrato de arras o documento privado previo a la escritura*. Disponível em: <http://www.elnotario.es/index.php/arbitraje-y-mediacion/6059-el-arbitraje-en-el-llamado-contrato-de-arras-o-documento-privado-previo-a-la-escritura>. Acesso em 12 de agosto de 2018.
21. Disponível em: <https://ordem.notarios.pt/NR/rdonlyres/85324D5D-B319-48BA-8A72-EADE5042120E/3713/Despachoparasite.pdf>. Acesso em 20 de dezembro de 2023.

ser livre, restrito ou judicial[22]. Para eles, além de a escritura pública ajudar a prevenir conflitos, e da conciliação notarial auxiliar a resolvê-los, é ainda possível submeter essas disputas a um tribunal notarial de arbitragem, de maneira vantajosa:

> *Las diferencias con la jurisdicción estatal se ven claramente cuando se observan las ventajas de la actuación notarial arriba mencionada, que no sólo suponen una alternativa atractiva a la jurisdicción ordinaria, sino que además son inmediatamente negociables, sin tener que esperar otras medidas legislativas, ni mucho menos de la reforma jurídica.*
>
> *El arbitraje notarial se adhiere sin fisuras a la prevención y a la solución extrajudicial notarial de las disputas. Los tres componentes (Prevención, solución y decisión de la disputa) son una oferta de prestación de servicio notarial, en la cual se encuentran oportunamente ligadas la protocolización y la asistencia notarial. El arbitraje notarial es inmediatamente negociable y no depende de discusiones ni resultados de la reforma judicial. Pero no sólo es una alternativa a la jurisdicción estatal, sino que al mismo tiempo supone una contribución a la exención de la práctica judicial.*[23]

Na França, deve-se mencionar o Centro de Mediação e Arbitragem dos Notários de Paris (*Centre de Médiation et d'Arbitrage des Notaires de Paris*), que, em seu *site*, menciona estarem os notários sujeitos a regras de procedimento e ética que garantem a sua imparcialidade e respeito pela

22. "O notariado livre identifica-se pelo desempenho concomitante com a advocacia e pela duração do exercício da licença de advogado, de atuação notarial resumida a atividades de autenticações e consultoria, sem exclusividade de atribuição em nenhum assunto, limite ao número de tabeliães ou demarcação territorial. O notariado restrito aproxima-se ao do tipo latino: "*...a função é pública e o notário a exerce de forma independente, sem estar inserido hierarquicamente entre os funcionários a serviço da administração do Estado ou de outras corporações públicas;*" há exclusividade de atribuições, a nomeação dos notários e a criação de serventias, em número fechado, dependem do Estado. No notariado judicial, "*...os titulares das serventias pertencem à magistratura e a noção de tabelionato identifica-se a um órgão estatal;*" são os notários nomeados pelo Ministério da Justiça e pagos pelo Estado, independentemente da atividade realizada". RIBEIRO, Luiz Paulo Aliende. *Regulação da função pública notarial e de registro.* São Paulo: Saraiva, 2009, pág. 32

23. Disponível em: <https://www.bnotk.de/_downloads/UINL_Kongress/Athen/WAGNER_ESPANOL.pdf>. Acesso em 02 de setembro de 2018.

justiça.[24] Neste *site*, também é possível perceber que o escopo de atuação da arbitragem notarial abrange todas as áreas ligadas à atividade, seja em matéria de família, imobiliária ou empresarial[25].

Na província de Québec, a previsão legal da arbitragem notarial encontra-se no artigo 86, do Código de Processo Civil[26], destacando-se o a criação do *Centre de médiation et d'arbitrage notarial*[27]. Já na Estônia, há previsão legal da atuação como árbitro dentre os serviços notariais[28], sendo expresso que tal pode ocorrer independentemente ou através da Câmara de Conciliação e Arbitragem dos Notários[29].

No México, algumas leis trazem a possibilidade de o notário atuar como árbitro, como, por exemplo, o artigo 34, inciso VI, da *Ley del Notariado para la Ciudad De Mexico*[30] e o artigo 33, inciso VI, da Ley del Notariado para el Distrito Federal[31].

Sobre o notariado mexicano, merece destaque o ensinamento de Fernando Trueba Buenfil, para quem:

> *por sus características, la instituición del notariado puede cumplir a cabalidad con la demanda de arbitraje. Esto se debe a que los fedatarios cuentan con los elementos necesarios para realizar esa función: son profesionalies del Derecho que están capacitados en muy diversas*

24. V. <https://paris.notaires.fr/fr/centre-de-mediation-et-darbitrage-des-notaires-de-paris-cma-not-paris/larbitrage-et-la-mediation-cest-quoi>. Acesso em 10 de janeiro de 2024.
25. V. <https://paris.notaires.fr/fr/centre-de-mediation-et-darbitrage-des-notaires-de-paris-cma-not-paris/pour-quels-types-de-litiges>. Acesso em 10 de janeiro de 2024.
26. 86. Le droit d'agir devant les tribunaux pour y représenter une personne est réservé aux avocats. Les notaires peuvent cependant agir dans toute demande pouvant être traitée suivant la procédure non contentieuse. Disponível em: <https://www.legisquebec.gouv.qc.ca/fr/document/lc/C-25.01>. Acesso em 15 de janeiro de 2024.
27. V. <https://mediationarbitragenotarial.com/>. Acesso em 23 de janeiro de 2024.
28. § 32, do *Notaries Act*, "*(3) The following are notarial services: [...] 4) acting as an arbitrator on the basis of the Code of Civil Procedure*". Disponível em: <https://www.riigiteataja.ee/en/eli/511112013002/consolide>. Acesso em 15 de janeiro de 2024.
29. "*§ 34. Conciliation and acting as arbitrator (1) A notary may provide conciliator service independently or through the Conciliation and Arbitration Court of the Chamber of Notaries and arbitrator service through the Conciliation and Arbitration Court of the Chamber of Notaries.*"
30. Disponível em: <https://congresocdmx.gob.mx/archivos/transparencia/LEY_DEL_NOTARIADO_PARA_LA_CIUDAD_DE_MEXICO.pdf>. Acesso em 19 de janeiro de 2024.
31. Disponível em: <https://paot.org.mx/centro/leyes/df/pdf/lndf(26octubre05).pdf>. Acesso em 19 de janeiro de 2024.

> *ramas del mismo y tienen un compromiso irrestricto con la sociedad y la justicia, al tiempo que cuentan con el reconocimiento de la sociedad, además de poseer la capacidad legal para ser árbitros en virtud de lo que establecen las leyes notariales del país.*
>
> *[...]*
>
> *Tan es así que cuando se estableció la Comisión de Arbitraje Médica del Estado de México, el Ejecutivo Estatal designó a un notario como miembro de la misma; y en el ámbito federal, el Instituto Nacional del Derecho de Autor ha señalado a varios notarios para fungir como árbitros en materia autoral.*[32]

Analisando a arbitragem notarial no Uruguai, Gustavo Henrichs Favero assim o disse:

> Nos países que adotam a tradição do notariado latino não exsurge qualquer impedimento expresso para que os integrantes da instituição exerçam a função de árbitro. Pelo contrário. Situações existem em que presente regulamentação fomentando e institucionalizando a atividade, como é o caso do Uruguai, cuja "*Asociación de Escribanos*" gerencia seu próprio *Centro de Resolución de Conflictos*, oferecendo mediação, conciliação e arbitragem desde 1999, máxime a anomia em relação a tema arbitragem, mencionado fugazmente no art. 6 da Constituição e entre os arts. 472 a 507 do Código General del Proceso, até a edição da Ley 19.636/2018 (arbitragem internacional). Destarte, *´hay dos Centos de Conciliación y Arbitraje en Uruguay, uno de ellos es el Centro de Conciliación y Arbitraje de la Bolsa de Comercio y el Centro de Resolución de Conflictos de la Asociación de Escribanos´*[33]

Por todo o exposto no presente capítulo, pode-se notar que a arbitragem notarial não é uma jabuticaba brasileira, como alguns tentaram insinuar, mas sim prática alinhada à tendência mundial de desjudicialização e ampliação da competência notarial

32. BUENFIL, Fernando Trueba. *Arbitraje y notariado*. In: *Escriva – Revista del colegio de notarios del Estado de México*. México: Times editores. Ano 2, Número 3, 1998, ps. 28 e 31.
33. FAVERO, Gustavo Henrichs. *Jurisdição Extrajudicial pelos Notários e Registradores*. São Paulo: Juspodvim, 2024, pág. 376.

3. POPULARIZAÇÃO DO INSTITUTO

Quando a lei espanhola foi alterada, em 2003, permitindo o exercício da arbitragem por Tabeliães, o notário de Barcelona, Francisco Armas Omedes, destacou o impulso que a arbitragem poderia ter: "*En definitiva el notario dentro de su labor asesora y ahora además como posible árbitro de derecho puede contribuir en gran medida al impulso y difusión del arbitraje poniendo su conocimientos al servicio de las partes que dedican pactarlo.*"[34]

E não será diferente em nosso país. Marcado pela capilaridade, há mais de oito mil tabeliães de notas, no Brasil, espalhados por quase todos os municípios.

Ainda que não todos tenham interesse em exercer a atividade arbitral, e ainda que haja a seleção dos possíveis árbitros pela entidade de classe, o que por ora foi vetado[35], haverá uma grande quantidade de tabeliães com bom conhecimento jurídico, aptos a solucionar conflitos que, até então, só poderiam ser dirimidos pela via jurisdicional.

Dados do estudo "Arbitragem em Números", de Selma Ferreira Lemes[36], mostram que a maioria das arbitragens envolve Direito Societário, Empresarial e grandes contratos de construção civil e energia. Mesmo com o aumento dos casos envolvendo direito trabalhista e desportivo, ainda estão limitados a poucas partes. A arbitragem notarial tende a envolver Direito dos contratos, reais, das famílias e sucessório, tendo o potencial de levar esta forma de resolução de conflito a um número muito maior de partes litigantes.

Além disso, cabe análise pormenorizada dos custos do processo arbitral.

---

34. OMEDES, Francisco Armas. *El papel del notario dentro de la Reforma de la Ley de Arbitraje.* Disponível em: <https://www.diariojuridico.com/el-papel-del-notario-dentro-de-la-reforma-de-la-ley-de-arbitraje/>. Acesso em 19 de janeiro de 2024.

35. Art. 7º-A, § 5º O tabelião de notas, por si ou por um único escrevente nomeado para este fim, poderá optar por realizar arbitragem, nos termos da Lei nº 9.307, de 23 de setembro de 1996, se habilitado pela entidade de classe nacional, que poderá constituir e disciplinar câmaras arbitrais estaduais ou nacional ou autorizar a participação dele em outras câmaras. (vetado)

36. Disponível em: https://www.migalhas.com.br/arquivos/2022/10/78B3FD4545063E_pesquisa-arbitragem.pdf. Acesso em 12 de dezembro de 2024.

3.1. Custos

Inicialmente, cabe apontar que, conforme afirmado em estudo anterior[37], mesmo na atual realidade, em que a maioria das taxas a serem pagas em Tribunais Arbitrais superam as custas de um processo judicial, não há que se falar em violação do acesso à justiça. Isto porque a arbitragem foi escolhida pelas partes, que viram no procedimento arbitral uma forma de resolver seu litígio de maneira mais célere, o que diminui seus riscos e, consequentemente, os custos de seus negócios. Assim, a junção a outros fatores pode tornar a opção economicamente melhor, ainda que mais custosa num primeiro momento, ou seja, pode-se ver a arbitragem como uma escolha de melhor relação custo-benefício.

Nesta esteira, cabe perquirir se os notários seriam remunerados por emolumentos, que tem natureza jurídica de taxa[38], ou por preço, se a cobrança pela arbitragem notarial também seria mais custosa do que um processo judicial, e se essa cobrança poderia vir a contribuir para a popularização do procedimento arbitral no Brasil.

Em livro publicado por um dos autores do presente artigo, defendeu-se, quando ainda sequer havia autorização legal para a atividade arbitral, que seriam os notários remunerados de acordo com as tabelas de emolumentos estaduais, mais especificamente pelo critério de atos com valor econômico, em analogia à cobrança pelos Oficiais de Registro de Imóveis quando do processamento das usucapiões, ou seja, sustentou-se que seria devido um ato pelo processamento e outro ato pela formalização da sentença arbitral[39].

Tal posição está alinhada, por exemplo, com a Lei Estadual do Rio de Janeiro n. 9.873/2022, que previu cobrança de emolumentos para o exercício de arbitragem notarial naquele Estado, mesmo antes da sanção da Lei Federal n. 14.711/2023. Lá, há previsão de cobrança de emolumentos fixos pelo processamento e pelo registro, bem como de 4% sobre o valor da causa, além da cobrança pela expedição de carta arbitral, se necessária.

---

37. PINHEIRO, Ygor Ramos Cunha. *Arbitragem notarial*. Salvador: Juspodivm, 2020, págs. 98-106.
38. ADI 1.624, Rel. Min. Carlos Velloso, DJ 13/06/2003.
39. PINHEIRO, Ygor Ramos Cunha. *Arbitragem notarial*. Salvador: Juspodivm, 2020, págs. 218-224.

Entretanto, aprofundando-se no estudo do instituto, tanto em bases teóricas quanto tendo em vista o direito comparado, permita-nos alterar tal posicionamento.

Ao atuar como árbitro, está o notário desempenhando função compatível com toda a base histórica e teórica do notariado latino, entretanto, não agindo em sua forma típica, ou seja, não agindo como agente garantidor da segurança jurídica preventivamente ao surgimento do conflito. Assim, não está o tabelião desempenhando função pública em caráter privado, mas sim desempenhando atividade privada, com nuance pública, tendo em vista a parajurisdicionalidade da arbitragem, como o disse Cândido Rangel Dinamarco[40].

Outra distinção é que, para a prática de atos notariais típicos, não pode o notário se recusar a praticar seu dever, caso atendidos todos os requisitos legais. Já na arbitragem, pode a pessoa indicada para condução do procedimento, no caso o notário, recusar-se, sendo certo que até mesmo a lei fluminense retromencionada previu esta possibilidade ao mencionar que "além das demais hipóteses legais, o árbitro poderá recusar o *munus* se discordar do valor atribuído à causa, no exercício de sua independência técnica".

Desta forma, há que se falar na livre remuneração do notário pela arbitragem notarial, não ficando adstrito aos valores expressamente tabelados para as escrituras e atos notariais protocolares típicos. Poderão os notários estipularem o preço pelo seu serviço, quando da arbitragem avulsa, bem como poderá a futura Câmara Arbitral Notarial, quando da arbitragem institucional, prever tabela de remuneração própria, tal qual ocorre com as Câmaras existentes até então, no Brasil, e com as próprias Câmaras de Arbitragem Notarial de outros países, conforme já demonstrado.

40. "Essa perspectiva teleológica do sistema processual sugere a equivalência funcional entre a pacificação estatal imperativa e aquelas outras atividades, nem sempre estatais e jamais dotadas do predicado da inevitabilidade, com que se buscam os mesmos objetivos e a mesma utilidade social. Na doutrina moderna há prestigiosa voz afirmando a *natureza jurisdicional do juízo arbitral* (Carlos Alberto Carmona) e sabe-se que, em alguns casos, os meios alternativos são capazes de produzir resultados melhores que os da jurisdição estatal. Nesse quadro, é legítimo considerar ao menos *parajurisdicionais* as atividades exercidas pelo árbitro." DINAMARCO, Cândido Rangel. *Instituições de direito processual civil. V. I. 6 ed.* São Paulo: Malheiros, 2009, p. 126.

Como já afirmamos, em estudo ainda no prelo, é:

> necessário compreendermos que o notário é, com a inovação inserida no inciso III do artigo 7º-A da Lei de Notários e Registradores, de agora em diante, prestador de serviço ora público, remunerado por taxa, ora privado, remuneração por preço, sem que se dispa por completo em momento algum de sua veste de delegado de função pública.
>
> A qualificação de competências ditas exclusiva ao lado de outras ditas não-exclusivas tem sua chave explicativa nessa circunstância posto que, em sua típica função preventiva, o notário atua em esfera exclusiva, como agente público delegado da soberania estatal, dentro da legalidade estrita, ao passo que, em sua nova função restaurativa, igualmente e indiscutivelmente típica, o notário atua em esfera não-exclusiva como ator social delegado da autonomia privada, aquém ou além da legalidade estrita, a depender dos critérios de julgamentos definidos pelas partes convenentes.
>
> A distinção, como veremos, não é pueril.
>
> Basta por enquanto assentar que em sua esfera exclusiva o notário com questões patrimoniais e extrapatrimoniais, disponíveis e indisponíveis, transacionáveis ou não, e que, todo o caso, seja como narrador, seja como redator, sempre conclui seu labor em instrumento público sem carga decisória. Em sua esfera não-exclusiva isso não necessariamente se verifica, sendo bem claro que o notário atuando como árbitro tem as mesmas possibilidades, mas especialmente os mesmos limites dos demais atores sociais, isto é, lida com questões patrimoniais disponíveis, e que, para além da narração e da redação, é autêntico emissor de decisão cuja instrumentalização, ainda que eventual e acidentalmente venha a ser vazada em forma pública, materialmente não o é, dadas as restrições de acesso e limitações de destino.[41]

Neste momento, é importante ressaltar que a discussão sobre a remuneração se dar por taxa ou preço ainda é incipiente, tendo em vista a novidade da previsão legislativa, sendo certo que eventual norma futura pode vir a mudar o rumo do quanto aqui tratado, já que, como mencionado, a

41. TURA, Marco Antônio Ribeiro; PINHEIRO, Ygor Ramos Cunha. A arbitragem na atividade notarial. São Paulo. 2024. No prelo.

atividade notarial é um setor de fortemente regulamentado, podendo vir a existir obrigatoriedade de remuneração por uma ou outra forma, imposição de limites máximo e mínimo de cobrança, ou alguma outra medida.

De uma forma ou de outra, o que se afigura provável é que os valores a serem cobrados serão menores do que as grandes Câmaras de Arbitragem vem praticando no mercado brasileiro. À título de exemplo, vejamos que, na câmara de arbitragem CIESP/FIESP, paga-se taxa de registro de 1% do valor da causa, variando de R$ 3.000,00 a R$ 5.000,00, mais uma taxa de administração que varia de R$ 30.000,00 a R$ 360.000,00, além dos honorários dos árbitros, que podem variar de R$ 20.000,00 até R$ 1.622.500,00.[42] Na câmara de arbitragem da FGV, a taxa de administração parte de R$ 50.000,00.[43] Por sua vez, na câmara de comércio Brasil-Canadá, alem da taxa de registro de R$ 5.000, a taxa de administração parte de R$ 131.994,46, e os honorários de um Tribunal Arbitral partem de R$ 296.987,54.[44]

No relatório "Arbitragem em Números", já mencionado[45], foi apontado que as 8 principais Câmaras de arbitragem do Brasil possuíam, em 2021, 1047 procedimentos arbitrais em andamento. Ainda, no triênio de 2019 a 2021, o valor total dos novos procedimentos iniciados foi de mais de 180 bilhões. Ou seja, pouquíssimos processos, com elevadíssimos valores.

Em outras palavras, trata-se de um segmento de atuação que, na forma atual, encontra-se alijado da grande maioria da população, sendo certo que a previsão expressa do notário como árbitro tem potencialidade de mudar tal cenário. A possibilidade de se terem árbitros qualificados, que não tenham sido advogados de qualquer das partes em momento anterior, em todos os municípios do país, traz democratização para a arbitragem, que deixa de ser um mecanismo específico para soluções ultraprivativas de grandes *players* e causas, e passa a ser aquilo que sempre se entendeu fosse

42. Disponível em: <http://www.camaradearbitragemsp.com.br/pt/arbitragem/tabela-custas.html>. Acesso em 06 de fevereiro de 2024.

43. Disponível em: < https://camara.fgv.br/calculadora>. Acesso em 06 de fevereiro de 2024.

44. Disponível em: <https://ccbc.org.br/cam-ccbc-centro-arbitragem-mediacao/resolucao-de-disputas/arbitragem/regramento-de-custas/>. Acesso em 06 de fevereiro de 2024.

45. Disponível em: https://www.migalhas.com.br/arquivos/2022/10/78B3FD4545063E_pesquisa-arbitragem.pdf. Acesso em 12 de dezembro de 2024.

o seu *mister*: um mecanismo de resolução de conflitos capaz de fornecer justiça para além do aparato estatal, inclusive para segmentos populacionais que não demandam por bilhões de reais.

Desta forma, vislumbram-se conflitos envolvendo justamente valores menores, que, muitas vezes, dependem de atuação de Varas Cíveis ou de Juizados Especiais, sendo solucionados pela via arbitral, já que os valores a serem cobrados pelo procedimento tendem a ser muito mais baixos do que os de arbitragens realizadas pelas grandes Câmaras.

Mesmo o fato de os Juizados Especiais serem gratuitos não afastaria a possibilidade de utilização da arbitragem. Embora tenham sido criados para atender também a celeridade, existem Juizados Especiais, especialmente nos grandes centros, que chegam a demorar meses e até ano para a realização dos primeiros atos processuais. Ademais, também eles acabam sendo abarrotados com demandas de massa, como aquelas envolvendo grandes concessionárias de serviços públicos, empresas de telefonias e instituições bancárias, de modo que as partes que acorrem ao notário poderiam ver nele uma alternativa mais célere e com respostas específicas para problemas do dia a dia do tabelionato, como os de direitos sucessórios, de família, ou mesmo demandas imobiliárias e contratuais de pequeno valor.

Além disso, não há que se falar em custo mais elevado do que o de um processo judicial, já que este não é baixo. Como exemplo, no Estado de São Paulo, ao protocolar apenas a petição inicial, as custas são de 1,5% sobre o valor da causa, limitado a 3.000 UFESPs[46], hoje R$ 106.080,00, considerando o valor da UFESP como R$ 35,36.

Pelo exposto, pode-se afirmar com convicção que a arbitragem notarial contribuirá para a popularização do instituto em nosso país, já que não terá valores tão mais expressivos do que as custas judiciais, mas sim bem menores do que o das grandes Câmaras, colocando à disposição da população um grande número de profissionais do direito, juridicamente capacitados para resolver, em curto espaço de tempo demandas que, até então, apenas seriam solucionadas jurisdicionalmente.

---

46. Disponível em: <https://www.tjsp.jus.br/IndicesTaxasJudiciarias/DespesasProcessuais/TaxaJudiciaria>. Acesso em 06 de fevereiro de 2024.

Tal fato, numa análise econômica, pode vir a gerar até mesmo redução de custos, já que as partes, ao contratar, conseguem antever que, em caso de desavença, não precisarão passar anos na via sacra do Poder Judiciário, mas sim que terão sua controvérsia decidida de maneira imparcial, rápida, técnica e, ainda, com a confiança que naturalmente decorre da fé pública ao tabelião atribuída[47], antecipando e dimensionando melhor os riscos de uma negociação.

Celso Fernandes Campilongo chega a mencionar, ao analisar a atuação preventiva do Tabelião, que "o notariado aproxima taxa de retorno privado e taxa de retorno social"[48]. Para ele, o notário é um *gatekeeper*, que melhora a qualidade das informações e a segurança das transações, contribuindo para diminuir conflitos e os custos de transação.[49-50]

Por fim, como não estamos tratando de ato notarial típico, não há que se falar na aplicação do artigo 98, do Código de Processo Civil, ou seja, não haverá gratuidade de justiça nesta atuação, nem mesmo poderá uma ordem judicial fazer determinação neste sentido. Isto porque a arbitragem notarial só será instaurada por acordo das partes, que se sujeitarão à remuneração pactuada, seja na arbitragem avulsa ou institucional.

4. IMPARCIALIDADE

O parágrafo, 2º do artigo 21 da Lei de Arbitragem prevê que "serão, sempre, respeitados no procedimento arbitral os princípios do contraditório, da igualdade das partes, da imparcialidade do árbitro e de seu livre

47. PINHEIRO, Ygor Ramos Cunha. *Arbitragem notarial*. Salvador: Juspodivm, 2020, pág. 174.
48. CAMPILONGO, Celso Fernandes. *Função social do notariado: eficiência, confiança e imparcialidade*. São Paulo: Saraiva, 2014, ps. 83-84.
49. Ibidem, p. 91.
50. O autor chega a mencionar as consequências que ocorreriam no caso de desprezar-se a atuação notarial: "A importância da segurança jurídica, publicidade, fé pública e consultoria jurídica seriam subestimadas, até que um problema ocorresse com a transação em questão. Trate-se de erro no cômputo do valor presente do custo associado ao risco de abrir mão dos benefícios trazidos pelo sistema notarial. A consequência é uma utilização subótima da proteção fornecida pelas escrituras públicas. O custo desse erro é redistribuído na sociedade: não proporciona informação e segurança para futuras transações envolvendo os mesmos títulos, aumenta os riscos dos negócios -maiores custos de transação, menor volume de trocas comerciais, maior litigiosidade e menor celeridade (ausência de fé pública na produção de provas).» Ibidem, p. 95.

convencimento." E, ainda, o artigo 32, inciso VIII da mesma lei diz que é nula a sentença arbitral se tais princípios forem violados. Da letra da lei, extrai-se a relevância da imparcialidade para a condução do procedimento. E ninguém melhor que o notário para fazê-lo.

O árbitro deve ser equidistante das partes, sem interesse no litígio e indiferente a interesses externos, observando-se, é claro, que nenhuma pessoa é neutra às experiências e influências que recebeu ao longo da vida[51].

Um notário, por exemplo, carrega consigo qualidades sem as quais sua presença nada significaria, qualidades que reunidas traduzem a máxima qualificação do terceiro como alguém de confiança das partes, a saber, fiabilidade por suas qualidades pessoais, em especial a garantia de que manterá sigilo e discrição e que empregará todo o seu conhecimento técnico especializado[52].

Talvez por isso que, em diversos países, este profissional esteja sendo eleito como apto a conduzir procedimentos arbitrais. O notário é o único a ostentar uma imparcialidade especial que opera, em verdade, em favor do direito objetivo, do interesse público. Não poderia ser diferente visto que é ao notário que o sistema jurídico confere fidebilidade funcional e eficácia probante, assegurando aos destinatários que, dados os mecanismos de controle, responderá por quaisquer falhas decorrentes dos atos praticados[53].

O notário, embora atue em caráter privado, desempenha função delegada, possuindo papeis inteiramente previstos e regulados, devendo sempre tutelar o interesse público. Assim, sua atuação é sempre desinteressada, como o será na arbitragem. Ele não possui interesse no objeto conflituoso, nem mesmo na relação conflitiva. Seu interesse é sempre na preservação

---

51. TURA, Marco Antônio Ribeiro. Arbitragem e mediação. Leis 9.307/1996 e 13.140/2015. Salvador: Juspodvim, 2019, pág. 67.

52. JIMENEZ, Roberto Garzón/ VILLALOBOS, Alejandro Domínguez García; BANDALA, Patricio Garza; DE RUBÍN, Claudio Ramón, Hernández; BUCIO, Guillermo Oliver. *El notario como tercero de confianza*. In: Revista mexicana de derecho. Colégio de notários do Distrito Federal. México. 2016. Número 18. pp. 95-178. Disponível em: <https://revistas-colaboracion.juridicas.unam.mx/index.php/derecho-notarial/article/viewFile/31588/28576>. Acesso em 28 de janeiro de 2024.

53. Ibidem

do ordenamento jurídico e na segurança, sendo certo que sua atuação é legitimada na soberania estatal, quando atua preventivamente, ou na autonomia privada, quando atua *post facto*, como é o caso da sua atuação como agente do procedimento arbitral[54].

Antonio Rodríguez Adrados assim descreve a ínsita imparcialidade do notário:

> Por ello, aunque el fundamento de la imparcialidad se encuentra en los elementos publicísticos de la función notarial, y en concreto en la consideración del notario como 'funcionario público' de los arts. 1° y 24 de la Ley, la imparcialidad no es solamente para el notario un deber legal sino que, en expresión de MAIGRET, es 'un deber de estado', **es 'consustancial' al notario** (Informe del Notariado Español, 1990), **porque la imparcialidad está inserta, como elemento esencial, en la función notarial en la que, como siempre, se funden lo público y lo privado**. (grifo nosso)[55]

Em recente obra, o magistrado Gustavo Henrichs Favero, assim leciona sobre a imparcialidade:

> o notariado edifica ambiente propício à racionalidade e eficiência econômica, reduz complexidades, ensejando segurança e previsibilidade por intermédio da fé pública, e arquiteta lócus de imparcialidade nas relações jurídico-sociais, porque vocacionado institucionalmente à observação estrita da legalidade, com alterosa independência (arts. 21 e 28 da Lei n° 8.935/94) e ´liberdade decisória, sem nenhum tipo de condicionamento, seja de ordem política, econômica, burocrática e corporativa´.
>
> [...]
>
> Conforme já gizado alhures, os registradores e notários possuem ontologicamente os predicados da autonomia e independência (art. 11 da Lei 6.015/1973 e art. 28 da Lei 8.935/94), hauridos da

54. V. TURA, Marco Antônio Ribeiro; PINHEIRO, Ygor Ramos Cunha. A arbitragem na atividade notarial. São Paulo. 2024. No prelo.

55. ADRADOS, Antonio Rodríguez. *La imparcialidade del notario, atributo inescindible de su función*. Disponível em: <https://www.elnotario.es/index.php/hemeroteca/revista-19/2006-la--imparcialidad-del-notario-atributo-inescindible-de-su-funcion-0-30086506372398236>. Acesso em 26 de janeiro de 2024.

> imparcialidade, porquanto vedado o exercício de funções incompatíveis com referido vetor (art. 25 da Lei n° 8.935/1994), o que decorre logicamente da fé-pública atribuída à investidura (art. 236, $ 6°, da CRFB c/c arts. 1° e 2° da Lei 8.935/1994). Ressaem, destarte, árbitros, já que tais caracteres (autonomia, independência e imparcialidade) são a quintessência de referido mister (art. 13, S 6° e art. 14, $ 1°, da Lei n° 9.307/1996), isto é, sua pedra angular (*cornerstone*), como efusivamente propalado no direito português, ao estabelecer que a instituição notarial ´actua de forma independente, imparcial e por livre escolha dos interessados´ (art. 1° do Decreto Lei n° 26/2004).[56]

Assim, ainda que atuando legitimado pela autonomia privada, este profissional será equidistante das partes, não se vislumbrando qualquer prejuízo em sua atuação. Pelo contrário, como agente dotado de especial imparcialidade, a arbitragem tende a ganhar ainda mais confiança e robustez, passando definitivamente a fazer parte do cotidiano da resolução de conflitos de parte considerável da população.

Pode-se até mesmo pensar que estamos diante da solução para a crise de confiança pela qual passa a arbitragem. Durante o 1° Fórum Internacional de Arbitragem de Brasília, o vice-presidente de assuntos corporativos e institucionais da Vale, Alexandre D'Ambrosio, revelou descontentamento com recorrentes violações ao dever de revelação[57], que é "exigência legal, mas também ética, de que revele quaisquer fatos que denotem dúvida justificada quanto à sua imparcialidade ou quanto à sua independência"[58]. Neste mesmo painel, disse ele: "Ainda acredito que [a arbitragem] pode ser um instrumento de enorme vantagem pela velocidade, pela especialidade, mas desde que nós consigamos trazer uma imparcialidade, independência e neutralidade nos árbitros. E isso só será possível se os árbitros espontaneamente revelarem os temas que podem trazer alguma controvérsia"[59]

56. FAVERO, Gustavo Henrichs. *Jurisdição Extrajudicial pelos Notários e Registradores*. São Paulo: Juspodvim, 2024, págs. 251 e 372.

57. Disponível em: https://www.conjur.com.br/2023-out-24/problemas-dever-revelacao-descredibilizam-arbitragem/ . Acesso em 24 de dezembro de 2023.

58. TURA, Marco Antônio Ribeiro. Arbitragem e mediação. Leis 9.307/1996 e 13.140/2015. Salvador: Juspodvim, 2019, pág. 70.

59. Dispoível em: https://www.poder360.com.br/arbitragem-no-brasil/critica-da-arbitragem-vale-so-usa-sistema-em-casos-excepcionais/. Acesso em 24 de dezembro de 2023.

Ora, ninguém melhor que o notário, figura mundialmente reconhecida por sua independência e imparcialidade, sendo sempre desinteressado, seja em sua atuação preventiva ou repressiva, para ser o agente do procedimento que retomará por completo a confiança no processo arbitral, no Brasil.

Esta imparcialidade natural ao notariado, ainda, impede qualquer elocubração no sentido de poder haver conflito de interesses em inserção de cláusulas compromissórias ou em julgamentos que envolvam escrituras das quais o notário tenha participado previamente, como será visto a seguir, porém não põe fim a vedações legais já existentes, como, por exemplo, a sua participação em atos dos quais seus parentes tenham interesse.[60]

4.1. Da ausência de conflito de interesses

A confiança no trabalho dos notários evidenciada em pesquisas[61], além da fé pública, que é "a capacidade de tornar crível o que o notário declarar que ocorreu em sua presença"[62], tem fundamento, também, na imparcialidade dos mesmos, aqui estudada.

Exercendo função pública em caráter privado, o Tabelião está ora próximo ao juiz, como delegado da soberania estatal, ora próximo ao árbitro, como delegado da autonomia privada.

Essa circunstância, longe de ser uma desvantagem, confere ao notário uma posição relevante ao longo de toda vida do negócio porque com ele toma contato quando gerado, durante seu desenvolvimento e no seu fim,

60. Artigo 27, da Lei Federal n. 8.935/1994: "No serviço de que é titular, o notário e o registrador não poderão praticar, pessoalmente, qualquer ato de seu interesse, ou de interesse de seu cônjuge ou de parentes, na linha reta, ou na colateral, consangüíneos ou afins, até o terceiro grau."

61. "Os Cartórios brasileiros ocupam a primeira colocação nos quesitos confiança, importância e qualidade dos serviços à frente de outros 14 órgãos públicos e privados. Esta foi a principal conclusão da pesquisa realizada pelo Instituto Datafolha, que realizou 944 entrevistas em São Paulo, Rio de Janeiro, Belo Horizonte, Curitiba e Brasília em 2022." *Relatório Cartório em Números*. ANOREG/BR. 2022. Disponível em: https://www.anoreg.org.br/site/wp-content/uploads/2022/12/Carto%CC%81rios-em-Nu%CC%81meros-Edic%CC%A7a%CC%83o-2022.pdf. Acesso em 02 de janeiro de 2024.

62. BRANDELLI, Leonardo. *Teoria geral do direito notarial.* 4 ed. São Paulo: Saraiva, 2011, p. 156.

sendo profissional altamente qualificado para acompanhar as tribulações por que passam os sujeitos da relação, especialmente quando da ocasião da divergência na concretização do direito entabulado.

Como dissemos, "o fato é que o notário, na posição em que se encontra, tem a vantagem de ser um emissor de discursos para auditórios amplos ou restritos e, portanto, cumpre papeis distintos conforme o momento da vida negocial"[63].

Não se admite, portanto, razão a quem disser que os tabeliães poderiam "estimular um aumento significativo no número de cláusulas compromissórias incluídas nos instrumentos jurídicos particulares postos sob o seu crivo, sem a devida ciência das partes de que estão abdicando da faculdade de submeter a disputa à apreciação do Judiciário", muito menos que haveria "o uso da função pública para carrear clientela para seus titulares, com risco de indução dos usuários a erro".[64] E se assim ocorresse, estariam tais tabeliães sujeitos ao poder correcional, como veremos a seguir.

Em pesquisa no site do Superior Tribunal de Justiça, não foi localizado número relevante de demandas envolvendo cláusulas apostas em atos notariais com violação ao princípio da rogação.

Ademais, é comum, no dia a dia do serviço notarial, que haja usuários mais assíduos, o que não representa usuários sendo beneficiados de qualquer modo nos atos notariais protocolares que praticam. O notário tem o dever ético e legal de ser equidistante das partes, reduzindo eventual assimetria informativa que exista e, portanto, sem beneficiar quaisquer usuários de seu serviço. Logo, em sua atuação preventiva, o notário já não beneficia quem quer que seja, sendo imparcial por natureza.

Assim sendo, a alegação de que o notário seria parcial para atuar como árbitro porque interessado no serviço notarial prestado ou que venha a ser prestado não se sustenta em um exame que seja meramente superficial. O

63. TURA, Marco Antônio Ribeiro; PINHEIRO, Ygor Ramos Cunha. A arbitragem na atividade notarial. São Paulo. 2024. No prelo.

64. Parecer emitido pelo Comitê Brasileiro de Arbitragem, quando contrários ao Projeto de Lei nº 4.188/2021, disponível em: <https://legis.senado.leg.br/sdleg-getter/documento?dm=9458518&ts=1703775394470&disposition=inline&_gl=1*1kwytno*_ga*MjA4NDQ2MzMwMC4xNzA1NjA0MDg0*_ga_CW3ZH25XMK*MTcwNTYwNDA4My4xLjEuMTcwNTYwOTQzNC4wLjAuMA..>.

notário é imparcial na prestação do serviço preventivo de narração e de redação (notarial em sentido estrito) e é imparcial na prestação do serviço restaurativo de decisão (notarial em amplo sentido) porque atua em nome do direito objetivo, da soberania estatal, em caráter imediato, ou, como no caso da mediação e da arbitragem, mediado pela manifestação da autonomia privada.

A imparcialidade do notário, em qualquer caso, não é acidental, voluntária, mas substancial, sistêmica. A circunstância de ser remunerado pelas partes para um ou para outro dos serviços apontados acima não altera a incidência de um complexo normativo que dele exige o atendimento isonômico e impessoal próprio da função pública da qual jamais se despe, mesmo que escolhido pelas partes fora da serventia para facilitar a solução ou resolver os conflitos que se lhe apresentarem no exercício da autonomia privada.

Ademais, falando-se em arbitragem, observado o dever de revelação do árbitro, pode acontecer de estas elegerem pessoa que já teve vínculo anterior com uma, algumas ou todas as partes envolvidas, desde que de confiança de todos. Se isto é admissível, com maior razão ainda há de se admitir quem, por força da lei, não possui vínculo algum com quaisquer das partes, já que a só prestação de serviço público, inafastável pelo prestador[65], não o torna parcial.

Opor-se a tal participação seria opor-se à letra da lei, que apenas exige a confiança das partes, bem como à doutrina, que admite o exercício da plena liberdade de deliberação das partes quanto à atuação de árbitro sabidamente com vínculos prévios.

Sendo assim, conforme já afirmamos anteriormente[66], além de não se poder falar em vício na escritura que contenha cláusula compromissória de arbitragem notarial, a participação como julgador daquele agente

65. O notário presta serviço público que não pode recusar em nenhuma circunstância para o usuário do serviço, desde que o ordenamento jurídico seja respeitado e os emolumentos, que possuem natureza tributária, sejam recolhidos.

66. PINHEIRO, Ygor Ramos Cunha. *Arbitragem notarial eletrônica*. In: CHEZZI, Bernardo (coord.). Atos eletrônicos: em notas e registros. São Paulo: Ibradim, 2020, págs. 273-274.

imparcial que lavrou o ato pode até mesmo fomentar a confiança das partes e ser um facilitador na interpretação da desavença.

O notário, portanto, é imparcial por força da função, não tendo interesse outro que não a preservação da ordem jurídica, sendo a fé pública, ínsita à sua atividade, um reforço à certeza e confiança na sentença a ser produzida.

À título de curiosidade, pode-se trazer a sugestão de Paulo Doron R. de Araujo sobre a redação das cláusulas compromissórias, o que pode ser observado, no que couber, naquelas a serem inseridas em escrituras:

> Finalmente, quanto às técnicas de redação propriamente ditas da cláusula compromissória arbitral em escritura pública, valem as mesmas recomendações feitas à generalidade das cláusulas dessa natureza: (i) escrever sempre cláusula cheia; (ii) escolher preferencialmente instituição com regulamento consolidado para administrar o procedimento, procurando-se evitar a arbitragem ad hoc, (iii) conhecer o regulamento da instituição arbitral escolhida e prever expressamente sua aplicação às eventuais disputas a serem resolvidas por arbitragem; (iv) eleger foro judicial para conhecer de medidas pré-arbitrais e para o cumprimento de sentenças arbitrais; (v) definir expressamente se o procedimento será conduzido por árbitro único ou tribunal arbitral com três ou mais membros; além de outras recomendações comumente colhidas da experiência.[67]

5. REFLEXÕES SOBRE A IRRECORRIBILIDADE DA SENTENÇA ARBITRAL

A lei de arbitragem, em seu artigo 18, previu a irrecorribilidade da sentença arbitral e a desnecessidade de sua homologação pelo Poder Judiciário. Ela só pode ser desconstituída por ação anulatória, ou durante impugnação ao cumprimento de sentença, nas restritas hipóteses do artigo

67. ARAÚJO, Paulo Doron R. de. *Cláusula compromissória arbitral em escritura pública: regime jurídico e técnica de redação. In*: ARAÚJO, Paulo Doron R. de (coord.). *Arbitragem, mediação e dispute boards no mercado imobiliário.* São Paulo: Quartier Latin, 2019, ps. 46-47.

32. Além disso, o artigo 30 permite que seja feita solicitação ao árbitro para correção de erro material ou esclarecimento de obscuridade, dúvida ou contradição, o que chegou a ser chamado doutrinariamente de embargo arbitral[68], embora haja quem não concorde com esta nomenclatura[69][70], por não tratar-se de recurso ou por não ter os mesmos efeitos deste, notadamente os efeitos infringentes[71].

Sobre estes, há quem os admita, caso o suprimento do erro material, da obscuridade, dúvida ou contradição venha a alterar substancialmente a decisão. Neste sentido, Octávio Fragata Martins de Barros assim leciona:

> A relutância em se permitir os efeitos infringentes aos embargos arbitrais é um mecanismo de inviabilizar nova discussão de mérito depois de prolatada a sentença. No entanto, o risco de não a modificar é gerar uma sentença que possivelmente não produzirá efeitos, sendo declarada nula anos depois. Assim, poderíamos concluir que é admitida a revisão pelos árbitros da sentença arbitral omissa sobre algum ponto substancial discutido durante o procedimento, e que, ao suprir tal omissão, o árbitro estaria, necessariamente, acrescentando algo substancialmente novo à sentença. Tal entendimento estaria de acordo com o princípio da economia processual e da celeridade, ambos assegurados pela Lei Marco Maciel, bem como outorgaria segurança jurídica à sentença arbitral, necessária para assegurar a solução do conflito.[72]

68. LEMES, Selma Maria Ferreira. *Os embargos arbitrais e a revitalização da sentença arbitral.* In: *Revista de Arbitragem e Mediação*, v. 6, 2005, p. 37.

69. Por todos: CARMONA, Carlos Alberto. *Arbitragem e processo: um comentário à Lei n. 9.307/96.* 3. Ed. São Paulo: Editora Atlas, 2012, p. 383-384

70. Luis Guilherme Aidar Bondioli discorda da nomenclatura, pois enxerga tal solicitação como verdadeiro embargo de declaração. BONDIOLI, Luis Guilherme Aidar. *Embargos de declaração e arbitragem.* In: WALD, Arnoldo (org.). *Doutrinas essenciais – Arbitragem e Mediação. Volume III.* São Paulo: Revista dos Tribunais, 2014, págs. 1107-1112.

71. DALBOSCO, Gustavo Dallazem. *Pedido de esclarecimentos e revisão do mérito na arbitragem no Brasil* Disponível em: <https://ojs.brazilianjournals.com.br/ojs/index.php/BRJD/article/view/49837/pdf >. Acesso em 04 de fevereiro de 2024.

72. BARROS, Octávio Fragata Martins de. Reflexões Acerca dos Efeitos Infringentes dos Embargos Arbitrais, *apud* DALBOSCO, Gustavo Dallazem. *Op. Cit.*

Apesar de divergências pontuais, fato é que, atualmente, vigora, no Brasil, respaldado pela jurisprudência do Superior Tribunal de Justiça[73], o entendimento de que a sentença arbitral é irrecorrível, fazendo coisa julgada. Tal irrecorribilidade vem justamente amparada na confiança que as partes possuem no árbitro escolhido, bem como na celeridade[74] proporcionada pelo procedimento.

Nelson Alexandre Paloni leciona que:

> no bojo da liberdade outorgada às partes no procedimento arbitral, têm elas a possibilidade, se quiserem, e só nesse caso, de prever uma forma recursal da decisão proferida pelo tribunal arbitral. Podem, consoante a inteligência do art. 5.o, da Lei 9.307/96, fixar de comum acordo como se processará eventual recurso ou submeter a sentença arbitral proferida à revisão de algum órgão arbitral institucional ou entidade especializada. O que não se confunde com a remessa dos autos do processo arbitral a órgão do Poder Judiciário para reanalisar o mérito da demanda. **Quanto ao mérito da decisão, o Judiciário é incompetente para o exercício de juízo de valor**. Não há que se confundir, evidentemente, com questões de nulidade do laudo arbitral, consoante art. 32 da Lei 9.307/96, as quais devem, obrigatoriamente, ser julgadas pelo Poder Judiciário (art. 33 da Lei 9.307/96).
>
> [...]
>
> Isso culmina com a impossibilidade, no Direito brasileiro, de pretender-se a obrigatoriedade do duplo grau de jurisdição da decisão proferida em sede arbitral, equiparando o processo arbitral, regulado pela Lei 9.307/96, como se processo judicial fosse; o que, conforme já demonstrado acima, não é possível.
>
> A morosidade que as normas processuais imprimem ao andamento dos processos judiciais, arrastando-os, seja pelo excesso de recursos, seja pelos permissivos legais tendentes a impedir cerceamento de defesa, tornam a arbitragem uma saída menos

73. V. AgInt no AREsp 2332620 / PR, 3ª Turma, Julgado em 23/10/2023, DJe 25/10/2023.

74. PALONI, Nelson Alexandre. *Irrecorribilidade das sentenças arbitrais*. In: WALD, Arnoldo (org.). *Doutrinas essenciais – Arbitragem e Mediação. Volume III*. São Paulo: Revista dos Tribunais, 2014, pág. 1185.

> dispendiosa e com a mesma força executiva de um provimento jurisdicional.[75] (grifo nosso)

Analisando a arbitragem realizada por notários, já pudemos afirmar que "a fé pública ínsita à atividade notarial é, ainda, um reforço à certeza e confiança na sentença a ser produzida, motivo pelo qual não há razão para a sentença arbitral prolatada por notário poder ser revista pelo Poder Judiciário."[76]

5.1. Juízo correcional e a sentença arbitral

A peculiaridade sobre a atuação notarial é a fiscalização a que está submetido o Tabelião pelo Poder Judiciário, conforme artigo 236, parágrafo 1º, da Constituição Federal, sujeitando-se ao seu poder correcional.

Entretanto, mesmo em se falando de arbitragem, resta evidente que tal controle não poderá vir a atingir o mérito das decisões tomadas pelo notário árbitro.

A intervenção correcional, mesmo para atos notariais em sentido estrito, exige expressa previsão legal, visto que, inexistindo relação hierárquica entre juízo corregedor e tabelião de notas, a possibilidade de intervenção não se presume. Além disso, em se tratando a arbitragem de ato notarial em sentido amplo, busca seu fundamento de legitimidade na convenção arbitral entabulada no exercício pleno da autonomia privada, sendo certo que eventual controle de mérito pelo juízo correcional configuraria intervenção inconstitucional e não meramente ilegal.

Como já dissemos:

> Ao órgão correcional defere a ordem jurídica o controle de atos de império pelo simples fato de que, ao fim e ao cabo, atos de império estão na esfera de titularidade do Estado, sendo permitida sua prática pelo agente notarial, particular no exercício de função pública, sem que com isso o agente traga para si a qualidade de

75. Ibidem, págs. 1187-1188.

76. PINHEIRO, Ygor Ramos Cunha. Arbitragem notarial eletrônica. *In:* CHEZZI, Bernardo (coord.). *Atos eletrônicos: em notas e registros.* São Paulo: Ibradim, 2020, pág. 272.

> soberano. Soberano permanece o Estado, podendo exercer controle sobre a legalidade do ato notarial em sentido estrito, porque, inclusive, responde por eles de modo objetivo, apesar de possibilidade de regresso contra o agente notarial em caso de comprovada responsabilidade subjetiva deste. Mas ao órgão correcional a ordem jurídica não defere o controle de atos notariais em sentido amplo como o são os atos arbitrais, atos de gestão de direitos subjetivos de particulares delegantes, porque por eles o Estado não responde, os atos de gestão são praticados em nome do agente notarial, por sua conta e risco. Os atos de império, tutelares do direito objetivo, protetivos de interesses públicos, são praticados em nome do Estado, delegante de poderes e correspondentes deveres instrumentais, por conta e risco deste.[77]

Portanto, ausente previsão contratual ou regimental de órgãos, meios, formas e alcances da impugnação de decisões proferidas por árbitros, resta apenas a possibilidade legalmente estatuída de controle jurisdicional por via de ação ou exceção, como já visto.

Todavia, como o notário jamais despe-se de sua função pública, embora não haja controle por parte do juízo correcional sobre o conteúdo de atos do processo arbitral, continuará havendo controle sobre seu comportamento público ou privado, ou seja, ainda nesta atividade estará o notário árbitro sujeito a avaliação sob o ângulo ético-disciplinar.

6. CÂMARA ARBITRAL NOTARIAL

A Lei Federal n. 14.711/2023 teve sua redação final aprovada apenas mencionando que os Tabeliães de Notas, de maneira não exclusiva, podem atuar como árbitros. Sendo assim, como inexiste vedação neste sentido, e como as câmaras arbitrais são entidades privadas, nada impede que venha a ser constituída Câmara própria, medida esta que será salutar.

A formação da Câmara e a futura prestação da arbitragem institucional por notários tende a fortalecer ainda mais o cenário da arbitragem no Brasil.

---

77. TURA, Marco Antônio Ribeiro; PINHEIRO, Ygor Ramos Cunha. A arbitragem na atividade notarial. São Paulo. 2024. No prelo.

O Colégio Notarial do Brasil já demonstra força e extrema capacidade, ao administrar a Central Notarial de Serviços Compartilhados, que em tanto auxilia autoridades públicas[78], e criar o E-Notariado, plataforma que reúne todos os notários do Brasil para atendimento de atos eletrônicos, e que caminha para ser o futuro da atividade notarial brasileira. Logo, certamente, após a autorização legal, estamos prestes a ver o surgimento de um novo regulamento.

Tal criação estará alinhada às práticas notariais mundo afora, merecendo destaque a *Fundación Notarial Signum*[79],composta por notários espanhóis, o Centro de Informação, Mediação e Arbitragem da Ordem dos Notários (CIMA)[80], de Portugal, e o *Centre de Médiation et d'Arbitrage des Notaires de Paris.*

Na esteira deste entendimento, Gustavo Henrichs Favero:

> Ante o cotejo de elementos jurídico-comparados, emergem duas conclusões inolvidáveis para o direito brasileiro: a primeira, no sentido de os Notários e Registradores poderem exercer a função arbitral, a despeito de prévia chancela legislativa; a segunda ressai na possibilidade de se edificar Câmaras de Arbitragem administradas, geridas e reguladas por instituições notariais (arbitragem institucional).[81]

78. No XXI Congresso Paulista de Direito Notarial, realizado em 2018, a procuradora da República Thaméa Danelon destacou sua efetividade: "Por isso, nos valemos da Censec – que tem importância junto com outros órgãos como o Conselho de Controle de Atividades Financeiras (Coaf) – que nos traz mais segurança na hora de investigar os crimes. É muito difícil termos todo o conhecimento nessa parte. Ter todo esse banco de dados em mãos é extremamente importante.". Disponível em: <https://www.cartorioserra.com.br/noticias,1229,procuradora-republica-destaca-importancia-censec-combate-a.html >. Acesso em 04 de janeiro de 2024.

79. Regulamento disponível em: <http://fundacionsignum.org/wp-content/uploads/2017/06/Reglamento-Corte-Arbitral-Signum-3.pdf>. Acesso em 02 de novembro de 2018.

80. Disponível em: <http://www.notarios.pt/NR/rdonlyres/0F966738-9F4E-4627-92FC-55FC-4F63E553/3963/RegulamentoArbitragem1.pdf >. Acesso em 02 de novembro de 2018.

81. FAVERO, Gustavo Henrichs. *Jurisdição Extrajudicial pelos Notários e Registradores*. São Paulo: Juspodvim, 2024, pág. 380.

6.1. O veto ao parágrafo 5°, do artigo 7°-A, da Lei Federal n. 14.711/2023

Durante a tramitação do PL n. 4.188, havia um parágrafo do artigo aqui estudado que merece análise apartada.

Dizia ele o seguinte:

> § 5º O tabelião de notas, **por si ou por um único escrevente nomeado** para este fim, poderá optar por realizar arbitragem, nos termos da Lei nº 9.307, de 23 de setembro de 1996, **se habilitado** pela entidade de classe nacional, que poderá constituir e disciplinar câmaras arbitrais estaduais ou nacional, **ou autorizar a participação dele em outras**. (grifo nosso)

Tal dispositivo foi vetado nos seguintes termos:

> Quanto ao § 5º, a proposição legislativa contraria o interesse público, pois condicionaria o exercício da atividade de mediação ou arbitragem pelo tabelião ou escrevente à habilitação por entidade de caráter privado, o que reduziria a liberdade de escolha das partes, tendo em vista que a legislação vigente estabelece que pode ser árbitro qualquer pessoa capaz e que tenha a confiança das partes.

Além da expressa previsão da possibilidade de criação de Câmaras, cuja possibilidade já sustentamos independentemente de autorização legislativa, o dispositivo vetado trazia três pontos interessantes: o Tabelião só poderia atuar por si ou por um único escrevente nomeado; esses deveriam ser habilitados pela entidade de classe de âmbito nacional e; esta entidade poderia ou não autorizar a participação deles em outras Câmaras.

Quanto aos dois primeiros aspectos, discorda-se do veto presidencial.

Embora a atuação notarial na arbitragem seja natural ao notariado do tipo latino, entende-se que quis o legislador assegurar que a entidade de classe de âmbito nacional, no caso o Colégio Notarial do Brasil Conselho Federal, garantisse determinados conhecimentos específicos para o fiel desempenho da atividade arbitral, quando vinculada à função pública do notário. Isto aumentaria ainda mais a confiança da população na arbitragem notarial.

Neste ponto, é importante destacar que a autorregulação da atividade já vem há muito sendo debatida no Brasil. O desembargador Luís Paulo Aliende Ribeiro, em excelente obra sobre o tema, já sustentara:

> O que se apresenta viável e necessário na regulação de tais atividades é um acréscimo de regulação, ou seja, a efetiva instituição de organismos de auto-regulação que venham acrescer à regulação estatal para alcançar situações nas quais podem se apresentar mais eficientes, como, por exemplo, com relação às questões de concorrência entre delegados envolvendo especialidades de notas e de registro de títulos e documentos, nas quais podem se verificar problemas dessa natureza.
>
> **A efetiva instituição de uma legítima organização de auto-regulação dos notários e registradores, para atuação conjunta e complementar à regulação estatal, seria útil também para o fortalecimento institucional das notas e dos registros**.
>
> [...]
>
> A atuação estatal necessária para a solução deste problema é a moderna regulação, com permeabilidade do órgão regulador estatal aos agentes regulados e uso de prerrogativas de conciliação, e que seria fortalecida com a existência de uma organização privada incumbida da auto-regulação dos notários e registradores.
>
> Apresenta-se, nesse contexto, **quadro favorável para a instituição, pelos profissionais oficiais encarregados da atividade notarial e de registro, de uma forma efetiva de auto-regulação profissional, modalidade privada de regulação que complementa a regulação estatal**. (grifo nosso)[82]

Além disso, a limitação a apenas um escrevente também merecia amparo do Poder Executivo. Ao exercer a arbitragem, o notário conjuga todas as suas características e qualidades que a ele são inerentes à função.

É claro que, em toda a sua atuação típica, preventiva, tais predicados são estendidos a seus prepostos, que passam a ser *longa manus* da fé pública ao notário atribuída. Porém, ao realizar a atividade arbitral, há uma

82. RIBEIRO, Luiz Paulo Aliende. *Regulação da função pública notarial e de registro.* São Paulo: Saraiva, 2009, págs. 173-179.

especificidade. A vontade das partes, ao buscá-lo é pôr fim à divergência já surgida, legitimando verdadeiro poder soberano à função notarial, razão pela qual a reunião de características e qualidades em torno da pessoa legitimada pelo Estado a realizar função pública, tais como notório conhecimento jurídico, imparcialidade, independência e segurança, é justamente o que confere a confiança necessária às partes, fundamental para a decisão de valer-se do juízo arbitral.

Neste sentido, vê-se como positiva a escolha por parte do Tabelião de apenas um preposto para realizar a arbitragem notarial.

Quanto ao terceiro ponto, discordava-se do disposto. A participação do notário em outras Câmaras não deveria ser objeto de validação pela entidade de classe, já que cada Câmara tem a liberdade de inserir quem desejar em seus quadros, bastando, para que seja escolhido pelas partes, a confiança das mesmas.

6.2. A relativização da competência territorial e a arbitragem realizada eletronicamente

Neste momento do trabalho, busca-se conciliar a confiança depositada no juízo arbitral com o disposto no artigo 9º, da Lei Federal n. 8935/1994, que veda a prática de "atos de seu ofício fora do Município para o qual recebeu delegação".

A limitação territorial é regra que se faz presente em todo o notariado do tipo latino, visando que o Tabelião de Notas esteja sempre disponível aos usuários do serviço notarial, evitando-se que ocorra concorrência mercantil na prestação do mesmo. Não se discute aqui esta regra geral de competência, já que positiva para a atividade notarial, tendo sido até mesmo reproduzida, no que cabível, para a realização de atos eletrônicos, no Brasil, nos termos do artigo 19, do Provimento n. 100, do CNJ, regra atualmente prevista no artigo 302, do Provimento n. 149.

Entretanto, no que toca à arbitragem, entende-se que deve haver uma interpretação conforme o instituto. Para isso, pensaremos nas seguintes hipóteses: 1) arbitragem avulsa, em que as partes estarão presentes em todos os atos que sua presença se fizer necessária, como nas audiências, por exemplo; 2) arbitragem avulsa, em que as partes não estarão presentes em todos os atos que sua presença se fizer necessária; 3) arbitragem institucional.

Na primeira hipótese, não há que se falar em questionamento algum. Já em relação a segunda e a terceira, defende-se o afastamento da regra de competência aqui tratada, sendo certo que, como já mencionado, por tratar-se de novidade legislativa, e por ser a atividade notarial fortemente regulamentada, pode ser que eventual norma regulamentadora venha a mudar o aqui disposto.

Mesmo em se tratando de processo físico, a atividade arbitral exige extrema confiança na pessoa do árbitro, e aqui tem-se uma confiança especial, como já mencionado, já que, após o surgimento de um conflito, as partes legitimam o árbitro de verdadeiro poder soberano. Além disso, a atividade arbitral representa estudo profundo de algum caso concreto a partir de algum conhecimento jurídico dotado de especificidade, sem que se fale na prática de algum ato notarial típico ao longo do seu devido processo.

Ao analisar a figura do árbitro, a Procuradoria Geral do Estado, quando autorizou seus procuradores a exercer a arbitragem, assim se manifestou:

> " [...] o que se busca nesse agente é que desenvolva uma atividade próxima ao mister acadêmico, consistente no recebimento de um *case*, que deverá ser estudado e solucionado. Tanto é assim que a maior parte dos árbitros em atuação no mundo são acadêmicos (professores universitários, especialistas ou doutores). Ao indicar um árbitro, as partes estão conscientes de que não estão contratando um consultor ou um parecerista, mas praticando um ato de investidura de alguém na função de julgar. Ao escolher seu julgador, as partes estão interessadas na capacidade de cognição e de elaboração de respostas com rigor jurídico científico."[83]

Sendo assim, mesmo na segunda hipótese mencionada, de processo físico em que as partes não estão fisicamente presentes, defende-se que

83. Disponível em: <https://apesp.org.br/wp-content/uploads/2015/07/parecerpa10_100517.pdf>. Acesso em 04 de fevereiro de 2024.

não seja aplicada a regra de competência territorial dos atos notariais típicos, podendo as partes, a partir da especial confiança que possuírem, escolher o notário árbitro que melhor lhes aprouver.

No que tange à arbitragem institucional, também não há que se falar na territorialidade, haja vista que a Câmara escolherá o árbitro de acordo com as regras de seu regulamento, sem que se cogite em violação de competência territorial. Assim, todo notário integrante do quadro de árbitros da Câmara a ser constituída, independentemente do domicílio das partes litigantes ou do local do objeto do litígio, imóvel ou móvel, poderá atuar, seja individualmente ou compondo um Tribunal Arbitral.

O critério de escolha dos árbitros, neste caso, seguirá o disposto em regulamento, podendo ser sorteio, distribuição, ou mesmo escolha das partes litigantes.

Neste momento, cabe analisar a arbitragem notarial eletrônica, cuja viabilidade já defendemos em trabalho anterior[84].

Bruno Zampier afirma que "a sociedade como um todo vai se virtualizando, atingindo até mesmo entidades classicamente construídas: a empresa [...], o Estado e a própria pessoa natural"[85]. É certo que o Direito também vem evoluindo sobremaneira nos últimos anos, refletindo o avanço tecnológico experimentado, sendo notório que os notários brasileiros estão na vanguarda na implementação de atos à distância[86], estando incluídos também, portanto, neste virtualização pela qual vêm passando as entidades.

Assim, é possível imaginar um procedimento de arbitragem notarial, seja avulsa ou institucional, sendo conduzido exclusivamente pela via eletrônica. Tal pode vir a ocorrer sendo inserido módulo próprio no

---

84. PINHEIRO, Ygor Ramos Cunha. Arbitragem notarial eletrônica. *In:* CHEZZI, Bernardo (coord.). *Atos eletrônicos: em notas e registros*. São Paulo: Ibradim, 2020

85. ZAMPIER, Bruno. *Bens digitais: cybercultura, redes sociais, e-mails, músicas, livrs, milhas aéreas, moedas virtuais*. 2 ed. Indaiatuba: Editora Foco, 2021, pág. 21.

86. Conforme Naivi Barreda, representante da União Internacional do Notariado Latino, afirmou no encerramento do Simpósio Mundial de Atos Notariais Eletrônicos, Brasil, Estônia e Canadá são "fontes de inspiração" para a implementação de atos à distância. Disponível em: https://cnbsp.org.br/2023/12/05/cnb-cf-simposio-mundial-destaca-brasil-como-fonte-de-inspiracao-na-pratica-de-atos-eletronicos/. Acesso em 01 de fevereiro de 2024.

E-Notariado, sistema hoje regulamentado pelo Provimento n. 149/2023, do CNJ, ou em alguma outra plataforma a ser disponibilizada pela futura Câmara Arbitral Notarial.

Como já mencionado, entende-se que a arbitragem realizada eletronicamente também não deve observar a regra de competência territorial.

CONCLUSÃO

Por todo o exposto no presente trabalho, tem-se como extremamente benéfica a previsão legal da arbitragem praticada por notários. Além de expurgar quaisquer dúvidas porventura existentes sobre a possibilidade ou não deste profissional do direito, delegatário de função pública, praticar atividade eminentemente privada, alinhou-se o Brasil à tendência mundial de desjudicialização e ampliação da competência notarial.

Assim, a arbitragem notarial, que já é difundida em diversos países que adotam o notariado latino, passará a ganhar força também no Brasil. E, pela confiança que tem o trabalho dos Tabeliães de Notas, aliado a sua expertise, eficiência e capilaridade, tende o instituto, positivado ainda em 1997, a se popularizar.

Sendo assim, como, atualmente, a arbitragem acabou ficando restrita a causas de alto valor econômico, acredita-se que causas menores passarão a poder ser solucionadas nesta esfera, beneficiando grande parte da população.

Mais um motivo de entusiasmo com a norma é a imparcialidade do notário que, como vista, é especial, já que este sempre busca, no exercício de sua função, a preservação do interesse público, e nunca a promoção de interesse privado. Logo, não há que se falar em conflito de interesses nem mesmo quando inserta cláusula compromissória em escritura pública, já que, ainda que as partes tenham comparecido perante Tabelião na sua função de assessor, redator, agente da prevenção de litígios, este certamente cumpriu seu *mister* de forma desinteressada, indiferente a interesses externos.

Caso haja qualquer desvio de conduta, tal fato será apreciado na via correcional competente, não havendo que se falar na possibilidade de revisão do mérito da decisão pelo juízo corregedor.

Por fim, com a novidade legislativa, é salutar que o Colégio Notarial do Brasil crie Câmara Arbitral, com regulamento próprio, o que virá a contribuir ainda mais para a confiança das partes, que poderão valer-se de arbitragem institucional, regulamentada por entidade de reconhecida capacidade técnica e jurídica.

Portanto, não há outra conclusão que não seja parabenizar o legislador brasileiro pelo avanço da matéria contida no artigo 7º-A, inciso III, da Lei Federal n. 8.935/94.

BIBILIOGRAFIA

ADRADOS, Antonio Rodríguez. *La imparcialidade del notario, atributo inescindible de su función*. Disponível em: <https://www.elnotario.es/index.php/hemeroteca/revista-19/2006-la-imparcialidad-del-notario-atributo-inescindible-de-su-funcion-0-30086506372398236>. Acesso em 26 de janeiro de 2024.

ARAÚJO, Paulo Doron R. de. *Cláusula compromissória arbitral em escritura pública: regime jurídico e técnica de redação. In*: ARAÚJO, Paulo Doron R. de (coord.). *Arbitragem, mediação e dispute boards no mercado imobiliário*. São Paulo: Quartier Latin, 2019.

BASÍLIO, Ana Tereza Palhares; FONTES, André Ricardo Cruz. *Notas introdutórias sobre a natureza jurídica da arbitragem. In*: *Revista de Arbitragem e Mediação*. São Paulo: RT, v. 4, n. 14, jul./set. 2007.

BONDIOLI, Luis Guilherme Aidar. Embargos de declaração e arbitragem. In: WALD, Arnoldo (org.). Doutrinas essenciais – Arbitragem e Mediação. Volume III. São Paulo: Revista dos Tribunais, 2014.

BRANDELLI, Leonardo. *Teoria geral do direito notarial*. 4 ed. São Paulo: Saraiva, 2011.

BUENFIL, Fernando Trueba. *Arbitraje y notariado*. In: *Escriva – Revista del colegio de notarios del Estado de México*. México: Times editores. Ano 2, Número 3, 1998.

CAMPILONGO, Celso Fernandes. *Função social do notariado: eficiência, confiança e imparcialidade*. São Paulo: Saraiva, 2014.

CARMONA, Carlos Alberto. *Arbitragem e processo: um comentário à Lei n. 9.307/96*. 3. Ed. São Paulo: Editora Atlas, 2012.

DALBOSCO, Gustavo Dallazem. *Pedido de esclarecimentos e revisão do mérito na arbitragem no Brasil* Disponível em: <https://ojs.brazilianjournals.com.br/ojs/index.php/BRJD/article/view/49837/pdf>. Acesso em 04 de fevereiro de 2024.

DINAMARCO, Cândido Rangel. *Instituições de direito processual civil. V. I. 6 ed.* São Paulo: Malheiros, 2009.

FAVERO, Gustavo Henrichs. Jurisdição Extrajudicial pelos Notários e Registradores. São Paulo: Juspodvim, 2024

FERNÁNDEZ, Borja Revilla; PRIETO, Fernando Rodríguez. *El arbitraje en el llamado contrato de arras o documento privado previo a la escritura*. Disponível em: <http://www.elnotario.es/index.php/arbitraje-y-mediacion/6059-el-arbitraje-en-el-llamado-contrato-de-arras-o-documento-privado-previo-a-la-escritura>. Acesso em 12 de agosto de 2018.

GARGOLLO, Javier Arce. *Arbitraje y función notarial*. México: Librería Porrua, 2007.

JIMENEZ, Roberto Garzón/ VILLALOBOS, Alejandro Domínguez García; BANDALA, Patricio Garza; DE RUBÍN, Claudio Ramón, Hernández; BUCIO, Guillermo Oliver. *El notario como tercero de confianza*. In: *Revista mexicana de derecho. Colégio de notários do Distrito Federal*. México. 2016. Número 18. pp. 95-178. Disponível em: <https://revistas-colaboracion.juridicas.unam.mx/index.php/derecho-notarial/article/viewFile/31588/28576>. Acesso em 28 de janeiro de 2024.

LEMES, Selma Maria Ferreira. *Os embargos arbitrais e a revitalização da sentença arbitral*. In: *Revista de Arbitragem e Mediação*, v. 6, 2005.

OLMO, Concepción Pilar Barrio Del. *Colaboración notarial para evitar el colapso de la Administración de Justicia subsiguiente al estado de alarma*. Disponível em: <https://www.elnotario.es/index.php/hemeroteca/revista-91-92/10122-colaboracion-notarial-para-evitar-el-colapso-de-la-administracion-de-justicia-subsiguiente-al-estado-de-alarma>. Acesso em 19 de janeiro de 2024.

OLMO, Concepción Pilar Barrio del. *Reflexiones sobre las funciones del notario en el arbitraje*. Disponível em: <http://www.elnotario.es/index.php/hemeroteca/revista-61/4081-reflexiones-sobre-las-funciones-del-notario-en-el-arbitraje>. Acesso em 12 de agosto de 2018.

OMEDES, Francisco Armas. *El papel del notario dentro de la Reforma de la Ley de Arbitraje*. Disponível em: <https://www.diariojuridico.com/el-papel-del-notario-dentro-de-la-reforma-de-la-ley-de-arbitraje/>. Acesso em 19 de janeiro de 2024.

PALONI, Nelson Alexandre. *Irrecorribilidade das sentenças arbitrais*. In: WALD, Arnoldo (org.). *Doutrinas essenciais – Arbitragem e Mediação. Volume III.* São Paulo: Revista dos Tribunais, 2014.

PINHEIRO, Ygor Ramos Cunha. *Arbitragem notarial eletrônica. In:* CHEZZI, Bernardo (coord.). *Atos eletrônicos: em notas e registros.* São Paulo: Ibradim, 2020.

PINHEIRO, Ygor Ramos Cunha. *Arbitragem notarial*. Salvador: Juspodivm, 2020.

RIBEIRO, Luiz Paulo Aliende. *Regulação da função pública notarial e de registro.* São Paulo: Saraiva, 2009.

TURA, Marco Antônio Ribeiro. *Arbitragem e mediação. Leis 9.307/1996 e 13.140/2015.* Salvador: Juspodvim, 2019.

TURA, Marco Antônio Ribeiro; PINHEIRO, Ygor Ramos Cunha. *A arbitragem na atividade notarial*. São Paulo. 2024. No prelo.

VILLEGAS, Elias Campo. *Los notarios ante el arbitraje. Nuestra postura.* Disponível em: <http://www.elnotario.es/index.php/hemeroteca/revista-20/1920-los-notarios--ante-el-arbitraje-nuestra-postura-0-1127410504154312>. Acesso em 02 de setembro de 2018.

ZAMPIER, Bruno. Bens digitais: cybercultura, redes sociais, e-mails, músicas, livrs, milhas aéreas, moedas virtuais. 2 ed. Indaiatuba: Editora Foco, 2021.

24

IMPACTOS DA LEI 14.711/23 NAS ATIVIDADES DE INCORPORAÇÃO IMOBILIÁRIA E LOTEAMENTO

Bernardo Chezzi

Advogado. Bernardo é mestre pela Fundação Getúlio Vargas (FGV), especialista em Direito Imobiliário, Registral e Notarial (EPM-SP), fundador do Instituto Brasileiro de Direito Imobiliário, em que é atual vice-presidente. Leciona há vinte anos e coordena há oito a Especialização em Direito Imobiliário e Prática Extrajudicial da Faculdade Baiana de Direito, com graduação máxima no MEC. Membro do Conselho Consultivo do Agente Regulador do CNJ, integrou os debates originais da Nova Lei de Garantia, sendo especialista convidado pelo Governo Federal para compor também o grupo de especialistas do IMK, de maturação do anteprojeto da Lei 14.382 e da Lei 14.711. Acompanhou a tramitação do PL 4188 como assessor legislativo. É o assessor jurídico do Registro de Imóveis do Brasil e coordena o Fórum Nacional de Desenvolvimento Imobiliário. Sócio-fundador do Chezzi Advogados.

Olivar Vitale

Advogado, Sócio Fundador do VBD Advogados, Fundador e Diretor Institucional do IBRADIM, Conselheiro Jurídico do Secovi-SP e do Sinduscon-SP, Diretor da MDDI (Mesa de Debates de Direito Imobiliário), Professor e Coordenador da Especialização/MBA da POLI-USP, da ESPM-SP, da UniSecovi e de outras entidades de ensino, membro da comissão do concurso público de provas e títulos para outorga de delegações de Notas e de Registro do Estado de Alagoas. E-mail: olivarvitale@vbdlaw.com.br

Sumário: 1. Aperfeiçoamento das regras de garantias; 1.1. Alterações na alienação fiduciária; 1.1.1. A alienação fiduciária superveniente; 1.1.2. Concurso extrajudicial de créditos; 1.1.3. Terceiro garantidor na alienação fiduciária; 1.1.4. Alienação fiduciária como garantia de obrigação de fazer; 1.2. Possibilidade de execução extrajudicial da hipoteca

A Lei 14.711/23, sancionada no segundo semestre de 2023, também denominada de Novo Marco Legal das Garantias, tem como objetivo o aprimoramento das regras relacionadas às garantias imobiliárias. Mais. A nova lei alterou a prática das atividades de registros públicos (Tabelionato de Notas e Registro de Imóveis), incluindo funções, para os registradores e notários, que visam a solução extrajudicial de litígios, prevenindo a judicialização excessiva. Bem assim, continua-se o esforço por parte dos próprios registradores de incrementar a acessibilidade dos usuários ao sistema registral, cujo hermético regramento de 1973 vem sendo atualizado e reformado para fins de universalização do direito ao registro.

Seu impacto é positivo no ambiente de negócios e impulsiona o desenvolvimento do mercado imobiliário brasileiro, inclusive no tocante ao exercício das atividades de incorporação imobiliária e loteamento, regidas, respectivamente, pela Lei 4.591 de 1964 e 6.766 de 1979.

Este artigo busca consolidar alguns dos extratos de redefinição da prática da atividade de desenvolvimento imobiliário por loteamento ou por incorporação como influxo da nova legislação, ao se analisar o aperfeiçoamento das regras de garantias (Tópico 1), o aperfeiçoamento do ambiente de notas e registros (Tópico 2) e as alterações na Lei 6.77 (Tópico 3).

1. APERFEIÇOAMENTO DAS REGRAS DE GARANTIAS

No que tange ao sistema de garantias imobiliárias, o aperfeiçoamento das regras de garantias em financiamentos imobiliários e dos procedimentos de execução extrajudicial fortalece o sistema e aprimora as condições de crédito, ampliando o consumo com crédito de qualidade com custos mais baixos. Como o diploma promove segurança e previsibilidade à efetividade da garantia oferecida ao credor em face de eventual inadimplemento do devedor, há ganhos sistêmicos para ampliação do crédito, prestigiando o adimplemento contratual.

1.1. Alterações na alienação fiduciária

A alienação fiduciária representa 98,2% do financiamento bancário destinado à aquisição de imóveis[1]. A segurança da garantia está associada com sua interface com o extrajudicial: o registro da alienação fiduciária transfere a "propriedade resolúvel" ao credor fiduciário, que fica com a posse indireta, enquanto o devedor ou fiduciante tornam-se titulares do direito real de aquisição do imóvel, ficando com a posse direta sobre o imóvel.

A Lei n. 14.711/2023 aperfeiçoa sobremaneira o regime da alienação fiduciária, mediante as seguintes alterações: (a) possibilidade de registro de alienações fiduciárias sucessivas; (b) possibilidade de contratação de alienação fiduciária recarregável com o mesmo credor fiduciário (extensão da garantia para novo valor de dívida); (c) possibilidade de contratação de alienação fiduciária com "valor estimado"; (d) possibilidade de terceiro garantidor gravar seu imóvel em benefício de dívida de outro sujeito; (e) possibilidade de execução extrajudicial única para mais de uma alienação fiduciária com diversos imóveis; (f) melhorias no procedimento de execução (leilão eletrônico, intimações mais efetivas, ajuste de prazos).

Ciente de que há muito a ser discutido e que a pretensão desse artigo não é esgotar todas as alterações, mas cativar os leitores dessa coletânea com um olhar mais prático sobre a aplicação do direito pós 14.711, selecionamos alguns desses pontos para maior detalhamento. Que os demais colegas que abrilhantam essa Coletânea, ao qual temos orgulho em participar, possam enriquecer a análise dos pontos aqui não explorados.

---

1. Em manifestação apresentada durante litígio no STF sobre e retomada de imóveis alienados fiduciariamente, a Federação Brasileira de Bancos (Febraban) afirma que a modalidade de alienação fiduciária representa 98,2% do financiamento bancário destinado à aquisição de imóveis, e que em 2020 havia 7 milhões de operações ativas garantidas por esse

Modelo. Cf: <https://oglobo.globo.com/economia/noticia/2023/10/26/o-que-e-alienacao-fiduciaria-entenda-o-que-baseou-decisao-do-stf-sobre-retomada-de-imoveis-de-devedores-por-bancos.ghtml>. Acesso em 23 de abril de 2024.

1.1.1. A alienação fiduciária superveniente

A lei autorizou ao devedor que possuía poucas chances de obter empréstimos adicionais usando seu direito futuro de aquisição da propriedade, buscar crédito no mercado utilizando-se de um mesmo bem e conferindo segurança jurídica a este credor que tomou em garantia a propriedade superveniente (art. 22, §3º, da Lei n. 9.514/97[2]).

O art. 1.361, § 3º, do Código Civil[3] já autorizada esse tipo de contratação. A alteração legal foi esclarecer que o contrato de alienação fiduciária da propriedade superveniente pode ser registrado na matrícula desde a data da sua celebração, porém somente terá eficácia a partir do cancelamento da garantia fiduciária precedente.

Uma das principais vantagens de usar a alienação fiduciária superveniente é a possibilidade de oferecer garantia ao credor para a parte do preço de compra e venda não financiada por uma instituição financeira e ainda pendente de pagamento (pro soluto).

Nessa situação, a incorporadora pode proteger seu crédito de duas maneiras. Primeiro, se o financiamento concedido pela instituição financeira for resgatado e a correspondente garantia fiduciária cancelada, a alienação fiduciária da propriedade superveniente em favor da incorporadora se torna efetiva. Consequentemente, o crédito dela pode ser recuperado por meio de execução fiduciária, conforme os artigos 26[4] e 27[5] da Lei 9.514/97. Em segundo lugar, na hipótese de uma execução fiduciária iniciada pela instituição financeira, qualquer dívida do comprador com a incorporadora, assegurada pela alienação fiduciária da propriedade superveniente,

---

2. § 3º A alienação fiduciária da propriedade superveniente, adquirida pelo fiduciante, é suscetível de registro no registro de imóveis desde a data de sua celebração, tornando-se eficaz a partir do cancelamento da propriedade fiduciária anteriormente constituída.
3. Art. 1.361. §3º A propriedade superveniente, adquirida pelo devedor, torna eficaz, desde o arquivamento, a transferência da propriedade fiduciária.
4. Art. 26, caput: "Vencida e não paga, no todo ou em parte, a dívida e constituído em mora o fiduciante, consolidar-se-á, nos termos deste artigo, a propriedade do imóvel em nome do fiduciário". Os demais parágrafos tratam do rito da execução.
5. Art. 27, caput: "Uma vez consolidada a propriedade em seu nome, o fiduciário, no prazo de trinta dias, contados da data do registro de que trata o § 7º do artigo anterior, promoverá público leilão para a alienação do imóvel".

será incluída entre os créditos a serem pagos após o leilão, caso haja saldo remanescente após o pagamento do crédito da instituição financeira.

O esclarecimento do rito de registro da alienação fiduciária superveniente se relaciona com outra importante inovação da Lei n. 14.711, no que diz respeito ao concurso de credores. Se a primeira alienação fiduciária for executada, o crédito da alienação fiduciária superveniente deverá ser incluído para pagamento por eventual saldo residual do leilão dessa primeira garantia em forma de "concurso". Expliquemos.

1.1.2. Concurso extrajudicial de créditos

O novo artigo 10º da Lei 14.711[6] estabelece um meio extrajudicial de pagamento de dívidas garantidas por alienações fiduciárias e hipotecas, concorrentemente.

O credor da primeira garantia (único legitimado) solicitará ao Registro de Imóveis a intimação simultânea de todos os credores concorrentes para que habilitem seus respectivos créditos no prazo de 15 dias. Apenas são considerados credores concorrentes aqueles que fizerem constar seu crédito na respectiva matrícula do imóvel. Cabe ao credor da primeira

---

6. Art. 10. Quando houver mais de um crédito garantido pelo mesmo imóvel, realizadas averbações de início da excussão extrajudicial da garantia hipotecária ou, se for o caso, de consolidação da propriedade em decorrência da execução extrajudicial da propriedade fiduciária, o oficial do registro de imóveis competente intimará simultaneamente todos os credores concorrentes para habilitarem os seus créditos, no prazo de 15 (quinze) dias, contado da data de intimação, por meio de requerimento que contenha:

I – o cálculo do valor atualizado do crédito para excussão da garantia, incluídos os seus acessórios; II – os documentos comprobatórios do desembolso e do saldo devedor, quando se tratar de crédito pecuniário futuro, condicionado ou rotativo; e III – a sentença judicial ou arbitral que tornar líquido e certo o montante devido, quando ilíquida a obrigação garantida. § 1º Decorrido o prazo de que trata o caput deste artigo, o oficial do registro de imóveis lavrará a certidão correspondente e intimará o garantidor e todos os credores em concurso quanto ao quadro atualizado de credores, que incluirá os créditos e os graus de prioridade sobre o produto da excussão da garantia, observada a antiguidade do crédito real como parâmetro na definição desses graus de prioridade. § 2º A distribuição dos recursos obtidos a partir da excussão da garantia aos credores, com prioridade, ao fiduciante ou ao hipotecante, ficará a cargo do credor exequente, que deverá observar os graus de prioridade estabelecidos no quadro de credores e os prazos legais para a entrega ao devedor da quantia remanescente após o pagamento dos credores nas hipóteses, conforme o caso, de execução extrajudicial da propriedade fiduciária ou de execução extrajudicial da garantia hipotecária.

garantia identificar a ordem de prioridade para pagamento, exceto se ficar com o imóvel pelo insucesso do leilão, hipótese em que o concurso não é instaurado.

A realização de concurso de credores pela via extrajudicial permitirá que diversas incorporadoras e loteadoras que têm nos seus registros uma hipoteca da obra ainda não baixada possam financiar com seus adquirentes o montante do saldo devedor, em dívida a ser garantida por alienação fiduciária.

Embora pela regra do artigo 10º a dívida da alienação fiduciária não possa ser executada pelo empreendedor extrajudicialmente enquanto houver a hipoteca, não se verifica a priori óbice ao registro da alienação fiduciária. A qualquer tempo, se inadimplente o adquirente, o empreendedor poderá baixar a hipoteca naquela unidade com a instituição credora (com adimplemento parcial ou total da dívida da obra) e assim poder executar a alienação fiduciária do crédito da unidade extrajudicialmente.

1.1.3. Terceiro Garantidor na Alienação Fiduciária

A lei explicitou a figura do terceiro garantidor na alienação fiduciária, mediante a nova redação conferida ao art. 22 da Lei Federal n. 9.514/97[7]. Embora já encontrasse aceitação na doutrina e na previsão do art. 51 da Lei 10.931/2004[8], a menção expressa do diploma instituidor da alienação fiduciária confere bases mais sólidas para sua ampla utilização.

O figura do terceiro garantidor na alienação fiduciária amplia as formas de estruturação de operações imobiliárias, seja na atividade de incorporação imobiliária ou loteamento. Vislumbra-se, por exemplo, a possibilidade de concessão de financiamento a uma Sociedade de Propósito

---

7. Art. 22. A alienação fiduciária regulada por esta Lei é o negócio jurídico pelo qual o fiduciante, com o escopo de garantia de obrigação própria ou de terceiro, contrata a transferência ao credor, ou fiduciário, da propriedade resolúvel de coisa imóvel.

8. Art. 51. Sem prejuízo das disposições do Código Civil, as obrigações em geral também poderão ser garantidas, inclusive por terceiros, por cessão fiduciária de direitos creditórios decorrentes de contratos de alienação de imóveis, por caução de direitos creditórios ou aquisitivos decorrentes de contratos de venda ou promessa de venda de imóveis e por alienação fiduciária de coisa imóvel.

Específico ("SPE") garantida por meio de imóvel de titularidade do sócio, de empresa controladora, ou de empresa do mesmo grupo econômico.

1.1.4. Alienação fiduciária como garantia de obrigação de fazer

Outra importante alteração foi promovida por meio inciso I, do art. 24, da Lei 9.514/97[9], segundo o qual o instrumento constitutivo da alienação fiduciária poderá conter o valor estimado da dívida ou seu valor máximo.

A possibilidade de constituição da garantia pelo valor estimado da dívida implica a possibilidade de utilização da alienação fiduciária como garantia de obrigação de fazer, com reflexos positivos para as operações imobiliárias.

Para que isso seja possível, o instrumento deve ser redigido de forma a contemplar a escolha das partes sobre o critério para aferição do valor estimado ou máximo concernente à responsabilidade patrimonial arbitrada como garantia dessas obrigações de fazer.

Interesse notar como esse reflexo se relaciona com a já comentada possibilidade de instituição de alienação fiduciária superveniente e a possibilidade de concurso de credores. Antes da Lei 14.711, seria impensável uma das partes dar um imóvel seu em garantia de obrigação contratual por meio de alienação fiduciária porque o imóvel ficava "preso", sem poder ser objeto de outras garantias.

Os contratos entre incorporador/lotador e terrenista, no geral, possuem inúmeras obrigações de fazer envolvendo ambos os atores, a exemplo da necessidade de conclusão de obra. Essa obrigação, que antigamente costumava ser garantida por hipoteca, agora fica elegível a ser garantida por alienação fiduciária, diante dessa relativa aproximação de regime jurídico das garantias.

Essa aproximação fica ainda nítida com a simplificação do rito de execução extrajudicial da hipoteca. É o próximo tópico.

9. Art. 24. O contrato que serve de título ao negócio fiduciário conterá: I – o valor da dívida, sua estimação ou seu valor máximo;

1.2. Possibilidade de Execução Extrajudicial da Hipoteca sob o rito simplificado

O Novo Marco Legal das Garantias autorizou a execução extrajudicial de créditos garantidos por hipoteca, com o objetivo de simplificar o procedimento, ampliar a utilização da hipoteca, trazendo maior celeridade e reduzindo a onerosidade do processo de excussão da garantia.

Historicamente, a execução da hipoteca dependia de ação judicial. Em 1966, com o Decreto Lei n. 70, admitiu-se a execução extrajudicial restritivamente de créditos hipotecários do Sistema Financeiro de Habitação em favor de instituições financeiras e seguradoras. O art. 9º da Lei n. 14.711/2023[10] amplia o instituto, ao conceber novo procedimento de execução extrajudicial dos créditos hipotecários em geral, constituídos em favor de pessoas físicas ou jurídicas, em substituição ao procedimento anteriormente disciplinado pelos arts. 29 a 41 do Decreto-lei n. 70/66, inteiramente revogado pela nova lei.

Trata-se de importante avanço ao simplificar a execução e reduzir seus custos, valendo-se da comprovada eficiência demonstrada pelos Registros de Imóveis na execução do crédito fiduciário.

O procedimento de execução do crédito hipotecário observará as regras que disciplinam o procedimento de execução do crédito fiduciário imobiliário , no que couber, notadamente em relação à intimação para purgação da mora. As distinções relevantes dizem respeito: (i) ao pagamento do ITBI ou custo de registro para excutir o imóvel, que não incidem na hipoteca mas incidem na alienação fiduciária; (ii) à possibilidade de desistência do procedimento de leilão na hipoteca, o que não é possível para o procedimento cogente pós consolidação da propriedade na alienação fiduciária; (iii) aperfeiçoamento do imóvel no patrimônio do credor pela frustação do segundo leilão na alienação fiduciária, diferente do leque de opções da hipoteca (adjudicação imóvel ou posterior do imóvel, venda privada do bem, manutenção da hipoteca, etc).

10. Art. 9º Os créditos garantidos por hipoteca poderão ser executados extrajudicialmente na forma prevista neste artigo.

1.3. Agente de Garantias

A lei tipifica o contrato de administração fiduciária de garantia, que atribui poderes e deveres fiduciários do agente de garantias (Art. 853-A, CC[11]). Esse agente atua em nome próprio e em benefício dos credores, com dever fiduciário, inclusive figurando nos polos ativo e passivo de procedimentos extrajudiciais e ações judiciais relacionadas ao crédito. Sua contratação pode ser feita por meio de instrumento particular com firma reconhecida.

A figura do agente de garantias tem origem no *trust anglo* americano, sendo o seu ingresso no ordenamento pátrio marcado pela ampla utilização dos contratos de administração fiduciária no mercado financeiro e de capitais, notadamente em transações estruturadas de financiamento, envolvendo alto risco e complexos arranjos contratuais.

Com o respaldo na lei civil, a figura do agente de garantia ganhará relevância em operações envolvendo a tomada de diversos créditos garantidos por diversas garantias imobiliárias. O agente será responsável por administrar, gerir e executar todas as garantias, podendo, também, firmar contratos com o devedor de modo a desburocratizar a tomada de novos créditos.

O agente de garantias é um substituto e não um representante do credor, podendo atuar em benefício de um ou de diversos credores, reunindo todas as informações dos créditos garantidos e agindo, imparcialmente, em favor deles, o que deverá ser objeto de previsão contratual expressa. Assim, poderá o incorporador contratar agente que ficará responsável por todas as operações de garantia por ele promovidas. Na prática, o agente de garantias deve executar as garantias contratadas em caso de inadimplemento e, se for o caso, monitorar o pagamento das parcelas da dívida para evitar futuros inadimplementos. Como a responsabilidade do agente de garantias é pessoal, o contrato de administração fiduciária de garantias

---

11. Art. 853-A, CC. Qualquer garantia poderá ser constituída, levada a registro, gerida e ter a sua execução pleiteada por agente de garantia, que será designado pelos credores da obrigação garantida para esse fim e atuará em nome próprio e em benefício dos credores, inclusive em ações judiciais que envolvam discussões sobre a existência, a validade ou a eficácia do ato jurídico do crédito garantido, vedada qualquer cláusula que afaste essa regra em desfavor do devedor ou, se for o caso, do terceiro prestador da garantia.

pode ser uma eficiente forma de incorporadoras terceirizarem o gerenciamento de seus créditos.

O agente de garantia dispõe do prazo de dez dias para repasse do produto da realização da garantia ao credor, contados do recebimento do produto da realização da garantia, nos termos do §6º, art. 853-A do Código Civil[12]. Em caso de insatisfação com o serviço, o credor poderá optar pela substituição do agente de garantia, a qualquer tempo, desde que seja tornada pública pela mesma forma pela qual tenha sido dada publicidade à garantia (§3º, art. 853-A do Código Civil[13]). Se envolver mais de um credor, a substituição deverá ocorrer por decisão dos titulares que representarem a maioria simples dos créditos garantidos, reunidos em assembleia, cujos requisitos de convocação e instalação estarão previstos no ato de contratação do agente de garantia (§4º, art. 853-A do Código Civil[14]).

Nos termos do §5º do art. 853-A[15] do Código Civil, como agente de garantias torna-se proprietário fiduciário dos direitos que deve administrar, a ele cumpre alocá-los em patrimônio separado, de afetação, com o específico escopo de promover a gestão dos interesses do fiduciário ou fiduciários, se forem vários os credores que lhe atribuíram a propriedade fiduciária dos direitos de crédito.

A lei também permite a realização de contratos entre devedor e agente de garantias com os mais diversos objetos, a exemplo da pesquisa de ofertas de crédito mais vantajosas entre diversos fornecedores; do auxílio nos procedimentos necessários à formalização de contratos de operação

12. § 6º Após receber o valor do produto da realização da garantia, o agente de garantia disporá do prazo de 10 (dez) dias úteis para efetuar o pagamento aos credores

13. § 3º O agente de garantia poderá ser substituído, a qualquer tempo, por decisão do credor único ou dos titulares que representarem a maioria simples dos créditos garantidos, reunidos em assembleia, mas a substituição do agente de garantia somente será eficaz após ter sido tornada pública pela mesma forma por meio da qual tenha sido dada publicidade à garantia.

14. § 4º Os requisitos de convocação e de instalação das assembleias dos titulares dos créditos garantidos estarão previstos em ato de designação ou de contratação do agente de garantia.

15. § 5º O produto da realização da garantia, enquanto não transferido para os credores garantidos, constitui patrimônio separado daquele do agente de garantia e não poderá responder por suas obrigações pelo período de até 180 (cento e oitenta) dias, contado da data de recebimento do produto da garantia.

de crédito e de garantias legais; e da intermediação na resolução de questões relativas a contratos de operações de crédito e de garantias legais. O §7º do art. 853-A do Código Civil, que disciplina a questão, esclarece a não taxatividade desse rol de objetos contratuais, ao permitir a prestação de "outros serviços não vedados em lei"

Nessas hipóteses, o agente de garantias deverá agir em benefício do devedor, também mantendo uma postura transparente perante o credor, comunicando-o sobre os serviços eventualmente prestados ao devedor.

2. APERFEIÇOAMENTO DO AMBIENTE DE NOTAS E REGISTROS

Para além do novo tratamento conferido à hipoteca e à alienação fiduciária, o Marco Legal das Garantias fortalece o setor extrajudicial, ampliando competências de notários e registradores, em proveito da população e em movimento de responsável desburocratização do extrajudicial. O mercado imobiliário ganha muito com o aperfeiçoamento desse ambiente, como veremos.

2.1. Rol exemplificativo dos Registros

É muito comum que nas negociações imobiliárias haja uma série de disposições sobre direitos reais que fogem a um padrão nacional.

Em alguns lugares, é comum a permuta com ou sem torna, por área futura, até mesmo antes do loteamento ou incorporação. Em outros, há a chamada permuta ficta, para fins de remembramento, em que as partes de imóveis vizinhos trocam percentual mínimo sobre cada imóvel a fim de haver a mesma pluralidade de sujeitos para então requerer-se a fusão de matrículas.

A dação em pagamento é típica para os empreendedores que recebem o terreno do antigo proprietário, que dá quitação pelo recebimento do desenvolvedor de notas promissórias, que no futuro são trocadas por unidades, em escritura de dação em pagamento.

Durante muito tempo, doutrina do direito imobiliário formal investiu esforços para criticar cada um desses formatos à luz de um filtro por vezes exacerbado de purismo: não seria possível a transferência de fração ideal futura por contrato anterior à incorporação[16], não é típica a permuta ficta[17], não seria adequado o formato mencionado de dação em pagamento porque o Código Civil regula a entrega do imóvel por dívida não imobiliária[18].

A permuta em si sempre foi um desafio à parte. Alguns registros determinavam por devolutiva a reconfecção do nome do título: não poderia ser uma "compra e venda com cláusula de permuta", mas sim uma "permuta com torna". Outros não reconheceriam o nome "permuta com complementação".

Sucede que em todos esses casos, e aqui apenas se trata de exemplificação, são claros a natureza da transferência do direito real e o propósito firmado, independentemente do nome que se dá ao negócio translativo de propriedade.

O cenário anterior à lei 14.711 deixava ambos registradores e usuários em uma situação de insegurança: o registro imobiliário, a tentar filtrar a tipicidade dos instrumentos constitutivos, modificativos ou extintivos de direitos reais, a fim de evitar-se correições que questionassem o registro, os usuários, a adotar nomenclaturas e forma que se adequassem ao entendimento local e daquele registro.

Neste contexto, a Lei 14.711/23 incluiu com felicidade a alínea 48, no art. 167, inciso I[19], da Lei 6.015 de 1973, com o seguinte texto:

> Art. 167 – No Registro de Imóveis, além da matrícula, serão feitos.
>
> I – o registro:

---

16. Aqui se costuma alegar violação à continuidade registral, o que pode ser sanado com a apresentação do título concomitantemente ao protocolo do pedido de registro da incorporação, ou posteriormente a este.
17. A alegação era que o nome não está reconhecido no Código Civil.
18. Vide artigo 356 do Código Civil.
19. No Registro de Imóveis, além da matrícula, serão feitos o registro de outros negócios jurídicos de transmissão do direito real de propriedade sobre imóveis ou de instituição de direitos reais sobre imóveis, ressalvadas as hipóteses de averbação previstas em lei e respeitada a forma exigida por lei para o negócio jurídico, a exemplo do art. 108 da Lei nº 10.406, de 10 de janeiro de 2002 (Código Civil)

> de outros negócios jurídicos de transmissão do direito real de propriedade sobre imóveis ou de instituição de direitos reais sobre imóveis, ressalvadas as hipóteses de averbação previstas em lei e respeitada a forma exigida por lei para o negócio jurídico, a exemplo do art. 108 da Lei nº 10.406, de 10 de janeiro de 2002 (Código Civil). (Incluído pela Lei nº 14.711, de 2023)

O novo texto não altera a tipicidade dos direitos reais que sejam registrados no cartório de imóveis, mas outorga menor importância ao nome dos negócios jurídicos que envolvam a transmissão ou instituição desses direitos reais.

Sem mais problemas com um título de "compra e venda com cláusula de permuta" que ingresse por protocolo, mesmo que a maior parte do preço seja pago em imóvel, por clássica permuta, desde que o título contenha todos os detalhes de forma de pagamento do preço (identificando o que foi pago em pecúnia, o que foi pago com outro imóvel) e os demais elementos formais de especialidade objetiva e subjetiva essenciais ao registro. Tudo isso será importante ao registrador para fazer a correta transmissão de informações à Secretaria da Receita Federal pelo Documento de Operação Imobiliária (DOI).

A partir de agora, a nomenclatura ou o tipo de ato escolhido pelas partes no negócio jurídico não é mais determinante para o ingresso do título no fólio real, desde que fique claro qual o direito real que está sendo constituído, transferido ou modificado.[20]

A alteração promovida pela lei é de suma importância para o ramo da incorporação e do loteamento, pois possibilitará maior acesso ao sistema registral por meio de documentos constituídos no bojo de sua dinâmica.

20. Essa inovação anda bem com a disposição do artigo 112 do Código Civil: "Nas declarações de vontade se atenderá mais à intenção nelas consubstanciada do que ao sentido literal da linguagem". Isto quer dizer que até um nome "errado" possa ser desconsiderado pelo registrador desde que os elementos do título seja inequívocos à determinada parte imobiliária. O tema, aqui, no entanto, neste ponto, não é pacífico, havendo quem critique a atuação do registro em "consertar" determinado ato sem manifestação expressa das partes. A questão fica melhorada com a nova redação do art. 167, I, *48*, pois seria possível o registro com o nome batizado ao instrumento, e o registrador na minuta do ato tabular transcrever os reais contornos do direito real transferido ou constituído, junto com as informações da efetiva transação que de fato são relevantes à publicidade registral.

2.2. Verificação da ocorrência ou frustração das condições negociais

Sob o aspecto da incorporação imobiliária e do loteamento, é comum que os contratos de aquisição do terreno e de aquisição da unidade imobiliária tenham cláusulas suspensivas e resolutivas que são tipicamente atreladas à natureza e às condições do negócio.

Um exemplo de cláusula suspensiva é aquela que condiciona o pagamento de parcela do preço de aquisição a uma alguma circunstância, como a obtenção do alvará de construção, ou a satisfação de obrigações de alguma das partes (como finalizar a regularização do imóvel).

O exemplo mais clássico da cláusula resolutiva é aquela que diz respeito ao inadimplemento do preço do imóvel, na incidência inclusive da multa compensatória. Mas as possibilidades são igualmente infinitas, como um prazo máximo ao construtor para término da obra, ou o não cumprimento de alguma obrigação de fazer até determinado prazo.

Nos contratos de compra e venda e aqueles com o pacto adjeto de alienação fiduciária, a cláusula resolutiva sempre trará circunstâncias de inadimplemento absoluto pelo não pagamento do preço do imóvel.

A promessa de venda e compra de imóvel possui como característica a interdependência de obrigações atribuídas às partes. Quando um contrato possui condição resolutiva, sua consumação vincula-se ao cumprimento dessa condição e o descumprimento da obrigação resulta na interrupção dos efeitos do contrato, possibilitando ao credor resolver a relação obrigacional.

Nesse contexto, por meio de ata notarial, a pedido das partes, o Tabelião de Notas poderá constatar a verificação da ocorrência ou da frustração das condições negociais aplicáveis e certificará o repasse dos valores devidos e a eficácia ou a rescisão do negócio celebrado, conforme literalidade as novas disposição dos artigo 7-A da Lei 8.935/94 e seu parágrafo 2º:

> Art. 7º-A Aos tabeliães de notas também compete, sem exclusividade, entre outras atividades: (Incluído pela Lei nº 14.711, de 2023)
>
> I – certificar o implemento ou a frustração de condições e outros elementos negociais, respeitada a competência própria dos tabeliães de protesto;

> § 2º O tabelião de notas lavrará, a pedido das partes, ata notarial para constatar a verificação da ocorrência ou da frustração das condições negociais aplicáveis e certificará o repasse dos valores devidos e a eficácia ou a rescisão do negócio celebrado, o que, quando aplicável, constituirá título para fins do art. 221 da Lei nº 6.015, de 31 de dezembro de 1973 (Lei de Registros Públicos), respeitada a competência própria dos tabeliães de protesto. (Incluído pela Lei nº 14.711, de 2023)

O dispositivo permite que o Tabelião de Notas certifique o cumprimento ou descumprimento de obrigação contratual, seja em relação às condições resolutivas ou ao pagamento do preço.

No que tange ao contrato imobiliário com cláusula resolutiva expressa que prevê sua resolução automática no caso de inadimplemento do promissário comprador, visto que ela se opera de pleno direito, conforme art. 474 do Código Civil, a ata notarial serve como mecanismo de reforço para comprovação de inadimplemento contratual, conferindo maior segurança jurídica ao vendedor na declaração do inadimplemento absoluto do devedor.

Até então, a prática de notificar a outra parte via Cartório de Títulos e Documentos quanto à efetiva ocorrência de resolução contratual por implemento de cláusula resolutiva, embora nem sempre Superior Tribunal de Justiça admitisse a resolução sem que houvesse pronunciamento judicial[21].

---

21. A exemplo disso: "CIVIL E PROCESSUAL CIVIL. RECURSO ESPECIAL. VIOLAÇÃO AO ARTIGO 535 DO CPC. NÃO-OCORRÊNCIA. AÇÃO DE REINTEGRAÇÃO DE POSSE AJUIZADA EM VIRTUDE DE INADIMPLEMENTO DE CONTRATO DE COMPROMISSO DE COMPRA E VENDA. IMPOSSIBILIDADE DE DEFERIMENTO DE ANTECIPAÇÃO DE TUTELA SEM QUE TENHA HAVIDO MANIFESTAÇÃO JUDICIAL ACERCA DA RESOLUÇÃO DO CONTRATO, AINDA QUE ESTE CONTE COM CLÁUSULA RESOLUTÓRIA EXPRESSA. PRINCÍPIO DA BOA-FÉ OBJETIVA. 1. Não há violação ao artigo 535 do CPC quando a Corte de origem aprecia a questão de maneira fundamentada, apenas não adotando a tese do recorrente. 2. É imprescindível a prévia manifestação judicial na hipótese de rescisão de compromisso de compra e venda de imóvel para que seja consumada a resolução do contrato, ainda que existente cláusula resolutória expressa, diante da necessidade de observância do princípio da boa-fé objetiva a nortear os contratos. 3. Por conseguinte, não há falar-se em antecipação de tutela reintegratória de posse antes de resolvido o contrato de compromisso de compra e venda, pois somente após a resolução é que poderá haver posse injusta e será avaliado o alegado esbulho possessório. 4. Recurso provido em parte, para afastar a antecipação de tutela". (STJ, REsp 620.787/SP, Rel. Min. Luis Felipe Salomão, Quarta Turma, julgado em 28/04/2009, REPDJe 15/06/2009, REPDJe 11/05/2009, DJe 27/04/2009)

Foi justamente a edição da Lei 13.097/2015, que alterou o art. 1º do Decreto-Lei 745/1969[22], para permitir a operação de pleno direito da cláusula resolutiva, em superação do entendimento jurisprudencial.

Compete aos notários a autentificação dos fatos[23] que são apresentados pelos interessados. Para a constatação da ocorrência ou da frustração das condições negociais, o contrato imobiliário deverá conter informações claras, precisas e detalhadas nesse sentido e o interessado deverá munir o oficial de todas as provas quanto bastem para a constatação do (in)adimplemento. Caso a cláusula não esteja redigida de modo a viabilizar a interpretação do notário sobre a ocorrência da condição, o oficial se recusará a autenticá-la.

À guisa de exemplo, para viabilizar a constatação do inadimplemento de determinada parcela por parte do adquirente de determinada unidade imobiliária, a cláusula deverá conter os dados da conta para a qual o valor seria transferido, a informação de que a ausência de pagamento na data convencionada gerará a possibilidade de resolução contratual e que o extrato bancário da respectiva conta bancária será documento hábil a comprovar o inadimplemento absoluto.

2.3. *Escrow Account*

A lei autoriza o preço do negócio ou os valores conexos poderão ser recebidos ou consignados em uma conta garantia (*escrow account* ou conta vinculada) pelo Tabelião de Notas, que repassará o montante à parte devida ao constatar a ocorrência ou a frustração das condições negociais aplicáveis (artigo 7-A, § 1º, da Lei 8.935/94):

22. Art. 1º Nos contratos a que se refere o art. 22 do Decreto-Lei n. 58, de 10 de dezembro de 1937, ainda que não tenham sido registrados junto ao Cartório de Registro de Imóveis competente, o inadimplemento absoluto do promissário comprador só se caracterizará se, interpelado por via judicial ou por intermédio de Cartório de Registro de Títulos e Documentos, deixar de purgar a mora, no prazo de 15 (quinze) dias contados do recebimento da interpelação. Parágrafo único. Nos contratos nos quais conste cláusula resolutiva expressa, a resolução por inadimplemento do promissário comprador se operará de pleno direito (art. 474 do Código Civil), desde que decorrido o prazo previsto na interpelação referida no caput, sem purga da mora.

23. Art. 6º, inciso III, da Lei n. 8.935/94.

> § 1º O preço do negócio ou os valores conexos poderão ser recebidos ou consignados por meio do tabelião de notas, que repassará o montante à parte devida ao constatar a ocorrência ou a frustração das condições negociais aplicáveis, não podendo o depósito feito em conta vinculada ao negócio, nos termos de convênio firmado entre a entidade de classe de âmbito nacional e instituição financeira credenciada, que constituirá patrimônio segregado, ser constrito por autoridade judicial ou fiscal em razão de obrigação do depositante, de qualquer parte ou do tabelião de notas, por motivo estranho ao próprio negócio.

Exemplificando, em uma compra e venda de imóvel poderá o comprador depositar o valor em uma conta garantia intermediada e gerenciada pelo Tabelião de Notas, o qual avaliará as obrigações estabelecidas em contrato para o pagamento do preço, liberando-o com o atendimento de tais obrigações, em momento posterior à assinatura da escritura pública definitiva, desde que as obrigações sejam revestidas de objetividade.

De acordo com o dispositivo legal, o valor depositado constitui patrimônio segregado, não podendo ser constrito por autoridade judicial ou fiscal em razão de obrigação do depositante, de qualquer parte ou do Tabelião de Notas, por motivo estranho ao próprio negócio. Ainda, importante destacar que a eficácia do dispositivo depende de convênio a ser firmado entre a entidade de classe de âmbito nacional e instituição financeira credenciada.

Outro exemplo é o caso do vendedor de um imóvel que possui dívidas e pretende utilizar parte do preço para quitá-las. Nesse caso, com o depósito do valor de compra do imóvel, o notário fará o repasse da parcela destinada ao pagamento dessas dívidas e do remanescente a ser destinado ao vendedor.

Com essa alteração incluída pela Lei nº 14.711/2023, o Tabelião de Notas poderá gerenciar a *escrow account*, a fim de assegurar o fiel cumprimento do contrato.

2.4. Mecanismos alternativos de solução de controvérsias no âmbito do Tabelionato de Notas

A Lei 14.711/23 também alterou a Lei 8.935/94 para atribuir ao Tabelião de Notas a competência para atuar como conciliador, mediador e árbitro[24]. Assim, as partes podem optar por sua solução de forma extrajudicial, por Tabelião de Notas previamente definido, em eventual conflito ocorrido na aquisição de um imóvel. Ponto fundamental a se destacar é que o Tabelião de Notas é dotado de ampla experiência na celebração de negócios imobiliários.

A medida fortalece o paradigma de justiça multiportas e desjudicialização dos conflitos, com a construção de uma cultura em que partes possam procurar a via mais adequada para a resolução dos diferentes conflitos. As vantagens da mediação e da conciliação estão associadas à preservação do relacionamento das partes, eis que as partes não assumem a postura adversarial típica do contencioso estatal e da arbitragem. Em relação ao Judiciário, a arbitragem costuma ser mais célere, mais previsível, além de permitir a flexibilização de diversas regras procedimentais.

Com a implementação do procedimento que permite o exercício de jurisdição privada por parte do Tabelião de Notas nos negócios com natureza econômica[25], as operações imobiliárias tornam-se mais seguras, visto a fé pública do notário, a maior transparência e negociação justa entre as partes, reduzindo o risco da prática de má-fé e da perda do montante em caso de desistência pelo vendedor.

3. IMÓVEL COMO GARANTIA DE OBRAS DE INFRAESTRUTURA E FINANCIAMENTO

No tocante ao loteamento, a lei introduziu o §8º, no art. 18, da Lei 6.766/79[26] permitindo que o mesmo imóvel sirva de garantia ao Muni-

24. Art. 7º-A Aos tabeliães de notas também compete, sem exclusividade, entre outras atividades: (...)

    I - certificar o implemento ou a frustração de condições e outros elementos negociais, respeitada a competência própria dos tabeliães de protesto;

    II - atuar como mediador ou conciliador;

    III - atuar como árbitro.

25. O art 1º da Lei de Arbitragem (Lei nº 9.307) esclarece que o instituto pode ser utilizado para litígios relativos a direitos patrimoniais e disponíveis.

26. § 8º O mesmo imóvel poderá servir como garantia ao Município ou ao Distrito Federal na execução das obras de infraestrutura e a créditos constituídos em favor de credor em operações de financiamento a produção do lote urbanizado.

cípio ou ao Distrito Federal na execução das obras de infraestrutura e a créditos constituídos em favor de credor em operações de financiamento a produção do lote urbanizado (modalidade de financiamento em que o adquirente obtém crédito para aquisição do lote e da construção).

A partir do novo dispositivo o mesmo imóvel oferecido em garantia ao Município para execução das obras de infraestrutura do loteamento poderá servir de garantia ao credor na obtenção de financiamento a produção de lote urbanizado. Tal flexibilização da garantia imobiliária confere maior efetividade à atividade, ampliando a viabilidade para consecução de loteamentos destinados à população de baixa renda, maximizando a oferta de lotes urbanizados, de modo a tornar esse produto imobiliário mais acessível ao adquirente.

4. CONCLUSÃO

A Lei 14.711/23, ou o Novo Marco Legal das Garantias, representa um avanço significativo no panorama das garantias imobiliárias e na dinâmica dos registros públicos no Brasil.

As alterações introduzidas visam simplificar e tornar mais eficaz o processo de garantias imobiliárias, promovendo assim maior segurança jurídica e operacional para transações imobiliárias. Com as inovações jurídicas da alienação fiduciária e a introdução de novos mecanismos para a execução extrajudicial, a exemplo do concurso de credores, o mercado imobiliário está melhor equipado para enfrentar os desafios contemporâneos, seja de promoção do desenvolvimento econômico ou de amplificar a acessibilidade à propriedade. Essas práticas reduzem a dependência do judiciário, agilizando processos que tradicionalmente seriam lentos e onerosos.

A lei também prestigia o papel dos notários e registradores, concedendo-lhes poderes para resolver litígios de maneira extrajudicial. Essa mudança é parte de um movimento mais amplo para desjudicializar conflitos, aliviando o sistema judicial sobrecarregado e proporcionando resoluções de disputas mais rápidas para as partes envolvidas. A capacidade de atuar como mediadores, conciliadores e até árbitros transforma os tabelionatos em centros multifuncionais que podem oferecer uma gama mais ampla de serviços legais e administrativos.

A lei, portanto, fortalece o sistema de crédito, estimula o crescimento do PIB no Brasil e amplia as alternativas para os negócios imobiliários, inclusive no que toca às atividades de incorporação imobiliária e loteamento, tornando mais favorável o ambiente dos negócios imobiliários.

25

EXECUÇÃO DA ALIENAÇÃO FIDUCIÁRIA DE BENS MÓVEIS: RTD E DETRAN

Fábio Ribeiro dos Santos

Doutor e Mestre em Direito do Estado (Direito Ambiental e Urbanístico) pela Universidade de São Paulo. Oficial de Registro de Imóveis, Títulos e Documentos e Civil das Pessoas Jurídicas de Campos do Jordão-SP.

INTRODUÇÃO

A Lei nº 14.711/23 introduziu a figura da execução extrajudicial da alienação fiduciária de bens móveis e, com ela, uma série de questões práticas que devem ser enfrentadas pelos órgãos reguladores e pelos cartórios de Registro de Títulos e Documentos, incumbidos de sua aplicação. Não há *vacatio legis* para os dispositivos em questão - os arts. 8º-B, 8º-C, 8º-D e 8º-E do Decreto-Lei nº 911, de 1º de outubro de 1969, a conhecida lei processual da busca e apreensão de bens móveis, sucessivamente alterada e adaptada – de modo que, em tese, esse procedimento já pode ser imediatamente seguido.

À míngua de regulamentação, e com algumas omissões no texto normativo, surgem diversas dificuldades. Cumpre, neste artigo, enfrentar algumas delas e propor soluções que decorrem ora da leitura do texto legal, ora de sua comparação com institutos semelhantes (em especial a alienação fiduciária de bens imóveis), além de outras que a experiência prática permite antever. A novidade do tema poderá fazer com que a evolução do instituto se dê em sentido divergente do que aqui venha a ser proposto; o oferecimento dos argumentos e das proposições se faz com o objetivo de discussão e aperfeiçoamento.

1. REGIMES JURÍDICOS DA ALIENAÇÃO FIDUCIÁRIA

Entende-se por alienação fiduciária o negócio jurídico por meio do qual uma das partes (o devedor fiduciante) transfere a outra (o credor fiduciário) a propriedade resolúvel de um bem, com finalidade de garantia. São suas características básicas, entre outras, a finalidade exclusiva de garantia (daí tratar-se de negócio jurídico acessório de outro, que estabelece a obrigação principal) e a sua constituição mediante um ato de registro. No direito brasileiro, desenvolveram-se diferentes regimes jurídicos da alienação fiduciária, conforme a espécie de bem sobre a qual é constituída.

O primeiro dos regimes é o da alienação fiduciária sobre bens móveis infungíveis. É ela regida atualmente pelo art. 1.361 do Código Civil ("considera-se fiduciária a propriedade resolúvel de coisa móvel infungível que o devedor, com o escopo de garantia, transfere ao credor"). Sua execução, no caso de inadimplemento contratual, é que agora é precipuamente é atribuída ao Registro de Títulos e Documentos. Antes, a execução vinha tratada pelo Decreto-Lei nº 911/69, que conferia ao credor apenas a via judicial de busca e apreensão, com o objetivo de retomar o bem e vendê-lo, para satisfação do crédito. Com a superveniência da Lei nº 14.711/23, o credor tem a opção de escolher entre a via judicial e a extrajudicial.

O segundo regime, que remonta ao art. 66-B da Lei nº 4.728/65, com a redação da Lei nº 10.931/04, é o da alienação fiduciária no âmbito do mercado financeiro e de capitais, que também se aplica à garantia de créditos fiscais e previdenciários. Também compreende a figura análoga da cessão fiduciária de créditos, normalmente sobre valores mobiliários ou títulos de crédito, e é apontado como o da alienação fiduciária sobre bens móveis fungíveis.

Em terceiro lugar, há a alienação fiduciária de bens imóveis, instituída pela Lei nº 9.514/97. Tornou-se em pouco tempo a garantia mais utilizada para financiamentos imobiliários por causa da facilidade de sua execução, conduzida exclusivamente pelo cartório de Registro de Imóveis em que registrada a garantia. O procedimento extrajudicial trouxe efetividade e celeridade e, passados quase trinta anos da inovação legislativa, foi sucessivamente aperfeiçoado. A própria Lei nº 14.711/23 trouxe melhorias na disciplina da alienação fiduciária de imóveis. Muitas das experiências oriundas da execução imobiliária extrajudicial podem, sem dúvida, ser aproveitadas para a execução mobiliária.

Por fim, há um quarto regime, que é o da alienação fiduciária de produtos e subprodutos agropecuários. Defendemos a existência desse regime próprio a partir do art. 8º e do art. 12, §4º, da Lei nº 8.929/94, com a redação da Lei nº 14.421/22[1], com peculiaridades no seu registro, que não mais é atribuído ao Registro de Títulos e Documentos. O art. 8º, em particular, traz regras gerais para a alienação fiduciária de bens móveis fungíveis. O âmbito de aplicação desse regime, a partir da definição ampla de produtos e subprodutos agropecuários, estende-o a todas as espécies de bens. Seu registro compete ao Registro de Imóveis, ainda que a garantia recaia sobre bem móvel infungível.

Nesse panorama, passemos à análise dos novos dispositivos pertinentes ao tema proposto, que dizem respeito à execução extrajudicial perante o Registro de Títulos e Documentos e se desdobram em dois procedimentos principais: a consolidação da propriedade fiduciária e a busca e apreensão.

1. A respeito, SANTOS, Fábio Ribeiro dos, e RIBEIRO, Moacyr Petrocelli de Ávila, *Da competência registral da alienação fiduciária de produtos e subprodutos agropecuários no Ofício de Registro de Imóveis*. Publicado no periódico digital Migalhas (https://www.migalhas.com.br/coluna/migalhas-notariais-e-registrais/386184/competencia-registral-da-alienacao-fiduciaria-de-produto-agropecuario) em 03 de março de 2023.

2. A CONSOLIDAÇÃO DA ALIENAÇÃO FIDUCIÁRIA DE BENS MÓVEIS INFUNGÍVEIS PERANTE O RTD

Consolidação da alienação fiduciária, ou mais propriamente da propriedade fiduciária, é a forma de extinção da garantia por execução do crédito. A alienação fiduciária opera a transmissão da propriedade resolúvel, ou seja, o credor fiduciário permanece proprietário do bem enquanto durar o contrato, sob condição resolutiva do pagamento da dívida. Se a condição não se implementar, o credor fiduciário tornar-se-á proprietário de forma definitiva e diz-se, nesse momento, que houve a consolidação da propriedade em seu nome. O processo de execução tem esse primeiro objetivo.

2.1. A cláusula de execução extrajudicial

A execução extrajudicial perante o Registro de Títulos e Documentos depende, inicialmente, da previsão expressa em contrato; se não houver previsão contratual, aplica-se apenas o rito judicial, dos arts. 3º e seguintes do Decreto-Lei nº 911/69. É uma interessante situação em que a vontade das partes abre a possibilidade da aplicação de um rito processual específico, consoante a permissão do art. 190 do Código de Processo Civil[2]. A cláusula não exclui o rito judicial, visto que a opção pela execução extrajudicial é facultativa para o credor, mas tão somente permite ao credor escolher a maneira pela qual deseja executar o seu crédito, seja em juízo, seja perante o cartório.

Por conferir essa opção exclusivamente ao credor, a lei exige que a cláusula contratual esteja "em destaque". Trata-se de dispositivo que permite resguardar o equilíbrio contratual. Não se pode, contudo, presumir

---

2. Art. 190. Versando o processo sobre direitos que admitam autocomposição, é lícito às partes plenamente capazes estipular mudanças no procedimento para ajustá-lo às especificidades da causa e convencionar sobre os seus ônus, poderes, faculdades e deveres processuais, antes ou durante o processo.

Parágrafo único. De ofício ou a requerimento, o juiz controlará a validade das convenções previstas neste artigo, recusando-lhes aplicação somente nos casos de nulidade ou de inserção abusiva em contrato de adesão ou em que alguma parte se encontre em manifesta situação de vulnerabilidade.

que a execução extrajudicial seja, por definição, lesiva ao devedor. É procedimento que poderá vir a se provar mais rápido e efetivo para o credor, mas não prejudica, nem em tese, direitos do devedor. Quando se fala, aqui, em equilíbrio contratual, é para ressaltar a situação em que a abertura de uma opção contratual para o credor – a execução extrajudicial – é contrabalançada pela regra da redação em destaque. Essa regra dá maior segurança ao devedor, para que tome conhecimento inequívoco dessa possibilidade, sem risco de passar-lhe ao largo em uma leitura mais superficial do contrato.

É certo que o Código de Defesa do Consumidor determina que "cláusulas que implicarem limitação de direito do consumidor deverão ser redigidas com destaque, permitindo sua imediata e fácil compreensão"[3]. Mas a incidência desse dispositivo da legislação de proteção consumerista não é perfeitamente adequada para a análise da cláusula da execução extrajudicial. Primeiro, porque essa cláusula não é, propriamente, restritiva de direitos. O devedor não tem, e nunca teve, o direito de escolher a via pela qual a execução se processará; afinal, a execução de um crédito sempre se dá no interesse do credor. No máximo, tem o devedor o direito de que a execução seja processada pela forma que lhe for menos gravosa[4], mas a opção entre a execução judicial e a extrajudicial não permite saber, *a priori*, qual delas poderá se provar excepcionalmente lesiva. Sob a ótica do direito material, a satisfação do crédito é sempre o objetivo final; sob a ótica do direito processual, o meio correto é a observância do devido processo legal e do contraditório ("ninguém será privado de seus bens sem o devido processo legal", na dicção constitucional) e a execução extrajudicial respeita esse requisito porque permite oposição eficaz pelo devedor, como se detalhará mais abaixo. E, em segundo, lugar, a aplicação do dispositivo acima citado do Código de Defesa do Consumidor não é adequada porque a obrigação da redação da cláusula em destaque vale para todos os contratos de alienação fiduciária, mesmo aqueles não inseridos em relação de consumo.

3. Art. 54, §4º.
4. Código de Processo Civil, art. 805: "Quando por vários meios o exequente puder promover a execução, o juiz mandará que se faça pelo modo menos gravoso para o executado.

Poderia, a propósito, a cláusula da execução extrajudicial proibir as partes de recorrer ao Poder Judiciário? Sob o ponto de vista do devedor, isso sim seria restritivo aos seus direitos e, claramente, de duvidosa constitucionalidade, pela limitação ao acesso à justiça. Porém, sob o ponto de vista do credor, cabe a discussão, pois na verdade ele estaria renunciando a uma mera faculdade conferida pela lei. Não haveria desequilíbrio contratual indevido se o credor, conscientemente, desde o início estabelecesse o rito obrigatório perante o Poder Judiciário.

A existência dessa cláusula, bem como a sua redação em destaque, são pontos que devem ser objeto de qualificação pelo Oficial de Registro de Títulos e Documentos quando receber o requerimento de consolidação. A falta dessa cláusula ensejará a devolução do título. A ausência de destaque também impedirá o prosseguimento extrajudicial da consolidação, muito embora aqui caiba alguma gradação. A lei não fala qual é o destaque mínimo que deva ser dado[5], apenas que algum destaque deve haver. Assim, o Oficial recusará a consolidação se não houver destaque algum, ou seja, se a cláusula mantiver o padrão redacional e gráfico das demais, mas uma vez que algum destaque houver sido dado, não lhe caberia entrar no mérito de discutir se o destaque fora suficiente ou não, nem em sede de impugnação.

2.2. A competência para a consolidação extrajudicial

Diz o art. 8º-B, §1º, do Decreto-Lei 911/69 que "é competente o cartório de registro de títulos e documentos do domicílio do devedor ou da localização do bem da celebração do contrato".

Aparentemente, a lei também conferiria ao credor o direito de escolher em qual cartório promoverá a consolidação, em um duplo critério, de caráter alternativo. Parece-nos, contudo, que o melhor entendimento não é o da opção pura e simples, mas de adequação da competência conforme a natureza do crédito que estiver sendo executado.

---

5. Ao contrário dos contratos de adesão, por exemplo, para os quais o Código de Defesa do Consumidor exige que sejam redigidos com "tamanho da fonte não inferior ao corpo doze" (Art. 54, §3º)

É importante perceber que a competência para promover os atos de consolidação não será necessariamente igual à competência para o registro. Ou seja, o cartório de títulos e documentos que promoverá a consolidação, nos termos do art. 8º-B do Decreto-Lei 911/69, poderá não ser o mesmo cartório que houver registrado, anteriormente, o título. A competência para o registro, inequívoca, é a do art. 1.361, §1º, do Código Civil: "constitui-se a propriedade fiduciária com o registro do contrato, celebrado por instrumento público ou particular, que lhe serve de título, no Registro de Títulos e Documentos do domicílio do devedor, ou, em se tratando de veículos, na repartição competente para o licenciamento, fazendo-se a anotação no certificado de registro" (grifos nossos)[6]. Já a competência para a consolidação deverá ser aferida no momento do requerimento para essa finalidade. Se, por exemplo, o devedor mudou-se de domicílio após o transcurso de alguns anos de contrato, e se o credor sabe que o novo domicílio é comarca diversa daquela em que o título tenha sido registrado, é no novo domicílio que a consolidação deverá ser proposta. Se isso ocorrer, o credor deverá obter certidão do registro perante o cartório em que o título foi registrado e apresentá-la na circunscrição competente, junto com o requerimento de consolidação, visto que esse documento será necessariamente integrante da notificação.

Como regra geral, para a alienação fiduciária de bens móveis infungíveis, a consolidação se promoverá, então, no cartório do atual domicílio do devedor. Segue-se, então, a indagação a respeito da possibilidade de que essa consolidação se desenvolva no cartório onde se localizam os bens.

Aqui a situação tem um grau adicional de complexidade. Também não há relação necessária entre o domicílio do devedor e o local onde se situa o bem alienado fiduciariamente. Ainda que haja cláusula contratual determinando qual seja este local de armazenamento, nada garante que de fato o bem ali esteja, nem que seja removido para outro local. Antiga anedota forense diz que "por vezes, os bens móveis são móveis demais".

6. O art. 130 da Lei de Registros Públicos (Lei nº 6.015/73) traz também disposições a respeito da competência territorial da especialidade registral de Registro de Títulos e Documentos, mas o Código Civil, relativamente aos contratos de alienação fiduciária de bens móveis infungíveis, traz regra mais especial.

A competência territorial em razão da localização dos bens reveste-se de maior incerteza.

A competência em razão da localização dos bens, adicionalmente, é de difícil ou impossível aferição *a priori*. Não se exige que o credor apresente prova da localização dos bens, para justificar a competência do cartório onde apresenta seu pedido. E até se questiona como poderia fazê-lo. Provas fotográficas? Ata notarial? Declaração de testemunhas? Nenhum desses meios de prova é inequívoco e, repita-se, estão todos sujeitos a iminente alteração, haja vista a possibilidade de o bem ser levado a outro lugar.

Por isso, entendemos que o critério de competência da localização dos bens aplica-se apenas em uma situação, que é a da alienação fiduciária sobre produtos e subprodutos do agronegócio, no sistema previsto pelos arts. 8º e 12, §4º, da Lei nº 8.929/94. Para estes bens, em que há evidente vinculação da garantia com o estabelecimento rural, a lei já escolheu o critério da territorialidade para o registro[7]. Ainda que a atribuição de registro seja conferida a outra especialidade – o registro de imóveis –, a harmonização do sistema registral permite inferir que, se a garantia recair sobre bens móveis cuja execução seja própria do RTD, será o RTD do local onde se encontra o bem o competente para a consolidação.

É apenas neste caso que o critério da localização do bem é preponderante para a definição da competência do Registro de Títulos e Documentos na consolidação da alienação fiduciária. A lei já o escolheu para o registro, em razão da singularidade desse sistema de garantias, e faz sentido que seja estendido também para a execução da alienação fiduciária.

Por fim, é de se observar que estas competências – para o registro e para a consolidação – tampouco se confundem com a competência para a prática de atos materiais de busca e apreensão, como se verá mais abaixo.

7. "§ 4º. A alienação fiduciária em garantia de produtos agropecuários e de seus subprodutos, nos termos do art. 8º desta Lei, será registrada no cartório de registro de imóveis em que estiverem localizados os bens dados em garantia (...)". Veja-se, a respeito, o artigo já citado sobre a competência do Registro de Imóveis para este tipo de registro.

2.3. A notificação para consolidação

Consoante o art. 8º-B, §2º, do mesmo Decreto-lei, "vencida e não paga a dívida, o oficial de registro de títulos e documentos, a requerimento do credor fiduciário acompanhado da comprovação da mora na forma do §2º do art. 2º deste Decreto-Lei, notificará o credor fiduciário para:

> I - pagar, voluntariamente, a dívida no prazo de 20 (vinte) dias, sob pena de consolidação da propriedade;
>
> II - apresentar, se for o caso, documentos comprobatórios de que a cobrança é total ou parcialmente indevida."

Estes são os termos para a notificação de consolidação, conferindo ao devedor duas opções: pagar ou "apresentar documentos comprobatórios de que a cobrança é total ou parcialmente indevida".

A notificação para consolidação deve ser precedida da prévia constituição em mora do devedor. Ao contrário da execução da alienação fiduciária de bens imóveis, em que essa constituição em mora é objeto de notificação a cargo do cartório, a execução perante o RTD pressupõe que o devedor já esteja em mora. Quem, no caso, constitui o devedor em mora é o próprio credor[8]. A comprovação será por meio de carta registrada com aviso de recebimento.

Se o devedor, recebendo a notificação de consolidação, realizar o pagamento da dívida, o contrato de alienação fiduciária se "convalescerá" (art. 8º-B, §8º). O uso da expressão "convalescimento" se justifica pelo fato de que o mesmo contrato já se estaria resolvido pelo decurso do prazo da purga da mora. Abre-se, assim, uma nova oportunidade de pagamento da dívida, não mais para impedir a constituição da mora, mas sim para que o contrato volte a vigorar, nos termos inicialmente avençados. O paralelo com a alienação fiduciária de bens imóveis é adequado e, neste tipo de execução, também se permite ao devedor pagar o saldo do débito em momentos posteriores ao decurso do prazo para purga da mora: seja até a data da averbação da consolidação da propriedade (Lei nº 9.514/97, art. 26-A,

8. Art. 2º, §2º, do Decreto-Lei 911/69: "A mora decorrerá do simples vencimento do prazo para pagamento e poderá ser comprovada por carta registrada com aviso de recebimento, não se exigindo que a assinatura constante do referido aviso seja a do próprio destinatário".

§2º, nos casos de financiamentos imobiliários), seja mediante direito de preferência a ser exercido em leilão (Lei nº 9.514/97, art. 27, §2º-B).

A lei não diz a quem deve ser o pagamento. Porém, como entre os documentos obrigatórios da notificação estão o demonstrativo de débito de acordo com a possível data de pagamento e a planilha com detalhamento da execução da dívida (§13, II e III), pode-se admitir que o pagamento seja efetuado no próprio cartório. O fornecimento dessa planilha serve para que o cartório confira o valor a ser pago no dia do efetivo pagamento e o receba, em nome do credor. Nada impede que o pagamento seja efetuado ao credor diretamente, mas neste caso é seu ônus efetuar a imediata comunicação ao cartório, para que cesse o procedimento em curso. Por outro lado, se o cartório receber as quantias devidas em nome do credor, deve a este repassá-las; na falta de prazo legal, pode adotar o prazo da alienação fiduciária de bens imóveis, de 3 (três) dias úteis, deduzidas as despesas de cobrança e intimação (Lei nº 9.514/97, art. 26, §6º).

Outra opção do devedor é a impugnação, mediante apresentação de documentos comprobatórios de que a cobrança é total ou parcialmente indevida. Há, neste particular, diferença com relação à execução da alienação fiduciária sobre bens imóveis, que não admite contranotificação nem defesa. A execução perante o RTD tem, para o devedor, uma oportunidade de apresentar resistência que não existe perante o Registro de Imóveis. A falta de oportunidade de defesa foi uma das razões que levaram ao questionamento da execução extrajudicial imobiliária perante o Supremo Tribunal Federal, ainda sob a égide do Decreto-lei nº 70/66 (que dizia respeito à hipoteca nos financiamentos imobiliários no âmbito do SFH). Mesmo assim, foi esse procedimento tido por constitucional porque não retirava do devedor a possibilidade de defender seus direitos em sede jurisdicional[9]. Para a consolidação extrajudicial de bens móveis, ao contrário, esse

9. Confira-se, a respeito, a tese de repercussão geral nº 249: "é constitucional, pois devidamente recepcionado pela Constituição Federal de 1988, o procedimento de execução extrajudicial previsto no Decreto-lei nº 70/66". Asseverou na ocasião o Ministro Dias Tóffoli que o "procedimento não é realizado de forma aleatória e se submete a efetivo controle judicial em ao menos uma de suas fases, sendo certo que o devedor é intimado a acompanhá-lo, podendo impugnar, inclusive no âmbito judicial, o desenrolar do procedimento se irregularidades vierem a ocorrer durante seu trâmite".

questionamento não se aplica, dado o espaço, no próprio procedimento, para que o credor argumente o excesso ou a cobrança indevida.

A impugnação pode ser parcial ou total. Se for parcial, o devedor deve pagar a quantia incontroversa (art. 8º-B, §4º). Regra semelhante existe em outros institutos processuais, como a ação monitória (art. 702, §2º do Código de Processo Civil) e mesmo para o cumprimento de sentença (art. 523, §2º do mesmo Código). O pagamento da quantia incontroversa permite a apreciação da impugnação parcial e o prosseguimento da execução pelo saldo remanescente. Se o pagamento não for efetuado, a execução prossegue pelo valor total do débito. A impugnação não deve ser conhecida, salvo se seu conteúdo disser respeito a alguma matéria que possa ser conhecida de ofício pelo Oficial (como, por exemplo, alguma irregularidade formal na notificação, que enseje a sua correção ou repetição).

O mérito a ser ventilado na impugnação é qualquer matéria que possa ser objeto de prova documental. Por exemplo, podem ser apresentadas objeções propriamente ditas, como a prescrição, decadência e a incompetência; fatos impeditivos ou modificativos do direito do credor, como pagamento total ou parcial, aditamento ou novação. Não há na lei, em princípio, limites para a matéria de impugnação. Aliás, a lei não usa o termo "impugnação", referindo-se apenas à apresentação de "documentos comprobatórios" que serão avaliados pelo Oficial e, "na hipótese de constatar o direito do devedor" cessará o procedimento. Evidentemente, os documentos não falam por si só, e não serão apresentados desacompanhados de argumentação jurídica, para a qual dão suporte. Logo, existe propriamente uma peça de defesa que é apresentada pelo devedor, da qual os documentos são simples anexo.

A referência a "documentos", não obstante, serve para duas finalidades: primeiro, para restringir o meio de prova das alegações e, segundo, para dizer que o que deve ser trazido ao conhecimento do oficial são fatos novos, e não argumentação exclusivamente jurídica. Quanto aos meios de prova, não são admitidos outros que não os documentos. Qualquer alegação baseada em outro tipo de prova, como testemunhal, ou mesmo pericial (por exemplo, laudo contábil de excesso na cobrança) não pode ser conhecida pelo Registro de Títulos e Documentos. E, na segunda hipótese acima, o Oficial de Registro de Títulos e Documentos está impedido de requalificar as cláusulas do título constitutivo da dívida, o qual, afinal, já foi registrado anteriormente. O registro do documento de dívida materializa a fé pública de que está apto a constituir a garantia e a produzir efeitos perante terceiros e por essa razão não pode o RTD, na ocasião da consolidação, perquirir a respeito de ilicitude ou abusividade de eventual cláusula, sob pena de subversão do sistema registral. No mais, havendo fato novo que possa ser provado por documentos e obstar a pretensão, o Oficial terá o livre convencimento para "constatar o direito do devedor", ou não. A decisão deverá ser motivada e não há, na lei, previsão específica para recurso.

Se a impugnação for reputada procedente, seguir-se-á a responsabilidade do credor fiduciário pela promoção indevida da execução, como dispõe o art. 8º-D do Decreto-Lei nº 911/69. Certamente, não advirá nenhuma responsabilidade para o cartório que recebeu o pedido inicial e promoveu a notificação, até mesmo porque, nessa hipótese, foi a atuação do Oficial de Registro de Títulos e Documentos que impediu o prosseguimento da cobrança indevida, à luz dos novos fatos que foram trazidos a seu conhecimento. Igualmente, é ônus do devedor que esses fatos sejam expostos de modo hábil e tempestivo.

A notificação para consolidação deverá conter os requisitos do §13 do dispositivo legal em comento e será enviada "preferencialmente por meio eletrônico, a ser enviada ao endereço eletrônico indicado em contrato pelo devedor fiduciário" (§6º). Frustrado o meio eletrônico, assim entendido a falta de confirmação positiva do recebimento em 3 (três) dias úteis, será enviada notificação postal (§7º). A lei não traz as hipóteses de notificação pessoal, nem de notificação por edital. A primeira pode ser tentada, por ser meio mais benéfico ao devedor. Já a aceitação da notificação por edital demanda a cautela de prévia regulamentação.

A consolidação será "averbada" pelo Oficial, se não for paga a dívida (§9º). O uso da expressão "averbada" pressupõe a existência de prévio registro, que é o registro do contrato constitutivo da garantia. Se a garantia estiver registrada no mesmo cartório que promoveu a consolidação, será promovida desde logo a averbação. Caso contrário, se foi registrada em "outro órgão", "o oficial comunicará a este para a devida averbação". Aqui a lei admite a hipótese de a consolidação ser requerida a quem não praticou o registro do título. Não apenas se dirige a comunicação ao órgão de trânsito, como também a outros cartórios de Registro de Títulos e Documentos, ou mesmo ao cartório de Registro de Imóveis, como explicado acima quando se tratou das diferentes competências.

Por fim, sem o pagamento no prazo, o devedor deve "entregar ou disponibilizar a coisa voluntariamente ao credor para a venda extrajudicial" (§11). Se esta não for efetuada, seguem-se os atos materiais de busca e apreensão, objeto do próximo tópico.

3. BUSCA E APREENSÃO DE BENS MÓVEIS INFUNGÍVEIS PERANTE O RTD

Os parágrafos do art. 8º-C do Decreto-Lei nº 911/69, criados pela Lei nº 14.711/23, haviam sido inicialmente vetados pelo Presidente da República. Fora mantido apenas o *caput*, cuja redação permite ao credor "vender o bem na forma do art. 2º deste Decreto-lei"[10]. O instituto ficaria incompleto, porém, pelo fato de que a execução extrajudicial terminaria com a averbação prevista no art. 8º-B, §9º, podendo haver entrega voluntária do bem dado em garantia pelo devedor, mas sem previsão do que aconteceria se este bem não fosse entregue. A única possibilidade seria a busca e apreensão judicial.

Mediante derrubada dos vetos presidenciais, sobreveio a chamada busca e apreensão extrajudicial, prevista nos parágrafos deste dispositivo legal. Numerados de 1 a 11, estes parágrafos regulamentam o procedimento de forma pioneira. Vários pontos ainda demandam regulamentação e outros um esforço de interpretação para que seja aplicado da forma mais coerente possível.

10. O art. 2º dispõe que "o proprietário fiduciário ou credor poderá vender a coisa a terceiros, independentemente de leilão, hasta pública, avaliação prévia ou qualquer outra medida judicial ou extrajudicial, salvo disposição expressa em contrário prevista no contrato, devendo aplicar o preço da venda no pagamento de seu crédito e das despesas decorrentes e entregar ao devedor o saldo apurado, se houver, com a devida prestação de contas."

3.1. Competência para a busca e apreensão

Entendemos, como já anteriormente dito, que a competência para a busca e apreensão é diferente da competência para o registro do contrato constitutivo da garantia e da competência para a consolidação da propriedade fiduciária. Embora a lei não diga qual o cartório competente, está-se aqui diante da prática de atos materiais, ou seja, da efetiva localização do bem dado em garantia e da retirada de sua posse das mãos do devedor, transferindo-a para o credor.

O único ato material praticado pelos Oficiais de Registro de Títulos e Documentos, até então, era a notificação extrajudicial. Para atos dessa natureza, o art. 160 da Lei nº 6.015/73 estipula que a notificação é praticada pelo cartório de uma localidade, que poderá "requisitar dos oficiais de registro em outros Municípios as notificações necessárias". Ou seja, a competência para a prática de atos materiais pelo RTD é delimitada pelos limites do Município (*rectius*, comarca, ou ainda circunscrição) da delegação. Por uma interpretação sistêmica das Notas e Registros Públicos, aliás, em qualquer dos atos extrajudiciais está presente o limite territorial da delegação. Ainda que o princípio da territorialidade possa ser atualmente mitigado no tocante às notificações extrajudiciais, não é cabível a um escrevente notificador dirigir-se a outra circunscrição para praticar os atos de notificação – as exceções ao princípio da territorialidade resultam no cumprimento da notificação por outros meios, como o postal.

Com isso, sobressai na busca e apreensão a competência territorial em sentido estrito. Onde estiver o bem, ali serão praticados os atos e o Oficial competente será o deste local, com prejuízo de qualquer outro.

Como, então, deverá proceder o credor em situação de incerteza quanto à localização do bem? Este é ponto sobre o qual deverá esmiuçar-se a regulamentação, mas antevemos que nada impede que a busca e apreensão seja requerida, simultaneamente, a vários cartórios, de diferentes localidades, onde possa hipoteticamente ser encontrado o objeto da garantia. Para tanto, é imprescindível que o requerimento seja instruído com a prova da averbação a que se refere o art. 8º-B, §9º, de modo a comprovar que o procedimento de consolidação chegou a seu termo sem o pagamento. Cada um dos cartórios que vier a ser acionado para a busca e apreensão praticará, assim, os seus próprios atos, em coordenação com os demais e com o credor.

A estruturação do registro eletrônico de Títulos e Documentos, por sua vez, poderá também evoluir no sentido de que todo esse procedimento seja efetuado em plataforma digital. O art. 8º-C, §2º, III, prevê a inclusão da notícia da busca e apreensão em plataforma eletrônica, o que certamente servirá para que o primeiro requerimento formulado em um cartório sirva como título a ser aproveitado pelos demais cartórios competentes para a prática dos atos materiais de apreensão. Esse título será materializado na "certidão de busca e apreensão judicial do bem", prevista no inciso IV do mesmo dispositivo.

3.2. Diligências

Recebido o pedido, o Oficial praticará uma série de atos, relacionados no art. 8º-C, §2º, alguns já referidos acima. Além da comunicação via central e da expedição de certidão de busca e apreensão judicial do bem, haverá comunicação de restrição de circulação, no caso de veículos, e a comunicação de averbação de indisponibilidade para os "órgãos registrais competentes". Esta indisponibilidade poderá ser confundir com a notícia da busca e apreensão na plataforma, restando saber como será operacionalizada e no que irão as duas providências se distinguir.

A localização dos bens compete ao cartório e pode ser efetuada também pelo credor (art. 8º-C, §4º). Aliás, é factível que essa iniciativa para localização seja priorizada ao credor, interessado na realização dos atos com celeridade e eficiência. Não seria de se esperar que o cartório, que não dispõe de elementos fáticos para realização das buscas, possa agir ativamente na localização dos bens; poderá, contudo, realizar diligências regulares em endereços no contrato ou outros que vierem a ser expressamente indicados pelo credor.

O credor poderá valer-se de empresas especializadas nessa atividade (§§5º e 6º), na linha do que é a praxe nos processos judiciais. A apreensão, porém, é efetuada pelo Oficial (§7º, 1ª parte), e não pelo credor, nem por terceiro por ele contratado. A indicação da apreensão pelo Oficial, contudo, não significa que deva ser ato a ser praticado privativamente por ele;

pode ser, à evidência, atribuído a preposto registral, conforme a organização interna dos serviços[11].

Ainda que não haja previsão legal expressa, depreende-se que o bem será de imediato entregue ao credor, a quem competirá a sua venda. Recomenda-se que a providência seja materializada por um auto de apreensão, formalizando a transferência da posse direta do devedor para o credor.

A atuação do cartório se encerra com o levantamento das restrições e com a prática de novo ato de averbação: a averbação de que a busca e apreensão foi cumprida (§ 7º, I e II). Essas providências são praticadas mediante recebimento comunicação da venda do bem (§7º, 2ª parte).

4. O PROCEDIMENTO REGISTRAL – ATOS MATERIAIS E REGISTRAIS

Toda essa gama de atos deve, de alguma forma, amoldar-se à sistemática dos atos registrais prevista na lei de registros públicos, que não foi alterada. Todo o procedimento da execução extrajudicial perante o RTD está contido no Decreto-Lei 911/69. Teria sido recomendável que tivesse havido algum esforço, pelo legislador, de integrar essa nova competência registral àquilo que já dispunha a Lei nº 6.015/73, no tocante aos atos a serem praticados e à ordem de serviço. Como não houve, o esforço do intérprete é maior. Sendo assim, a primeira questão é como entender as categorias normais do processo de registro – notadamente a *prenotação*, os *livros*, o *registro* e a *averbação* – se aplicam a tudo o que foi dito nos itens anteriores.

Recebido qualquer requerimento pelo cartório de Registro de Títulos e Documentos, deve ele ser prenotado. Isso vale tanto para o requerimento

11. Tanto a Lei nº 6.015/73 quanto a Lei nº 8.935/94 garantem ao titular da delegação a autonomia na organização da atividade e a possibilidade de usar prepostos (escreventes e auxiliares) para tanto, o que é próprio do caráter privado da delegação. Por essa razão, entendemos não ser aplicável o Código de Processo Civil à busca e apreensão judicial, no tocante à necessidade de participação de "dois oficiais de justiça" (cf., por exemplo, o art. 536, §1º). Além de o oficial de registro ser um só na circunscrição (o que impediria a participação de dois), a estrutura do serviço extrajudicial é substancialmente diferente daquela das carreiras judiciárias, tornando inadequada qualquer analogia.

de consolidação quanto para o requerimento de busca e apreensão. Da prenotação decorre o lançamento do título no Livro A – Protocolo, cuja finalidade é o "apontamento de todos os títulos, documentos e papéis apresentados, diariamente, para serem registrados, ou averbados", ou seja, precipuamente o que será praticado pela serventia. No caso da execução extrajudicial, existe a peculiaridade de que a averbação não será, necessariamente, realizada pelo cartório que receber o requerimento inicialmente. Daí, quando um dos cartórios efetuar os atos que lhe competem e der deles conhecimento, no final, a outro cartório[12], esta segunda serventia deverá igualmente recepcionar a comunicação no seu próprio Livro Protocolo, de modo a permitir a prática do ato. No primeiro cartório, o encerramento do protocolo se dará com a prática da comunicação - ou seja, sem um ato registral propriamente dito.

Não há a previsão de um livro específico para a execução extrajudicial, nem a consolidação nem a busca e apreensão. Poderão normas administrativas prever classificadores próprios, à semelhança do que ocorre com a alienação fiduciária de bens imóveis. Poderá ainda haver um controle próprio na plataforma eletrônica a que se refere o art. 8º-C, §2º, III, com finalidade informacional e estatística. Não obstante, os livros permanecem aqueles relacionados no art. 132 da Lei nº 6.015/73.

Tampouco há atos de registro previstos no procedimento. A única referência a registro *stricto sensu* é a do contrato de constituição de garantia, ou seja, não é ato que integra a execução da garantia propriamente dita. Mas a averbação da consolidação é praticada à margem desse ato de registro, pelo cartório que o houver praticado. Mantém-se a lógica de que a averbação é sempre um ato modificativo ou extintivo de um registro que lhe seja anterior, daí deva ser praticada sempre pelo Oficial a cargo de quem esteve esse registro.

Vale ainda saber por quanto tempo permanecerá aberta a prenotação. Como regra, aplica-se ao RTD o prazo prescrito para o Registro de Imóveis, ou seja, de vinte dias úteis[13]. Nem sempre, na prática do RTD, surgem questões relativas à prioridade dos títulos, visto que o registro é por regra

12. No caso do art. 8º-B, §9º, por exemplo.
13. Lei nº 6.015/73, art. 205

imediato. Mas os procedimentos aqui tratados se prolongarão no tempo e surgirá o problema de por quanto tempo a prenotação restará aberta, ou se ela poderá ser encerrada no caso de frustração da localização do devedor ou do bem, ou de desídia por parte do credor. É de se pressupor que a regulamentação administrativa poderá estipular prazo para a vigência máxima desse protocolo, passado o qual se extinguirá até que novas diligências possam ser requeridas.

5. AS NOVAS REGRAS COM RELAÇÃO AOS VEÍCULOS AUTOMOTORES

O registro da alienação fiduciária de veículos automotores perante os órgãos de trânsito (comumente conhecidos como os DETRANs) está previsto no art. 1.361, §1º, do Código Civil e sua constitucionalidade foi reconhecida pelo Supremo Tribunal Federal na ADI 4.333/DF. Na ocasião, declarou-se que a lei pode definir que a validade e eficácia de atos jurídicos podem depender de registro em órgão não integrante do sistema de notas e registro e não sujeito ao art. 236 da Constituição, pois não há conceito constitucional e fixo de registro público, embora não se possa conferir ao legislador legitimidade para operar o total esvaziamento do instituto[14]. Os órgãos de trânsito, por sua vez, podem delegar a materialização e execução desse registro a empresas privadas contratadas[15].

Restando pacífica a possibilidade de registro da garantia no DETRAN, vem agora a Lei nº 14.711/23 conferir aos cartórios de RTD a competência para executar as dívidas garantidas por alienação fiduciária. Essa competência, contudo, não exclui a própria competência dos DETRANs a respeito, nos termos do art. 8º-E do Decreto-lei 911/69.

Certamente, grande parte do volume de execuções extrajudiciais incidirá sobre veículos automotores. A lei prevê uma série de mecanismos para coordenação tanto da consolidação da propriedade, quanto da busca e apreensão, entre o serviço extrajudicial e os órgãos de trânsito. São eles:

---

14. STF, Rel. Min. Marco Aurélio, j. 21/10/2015.
15. Lei nº 9.503/97, art. 129-B.

a) a comunicação da consolidação da propriedade "a outro órgão" (art. 8º-B, §9º), para averbação

b) o lançamento de restrição de circulação e de restrição de transferência do bem (art. 8º-C, §2º, I)

c) a possibilidade de celebração de convênios para atuação conjunta (art. 8º-C, §3º)

d) possibilidade de venda de bens pelas "empresas registradoras" credenciadas (art. 8º-E, parágrafo único)

Semelhante coordenação se dá também na busca e apreensão judicial, como se verifica das cautelas que devem ser observadas pelo juiz no tocante à comunicação aos órgãos de trânsito (art. 3º, §§9º e 10). No caso do RTD, a instrumentalização por meio da já vislumbrada plataforma eletrônica ajudará a dar a efetividade necessária nesse particular.

CONCLUSÕES

A novidade do instituto implicará ainda maior esforço de detalhamento e normatização para a sua efetiva aplicação. Questões concretas poderão ser objeto de regulamentação ou, ainda, de soluções encontradas na rica experiência da prática extrajudicial.

O que se constata, inequivocamente, é que o procedimento extrajudicial de execução da alienação fiduciária de bens móveis é instituto que pode representar grande desafogamento do Poder Judiciário, tal como ocorreu com as garantias semelhantes imobiliárias. A tendência de desjudicialização observada no passado recente tem aqui mais uma iniciativa concreta, agora a cargo dos Registros de Títulos e Documentos.

26

ALTERAÇÕES INTRODUZIDAS PELA LEI 14.711/2023 NO SISTEMA NACIONAL DE PROTESTO DE TÍTULOS: SOLUÇÃO NEGOCIAL PRÉVIA, PAGAMENTO DE DÍVIDAS PROTESTADAS NO TABELIONATO E OUTRAS INOVAÇÕES

Celso Belmiro

Notário no Rio de Janeiro. Presidente do IEPTB/RJ – Instituto de Estudos de Protesto de Títulos do Brasil – Seção Rio de Janeiro. Mestre e Doutorando em Direito Processual pela UNESA – Universidade Estácio de Sá. Professor dos Cursos de Pós-Graduação da UERJ (Ceped-UERJ) e da Unilasalle. Palestrante e conferencista nas áreas de Direito Processual Civil, Notarial e Registral. Membro Titular da Academia Notarial Brasileira, do IBDP – Instituto Brasileiro de Direito Processual e do Conselho Editorial da Editora Impetus. Pesquisador do grupo de estudos "Observatório da Mediação e Arbitragem" da Universidade Estácio de Sá. Ex-Procurador da Fazenda Nacional.

Publicada em 31/10/2023 e com entrada em vigor na mesma data, a Lei 14.711 introduziu mudanças significativas e contundentes nos mais diversos aspectos do direito notarial e registral do país. O presente artigo tem por finalidade a abordagem específica daquilo que se estabeleceu como nova diretriz para a atribuição de protesto de títulos, a partir de sua edição.

Pode-se afirmar de início que, ainda que tenha ido aquém do que era buscado inicialmente no projeto de lei que lhe deu origem (PL 4.188), o novo regramento disciplinou diversos temas sensíveis ao protesto de títulos, como o são a questão da solução negocial prévia ao protesto, a renegociação de dívidas protestadas, a intimação eletrônica, o edital eletrônico de protesto e a escrituração de dívidas passíveis de protesto, todos abordados em suas várias nuances nos tópicos abaixo.

1. NOTAS INTRODUTÓRIAS

1.1. A rigidez procedimental do protesto de títulos prevista em lei e o não atendimento das expectativas do mercado de crédito e cobrança

Em brevíssimo resumo, é possível afirmar que o uso do protesto de títulos, enquanto instituição jurídica, remonta fundamentalmente ao mercantilismo e à necessidade, à época, de se demonstrar, perante a comunidade de contratadores e comerciantes, dois fatos essenciais: 1) o não pagamento de uma dívida por parte do devedor, expondo e dando ampla publicidade ao seu inadimplemento, bem como 2) a comprovação de que o credor tomou todas as medidas necessárias para o recebimento de seu crédito e, ainda assim, ele não foi satisfeito pelo devedor.

Desde então pode-se dizer, sem sombra de dúvidas, que o protesto de títulos é um elemento fundamental para a recuperação de créditos inadimplidos, ainda que esta não seja a sua única finalidade. Por conta disso, desempenha um papel essencial naquilo que se convencionou chamar de "mercado de crédito e cobrança".

Nenhum outro instrumento ou ferramenta deste setor da atividade econômica entrega ao credor o mesmo que o protesto de títulos: segurança jurídica, qualificação do título por parte de um profissional do direito, intimação pessoal do devedor buscando a certeza de que este tomou efetivo conhecimento da dívida antes de sofrer as consequências do inadimplemento, sendo certo que, na imensa maioria dos casos (voltaremos ao tema mais adiante), absolutamente nada é cobrado do credor para ter acesso a todo esse portfólio de serviços de alta qualidade. Seguramente, um "case" a ser estudado de absoluta desproporção na relação custo x benefício: temos aqui uma situação concreta de baixíssimo (ou nenhum) custo em troca de enorme benefício para o usuário do serviço.

Mas ainda assim um "inconveniente" parecia deixar reticentes os credores na opção pela busca do protesto como medida efetiva de recuperação de seus valores inadimplidos: a rigidez procedimental e as graves consequências da lavratura do protesto contra o devedor.

Dentro desta perspectiva, é importante observar um dado fundamental da economia de relação: credores e devedores não costumam ocupar essa posição jurídica apenas em um único título isolado, em um único negócio jurídico celebrado, mas sim numa série de outros negócios, que se repetem ao longo do tempo, com várias compras e vendas, com diversas prestações de serviços que se protraem no tempo. A relação jurídica, por assim dizer, é continuada. Por esta razão, muitas vezes os credores optam por soluções mais brandas, ainda que infinitamente menos eficazes, para o recebimento dos seus créditos: mensagens de texto, de email e de whatsapp, ligações gravadas de telefone, call centers (com e sem interação humana), além da perigosa e danosa "negativação" sem prévia comunicação formal ao devedor quanto a esta restrição de sua vida financeira.

Todas estas alternativas são colocadas antes do protesto, pelos motivos já expostos e porque a lei de regência da atividade do protesto não fornecia qualquer outra alternativa a não ser o rígido procedimento que pode ser assim resumido: a) apresentação do título a protesto; b) qualificação do título (verificação de irregularidades); c) intimação do devedor; d) pagamento apenas do valor integral pelo devedor e posterior repasse para o credor ou e) lavratura do protesto e devolução do título protestado para o credor.

Nada de diferente se poderia vislumbrar neste horizonte estático e engessado. Não poderia o tabelionato de protesto atuar de forma preventiva, buscando uma solução menos gravosa antes de propriamente a intimação para pagamento do valor integral e a lavratura do protesto em caso de não pagamento. Da mesma forma, após a lavratura do protesto, todo o trabalho do tabelionato estava encerrado e, por mais que o devedor quisesse resolver de uma só vez a sua pendência financeira, só restava ao tabelionato encaminha-lo para o credor para que então a dívida fosse paga diretamente a ele e, apenas posteriormente, uma vez quitado o débito, pudesse ser feito o cancelamento do protesto. Em suma, uma rigidez antes e depois de iniciado o procedimento do protesto que não condiz com a dinâmica dos tempos atuais, em que as soluções tecnológicas se espalharam por todo o nosso cotidiano, estando toda a nossa vida financeira ao alcance de nossas mãos, literalmente...

Esta rigidez procedimental, estas amarras, porém, começaram a deixar de existir com alguns provimentos editados pelo Conselho Nacional de Justiça no ano de 2018 e tiveram sua derrocada final com a edição da Lei 14.711/2023, objeto do presente artigo.

1.2. A busca da solução consensual na atividade notarial e, em especial, no protesto de títulos

Como um embrião daquilo que veio a se tornar realidade agora com a entrada em vigor da Lei 14.711/2023, o Conselho Nacional de Justiça editou, no ano de 2018, os Provimentos CNJ 67/2018 e CNJ 72/2018.

O primeiro deles, publicado em 26 de março de 2018, teve por finalidade dispor sobre os procedimentos de conciliação e de mediação nos serviços notariais e de registro no Brasil, reconhecendo, já nos seus "considerandos", a efetividade da conciliação e da mediação como instrumentos de pacificação social, solução e prevenção de litígios e identificando a necessidade de organização e uniformização de normas e procedimentos afetos aos serviços de conciliação, mediação e a outros métodos consensuais de solução de conflitos, a serem prestados pelos serviços notariais e de registro. As medidas então implementadas pelo Provimento representaram, historicamente, um marco na pluralização do acesso aos meios adequados de solução de conflitos, abrindo importante flanco para a ampliação da cultura da solução acordada de conflitos, especialmente pela capilaridade de que são dotados os serviços extrajudiciais por todo o país.

Já o Provimento CNJ 72/2018 cuidou de tema mais propriamente afeto ao objeto do presente estudo: as medidas de incentivo à quitação de dívidas já protestadas nos tabelionatos de protesto do país.

Por meio desta norma administrativa, que veio a ser publicada em 27 de junho de 2018, o CNJ, através de sua Corregedoria Nacional de Justiça, para além da consensualidade buscada através de conciliações e de mediações *stricto sensu*, criou a possibilidade de que os tabelionatos de protesto do país procedessem às (então) chamadas *medidas de incentivo à quitação ou renegociação de dívidas protestadas*, dispondo que são medidas *prévias* e *facultativas* aos procedimentos de conciliação e mediação, dispondo o parágrafo único do art. 4º. que referidas medidas seriam adotadas pelos delegatários ou por seus escreventes autorizados, devendo as sessões de conciliação e mediação observar as regras do Provimento 67/2018.

O Provimento 72 introduziu sensível facilitação do acesso às medidas consensuais quando facultou, tanto ao credor quanto ao devedor, o requerimento para o início do procedimento, que poderia ser feito pessoalmente ou por meio eletrônico, tanto no tabelionato onde foi lavrado o protesto, como também pelas centrais eletrônicas (CRAs – Centrais de Remessa de Arquivos ou CENPROTs – Centrais Eletrônicas de Protesto).

O art. 6º, a seu turno, cuidou dos requisitos mínimos para o requerimento das medidas de incentivo à quitação e a renegociação, ganhando destaque a necessidade de indicação de meio idôneo de notificação da outra parte (para além do endereço físico já indicado quando da apresentação do título a protesto) e a proposta de renegociação da dívida. Se feito pelo credor o requerimento, deve ele apresentar o valor atualizado do débito e eventuais condições especiais de pagamento, como abatimento parcial do valor ou parcelamento, tudo sempre observando-se as instruções contidas na autorização do credor, que poderá também dar autorização ao tabelionato de protesto para dar quitação ao devedor e promover o cancelamento do protesto.

Poucas foram, contudo, as situações concretas em que referidos provimentos vieram a ser efetivamente implementados pelos tabelionatos de protesto do país. Por diversas razões, aliás. Desde financeiras (a baixa remuneração prevista para o trabalho era um ponto sensível) até mesmo operacionais, dado que a interface entre credor e devedor, conforme prevista no texto dos provimentos, era de fácil visualização, mas de difícil implementação fática e sistêmica.

Porém, um novo horizonte se anuncia com a publicação da nova lei, com a criação de expectativas concretas de um novo e remodelado sistema de protesto de títulos e outros documentos de dívidas no país, conforme será visto nos tópicos abaixo.

2. AS QUESTÕES EFETIVAMENTE INTRODUZIDAS NO SISTEMA NACIONAL DE PROTESTO DE TÍTULOS ATRAVÉS DA LEI 14.711/2023

Em que pese as iniciativas anteriores do Conselho Nacional de Justiça, foi a partir do autorizativo legal previsto na Lei 14.711 que o procedimento observado nos tabelionatos de protesto, desde a apresentação do título até a satisfação do credor ou a lavratura do protesto, passou a adquirir contornos mais modernos e de atendimento aos reclamos do mercado de crédito e cobrança, apresentando alternativas eficazes à imediata (e muitas vezes danosa) inclusão do nome do devedor no cadastro de inadimplentes da CNP (Central Nacional de Protesto) e em outras entidades congêneres, além de prever, de forma muito mais simplificada e intuitiva, a quitação da dívida e o cancelamento do protesto lavrado. Acrescente-se a isso a facilitação dos meios de comunicação do devedor acerca do título apontado a protesto, autorizando-se os tabelionatos a se valerem de instrumentos modernos e digitais para a cientificação segura acerca da apresentação do título em cartório.

Estas inovações, extremamente positivas sob quaisquer ângulos de análise, são abaixo abordadas, de forma individualizada.

2.1. Solução Negocial Prévia – inclusão do Art. 11-A na Lei 9.492/97

A lei 9.492/97, norma de regência de toda a atividade de protesto de títulos no Brasil, passou a contar com um novo dispositivo (art. 11-A) prevendo expressamente a alternativa conferida ao credor de, antes de buscar a instauração do procedimento clássico do protesto, com a intimação do devedor para pagamento sob pena de lavratura do protesto, permitir-se, como já afirmado, a busca de uma solução menos gravosa e menos (por assim dizer) radical em face do devedor.

Inaugurou-se, como o novo regramento, a possibilidade de o credor/ apresentante do título buscar a convocação do devedor para uma última tentativa de pagamento, com critérios fixados por ele, credor, no momento da apresentação do título. Tudo isso feito em ambiente 100% digital, utilizando-se a interface da CENPROT (Central Nacional de Serviços Eletrônicos Compartilhados), órgão de atuação operacional do Instituto de Estudos de Protesto de Títulos do Brasil – IEPTB. Estes os exatos termos da lei, com os grifos inseridos na transcrição:

> Art. 11-A. Fica permitida ao tabelião de protesto e ao responsável interino pelo tabelionato territorialmente competente, por meio da central nacional de serviços eletrônicos compartilhados dos tabeliães de protesto prevista no art. 41-A desta Lei, a recepção do título ou documento de dívida **com a recomendação do apresentante ou credor, caso este assim opte e requeira expressamente, de proposta de solução negocial prévia ao protesto**, observado o seguinte:
>
> I – o prazo de resposta do devedor para a proposta de solução negocial será de até 30 (trinta) dias, segundo o que vier a ser fixado pelo apresentante, facultada a estipulação do valor ou percentual de desconto da dívida, bem como das demais condições de pagamento, se for o caso;
>
> II – o tabelião de protesto ou o responsável interino pelo tabelionato expedirá comunicação com o teor da proposta ao devedor por carta simples, por correio eletrônico, por aplicativo de mensagem instantânea ou por qualquer outro meio idôneo;
>
> III – a remessa será convertida em indicação para protesto pelo valor original da dívida na hipótese de negociação frustrada e se não houver a desistência do apresentante ou credor.

De se observar que também a forma de comunicação ao devedor encontra-se bastante simplificada, em contraste com a rigidez da intimação pessoal prevista no procedimento do protesto (stricto sensu), que deve se dar através de carta com aviso de recebimento, intimadores prepostos do tabelionato ou ainda por meio da contratação de empresa especializada neste tipo de prestação de serviço. Aqui, na solução negocial prévia, a lei inovou ao permitir que seja feita a comunicação (que não se confunde com a intimação para protesto), através de carta simples, correio eletrônico, aplicativo de mensagem instantânea ou qualquer outro meio idôneo.

Com vistas a incentivar a utilização da medida (sem que seja causado qualquer tipo de prejuízo para o credor), a lei considerou, como data efetiva para a interrupção da prescrição, o momento em que o título é apresentado para esta solução negocial, antecipando esta marco interruptivo que, de acordo com o código civil, somente ocorreria na data da lavratura do protesto do título, em caso de não pagamento pelo devedor. Essa antecipação resta clara no dispositivo abaixo transcrito.

> § 1º A data de apresentação da proposta de solução negocial de que trata o caput deste artigo é considerada para todos os fins e efeitos de direito, inclusive para direito de regresso, interrupção da prescrição, execução, falência e cobrança de emolumentos, desde que frustrada a negociação prévia e esta seja convertida em protesto

Também como forma de impulsionar a utilização da ferramenta, a lei previu que, com relação aos emolumentos a serem pagos ao tabelionato de protesto, esses tomarão por base a tabela incidente sobre o valor final, resultado de eventual negociação, e não o originalmente constante do título. Em termos didáticos, em uma dívida de 10.000,00 (dez mil reais) que redundou em um pagamento acordado entre as partes de 1.500,00 (mil e quinhentos reais), o valor a ser pago a título de emolumentos tomará por base este último valor, ao invés daquele inicialmente pleiteado pelo credor, conforme dispõe o §2º, em seus exatos termos:

> § 2º Em caso de concessão de desconto ao devedor, o cálculo dos emolumentos do tabelião, dos acréscimos legais e das verbas destinadas aos entes públicos e entidades a título de custas e contribuições e ao custeio dos atos gratuitos do registro civil das pessoas naturais deverá ser feito com base no valor efetivamente pago.

Uma terceira iniciativa para incentivar o uso da ferramenta – e desta vez fomentando a sua utilização para dívidas mais recentes e portanto mais facilmente recuperáveis – é encontrada nos §4º e 5º do art. 11-A, também inseridos pela Lei 14.711. Neles se observa que a tarifa que deve ser custeada pelo credor ao utilizar a plataforma da CENPROT varia em função do "tempo" de vencimento da dívida. Assim, esquematicamente:

a) dívidas com até 30 dias de vencidas: preço somente será pago pelo devedor no caso de êxito, com base no valor que vier a ser negociado. Credor não precisa fazer nenhuma antecipação de valores no momento da apresentação do título;

b) dívidas com data de vencimento ocorrida entre 31 e 120 dias da data da apresentação: o credor, ao apresentar o título que será direcionado para a solução negocial prévia, deve antecipar o valor da tarifa devida pela utilização da plataforma. Não há aqui, porém, qualquer antecipação de valores de emolumentos devidos ao tabelionato de protesto.

c) dívidas com data de vencimento acima de 120 dias da data da apresentação: o credor deverá antecipar não só o valor da tarifa, bem como os emolumentos devidos ao tabelionato de protesto.

Estes precisamente o texto legal dos mencionados parágrafos:

> § 4º Para aquelas medidas de incentivo à solução negocial prévia apresentadas entre 31 (trinta e um) e 120 (cento e vinte) dias, contados do vencimento do título ou documento de dívida, será exigido do apresentante ou credor o pagamento antecipado do preço devido à central nacional de serviços eletrônicos compartilhados pelos serviços prestados.
>
> § 5º Para aquelas medidas de incentivo à solução negocial prévia apresentadas após 120 (cento e vinte) dias, contados do vencimento do título ou documento de dívida, será exigido do apresentante ou credor o depósito prévio dos emolumentos, dos acréscimos legais e das demais despesas, observado o disposto no § 3º deste artigo.

Por fim, deve-se observar que, caso seja frustrada a tentativa de solução negocial prévia, há a automática transformação do documento apresentado em título indicado a protesto (a não ser que o credor desista formalmente da cobrança), observando-se, a partir daí, o procedimento tradicional previsto na Lei 9.492/97 (intimação pessoal para pagamento sob pena de lavratura do protesto).

A iniciativa da solução negocial prévia ao protesto é alvissareira. Através dela é legítima a expectativa de um incremento na utilização da ferramenta protesto como forma eficaz, segura e economicamente viável de recuperação de créditos, por meio de um novo e remodelado instrumento de cobrança.

2.2. Renegociação da dívida protestada – Pagamento pós-protesto – inclusão do art. 26-A na Lei 9.492/97

Na esteira do regime jurídico que havia sido iniciado (ainda que timidamente) pelo Provimento CNJ 72/2018, a Lei 14.711/2023 passou a dar novos contornos de efetividade à possibilidade, tradicionalmente inexistente, de quitação da dívida no tabelionato de protesto após a conclusão de todo o procedimento, com a lavratura do protesto. Não custa lembrar que, em tais situações, na sistemática até então vigente na Lei 9.492/97, a única solução autorizada pela lei era a devolução do título protestado para o credor e o direcionamento do devedor para que buscasse o contato com aquele (credor) com vistas à satisfação do débito e posteriormente, apenas posteriormente, pudesse ser feito o cancelamento do protesto.

A Lei 14.711 vai além, seja por transformar em lei formal aquilo que era previsto em provimento do CNJ, seja por regulamentar o procedimento de forma mais adequada à realidade dos tabelionatos, permitindo a efetivação da possibilidade de quitação da dívida protestada no próprio tabelionato de protesto.

Com esta finalidade, assim dispõem o art. 26, caput e §1º (grifos atuais):

> Art. 26-A. **Após a lavratura do protesto**, faculta-se ao credor, ao devedor e ao tabelião ou ao responsável interino territorialmente competente pelo ato, por intermédio da central nacional de serviços eletrônicos compartilhados dos tabeliães de protesto prevista no art. 41-A desta Lei, a qualquer tempo, **propor medidas de incentivo à renegociação de dívidas protestadas** e ainda não canceladas, podendo também ser concedido abatimento de emolumentos e demais acréscimos legais.
>
> § 1º Faculta-se ao credor, ainda, autorizar o tabelião ou o responsável interino pelo expediente a receber o valor da dívida já protestada, bem como indicar eventual critério de atualização desse valor, concessão de desconto ou parcelamento do débito, e ao

> devedor oferecer contrapropostas, por meio da central nacional de serviços eletrônicos compartilhados.

Algumas observações devem ser feitas quando ao texto veiculado acima. A primeira delas é a previsão que segue no caput de que pode haver a concessão de abatimento no valor dos emolumentos e acréscimos legais. Como os emolumentos têm natureza de taxa (tributo) estadual, a concessão desse abatimento depende de autorização (genérica ou específica) do órgão fiscalizador. Especialmente se considerados os "acréscimos" que são, conforme o Estado, repassados a diversos outros órgãos públicos e privados. E mesmo em relação à concessão de desconto sobre os emolumentos em si considerados (valor de remuneração do tabelião), diversas normas estaduais proíbem, a priori, esse abatimento. Há que se observar, portanto, as normativas que deverão ser editadas para a implementação deste autorizativo que segue na parte final do caput do artigo.

No §1º, duas passagens são dignas de nota: a primeira delas refere-se à possibilidade de o credor, aprioristicamente, estabelecer critérios de atualização do valor protestado e concessão de desconto ou parcelamento ao devedor, sem que, em tais casos, haja a necessidade de acionamento deste mesmo credor para cada pagamento ou tentativa de pagamento considerada isoladamente. O credor fixa critérios genéricos que o tabelião pode utilizar em um sem número de hipóteses de títulos protestados. Além disso, também neste §1º, é veiculada a possibilidade de o devedor apresentar contraproposta para a quitação da dívida, na esteira daquilo que já fora timidamente previsto no Provimento CNJ 72/2018, conforme mencionado no tópico anterior.

No que toca ao momento em que deve ser feito o pagamento, a matéria é cuidada nos §2º e 4º deste novo art. 26-A, cujas redações são claras ao estabelecerem que os valores deverão ser pagos/quitados somente nas hipóteses em que a renegociação da dívida protestada for exitosa, vale dizer, somente se, através das medidas adotadas e dos canais utilizados, a dívida vier a ser efetivamente quitada pelo devedor, que deverá arcar com os custos da operação, seguindo a regra geral do Código Civil de que ao devedor compete suportar os encargos do processo de cobrança da dívida não paga tempestivamente por ele. Eis a redação dos mencionados dispositivos:

> § 2º Em caso de liquidação da dívida por meio do uso das medidas de que trata o caput deste artigo, o devedor ou interessado no pagamento deverá arcar com o pagamento dos emolumentos devidos pelo registro do protesto e seu cancelamento, dos acréscimos legais e das demais despesas, com base na tabela do protesto vigente no momento da quitação do débito, bem como do preço devido à central nacional de serviços eletrônicos compartilhados dos tabeliães de protesto pelos serviços prestados.
>
> § 4º Nos casos em que o credor, o devedor ou interessado no pagamento optarem por propor medidas de incentivo à renegociação de dívidas protestadas e ainda não canceladas por intermédio dos tabeliães de protesto e da central nacional de serviços eletrônicos compartilhados prevista no art. 41-A desta Lei, o pagamento de que trata o § 2º deste artigo apenas será devido caso seja exitosa a renegociação, no momento da liquidação da dívida.

Concluindo este tópico, é importante afirmar desde logo que a renegociação de dívidas já protestadas representa um novo marco na atuação dos tabelionatos de protesto do país, uma vez que rompe com o engessamento clássico observado na atividade, em situações bastante frequentes, nas quais o devedor comparece ao tabelionato querendo resolver suas pendências financeiras, mas o tabelião fica de pés e mãos amarrados, uma vez que não lhe restava outra alternativa a não ser recomendar ao devedor que procurasse o credor e junto a este efetuasse o pagamento da dívida. Com a nova sistemática, ampliam-se os horizontes de atuação da atividade, facilitando-se especialmente a vida do devedor, que poderá solucionar todas as suas pendências em um único lugar.

2.3. Intimação Eletrônica – inclusão do art. 14, §3° a 6° da Lei 9.492/97

Não chega a ser novidade que a tragédia porque passou o mundo recentemente, com a pandemia de Coronavírus, mudou as relações entre as pessoas e, principalmente, os ambientes de trabalho, precipitando diversas modificações que já se esperava que fossem acontecer, mas talvez em um futuro mais distante. Foi assim com o trabalho home-office, foi assim com as audiências virtuais (fazendo com que algumas instalações de fóruns, antes apinhadas de gente, pareçam hoje cenários de filmes de velho oeste), foi assim com o ensino EAD (cada vez mais onipresente) e foi assim, por fim, com os atos de comunicação processuais e extraprocessuais.

Neste sentido, observe-se o que restou veiculado no Provimento CNJ 97, de 27 de abril de 2020:

> Regula os procedimentos de intimação nos tabelionatos de protesto de títulos visando a redução dos riscos de contaminação com o novo coronavírus, causador da COVID-19 como medida preventiva de saúde pública nas referidas serventias extrajudiciais
>
> (...)
>
> Art. 1º O Tabelião de Protesto de Títulos ou o responsável interino pelo expediente com a competência territorial definida no §1º, do art. 3º do Provimento n. 87, de 11 de setembro de 2019, da Corregedoria Nacional de Justiça, **poderá utilizar meio eletrônico ou aplicativo multiplataforma de mensagens instantâneas e chamadas de voz para enviar as intimações**, quando disponível os respectivos dados ou o endereço eletrônico do devedor, caso em que a intimação será considerada cumprida quando comprovada por esse mesmo meio a entrega no referido endereço. (redação dada pelo Provimento n. 136, de 30.9.2022)
>
> § 1º Após 3 (três) dias úteis sem que haja resposta do devedor à intimação feita na forma do caput, deverá ser providenciada a intimação nos termos do art. 14, parágrafos 1º e 2º, da Lei n. 9.492, de 10 de setembro de 1997.
>
> § 2º Na hipótese de o aviso de recepção (AR) não retornar à serventia dentro do prazo de dez dias úteis, deverá ser providenciada a intimação por edital no sítio eletrônico da CENPROT - Central Nacional de Serviços Eletrônicos dos Tabeliães de Protesto ou de suas seccionais, observando-se, em todos os casos, o prazo para a lavratura do protesto consignado no art. 13 da Lei nº 9.492, de 10 de setembro de 1997.

A Lei 14.711 veicula e aprimora aquilo que era previsto em uma norma regulamentar que se destinava a disciplinar uma situação que era essencialmente transitória (pandemia), dando roupagem legal e caráter definitivo à possibilidade de realização das intimações de protesto através do meio eletrônico, flexibilizando e modernizando as formas tradicionais de intimação pessoal do devedor para o pagamento da dívida. Em regramento que é em tudo muito assemelhado ao que já era previsto no Provimento CNJ 97/2020, assim restou prevista a matéria na nova lei, com a inserção dos § 3º a 6º no art. 14 da Lei 9.492/97:

> § 3º O tabelião de protesto poderá utilizar meio eletrônico ou aplicativo multiplataforma de mensagens instantâneas e chamadas de voz para enviar as intimações, caso em que a intimação será considerada cumprida quando comprovado o seu recebimento por meio de confirmação de recebimento da plataforma eletrônica ou outro meio eletrônico equivalente.
>
> § 4º Após 3 (três) dias úteis, contados da remessa da intimação na forma do § 3º, sem que haja a comprovação de recebimento, deverá ser providenciada a intimação nos termos dos §§ 1º e 2º deste artigo.
>
> § 5º Na hipótese de o aviso de recepção ou documento equivalente não retornar ao tabelionato dentro do prazo de 7 (sete) dias úteis, deverá ser providenciada a intimação por edital, observado o prazo para a lavratura do protesto consignado no art. 13 desta Lei.
>
> § 6º Considera-se dia útil para o fim da contagem dos prazos deste artigo aquele em que houver expediente bancário para o público na localidade, conforme definido pelo Conselho Monetário Nacional.

2.4. Edital Eletrônico – alteração do art. 15, §1º da Lei 9.492/97

Sob o ponto de vista operacional-procedimental, com a edição da Lei 14.711, a forma de se proceder a intimação através de edital restou modificada significativamente, se comparada a redação anterior e atual do §1º do art. 15 da Lei 9.492/97.

Mas algumas considerações prévias precisam ser feitas...

A primeira delas se refere à subsidiariedade da intimação por edital, que deve sempre ser buscada como última alternativa e por uma razão muito simples: uma das grandes garantias que oferece o serviço de protesto de títulos, o seu diferencial em relação a outros seguimentos da atividade econômica que buscam tomar o seu lugar, é exatamente a intimação pessoal do devedor, dando a ele a possibilidade de se defender (se assim pretender agir) e dando ao credor a certeza de que o seu devedor foi cientificado da existência daquela dívida. Cartas simples, como fazem muitas empresas de negativação, não oferecem essa segurança jurídica para o mercado de inadimplência. Por esta razão, sempre que possível, deve ser priorizada a intimação pessoal do devedor, deixando-se o edital como última alternativa.

A segunda é a questão relacionada ao custo do edital de protesto, na formulação clássica do procedimento de protesto: publicação do edital em jornal de circulação diária. Tal exigência fazia com que a utilização do serviço de protesto de títulos, em muitas localidades, restasse completamente inviabilizada, tendo em vista que, dependendo do jornal e da sua importância, a veiculação de um pequeno espaço é extremamente onerosa. Fora isso, a constatação de que se trata de modalidade de comunicação "ficta" (como também é a citação por edital em um processo judicial) e que não é de se esperar que alguém, em sã consciência, procure seu nome (ou o nome de seus potenciais parceiros comerciais) em editais de protesto publicados em jornais de circulação diária para celebrarem seus negócios jurídicos.

Por esta razão, havia a necessidade de se buscarem alternativas, exatamente como veio a restar consignado em norma legal através da publicação da Lei 14.711/2023.

A redação anterior do §1º do art. 15 da Lei 9.492/97 assim dispunha:

> § 1º O edital será afixado no Tabelionato de Protesto e publicado pela imprensa local onde houver jornal de circulação diária.

A redação atual é a que segue abaixo transcrita:

> § 1º O edital será afixado no Tabelionato de Protesto e publicado no sítio eletrônico da central nacional de serviços eletrônicos compartilhados dos tabeliães de protesto prevista no art. 41-A desta Lei, sem prejuízo de outras publicações em jornais eletrônicos.

2.5. Demais alterações implementadas pela Lei 14.711 na atribuição protesto de títulos

Objetivamente, outros três tópicos merecem ser abordados, ainda que perfunctoriamente:

a) postergação/postecipação do pagamento dos emolumentos do protesto (alteração do §1º do art. 37 da Lei 9.492/97)

Elevando ao status de lei o que já se encontrava previsto no Provimento CNJ 86/2019, a Lei 14.711 passou a prever expressamente, como regra, a chamada postergação (ou postecipação) do pagamento dos emolumentos devidos ao tabelionato de protesto.

Explica-se: se antes do Provimento 86 do CNJ, o que havia era (salvo no Estado de São Paulo), a imposição do pagamento antecipado dos emolumentos do protesto (no ato da apresentação do título), após a sua edição o credor não mais antecipa quaisquer valores a título de emolumentos quando leva um título ou documento a protesto. O pagamento é transferido para o devedor, se e quando este devedor efetuar o pagamento do título.

Em outras palavras, se antes quem corria o risco de eventual não pagamento da dívida em cartório era o credor (que precisou antecipar os emolumentos devidos ao cartório, aumentando o seu prejuízo), agora quem corre esse risco é o próprio cartório, que somente receberá os valores de emolumentos que lhe são devidos caso o devedor efetue o pagamento da dívida quanto for intimado pelo tabelionato ou quando, uma vez protestada a dívida, ele proceder ao cancelamento do protesto.

Caso nenhuma dessas hipóteses aconteça (pagamento no tríduo ou cancelamento do protesto) o cartório terá trabalhado de graça. Gratuidade sem qualquer fonte de custeio, gratuidade sem qualquer "reembolso de atos gratuitos"...

b) escrituração de documentos passíveis de protesto – inclusão do §3º ao art. 41-A da Lei 9.492/97

Novidade interessante trazida pela Lei 14.711 e que muito pode impulsionar a atividade é a possiblidade de escrituração das dívidas passíveis de protesto pela CENPROT (Central Nacional de Serviços Eletrônicos de Protesto). Esta a redação aprovada:

> § 3º A central nacional de serviços eletrônicos compartilhados prevista no caput deste artigo poderá, diretamente ou mediante convênio com entidade pública ou privada, realizar serviços de coleta, de processamento, de armazenamento e de integração de

> dados para a emissão e a escrituração de documentos eletrônicos passíveis de protesto.

c) emissão de DT-e – inclusão do §5º ao art. 41-A da Lei 9.492/97

Por fim, como última das disposições normativas tratando da atribuição protesto de títulos na Lei 14.711/2023, houve por bem o legislador, na esteira da autorização para a escrituração de documentos passíveis de protesto prevista no item anterior, cuidar especificamente de um tipo de título: o documento de transporte eletrônico, previsto no art. 11 da Lei 14.206/2021.

A previsão contida na Lei 14.711 é a seguinte:

> § 5º O serviço de que trata o art. 11 da Lei nº 14.206, de 27 de setembro de 2021, poderá ser executado pela central nacional de serviços eletrônicos compartilhados prevista no caput deste artigo, em regime de autorização.

Seguem abaixo, para melhor compreensão do que veio a ser efetivamente regulamentado pela nova lei, alguns excertos da Lei 14.206/2021, que criou o DT-e e onde já se encontrava previsão específica para utilização do protesto de títulos em caso de inadimplemento da dívida constante deste tipo de documento (art. 20 da lei):

> CAPÍTULO III
>
> DA EMISSÃO DO DOCUMENTO ELETRÔNICO DE TRANSPORTE (DT-E)
>
> Seção I
>
> Do Serviço de Emissão
>
> Art. 11. O serviço de emissão do DT-e poderá ser explorado diretamente pelo Ministério da Infraestrutura ou por meio de concessão ou de permissão, nos termos do art. 175 da Constituição Federal e da Lei nº 8.987, de 13 de fevereiro de 1995.
>
> Parágrafo único. O serviço de emissão do DT-e poderá ser delegado por convênio entre o Ministério da Infraestrutura e as entidades da administração pública federal indireta.
>
> - - - - - - - - - - - -

CAPÍTULO I

DISPOSIÇÕES GERAIS

Art. 1º É instituído o Documento Eletrônico de Transporte (DT-e), exclusivamente digital, de geração e emissão prévias obrigatórias à execução da operação de transporte de carga no território nacional.

(...)

§ 3º O DT-e será documento obrigatório de registro, caracterização, informação, monitoramento e fiscalização da operação de transporte.

Art. 2º Para fins do disposto nesta Lei, consideram-se:

IV – emissão de DT-e: o serviço de validação e ativação do DT-e gerado para uso na operação de transporte.

Art. 20. O credor da prestação de serviços de transporte remunerado, devidamente identificado no DT-e da respectiva operação, **poderá utilizar o protesto digital e os demais serviços disponibilizados pela central nacional de serviços eletrônicos compartilhados, na forma estabelecida no art. 41-A da Lei nº 9.492, de 10 de setembro de 1997, para fins de cobrança e negociação de seus direitos creditórios**, sem qualquer antecipação de custas, de emolumentos e de outras despesas exigíveis.

3. CONCLUSÃO

Por todo o exposto, são diversas e significativas as alterações introduzidas pela Lei 14.711/2023 no sistema de protesto de títulos do país, ampliando-se consideravelmente o leque de atuação e atribuições dos tabelionatos e de sua central nacional, permitindo a sua reinserção em um seguimento da economia onde as soluções são cada vez mais tecnológicas e inovadoras, razão pela qual este mercado específico é cada vez mais competitivo, não permitindo qualquer possibilidade de sobrevida mínima a quem não se adequar, a quem não se reinventar.

O protesto está se reinventando.

A solução negocial prévia permite ao credor a utilização de um instrumento menos gravoso do que o protesto em si, mas já dentro da ambiência e do universo do tabelionato de protesto, ao passo que a renegociação de dívidas já protestadas acaba com vácuo até então existente, que impedia a possibilidade de resolução das pendências financeiras do devedor em um único lugar. Com a possibilidade de pagamento de dívidas protestadas no próprio cartório, elimina-se a frustração do tabelionato de ter de mandar este devedor necessariamente procurar o credor para que sua situação seja solucionada. Agora, não mais...

Além disso, inovações como a intimação eletrônica, o edital eletrônico e a escrituração de dívidas permitem a serena confiança em dias melhores para a atribuição de protesto de títulos, que poderá voltar a mostrar a sua eficiência, pujança e, acima de tudo, sua indispensabilidade no mercado de crédito e cobrança do país.

27

O MARCO LEGAL DAS GARANTIAS: CERTIFICADOS DE VIDA, DE ESTADO CIVIL E DE DOMICÍLIO[1]

Gustavo R. Fiscarelli

Oficial de Registro Civil de Pessoas Naturais e de Interdições e Tutelas da Comarca de Cotia, Estado de São Paulo. Presidente da Associação Nacional de Registradores de Pessoas Naturais – Arpen Brasil. Vice-Presidente da Associação de Registradores de Pessoas Naturais do Estado de São Paulo – ArpenSP.

INTRODUÇÃO

A origem da atividade desempenhada pelos Oficiais de Registro Civil das Pessoas Naturais, como ensina Serpa Lopes (1997, p. 24), remontando ao Direito Justiniano e ao registro canônico dos nascimentos e óbitos de

---

1. Artigo de autoria de Gustavo Renato Fiscarelli, Oficial de Registro Civil de Pessoas Naturais e de Interdições e Tutelas da Comarca de Cotia, Estado de São Paulo. Presidente da Associação Nacional de Registradores de Pessoas Naturais – Arpen Brasil. Vice-Presidente da Associação de Registradores de Pessoas Naturais do Estado de São Paulo – ArpenSP.

bispos, príncipes e fiéis durante a Idade Média pré-Concílio de Trento[2], sem deixar de se mencionar do matrimônio religioso realizado perante a fé católica.

A transição para laicidade registral foi uma demanda social, uma vez que o registro católico-paroquial de nascimentos, casamentos e óbitos, impossibilitava o acesso aos registros a uma parcela relevante do Estado Brasileiro, notadamente aqueles que não professavam a fé católica, como imigrantes vindos de países protestantes no final do séc. XIX e início do séc. XX, e escravos libertos (BOSELLI, MRÓZ e RIBEIRO, 2021, p. 115-118).

Se por um lado, o território brasileiro foi cobiçado por muitos imigrantes em busca de um novo lar, da mesma forma e, notadamente devido aos inúmeros momentos de crises econômico-políticas ao longo do século passado, muitos brasileiros buscaram outros Estados para viver.

Palao (2023, p. 92-93), nesse sentido, afirma que:

> A mobilidade internacional das pessoas é um verdadeiro sinal dos tempos, diretamente relacionado a fenômenos como a globalização e os processos de integração regional, bem como à consolidação da Sociedade da Informação e ao surgimento da Quarta Revolução Industrial. Esses fenômenos têm impacto em uma pluralidade de questões que, do ponto de vista jurídico, afetam profundamente a vida cotidiana das pessoas. Uma delas está intimamente relacionada com a regulação da dimensão pessoal dos sujeitos e seu estado civil em situações de caráter internacional; afetando diretamente a prova e o reconhecimento internacional dos atos que os afetam.

É assim, portanto, que essa via de mão dupla – imigrantes no Brasil e brasileiros no Exterior – exige que o estado civil, a nacionalidade, o domicílio de cidadãos brasileiros ou daqueles aqui residentes sejam devidamente comprovados por documentos públicos dotados de fé pública

2. Antes do Concílio de Trento, para fins de constante oração em Missas, inscrevia-se o nascimento de bispos, princípios ou fiéis vivos ou mortos, para perpétua memória, assim como os respectivos sepultados. A partir do Concílio de Trento, de 1553, com vistas a mitigar os efeitos da reforma protestante, uniformizou-se regras acerca da celebração do casamento, sendo celebrado por autoridade eclesiástica que deveria zelar pelos impedimentos oficiais e regular as dispensas nos casos cabíveis (PIMENTEL, 2005, p. 28).

de modo a serem aceitos como válidos e produzem efeitos perante outros ordenamentos jurídicos.

É nesse contexto, seguindo-se os exemplos de Convenções firmadas no âmbito da Comissão Internacional de Estado Civil – CIEC e de Regulamentos da União Europeia[3], que foi estabelecido regramento acerca da emissão de Certificados de Vida, Estado Civil e Domicílio pelos Oficiais de Registro Civil das Pessoas Naturais, conforme § 6º ao art. 29, da Lei nº 6.015/1973, incluído por meio da aprovação da Lei nº 14.711, de 30 de outubro de 2023.

1. CONTEXTO HISTÓRICO: O MARCO LEGAL DAS GARANTIAS

Antes de entrar especificamente no detalhamento da nova atribuição conferida aos oficiais de registro civil das pessoas naturais, importante contextualizar o cenário social que impulsionou a inovação legislativa.

A Lei nº 14.711/2023, conhecida como Marco Legal das Garantias, ao atender demandas do setor financeiro, trouxe uma série de alterações e inovações em matéria de garantias mobiliárias e imobiliárias, com objetivo incentivar a circulação de crédito no país.

É cediço que a inacessibilidade ao crédito no Brasil decorre, em grande parte, em razão das taxas de juros praticadas, consequência da alta inadimplência e ausência de mecanismos eficazes na recuperação do crédito emprestado.

3. O Regulamento (UE) 2016/1191 do Parlamento Europeu e do Conselho, de 6 de julho de 2016, relativo à promoção da livre circulação dos cidadãos através da simplificação dos requisitos para a apresentação de certos documentos públicos na União Europeia e que altera o Regulamento (UE) n.º 1024/2012, estabeleceu, dentre os modelos de documentos públicos multilíngues, os Atestados de Vida, de Estado Civil e de Domicílio. Recente proposta de Regulamento do Parlamento e do Conselho Europeu, em discussão na Comissão Europeia e cuja minuta data de 07.12.2022 (Disponível em: https://eur-lex.europa.eu/legal-content/PT/TXT/?uri=CELEX:52022PC0695 Acesso em: 12.03.2024), estabelece igualmente a criação de um certificado europeu de filiação que os filhos (ou os seus representantes legais) possam solicitar e utilizar para apresentar provas da sua filiação em outro Estado-Membro.

É justamente neste contexto que o Marco Legal das Garantias representa nova investida legislativa no afã de mudança desse cenário, possibilitando crescimento econômico do país.

Ao lado da dificuldade de recuperação do crédito inadimplente, o mercado cita as fraudes ao sistema financeiro como outro fator de pressão e manutenção dos juros nas alturas.

Grande parte dessas fraudes decorre de falha na devida identificação do cliente, seja de forma presencial ou eletrônica. O uso de documentação de identificação falsa e a declaração de dados pessoais inverídica inibe o ente financeiro de qualquer movimento de resgate do crédito cedido, pois falta-lhe, inclusive, ação contra o verdadeiro tomador do dinheiro.

Uma das medidas profiláticas deste tipo de fraude consiste na checagem dos dados biográficos e biométricos da pessoa pretendente ao crédito.

Diante disso, a Certificação pelo oficial de registro civil, especialmente a de vida, surge como possível solução a fraudes desta natureza, ainda mais se adotada a comunicação imediata à instituição interessada, conforme autoriza a novel disposição.

Sem sombra de dúvidas, o objetivo da proposta foi reforçar a proteção ao crédito. Mas ao lado disso, criou-se uma sistemática de certificação que serve como meio de prova de vida, do estado civil e do domicílio de cada indivíduo em suas relações transfronteiriças, notadamente nas contratações de operações financeiras realizadas no exterior e no âmbito do reconhecimento de outra nacionalidade de origem. Nesse último caso, as modalidades de Certificados oferecem, ademais, um novo campo de aplicação pautado no direito à devida identificação, à não discriminação, e à vida privada e familiar, proporcionando segurança jurídica, eficácia e previsibilidade quanto a dados relevantes da pessoa natural.

2. A FÉ PÚBLICA E A PUBLICIDADE REGISTRAL: BALIZAS PARA A CERTIFICAÇÃO DO MARCO LEGAL DAS GARANTIAS

O legislador pátrio, para estabelecer a nova competência aos Oficiais de Registro Civil das Pessoas Naturais no tocante à emissão dos Certificados dispostos no art. 29, § 6º, da Lei nº 6.015/1973, balizou-se para tanto em dois princípios que norteiam a atividade registral desempenhada por referidos delegatários de serviços públicos, quais sejam, a Fé Pública e a Publicidade.

Como ensinam Gagliardi, Camargo e Salaroli (2021, p. 33), a fé pública do registrador:

> (...) pressupõe que suas ações contenham a certeza jurídica, sejam a representação exata e correta da realidade, revestindo de legalidade, autenticidade e estabilidade todos os atos perante ele praticados, por ele lavrados e registrados no exercício da atividade. Deve o registrador, para tanto, observar rigorosamente o Direito e o que este tutela, a fim de registrar a realidade jurídica, ou seja, a verdade protegida pelo Direito.

Ainda que tenha sido consagrada, nos termos do art. 252 da Lei 6.015/1973 e § 2º do art. 1.245 do Civil, no âmbito do Registro de Imóveis, sua aplicação é extensiva aos Registros Públicos, sendo que, no caso do Registro Civil das Pessoas Naturais, "proclama a validade dos atos de registro, enquanto não forem cancelados, inclusive quando o título causal for portador de algum vício ou anomalia que possa comprometer sua higidez" (BOSELLI, MROZ e RIBEIRO, 2022, p. 133).

Sob o viés da segurança jurídica, esse Princípio gera presunção relativa quanto à validade e veracidade dos atos praticados pelos Oficiais Registro Civil das Pessoas Naturais, de modo que seus efeitos são preservados e mantidos até que sejam cancelados.

Aplica-se a todos os atos praticados pelo Oficial, sejam eles atos registrais, bem como aos procedimentos por ele realizados e às certidões e certificados por ele emitidas.

Publicidade corresponde ao

> (...) instrumento pelo qual se atinge a segurança jurídica estática e dinâmica e, por isso, enquanto esta (segurança jurídica) é a razão última deles, a publicidade é a razão próxima: Notas e Registros existem para a publicidade (é daí para segurança jurídica), e, por isso, é que o ato notarial e o ato de Registro se qualificam como 'públicos' (não como seguros). (AMADEI, 2004, p. 101).

Os atos e registros realizados no Registro Civil das Pessoas Naturais são públicos conforme a própria natureza dos serviços delegados nos termos do art. 236 da Constituição de 1988.

A Publicidade, por sua vez, promove a presunção de cognoscibilidade dos atos registrais por terceiros ao disponibilizar, por meio de certidões, informações constantes do acervo de cada Registro Público.

Conquanto aos atos praticados pelos delegatários dos serviços registrais já possuam a natureza de serviços públicos, a Publicidade em si não é uma exigência do sistema registral. É sim exógena, ou seja, nasce e se consolida a partir do interesse dos particulares quanto ao conteúdo dos registros (AMADEI, 2004, p. 102).

A Publicidade pode ser analisada sob diversos enfoques. No âmbito deste artigo, por sua vez, há que ser analisada por dois deles: Publicidade Indireta e a Publicidade Necessária-Declarativa.

Segundo o art. 16 da Lei nº 6.015/1973, a Publicidade é indireta, uma vez que não se possibilita o acesso direito, por qualquer interessado, ao conteúdo dos livros, procedimentos e demais documentos arquivados em cada serventia. Materializa-se, tão somente, mediante a emissão de Certidões ou pela prestação de informações.

A Publicidade Necessária é aquela, como ensina Serpa Lopes (1997, p. 19-20), que:

> (...) intervém no ato jurídico, como elemento formador ou com o caráter de inoponibilidade em relação a determinados terceiros ou a todos terceiros em geral, em relação ao fato jurídico, em sendo imposta para servir de elemento comprobatório do mesmo e determinar todos os efeitos imediatos que dele possam defluir.

Na modalidade Declarativa, refere-se a situações fáticas consolidadas as quais são publicizadas para gerar presunção de conhecimento de terceiros e não acarretar, no caso de sua ausência, certas consequências que podem trazer vícios a relações ou negócios jurídicos que dependam do conhecimento do fato publicizado.

A Certificação de Vida, de Estado Civil e de Domicílio, portanto, são atribuições do Oficial de Registro Civil que devem ser pautadas a partir dos Princípios ora citados. Sem eles, a validade e eficácia dos documentos produzidos não será, certamente, assegurada.

3. CONCEITOS

Na esteira da experiência europeia, em que existem modelos europeus para Certificado de Vida e de Estado Civil, e bem como na discussão que vige acerca da emissão de um Certificado Europeu de Registro Civil, a inclusão de nova atribuição relativa à emissão de Certificados de determinados atributos da pessoa natural demostra a atualidade do tema ora analisado.

Embora os Certificados – vida, domicílio e estado civil – tenham sido criados a partir de uma demanda econômico-financeira, a verdade é que a utilidade deles é muito mais abrangente.

A certificação para além do próprio registro mostra-se imprescindível, vez que inaugura ato registral de análise sistêmica, demanda antiga e determinante para a prática de infindáveis atos cotidianos. Aliás, reside aqui a diferença entre certidão e certificado. Enquanto a primeira presta-se à certificação de fato jurídico registrado de forma singular, o segundo atesta situações que extrapolam o próprio registro e que sequer exigem prévio assentamento em livro específico – seja ele físico ou eletrônico.

Nesta toada, pode-se definir o Certificado de Vida como sendo a certificação realizada pelo oficial de registro civil das pessoas naturais, dotado de fé pulica, de que determinada pessoa se encontra viva e não se confunde com qualquer outra, a partir de checagem documental e sistêmica, além da conferência de seus dados biográficos e biométricos.

Sabe-se que toda relação jurídica depende necessariamente da existência de um sujeito de direito. Ou seja, a não existência da pessoa liquida determinadas relações ou força sua substituição por outra(s). A morte extingue uma série de relações jurídicas pré-existentes, e inaugura outras tantas que passam a ser de responsabilidade dos sucessores do *de cujus*.

A iniciativa privada e, principalmente, o governo, por vezes, detém a informação do óbito de uma pessoa, quase sempre a partir de comunicação oficial e sistêmica do próprio registrador civil, razão pela qual a probabilidade de fidedignidade da informação é altíssima.

Por outro lado, a não informação do óbito não conduz, necessariamente, à conclusão de que a pessoa está viva. Pelo contrário. A não informação do óbito representa precisamente a zona cinzenta de toda operação, pois não é possível aferir com certeza a razão da ausência.

Visando mitigar ou diminuir essas dúvidas, o ente público ou privado se socorre da prova de vida, realizada por eles próprios, buscando a certeza da vida ou da não-morte, mas que nem sempre se mostra efetiva.

Neste contexto, o Certificado de Vida realizado perante o oficial de registro civil das pessoas naturais aparece como a solução mais adequada a este fim, pois representa ato emanado de agente dotado de fé pública, obtido a partir de substrato e ferramentas exclusivas do Registro Civil.

A própria entidade interessada pode exigir que a pessoa realize o Certificado de Vida para que possa usufruir, ou continuar usufruindo, de seus direitos, sendo que referida informação pode ser comunicada, eletronicamente e de forma imediata, ao interessado – ente público ou privado –, mediante convênio. Importante consignar, por sua vez, que referido convênio de que trata a lei não necessita ser homologado por qualquer órgão de controle ou fiscalizatório tal qual aquele realizado sob o manto dos ofícios da cidadania (art. 29, §§ 3º e 4º da Lei 6.015/73), vez que trará em seu bojo novo serviço remunerado, mas devidamente previsto em lei.

Tal conclusão advém da constatação de que nos serviços originados a partir da celebração de convênio, credenciamento ou matrícula – ofícios da cidadania –, a interpretação conforme dada pelo Supremo Tribunal Federal no julgamento da ADI 5855, para afastar a disposição legal e exigir a homologação do ato perante o órgão fiscalizador, deu-se, especialmente, diante do controle necessário na criação de um novo serviço remunerado.

No caso do art. 29, § 6º da LRP, o novo serviço está perfeitamente descrito, servindo o convênio tão somente para dar operacionalidade ao fluxo de comunicação eletrônica à instituição interessada, dispensando, portanto, qualquer controle de legalidade por parte do Poder Judiciário.

A propósito, a lei não determina quem pode firmar convênio com as instituições interessadas para fins de estabelecer fluxo de comunicação eletrônica a partir das Certificados realizados. Por isso, nada impede que oficiais, associações de classe ou o próprio operador nacional do registro civil das pessoas naturais (ON-RCPN) seja parte convenente, embora este último se mostre o mais adequado diante do caráter técnico do convênio e da possibilidade de ser conferido a ele abrangência nacional.

Exemplo dessa aplicabilidade em massa poderia se dar por meio de convênio a ser celebrado com o Instituto Nacional da Seguridade Social – INSS, que contaria com informação confiável rapidamente, permitindo a tomada de decisão assertiva quanto à manutenção dos benefícios previdenciários, sem contar a economia que seria experimentada pelo INSS com o esvaziamento desta função perante o órgão. Um segundo exemplo, é a apresentação desse Certificado a Institutos de Previdência Pública ou Privado estabelecidos em outros ordenamentos jurídicos que exigem, para a manutenção de benefícios para os cidadãos brasileiros – dotados de outra nacionalidade de origem ou que tenham contratado previdência complementar em outros países – a prova de sua existência física e, por conseguinte, legal.

Não se olvida, ademais, que o Certificado de Vida possa ser realizado de forma remota e totalmente eletrônica. Aliás, esse tende a ser o caminho natural do serviço e do próprio registro público.

Com a implantação do Sistema Eletrônico dos Registros Públicos (SERP), determinada pela Lei nº 14.382/2022, não resta dúvida que será criada plataforma específica para realização das certificações em ambiente digital, o que facilitará ainda mais a vida da pessoa que precisa fazer uso desse importante serviço.

O Certificado de Domicílio, por seu turno, poderia ser conceituado como a certificação realizada pelo oficial de registro civil das pessoas naturais, dotado de fé pulica, de que a pessoa tem seu domicílio(s) em determinado(s) lugar(es), a partir de declaração prestada perante o registrador civil acompanhado de prova idônea, ou de informação constante em registro ou procedimento realizado no passado.

Nem sempre a pessoa dispõe de comprovante de endereço hábil à prova perante terceiros. Neste caso, ela pode se servir do Certificado de Domicílio para suprir esta falta.

Da mesma forma, poderia a pessoa solicitar Certificado de Domicílio plúrimo, ou seja, a certificação de que a pessoa tem mais de um domicílio oficial – seja em território nacional ou no exterior – para todos os fins de direito.

Por fim, o Certificado de Estado Civil pode ser entendido como a certificação realizada pelo oficial de registro civil das pessoas naturais, dotado de fé pública, de que determinada pessoal ostenta determinado estado civil, a partir de declaração prestada perante o registrador civil, além de checagem documental e sistêmica.

Logicamente que o Certificado de registro civil abarca todo e qualquer estado civil da pessoa. Entretanto, salvante o estado de solteirice, todos os demais estados civis provam-se pelas respectivas certidões do registro civil.

4. DO PROCEDIMENTO PARA EMISSÃO DE CERTIFICADOS

É importante salientar que a expedição dos Certificados envolve uma análise documental e probatória, de modo que se consubstancia em um procedimento iniciado a partir de requerimento da pessoa interessada, culminado com a extração do Certificado propriamente dito.

Ademais, não se pode olvidar que a atribuição desempenhada pelos Oficiais de Registro Civil das Pessoas Naturais não somente refere-se à natureza puramente registral. Ou seja: estão habilitados a colher a manifestação de vontade de qualquer parte interessada e instrumentalizá-la em respectivo procedimento, termo ou certificado passível ou não de assentamento.

Como bem ensina Amadei (2004, p. 89), ao tratar da natureza do protesto de títulos, foi reafirmada, pela Lei 14.382/2022, que o RCPN possui dupla-função, ou seja, dar forma escrita e pública aos atos registráveis, instrumentalizando-os, bem como inscrevendo-os para dar publicidade aos fatos jurídicos. Assim sendo, como o protesto de títulos, a natureza aqui é ao mesmo tempo de coletora da manifestação de vontade das partes como inscritiva e registral.

Assim sendo, no tocante aos Certificados do Marco Legal das Garantias, não há que se falar em mera emissão de Certidão, pois envolvem sim a análise e qualificação registral no âmbito do Princípio da Legalidade que envolve a atividade desenvolvida pelos oficiais de registro civil.

Tendo em conta que se trata de procedimento, o primeiro ato para tanto é o requerimento perante o oficial de registro civil das pessoas naturais.

No Certificado de Vida, por se tratar de ato que exigem checagem biométrica, o comparecimento pessoal – leia-se físico ou de forma digital, é obrigatório, não se admitindo a representação por procuração. Por outro lado, a representação legal de menores ou incapazes seria admitida, desde que acompanhada do menor ou do incapaz. Já no caso do Certificado de Domicílio e Estado Civil, a representação por procuração seria admitida, desde que com poderes especiais para tanto.

O passo seguinte, no âmbito do procedimento para a extração do Certificado, é a conferência e qualificação dos documentos apresentados pela parte requerente, que se valeria sempre da via original do documento, fazendo-se as confirmações de autenticidade junto ao ente expedidor. O rol de documentos exigidos para emissão de cada respectivo Certificado varia de acordo com o conteúdo a ser objeto da certificação. Assim, para a prova de vida, exigir-se-ão certidões de nascimento e casamento, ou de união estável, atualizadas, para que se verifique a inexistência de anotação de óbito nas mesmas, bem como solicitação de outros documentos que possam dar segurança jurídica ao Oficial no momento da análise acerca do deferimento ou não do requerimento. Um desses outros documentos poderia ser a atestação médica, com reconhecimento de firma, acerca da pessoa a que se destina o Certificado de Vida.

Já a checagem sistêmica consiste na busca no sistema do registro civil, notadamente na base de dados da Central de Informações do Registro Civil das Pessoas Naturais – CRC, acerca de ato de registro que possa ser importante à certificação.

A conferência biográfica permite a confrontação com o verdadeiro dado extraído dos atos de registro. A conferência biométrica consiste no rastreamento dos caracteres biométricos da pessoa nas bases oficiais a que o Registro Civil tem permissão de acesso.

Por fim, admite-se a prova dos fatos a serem certificados por meio de prova idônea, que pode ser, inclusive, testemunhal.

5. AUTOAPLICABILIDADE DO MARCO LEGAL DAS GARANTIAS

Questão interessante diz respeito a autoaplicabilidade do art. 29, §6º da Lei nº 6.015/1973, ou seja, quanto à necessidade ou não de norma regulamentadora para sua plena eficácia. E a resposta, parece-nos, ser negativa.

A lei confere nova atribuição ao oficial de registro civil das pessoas naturais de forma plena, sem indicar qualquer necessidade de norma complementar para sua efetivação.

Entretanto, a diretriz do melhor direito registral roga pela padronização dos procedimentos, o que confere previsibilidade e não repúdio ao novo serviço. Assim, ainda que possível de ser praticado imediatamente pelo oficial, salutar se mostra futura regulamentação visando atuação uniforme na realização do serviço.

Outro ponto importante a ser tratado em uma futura regulamentação diz respeito ao aspecto emolumentar. Como é cediço, o estabelecimento dos valores dos serviços notariais e registrais é tarefa a cargo de cada Estado, por meio de legislação estadual. Entretanto, o gozo de um novo serviço pela população não pode ficar condicionado à atividade legiferante das assembleias, nem sempre ágil como deveria.

Em razão disso, inúmeras corregedorias de justiça estaduais contam com mecanismos que permitem a cobrança por novos serviços a partir de valores ou parâmetros estabelecidos por norma/decisão administrativa até o advento de lei que supra a omissão.

O próprio Conselho Nacional de Justiça, por meio de sua Corregedoria Nacional de Justiça, adota esse posicionamento com vistas a não privar o direito ao serviço assegurado ao cidadão. Exemplos dessa atuação suplementar estão descritas nos arts. 515-T, 523, 538, § 6º do CNN/CN/CNJ-Extra.

6. CONCLUSÕES

O Marco Legal das Garantias foi um importante passo legislativo que introduziu inúmeras alterações no cenário de crédito imobiliário e de capitais brasileiro, mas igualmente incorporou recentes tendências internacionais no tocante à emissão de documentos que certifiquem atos da vida da pessoa natural e que passaram a integrar o rol de competências do Registro Civil das Pessoas Naturais.

Os Certificados de Vida, de Estado Civil e de Domicílio surgem como instrumentos dotados de segurança jurídica e fé pública, servindo para confirmar e publicizar determinados atributos da pessoa natural que são alteráveis e sujeitos a constantes exigências de confirmações pelos diversos setores da sociedade. Surgem como verdadeiros institutos validadores quanto à existência da pessoa natural, ao seu estado civil e ao seu centro de relações jurídicas do ponto de vista da localização em determinado espaço físico.

Por força dessa importância, a autoaplicabilidade da Lei e o *start*, pelos Oficiais de Registro Civil, quanto à emissão destes instrumentos, é mais do que necessária: é relevante, oportuna e forçosa. A partir de procedimentos, com a apresentação do respectivo requerimento e documentos comprobatórios – assim como eventual prova testemunhal –, bem como à luz de buscas na Central de Informações do Registro Civil – CRC, e da declaração da parte requerente, parece-nos que o texto de lei não exige maiores regulamentação. Basta, sim, que seja iniciada a prestação desse novo e importante serviço registral de modo a propiciar que todo cidadão interessado receba a parcela de direito e justiça que tanto busca e almeja.

REFERÊNCIAS BIBLIOGRÁFICAS

AMADEI, Vicente de Abreu. *Princípios de protesto de títulos*. In: DIP, Ricardo Henry Marques (Coord.) Introdução ao direito notarial e registral. Porto Alegre: safE, 2004.

BOSELLI, Karine Maria Famer Rocha; MRÓZ, Daniela; RIBEIRO, Izolda A. Registro Civil das Pessoas Naturais. *In:* GENTIL, Alberto (org.). 2. ed. *Registros Públicos*. Rio de Janeiro: Forense, 2021, p. 113-282.

BRANDELLI, Leonardo. Publicidade Jurídica: primeiras linhas. In: *Revista crítica de Direito Notarial e Registral*, v. 1, n. 1, p. 63-106. Jan./jun. 2007.

CARVALHO, Afrânio de. *Registro de Imóveis:* comentários ao sistema de registro em face da Lei 6.015, de 1973, com as alterações da Lei nº 6.216, de 1975, Lei n.º 8.009, de 29.03.1990, e Lei n.º 8.935, de 18.11.1994. 4ª ed. Rio de Janeiro: Forense, 2001.

EL DEBS, Martha; FERRO JUNIOR, Izaias Gomes. *O Registro Civil na atualidade.* A importância dos ofícios da cidadania na construção da sociedade atual. São Paulo: Juspodivm, 2021.

GAGLIARDI, Andreia Ruzzante; OLIVEIRA, Marcelo Salaroli de; CAMARGO NETO, Mário de Carvalho. *Registro civil das pessoas naturais.* São Paulo: Foco, 2021.

MORENO, Guilermo Palao. A União Europeia Diante da Digitalização e Internacionalização da Atividade de Registro de Estado Civil. *Revista Rede de Direito Digital, Intelectual & Sociedade*, Curitiba, v. 3, n. 5, p. 91-118, 28 dez. 2023. Disponível em: https://revista.ioda.org.br/index.php/rrddis/article/view/96. Acesso em: 12 mar. 2024.

NALINI, José Renato. O registro civil das pessoas naturais. In: DIP, Ricardo Henry Marques (Org.). *Registros públicos e segurança jurídica.* Porto Alegre: safE, 1998.

OLIVEIRA, Marcelo Salaroli. *Publicidade registral imobiliária.* São Paulo: Saraiva, 2010.

PIMENTEL, Helen Ulhôa. O casamento no Brasil Colonial: um ensaio historiográfico. In: *Em Tempos de Histórias,* Brasília, nº 9, p. 20-38, 2005.

SANTOS, Reinaldo Velloso dos. *Registro civil das pessoas naturais*. São Paulo: safE, 2006.

SERPA LOPES, Miguel Maria de. *Tratado dos Registros Públicos:* em comentário ao Decreto nº 4.857, de 9 de novembro de 1939, com as alterações promovidas pelo Decreto nº 5.318, de 29 de novembro de 1940 e legislação posterior em conexão com o Direito Privado Brasileiro, v. 1. 6. ed. rev. e atual. São Paulo: Brasília Jurídica, 1997.

28

A NATUREZA JURÍDICA DOS FUNDOS DE INVESTIMENTOS IMOBILIÁRIOS NO CONTEXTO BRASILEIRO. CONDOMÍNIO ESPECIAL OU SOCIEDADE ESPECIAL?

Izaias Gomes Ferro Júnior

Oficial de Registros Públicos em Pirapozinho/SP. Professor Universitário da Pós-graduação em diversas Instituições de Ensino. Autor de diversos artigos jurídicos e Coordenador de obras sobre Direito Notarial e Registral pela JUSPODIVM. Mestre em Direito pelo Escola Paulista de Direito – EPD. Doutorando em Direito pela Faculdade Autônoma de Direito de São Paulo – FADISP. Currículo LATTES: http://lattes.cnpq.br/6000300644419827.

ao aproveitamento da quota ideal; 3.5. Temporariedade do condomínio; 4. Teorias sobre a natureza jurídica dos Fundos de Investimento Imobiliário (FII); 4.1. Funcionamento básico; 4.2. Objetivo principal; 4.3. Modalidades de investimento; 4.4. Benefícios tributários; 4.5. Atratividade para investidores pessoa física; 4.6. Diferenciação entre condomínio e sociedades; 4.6.1. Similaridades com Sociedades Anônimas; 4.7. Análise entre os institutos societários, o condomínio, e os Fundos de Investimento Imobiliário e a natureza jurídica dos FII; Considerações finais; Referências bibliográficas.

INTRODUÇÃO

O presente estudo analisará o instituto dos Fundos de Investimento Imobiliário (FII), sua natureza jurídica, tributação, vantagens e desvantagens, e sua comparações com tipos societários no contexto do ordenamento jurídico brasileiro. Em virtude das complexidades inerentes a este instituto, o objetivo central da investigação reside na definição precisa da sua natureza jurídica, considerando as diversas perspectivas doutrinárias que permeiam ao tema.

A história dos FII no Brasil remonta a 1993, quando a Lei n.º 8.668 foi promulgada com o intuito de impulsionar o desenvolvimento do mercado imobiliário no país. Este marco legislativo não apenas viabilizou a securitização, mas também inaugurou a prática do fracionamento da propriedade imobiliária, transformando frações em valores mobiliários negociados no mercado de capitais. Ao se instituir como o pioneiro a permitir tal inovação, o FII foi um seguro marco inaugural na captação de recursos destinados a empreendimentos imobiliários, abrindo oportunidades a um público mais diversificado e com menor poder aquisitivo.

O desenvolvimento deste mercado foi impulsionado pela Lei 9.514/97 ao instituir a Alienação Fiduciária em Garantia de bem imóvel de forma clara, pois o Decreto-lei 911/69 não incluiu os bens imóveis como possível objeto de garantia real.

No cenário atual, tanto o legislador ordinário, quanto a Comissão de Valores Mobiliários (CVM), entidade reguladora do mercado de capitais, compartilham da compreensão de que um FII constitui uma comunhão de recursos, adotando a forma de "condomínio", apesar de não ser unânime doutrinariamente, o que ser verá no decorrer deste estudo. Apesar da divergência doutrinária, esta perspectiva foi recentemente reforçada pela inclusão dos Fundos de *Investimentos* no Código Civil brasileiro por meio da Lei 13.874/2019. Entretanto, mesmo com esse respaldo normativo, diversas discussões doutrinárias persistem, especialmente no que tange à natureza específica dos FII, tanto no cenário nacional quanto internacional.

O arcabouço normativo dos FII no Brasil, como dito, foi estabelecido nos anos de 1993 e 1994, abordando aspectos como a constituição, funcionamento e administração desses fundos, bem como as normas contábeis aplicáveis às suas demonstrações financeiras. No entanto, as discussões doutrinárias em torno desse tema têm origens que remontam ao início da segunda metade do século XX, coincidindo com o surgimento das primeiras sociedades de Investimentos no país. A análise da natureza jurídica desses fundos não apenas contribui para a compreensão da relação jurídica entre investidores, fundo e administrador, mas também desempenha relevante papel na determinação das normas aplicáveis.

A diferenciação entre natureza jurídica e regime jurídico é fundamental para o entendimento deste *paper*. Enquanto a natureza jurídica representa a essência, o funcionamento e o propósito de um instituto, procura explicar o princípio de um instituto jurídico, ou seja, de uma medida, situação ou um fato que existe no direito, o regime jurídico é a forma como esse instituto foi positivado[1]. Assim, a análise da natureza jurídica dos FII não se limita à forma legalmente adotada, mas busca compreender sua essência e funcionamento.

1. ASPECTOS GERAIS DOS FUNDOS DE INVESTIMENTO IMOBILIÁRIO

Os Fundos de *Investimento* Imobiliário (FII) são institutos jurídicos que têm sua origem histórica remetida aos *investment trusts* existentes nos

1. Regime jurídico é o conjunto de normas que dispõe sobre certo sujeito, bem ou atividade. Quando se fala em conjunto de normas, faz-se referência ao seu sentido amplo. Assim, normas podem ser princípios, regras, diretrizes e demais espécies normativas. Regime Jurídico Administrativo: definições e fundamentos. In: https://trilhante.com.br/curso/regime-juridico-administrativo/aula/regime-juridico-administrativo-definicoes-e-fundamentos#:~:text=Regime%20jur%C3%ADdico%20%C3%A9%20o%20conjunto,diretrizes%20e%20demais%20esp%C3%A9cies%20normativas. Acesso em 25 jan 2024.

países de *common law*. Este *paper* propõe, inicialmente, uma análise da evolução histórica dos FII, desde seus antecedentes, como os *trusts* e *investment trusts*, até sua consolidação como uma forma de investimento coletivo no Brasil. O intuito é proporcionar uma compreensão mais profunda do instituto, permitindo ao final, uma comparação com as sociedades empresariais e os tipos condominiais.

1.1. História dos Fundos de Investimento Anglo-saxão – Dos *Trusts* aos *REITs*

A trajetória histórica dos FII tem raízes nos *trusts* ingleses[2], sendo que a expressão *investment trust* foi utilizada para descrever operações nos países de língua inglesa, onde capitais de diversas pessoas eram reunidos em uma unidade econômica gerida por uma empresa[3]. Essa empresa tinha a finalidade de aplicar os recursos em títulos e valores mobiliários, buscando rendimento e minimização de riscos através de uma organização racional de exploração.

Para Lucas Corte Real de Oliveira, "Os *trusts* têm sua origem na Inglaterra, após a conquista normanda em 1.066, resultando na distribuição precária de terras aos possuidores"[4]. Essa distribuição deu origem ao feudalismo, com a coexistência de mais de um direito real sobre um mesmo

---

2. "A doutrina diverge ao definir qual teria sido o primeiro desses mecanismos de investimento coletivo (Investment Trust). A ideia de realizar investimentos em conjunto, com o viés de explorar determinada atividade econômica, certamente surgiu desde os primórdios da humanidade... Grande parte da doutrina identifica na Algemeene Nederlandsche Maatsdhappji ter Begunstiging van de Volkslijt – Sociedade Geral dos Países Baixos para Favorecer a Indústria Nacional, constituída em 18 de agosto de 1.822, pelo Rei Guilherme de Orange, em Bruxelas, o surgimento dos Investment Trusts." CARVALHO, Mário Tavernard Martins de. Regime Jurídico dos Fundos de investimento. São Paulo: Quartier Latin, 2012, p. 35-36.

3. "A Inglaterra é considerada a pátria dos *Investment Trust*, visto que foi neste país, nomeadamente na segunda metade do século XIX, que o instituto realmente se consolidou." Ibid, p. 37.

4. OLIVEIRA, Lucas Corte Real de. A natureza jurídica dos fundos de *investimen*tos imobiliários no ordenamento jurídico brasileiro. Revista de Direito financeiro e dos mercados de capitais, vol. 2 (2020), nº. 9, 273-322. in: https://rdfmc.com/wp-content/uploads/2021/07/Vol.-2-2020-no.-9-Lucas-Corte-Real-de-Oliveira-A-Natureza-Juridica-dos-Fundos-de-*Investimento*s-Imobiliarios-no-Ordenamento-Juridico-Brasileiro.pdf. Publicação disponível em: https://blook.pt/publications/publication/1b7591c335e8/. Acesso em 14 jan 2023.

bem. Ao longo do tempo, o *trust* evoluiu, caracterizando-se pela titularidade nominal de patrimônio, administrado em benefício de terceiros. Os *investment trusts* surgiram durante a expansão marítima do Império Britânico no Século XVI e com as primeiras companhias, como a Companhia das Índias Ocidentais, Banco da Inglaterra e Companhia dos Mares do Sul, essas estruturas passaram a ser utilizadas para financiar empreendimentos e especulações[5]. Em 1720, o *Bubble Act* na Inglaterra proibiu a criação de companhias sem autorização do governo, levando os comerciantes a organizarem suas atividades por meio de *trusts*.[6]

Luciana Pedroso Xavier e Rafael Santos-Pinto no mesmo sentido, afirmam que: "Os fundos de Investimento têm suas origens relacionadas ao direito Inglês do Século XI, associadas ao instituto dos *trusts*."[7].

Conforme Mário Tavernard Martins Carvalho, nos Estados Unidos, os *trusts* foram inspirados no modelo inglês, sendo utilizados para organizar atividades econômicas e proporcionar responsabilidade limitada aos investidores. Para Mário Tavernard Martins de Carvalho:

> Os Estados Unidos da América, principal país capitalista do planeta desde o início do século XX, foram o país no qual os *investment trusts* mais se desenvolveram. A doutrina norte-americana indica a *Massachusetts Hospital Life Insurace Company,* constituída em 1.823, como sendo o primeiro *investment trust* norte-americano.[8]

Vinicius Nakama, em suas pesquisas sobre os fundos de investimento imobiliários – FII (em tradução literal – *REAL ESTATE INVESTMENT TRUST* – abreviando, *REITs*) foram:

> Inspirado no modelo do *REAL ESTATE INVESTMENT TRUST* (*REIT*) norte-americano, o FII foi inicialmente planejado como um instrumento capaz de direcionar recursos captados por meio do mercado

5. OLIVEIRA, Lucas Corte Real de. *op cit.* p. 295.
6. OLIVEIRA, Lucas Corte Real de. *op cit.* p. 295.
7. XAVIER, Luciana Pedroso; SANTOS-PINTO, Rafael. Art. 7º: Fundos de *Investimen*to. Art. 1.368, C, D, E. In: Comentários à Lei da Liberdade Econômica. Org. Floriano Peixoto Marques Neto, Otavio Luiz Rodrigues Jr. e Rodrigo Xavier Leonardo. São Paulo: RT, 2019. p. 430-431.
8. CARVALHO, Mário Tavernard Martins de. Regime Jurídico dos Fundos de Investimento. São Paulo: Quartier Latin, 2012, p. 44.

de capitais, especialmente de investidores institucionais (como os fundos de pensão, bancos e seguradoras), para o financiamento do mercado imobiliário.[9]

Entre 1910 e 1925, surgiram os *business trusts* como uma variação da forma de *trust* utilizada para a conjunção de patrimônios visando o desenvolvimento de atividade empresarial. Já para Ricardo Goulart Serra *et all*[10], os fundos como os conhecemos hoje, originaram-se nos Estados Unidos da América na década de 1960.

Na União Europeia, apesar de alguns países ainda possuírem regras próprias sobre a constituição dos Fundos de Investimento, passou a regular algumas formas de *investment trust*s, nomeadamente as de formas abertas, e em 04 de julho de 1985 o Conselho Europeu aprovou a diretiva 85/611/CEE regulando os tipos de fundos de Investimentos, incluindo os FII's, cujo gênero é chamado de "Organismos de Investimento Coletivo em Valores Mobiliários (OICVM)", de forma que o modelo estrutural destes ditos "Organismos" fossem abrangentes, para que cada país regulasse seu fundo da melhor forma possível.[11]

Os *REIT*s possuem tratamento fiscal vantajoso em relação a outros *trust*s, desde que atendam a requisitos específicos. Estes requisitos incluem limitações quanto à propriedade, tipos de receita e ativos, estrutura de administração e distribuição de resultados. Os *REIT*s buscam financiar empreendimentos imobiliários através da captação de recursos de um público diversificado, permitindo a participação de pequenos investidores.

Ao longo da evolução dos *trust*s até os *REIT*s, persistiu a dúvida sobre sua caracterização como sociedades ou institutos de propriedade

9. NAKAMA, Vinicius. A instrumentalização financeira do espaço: Fundos de *Investimento* imobiliário como estruturas de capital fixo. in: https://www.redalyc.org/journal/258/25869557008/html/ Acesso em 14 jan 2023.

10. SERRA, Ricardo Goulart, MORAES, Arthur Vieira de, FÁVERO, Luiz Paulo Lopes. Fundo de Investimento Imobiliário: Uma Alternativa para Diversificação. Revista de Administração da UNIMEP. v.15, n.4, Setembro/Dezembro – 2017, in: https://www.redalyc.org/pdf/2737/273754209010.pdf. Acesso em 14 jan 2024.

11. Directiva 85/611/CEE do Conselho, de 20 de Dezembro de 1985, que coordena as disposições legislativas, regulamentares e administrativas respeitantes a alguns organismos de investimento colectivo em valores mobiliários (OICVM) in: https://eur-lex.europa.eu/legal-content/PT/TXT/?uri=CELEX:31985L0611. Acesso em 21 fev 2024.

fiduciária. No contexto jurídico brasileiro, essa ambiguidade poderia ser considerada como condomínio ou sociedade empresária. Os FII (brasileiros), herdeiros dessa tradição, assumem uma forma híbrida, combinando características de sociedades e condomínios, visando o **investimento** coletivo em empreendimentos imobiliários.

A história dos FII, portanto, reflete uma evolução que se entrelaça com a trajetória dos *trusts* e *REITs*. Os *trusts*, surgidos na Inglaterra medieval, evoluíram para os *investment trusts* utilizados nas atividades comerciais, especialmente nos Estados Unidos. Os *REITs*, por sua vez, surgiram para financiar empreendimentos imobiliários nos EUA, trazendo vantagens tributárias.

O olhar desta evolução histórica dos *trusts* anglo-saxões, contribuíram para o entendimento da formação dos FII brasileiros que, ao final, apresentam-se como uma opção de investimento coletivo em empreendimentos imobiliários[12], combinando, ao nosso sentir, elementos de sociedades e condomínios. A compreensão desse contexto histórico, portanto, permite uma análise mais aprofundada dos FII e sua comparação com outras formas de organização, de tipos jurídicos e enriquecem o debate sobre essas instituições no cenário jurídico e econômico brasileiro.

1.2. Os Fundos de Investimento Imobiliário no Direito Brasileiro. Evolução, Características e Análise Inicial do Regime Tributário Incentivado

O tipo de *trust* que mais se assemelha aos FII brasileiros é o *REAL ESTATE INVESTMENT TRUST* (*REIT*) americano, o qual, como dito, foi introduzido nos EUA com o objetivo de financiar empreendimentos

---

12. "Os FIIs apresentam uma série de vantagens que os destacam como opção de investimento. Por exemplo, eles normalmente distribuem rendimentos mensais – ou dividendos – aos investidores. Isso é possível graças à isenção fiscal concedida aos fundos que tem (atualmente) mais de 100 cotistas e nos quais nenhum investidor tem mais de 10% das cotas. Outra vantagem é diversificação dos investimentos, já que eles permitem ao investidor ter acesso a uma carteira de imóveis variada, com diferentes perfis de risco e retorno, sem a necessidade de adquirir cada um deles individualmente. A diversificação é uma estratégia-chave em qualquer portfólio de investimentos." FLEURY, Lucas. Fundos Imobiliários: de uma forma que ninguém nunca explicou. São Paulo: Actual, 2023, p. 31.

imobiliários por meio da captação de recursos em larga escala. Tais fundos americanos foram criados pelo congresso, inicialmente sob a forma de *trusts*, com vantagens tributárias. Somente em 1976, o *REIT* Act foi alterado para permitir *REITs* sob a forma de corporações naquele país.

Já no Brasil, seu surgimento é apontado pela doutrina ao início da década de 1940, com o nome de sociedades de investimentos, conforme Peter Walter Ashton, citado por Mário Tavernard de Carvalho[13]. A trajetória dos Fundos de Investimento Imobiliário (FII) no Brasil é marcada pela legislação específica que moldou esse veículo de *investimento* ao longo do tempo, e a criação, regulamentação e evolução dos FII são fundamentais para compreender a dinâmica desse instrumento, no contexto do mercado financeiro e imobiliário brasileiro[14].

---

13. CARVALHO, Mário Tavernard Martins de. Regime Jurídico dos Fundos de *Investimento*. São Paulo: Quartier Latin, 2012, p. 54.

14. "...a primeira norma que dispôs sobre sociedades de investimento no país foi o Decreto-Lei 7.583, promulgado em 25 de maio de 1945, não passando essas disposições, entretanto, de meras referências. Este decreto-lei previa a criação não só das sociedades de investimento, mas também das de crédito e de financiamento, sendo essas três espécies do gênero sociedades financeiras. Ao lado disso, o citado decreto-lei delegou poderes ao Ministério da Fazenda para a regulação da matéria. Assim, em 8 de junho do mesmo ano (1945), o Ministro da Fazenda expediu a Portaria 88, regulando a constituição e o funcionamento das sociedades de investimento. Para que estas fossem organizadas e constituídas ou para que se alterassem os respectivos estatutos, fazia-se imprescindível autorização do Ministro da Fazenda. Inclusive, para a concessão dessas autorizações, além de outros requisitos, as sociedades de investimento deviam necessariamente comprovar a integridade e idoneidade moral de seus diretores. Posteriormente, conforme o Decreto-Lei 8.495/45, essa prerrogativa regulatória foi transferida para a Superintendência da Moeda e do Crédito (SUMOC). Em 1946, por intermédio do Decreto-Lei 9.603, permitiu-se às pessoas naturais ou jurídicas, cujas atividades a justificassem, a critério da SUMOC, a organização de seções de financiamento ou de crédito, cuja regência também seria pelo Decreto-Lei 7.583/45. Observando a respectiva legislação, Bernard Pajiste resume os cinco princípios básicos dessas sociedades de investimento: a) as companhias de investimento não poderão receber dinheiro em depósito, salvo de seus próprios titulares ou sócios, nem admitir o movimento de contas por meio de cheques; b) as sociedades poderão ser constituídas com capital nacional ou estrangeiro; c) ficam as entidades excluídas das prerrogativas e vantagens previstas com referência à Caixa de Mobilização Bancária; d) a constituição, alteração de estatutos e o funcionamento estão subordinados à aprovação do ministro da Fazenda e, em particular, à fiscalização da Superintendência da Moeda e do Crédito; e) a organização de seções de financiamento ou de crédito por empresas comerciais e industriais é admitida, desde que sua atividade o justifique. Foi promulgada, em 18 de setembro de 1946, a Constituição dos Estados Unidos do Brasil, sendo que a fiscalização das operações de estabelecimento de crédito, capitalização e de seguro passou a ser de competência da União, bem como a prerrogativa de legislar sobre direito financeiro e sobre instituições de crédito". Portanto, de acordo com a Constituição em vigor, somente mediante projeto de lei, aprovado pelo

Sua regulação é essencial para o sucesso deste tipo de negócio jurídico. Calisto Salomão Filho analisa, com propriedade, a questão da regulação no campo econômico:

> A utilização do conceito de *regulação* é a correspondência necessária de dois fenômenos. Em primeiro lugar a redução da intervenção direta do Estado na economia, e em segundo o crescimento do movimento de concentração econômica[15].

Os *REITs* precisaram ser regulados, para evitar uma concentração de bens e/ou direitos nas mãos de poucos, e ainda conforme Calisto Salomão Filho, é importante chamar a atenção para a linha tênue que separa antitruste e regulação em tempos de concentração econômica[16].

Atualmente a Lei n.º 8.668/93, promulgada em 25 de junho de 1993, associada a instruções normativas da Comissão de Valores Mobiliários (CVM), representa o marco inicial dessa história e estabeleceram as bases para a criação e operação dos FII no Brasil. Essa legislação foi pioneira ao efetivamente prever a securitização da base imobiliária, conferindo uma estrutura jurídica específica para o investimento coletivo em empreendimentos imobiliários.

De acordo com o art. 1º da referida lei, os FII não possuem personalidade jurídica e são caracterizados pela comunhão de recursos destinados à aplicação em empreendimentos imobiliários[17]. Apesar não possuir personalidade jurídica e ser obrigatoriamente inscrito junto a Receita Federal

---

Congresso Nacional e sancionado pelo presidente da república." CARVALHO, Mário Tavernard Martins de. Regime Jurídico dos Fundos de investimento. São Paulo: Quartier Latin, 2012, p. 54-56

15. SALOMÃO FILHO, Calisto. Regulação da Atividade Econômica. Princípios e Fundamentos Jurídicos. 3ª Ed. Rev. e ampl. São Paulo: Quartier Latin, 2021, p. 19.

16. Ibidem, p. 19.

17. Art. 1º Ficam instituídos Fundos de Investimento Imobiliário, sem personalidade jurídica, caracterizados pela comunhão de recursos captados por meio do Sistema de Distribuição de Valores Mobiliários, na forma da Lei nº 6.385, de 7 de dezembro de 1976, destinados a aplicação em empreendimentos imobiliários. BRASIL. Lei nº 8.668, de 25 de junho de 1993. Dispõe sobre a constituição e o regime tributário dos Fundos de Investimento Imobiliário e dos Fundos de Investimento nas Cadeias Produtivas Agroindustriais (Fiagro); e dá outras providências. (Redação dada pela Lei nº 14.130, de 2021). Brasília, DF: Diário Oficial da União, 2.023. In: https://www.planalto.gov.br/ccivil_03/leis/l8668.htm Acesso em 15 jan 2023.

do Brasil e possuir um CNPJ, os FII são sujeitos de direitos e obrigações, inclusive fiscais.

Esta vaga acepção do que a lei, e a própria Resolução 175 de 2.022 da CVM se referem[18], indicando o tipo jurídico como condominial, precisaria ser mais bem analisada[19,20]. Oras, o termo condomínio utilizado pelo legislador à época e pelo próprio órgão regulamentador, foi empregado de forma genérica ou até mesmo sem maiores explicações, o que leva as indagações sobre o presente estudo.

Não havendo, em princípio, personalidade jurídica pressuposta, torna tais fundos um dos seus traços distintivos, que de uma forma pragmática, são representados ativa e passivamente por seu administrador, que por sua vez, é o proprietário fiduciário do patrimônio do FII.

A constituição de um FII deve ser deliberada por sua administradora através de uma ata de assembleia dos cotistas. Se a administradora do fundo estabelecer regras próprias pelo seu estatuto para a sua constituição, deverão os futuros cotistas apresentar instrumento hábil no qual conste prévia aceitação ao regulamento do futuro fundo. O regulamento aprovado e assinado pelos cotistas deverá ser levado a registro junto a CVM.

O funcionamento do FII terá requisitos próprios a serem cumpridos junto a CVM, como: a) subscrição total da cotas, ou parcial se previsto no regulamento, com prazo para sua integralização; b) inscrição no Cadastro Nacional de Pessoa Jurídica – CNPJ da Receita Federal do Brasil; c) regulamento sobre liquidação do fundo, em caso de não subscrição das cotas e publicação de seu encerramento.

---

18. Vide Anexo com os prazos de vigência da Resolução 175 da CVM.

19. Art. 2º O Fundo será constituído sob a forma de condomínio fechado, proibido o resgate de quotas, com prazo de duração determinado ou indeterminado. BRASIL, ibid, acesso em 15 jan 2023.

20. Art. 4º O fundo de investimento é uma comunhão de recursos, constituído sob a forma de condomínio de natureza especial, destinado à aplicação em ativos financeiros, bens e di*rei*tos, de acordo com a regra específica aplicável à categoria do fundo. BRASIL. Comissão de Valores Mobiliários. Resolução CVM nº 175, de 23 de Dezembro de 2022, com as alterações introduzidas pelas Resoluções CVM nº 181/23, 184/23 e 187/23. Dispõe sobre a constituição, o funcionamento e a divulgação de informações dos fundos de investimento, bem como sobre a prestação de serviços para os fundos, e revoga as normas que especifica. in: https://conteudo.cvm.gov.br/export/sites/cvm/legislacao/resolucoes/anexos/100/resol175consolid.pdf acesso em 15 jan 2024.

Este requerimento de registro na CVM será efetuado pelo administrador, que pode ser uma pessoa jurídica autorizada para administração de carteira, conforme aprovado pelo regulamento do fundo. A assembleia de cotistas é a instância de deliberação quanto à política de investimento e remuneração do fundo, conferindo voz aos cotistas na gestão do patrimônio coletivo.

O FII, em tese, poderia ser estruturado de forma aberta ou fechada[21]. Entretanto é estruturado sob a forma de "condomínio" fechado, conforme o próprio artigo 2º da Lei 8.668/93 e Resolução 175 de 2022 da CVM, impedindo o resgate de cotas e estabelecendo prazos de duração determinado ou indeterminado, levando a conclusão de que a forma prevista atualmente é a fechada. Entretanto, o artigo 3º traz certa imprecisão dogmática, ao afirmar que as cotas são valores mobiliários[22]. A regulamentação enfatiza que o cotista não detém direitos reais sobre os imóveis e empreendimentos integrantes do patrimônio do fundo, destacando-se a responsabilidade do administrador em representar o FII.

21. Fundos fechados são aqueles em que as cotas somente são resgatadas ao término do prazo de duração do fundo. A entrada e a saída de cotistas não é permitida. Após o período de captação de recursos pelo fundo, não são admitidos novos cotistas nem novos investimentos pelos antigos cotistas (embora possam ser abertas novas fases de investimento, conhecidas no mercado como "rodadas de investimento"). Neste caso, as cotas poderão ser negociadas em mercado secundário. Os fundos fechados podem ser registrados para negociação de cotas nos mercados administrados pela B3. Assim, quando um cotista pretende comprar ou vender cotas de um fundo fechado, como os Fundos de Investimento Imobiliário – FII, por exemplo, pode enviar suas ordens por uma corretora para o sistema de negociação da B3 no qual a cota esteja registrada. Os FII abertos, portanto, seriam aqueles em que os cotistas poderiam solicitar o resgate de suas cotas a qualquer tempo, desde que respeitadas as condições do regulamento do fundo. Nos FII abertos, também seriam permitidas a entrada de novos cotistas ou o aumento da participação dos antigos por meio de novos investimentos. Como no Brasil os FII foram estruturados para serrem fechados, deixa-se de analisar o formato de fundo de investimento imobiliário aberto. De acordo com a B3, há atualmente 452 Fundos de Investimento Imobiliário disponíveis no mercado. In: https://www.gov.br/investidor/pt-br/investir/tipos-de-investimentos/fundos-de-investimentos/fundos-abertos-x-fundos-fechados. Acesso em 21 fev 2024.

22. Art. 3º As quotas dos Fundos de Investimento Imobiliário constituem valores mobiliários sujeitos ao regime da Lei nº 6.385, de 7 de dezembro de 1976, admitida a emissão sob a forma escritural. BRASIL, ibid, acesso em 15 jan 2023.

1.2.1. *Características Principais dos FII*

Conforme sintetizado por Nelson Eizirik et al.[23], as principais características dos FII, à luz da Lei e da regulamentação da CVM, incluem:

1. Constituição como Condomínio Fechado: Os FII são constituídos sob a forma de condomínio fechado, proibindo o resgate de cotas.
2. Venda de Cotas no Mercado: As cotas dos FII devem ser vendidas no mercado, por meio de sistema de distribuição de valores mobiliários.
3. Autorização Dependente de Comprovação: A autorização para o funcionamento do fundo depende da comprovação prévia perante a CVM da subscrição total das cotas.
4. Negociação no Mercado Secundário: O cotista pode desfazer-se de suas cotas, vendendo-as no mercado secundário.
5. Duração Determinada ou Indeterminada: O prazo de duração do fundo pode ser determinado ou indeterminado.
6. Administração por Instituições Financeiras: A administração do FII compete a instituições, como banco múltiplo com carteira de investimento ou carteira de crédito imobiliário, banco de investimento, sociedade corretora ou distribuidora, sociedade de crédito imobiliário, caixas econômicas e associações de poupança e empréstimos.
7. Propriedade Fiduciária dos Bens Imóveis: A instituição administradora, nos termos da Lei n.º 8.668/93, é proprietária fiduciária dos bens imóveis e dos direitos sobre imóveis adquiridos com os recursos do Fundo.
8. Deliberação pela Assembleia Geral: A assembleia geral dos cotistas tem competência para deliberar sobre diversas questões, como o exame de contas, a substituição de instituição administradora, a

23. EIZIRIK, Nelson, GAAL, Ariadna. B, PARENTE, Flávia, HENRIQUES, Marcus de Freitas, Mercado de Capitas Regime Jurídico, 2.ª ed., Renovar: Rio de Janeiro, 2008, p. 103.

emissão de novas cotas, fusão, incorporação ou cisão, eleição de representantes, entre outros.

9. Regulação e Fiscalização pela CVM: Compete à CVM autorizar, disciplinar e fiscalizar a constituição, o funcionamento e a administração do fundo.

Pois bem, a partir das características elencadas por Eizirik[24], e as da própria Resolução 175 de 2022, da CVM[25], optou-se por analisar de forma propedêutica seu regime tributário.

1.2.2. Regime Tributário Incentivado

Os FII possuem um regime tributário incentivado, diferenciando-se do regime fiscal aplicado às pessoas jurídicas, desde que atendidos determinados requisitos. Essa diferenciação tem o objetivo de estimular os investimentos no setor imobiliário. Para usufruir desse regime, o FII deve cumprir requisitos específicos, conforme destacado:

1. Organização como Condomínio Fechado: O FII deve ser organizado na forma de condomínio fechado para auferir isenção tributária com outros requisitos normativos. Este tipo de tipologia jurídica é um dos objetos deste estudo e será posteriormente abordado com maior precisão.
2. Distribuição Regular de Resultados: A cada seis meses, o FII deve distribuir pelo menos 95% do seu resultado de caixa aos cotistas.

---

24. EIZIRIK, Nelson, GAAL, Ariadna. B., PARENTE, Flávia, HENRIQUES, Marcus de Freitas. Mercado de Capitas Regime Jurídico, 2.ª ed., Renovar: Rio de Janeiro, 2008, p. 102.

25. Art. 2º O FII é destinado à aplicação em empreendimentos imobiliários, nos termos do art. 40 deste Anexo Normativo III. Parágrafo único. O FII deve captar recursos por meio do sistema de distribuição de valores mobiliários. Art. 3º As classes de cotas dos FII devem ser constituídas em regime fechado e podem ter prazo de duração indeterminado. Art. 4º Da denominação do fundo e de suas classes de cotas, caso existentes, deve constar a expressão "Fundo de Investimento Imobiliário" BRASIL. Comissão de Valores Mobiliários. Resolução CVM nº 175, de 23 de Dezembro de 2022, com as alterações introduzidas pelas Resoluções CVM nº 181/23, 184/23 e 187/23. Dispõe sobre a constituição, o funcionamento e a divulgação de informações dos fundos de investimento, bem como sobre a prestação de serviços para os fundos, e revoga as normas que especifica. in: https://conteudo.cvm.gov.br/export/sites/cvm/legislacao/resolucoes/anexos/100/resol175consolid.pdf acesso em 15 jan 2024.

3. Composição da Carteira: Pelo menos 75% da carteira do FII deve ser composta por títulos ou propriedades imobiliárias listadas na atual Resolução 175 da CVM de 23 de dezembro de 2.022.
4. Restrição a Investimentos com Quotistas Dominantes: O FII não deve aplicar recursos em empreendimentos imobiliários que tenham como incorporador, construtor ou sócio um cotista que possua, atualmente, mais de 25% das quotas do Fundo, isoladamente ou em conjunto com pessoas a ele relacionadas.

Em conformidade com esses requisitos, os FII são isentos de imposto sobre a renda percebida dos ativos imobiliários do Fundo, exceto pelos rendimentos provenientes de aplicações financeiras de renda fixa e variável.

A legislação específica, marcada pela Lei n.º 8.668/93 e suas alterações, proporcionou sólida base legal para o desenvolvimento e a operação desses veículos de investimento, pois os FII, enquanto instrumentos de securitização, têm se mostrado fundamentais para democratizar o acesso ao mercado imobiliário, permitindo que investidores de diferentes perfis participem de empreendimentos dessa natureza. A estrutura condominial (que será discutida adiante), a gestão profissionalizada e a regulação pela CVM conferem segurança e relativa transparência a esses fundos.

O regime tributário incentivado destaca-se como um incentivo adicional para investimentos em FII, estimulando o desenvolvimento do setor imobiliário brasileiro. Contudo, a complexidade do mercado e as dinâmicas econômicas exigem uma constante adaptação da legislação para garantir eficácia e sustentabilidade desse modelo de investimento. Este regime tributário oferece benefícios significativos aos investidores, desde que sejam cumpridos requisitos específicos.

Um dos aspectos essenciais para a concessão desses benefícios, como dito, é a organização do FII sob a forma de "condomínio", como insiste a legislação (tal nomenclatura será discutida ao final deste estudo). Esta estrutura, prevista pela Lei n.º 8.668/93 e regulamentada pelas instruções normativas da Comissão de Valores Mobiliários (CVM), estabelece características distintivas para os FII em comparação com outros fundos de investimento.

A distribuição regular de resultados é outro requisito fundamental. A imposição de que, a cada seis meses, pelo menos 95% do resultado de caixa do FII seja distribuído aos quotistas busca assegurar que os investidores recebam retornos periódicos, tornando os FII atrativos para aqueles que buscam uma fonte consistente de renda.

Além disso, como dito, a composição da carteira do FII é estritamente regulamentada e composta por títulos ou propriedades imobiliárias conforme definido na Resolução 175 da CVM de 23 de dezembro de 2.022[26]. Essa restrição visa garantir que os recursos do fundo estejam predominantemente alocados em ativos imobiliários, mantendo a natureza imobiliária do investimento.

Destaca-se a proibição de aplicação de recursos em empreendimentos imobiliários nos quais o incorporador, construtor ou sócio seja um quotista que, atualmente, possua mais de 25% das quotas do fundo. Essa medida visa evitar conflitos de interesse e garantir que os interesses do fundo estejam alinhados com os de seus investidores.

O cumprimento desses requisitos proporciona ao FII a isenção de imposto sobre a renda percebida dos ativos imobiliários do Fundo, e conforme explicado, com exceção dos rendimentos provenientes de aplicações financeiras de renda fixa e variável. Essa isenção é atrativa aos investidores, uma vez que amplia a rentabilidade líquida do investimento. Assim, os Fundos de Investimento Imobiliário continuam a desempenhar um papel significativo no panorama econômico brasileiro, contribuindo para a diversificação de portfólios, a captação de recursos para empreendimentos imobiliários e a promoção do desenvolvimento do mercado de capitais e do setor imobiliário como um todo.

1.2.3. Estruturação dos Fundos de Investimento Imobiliário no Direito Brasileiro

Conforme Eduardo Cherez Pavia,

> "A criação de veículos de investimento coletivo no Brasil se deu, inicialmente, por meio de estruturas societárias. Os primeiros

26. Vide Anexo Normativo III – Fundos de *Investimen*to Imobiliário da Resolução 175 de 2022 da CVM.

> fundos foram organizados sob a forma de sociedades de *Investimentos* e sociedades em conta de participação".[27]

Entretanto, a legislação reguladora direciona a estrutura condominial. Isto, entretanto, não impactaria sobre o regime tributário, pois o legislador fará o que achar necessário para inventivo a este tipo de investimento, ou mitigando alíquotas, ou isentando-as.

A legislação brasileira não define a expressão "empreendimentos imobiliários" de forma taxativa, o que poderia gerar ambiguidades. A CVM, como autarquia reguladora, desempenha um papel vital ao definir os ativos que podem compor a carteira do fundo, como explicitado Resolução 175 da CVM de 23 de dezembro de 2.022, e poderia ter conceituado ou definido a expressão dentro do contexto dos FII, nesta ou em outras resoluções normativas.

Os FII, como destacado por Eizirik et al., oferecem uma oportunidade única para a participação de pequenos e médios investidores no mercado imobiliário[28]. Esses investidores, que, de outra forma, teriam dificuldades financeiras para ingressar diretamente em empreendimentos imobiliários, podem se beneficiar do modelo de investimento coletivo proporcionado pelos FII.

A estrutura peculiar dos FII, incluindo a forma de propriedade fiduciária e o regime de afetação[29,30], diferencia-os de outros fundos de investimento[31]. O administrador detém a propriedade fiduciária dos imóveis

27. PAVIA, Eduardo Cherez. Fundos de Investimento: estrutura jurídica e agentes de mercado como proteção do investimento, Quartier Latin: São Paulo, 2016, p. 33.

28. EIZIRIK, Nelson, GAAL, Ariadna. B., PARENTE, Flávia, HENRIQUES, Marcus de Freitas. Mercado de Capitas Regime Jurídico, 2.ª ed., Renovar: Rio de Janeiro, 2008, p. 102.

29. Nota do Autor: Uma noção e possível conceito de patrimônio de afetação pode ser definido como o complexo de bens, materiais ou não, que pertença a uma pessoa ou empresa e que seja suscetível à apreciação econômica e que fique reservado a finalidade econômica daquele empreendimento, fundo ou outro instituto que não se confundirá com o patrimônio deste.

30. WALD, Arnoldo. Da natureza jurídica do fundo imobiliário. Revista de Direito Mercantil, São Paulo, nº 80, nova série, p. 15-18, out./dez. 1990.

31. Nota do autor: Além do expresso na lei, ou seja, os fundos seriam uma espécie de condomínio especial, outras figuras semelhantes surgem, como já dito, a sociedade (anônima, ou em conta de participação) e a propriedade fiduciária, instituto jurídico este bem regulado na legislação pátria. Outra forma estrutural assemelhada aos FII, pode ser a propriedade

e investimentos imobiliários, garantindo que tais bens sejam afetados ao fundo por meio de um negócio fiduciário. Dessa forma, os quotistas não possuem direitos reais sobre os ativos do fundo, apenas sobre suas cotas.

A valorização das cotas, determinada diariamente pela divisão do valor do patrimônio líquido pelo número de cotas existentes, destaca a natureza variável desse instrumento de investimento. Essa variabilidade, combinada com a obrigatoriedade de distribuição de lucros aos quotistas, aproxima os FII do modelo de *Real Estate Investment Trust* (*REIT*) norte-americano.

Outro aspecto relevante é a responsabilidade limitada dos quotistas, conforme estabelecido pelo art. 13 da Lei n.º 8.668/93. A propriedade fiduciária dos bens afeta-os à responsabilidade patrimonial do fundo, não se comunicando com o patrimônio do administrador. Essa separação patrimonial, juntamente com a limitação da responsabilidade dos quotistas, confere uma camada adicional de segurança aos investidores. Neste aspecto aproxima-se das S.A, que será visto adiante.

O regime tributário incentivado e a estrutura peculiar dos FII no Direito Brasileiro têm desempenhado um papel fundamental na promoção do investimento no mercado imobiliário. O modelo, inspirado em práticas internacionais como o *REIT*, oferece uma alternativa acessível para investidores de diferentes perfis, proporcionando um impacto significativo no desenvolvimento de empreendimentos imobiliários e na diversificação de portfólios. Apesar de expressamente a Lei 13.874/2019 ter inserido um capítulo específico ao Título III, do Livro III, do Código Civil[32] denominando-os "condomínios de natureza especiais"[33], tal denominação é relevante para análise neste *paper*.

---

em mão comum, instituto regulado pelo BGB alemão, que pressupõe a indivisão do patrimônio comum e a proteção do patrimônio comum em face de dívidas individuais dos titulares perante terceiros.

32. Código Civil. Livro III. Do Direito das Coisas. Título III. Da Propriedade. Capítulo X. Do Fundo de Investimento.

33. Código Civil. Art. 1.368-C. O fundo de investimento é uma comunhão de recursos, constituído sob a forma de condomínio de natureza especial, destinado à aplicação em ativos financeiros, bens e direitos de qualquer natureza. § 1º Não se aplicam ao fundo de investimento as disposições constantes dos arts. 1.314 ao 1.358-A deste Código. § 2º Competirá à Comissão de Valores Mobiliários disciplinar o disposto no caput deste artigo. § 3º O registro

1.3. Classificação dos FIIs

Os Fundos de Investimento Imobiliário podem ser classificados quanto ao tipo de gestão, ao tipo de ativo investido, quanto ao setor, quanto a quantidade de imóveis-inquilinos, dentre outras[34],[35].

a) Quanto ao tipo de gestão, os FIIs podem ser divididos em FIIs de gestão ativa ou passiva. Os de gestão ativa são aqueles em que possuem imóveis e parte da receita do fundo é obtida por locação e outra parte por alienação e lucro com a venda destes imóveis, com ou sem necessidade de aprovação assemblear, bastando tal condição estar prevista no regulamento do fundo. Já o fundo de gestão passiva são aqueles em que o patrimônio líquido é constituído por

dos regulamentos dos fundos de investimento na Comissão de Valores Mobiliários é condição suficiente para garantir a sua publicidade e a oponibilidade de efeitos em relação a terceiros. Art. 1.368-D. O regulamento do fundo de investimento poderá, observado o disposto na regulamentação a que se refere o § 2º do art. 1.368-C desta Lei, estabelecer: I - a limitação da responsabilidade de cada investidor ao valor de suas cotas; II - a limitação da responsabilidade, bem como parâmetros de sua aferição, dos prestadores de serviços do fundo de investimento, perante o condomínio e entre si, ao cumprimento dos deveres particulares de cada um, sem solidariedade; e III - classes de cotas com direitos e obrigações distintos, com possibilidade de constituir patrimônio segregado para cada classe. § 1º A adoção da responsabilidade limitada por fundo de *Investimento* constituído sem a limitação de responsabilidade somente abrangerá fatos ocorridos após a respectiva mudança em seu regulamento. § 2º A avaliação de responsabilidade dos prestadores de serviço deverá levar sempre em consideração os riscos inerentes às aplicações nos mercados de atuação do fundo de investimento e a natureza de obrigação de meio de seus serviços. § 3º O patrimônio segregado referido no inciso III do caput deste artigo só responderá por obrigações vinculadas à classe respectiva, nos termos do regulamento. Art. 1.368-E. Os fundos de investimento respondem diretamente pelas obrigações legais e contratuais por eles assumidas, e os prestadores de serviço não respondem por essas obrigações, mas respondem pelos prejuízos que causarem quando procederem com dolo ou má-fé. § 1º Se o fundo de investimento com limitação de responsabilidade não possuir patrimônio suficiente para responder por suas dívidas, aplicam-se as regras de insolvência previstas nos arts. 955 a 965 deste Código. § 2º A insolvência pode ser requerida judicialmente por credores, por deliberação própria dos cotistas do fundo de investimento, nos termos de seu regulamento, ou pela Comissão de Valores Mobiliários. § 3º Caso o regulamento do fundo estabeleça classes de cotas com direitos e obrigações distintos, nos termos do inciso III do caput do art. 1.368-D deste Código, aplica-se o disposto neste artigo a cada classe de cotas, individualmente considerada. Art. 1.368-F. O fundo de investimento constituído por lei específica e regulamentado pela Comissão de Valores Mobiliários deverá, no que couber, seguir as disposições deste Capítulo.

34. MENDES, Roni Antônio. Fundos de Investimento Imobiliário. Aspectos Gerais e Princípios de Análise. São Paulo: Novatec, 2018, p. 39.

35. DORNELAS, Eric. Aprenda a Investir em Fundos Imobiliários. USA: Eric Dornelas, 2019. p 75.

um ou mais imóveis, em parte ou em sua totalidade, os rendimentos destes fundos são provenientes basicamente das receitas com locação, a exemplo dos Centros comerciais – *Shopping Centers.*

b) Quanto ao tipo de ativo investido podem os FIIs serem classificados em, b.1) FIIs de tijolo, ou seja, a maior parte do patrimônio aplicado será em imóveis; b.2) FIIS de papel, ou seja, a maior parte do patrimônio aplicado será em ativos de renda fixa com lastro imobiliário, como as Letras de Crédito Imobiliário – CRI – e o Certificados de Recebíveis Imobiliários – CRI; b.3) FIIs de Fundos (FoF), ou seja, são aqueles que tem a maior parte do patrimônio aplicado em outros FIIs; b.4) FIIs de Desenvolvimento, ou seja, são os que tem participação em projetos de desenvolvimento imobiliário, principalmente os residenciais e seu lucro é obtido principalmente com a venda das unidades construídas e comercializadas; b.5) FIIs mistos são aqueles em que o fundo investe em várias classes de ativos e não se observa uma predominância majoritária em alguma classe específica.

c) Quanto ao setor. Os FIIs de tijolos podem ser divididos em: c.1) FIIs de agência bancárias; c.2) FIIs de faculdades; c.3) FIIs de escritórios; c.4) FIIs de hospitais; c.5) FIIs de logística/industrial; c.6) FIIs comerciais; c.7) FIIs de *shoppings centers;* c.8) FIIs de hotéis; c.9) Outras classificações, como FIIs de *call centers* (apenas dois no Brasil) e FIIs de cemitérios (apenas um no Brasil)

d) Quanto a quantidade de imóveis-inquilinos. Podem ser subdivididos em: d.1) Mono-mono, isto é, o fundo possui apenas um único imóvel locado a um único inquilino; d.2) Mono-multi, isto é, o fundo possui apenas um único imóvel locado a vários inquilinos; d.3) Multi-mono, isto é, o fundo possui vários imóveis locados a apenas um único inquilino, como uma instituição bancária, por exemplo; d.4) Multi-multi, ou seja, o FII possui vários imóveis locados a diversos inquilinos.

O desafio futuro reside na adaptação constante da legislação para garantir a eficácia e sustentabilidade desse modelo de investimento, quer chamando-o de condomínio de natureza especial, sociedade ou outra denominação que se encontre no futuro. Para tal, serão estudadas as sociedades empresariais e as não personificadas, para, ao final serem comparadas com o tipo condominial "especial" trazido pela atual legislação civil.

2. SOCIEDADES EMPRESARIAIS

O universo das sociedades empresariais no Brasil não será objeto deste estudo. Far-se-á uma análise das sociedades anônimas e em conta de participação, que podem ter similitudes com a natureza jurídica dos FII. O olhar específico sobre as sociedades anônimas, principalmente, culminará com uma distinção entre condomínios e sociedades. O capítulo abordará apenas a classificação dos diferentes tipos de sociedades presentes no ordenamento jurídico brasileiro, focando naquelas que se assemelham aos Fundos de Investimento Imobiliário (FII). Far-se-á breve análise incluindo definições, distinções entre sociedades simples e empresárias, e os principais tipos de sociedade presentes no direito empresarial brasileiro.

O Código Civil brasileiro, em seu artigo 981, define sociedade como o contrato entre pessoas que se obrigam a contribuir com bens ou serviços, exercendo atividade econômica e compartilhando os resultados. Essa definição é complementada por diversos autores, entre eles Fábio Ulhoa Coelho[36], que enfatiza o caráter empresarial da sociedade, onde as pessoas se comprometem a combinar esforços ou recursos para atingir objetivos comuns de natureza comercial. A diferenciação entre sociedades simples e empresárias, conforme Fabio Ulhôa Coelho, destaca a organização profissional como elemento distintivo. Sociedade empresária seria aquela profissionalmente organizada para a exploração empresarial, enquanto a sociedade simples atua sem a organização profissional dos fatores de produção.

Os tipos de Sociedades Empresariais personificadas[37] no Direito Brasileiro são:

> a) Sociedade Simples - Tipo societário constituído mediante contrato escrito entre partes integrantes da sociedade. (art. 997 CC/02)

36. COELHO, Fábio Ulhoa. Manual de Direito Comercial: Direito de empresa. 28 ed. rev., atual. e ampl. São Paulo: Editora RT, 2016, p. 114.

37. Código Civil, parte Especial - LIVRO II - Do Direito de Empresa.

b) Sociedade em Nome Coletivo (N/C): Configura-se quando todos os sócios respondem de forma ilimitada pelas obrigações sociais, caracterizando uma sociedade onde a responsabilidade é solidária e ilimitada. (art. 1.039 do CC/02)

c) Sociedade em Comandita Simples (C/S): Nesse tipo de sociedade, há dois tipos de sócios: os comanditados, que respondem ilimitadamente, e os comanditários, cuja responsabilidade é limitada ao valor de suas cotas. (art. 1.045 do CC/02)

d) Sociedade em Comandita por Ações (C/A): Similar à comandita simples, mas com a presença de ações, permitindo a entrada de investidores que não desejam participar diretamente da gestão. (art. 1.090 CC/02)

e) Sociedades Coligadas. Diz-se coligada ou filiada a sociedade de cujo capital outra sociedade participa com dez por cento ou mais, do capital da outra, sem controlá-la.[38] (art. 1.097 CC/02)

f) Sociedade Limitada (Ltda.): Um dos tipos mais comuns no Brasil, onde a responsabilidade dos sócios é limitada ao valor de suas cotas, sendo uma forma flexível e adaptável. (art. 1.052 CC/02)

g) Sociedade Anônima ou Companhia (S/A): Estruturada por ações, a sociedade anônima permite a captação de recursos por meio da oferta pública de ações, dividindo a responsabilidade entre os acionistas. (art. 1.088 CC/02 e Lei 6.404/76)

g.1) Sociedade Anônima Multinacional. Conforme Ricardo Negrão, três usos podem ser feitos da expressão multinacional: a) uso econômico, mostrando ao processo de expansão extraterritorial dessas empresas; b) a indicação de Estados sócios comuns a um empreendimento; e c) empresas constituídas sob regras comuns e uniformes de dois ou mais Estados.[39]

g.2) Sociedade Anônima do Futebol. Criada pela Lei 14.193/2021 este tipo societário tem características próprias, ou seja, fomento ao futebol, sujeitando-se subsidiariamente as disposições da Lei das S.A. e a Lei nº 9.615/1998.

38. https://www.normaslegais.com.br/guia/sociedades-coligadas.htm#:~:text=Diz%2Dse%20coligada%20ou%20filiada,outra%2C%20sem%20control%C3%A1%2Dla.

39. NEGRÃO, Ricardo. Manual de Direito Empresarial. 13ª Ed. São Paulo: Saraiva, 2023. p. 72.

h) Sociedade Cooperativa. Sociedade Cooperativa é uma associação de pessoas com interesses comuns, economicamente organizada de forma pré-estabelecida, contando com a participação livre de todos e respeitando direitos e deveres de cada um de seus cooperados, aos quais presta serviços, sem fins lucrativos.[40] (art. 1.093 CC/02)

i) Sociedades e empresas Startups. São as organizações empresariais ou societárias, nascentes ou em operação nascente, cuja atuação caracteriza-se pela inovação aplicada a modelo de negócios ou a produtos ou serviços ofertados (Lei Complementar 182/2021 – Marco Legal das Startups – MLS, art. 4º)

Já as sociedades não personificadas são:

a) Sociedade em Comum. Enquanto não inscritos os atos constitutivos, reger-se-á a sociedade, exceto por ações em organização, pelo disposto neste Capítulo, observadas, subsidiariamente e no que com ele forem compatíveis, as normas da sociedade simples. (Art. 986 CC/02)[41].

b) Sociedade em Conta de Participação (C/P): Configura uma sociedade temporária, onde um sócio ostensivo responde pelas obrigações sociais perante terceiros, enquanto o sócio participante tem responsabilidade limitada ao valor de sua participação. (Art. 991 CC/02)

Visto superficialmente a classificação dos tipos societários, passa-se a definir o conceito de sociedade e posteriormente as Sociedades em Conta

40. PEREIRA, Romero. Cooperativa: o que é e como funciona. https://coonecta.me/cooperativa/ Acesso em 18 jan. 2024.

41. O art. 987, que mais de perto nos interessa, por dizer respeito às sociedades em comum, assim dispõe: "Os sócios, nas relações entre si ou com terceiros, somente por escrito podem provar a existência da sociedade, mas os terceiros podem prová-la de qualquer modo". É fora de dúvida, portanto, que para validade do contrato social não se exige forma especial, mas apenas para sua eficácia, como já ressaltava PONTES DE MIRANDA. À falta de prova por escrito, há ineficácia relativa do contrato: os sócios ficam privados de provar a existência da sociedade, mas os terceiros poderão prová-la de qualquer modo. FRANÇA, Erasmo Valladão Azevedo e Novaes. A Sociedade em Comum. (Uma mal compreendida inovação do Código Civil de 2002). https://edisciplinas.usp.br/pluginfile.php/5575538/mod_resource/content/0/09%20-%20Fran%C3%A7a%2C%20A%20sociedade%20em%20comum%20-%20RDM.pdf Acesso em 18 jan 2024.

de Participação e Sociedades Anônimas, para melhor compreensão do estudo e análise comparativa com os FII.

2.1. Conceitos

Busca-se estabelecer um entendimento claro e abrangente do conceito de sociedade, delimitando suas características essenciais e delineando como esse formato legal difere de outras formas de organização. É fundamental atentar para algumas definições e conceituações sobre sociedades empresariais, as quais se passam a descrever.

Para José Edvaldo Tavares Borba, "A sociedade é uma entidade dotada de personalidade jurídica com patrimônio próprio, atividade negocial e fim lucrativo."[42] Fabio Ulhoa Coelho sinteticamente conceitua "Sociedade empresária é a pessoa jurídica que explora uma empresa".[43] Marcelo Bertoldi e Marcia Ribeiro as definem como "as organizações econômicas, dotadas de personalidade jurídica e patrimônio próprio, constituídas ordinariamente por mais de uma pessoa, que tem como objetivo a produção ou a troca de bens ou serviços com fins lucrativos."[44]

Já para André Santa Cruz:

> "Sociedades são pessoas jurídicas de direito privado decorrentes da união de pessoas, que possuem fins econômicos, ou seja, são constituídas com a finalidade de exploração de uma atividade econômica e repartição dos lucros entre seus membros".[45]

Os conceitos trazidos pelos doutrinadores citados, convergem para a necessária atividade econômica e repartição de lucros. Neste ponto, definidas e conceituadas doutrinariamente as sociedades empresariais, analisar-se-á um tipo específico de sociedade, a sociedade em conta de participação.

42. BORBA, José Edvaldo Tavares. Direito Societário. 14ª. Ed. São Paulo: Atlas, 2015, p. 25.
43. COELHO, Fábio Ulhôa, Curso de Direito Comercial, 14.ª ed., Saraiva: São Paulo, 2010, p. 5.
44. BERTOLDI, Marcelo M. e RIBEITO, Marcia Carla Pereira. Curso Avançado de Direito Comercial, 6ª. Ed. Ver e atual. São Paulo, Ed RT, 2011, p. 142.
45. CRUZ, André Santa. Manual de Direito Empresarial – Vol. único. 13ª. Ed. ver. Atual. e ampl. São Paulo, Editora Juspodivm, 2023, p. 337.

2.2. Sociedades em conta de participação (SCP)

Nesta modalidade destaca-se sua estrutura única e os papéis distintos dos sócios ostensivos e participantes. Não é o escopo deste *paper* aprofundar em cada uma das sociedades, entretanto, este tipo societário interessa, pois, há pontos de contado com o objeto deste estudo, os FII. Ricardo Negrão ao analisar este tipo societário enfatiza que na doutrina sempre houve controvérsia sobre a natureza jurídica das Sociedades em Conta de Participação (SCP), pois alguns a consideram um mero contrato de Investimento e outros um tipo societário[46]. Neste *paper* será aproveitado esta dualidade de entendimento para a comparação com os Fundos de Investimento Imobiliário.

As SCP podem ser conceituadas como uma sociedade interna, oculta, entre o comerciante ou uma sociedade comercial e o sócio ou sócios que não se destacam permanecendo ocultos e anônimos[47]. José Maria Costa em dissertação de Mestrado colabora com o desenvolvimento histórico deste tipo societário:

> O artigo 325 do Código Comercial de 1850 assim a definia a sociedade em conta de participação: Quando duas ou mais pessoas, sendo ao menos uma comerciante, se reúnem, sem firma social, para lucro comum, em uma ou mais operações de comércio determinadas, trabalhando alguns ou todos, em seu nome individual pura o fim social, a associação toma o nome de sociedade em conta de participação, acidental, momentânea ou anônima. O Código Civil de 2002 não repetiu o conceito, nem substituiu a definição, talvez seguindo o princípio técnico da ciência jurídica na atualidade de que não cabe à lei conceituar institutos, mas essa tarefa deve ficar sob a responsabilidade da doutrina. Assim, começa o capítulo específico que trata dessa espécie societária com o antigo 991, a dizer que, na sociedade em conta de participação, "a atividade constitutiva do objeto social é exercida unicamente pelo sócio ostensivo, em seu nome individual e sob sua própria e exclusiva responsabilidade, participando os demais dos

46. NEGRÃO, Ricardo. Manual de Direito Empresarial. 13ª Ed. São Paulo: Saraiva, 2023. p. 47.
47. SCARAMONE, Marcelo Barbosa. Direito Empresarial: Nível Superior. Coord. Licínia Rossi Correia Dias, Marcelo Jugo da Rocha – São Paulo: Saraiva, 2004, p. 132.

> resultados correspondentes". Na vigência do ordenamento anterior, Fran Martins assim conceituava: "Existe sociedade em conta de participação quando duas ou mais pessoas, sendo ao menos uma comerciante, se reúnem para a realização de uma ou mais operações comerciais, sendo essas operações feitas em nome e sob a responsabilidade de um ou alguns dos sócios comerciantes".[48]

Sua administração implicará os resultados para os demais participantes. Esse enfoque específico proporciona a compreensão de uma variação dentro do universo das sociedades. Regulamentada pelos artigos 991 a 996 do Código Civil, portanto, a SCP é uma forma específica de sociedade não personificada, cujo conceito está definido no artigo 991. Elementos específicos como sua definição legal, a responsabilidade dos sócios, a distinção entre o sócio ostensivo e o sócio participante, e as características específicas que a diferenciam de outras formas de sociedade importam a este estudo. A natureza das responsabilidades dos sócios deve ser ressaltada, pois o sócio ostensivo assume papel proeminente, sendo o verdadeiro administrador da sociedade.

2.2.1. Proteção Patrimonial na SCP

A análise da proteção patrimonial na SCP é fundamental para se compreender as implicações de sua responsabilidade, que se pode dizer, mista. O sócio ostensivo assume um risco maior ao responder com todo o seu patrimônio pelas obrigações empresariais. Essa exposição é contrastada pela posição do sócio participante, que arrisca perder apenas o capital que investiu no empreendimento. A proteção patrimonial diferenciada cria uma dinâmica única na qual os sócios podem escolher seu nível de envolvimento e exposição ao risco. Conforme João Pedro Scalzilli e Luís Felipe Spinelli:

48. COSTA, José Maria. A Sociedade em Conta de Participação no Direito de Empresa do Código Civil de 2002. Dissertação de Mestrado em Direito. Orientadora, Teresa Arruda Alvim Wambier. PUC-SP. 2006, p. 141.

> ...a sociedade em conta de participação é daqueles tipos societários cuja responsabilidade dos sócios é mista, isto é, possui uma categoria de sócio que não usufrui de proteção patrimonial enquanto a outra, perante terceiros, nada responde pelos prejuízos advindos da exploração do empreendimento de interesse comum.[49]

2.2.2. *Relação Jurídica entre Sócios Participantes e Credores*

Faz-se necessário citar novamente a doutrina de Fabio Ulhôa Coelho, nesta feita para esclarecer a relação jurídica entre os sócios participantes e os credores na SCP[50]. Segundo Coelho, os sócios participantes não mantêm qualquer relação jurídica com os credores resultantes do empreendimento[51]. Para satisfazer seus créditos, os credores precisam acionar os sócios ostensivos, que, por sua vez, têm o direito de buscar regresso dos sócios participantes. Essa dinâmica destaca a complexidade das responsabilidades na SCP, onde a proteção patrimonial é um elemento chave, mas também evidencia a necessidade de um processo legal mais intricado para a execução de credores.

Outros aspectos da SCP não serão analisados por não influenciarem diretamente a análise que se busca, assemelhar ou não aos FII.

2.3. Sociedade Anônima (S.A.)

Seguindo o estudo, deve-se dar atenção a um tipo societário que também se adequaria aos FII – a Sociedade Anônima (S.A.). Cesare Vivante, em sua obra *Trattato de Diritto Commerciale*, traz sintética, mas precisa, noção das sociedades anônimas, plenamente aplicável ao direito brasileiro:

---

49. SCALZILLI, João Pedro e SPINELLI, Luís Felipe. Sociedade em Conta de Participação. J Sociedade em Conta de Participação, Quartier Latin: São Paulo 2014, p. 79.

50. Vide REsp nº 168.028/SP. Relator: Ministro Cesar Asfor Rocha. *DJe* 22/10/2001 e REsp nº. 192.603/SP. Relator: Ministro Barros Monteiro. *DJe* 01/07/2004.

51. COELHO, Fábio Ulhoa. Manual de Direito comercial: Direito de empresa – 23. ed. – São Paulo: Saraiva, 2011. p. 182.

> Sociedade anônima é uma pessoa jurídica que exerce o comércio com um patrimônio unicamente constituído pelas subscrições dos sócios. O que constitui o seu caráter essencial, o que a distingue das outras formas de sociedade, está em que nenhum dos sócios é obrigado pessoalmente a responder pelas dívidas sociais: não oferece em garantia o patrimônio particular dos sócios ou de alguns deles, mas simplesmente o próprio.[52]

Esse formato societário, caracterizado pela emissão de ações negociadas publicamente, tem estrutura organizacional diferenciada. Caracteriza-se pela criação de órgãos de administração, como conselhos e diretoria, e juntamente com as características únicas relacionadas à transferência de ações e o seu funcionamento está condicionado pelo seu estatuto, ou lei[53]. O funcionamento das sociedades anônimas é mais complexo que os demais tipos societários e destaca-se pela sua relevância no contexto empresarial e no mercado de capitais.

Ressalta-se inicialmente sua definição no artigo 1º da Lei nº 6.404/76[54]. Fábio Ulhôa Coelho destaca que a S.A. é uma sociedade empresária com capital dividido em ações, cujos sócios (ou acionistas) respondem pelas obrigações sociais até o limite do preço de emissão das ações que possuem. Para Coelho, "A sociedade anônima é uma sociedade de capital. Os títulos representativos da participação societária (ação) são livremente negociáveis[55]".

Rubens Requião complementa esta análise sobre a ação representativa de uma fração do capital social, a que ela corresponde, prossegue o autor:

> Esse valor, quando expresso no certificado da ação, diz-se "valor nominal". O que importa, entretanto, na sociedade anônima, na

52. VIVANTE, Cesare. Instituições de Direito Comercial. Tradução e notas de Ricardo Rodrigues Gama. Campinas – SP: LZN Editora, 2003, p. 99.
53. MARTIN, Fran. Curso de Direito Comercial: empresa comercial, empresários individuais, microempresários, sociedades comerciais, fundo de comercio. Ed. rev. e atual. Rio de Janeiro: Forense, 2002. p. 229.
54. Art. 1º A companhia ou sociedade anônima terá o capital dividido em ações, e a responsabilidade dos sócios ou acionistas será limitada ao preço de emissão das ações subscritas ou adquiridas. Lei nº 6.404, de 15 de Dezembro de 1976. Dispõe sobre as Sociedades por Ações. https://www.planalto.gov.br/ccivil_03/leis/l6404consol.htm. Acesso em 18 jan 2024.
55. COELHO, Fábio Ulhoa. Manual de Direito comercial: Direito de empresa – 23. ed. – São Paulo: Saraiva, 2011.

> verdade em relação aos investidores e ao público, não é este valor estampado no certificado correspondente, mas o preço que ela adquire no mercado, quando é negociada."[56]

Ressalta-se que cada sócio ou acionista só é obrigado pelo preço das ações que subscrever ou adquirir, fato relevante com relação a responsabilidade societária de cada acionista. Esta responsabilidade encontrará limites aos acionistas na S.A. Portanto, uma das características importantes nas S.A. é a limitação da responsabilidade dos acionistas ao preço de emissão das ações. Mesmo que o valor de mercado dessas ações varie, a responsabilidade dos acionistas permanece restrita ao preço inicial de emissão. Essa peculiaridade cria um ambiente no qual o acionista não pode ser responsabilizado pela não integralização da participação societária por outros acionistas[57], aqui aproximando-se dos FII.

2.3.1. Classificação da Sociedade Anônima. Sociedade Aberta ou Fechada

As S.A. se dividem em abertas ou fechadas, conforme os valores mobiliários emitidos estejam ou não admitidos à negociação no mercado de valores mobiliários. O artigo 4º da Lei das S.A. as classificam desta forma,

> Art. 4º Para os efeitos desta Lei, a companhia é aberta ou fechada conforme os valores mobiliários de sua emissão estejam ou não admitidos à negociação no mercado de valores mobiliários. (Redação dada pela Lei nº 10.303, de 2001).[58]

Fran Martins destaca que a classificação é meramente formal, sendo determinada pela admissão dos valores mobiliários à negociação na bolsa ou mercado de balcão, e assim se manifesta:

---

56. REQUIÃO, Rubens. Curso de Direito Comercial, 2º Vol. 26.ª ed., Saraiva: São Paulo, 2009, p 76.
57. NEGRÃO, Ricardo. Manual de Direito Empresarial. 13ª Ed. São Paulo: Saraiva, 2023. p. 194.
58. Lei nº 6.404, de 15 de Dezembro de 1976. Dispõe sobre as Sociedades por Ações. https://www.planalto.gov.br/ccivil_03/leis/l6404consol.htm. Acesso em 18 jan 2024.

> "Não é, assim, o número maior ou menor de acionistas que distingue a companhia aberta da fechada. Esta pode ter um número avultado de acionistas, mas, se as ações não são negociadas no mercado de valores mobiliários, serão sociedades fechadas."[59]

Rubens Requião as classificam dizendo: "A companhia é aberta ou fechada, reza aquele preceito legal, conforme os valores mobiliários de sua emissão estejam ou não admitidos à negociação em bolsa ou no mercado de balcão."[60]

Ricardo Negrão pondera que:

> "Embora toda a disciplina da sociedade anônima seja construída sobre sociedades de grande porte, cujos títulos sejam negociados no mercado de valores mobiliários, a sociedade anônima fechada é a forma utilizada por sociedades de pequeno e médio porte, em regra. As sociedades anônimas fechadas não possuem os seus valores mobiliários negociados em mercado de capitais."[61]

Classifica-se para compreensão científica, quer seja ciência natural ou jurídica, e como não pode deixar de ser, pois sociedades abertas estão sujeitas a normas mais rígidas, maior publicidade e constante fiscalização da CVM.[62] Para este estudo, as noções das S.A. aqui trazidas coadunam ao intuito de compará-las aos FII.

2.3.2. Comparação entre Sociedades Anônimas e os Fundos de Investimento Imobiliário

Evidente que a flexibilidade na formação da S.A., em aberta ou fechada, trará mais dinamismo à sua finalidade econômica. Entretanto os FII,

---

59. MARTINS, Fran. Curso de Direito Comercial: empresa comercial, empresários individuais, microempresários, sociedades comerciais, fundo de comercio. Ed. rev. e atual. Rio de Janeiro: Forense, 2002. p. 236.
60. REQUIÃO, Rubens. Curso de Direito Comercial, 2º Vol. 26.ª ed., Saraiva: São Paulo, 2009, p. 32.
61. NEGRÃO, Ricardo. Manual de Direito Empresarial. 13ª Ed. São Paulo: Saraiva, 2023. p. 190.
62. Parágrafo 1º do artigo 4º da Lei das S.A. Lei nº 6.404, de 15 de Dezembro de 1976. Dispõe sobre as Sociedades por Ações. https://www.planalto.gov.br/ccivil_03/leis/l6404consol.htm. Acesso em 18 jan 2024.

ao serem constituídos de forma "fechada"[63], podem tratar de forma mais precisa seu objeto finalístico[64]. Nesta flexibilidade constitutiva, destaca-se a natureza *intuitu personae* das sociedades fechadas, onde a concepção de sua criação não se prende apenas à formação do capital, mas também à qualidade pessoal dos sócios. Pode ser que haja a mesma situação com relação as sociedades anônimas abertas, porém sua regulação pela CVM trará maiores complexidades operacionais.

Com os Fundos de Investimento Imobiliário ocorrerá a mesma situação. Os fundos apesar de serem eminentemente abertos, e especificamente os FII fechados, nota-se menor complexidade operacional, comparativamente a hipótese da possibilidade de serem abertos, e estes últimos se assemelhariam, às S.A abertas.

Portanto, a compreensão da S.A. como um tipo de sociedade por ações, sua classificação entre aberta e fechada, e a similaridade com os FII, a responsabilidade limitada dos acionistas, a importância da admissão de valores mobiliários ao mercado e a flexibilidade na classificação das sociedades, proporciona uma visão colimada à compreensão da natureza jurídica dos Fundos de Investimento Imobiliários, diferenciando-os das sociedades anônimas.

2.3.3. *As Similaridades entre FII e Sociedades por Ações*

Inicia-se destacando as discussões existentes na CVM sobre as semelhanças entre FII e sociedades por ações. Essa comparação é central para a compreensão da natureza jurídica dos FII. Estudou-se, inicialmente, as

---

63. Governo muda regras para isenção de fundos imobiliários e Fiagros; saiba o que muda e se você corre risco de ser taxado. Especialistas afirmam que medida mira fundos menores, utilizados por famílias e grupos fechados. VENAGLIA, Lívia. In: https://inteligenciafinanceira.com.br/onde-investir/renda-variavel/tributacao-fundos-imobiliarios/ Acesso em 01 mar 2024.

64. Art. 3º. As classes de cotas dos FII devem ser constituídas em regime fechado e podem ter prazo de duração indeterminado. Resolução CVM Nº 175, De 23 de Dezembro De 2022, com as alterações introduzidas pelas Resoluções CVM nº 181/23, 184/23 e 187/23. Dispõe sobre a constituição, o funcionamento e a divulgação de informações dos fundos de investimento, bem como sobre a prestação de serviços para os fundos, e revoga as normas que especifica. In: https://conteudo.cvm.gov.br/legislacao/resolucoes/resol175.html Acesso em 21 fev 2024.

Sociedades em Conta de Participação e neste ponto, as sociedades por ações. Ambos os tipos societários, sociedades em Conta de Participação ou por Ações, com relação aos FII reforçam a complexidade da natureza jurídica desses fundos, sujeitos a debates e diferentes interpretações.

Ao explorar as analogias entre sociedades e os FII, este *paper* oferece uma visão panorâmica das diferentes estruturas empresariais disponíveis, permitindo uma compreensão mais ampla das características e possíveis semelhanças com os fundos de investimento imobiliário, que será vista no capítulo final. A reflexão sobre a natureza jurídica dos FII, apesar da dicção legal dizer "condomínio especial", para nós, permanece em aberto, sugerindo que a discussão e o estudo desses instrumentos financeiros que, como dito, continuam sendo um campo fértil para análises jurídicas e debates doutrinários. As discussões da Comissão de Valores Mobiliários (CVM) ressaltam aspectos legais dos FII, seu conceito, responsabilidade dos investidores, e classificação, aproximando-se do tratamento dado às S.A. Destaca-se a diversidade de tipos societários presentes no direito brasileiro, cada um com características específicas que os tornam adequados para diferentes contextos e necessidades empresariais, e nos aproveitamos desta amplitude conceitual para o presente debate e na sequência será analisada a estrutura jurídica do condomínio, para posteriormente averiguar o que se chama de condomínio "especial" e se o mesmo se adequa ao presente estudo.

3. CONDOMÍNIO

Após breve análise das Sociedades, em Conta de Participação e Anônima, deve-se analisar o instituto do condomínio, pois a própria dicção legal denominam os FII como uma espécie de "condomínio especial"

Inicia-se a análise do condomínio como um gênero de comunhão de interesses, um instituto jurídico de direito real que tem sido objeto de debate entre os civilistas, e neste *paper* não se alongará a respeito em todas suas nuances e estudos aprofundados, objetivando aspectos que se assemelhem ou não aos Fundos de Investimento Imobiliário. Ary Oswaldo Mattos Filho enfatizou como o mercado de valores mobiliários se beneficiou dos condomínios voluntários para criar mecanismos que envolvem

Investimentos comuns.[65] A distinção entre condomínios e sociedades é indicada pela ausência de legislação específica para os ditos "Condomínios especiais" relacionado aos FII, nem os tipos societários anteriormente estudados, SCP e S.A.

Observa-se que não se trata de condomínios gerais, também chamados de normais ou comuns (art. 1.314 a 1.330 do CC/02), nem o edilício e os especiais no capítulo específico que são abordados (art. 1.331 a 1.358-U do CC/02)[66.] Expressamente a alteração legislativa que criou os FII excetuam apenas os artigos 1.314 (condomínio comum) ao 1.358-A (condomínio de lotes). Deveria ter excetuado dos artigos 1.358-B ao 1.358-U, pois são matéria estranha a natureza jurídica que se impôs aos fundos (Condomínios especiais).

Ary Oswaldo Mattos Filho, como dito, sugere uma conexão direta entre os condomínios e o mercado de valores mobiliários, revelando a influência e a adaptação desse instituto para a criação de mecanismos de Investimento comuns[67]. A diferenciação entre condomínios e sociedades é sutilmente introduzida, apontando para a falta de legislação específica para os condomínios chamados "especiais" (que se enfatiza, especiais como fundos de Investimento imobiliário) em comparação com as sociedades anônimas. Portanto, para dar subsídios a este tipo de diferenciação e estudo, deve-se, ao menos introdutoriamente analisar alguns aspectos civilistas sobre condomínio, sem, no entanto, trazer esgotamento da matéria, como dito antes.

65. "...o mercado de valores mobiliários se aproveitou do instituto dos condomínios voluntários para criar mecanismos que abrangem *Investimentos* comuns. Os condomínios, diferentemente das sociedades, não têm legislações específicas positivando os Direitos do condômino, do seu administrador e do condomínio, bem como do seu funcionamento em si, ao contrário das sociedades anônimas, que tem lei própria." MATTOS FILHO, Ary Oswaldo de. Direito dos Valores Mobiliários, I, FGV: Rio de Janeiro, 2015, p. 360.

66. Art. 1.368-C, § 1º Não se aplicam ao fundo de *Investimento* as disposições constantes dos arts. 1.314 ao 1.358-A deste Código.

67. MATTOS FILHO, Ary Oswaldo de, ibid., p. 360.

3.1. Conceito de condomínio

A exploração do conceito de condomínios é fundamental para estabelecer uma compreensão clara do tema. Condomínio seria uma forma de organização onde dois ou mais proprietários compartilham propriedade ou partes dela. A definição pode abranger tanto condomínios residenciais quanto comerciais, destacando a ideia de coexistência e compartilhamento de direitos de propriedade. A exploração do estudo revela uma compreensão mínima, abordando não apenas a propriedade comum de bens, mas também as dimensões objetivas e subjetivas do condomínio. O conceito de condomínio apresentado, portanto, abrange aspectos essenciais da copropriedade.

Caio Mário da Silva Pereira fornece uma base conceitual sólida, evidenciando a participação proporcional dos condôminos na totalidade dos bens do condomínio e inicia seu conceito destacando que, "Condomínio compreende o exercício do direito dominial por mais de um dono, simultaneamente"[68], para conceituá-lo:

> Dá-se condomínio, quando a mesma coisa pertence a mais de uma pessoa, cabendo a cada um deles igual direito idealmente, sobre o todo e cada uma de suas partes. O poder jurídico é atribuído a cada condômino, não sobre uma parte determinada da coisa, porém sobre ela em sua integralidade, assegurando-se a exclusividade jurídica ao conjunto de com-proprietários, rem relação a qualquer pessoa estranha, e disciplinando-se os respectivos comportamentos, bem como a participação de cada um em função da utilização o objeto.[69]

A distinção entre as perspectivas objetiva e subjetiva, introduzida por Orlando Gomes[70], adiciona profundidade à compreensão, destacando não apenas a natureza compartilhada da coisa, mas também a interação social entre os proprietários.

---

68. PEREIRA, Caio Mário da Silva. Instituições de Direito Civil. Vol. IV, Direitos Reais. 19ª Ed. Atualizador, Carlos Edison do Rego Monteiro Filho. Rio de Janeiro: Forense, 2006, p 175.
69. Ibid, p. 175.
70. GOMES, Orlando. Direitos Reais, Forense: Rio de Janeiro, 1978, p. 206.

O conceito de condomínio, conforme apresentado, portanto, oferece uma compreensão abrangente do que se chama "copropriedade", abordando aspectos legais e sociais. A análise crítica deste estudo destaca a riqueza do conceito, fornecendo uma base sólida para a compreensão do instituto jurídico do condomínio. Essa definição fundamentada é essencial para a compreensão posterior das implicações legais e sociais do condomínio, especialmente no contexto da comparação com os Fundos de Investimento Imobiliários, como sugerido na estrutura geral do texto.

3.2. Características e natureza jurídica

Ao abordar as características dos condomínios, este *paper* destacará elementos distintivos que definem essa forma de organização. Isso pode incluir aspectos como a existência de áreas comuns, como nos condomínios edilícios, a necessidade de regulamentos internos, a formação de órgãos de administração, entre outros. Explorar essas características proporciona uma visão abrangente da dinâmica e estrutura que permeiam os condomínios e a detida análise dos artigos 1.331 e seguintes do Código Civil sobre os condomínios edilícios trará noção do aqui analisado. Entretanto, a análise não deve ser vista sob a ótica dos tipos condominiais chamados especiais, como edilício, de lotes, multipropriedade. A noção principal deveria ser feita a partir do artigo 1.314, que a própria lei excluiu. Portanto, a análise dos tipos condominiais "especiais" do título, "Condomínio" será feita apenas para comparação com o objeto de estudo deste *paper*, ou seja, os FII.

O Código Civil Brasileiro, nos artigos 1.314 a 1.330, trata dos condomínios comuns ou ordinários, que representam a coexistência de propriedade privada compartilhada pelos coproprietários, chamados condôminos. O condomínio comum é regida por características específicas e o instituto do condomínio é caracterizado por não possuir personalidade jurídica, não exercerem atividade econômica, com ou sem fins lucrativos. Portanto é entidade sem personalidade jurídica própria. Ele não é considerado uma entidade distinta dos condôminos individualmente. Juridicamente, o condomínio não pode ser sujeito de direitos e obrigações de maneira autônoma, sendo representado e atuando através dos condôminos ou síndico se houver convenção a respeito. Neste aspecto, aproxima-se dos FII, ou seja, não possuem personalidade jurídica.

O condomínio comum ou ordinário, portanto, não é, nem pode ser tratado como empresa. Embora exista a possibilidade de registro no Cadastro Nacional de Pessoa Jurídica (CNPJ) para cumprir obrigações legais, isso não implica na criação de personalidade jurídica para o condomínio. O CNPJ é mais utilizado para fins tributários e facilitação de transações financeiras, mas não confere ao condomínio uma personalidade jurídica separada. O condomínio comum caracteriza-se pela coexistência de propriedade privada, e isto nem lhe conferiria uma natureza jurídica "anômala". Essa anormalidade até poderia referir-se à peculiaridade de ter múltiplos proprietários coexistindo em um mesmo espaço, o que, em tese, demandaria consenso para lidar com os direitos e deveres de cada coproprietário. A natureza jurídica empresarial do condomínio ordinário, portanto, não deve ser considerada. A natureza jurídica do condomínio comum, como enfatizamos, é caracterizada pela ausência de personalidade jurídica própria.

Já para o condomínio edilício, que se fará um paralelo com o chamado condomínio "especial" (novamente com todas as ressalvas anteriormente apontadas), deve envolver a gestão de áreas comuns, pagamento de taxas condominiais, participação em assembleias e cumprimento de regras estabelecidas. Compreender as responsabilidades se faz necessário para garantir uma convivência harmoniosa e o bom funcionamento do condomínio como um todo. E isto vale igualmente para os fundos de investimento imobiliários, que será, como dito, administrado por uma pessoa jurídica contratada a fazê-lo, como fiduciário.

3.3. Perspectivas Objetiva e Subjetiva

O conceito de condomínio é então desdobrado em perspectivas objetiva e subjetiva por Orlando Gomes[71]. Na abordagem objetiva, o condomínio é caracterizado como indiviso em relação à coisa, ressaltando a inseparabilidade dos bens compartilhados. Por outro lado, na perspectiva

71. GOMES, Orlando. Direitos Reais. Forense: Rio de Janeiro, 1978, p. 208.

subjetiva, o condomínio é definido como uma comunhão, destacando a relação entre os sujeitos titulares de direitos sobre a propriedade. Essa distinção enfatiza a dualidade do conceito, considerando não apenas a natureza da coisa compartilhada, mas também a interação entre os condôminos como partes da comunhão.

3.4. Limitações ao Aproveitamento da Quota Ideal

Ressalta-se que o aproveitamento da quota ideal não deve causar embaraços aos outros condôminos. Cada condômino tem o direito de usar, dispor, alienar e dar em pagamento sua quota parte, mas esses direitos devem ser exercidos de maneira a não prejudicar os demais condôminos. A consideração pela coexistência e harmonia entre os direitos individuais destaca a necessidade de equilíbrio no uso e na disposição das partes ideais no condomínio.

3.5. Temporariedade do Condomínio

O conceito de temporariedade do condomínio é tido como uma anormalidade da exclusividade dos poderes do titular sobre a propriedade. A comunhão não é a modalidade natural da propriedade. Caio Mário a diz como um estado anormal, apoiado em Clóvis Beviláqua, muito frequentemente gerador de rixas e desavenças, e fomentador de discórdias e litígios. O autor refere-se à possibilidade de os condôminos acordarem que a coisa comum permaneça indivisa por um prazo não superior a cinco anos, conforme o parágrafo primeiro do Artigo 1.320 do Código Civil,[72] permitindo que os condôminos solicitem a divisão da coisa comum a qualquer momento. A visão de Orlando Gomes sugere que, com o tempo, as relações se solidificam e as partes abstratas tendem à concretização[73], permitindo

72. Caio Mário argumenta que essa perspectiva de temporariedade foi, inclusive, influenciada por Planiol, Ripert e Boulanger, para quem o condomínio é um estado anormal da propriedade, porém, as partes podem convencionar que fique indivisa por prazo superior a cinco anos, op. cit. p. 180-181.

73. GOMES, Orlando. Direitos Reais. Forense: Rio de Janeiro, 1978, p. 210.

aos condôminos pedirem a divisão da coisa comum a qualquer momento. Pontes de Miranda não vê qualquer problema no condomínio comum[74].

Visto as noções de sociedades empresariais e condomínio, passa-se a análise sobre as teorias sobre a natureza jurídica dos FII.

4. TEORIAS SOBRE A NATUREZA JURÍDICA DOS FUNDOS DE INVESTIMENTO IMOBILIÁRIO (FII)

Há diversas teorias sobre a natureza jurídica dos FII. Mario Tavernard Martins de Carvalho as cita:

> teoria da copropriedade (ou condominial), teoria da comunhão não condominial, teoria da propriedade em mão comum, teoria da propriedade fiduciária e teoria societária. No Brasil, o tema não é pacificado, sendo que as duas principais correntes são as que defendem a natureza de copropriedade (ou condomínio) e a natureza societária.[75]

Carvalho posiciona-se sobre a natureza jurídica dos fundos de investimento como sendo uma sociedade em comum, não personificada[76]. Este posicionamento foi tomado antes da alteração do Código Civil, que incluiu os artigos 1.368-C a 1.368-F, entretanto, entendemos não ser relevante tal acréscimo legislativo a discussão[77]. Carvalho não adentra especificamente aos Fundos de Investimento Imobiliário, e poderia analisar melhor, ante a peculiaridade do objeto do mesmo ser imobiliário. Erasmo Valladão de

---

74. PONTES DE MIRANDA, Francisco Cavalcanti. Tratado de D*ireito* privado: Parte Especial; Direito das Coisas; Condomínio; Edifício de apartamentos; Compáscuo; Terras devolutas; Terras silvícolas. 5.ed. São Paulo: RT, 2012, p. 244

75. CARVALHO, Mário Tavernard Martins de. Regime Jurídico dos Fundos de ***Investimento***. São Paulo: Quartier Latin, 2012, p. 182.

76. CARVALHO, Mário Tavernard Martins de. ibid., p. 199.

77. O caso em tema enfileira-se com outros de inoculações atécnicas de dispositivos no Código Civil, a exemplo do equivocado emprego do termo "posse direta" na usucapião familiar (art. 1.240-A, Código Civil) e da indevida inclusão dos "fundos de investimento" como uma espécie de condomínio no âmbito do livro de Direito das Coisas do Código Civil. OLIVEIRA, Carlos Eduardo Elias de. Novo Direito Real com a lei 14.620/23: uma atecnia utilitarista diante da imissão provisória na posse. in: https://www.migalhas.com.br/coluna/migalhas-notariais-e-registrais/390037/novo-direito-real-com-a-lei-14-620-23. Acesso em 01 mar 2024.

Azevedo e Novaes França[78], igualmente, vê os fundos como sociedades não personificadas, aplicando analogicamente as normas sobre sociedade em comum[79] e sociedade simples, além da Lei das SA e sugere a semelhança com a sociedade em conta de participação, enquanto Lucas Corte Real de Oliveira[80] destaca debates sobre a aproximação com a sociedade por ações. Posição bem defendida por Nicole Mattar Haddad Terpins[81] que em sua dissertação de mestrado observou que "A semelhança entre o FII e as sociedades por ações tem sido objeto de discussões no âmbito da CVM desde a elaboração da primeira norma acerca do instituto".

Esta análise não pretende esgotar o estudo de todos os tipos de sociedades, mas foca em uma breve análise daquelas que são frequentemente comparadas aos FII, como o condomínio civil, a sociedade por ações, e até mesmo a sociedade em conta de participação.

Até 1988, e mesmo após, com a introdução das primeiras Instruções Normativas da Comissão de Valores Mobiliários (CVM), os contratos de investimento coletivo no Brasil enfrentavam uma incerteza jurídica, conforme observado por Ary Oswaldo de Mattos Filho[82]. O surgimento das Instruções Normativas 205 e 206, ambas de 14 de janeiro de 1994, pela CVM, foi um marco na regulamentação dos Fundos de investimento Imobiliário (FII), estabelecendo regras para sua constituição, funcionamento e administração, além de normas contábeis específicas, que atualmente são regidas pela Resolução 175 da CVM de 23 de dezembro de 2.022.[83]

78. FRANÇA, Erasmo Valladão Azevedo e Novaes. Parecer sobre: a natureza jurídica dos fundos de investimento; conflito de interesses apurado pela própria assembleia de quotista; quórum qualificado para destituição de administrador de fundo. Revista de Direito Empresarial, n. 6, p. 11-39, 2006 Tradução Acesso em: 13 jan. 2024.

79. FRANÇA, Erasmo Valladão de Azevedo e Novaes. A sociedade em comum. São Paulo: Malheiros. 2013. Acesso em: 13 jan. 2024.

80. OLIVEIRA, Lucas Corte Real de. A Natureza Jurídica dos Fundos de Investimentos Imobiliários no Ordenamento Jurídico Brasileiro. Revista de Direito Financeiro e dos Mercados de Capitais, Vol. 2 2020, nº. 9, 273-322.

81. TERPINS, Nicole Mattar Haddad. Natureza Jurídica dos Fundos de Investimento Imobiliário, USP: São Paulo, 2013, p. 13.

82. MATTOS FILHO, Ary Oswaldo de. Direito dos Valores Mobiliários, I, FGV: Rio de Janeiro, 2015, p. 360.

83. Resolução CVM nº 175, de 23 de Dezembro de 2022, com as alterações introduzidas pelas Resoluções CVM nº 181/23, 184/23 E 187/23. Dispõe sobre a constituição, o funcionamento e a divulgação de informações dos fundos de investimento, bem como sobre a prestação

4.1. Funcionamento Básico

O FII é, por definição, um fundo aberto, no qual o resgate das cotas ocorre por meio da alienação para terceiros ou na liquidação do fundo. Essa característica reforça a natureza de longo prazo dos investimentos em FII, visto que não há a opção de resgate direto junto ao fundo. Assim, o investidor que adquirir uma cota deste tipo de fundo, poderá vendê-la no mercado de balcão, ou amortizá-la. Os FII tem seu patrimônio dividido em cotas que correspondem a fração ideal de seu patrimônio, conforme teoria da natureza jurídica entendida como condomínio especial.

O FII tem prazo, via de regra, indeterminado, sendo novamente entendido pela legislação e parte da doutrina, como "condomínio especial" de investidores com o propósito de investir em empreendimentos imobiliários, seja para geração de renda ou desenvolvimento de projetos.

Ao registrar o fundo junto a Comissão de Valores Mobiliários (CVM), com prévio cadastro junto a Receita Federal do Brasil (RFB) para obter o número do CNPJ, este pode começar a operar mediante a eleição de uma administradora de fundos de investimento, que será a representante externa do FII e titular dos direitos que eventualmente detenham, como a compra de bens imóveis e o respectivo registro da titularidade junto ao Registro Imobiliário da comarca da situação do imóvel adquirido. Esta aquisição será em nome da Administradora e o bem ficará afetado ao Fundo que ela administra[84]. O atual número mínimo de cotistas dos FII conforme Lei 14.754/2023 ainda é de 50, e será de 100 quando a integralidade da Re-

de serviços para os fundos, e revoga as normas que especifica. In: https://conteudo.cvm.gov.br/export/sites/cvm/legislacao/resolucoes/anexos/100/resol175consolid.pdf. Acesso em 13 jan. 2023.

84. Carlos Eduardo Elias de Oliveira entende que: "No caso do Fundo de Investimento Imobiliário (FII), a sua lei específica (Lei nº 8.668/1993) está em aparente conflito com o CC (após sua alteração pela Lei da Liberdade Econômica em 2019) relativamente à natureza jurídica de ente despersonalizado do fundo de investimento, pois prevê que o registro dos bens do fundo deverá ser feito em nome do administrador na condição de titular da propriedade fiduciária. Entendemos que, à luz do diálogo das fontes, deve prevalecer as regras do CC, de maneira que os registros públicos, os contratos e os processos judiciais em nome do administrador anteriormente à Lei da Liberdade Econômica devem ser atualizados para que fazer constar o nome do fundo. In: Fundos de Investimento sob uma Ótica de Direito Civil, de Direito Notarial, de Registros Públicos e de Processo Civil: Uma Abordagem Teórica e Prática Aprofundada. https://www.migalhas.com.br/arquivos/2022/8/2A95DB6EE25190_Fundodeinvestimento.pdf Acesso em 01 mar 2024.

solução 175 da CVM entrar em vigor, para auferir as isenções tributárias previstas[85].

4.2. Objetivo Principal

Conforme destacado pelo Caderno CVM - Fundo de Investimento Imobiliário (CVM 2022)[86], o objetivo primário dos FII é auferir ganhos por meio da locação, arrendamento ou alienação das unidades do empreendimento adquirido pelo fundo. Isso implica que os FII podem investir tanto no desenvolvimento de empreendimentos quanto na exploração de empreendimentos de base imobiliária, proporcionando flexibilidade e diversificação em suas estratégias de investimento.

4.3. Modalidades de investimento

Os FII têm a capacidade de investir em diferentes modalidades, incluindo a construção de ativos imobiliários, a aquisição de imóveis prontos ou em construção, bem como projetos destinados à alienação, locação ou arrendamento. Além disso, os FII podem investir em cotas de Sociedades de Propósito Específico (SPEs) ou Fundos de Investimento em Participação, ampliando ainda mais as opções disponíveis para alocar recursos.

4.4. Benefícios Tributários

Uma característica distintiva dos FII é a sua isenção de alguns impostos, como CSLL, PIS, Cofins e IRPJ, exceto sobre as aplicações financeiras de seus recursos investidos. Essa isenção faz dos FII um veículo atrativo para a exploração de empreendimentos imobiliários, proporcionando benefícios

85. Art. 41. da Lei 14.754/2023: O art. 3º da Lei nº 11.033, de 21 de dezembro de 2004, passa a vigorar com a seguinte redação, numerando-se o atual parágrafo único como § 1º: "Art. 3º § 1º I - será concedido somente nos casos em que os Fundos de Investimento Imobiliário ou os Fiagro possuam, no mínimo, **100 (cem)** (grifo nosso) cotistas; https://www.planalto.gov.br/ccivil_03/_ato2023-2026/2023/lei/L14754.htm

86. Este caderno ainda deverá ser atualizado pela autarquia, pois a atual Resolução 175 da CVM de 23 de dezembro de 2.022 é a que está em vigor.

fiscais em comparação com a aquisição direta de imóveis por pessoas físicas ou jurídicas. Entretanto, é fundamental observar que, para manter essa isenção, o FII não deverá ter mais de 10% de suas cotas detidas por um único investidor, número este previsto pela Resolução 175 da CVM.

De acordo com a legislação vigente, os FII podem ter isenção de imposto de renda sobre os rendimentos distribuídos aos cotistas, desde que atendam a alguns requisitos, entre eles: a) o cotista beneficiado tem menos do que 10% das cotas do fundo; b) o FII ter, no mínimo, 100 cotistas; c) as cotas do FII forem negociadas exclusivamente em bolsa de valores ou no mercado de balcão organizado. Portanto, uma pessoa física não poderá ter 100% das cotas de um FII, pois isso implicaria na perda da isenção tributária e na inviabilidade do fundo como um condomínio de investidores, ou seja, um fundo de investimento unipessoal. Além disso, o número mínimo de cotistas pode variar de acordo com as mudanças na legislação, e deve-se lembrar que propostas legislativas previam 500 cotistas que, entretanto, foi diminuído para 100 conforme aprovado pela Lei 14.754/2023.

4.5. Atratividade para Investidores Pessoa Física

Os FII são particularmente atrativos para investidores pessoa física devido a tratamentos tributários diferenciados. Para esses investidores, a isenção de Imposto de Renda de Pessoa Física (IRPF) sobre os dividendos é um incentivo significativo. Contudo, a isenção se aplica somente a cotistas que não detenham 10% ou mais de participação em um FII com no mínimo de cem cotistas e cujas cotas sejam negociadas exclusivamente em bolsas de valores ou mercado de balcão organizado.

4.6. Diferenciação entre condomínio e sociedades

O *paper* avança para distinguir condomínios e sociedades. A análise das sociedades revela-se mais profícua, pela legislação aplicável, principalmente o Código Civil e a Lei das S.A. Não há legislação específica para condomínios especiais, como os FII, exceto a determinação ou dicção legal que os mesmos serão tidos como "condomínios especiais". Essa diferenciação ressalta a importância da análise de sociedades como formas organizacionais distintas. O enfoque nas sociedades em conta de participação sugere uma abordagem específica, explorando a responsabilidade dos sócios ostensivos e participantes que em tese, assemelharia aos FII, com a figura do administrador e dos cotistas investidores. A introdução da sociedade anônima amplia a discussão, destacando sua estrutura única, a emissão de ações e a existência de legislação específica para regulamentar seu funcionamento.

A ênfase na ausência de legislação específica para "condomínios especiais dos FII", contrastando com a presença de leis próprias para sociedades anônimas, enfatiza as diferenças legais e a importância de entender a natureza única dessas formas organizacionais. A análise de sociedades em conta de participação proporciona uma visão detalhada sobre como as responsabilidades são distribuídas entre os sócios ostensivos e participantes, contribuindo para uma compreensão mais aprofundada dessas estruturas. A introdução da sociedade anônima adiciona complexidade à discussão, sublinhando a necessidade de leis específicas para regular suas operações.

Destaca-se a importância dessa análise para a comparação subsequente com os Fundos de Investimento Imobiliários (FII). Ao enfatizar as distinções legais, características e responsabilidades entre condomínios e sociedades, o *paper* estabelece alicerce para a compreensão das nuances que serão exploradas nos tópicos seguintes, proporcionando uma transição eficiente para a análise dos FII.

Esta análise culmina com a distinção entre condomínios e sociedades. Este tópico compara as características fundamentais dessas duas formas organizacionais, enfatizando suas diferenças essenciais. A análise destaca aspectos da propriedade, gestão e responsabilidades, permitindo-se discernir claramente quando cada forma é mais apropriada. Essa comparação serve como uma conclusão informativa, consolidando as informações sobre condomínios e sociedades e proporcionando uma visão clara das distinções entre essas estruturas legais, ou seja, fornece uma exploração abrangente e detalhada sobre sociedades, desde definições gerais até uma análise específica de sociedades em conta de participação e sociedades anônimas.

Nicole Mattar Haddad Terpins, em sua dissertação de mestrado mais uma vez, observa que:

> Bem como o condomínio, também as sociedades se inserem dentro da categoria de comunhão. Como espécies do mesmo gênero, o condomínio e a sociedade têm muitos pontos em comum. Ambos os institutos foram concebidos para regular a relação entre uma pluralidade de sujeitos. Tanto a sociedade como o condomínio pressupõe a existência de uma res comum, sendo na sociedade o acervo social e no condomínio a coisa sobre a qual recai a copropriedade. Ambos reclamam a conjugação de esforços por meio da manifestação e contribuição coletiva para organização, administração e consequente atingimento de seu fim. Tais semelhanças justificam a classificação de ambos os institutos como modalidades de contrato plurilateral, segundo concepção de Ascarelli.[87]

Destaca-se, ainda, a importância de compreender as responsabilidades associadas a essas estruturas, culminando em uma distinção fundamental entre condomínios e sociedades. Essa análise enriquece a compreensão ao tema, sobre diversas formas organizacionais disponíveis, com discussão mais detalhada sobre o papel das sociedades no contexto jurídico e empresarial, em sua aproximação aos FII, como modelo de negócio.

No que diz respeito às sociedades, este *paper* inicializou com definições, fornecendo uma base conceitual para entender o termo "sociedade". A distinção fundamental entre comunhão e sociedade está relacionada à natureza das causas desses institutos. Enquanto a comunhão busca o uso e gozo dos bens como seu objetivo primário, independente de uma finalidade econômica, a sociedade tem como propósito central o exercício de atividade econômica para a produção de lucro. A compreensão dessas distinções se faz necessária para uma análise mais profunda dos aspectos legais e práticos de ambos os institutos.

4.6.1. Similaridades com Sociedades Anônimas

Dentro das formas societárias estudadas, a sociedade anônima emerge como a mais aplicável aos FII. A variabilidade diária do valor das cotas,

87. TERPINS, Nicole Mattar Haddad. Natureza Jurídica dos Fundos de Investimento Imobiliário, USP: São Paulo, 2013, p. 95.

semelhante às ações de companhias de capital aberto, e a assembleia de cotistas como órgão máximo de deliberação compartilham características fundamentais com as sociedades anônimas. A interpretação literal da Lei 8.668/93 reforça essa perspectiva, destacando a natureza societária dos FII e não condominial, com se verá adiante.

4.7. Análise entre os institutos societários, o condomínio, e os Fundos de Investimento Imobiliário e a natureza jurídica dos FII

A estrutura atual dos FII, conforme conhecemos, reflete a evolução histórica dos veículos de Investimento coletivo, inspirados nos *investment trusts*, visto no primeiro capítulo, sendo precedidos no Brasil pelas sociedades de Investimento. A opção legislativa pela forma condominial não teve fundamentação jurídica, mas sim econômico-política, considerando a rigidez do modelo societário, questões tributárias e a insegurança decorrente do uso de sociedades não personificadas.

Para definir a natureza jurídica dos FII, será inicialmente necessário diferenciar sociedades e condomínios, para se perceber onde se encaixaria o instituto estudado. A primeira parte explora os conceitos de sociedade e condomínio, delineando suas responsabilidades, obrigações e funcionamento para destacar suas distinções. A segunda parte aborda os FII desde uma perspectiva histórica, elucidando objetivos, funcionamento, responsabilidades e obrigações. Com base nessas análises, a conclusão apresenta sugestões sobre o regime jurídico mais adequado para os FII, considerando sua natureza jurídica e suas peculiaridades.

Bruno Miragem destaca que a categorização dos FII como condomínios resultou mais de uma solução prática do legislador do que da reflexão sobre sua natureza jurídica[88]. A falta de consenso sobre a forma ideal para os FII persiste, gerando discussões tanto na doutrina quanto internamente na CVM.

Autores como Felix Ruiz Alonso argumentam que os FII, apesar de suas semelhanças com sociedades, ainda são condomínios, referindo-se a

88. MIRAGEM, Bruno Nubens Barbosa. Direito Bancário, Revista dos Tribunais: São Paulo, 2013, p. 438.

eles como "condomínios mobiliários."[89] A ideia central é que a copropriedade não é de um bem corpóreo, mas sim de uma massa patrimonial de bens incorpóreos.

Arnoldo Wald propõe uma visão dos FII como condomínios *sui generis*, com um patrimônio afetado a uma finalidade específica, não possuindo personalidade jurídica, mas com capacidade[90]. Por outro lado, argumentamos que os FII não são condomínios, mas uma expectativa de condomínio (*spes condominii*) em caso de liquidação, e destaca a oposição total ao conceito de condomínio previsto no Código Civil[91].

Fernando Schwarz Gaggini enxerga os FII como condomínios de natureza especial[92], com regras próprias, distintas das descritas no Código Civil, apoiado em Peter Walter Ashton[93]. Mario Tavernard Martins de Carvalho destaca a peculiaridade dos FII, sugerindo que poderiam ter sido criados como condomínios *sui generis*, regidos por lei própria aprovada pelo Poder Legislativo.[94]

Outra corrente argumenta que os FII podem ser considerados comunidades não condominiais, referindo-se a eles como "comunhões." Essa perspectiva, mais forte em Portugal, defende que os fundos seriam comunhões de direitos, ou seja, *universitas iuris*. Por outro lado, Pontes de Miranda propõe a forma societária das sociedades de Investimento, principalmente se constituídas como sociedades anônimas[95].

89. ALONSO, Felix Ruiz. Os fundos de investimento. Condomínios mobiliários, RFDUSP, 1971, p 223-271.

90. WALD, Arnoldo. Da natureza jurídica do fundo imobiliário. In: Revista Forense, n. 309, p. 09-14, Rio de Janeiro: Forense, 1990, p. 09.

91. Artigo 1.314 e seguintes do Código Civil.

92. GAGGINI, Fernando Schwarz. Fundos de Investimento no Direito Brasileiro, Liv. e Ed. Universitária de Direito: São Paulo, 2001, p. 53.

93. ASHTON, Peter Walter. Companhias de Investimento, Edições Financeiras S.A: Rio de Janeiro, 1963, p. 54.

94. CARVALHO, Mário Tavernard Martins de. Fundos de Investimento: aspectos polêmicos. In: FUNDOS de Investimento: aspectos jurídicos, regulamentares e tributários. Coord. FREITAS, Bernardo Vianna. e VERSIANI, Fernanda Valle. São Paulo: Quartier Latin do Brasil, 2015. p. 21-22.

95. "A empresa de investimento pode ser a capital variável, com a concepção do *trust*, portanto – com a propriedade fiduciária (*trust property*) entregue ao *trustee*, fiduciário, que opera em benefício dos que lhe confiaram a atividade. O *trustee* pode incluir-se no número de

A falta de consenso sobre a natureza jurídica dos FII se reflete também entre aqueles que os consideram sociedades. Há divergência sobre que tipo de sociedade eles representariam, ora como sociedades em conta de participação, ora como sociedades anônimas.

Oscar Barreto Filho, considerando a atividade econômica dos fundos, sugere que o contrato de sociedade, seja por ações ou em conta de participação, é o que melhor traduz juridicamente os FII[96]. Ricardo Freitas[97] e Bernard Pajiste[98] veem nos FII características de sociedades, principalmente pela obrigatoriedade de administração profissional e distribuição pública. Pajiste, não se referindo aos FII, mesmo porque estes não estavam normatizados quando escreve a respeito, afirma que:

> o regime jurídico vigente no tocante às companhias de investimento não é mais do que lacônico, resume em cinco princípios básico a legislação da época:
>
> a) as companhias de investimento não podiam receber depósito, salvo de seus próprios titulares ou sócios, nem admitir o movimento de contas por meio de cheques;
>
> b) as sociedades podiam ser constituídas com capital nacional ou estrangeiro;
>
> c) ficavam as entidades excluídas das prerrogativas e vantagens previstas com referência à Caixa de Mobilização Bancária;
>
> d) a constituição, alteração de estatutos e o funcionamento estavam subordinados à aprovação do Ministério da Fazenda e, em partilhar, à fiscalização da SUMOC;

beneficiários. Não se cria pessoa jurídica, razão por que as sociedades de simples gestão que se fazem *trustee* não se tornam proprietários dos bens confiados. No direito brasileiro, a propriedade do que se entrega para investimento pode ser transferida a outra pessoa, com simples cláusula de resilição, ou com a fiduciaridade, ou sem transferência da propriedade, com outorga de poderes de gestão. Nada obsta a que pessoa física opere, sujeita às regras jurídicas que regem as sociedades (comerciais) de investimento; ou apenas como outorgado de poderes, sem a atividade operacional específica.» PONTES DE MIRANDA, Francisco C. Tratado de Direito Privado. Rio de Janeiro: Borsoi, 1971. Tomo 51. p.288-289.

96. BARRETO FILHO, Oscar. Regime Jurídico das Sociedades de Investimento. São Paulo: Max Limonad, 1956, p. 63.

97. FREITAS, Ricardo dos Santos. Natureza Jurídica dos Fundos de Investimento. São Paulo: Quartier Latin, 2005, p. 200.

98. PAJISTE, Bernard. Investimentos. Rio de Janeiro: Edições financeiras, S.A., 1958, p. 51.

> e) a organização da seções de financiamento ou de crédito por empresas comerciais e industriais era admitida, desde que sua atividade o justificasse.[99]

Pavia vai além, afirmando que nenhuma das características do condomínio previstas no Código Civil se aplica aos FII[100]. Ele destaca a essência do condomínio, que não condiz com a dos fundos de investimento, e argumenta que as regras do Código Civil acerca do condomínio não se aplicam adequadamente aos FII.

A distinção proposta por Vera Helena de Mello Franco entre a relação com os bens na sociedade e no condomínio reforça a tese de que os FII têm uma afinidade maior com a sociedade, onde a atividade econômica é o elemento principal, e os bens têm um caráter meramente instrumental[101]. Essa perspectiva foi corroborada por Terpins, que enfatizou a causa da sociedade na busca por objetivos econômicos, enquanto no condomínio a causa se baseia no uso e gozo comum dos bens, não alinhando-se aos propósitos dos FII.

A discussão sobre a natureza jurídica dos FII é extensa, sem que uma teoria tenha predominado sobre as demais. Não há consenso sobre qual seria a melhor forma para os Fundos de Investimento Imobiliário. A dinâmica do mercado e o funcionamento prático dos FII desempenham um papel fundamental na classificação de sua natureza jurídica, e o debate continua, permeado por diversas perspectivas e interpretações.

Explorar a natureza jurídica dos Fundos de Investimento Imobiliário (FII) a partir de uma perspectiva histórica das sociedades de investimento nos cenários nacional e internacional, culminando na análise específica desses institutos no contexto brasileiro, é o ideal para este estudo introdutório. O objetivo foi desenvolver os conceitos necessários para compreender a natureza jurídica dos FII, considerando a falta de unanimidade na doutrina brasileira sobre esse tema.

---

99. PAJISTE, Bernard. Ibdem, p. 51 e ss.

100. PAVIA, Eduardo Cherez. Fundos de Investimento: estrutura jurídica e agentes de mercado como proteção do Investimento, Quartier Latin: São Paulo, 2016, p. 53 e ss.

101. MELLO FRANCO, Vera Helena de. Manual de Direito Comercial, I, 2.ª ed., Revista dos Tribunais: São Paulo, 2004, p. 126.

CONSIDERAÇÕES FINAIS

Diante da complexidade e das nuances apresentadas ao longo da análise, a conclusão robustece a tese de que os Fundos de Investimento Imobiliário, apesar da classificação legal como condomínios, possuem uma natureza jurídica mais próxima à de sociedades, especialmente as sociedades anônimas. A fundamentação legal, a falta de direitos reais, a natureza instrumental dos bens, a responsabilidade limitada e a dinâmica operacional refletem elementos intrínsecos à natureza societária dos FII. Assim, a compreensão desses institutos sob a ótica societária se mostra mais alinhada com suas características jurídicas e operacionais, contribuindo para o aprimoramento da compreensão desse importante instrumento no cenário financeiro e jurídico brasileiro. Diante disso, buscou-se comparar também os FII com os institutos do condomínio e da sociedade, analisando com qual deles eles possuem maior afinidade.

Ao longo da pesquisa, observou-se que a classificação legislativa dos FII como condomínios, ainda que chamados de "especiais", não reflete completamente sua natureza jurídica, levando, como dito, a uma divergência de opiniões na doutrina. A análise revelou que, embora a legislação classifique os FII como condomínios, há fortes argumentos que sustentam a natureza societária desse instituto. A falta de direito real dos cotistas sobre os imóveis, a natureza instrumental dos bens no contexto da sociedade, e a incompatibilidade com a causa principal dos condomínios foram fatores determinantes a esta conclusão.

A impossibilidade de aplicar os direitos reais aos cotistas, a responsabilidade limitada prevista em lei, e a divisão obrigatória dos resultados, conforme estabelecido legalmente, também reforçam a tese de que os FII se assemelham mais a sociedades do que a condomínios. A comparação entre *numerus clausus* dos direitos reais e *numerus apertus* das formas societárias aponta para a adaptabilidade dos FII ao conceito abstrato de sociedade, sem necessidade de uma regulamentação específica.

A consideração dos FII como sociedades de fato, formadas por investidores que exercem propriedade em comum sobre o dinheiro, reforça a ideia de uma natureza societária.

Dentro dos tipos societários estudados, a sociedade anônima foi apontada como a mais aplicável aos FII. A variabilidade diária do valor das cotas, comparável às ações de companhias de capital aberto, e a assembleia de cotistas como órgão máximo de deliberação evidenciam semelhanças com as características de uma sociedade anônima.

O entendimento de que os FII se assemelham mais a sociedades anônimas do que a condomínios é reforçado pela interpretação literal da Lei 8.668/93, que regulamenta os FII, apesar da recente alteração legislativa do Código Civil.

Dessa forma, o debate sobre a natureza jurídica dos FII, embora complexo e marcado por divergências, aponta para a conclusão de que, no contexto brasileiro, esses institutos têm uma natureza jurídica mais condizente com a categoria de sociedade, especificamente com características próximas às sociedades anônimas, pois após exame minucioso da natureza jurídica dos Fundos de Investimento Imobiliário (FII) revelou-se complexidade intrínseca, dada a falta de consenso na doutrina brasileira e as particularidades desses institutos.

A análise da natureza jurídica dos Fundos de Investimento Imobiliário (FII) envolveu conceitos de comunhão, condomínio, sociedade (deixamos de analisar o "negócio fiduciário", entre outros). Nesta conclusão pode-se deduzir do desenvolvimento do estudo, os seguintes pontos:

1. Tanto o condomínio quanto a sociedade são espécies, cujo gênero é a comunhão.

2. O condomínio refere-se à comunhão sobre o direito de propriedade, especificamente sobre direitos reais.

3. O administrador do FII, como proprietário fiduciário, detém a propriedade exclusiva dos bens, enquanto os cotistas têm direitos pessoais.

4. A natureza jurídica do FII pode assemelha-se a comunhão societária, afastando a natureza condominial.

5. Como entidade não personificada, o FII não é sujeito de direitos, obrigações ou titular de patrimônio, sendo o administrador o sujeito do patrimônio.

6. Os quotistas são fiduciantes em relação ao patrimônio do FII, não sendo sujeitos do patrimônio especial.

7. O FII, seja como comunhão ou sociedade, é um contrato plurilateral sujeito à teoria geral dos contratos.

8. A Lei 6.404/76 deveria ser aplicada aos FII, ou no mínimo, alterada para se adequar a natureza jurídica dos mesmos e o Código Civil ter revogado os recentes artigos, 1.368-C a 1.368-F.

Por fim, reconhece-se o FII como uma comunhão de objetivos, não de objetos, voltada à criação de uma organização para realizar investimentos imobiliários e é reconhecido como uma comunhão de objetivos, alinhando-se à criação de uma organização para cumprir finalidades específicas, manifestada por meio de um contrato de sociedade. A proposta neste estudo é para considerá-lo como uma sociedade, e reconhece-se a necessidade de revisão dos conceitos relativos à estrutura de capital, considerando a evolução do mercado de capitais e a aplicação da Resolução 175 da CVM, que estabelece requisitos para o registro e funcionamento desses fundos.

REFERÊNCIAS BIBLIOGRÁFICAS

BARRETO FILHO, Oscar. Regime Jurídico das Sociedades de Investimento. São Paulo: Max Limonad, 1956.

BERTOLDI, Marcelo M. e RIBEIRO, Marcia Carla Pereira. Curso Avançado de Direito Comercial, 6ª. Ed. Rev. e atual. São Paulo: RT, 2011.

BORBA, José Edwaldo Tavares. Direito Societário. 14ª. Ed. São Paulo: Atlas, 2015.

BRASIL. LEI nº 14.754, DE 12 DE DEZEMBRO DE 2023. Dispõe sobre a tributação de aplicações em fundos de investimento no País e da renda auferida por pessoas físicas residentes no País em aplicações financeiras, entidades controladas e trusts no exterior; altera as Leis nºs 11.033, de 21 de dezembro de 2004, 8.668, de 25 de junho de 1993, e 10.406, de 10 de janeiro de 2002 (Código Civil); revoga dispositivos das Leis nºs 4.728, de 14 de julho de 1965, 9.250, de 26 de dezembro de 1995, 9.532, de 10 de dezembro de 1997, 10.426, de 24 de abril de 2002, 10.892, de 13 de julho de 2004, e 11.033, de 21 de dezembro de 2004, do Decreto-Lei nº 2.287, de 23 de julho de 1986, e das Medidas Provisórias nºs 2.189-49, de 23 de agosto de 2001, e 2.158-35, de 24 de agosto de 2001; e dá outras providências. Disponível em: https://www.planalto.gov.br/ccivil_03/_ato2023-2026/2023/lei/L14754.htm. Consulta em 24 fev 2024

CARVALHO, Mário Tavernard Martins de. Regime Jurídico dos Fundos de Investimento. São Paulo: Quartier Latin, 2012.

COELHO, Fábio Ulhoa. Manual de Direito Comercial: Direito de empresa. 28ª ed. rev., atual. e ampl. São Paulo: Editora RT, 2016

COELHO, Fábio Ulhôa, Curso de Direito Comercial, 14.ª ed., Saraiva: São Paulo, 2010.

CRUZ, André Santa. Manual de Direito Empresarial – vol. único. 13ª. Ed. ver. Atual. e ampl. São Paulo, Editora Juspodivm, 2023.

DORNELAS, Eric. Aprenda a Investir em Fundos Imobiliários. USA: Eric Dornelas, 2019.

EL DEBS, Martha. Legislação Notarial e de Registros Públicos comentada. 6 ed. Juspodivm: São Paulo, 2023.

EIZIRIK, Nelson, GAAL, Ariadna. B., PARENTE, Flávia, HENRIQUES, Marcus de Freitas. Mercado de Capitas Regime Jurídico, 2.ª ed., Renovar: Rio de Janeiro, 2008.

FARIAS, Cristiano Chaves de e ROSENVALD, Nelson. Curso de Direito Civil. V. 5 – Reais. 19ed. ver. atual. e ampl. São Paulo: Ed. Juspodivm, 2023.

FLEURY, Lucas. Fundos Imobiliários: de uma forma que ninguém nunca explicou. São Paulo: Actual, 2023

FRANÇA, Erasmo Valladão de Azevedo e Novaes, Temas de Direito Societário, Falimentar e Teoria da Empresa, Malheiros: São Paulo, 2009.

FRANÇA, Erasmo Valladão Azevedo e Novaes. A Sociedade em Comum. (Uma mal compreendida inovação do Código Civil de 2002). In: https://edisciplinas.usp.br/pluginfile.php/5575538/mod_resource/content/0/09%20-%20Fran%C3%A7a%2C%20A%20sociedade%20em%20comum%20-%20RDM.pdf. Acesso em 18 jan 2024.

FREITAS, Ricardo dos Santos. Natureza Jurídica dos Fundos de Investimento. São Paulo: Quartier Latin, 2005.

GAGGINI, Fernando Schwarz. Fundos de Investimento no Direito Brasileiro, L IV. e Ed. Universitária de Direito: São Paulo, 2001.

MELLO FRANCO, Vera Helena de. Manual de Direito Comercial, I, 2.ª ed., Revista dos Tribunais: São Paulo, 2004.

MENDES, Roni Antônio. Fundos de Investimento Imobiliário. Aspectos Gerais e Princípios de Análise. Novatec: São Paulo, 2018.

NAKAMA, Vinicius. A instrumentalização financeira do espaço: Fundos de Investimento imobiliário como estruturas de capital fixo. in: https://www.redalyc.org/journal/258/25869557008/html/ Acesso em 14 jan 2023.

NEGRÃO, Ricardo. Manual de Direito Empresarial. 13ª Ed. São Paulo: Saraiva, 2023.

OLIVEIRA, Carlos Eduardo Elias de. Fundos de Investimento sob uma Ótica de Direito Civil, de Direito Notarial, de Registros Públicos e de Processo Civil: Uma Abordagem Teórica e Prática Aprofundada. https://www.migalhas.com.br/arquivos/2022/8/2A95DB6EE25190_Fundodeinvestimento.pdf Acesso em 01 mar 2024.

OLIVEIRA, Carlos Eduardo Elias de. Novo Direito Real com a lei 14.620/23: uma atecnia utilitarista diante da imissão provisória na posse. in: https://www.migalhas.com.br/coluna/migalhas-notariais-e-registrais/390037/novo-direito-real-com-a-lei-14-620-23. Acesso em 01 mar 2024.

PAVIA, Eduardo Cherez. Fundos de Investimento: estrutura jurídica e agentes de mercado como proteção do Investimento, Quartier Latin: São Paulo, 2016.

PAJISTE, Bernard. Investimentos. Rio de Janeiro: Edições financeiras, S.A., 1958

PEREIRA, Caio Mário da Silva. Instituições de Di*reito* Civil. Vol. IV, Direitos Reais. 19ª Ed. Atualizador, Carlos Edison do Rego Monteiro Filho. Rio de Janeiro: Forense, 2006.

PONTES DE MIRANDA, Francisco Cavalcanti. Tratado de Direito privado: Parte Especial; Direito das Coisas; Condomínio; Edifício de apartamentos; Compáscuo; Terras devolutas; Terras silvícolas. 5.ed. São Paulo: RT, 2012.

PONTES DE MIRANDA, Francisco Cavalcanti. Tratado de Direito Privado. Rio de Janeiro: Borsoi, 1971. Tomo 51.

REQUIÃO, Rubens. Curso de Direito Comercial, 2º Vol. 26.ª ed., Saraiva: São Paulo, 2009.

RIZZARDO, Arnaldo. Direito das Coisas, Forense: Rio de Janeiro, 2007.

SALOMÃO FILHO, Calisto. Regulação da Atividade Econômica. Princípios e Fundamentos Jurídicos. 3ª Ed. Rev e ampl. São Paulo: Quartier Latin, 2021.

SCALZILLI, João Pedro e SPINELLI, Luís Felipe. Sociedade em Conta de Participação. Quartier Latin: São Paulo, 2014.

SCARAMONE, Marcelo Barbosa. Direito Empresarial: Nível Superior. Coord. Licínia Rossi Correia Dias, Marcelo Jugo da Rocha - São Paulo: Saraiva, 2004.

TARTUCE, Flávio. Direito Civil. Direito das Coisas. V. 4. 11 ed. Rio de Janeiro: Forense, 2019.

TERPINS, Nicole Mattar Haddad. Natureza Jurídica dos Fundos de Investimento Imobiliário, USP: São Paulo, 2013,

VALDES, Horácio e ORCHANSKY, Benito. Lecciones de Derechos Reales. V I. Buenos Aires: Ediciones Lerner, 1969.

VENOSA, Silvio de Salvo. Direito Civil - Direitos Reais. V. 5. 7ª Ed. São Paulo: Atlas, 2007.

VIVANTE, Césare. Instituições de Direito Comercial. Tradução e notas de Ricardo Rodrigues Fama. Campinas - SP: LZN Editora, 2003.

WALD, Arnoldo. Da natureza jurídica do fundo imobiliário. Revista de Direito Mercantil, São Paulo, nº 80, nova série, p. 15, 18, out./dez. 1990.

ANEXO –
Entrada em vigor da Resolução 175 de 2022 da Comissão de Valores Mobiliários.

Resolução CVM 175	Data de vigência
Resolução CVM 175	2 de outubro de 2023
Segregação das taxas dos fundos (administração, gestão e máxima de distribuição)	1º de abril de 2024
Acordo de remuneração ("rebates")	1º de abril de 2024
Adaptação dos FIDCs (estoques)	1º de abril de 2024
Estrutura de classes e subclasses de cotas	1º de abril de 2024
Adaptação dos FIFs (estoques)	31 de dezembro de 2024

29

PERSPECTIVAS DO SETOR BANCÁRIO SOBRE A BUSCA E APREENSÃO EXTRAJUDICIAL

Luis Vicente Magni De Chiara

Formado e pós-graduado pela Pontifícia Universidade Católica de São Paulo, com LLM. pela University of Virginia. Advogado e Diretor Jurídico da FEBRABAN.

Anselmo Moreira Gonzalez

Mestre em Direito Constitucional pelo IDP-DF, Especialista em Processo Civil pela PUC-SP, Graduado em Direito pela Mackenzie. Consultor Jurídico da FEBRABAN e Presidente da Comissão de Direito Bancário da OAB/SP (Pinheiros).

I. INTRODUÇÃO

O financiamento de veículos representa uma das linhas de crédito mais importantes e estratégicas dentro do panorama econômico brasileiro.

Desempenha papel estratégico para o desenvolvimento e crescimento econômico de diversos setores de nossa sociedade.

A facilitação do acesso ao financiamento de veículos permite que mais pessoas adquiram carros novos ou seminovos, melhorando a mobilidade individual. Isso é especialmente importante em áreas onde o transporte público é limitado ou ineficiente. A indústria automotiva, por sua vez, depende diretamente desse tipo de crédito para estimular a demanda, impulsionar as vendas e fomentar inovações tecnológicas em suas linhas de produção. O mesmo sem dúvida podemos falar das concessionárias e revendas de veículos. A maior facilidade no financiamento, dessa forma, incrementa suas vendas e estimula de modo saudável a competição por melhores preços e serviços. O setor bancário, por óbvio, diretamente envolvido em todo o processo, também se beneficia do aumento sustentável do mercado de crédito. Enfim, a Economia em Geral se beneficia de um mercado de crédito automotivo saudável e crescente. O aumento da demanda por veículos impulsiona a produção industrial, gera empregos e aumenta o recolhimento de tributos.

O financiamento de veículos no Brasil, entretanto, tem enfrentado desafios significativos em seu crescimento. As principais dificuldades, podemos sumariar, guardam relação com os elevados índices de inadimplência, custos administrativos e grande morosidade e ineficiência do atual modelo de retomada do veículo. Esses aspectos, sem dúvida nenhuma, têm impactado diretamente o custo do crédito e consequentemente restringido o crescimento do mercado.

Nesse contexto, a promulgação da Lei nº 14.711/23 emerge como uma medida oportuna e bem-vinda. Ao introduzir mudanças substanciais no sistema de garantias de bens móveis, a legislação visa, entre outros aspectos, aprimorar a eficiência dos processos de execução de garantias, com especial ênfase na agilização das buscas e apreensões de forma extrajudicial. Tal mudança é esperada para reduzir significativamente os entraves que atualmente limitam o mercado.

O presente artigo se propõe explorar de forma mais detida a atual situação do financiamento de veículos no Brasil, expondo os desafios enfrentados pelo setor bancário; bem como discutir os potenciais benefícios que a nova legislação poderá gerar, sobretudo em razão da regulamentação da busca e apreensão do bem móvel dado em garantia, pela via extrajudicial.

II. DESAFIOS ATUAIS NO FINANCIAMENTO DE VEÍCULOS: A PERSPECTIVA DOS AGENTES FINANCEIROS

O financiamento de veículos no Brasil representa uma parcela considerável do mercado de crédito ao consumidor, com uma carteira total de aproximadamente R$ 2.867 bilhões, em novembro de 2023, correspondendo a 8% do total de volume negociado pelos Bancos a título de Crédito Pessoal[1].

Apesar da significativa participação de mercado, o setor bancário vem lutando nos últimos anos contra desafios robustos.

A análise histórica do mercado de financiamento de veículos revela que, após um "boom" entre os anos de 2009 e 2012, o crescimento do crédito para aquisição de veículos diminuiu significativamente, contrastando com o crescimento do crédito imobiliário, que viu seu saldo subir quase 10 vezes em proporção ao PIB desde a consolidação da alienação fiduciária até os dias atuais[2].

Na relação crédito/PIB, entre financiamento imobiliário e veículos, estudos da FEBRABAN ainda revelam que o crédito imobiliário teve um incremento expressivo, na proporção de 1% para 10% do PIB desde a consolidação da alienação fiduciária na década de 2000.

Por outro lado, o crédito para veículos não apresentou a mesma elevação. Ao contrário. Em 2011, o percentual ocupado pelo financiamento de veículo, do total de volume negociado a título de crédito pessoal, era de 19,3%, ou seja, duas vezes e meia maior do que representa hoje.

O crédito destinado para veículos chegou a representar 4,1% do PIB no fim de 2011, perdendo importância desde então. Desde 2016, aliás, tem flutuado entre 2% à 3% do PIB, e atualmente tem menor importância que linhas como o consignado (5,8%) e mesmo o cartão de crédito à vista (3,7%)[3].

1. Fonte BACEN – https://www.bcb.gov.br/estatisticas/notaseconomicofinanceiras, acesso em 22.03.2024.
2. *Idem.*
3. Fonte BACEN, idem 3. Elaboração Febraban com séries interpoladas entre antigas e atuais.

Uma das explicações para justificar o contraste de crescimento experimentado entre as linhas de crédito para financiamento de imóveis comparada com a de veículos encontra-se nos altos índices de inadimplência e, consequentemente, na baixa efetividade do procedimento de retomada do bem dado em garantia na hipótese de inadimplemento do tomador.

Para melhor compreensão acerca dos elementos que compõe o custo do crédito no Brasil, vamos analisar mais detidamente a seguir os elementos que compõe o *spread bancário* segundo dados do próprio Banco Central.

II.1. A composição do *Spread* Bancário segundo o BACEN

O Banco Central, por meio de seu tradicional "Relatório de Economia Bancária", no ano de 2020[4], publicou importante estudo, cujo objetivo era investigar os elementos que compõe o *spread* bancário brasileiro, identificando os fatores determinantes para a composição do custo do crédito para os tomadores.

A conclusão alcançada pelo Banco Central, após longo e detido estudo, foi o de que o fator "inadimplência" respondia por 31,9% do *spread* bancário, seguido pelos demais fatores "despesas administrativas" (29,6%), tributos e FGC (19,6%) e, logo após, "margem financeira da instituição financeira" (18,9%).[5]

Observa-se, pois, que o estudo do Banco Central revelou que 4/5 do *spread* bancário se deve aos custos de intermediação financeira, principalmente inadimplência e tributos. Apenas 1/5, portanto, refere-se a efetiva margem de lucro das instituições financeiras.

O que nos permite concluir que a redução estrutural do *spread* e consequente redução na taxa de juros depende do avanço das pautas de diminuição dos custos de intermediação financeira e, em especial, as que

4. BACEN – Relatório de Economia Bancária – 31/05/2021 – disponível em https://www.bcb.gov.br/publicacoes/relatorioeconomiabancaria – acesso em 22.03.24
5. *Idem* – Tabela 3.7 e Gráfico 3.4, pg. 85, do Relatório de Economia Bancária, BACEN.

ajudem a minimizar os impactos negativos na hipótese de inadimplemento contratual por parte do tomador.

II.2. Taxa de juros e segurança do agente financeiro para retomada do crédito

Relevante elucidar também a fina sintonia existente entre a composição da taxa de juros do contrato bancário e a segurança que o agente financeiro tem de receber o crédito.

Operações financeiras com juros mais elevados estão intimamente relacionadas aos contratos com garantias menos seguras para o agente financeiro, ou que sequer possuem garantia.

Vale citar, a título de exemplo, as, operações de cheque especial, com taxas de juros anuais médios de 132,5% e de crédito pessoal não consignado, com taxas de juros anuais médios de 93,9%. Taxas superiores as praticadas, por exemplo, nos contratos de financiamento imobiliário, cujas médias giram em torno de apenas 10,8% a.a.; contratos de financiamento de veículo 26% a.a., ou mesmo ainda empréstimo consignado 25,4% a.a[6].

O próprio Banco Central, no conjunto de "Estudos Especiais sobre Garantias e Diferenças nas taxas de juros de crédito"[7], bem explicou essa relação entre taxa de juros e efetividade da garantia:

> "as garantias estão diretamente relacionadas à capacidade das instituições financeiras de recuperar a dívida não paga. As garantias variam de acordo com o seu grau de liquidez, a facilidade de precificação, o custo de execução, a segurança jurídica na execução e o risco de depreciação, entre outros fatores. Espera-se assim que o valor recuperado e, consequentemente, o custo do crédito estejam diretamente relacionados às características e à qualidade da garantia apresentada. Em outras palavras, o montante que a

6. Fonte: BACEN – Estatísticas Monetárias e de Crédito do Banco Central. Link: Estatísticas Monetárias e de Crédito/ BCB. https://www.bcb.gov.br/estatisticas/estatisticasmonetarias-credito – dados de nov/2023.
7. Estudos especiais do Banco Central – Garantias e Diferenças nas taxas de juros de crédito – Estudo Especial nº 43/2019 – Divulgado originalmente como boxe do Relatório de Economia Bancária (2018).

instituição perde no caso de uma dívida não paga depende muito do valor e da qualidade da garantia vinculada ao empréstimo".

Nesse sentido, nas palavras do próprio Banco Central, quanto mais seguro e célere o processo de excussão da garantia, maior segurança o credor terá de que o capital investido retornará e menor será, por consequência, a taxa de juros para viabilizar a operação.

Estabelecidas estas premissas, ficará mais fácil compreender, a seguir, porque a inadimplência, cumulada com o modelo atualmente vigente de retomada do bem dado em garantia, dificultam tanto o crescimento sustentável do mercado de financiamento de veículo no Brasil.

II.3. Os altos índices de inadimplência e o caminho tortuoso para recuperação do veículo, pelo modelo atual

Um dos principais desafios para o setor tem sido lidar com a elevada taxa de inadimplência no financiamento de veículos e as consequências inerentes a essa condição do atual modelo de retomada do bem e excussão da garantia.

Segundo dados do Banco Central, a taxa de inadimplência tem-se mantido acima de 5% desde agosto de 2023.

Outra questão crítica, apresentada como decorrência dos altos índices de inadimplência, diz respeito à complexidade e a morosidade dos atuais métodos de recuperação do veículo.

Segundo estudos realizados pela "Análises Accenture"[8], a eficácia na recuperação de veículos financiados pelo panorama legislativo atual é bastante limitada, o que representa um entrave considerável para os credores.

Do total de veículos com financiamento atrasado, sem acordo com o devedor, apenas 40% deles são efetivamente localizados no processo atual de busca e apreensão judicial.

Destes 40% de veículos apreendidos, apenas metade chegam a ser leiloados pelo atual modelo de excussão da garantia.

8. Fonte: Análises Accenture para a FEBRABAN – Média de 5 Bancos entrevistados no estudo.

Considerando ainda a morosidade de todo esse processo, há de considerar ainda o componente da depreciação do veículo buscado e apreendido que, ao perder paulatinamente seu valor de mercado ao longo do tempo, acaba por implicar sensivelmente no valor que será efetivamente aferido pela instituição financeira no praceamento do bem.

Não bastasse, há ainda que se acrescentar a essa fórmula os elevados custos administrativos e judiciais que o atual modelo de retomada do veículo exige.

Disso tudo, chega-se à conclusão de que apenas 50% do saldo devedor é efetivamente liquidado nos casos de apreensão do veículo.

Resta a conclusão portanto de que as dificuldades na execução de garantias têm um impacto direto sobre o custo do crédito. A necessidade de mitigar os riscos associados à inadimplência leva ao aumento das taxas de juros, desencorajando uma oferta mais ampla de crédito e, por conseguinte, afetando não apenas os consumidores em busca de financiamento, mas também diversos setores da sociedade e da economia de modo geral.

Diante desses desafios, torna-se evidente a necessidade de reformas que possam otimizar o processo de concessão e recuperação de crédito no financiamento de veículos no país.

III. A ALVISSAREIRA LEI N° 14.711/23

A Lei nº 14.711/23 surge como uma resposta legislativa e da sociedade aos desafios enfrentados pelo mercado de financiamento de veículos. Ela propõe uma reforma abrangente no sistema de garantias para bens móveis, com o objetivo de tornar o processo de recuperação de garantias mais ágil, eficiente e menos custoso.

Uma das inovações mais notáveis trazidas pela nova lei é a previsão de execução extrajudicial de veículos, um mecanismo que promete agilizar o processo de recuperação de bens financiados em casos de inadimplência.

Historicamente, o mercado de financiamento de veículos no Brasil enfrentou desafios consideráveis relacionados à inadimplência e à recuperação de garantias. Os processos judiciais para a retomada de veículos em caso de não pagamento, como vimos, são muitas vezes longos e onerosos, comprometendo a eficiência das operações de crédito e aumentando os custos para os consumidores.

A execução extrajudicial do bem móvel, dado em garantia fiduciária, introduzida pelo art. 6º, da Lei nº 14.711/23 - que por sua vez acrescentou o art. 8º-B ao Decreto Lei nº911/69[9] - permite aos credores recuperarem o bem financiado sem a necessidade de um processo judicial, mediante procedimentos definidos em contrato e observadas as garantias do contraditório e da ampla defesa ao devedor.

Essa possibilidade representa uma mudança paradigmática, com potencial de impactar positivamente o mercado de crédito de diversas maneiras.

Ao facilitar a recuperação de veículos, estima-se que a medida venha a reduzir os custos associados ao risco de crédito. Esse efeito pode, em última análise, beneficiar os consumidores, com a oferta de taxas de juros mais competitivas, estimular o mercado de veículos, fomentar a geração de empregos e de recolhimento de tributos.

Com processos de execução mais eficientes e menos riscos, os agentes financeiros podem se sentir encorajados a expandir a oferta de crédito.

Ao estabelecer regras claras para a execução extrajudicial, a lei aumenta a segurança jurídica para todas as partes envolvidas, contribuindo para um ambiente de crédito mais estável e previsível.

Logo, estima-se que com a reforma no sistema de garantias, introduzida pela Lei nº 14.711/23, especificamente por regular a busca e apreensão extrajudicial do veículo dado em garantia, haverá estímulo na oferta de crédito, reflexo da expectativa de redução da inadimplência, diminuição de custos de crédito e maior segurança jurídica.

9. "Art. 8º-B. Desde que haja previsão expressa no contrato em cláusula em destaque e após comprovação da mora na forma do § 2º do art. 2º deste Decreto-Lei, é facultado ao credor promover a consolidação da propriedade perante o competente cartório de registro de títulos e documentos no lugar do procedimento judicial a que se referem os arts. 3º, 4º, 5º e 6º deste Decreto-Lei.

III.1. A Decisão do Supremo Tribunal Federal pela constitucionalidade da Execução Extrajudicial do bem dado em garantia em contrato de alienação fiduciária

Oportuno registrar que recentemente o Supremo Tribunal Federal (STF), ao julgar o Recurso Extraordinário nº 860.631, sob a relatoria do Ministro Luiz Fux, decidiu uma questão fundamental para o mercado financeiro e que guarda direta proporção com o tema abordado no presente artigo.

Por ocasião do referido julgamento, os Ministros do Supremo Tribunal Federal reconheceram a constitucionalidade da execução extrajudicial em contratos de alienação fiduciária de bens imóveis. Esta decisão, agora um precedente de repercussão geral, com efeitos vinculantes[10], esclareceu a validade deste mecanismo, trazendo segurança jurídica não apenas para o mercado imobiliário como para o mercado financeiro como um todo.

O Supremo Tribunal Federal ao reconhecer a constitucionalidade da execução extrajudicial considerou que tal mecanismo não viola o princípio do devido processo legal, pois a alienação fiduciária, ao ser firmada, já estabelece de forma clara e expressa as condições para a retomada do bem pelo credor em caso de inadimplência. Os Ministros decidiram também que essa modalidade de execução resguarda o direito de ampla defesa e do contraditório, uma vez que o devedor pode a qualquer tempo recorrer ao Judiciário para contestar a execução da garantia.

A decisão do Supremo Tribunal Federal impactou positivamente o mercado de crédito, pois conferiu maior previsibilidade e segurança para as instituições financeiras. Ao validar a execução extrajudicial, o Supremo Tribunal Federal assegurou um processo mais rápido e menos oneroso para a recuperação de bens em casos de inadimplência, reduzindo o risco

10. "Recentemente, com a entrada em vigor do Código de Processo Civil de 2015 (Lei 13.256/16), foi conferida eficácia vinculante aos pronunciamentos emanados pelo Superior Tribunal de Justiça e pelo Supremo Tribunal Federal, no julgamento dos recursos especiais repetitivos e dos recursos extraordinários com repercussão geral, respectivamente, além de terem sido criados novos incidentes de uniformização de jurisprudência, com igual efeito vinculante em seus julgamentos, tais como o Incidente de Resolução de Demandas Repetitivas e o Incidente de Assunção de Competência". GONZALEZ, Anselmo Moreira. Repetitivos ou Ineditivos, Sistematização do Recurso Especial Repetitivo, Ed. Juspodivm, São Paulo, 2020, pg. 23.

associado aos financiamentos imobiliários. Este cenário contribui para a diminuição das taxas de juros, tornando o crédito mais acessível para a população.

A decisão reforçou também a importância da segurança jurídica para o desenvolvimento econômico. Ao confirmar a constitucionalidade da execução extrajudicial, o Supremo Tribunal Federal conferiu uma interpretação íntegra da norma, e previsível, essencial para o estímulo à concessão de crédito.

Vale frisar que tal entendimento é um marco que respalda não apenas o mercado de crédito para bens imóveis, mas sinalizou um caminho para a adoção de práticas semelhantes em outros segmentos, como o financiamento de veículos, sob a égide da Lei nº 14.711/23.

Afinal, em que pese o Supremo Tribunal Federal, no referido julgamento, ter partido da interpretação de norma relativa à execução extrajudicial de bens imóveis, seguro também afirmar que a '*ratio decidendi*' do julgamento foi abrangente o suficiente para alcançar premissas fundamentais inclusive verificadas na nova lei.

Noutras palavras, a natureza jurídica do bem dado em garantia, imóvel ou móvel, não foi elemento relevante para a formação do juízo de convencimento da Corte Suprema. O que restou decidido naquele julgamento foi, acima de tudo, que a execução do bem dado em garantia, pela via extrajudicial, desde que devidamente regulada na norma infraconstitucional, pode sim ser levada a efeito sem que isso necessariamente esbarre em princípios caros à Constituição tais como ampla defesa, devido processo legal e contraditório.

Por oportuno, não é demais lembrar as lições do mestre processualista, Luiz Guilherme Marinoni, a respeito da vinculatividade da *ratio decidendi* do precedente judicial:

> "o melhor lugar para se buscar o significado de um precedente está na sua fundamentação, ou melhor, nas razões pelas quais se decidiu de certa maneira ou nas razões que levaram à fixação do dispositivo. É claro que a fundamentação, para ser compreendida, pode exigir menor ou maior atenção ao relatório e ao dispositivo. Esses últimos não podem ser ignorados quando se procura o

> significado de um precedente. O que se quer evidenciar, porém, é que o significado de um precedente está, essencialmente, na sua fundamentação, e que, por isso, não basta olhar somente à sua parte dispositiva"[11].

Em igual sentido, conceitua Hermes Zaneti Jr: "*a ratio decidendi é estabelecida a partir dos fundamentos determinantes, compreendidos como os fatos relevantes e o direito estabelecidos no precedente*"[12].

Logo, seguro concluir que a decisão do Supremo Tribunal Federal, ao validar a execução extrajudicial para bens imóveis, estabeleceu um precedente valioso para o mercado de crédito, uma vez que evidenciou ser possível equilibrar a eficiência na recuperação de créditos com a proteção dos direitos fundamentais. Esse entendimento, em harmonia com os princípios constitucionais, abre caminho para inovações legislativas que buscam dinamizar e tornar mais seguras as operações de crédito no Brasil, como demonstrado pela recente Lei 14.711/23.

IV. CONCLUSÃO

O financiamento de veículos representa uma das linhas de crédito mais importantes e estratégicas dentro do panorama econômico brasileiro, desempenhando papel estratégico fundamental tanto para diversos setores de nossa sociedade e para a economia do país de um modo geral.

Entretanto, o mercado de crédito automotivo tem enfrentado desafios significativos para viabilizar seu crescimento de modo sustentável. Nesse sentido, destaca-se as elevadas taxas de inadimplência, os custos administrativos e a morosidade e ineficiência do atual modelo de retomada do veículo. Todos são fatores que tem impactado diretamente na taxa de juros

11. MARINONI, Luiz Guilherme. Uma nova realidade diante do Projeto de CPC (LGL\2015\1656): a *ratio decidendi* ou os fundamentos determinantes da decisão. ***Revista dos Tribunais***, São Paulo: RT, v. 918, 2012, p. 355.

12. ZANETI JR., Hermes. Precedentes (*treat like cases alike*) e o novo Código de Processo Civil: universalização e vinculação horizontal como critérios de racionalidade e a negação da jurisprudência persuasiva como base para uma teoria e dogmática dos precedentes no Brasil. ***Revista de Processo***, v. 235, versão digital, set. 2014.

e consequentemente restringido o crescimento do mercado de financiamento automotivo como um todo.

Ao introduzir mudanças substanciais no sistema de garantias de bens móveis, a Lei 14.711/23, entre outros aspectos, aprimora a eficiência dos processos de execução de garantias, com especial ênfase na agilização das buscas e apreensões de veículos que poderão se dar doravante de forma extrajudicial. Tal mudança é esperada para reduzir significativamente os entraves que atualmente limitam o mercado.

O Supremo Tribunal Federal, ao validar a execução extrajudicial para bens imóveis, estabeleceu um precedente valioso para o mercado de crédito, uma vez que evidenciou ser possível equilibrar a eficiência na recuperação de créditos com a proteção dos direitos fundamentais. Esse entendimento, em harmonia com os princípios constitucionais, abre caminho para inovações legislativas que buscam dinamizar e tornar mais seguras as operações de crédito no Brasil, como por exemplo, a própria Lei nº 14.711/23.

Estima-se que, com a reforma no sistema de garantias, introduzida pela Lei nº 14.711/23, especificamente por regular a busca e apreensão extrajudicial do veículo dado em garantia, haverá estímulo na oferta de crédito, reflexo da expectativa de redução da inadimplência, diminuição de custos de crédito e maior segurança jurídica, elementos fundamentais para a retomada do crescimento do mercado de crédito automotivo.

Em suma, haverá estímulo ao mercado de veículos e fomento para a geração de empregos e aumento de recolhimento de tributos, ou seja, desenvolvimento social e econômico de toda a sociedade.

REFERÊNCIAS BIBLIOGRÁFICAS

_______BACEN, Notas Econômicas e Finaceiras, https://www.bcb.gov.br/estatisticas/notaseconomicofinanceiras, acesso em 22.03.2024

_______BACEN, Estatísticas Monetárias e de Crédito do Banco Central, https://www.bcb.gov.br/estatisticas/estatisticasmonetariascredito; acesso em 22.03.2024;

_______BACEN, Estudos especiais do Banco Central; Garantias e Diferenças nas taxas de juros de crédito; Estudo Especial nº 43/2019; Divulgado originalmente como boxe do Relatório de Economia Bancária (2018);

GONZALEZ, Anselmo Moreira, Repetitivos ou 'Ineditivos', Sistematização do Recurso Especial Repetitivo, Ed. Jus Podvm, São Paulo, SP, 2020;

MARINONI, Luiz Guilherme. Uma nova realidade diante do Projeto de CPC (LGL\2015\1656): a *ratio decidendi* ou os fundamentos determinantes da decisão. *Revista dos Tribunais*, São Paulo: RT, v. 918, 2012;

PORTO, Antônio Maristrello; GAROUPA, Nuno. *Curso de Análise Econômica do Direito.* São Paulo: Atlas, 2022, p. 73, 81/84;

ZANETI JR., Hermes. Precedentes (*treat like cases alike*) e o novo Código de Processo Civil: universalização e vinculação horizontal como critérios de racionalidade e a negação da jurisprudência persuasiva como base para uma teoria e dogmática dos precedentes no Brasil. *Revista de Processo*, versão digital, set. 2014.

30

O MARCO DAS GARANTIAS E O DIREITO INTERTEMPORAL: O QUE E QUANDO SE APLICA?

Bernardo Chezzi

Advogado. Bernardo é mestre pela Fundação Getúlio Vargas (FGV), especialista em Direito Imobiliário, Registral e Notarial (EPM-SP), fundador do Instituto Brasileiro de Direito Imobiliário, em que é atual vice-presidente. Leciona há vinte anos e coordena há oito a Especialização em Direito Imobiliário e Prática Extrajudicial da Faculdade Baiana de Direito, com graduação máxima no MEC.

Membro do Conselho Consultivo do Agente Regulador do CNJ, integrou os debates originais da Nova Lei de Garantia, sendo especialista convidado pelo Governo Federal para compor também o grupo de especialistas do IMK, de maturação do anteprojeto da Lei 14.382 e da Lei 14.711. Acompanhou a tramitação do PL 4188 como assessor legislativo. É o assessor jurídico do Registro de Imóveis do Brasil e coordena o Fórum Nacional de Desenvolvimento Imobiliário. Sócio-fundador do Chezzi Advogados.

1. INTRODUÇÃO

A publicação de uma nova lei sempre é período de grande efervescência: advogados, juízes, promotores, registradores, tabeliães e toda a comunidade jurídica se debruça sobre o texto legal e sobre outros elementos extratextuais para alcançar a compreensão da norma. É o fascínio do exercício hermenêutico: intelectuais do Direito assumem a honrosa – porém árdua – tarefa de facilitar a comunicação do texto legal a toda a população, construindo entendimentos em prol do aperfeiçoamento da ordem jurídica-social.

Se é necessário, de tempos em tempos, atualizar os comandos legais para harmonizar o ordenamento jurídico às atuais demandas sociais e econômicas, como pode tal empreitada, paradoxalmente, gerar tantas dúvidas quanto à segurança e robustez da nova ordem jurídica[1]?.

Não tem sido diferente com a ebulição do Novo Marco das Garantias: a Lei nº 14.711/2023, sancionada no dia 03 de outubro de 2023. O aprimoramento das regras das garantias em movimento de desburocratização do processo de execução extrajudicial atraiu o olhar de vários segmentos e atividades econômicas, esperançosos de que as inovações trazidas possam diminuir o custo do crédito no mercado.

Das tantas alterações que inquietam os intérpretes do Novo Marco das Garantias (Lei 14.711/2023), a intertemporalidade do diploma é certamente uma das questões que mais geram angústias. Não é de se esperar menos: se o calor da norma é um "problema" enquanto não estamos habituados com a temperatura da Lei 14.711, as questões de direito intertemporal são movimentações desse "problema" que precisam ser enfrentadas com celeridade para o alcance de um estágio "morno", previsível, que, nas palavras de Mário Luiz Delgado, possa: "*liberar o ordenamento jurídico do seu passado, sem tornar o seu futuro inseguro e instável*"[2].

---

1. Como explica José Roberto de Castro Neves, "*É também finalidade do direito ser justo, adequado aos anseios da sociedade que ele regula. A lei deve buscar a solidez que somente se obtém se ela estiver, efetivamente, em harmonia com os anseios da sociedade. Veja-se, então, a aparente contradição: a lei muda, porque os objetivos da sociedade que ela regula se alteram, mas, ao mesmo tempo, ao modificar ela afeta um interesse da sociedade, consistente em garantir um ordenamento seguro e sólido*". NEVES, José Roberto de Castro. A intertemporalidade e seus critérios. Revista Forense, v. 382, nov./dez., 2005, p. 106. Rio de Janeiro: Forense.
2. DELGADO, Mário Luiz. Novo Direito Intertemporal Brasileiro: Da retroatividade das leis civis. 2. ed. São Paulo: Saraiva, 2014, p. 37.

Ausente qualquer previsão expressa sobre a intertemporalidade de seus preceitos, diferentemente do que foi feito nas Disposições Transitórias do Código Civil de 2022[3] e do Código de Processo Civil de 2015[4], a Lei 14.711/2023 requer exame cuidadoso. O Marco Legal das Garantias congrega normas de direito civil material e normas de direito processual, criando zonas cinzentas sobre o que se está no âmbito de proteção do direito adquirido, do ato jurídico perfeito e da coisa julgada: hipóteses em que a retroatividade de lei não é admitida.

A Lei 14.711/2023 engloba um cem número de atos e fatos jurídicos pactuados anteriormente à sua edição, mas cujos efeitos terão lugar junto à nova norma, o que gera um toró de questionamentos intertemporais: *As alterações no procedimento de consolidação da propriedade imobiliária alienada fiduciariamente são aplicáveis para atos já práticos sob o regime jurídico anterior? É necessário promover novas intimações por edital, endereço do contrato e endereço eletrônico? Contratos firmados antes da Lei 14.711 se sujeitam ao novo diploma? Pode-se estender a hipoteca e a alienação fiduciária de bens imóveis em contratos firmados antes da Lei 14.711? Como ocorre o concurso de credores sujeitos a distintos regimes de garantias (antes e pós 14.711)? Com a revogação integral das normas de garantias Decreto Lei nº 70/66, execuções iniciadas sob este regime continuam sob o rito da Lei 14.711? O que se encontra sob o véu do direito adquirido ou do ato jurídico perfeito?*

Nas próximas páginas, consolido estudos legais, doutrinários e de jurisprudência sobre o tema, reveladores de que a complexidade da aplicação das normas no tempo não se encerra na fria interpretação do art. 6º LINDB e do texto constitucional (art. 5º, XXXVI, CF/88), embora sejam bússolas valiosas para a solução de conflitos concretos.

Espero que a pesquisa promova clima ameno e seja degrau a mais para a uniformização de entendimentos neste enigmático domínio do Direito.

---

3. O exame do art. 2.035 da Lei nº10.406/2002 (Código Civil) é feito no Tópico 2.2.1.
4. O exame do art. 1.046 da Lei n. 13.105/2015 (Código de Processo Civil) é feito no Tópico 2.2.2.

2. DIREITO INTERTEMPORAL BRASILEIRO

O Direito Intertemporal é o campo do Direito que rege os fatos em transição, os fatos que se desenvolvem entre leis temporalmente diversas e a atividade de uma lei para período distinto de sua época[5]. Seu objeto de estudo é a intertemporalidade conflitual decorrente da sucessão de normas de igual objeto e hierarquia[6]. Seu objetivo é formular caminhos para adequação de diferentes pretensões sobre a aplicabilidade da lei, considerando os próprios pressupostos da alteração legislativa[7]. Não raro o Direito Intertemporal se aproxima de noções utilitaristas sobre justiça[8].

No Direito Brasileiro, a compreensão do Direito Intertemporal passa pelo exame de duas ideias complementares sobre a aplicação da norma jurídica no tempo[9]: a retroatividade limitada da lei em relação aos atos jurídicos perfeitos, direitos adquiridos e coisa julgada (Tópico 2.1); a imediaticidade da lei (Tópico 2.2).

---

5. MAXIMILIANO, Carlos. Direito intertemporal. Rio de Janeiro: Freitas Bastos, 1955, p. 7.
6. LEVADA, Filipe Antônio Marchi. O direito intertemporal e os limites da proteção do direito adquirido. Dissertação de Mestrado. Orientação: Professora Doutora Daisy Gogliano. Faculdade de Direito da Universidade de São Paulo. São Paulo, 2009. p. 233.
7. DUARTE, Nestor. Direito intertemporal e prescrição no novo Código Civil. In: CIANCI, Mirna (coord.). Prescrição no novo Código Civil: uma análise interdisciplinar. São Paulo: Saraiva, 2006, p. 347.
8. O utilitarismo impregnado nas noções doutrinárias de justiça é comentado por Rosa Maria Nery: *"As considerações que determinam as noções doutrinárias de justiça sempre ocorrem em conjunção com considerações utilitárias. Elas não são, portanto, um caso de 'justo' ou 'injusto', mas em regra se preocupam em achar modos de agir que sejam tanto justos quanto apropriados para um propósito relevante"* .NERY, Rosa Maria de Andrade. Introdução ao pensamento jurídico e à teoria geral do direito privado. São Paulo: Revista dos Tribunais, 2008, p. 247.
9. Filipe Antônio Marchi Levada apontou para esses dois microssistemas em sua dissertação de Mestrado sobre o tema, veja-se: *"O direito intertemporal brasileiro acabou adotando um sistema misto, que observa tanto a regra do efeito imediato – propugnado pela teoria das situações jurídicas – quanto a proteção dos direitos adquiridos – usualmente atribuída à teoria do direito adquirido. Como se vem dizendo, isto não só gerou incompatibilidade como deu coerência ao sistema, que atribuiu ao direito adquirido a tarefa de limitar o efeito imediato, garantindo ultratividade aos efeitos da norma revogada"* LEVADA, Filipe Antônio Marchi. O direito intertemporal e os limites da proteção do direito adquirido. Dissertação de Mestrado. Orientação: Professora Doutora Daisy Gogliano. Faculdade de Direito da Universidade de São Paulo. São Paulo, 2009, p. 54.

2.1. A retroatividade limitada da lei em relação aos atos jurídicos perfeitos, direitos adquiridos e coisa julgada

A limitação à retroatividade da lei é disciplinada na Constituição por via do artigo 5º XXXVI: *"A lei não prejudicará o direito adquirido, o ato jurídico perfeito e a coisa julgada"*. Em matéria constitucional penal e tributária, regras semelhantes existem no Art. 5º, XL[10] e no Art. 150, III, (a)[11].

A opção do Constituinte brasileiro não foi elencar a "irretroatividade" como princípio expresso, limitando-se a definir, em seu art. 5º, XXXVI, balizas para a retroatividade:[12]:

> O constituinte de 1988 adotou a doutrina tradicional, capitaneada por Gabba, Merlin e outros, segundo a qual as leis são em regra retroativas. Somente se abre exceção a essa regra geral quando elas encontram, no campo de sua aplicação, direitos adquiridos, atos jurídicos perfeitos e situações protegidas pelo manto da coisa julgada.

Para Mário Luiz Delgado, "*o princípio albergado na Carta Magna vigente não é o da irretroatividade, mas sim o da retroatividade limitada*[13]". Os pressupostos constitucionais garantidos no art. 5º, XXXVI, apenas proíbem a retroatividade injusta, tida como aquela que fere o ato jurídico perfeito, o direito adquirido e a coisa julgada ("cláusulas repressoras da retroatividade" [14]).

Não raro, porém, a doutrina trata desse fenômeno sob a nomenclatura da "irretroatividade", sendo elencadas posições que a emolduram nos

---

10. Art. 5º (...) XL - a lei penal não retroagirá, salvo para beneficiar o réu
11. Art. 150 - Sem prejuízo de outras garantias asseguradas aos contribuintes, é vedado à União, aos Estados, ao Distrito Federal e aos Municípios: §3º - cobrar tributos: a) em relação a fatos geradores ocorridos antes do início da vigência da lei que os houver instituído ou aumentado"
12. DELGADO, Mário Luiz. Novo Direito Intertemporal Brasileiro: Da retroatividade das leis civis. 2. ed. São Paulo: Saraiva, 2014. p. 206.
13. *Ibidem.*
14. DELGADO, Mário Luiz. Novo direito intertemporal brasileiro: da retroatividade das leis civis: problemas de direito intertemporal no Código Civil – doutrina e jurisprudência. São Paulo: Saraiva, p. 187.

âmbitos da regra[15], princípio normativo[16], princípio geral do direito[17] ou princípio jusnatural[18].

A definição desses limitadores (ato jurídico perfeito, o direito adquirido e a coisa julgada) foi relegada ao plano infraconstitucional, evidentemente sujeito a mutações e aprimoramentos em menor grau de rigidez do que a Constituição[19]. Por estarem sujeitos a atenuações em certos âmbitos e institutos, deverá o intérprete avaliar o conjunto normativo vigente à época da edição da nova lei (inclusive jurisprudência) para a solução do aparente conflito de direito intertemporal.

É interessante a posição de José Adércio Leite Sampaio, que encara todas essas tipologias como espécies do direito adquirido em "sentido amplo":

> o direito adquirido é tomado como gênero ou em sentindo largo, do qual o direito adquirido em sentindo estrito, o ato jurídico perfeito e a coisa julgada são espécies (...) [o gênero] pode ser

---

15. *"A compreensão da 'irretroatividade' como categoria jurídica é multifacetária. Muitos a veem não só como uma regra ou como um princípio normativo, mas como um princípio geral do Direito"* DELGADO, Mário Luiz. Novo direito intertemporal brasileiro: da retroatividade das leis civis: problemas de direito intertemporal no Código Civil - doutrina e jurisprudência. São Paulo: Saraiva, 2014, p. 43

16. *"Otto Gierke (Deutsches Privatrecht, 1895, t.I, p. 188) al argumentar la vigencia en la conciencia jurídica del principio que prohíbe al legislador la retroactividad de las leyes, sostiene que éste responde a todas las características esenciales de um principio jurídico, porque descansa en un afirmanción de la conciencia jurídica universal, que señala al poder político unas restricciones"* (apud SUÁREZ COLLÍA, José M. El principio de la irretroactividaded de las normas jurídicas. Madrid. Actas, 1994, p. 60).

17. *"... o princípio da irretroatividade da lei não é de Direito Constitucional, mas princípio geral de Direito"* (SILVA, José Afonso. Curso de direito constitucional positivo. 29. ed. São Paulo: Malheiros, p. 435)

18. Rubens Limongi França considera a irretroatividade da lei um princípio fundado na razão natural. Cf. FRANÇA, Rubens Limongi. A irretroatividade das leis e o direito adquirido. São Paulo: Revista dos Tribunais, 1982, p. 10.

19. Para Pontes de Miranda, ao comentar limitação semelhante na Constituição de 1946, notou que no plano constitucional *"só existe alusão a conceitos de direito adquirido, de ato jurídico perfeito e de coisa julgada, e de modo nenhum definições que, como definições constitucionais, se impusessem ao legislador ordinário e aos juízes"* MIRANDA, Pontes de. Comentários à Constituição de 1946. Rio de Janeiro: Henrique Cahem Editor, 1947, v. III, p. 208.

    Rubens Limongi França compartilha da opinião de que foi correta a opção do constituinte de 1988 em deixar a conceituação desses limites na lei ordinária. Cf. FRANÇA,Limongi Rubes. *Direito adquirido e expectativa de direito.* Belo Horizonte: Del Rey, 2005, p. 84.

> compreendido como um complexo fático e normativo que atribui a seus titulares a garantia de vantagem do status quo contra novidades legislativas que o redefinam[20]

Nas próximas seções, em apertada síntese, serão apresentadas as principais noções dos institutos em comento.

2.1.1. Direito Adquirido

É difícil a conceituação do direito adquirido. A qualificação "adquirido" não fornece maiores insumos para a extração do conceito além da "constituição desse direito em virtude de lei ou negócio do passado", ao que se faz crítica na doutrina especializada pelo conteúdo vazio[21] ou dotado de retorismo[22]. Por esse motivo, especial atenção é dada à qualificação do direito adquirido pela lei ordinária[23].

Porém, o fato de o conceito proposto pela Lei de Introdução ao Código Civil em 1916 ter passado por significativas modificações em 1942 e em 1957 criou obstáculos para a sedimentação de bases uniformes para

---

20. SAMPAIO, José Adércio Leite. Direito adquirido e expectativa de direito. Belo Horizonte: Del Rey, 2005. p. 173.
21. Pontes de Miranda critica o conteúdo vazio da noção de direito adquirido: "*Não nos enganemos por mais tempo! Podemos virar e mexer o preceito - 'direitos adquiridos devem ser respeitados pelo legislador', como quisermos, e nada tiraremos dele! Esse preceito é por igual palavra oca (Schalagwort), pois 'direitos adquiridos' em sentido particular chama-se justamente àqueles direitos que devem ser respeitados pelo legislador, assim tempos um idem per idem. Precisamos indagar quais os direitos que devem receber especial respeito, e então saberemos o que é que se entende, propriamente, por 'direitos adquirido'.*" MIRANDA, Pontes de. Comentários à Constituição de 1946. Rio de Janeiro: Henrique Cahem Editor, 1947, v. III, p. 213.
22. Para José de Oliveira Ascensão, trata-se de locução retórica: "*Considera-se direito adquirido o que se quer pôr ao abrigo da retroactividade, mas já se nega essa qualificação quando se pretende a aplicação imediata da lei. É uma locução retórica, mas normalmente vazia, que tem a mera função de legitimar a solução preferida por outras razões*". ASCENSÃO, José de Oliveira. O direito: introdução e teoria geral. 2 ed. rev. e ampl. Rio de Janeiro, Renovar, 2001.
23. O exame infraconstitucional do conceito de "direito adquirido" é abordagem proposta pelo Supremo Tribunal Federal da AI 135.632-AgR/RS, veja-se: "*Em suma: se é certo que a proteção ao direito adquirido reveste-se de qualificação constitucional, consagrada que foi em norma de sobredireito que disciplina os conflitos de lei no tempo (CF, art. 5º, XXXVI), não é menos exato - considerados os dados concretos de nossa experiência jurídica - que a positivação do conceito normativo de direito adquirido, ainda que veiculável em sede constitucional, submete-se no entanto, de lege data, ao plano estrito da atividade legislativa comum*" (STF, AI 135.632-AgR/RS, Rek. Min. Celso de Mello, j. 10-10-1995, DJU de 3-0-00, p. 27).

o direito adquirido, em razão do surgimento de duas teorias distintas (a subjetiva[24] e a objetiva[25]) ao longo do tempo.

O art. 3º, §1º da LICC de 1916 (cuja redação é idêntica ao atual art. 6º da LINDB, vigente) fortaleceu a teoria subjetiva, ao prever que: "*Consideram-se adquiridos, assim os direitos que o seu titular, ou alguém por ele, possa exercer, como aqueles cujo começo de exercício tenha termo prefixo, ou condição preestabelecida, inalterável a arbítrio de outrem*". Em apertada síntese, a teoria subjetiva dispõe que o que qualifica a aquisição do direito e, portanto, a proteção à retroatividade, é a sua "incorporação" no "leque" ou "patrimônio" (aqui entendido em sentido amplo) do titular. A teoria subjetiva se arvora em entender os modos de aquisição dos direitos[26].

Com o advento do art. 6º do Decreto-Lei nº 4.657 de 1942, o âmbito de proteção da retroatividade passa a ser não mais o direito que "se adquiriu", mas sim a situação jurídica constituída (noção objetiva): "A *lei em vigor terá efeito imediato e geral. Não atingirá, entretanto, salvo disposição expressa em contrário, as situações jurídicas definitivamente constituídas e a execução do ato jurídico perfeito*".

Em suma, as teorias objetivas propõem avaliar a imutabilidade decorrente da realização de um fato (ou seja, avaliar o direito "em si") e não todo a avaliação do que está disponível ao titular, em tentativa de afastar a regra de irretroatividade a "falsos direitos", tais como o "simples interesse"[27], a

24. Exemplos de relevantes autores subjetivistas: Merlin, Nlondeau, Aubry e Rau, Demolombe, Baudry-Lacantinerie, Josserand, Colin e Capitant, Savigny, Pacifici-Mazzoni, Gabba.

25. Exemplos de relevantes autores objetivistas: Vairelles-Sommières, Bonnecase, Duguit, Jèze, Roubier, Chironi, Ferrara, Gaetano Pace, Ruggiero, Affolter.

26. Levada categoriza que direitos podem ser de aquisição simples ou complexa. Os direitos de aquisição simples são que ingressam no patrimônio do titular em momento único e determinado. Os direitos de aquisição complexa dependem de um ato jurídico mais um evento futuro para ingressar no patrimônio do titular, podendo ser direito de aquisição complexa por elementos autônomas (quando cada parte constitui direitos individualizáveis) ou direito de aquisição complexa por elementos dependentes (quando as partes só constituem direito quando consideradas em conjunto). Cf. LEVADA, Filipe Antônio Marchi. O direito intertemporal e os limites da proteção do direito adquirido. Dissertação de Mestrado. Orientação: Professora Doutora Daisy Gogliano. Faculdade de Direito da Universidade de São Paulo. São Paulo, 2009, p. 236.

27. Na lição de Carnelutti (1936), citado por Theodoro Jr, o interesse é a posição favorável à satisfação de uma necessidade. THEODORO JUNIOR. Humberto. Curso de direito processual civil. 37 ed. Rio de Janeiro: Forense, 2001. p. 31.

"faculdade jurídica"[28], a "mera expectativa de direito"[29] ou até mesmo "instituições jurídicas"[30].

Foi com a Lei nº 3.238 de 1957 que a antiga definição ("adquirido") proposta no art. 3º da LICC de 1916 ingressa novamente ao ordenamento jurídico, no vigente art. 6º, §2º do Decreto-Lei nº 4.657 (Lei de introdução às normas do direito brasileiro - LINDB).

Não obstante, continua sendo frequente a alusão de conceitos das teorias objetivas na doutrina contemporânea sobre a LINDB, que não enxergam na noção de "termo prefixo" e "condição preestabelecida" solidez suficiente para a resolução dos problemas de direito intertemporal. Evidentemente que trazem algum caminho, diante a disciplina da "condição" e do "termo" respectivamente nos arts. 121 a 130 e nos arts. 131 a 135 do Código Civil[31].

José Afonso da Silva é exemplo de unificação das teorias subjetiva e objetiva, ao esclarecer que um direito subjetivo (enquanto situação jurídica subjetiva) criado ao tempo da lei revogada torna-se direito adquirido justamente pela superveniência da lei revogadora[32]:

---

28. Segundo Reynaldo Prochat, a faculdade jurídica é *"a simples capacidade, não exercitada, de praticar actos jurídicos; é um direito que a lei reconhece, mas que nunca foi posto em prática, do qual ainda não foi feito uso pela pessoa de quem se trata, como, por exemplo, a faculdade de contrahir casamento, ou a faculdade de testar"* in PORCHAT, Reynaldo. Da retroatividade das leis civis. São Paulo: Duprat & Comp., 1909, p. 30

29. Para Sérgio Pinto Martins, a expectativa de direito *"ocorre quando o beneficiário ainda não reuniu todas as condições para adquirir o direito, que não faz parte do seu patrimônio jurídico, nem pode ser exercitado de imediato. Na expectativa de direito, há a esperança, a probabilidade de adquirir o direito no curso do tempo"* in MARTINS, Sérgio Pinto. Direito adquirido e reforma previdenciária. Revista de Previdência Social, São Paulo, ano 23, n. 222, 1999, p. 454

30. Segundo Luiz da Cunha Gonçalves, *"instituição jurídica é o conjunto das normas ou regras de direito que se interpenetram e constituem um todo orgânico, que abrange uma série de relações derivadas de um facto fundamental e característico"* in GONÇALVES, Luiz da Cunha. Princípios de direito civil luso-brasileiro. São Paulo: Max Limonad, 1951. V.1. p. 64.

31. Felipe Antonio Marchi Levada faz interessante análise sobre o conteúdo dos direitos a termo e sob condição suspensiva, caracterizando-os como direitos de aquisição simples por equiparação, ao invés de direitos de aquisição complexa, em razão do artigo 131 do Código Civil. Cf. LEVADA, Filipe Antônio Marchi. O direito intertemporal e os limites da proteção do direito adquirido. Dissertação de Mestrado. Orientação: Professora Doutora Daisy Gogliano. Faculdade de Direito da Universidade de São Paulo. São Paulo, 2009, p. 236

32. SILVA, José Afonso da. Constituição e segurança jurídica. In: ROCHA, Cármen Lúcia Antunes (coord.). Constituição e segurança jurídica: direito adquirido, ato jurídico perfeito e coisa

> Se a lei revogada produziu efeitos em favor de um sujeito, diz-se que ela criou **situação jurídica subjetiva**, que poderá ser um simples interesse, um interesse legítimo, a expectativa de direito, um direito condicionado, um **direito subjetivo**. Este último é garantido jurisdicionalmente, ou seja, é um direito exigível na via jurisdicional. Recebe, assim, proteção direta, pelo que seu titular fica dotado do poder de exigir uma prestação positiva ou negativa (...) direito subjetivo: é um direito exercitável segundo a vontade do titular e exigível na via jurisdicional quando seu exercício é obstado pelo sujeito obrigado à prestação correspondente. Se tal direito é exercido, foi devidamente prestado, tornou-se situação jurídica consumada (direito consumado, direito satisfeito, extinguiu-se a relação jurídica que o fundamentava). **Se o direito subjetivo não foi exercido, vindo a lei nova, transforma-se em direito adquirido, porque era direito exercitável e exigível à vontade de seu titular. Incorporou-se no seu patrimônio, para ser exercido quando conviesse ao seu titular** (...) o direito subjetivo vira direito adquirido quando lei nova vem alterar as bases normativas sob as quais foi constituído. Se não era direito subjetivo antes da lei nova, mas interesse jurídico simples, mera expectativa de direito ou mesmo interesse legítimo, não se transforma em direito adquirido sob o regime da lei nova, que, por isso mesmo, corta tais situações jurídicsubjetivas no seu iter, porque sobre elas a lei nova tem incidência imediata. (grifos nossos).

Mário Luiz Delgado também vislumbra não existir incompatibilidade entre as teorias objetiva e subjetiva[33], posição que compartilha com Cláudia Toledo[34], sob o entendimento de que a situação jurídica

---

julgada. Estudos em homenagem a José Paulo Sepúlveda Pertence. 2. ed. Belo Horizonte: Fórum, 2009, p. 20-21.

33. *"Não vislumbramos incompatibilidade alguma entre as duas teorias em matéria de solução de conflitos intertemporais. (...) Considerando que o direito adquirido não deixa de ser uma espécie do gênero direito subjetivo e que a todo direito subjetivo corresponde um dever jurídico, não há dúvida de que ele também integra a "situação jurídica", esta composta, como já vimos, por um complexo de direitos e deveres" IN* DELGADO, Mário Luiz. Novo direito intertemporal brasileiro: da retroatividade das leis civis: problemas de direito intertemporal no Código Civil – doutrina e jurisprudência. São Paulo: Saraiva, 2014, p. 196.

34. *"(...) na medida em que os conceitos de situação jurídica e de direito adquirido são usados não indistintamente, mas como conceitos diversos, o primeiro contendo o segundo, o direito adquirido se manifestando em uma situação jurídica, fazendo parte dela, não há nenhuma contradição na referência a ambos, lado a lado. Não são excludentes entre si, porquanto a situação jurídica é*

é gênero que abrange o conceito de direito subjetivo que por sua vez abrange o conceito de direito adquirido.

Compartilho da mesma opinião, enriquecendo a análise sob o prisma processual, observando que a publicação do Código de Processo Civil de 2015 trouxe em seu art. 14[35] novamente a noção "objetiva" de "situação jurídica consolidada" em regra sobre a imediaticidade e irretroatividade da norma processual, seja judicial, eleitoral, trabalhista ou administrativa[36]. É dizer, o vigente regramento observa ambos os conceitos subjetivo e objetivo. No direito material, a lei respeitará o "direito adquirido" por força do art. 6º, §2º da LINDB. Já a norma processual respeitará "situações jurídicas consolidadas sob a vigência da norma revogada" em virtude do art. 14 do CPC.

Quem dera houvesse tão nítida distinção entre norma material e norma processual: se todo processo é instrumento de uma situação jurídica substancial afirmada[37], mais nebulosa fica a distinção ao refletir-se sobre a teoria geral do direito e a teoria geral do processo, que ora o caracterizam como (i) método de criação de normas jurídicas (enquanto método de exercício de poder), (ii) ato jurídico complexo (enquanto procedimento) ou (iii) relação jurídica (enquanto conjunto de situações jurídicas de que são titulares todos os sujeitos do processo)[38].

Na sessão 3.2, demonstro como é nebulosa a fronteira entre direito material e processual em relação à alienação fiduciária de bem imóvel, ao analisar peculiaridades da garantia, de sua execução e a natureza das normas do Novo Marco Geral das Garantias.

---

conceito mais amplo, capaz de abraçar aquele de direito subjetivo e, por conseguinte, de direito adquirido" IN TOLEDO, Cláudia. Direito adquirido e Estado Democrático de Direito. São Paulo: Landy Ed., 2003, p. 176

35. Art. 14 da Lei 13.105/2015. A norma processual não retroagirá e será aplicável imediatamente aos processos em curso, respeitados os atos processuais praticados e as situações jurídicas consolidadas sob a vigência da norma revogada.

36. Art. 15 da Lei 13.105/2015. Na ausência de normas que regulem processos eleitorais, trabalhistas ou administrativos, as disposições deste Código lhes serão aplicadas supletiva e subsidiariamente.

37. DIDIER JR., Fredie. Curso de direito processual civil: Introdução ao direito processual civil, parte geral e processo de conhecimento. Salvador: Ed. Juspodivm, 2015, p. 38

38. DIDIER JR, Fredie. Teoria geral do processo, essa desconhecida. 3. ed. Salvador: Juspodivm, 2016. p 78.

2.1.2. Ato jurídico Perfeito

O ato jurídico perfeito é aquele apto a produzir seus efeitos eis que aperfeiçoado pelo cumprimento de todos seus elementos constitutivos[39]. Não depende, portanto, de nada para ter plena eficácia.

Enquanto o direito adquirido decorre diretamente da lei, o ato jurídico perfeito consiste em ato ou negócio jurídico fundado na lei. Enquanto um é direito, subjetivo, o outro é ato (jurídico lato sensu), objetivo.

É esperado que do ato jurídico perfeito decorram direitos adquiridos. Ensina a Maria Helena Diniz que a segurança do ato jurídico perfeito é ferramenta para proteção do direito adquirido: *"se a nova norma considerasse como inexistente, ou inadequado, ato já consumado sob o amparo da norma precedente, o direito adquirido dele decorrente desaparecida por falta de fundamento"*[40].

Ocorre que o ato jurídico perfeito também é ferramenta para proteção de atos completamente exauridos e de direito já consumados[41]. Se o simples direito adquirido é protegido contra a interferência da lei nova, mais ainda é o direito adquirido já consumado, exaurido.

2.1.3. Coisa Julgada

A coisa julgada é o direito de não ver reformado um julgamento, sendo primado de estabilidade das relações jurídicas[42]. Como define Paulo Mendes de Oliveira: "*A coisa julgada consiste num alto grau de estabilidade (indiscutibilidade) da norma jurídica concreta que emerge do conteúdo do*

39. PORCHAT, Reynaldo. Da retroatividade das leis civis. São Paulo: Duprat & Comp., 1909, pp. 26-27.

40. DINIZ, Maria Helena. Lei de Introdução ao Código Civil Brasileiro interpretada. 12. ed. São Paulo: Saraiva, 2007, p. 191.

41. SILVA, José Afonso da. Curso de direito constitucional positivo. 15. ed. rev. atual. Nos termos da Reforma Constitucional. São Paulo: Malheiros Ed., 1988. p. 436.

42. *"sendo um elemento imunizador dos efeitos que a sentença projeta para fora do processo e sobre a vida exterior dos litigantes, sua utilidade consiste em assegurar estabilidade a esses efeitos, impedindo que voltem a ser questionados depois de definitivamente estabelecidos por sentença não mais sujeita a recurso"* IN DINAMARCO, Cândido Rangel. Relativizar a coisa julgada material. Revista de Processo, São Paulo, v. 28, n. 109, jan/mar. 2003, p. 9

pronunciamento estatal, impedindo novos questionamentos e devendo ser tomado como premissa em futuros processos"[43]

A coisa julgada possui duas espécies[44]: material e formal.

A coisa julgada material, nos termos do art. 502 do CPC, é a "*autoridade que torna imutável e indiscutível a decisão de mérito não mais sujeita a recurso*". Ela torna impossível a modificação da decisão no âmbito daquele processo ou em qualquer outro, eis que a matéria cumpriu todos os trâmites procedimentais para que o Judiciário avaliasse a questão em definitivo.

A coisa julgada formal abrange a imutabilidade de pressupostos processuais e condições da ação e a impossibilidade de modificação da sentença no mesmo processo como consequência da preclusão dos recursos, sendo introduzida na lei processual por força do art. 486, §1º do CPC[45].

Como o art. 5º XXXVI da Constituição Federal (que versa sobre retroatividade limitada da lei) não faz distinção entre as coisa julgadas (formal e material), deve-se reconhecer que a proteção abrange ambas as espécies. Exemplo de proteção à coisa julgada formal seria o reconhecimento da inconstitucionalidade de lei nova que outorgasse novos recursos contra sentenças terminativas transitadas em julgado ou que dilatasse prazos de recursos já esgotados na vigência da lei revogada[46].

A possibilidade da desconstituição da coisa julgada material pelo rito legal da ação rescisória (artigos 966 a 975 do CPC) não caracteriza desrespeito ao comando constitucional do art. 5º, XXXVI. Os principais destinatários do comando "a lei não prejudicará a coisa julgada" são o legislador e o juiz, em sentido de obstar que um novo tratamento legal verificado

43. OLIVEIRA, Paulo Mendes de. Coisa julgada e precedente: limites temporais e as relações jurídicas de trato continuado. São Paulo: Editora Revista dos Tribunais, 2015. p. 78.

44. Há quem reconheça também as espécies: coisa julgada sobre questão prejudicial (artigo 503, parágrafos 1º e 2º do CPC); coisa julgada sobre tutela antecipada antecedente (artigo 304, parágrafo 5º do CPC).

45. Art. 486. §1º § 1º No caso de extinção em razão de litispendência e nos casos dos incisos I, IV, VI e VII do art. 485 , a propositura da nova ação depende da correção do vício que levou à sentença sem resolução do mérito.

46. DELGADO, Mário Luiz. Novo direito intertemporal brasileiro: da retroatividade das leis civis: problemas de direito intertemporal no Código Civil – doutrina e jurisprudência. São Paulo: Saraiva, 2014, p. 200

no direito posterior alterasse o conteúdo decisório já não mais sujeito a recurso. A ação rescisória, por sua vez, consiste em importante garantia de devido processo legal para os jurisdicionados, permitindo a desconstituição de decisão transitada em julgado eivada de erros e vícios graves, desde a corrupção, impedimento ou incompetência do juiz (art. 966, I e II) até o desrespeito à prévia coisa julgada (art. 966, IV).

No campo do direito intertemporal, há controvérsia doutrinária sobre a possibilidade de aplicação de novo regramento vigente a situações reguladas por sentenças de mérito baseadas em lei que foi apenas posteriormente (não ao tempo da decisão) declarada inconstitucional[47].

A coisa julgada já foi relativizada em algumas decisões dos tribunais superiores. Em ações de investigação de paternidade, o STJ[48] e STF[49] já admitiram a relativização da coisa julgada quando na demanda anterior não houve a realização do exame de DNA, em reconhecimento da evolução desse meio de prova em prol de assegurar informação afeta a direito da personalidade, prestigiando o princípio da verdade real.

2.2. Imediaticidade

O postulado da imediaticidade[50], que consagra a "*eficácia imediata das disposições de nova lei*", encontra substrato tanto no direito material (art. 6º

47. Há autores que reconhecem a aplicação do novo regramento, por não vislumbrarem a formação de coisa julgada já que a declaração de inconstitucionalidade da lei que fundamentou a sentença pelo STF afetaria a própria existência do ato. Outros especialistas argumentam que afastar a coisa julgada nesse contexto sob qualquer pretexto de justiça seria extremamente prejudicial por tornar a estabilidade do ordenamento sujeita a decisões políticas. Cf. DELGADO, Mário Luiz. Novo direito intertemporal brasileiro: da retroatividade das leis civis: problemas de direito intertemporal no Código Civil - doutrina e jurisprudência. São Paulo: Saraiva, 2014. P. 202.

48. STJ. 3ª Turma. AgInt no REsp 1417628/MG, Rel. Min. Marco Aurélio Bellizze, julgado em 28/03/2017.

49. STF. Plenário. RE 363889, Rel. Min. Dias Toffoli, julgado em 02/06/2011 (repercussão geral)

50. *A imediatidade (ou eficácia imediata) consiste "na aplicação da lei nova a situações jurídicas que já vêm do passado, criando nova regulamentação para os efeitos que se produzirem dali em diante, ou mesmo suprimindo pura e simplesmente essas situações; em ambas as hipóteses, todos os efeitos que tenham sido produzidos no passado permanecem intocados"* NORONHA, Fernando. Retroatividade, eficácia imediata e pós-atividade das leis. Sua caracterização correta, como indispensável para solução dos problemas de direito" em Cadernos de Direito

da LINDB) quanto processual (art. 15 do CPC). Esse substrato será examinado nos tópicos 2.2.1 e 2.2.2.

Por ainda ser frequente, no Brasil, a invocação doutrinária e jurisprudencial da teoria espanhola dos níveis de retroatividade da lei (mínimo, média e máxima), alguns comentários serão tecidos antes do exame da regra de imediaticidade que vigora tanto no direito material e processual do nosso ordenamento.

É comum na Espanha, tomando-se como referencial a entrada em vigor da norma, classificar os fatos em passados, presentes e futuros conforme sejam anteriores, concomitantes ou posteriores à lei nova[51]. Diferentemente do Brasil (que proíbe a ofensa a direitos adquiridos sem vedar necessariamente a retroatividade), a Constituição da Espanha adotou expressamente a regra da irretroatividade ou não retroatividade[52], o que também foi refletido no Código Civil da Espanha[53]. Foi nesse contexto que doutrina e jurisprudência espanholas buscaram amparo na teoria dos "níveis de retroatividade" para mitigar o comando constitucional e do código civil de "irretroatividade", a fim de evitar insegurança jurídica.

Na doutrina espanhola[54], a *retroatividade mínima* ocorre quando a lei nova atinge efeitos decorrentes de fato passado, mas que só vieram a se verificar depois de seu advento[55]; a *retroatividade média*, ocorre quando a lei nova atinge fatos pendentes, preservando os fatos passados e os efeitos

Constitucional e Ciência Política. São Paulo: Revista dos Tribunais. Ano 6. n. 23. abr-jun. 1998. p. 100

51. LEVADA, Filipe Antônio Marchi. O direito intertemporal e os limites da proteção do direito adquirido. Dissertação de Mestrado. Orientação: Professora Doutora Daisy Gogliano. Faculdade de Direito da Universidade de São Paulo. São Paulo, 2009, p. 236. p. 41.
52. Dispõe o artigo 9.3 da Constituição da Espanha: "A Constituição garante (...) a irretroatividade das disposições sancionadoras não favoráveis ou restritivas de direitos individuais" (tradução livre)
53. Dispõe o artigo 2.3 do Código Civil da Espanha: "As leis não terão efeito retroativo, se não o dispuserem em contrário" (tradução livre)
54. Cf LEVADA, Filipe Antônio Marchi. O direito intertemporal e os limites da proteção do direito adquirido. Dissertação de Mestrado. Orientação: Professora Doutora Daisy Gogliano. Faculdade de Direito da Universidade de São Paulo. São Paulo, 2009, p. 236. p. 34.
55. *"Se considera que una norma tiene este tipo de retroactividad [mínima], cuando la nueva ley es aplicable exclusivamente a los efectos de la relación jurídica que 'nazcan' con posterioridad a su entrada en vigor"* SUÁREZ COLLÍA, José M. El principio de la irretroactividad de las normas jurídicas. Madrid: Actas, 1994. p. 75.

anteriores ao seu advento[56]; já a *retroatividade máxima* se verifica quando a lei nova atingisse os fatos passados e os efeitos ocorridos antes do início de sua vigência[57].

Felipe Antônio Marchi Levada pontua que "*ao tratar de retroatividade mínima e média, a teoria dos 'níveis de retroatividae' acaba por equiparar os efeitos retroativo médio e mínimo ao efeito imediato da lei nova*"[58], porém conclui que não é adequada adotar a teoria espanhola no ordenamento jurídico brasileiro:

> Não faz o menor sentido a adoção dessa teoria no Brasil, pois (1) a não-proteção da retroatividade média e mínima acaba por vulnerar a proteção do direito adquirido, que entre nós é assegurada constitucionalmente; e (2) a equiparação do efeito imediato ao efeito retroativo médio e mínimo somente confunde, sugerindo uma vedação, em nosso sistema, ao efeito imediato da lei nova, que não só não é proibido como constitui a regra, encontrando limite apenas na proteção do direito adquirido, do ato jurídico perfeito e da coisa julgada. Por esta razão, não devemos importar a teoria dos níveis de retroatividade para os tribunais brasileiros, como tem ocorrido[59]

No julgamento da ADI 493 DF[60], *leading case* sobre intertemporalidade no Brasil, extrai-se do voto do ilustre Ministro Relator Moreira Alves que a verificação da aplicação da nova lei aos fatos pendentes (que estariam no escopo da construção de retroatividade mínima ou média) resolve-se na análise das vedações à retroatividade:

---

56. LA CRUZ BERDEJO, José Luis; ASÍS SANCHO REBULLIDA, Francisco de; LUNA SERRANO, Augustín; DELGADO ECHEVERRÍA, Jesús; RIVERO HERNÁNDEZ, Fransicso; RAMS LBSESA, Joaquín. Elementos de derecho civil: parte general. 4. ed. rev. e atual. por Jesús Delgado Escheverría. Madrid. Dykinsonm 2006, p. 212
57. VERDERA IZQUIERDO, Beatriz. La irretroactividad: problemática general. Madrid: Dykinson, 2006. p. 89.
58. LEVADA, Filipe Antônio Marchi. O direito intertemporal e os limites da proteção do direito adquirido. Dissertação de Mestrado. Orientação: Professora Doutora Daisy Gogliano. Faculdade de Direito da Universidade de São Paulo. São Paulo, 2009. p. 34
59. LEVADA, Filipe Antônio Marchi. O direito intertemporal e os limites da proteção do direito adquirido. Dissertação de Mestrado. Orientação: Professora Doutora Daisy Gogliano. Faculdade de Direito da Universidade de São Paulo. São Paulo, 2009. p. 36
60. STF. ADI 493 DF. Min. Rel. Moreira Alves. J. 25 jun. 1992, Tribunal Pleno, DJ 04 set. 1992.

> (...) quer no campo do Direito Privado, quer no campo do Direito Público, a questão da aplicação da lei nova aos *facta pendentia* se resolve com a verificação da ocorrência, ou não, no caso, de direito ad- quirido, de ato jurídico perfeito ou de coisa julgada.

"Fatos pendentes[61]" são aqueles iniciados sob o império da lei anterior mas cuja produção de efeitos e ultimação se dão sob a guarida da nova lei[62]. Se como regra geral a lei é aplicada imediatamente e os contornos da retroatividade limitam apenas o "ato jurídico perfeito", "direito adquirido" e a "coisa julgada", deve-se concluir que, fora esses limitadores, a lei nova se aplica aos fatos pendentes[63].

Explica Castro Neves sobre a aplicação imediata da lei aos fatos pendentes desde que não caracterizado direito adquirido[64]:

> (...) quanto aos fatos pendentes, a nova norma aplica-se com relação aos seus efeitos, sua repercussão, desde que não se afete o direito adquirido. Assim, os efeitos do ato, sentidos em momento posterior ao advento da nova lei, devem ser regulados por esta; salvo se houver algum direito adquirido em jogo (aí inseridos o ato jurídico perfeito e a coisa julgada), que justifique a sobrevivência da aplicação da lei revogada. Nas relações jurídicas nas quais as partes tenham ajustado os efeitos do ato, por exemplo, no contrato em que se fixou o modo de execução, criando direito subjetivo

61. Define Cezar Peluso "Os fatos pendentes – ou em via de realização –, separam-se em partes anteriores ou posteriores à data da vigência da lei nova. A parte pretérita do fato pendente concerne à alteração de consequências jurídicas que haviam sido determinadas pelas partes de acordo com a lei revogada. Se a nova lei dispõe sobre esses aspectos ela será taxada de retroativa. Já as partes posteriores dos fatos pendentes ao tempo da vigência da nova lei serão por ela capturadas". (PELUSO, Cezar (coord.). *Código Civil comentado:* doutrina e jurisprudência. 17 ed. Santana de Parnaíba: Manole, 2023, p. 2430).

62. DELGADO, Mário Luiz. Novo Direito Intertemporal Brasileiro: Da retroatividade das leis civis. 2. ed. São Paulo: Saraiva, 2014, p. 46.

63. Esse raciocínio fica bem explicitado na doutrina do francês Paul Roubier, ao asseverar que: *"a validade do ato se afere com a lei do momento em que ele ocorreu, mas a repercussão jurídica de certo fato é regulada pela lei em vigor quando da sua realização" (tradução livre). "L'effet immédiat de la loi doit être considéré comme la règle ordinaire: la loi nouvelle s'applique, dès sa pro- mulgation, à tous les effets qui résulteront dans l'avenir de rapports juridiques nés ou à naître*" ROUBIER, Paul. Les Conflits de Lois dans le Temps, p. 9 In: NEVES, José Roberto de Castro. A intertemporalidade e seus critérios. Revista Forense, v. 382, nov./dez., 2005, p. 108. Rio de Janeiro: Forense.

64. NEVES, José Roberto de Castro. A intertemporalidade e seus critérios. Revista Forense, v. 382, nov./dez., 2005, p. 118. Rio de Janeiro: Forense.

> – já, definitivamente, incorporado ao patrimônio das partes –, a nova lei não deve interferir, salvo se houver questão de ordem pública em jogo, situação na qual o acordo cederá;

Trata-se também da posição defendida por Tepedino, temeroso de uma extensão indevida do conceito de direito adquirido[65]: *"é imperioso interpretar restritivamente a noção de direito adquirido, de molde a não abranger os efeitos futuros de negócios jurídicos que, posto praticados legalmente no passado, são hostilizados pela lei nova"*.

"Retroatividade média ou mínima" por vezes são enquadradas pela doutrina sob a nomenclatura de "*retroatividade inautêntica*"[66] ou "*retrospectividade*"[67].

Para quem entende não existir retroatividade, fala-se em "*eficácia imediata da lei ulterior*"[68]. Trata-se da interpretação coerente com a sistemática

65. TEPEDINO, Gustavo. Temas de direito civil. 3. ed. Rio de Janeiro: Renovar, 2004, p. 217.

66. J. J. Gomes Canotilho denomina esse efeito de retroatividade inautêntica: *"Fala-se de retroactividade inautêntica quando uma norma jurídica incide sobre situações ou relações jurídicas já existentes embora a nova disciplina jurídica pretenda ter efeitos para o futuro. Os casos de retroactividade autêntica em que uma norma pretende ter efeitos sobre o passado (eficácia, ex tunc) devem distinguir-se dos casos em que uma lei, pretendendo vigorar para o futuro (eficácia ex nunc), acabar por 'tocar' em situações, direitos ou relações jurídicas desenvolvidos no passado, mas ainda existentes"* CANOTILHO, J. J. Gomes. Direito constitucional e teoria da Constituição. 5. Ed. Coimbra. Almedina, p. 262.

67. Humberto Ávila, por sua vez, denomina esse efeito de retrospectividade: *"Uma lei pode atuar no futuro relativamente a atos futuros. Nesse caso, ela será prospectiva. Ela pode atuar no futuro, mas sobre fatos passados, hipótese em que ela será retrospectiva. E ela pode também atuar no passado sobre fatos passados, caso em que será retroativa"* ÁVILA, Humberto. Segurança Jurídica no direito tributário. Entre permanência, mudança e realização. Tese apresentada ao concurso público de títulos e provas para provimento do cargo de Professor Titular de Direito Tributário da Faculdade de Direito da Universidade de São Paulo, São Paulo, 2009. p.141.

68. *"Quando a lei nova regula as consequências de um fato passado que se verificam sob seu império consideradas em si mesmas, e não por uma razão relativa àquele fato, o qual não é assim, atingindo, há em vez de retroatividade, aplicação imediata do preceito jurídico"* MAXIMILIANO, Carlos. Direito intertemporal ou teoria da retroatividade das leis. Rio de Janeiro/São Paulo: Freitas Bastos, 1955. p. 29.

    Defende Cezar Peluso que *"não há de se falar propriamente em retroatividade mínima, mas em aplicação imediata da lei, pois ao contrário das duas primeiras espécies de retroatividade (máxima e média), a lei não dá um salto para trás, nem tampouco interfere em consequências que já haviam sido definidas pelos contratantes. Por isso também é conhecida como retroatividade aparente ou inautêntica, eis que age sobre relações jurídicas passadas tão somente no*

do ordenamento pátrio, com respaldo tanto no direito material quanto no direito processual, como veremos nas próximas seções.

2.2.1. Imediaticidade no Direito Material

No direito material civil, o artigo 6º da Lei de Introdução às Normas do Direito Brasileiro (LINDB) preconiza a "*imediaticidade*" ao dispor que "*a lei em vigor terá efeito imediato e geral*"[69]

Ilustra o conceito de imediaticidade a doutrina de José Eduardo Martins Cardoso:

> efeito imediato da lei é aquele que atinge fatos e situações no exato momento jurídico-temporal em que entra em vigor, não importando juridicamente se tais fatos ou situações remontam ou não no seu nascimento a um antigo diploma legislativo por esta nova lei substituído[70].

Autores modernos houverem por qualificar ainda o efeito imediato da lei em efeito "prospectivo" (efeito imediato simples – aplicação aos fatos novos que acontecerem no seu tempo) e "retrospectivo" (efeito imediato qualificado – efeitos que sejam produzidos no seu tempo por situações vindas do tempo anterior)[71].

É digno notar também que no período de transição entre o Código Civil de 1916 para o Código Civil de 2022, foi opção expressa do legislador disciplinar a aplicação imediata da nova lei aos fatos pendentes.

---

sentido de disciplinar efeitos futuros". (PELUSO, Cezar (coord.). Código Civil comentado: doutrina e jurisprudência. 17 ed. Santana de Parnaíba: Manole, 2023, p. 2430).

69. Art. 6º A Lei em vigor terá efeito imediato e geral, respeitados o ato jurídico perfeito, o direito adquirido e a coisa julgada.
70. CARDOSO, José Eduardo Martins in NORONHA, Fernando. Retroatividade, eficácia imediata e pós-atividade das leis: sua caracterização correta, como indispensável para solução dos problemas de direito intertemporal. *Cadernos de Direito Constitucional e Ciência Política, São Paulo, v. 6, n. 23, p. 95, abril/junho 1998.*
71. Cf. LEVADA, Filipe Antônio Marchi. O direito intertemporal e os limites da proteção do direito adquirido. Dissertação de Mestrado. Orientação: Professora Doutora Daisy Gogliano. Faculdade de Direito da Universidade de São Paulo. São Paulo, 2009. p. 50.

O artigo 2.035 do Código Civil de 2002, posicionado no Capítulo de "Disposições Finais e Transitórias", pensando justamente nos potenciais conflitos de direito intertemporal, veio a reforçar a vigência imediata sobre os efeitos atuais e futuros de atos jurídicos anteriores, no que toca à transição entre o Código de 1916 e o atual:

> Art. 2.035. A validade dos negócios e demais atos jurídicos, constituídos antes da entrada em vigor deste Código, obedece ao disposto nas leis anteriores, referidas no art. 2.045, mas os seus efeitos, produzidos após a vigência deste Código, aos preceitos dele se subordinam, salvo se houver sido prevista pelas partes determinada forma de execução.
>
> Parágrafo único. Nenhuma convenção prevalecerá se contrariar preceitos de ordem pública, tais como os estabelecidos por este Código para assegurar a função social da propriedade e dos contratos.

Apesar de permitir que as partes mantivessem efeitos dos negócios sob o prisma do direito anterior se previssem determinada forma de execução, o parágrafo único do art. 2.035 do Código Civil impôs importante limite a esse pacto privado quando a conservação do regime violasse questões de ordem pública, como a "função social da propriedade" e "função social dos contratos".

Embora o Novo Marco Geral das Garantias (Lei n. 14.711/2023) não tenha disciplinado expressamente o seu regime de transição para os fatos pendentes, examinar como a questão foi solucionada na transição do Código Civil de 1916 para o de 2002 fornece valiosos insumos, (a) seja para entender a tradição de imediaticidade do ordenamento jurídico pátrio; (b) seja para extrair lições da doutrina construída à época some os institutos jurídicos comentados (fatos pendentes, imediaticidade, atos jurídicos perfeitos); (c) seja ao menos para cogitar como seria -subsidiariamente[72] – a integração de eventual lacuna referente ao regime de transição das

72. O argumento é subsidiário, pois demandaria prévio entendimento (contrário à linha mestra desta pesquisa) de que há lacuna no Marco Legal das Garantias e no direito pátrio em relação à aplicação imediata da nova lei aos fatos jurídicos materiais consumados antes de sua vigência, o que demandaria presumir que (a) Lei n. 14.711 não foi eloquentemente silente em razão das regras de direito intertemporal da LINDB e que (b) sequer em interpretação

questões de direito material do Novo Marco Legal das Garantias pela via da analogia[73]; (d) seja para compreender como preceitos de ordem pública, como a função social da propriedade ou do contrato, podem influenciar no regime de execução de negócio firmado sob o direito anterior, privilegiando a norma ulterior.

Comentando a regra de direito intertemporal do art. 2.035, caput do Código Civil, Maria Helena Diniz assevera que não há retroatividade na escolha do legislador em aplicar a nova lei para o 'modo de realização das consequências legais de atos jurídicos já consumados ou a serem realizados', mas tão somente eficácia imediata da nova lei, inexistindo violação ao ato jurídico perfeito[74]. Comentando o mesmo dispositivo, Mário Luiz Delgado afirma que "*Inexiste no ordenamento jurídico brasileiro direito adquirido aos efeitos futuros das situações jurídicas contratuais constituídas sob a égide da lei antiga*"[75]

Em sua Teoria Geral do Direito Civil, Gustavo Tepedino entende que a aplicação imediata da lei nova, respeitando as situações jurídicas constituídas sob o regime anterior, é forma de atendimento aos imperativos de justiça (democracia elegendo qual o novo padrão de comportamento) e de segurança[76].

---

extensiva dos conceitos de imediaticidade e de retroatividade limitada pode-se cogitar em aplicação imediata da nova lei aos fatos pendentes.

73. Cogitar a integração pela via analógica é esforço argumentativo subsidiário, eis que

74. *"Como se vê, o art. 2.035, caput, não atinge, portanto, os efeitos contratuais e substanciais do ato jurídico perfeito já consumados ou a serem realizados; alcançará tão somente o modo de realização das consequências legais que, ainda, não advierem, desde que os contratantes não tenham determinado em cláusula contratual outra forma para sua execução. Não há, como vimos, nenhuma ofensa a ato jurídico perfeito (...) Trata-se, de fato, da regência pela lei nova dos efeitos futuros produzidos durante sua vigência, caso em que terá eficácia imediata sobre eles, logo retroatividade não há. Quanto aos efeitos pretéritos dos fatos pendentes, estes recairão sob o comando da lei revogada".* (DINIZ, Maria Helena. O impacto do art. 2.035 e parágrafo único nos contratos anteriores ao novo Código Civil. In: DELGADO, Mário Luiz (coord.). Novo Código Civil: questões controvertidas. São Paulo: Método, 2005, v. 4, p. 474-475).

75. DELGADO, Mário Luiz. Novo Direito Intertemporal Brasileiro: Da retroatividade das leis civis. 2. ed. São Paulo: Saraiva, 2014, p. 401.

76. *"De um lado, há de se exigir, tão logo entra em vigor, o cumprimento da lei nova, que traduz, nos regimes democráticos, decisão da maioria quanto ao padrão de comportamento a ser adotado e quanto à reprovação social do modelo de conduta regulado pela lei revogada (imperativo de justiça). De outro lado, contudo, exige-se respeito às situações jurídicas constituídas sob o regime anterior, em atendimento ao padrão de conduta exigível à época de sua constituição (imperativo*

Em matéria de direitos reais, não raro a doutrina reafirma a eficácia imediata das leis, considerando o interesse predominantemente social e público dos institutos desse campo do direito[77], motivo pelo qual diversos direitos foram descontinuados em prol da nova ordem social, a exemplo da abolição da escravatura, dos feudos, dos fideicomissos[78].

2.2.2. Imediaticidade no Direito Processual

Também vigora no Direito Processual Civil a regra de imediaticidade da lei nova. Encontrando um processo em desenvolvimento, a nova norma respeita a eficácia dos atos processuais já realizados e disciplina o processo a partir da sua vigência[79].

O art. 14 do CPC dispõe que *"A norma processual não retroagirá e será aplicável imediatamente aos processos em curso, respeitados os atos processuais praticados e as situações jurídicas consolidadas sob a vigência da norma revogada."*. Seu regime de transição também prestigiou sua aplicabilidade imediata aos processos pendentes após sua entrada em vigor, nos

de segurança)". TEPEDINO, Gustavo. Fundamentos de direito civil: teoria geral do direito civil. 4. ed. Rio de Janeiro: Forense, 2023, p. 88.

77. Para Espínola e Espínola Filho, *"Em regra, produzem efeito imediato as leis atinentes a direito das coisas, isso porque o regime da propriedade e dos outros direitos reais, máxime no que se refere aos bens imóveis, apresenta um interesse predominantemente social e público, devendo sujeitar-se à nova disciplina"* ESPINOLA, Eduardo; ESPINOLA FILHO, Eduardo. A Lei de introdução ao Código civil brasileiro: (Dec.-Lei nº 4.657, de 4 de setembro de 1942, com as alterações da Lei nº 3.238, de 1º de agosto de 1957, e leis posteriores): comentada na ordem de seus artigos; e atualizada por Silva Pacheco. 2ª ed. Rio de Janeiro, Renovar, 1995, p. 345.

78. Em verdade há atenuações até aos próprios direitos adquiridos: *"Isso não obstante, poderá o interesse social levar ao desconhecimento, em certos casos, dos próprios direitos adquiridos, se uma dada forma de propriedade ou de outro direito real for considerada contrária aos princípios em que se inspira a nova legislação (abolição da escravatura, dos feudos, dos fideicomissos, etc)"* ESPINOLA, Eduardo; ESPINOLA FILHO, Eduardo. A Lei de introdução ao Código civil brasileiro: (Dec.-Lei nº 4.657, de 4 de setembro de 1942, com as alterações da Lei nº 3.238, de 1º de agosto de 1957, e leis posteriores): comentada na ordem de seus artigos; e atualizada por Silva Pacheco. 2ª ed. Rio de Janeiro, Renovar, 1995, p. 345.

79. *"Segundo esse sistema, a lei nova, encontrando um processo em desenvolvimento, respeita a eficácia dos atos processuais já realizados e disciplina o processo a partir da sua vigência, ou seja, respeita os atos processuais já realizados e os seus efeitos, aplicando-se apenas aos que houveram de se realizar".* ALVIM, J. E. Carreira. Comentários ao Código de Processo Civil Brasileiro. Curitiba: Juruá, 2011, p. 330.

termos do art. 1.046[80]. O artigo 200 do CPC[81] estabelece ainda que os atos unilaterais e bilaterais das partes no processo produzem imediatamente a constituição, modificação ou extinção de direitos processuais.

O CPC adotou a teoria do isolamento dos atos processuais[82], segundo a qual cada ato deve ser considerado separadamente para o fim de determinar qual a lei que o regerá (princípio do *tempus regit actum*)[83].

O art. 15 do CPC estabelece sua aplicação supletiva e subsidiária de suas normas a outros âmbitos: *"na ausência de normas que regulem processos eleitorais, trabalhistas ou administrativos, as disposições deste Código lhes serão aplicadas supletiva e subsidiariamente"*.

Teresa Arruda Wambier esclarece que a menção à "aplicação supletiva e subsidiária" do CPC se traduz em influência às normas processuais administrativas, trabalhistas e eleitorais, ainda que não haja lacuna ou omissão:

> O legislador disse menos do que queria. Não se trata somente de aplicar as normas processuais aos processos administrativos,

80. Art. 1.046. Ao entrar em vigor este Código, suas disposições se aplicarão desde logo aos processos pendentes, ficando revogada a Lei nº 5.869, de 11 de janeiro de 1973.

81. Art. 200. Os atos das partes consistentes em declarações unilaterais ou bilaterais de vontade produzem imediatamente a constituição, modificação ou extinção de direitos processuais.

82. AGRAVO INTERNO NO RECURSO ESPECIAL. EMBARGOS À EXECUÇÃO. TEORIA DO ISOLAMENTO DOS ATOS PROCESSUAIS. DEFESA APRESENTADA SOB A VIGÊNCIA DA LEI 11.382/2006. TEMPESTIVIDADE. AGRAVO INTERNO IMPROVIDO. 1. Consoante jurisprudência desta Corte, aplica-se, "no ordenamento jurídico brasileiro, a Teoria do Isolamento dos Atos Processuais (*tempus regit actum*), que orienta as regras de direito intertemporal em âmbito processual, segundo a qual o juízo de regularidade do ato praticado deve ser efetivado em consonância com a lei vigente no momento da sua realização" (AgInt no REsp 1.685.962/BA, Rel. Ministro MARCO AURÉLIO BELLIZZE, TERCEIRA TURMA, julgado em 12/11/2018, DJe de 16/11/2018). 2. Agravo interno a que se nega provimento. (STJ - AgInt no REsp: 1451458 SC 2014/0100284-6, Relator: Ministro RAUL ARAÚJO, Data de Julgamento: 12/04/2021, T4 - QUARTA TURMA, Data de Publicação: DJe 13/05/2021)

83. *"A nova lei processual se aplica imediatamente aos processos em curso (ex vi do art. 1.046 do CPC/2015), respeitados o direito adquirido, o ato jurídico perfeito, a coisa julgada, enfim, os efeitos já produzidos ou a se produzir sob a égide da nova lei. Considerando que o processo é constituído por inúmeros atos, o Direito Processual Civil orienta-se pela Teoria dos Atos Processuais Isolados, segundo a qual, cada ato deve ser considerado separadamente dos demais para o fim de determinar qual a lei que o regerá (princípio do tempus regit actum). Esse sistema está inclusive expressamente previsto no art. 14 do CPC/2015"* STJ. Primeira Turma. AgRg no REsp 1.584.433Relator: Ministro Gurgel de Faria. Publicado no DJe em 21/10/2016.

> trabalhistas e eleitorais quando não houver normas, nestes ramos do direito, que resolvam a situação. A aplicação subsidiária ocorre também em situações nas quais não há omissão. Trata-se, como sugere a expressão 'subsidiária', de uma possibilidade de enriquecimento, de leitura de um dispositivo sob outro viés, de extrair-se da norma processual eleitoral, trabalhista ou administrativa um sentido diferente, iluminado pelos princípios fundamentais do processo civil. A aplicação supletiva é que supõe omissão. Aliás, o legislador, deixando de lado a preocupação com a própria expressão, precisão da linguagem, serve-se das duas expressões. Não deve ter suposto que significam a mesma coisa, se não, não teria usado as duas. Mas como empregou também a mais rica, mais abrangente, deve o intérprete entender que é disso que se trata[84].

Os arts. 14 e 15 do CPC traduzem, portanto, a influência da imediaticidade das normas processuais também ao procedimento extrajudicial imobiliário, considerando sua natureza "administrativa"[85].

3. ELEMENTOS A SEREM CONSIDERADOS PARA A SOLUÇÃO DO CONFLITO DE DIREITO INTERTEMPORAL DO NOVO MARCO GERAL DE GARANTIAS

Como o conteúdo das limitações à retroatividade da lei são previstos na Constituição, mas definidos na legislação infraconstitucional, ao intérprete do Direito pode caber a invocação de outros elementos para complementar a solução do conflito de direito intertemporal proposto.

Para Mário Luiz Delgado, para além da consagração dos valores contidos no art. 5º. XXXVI da Constituição Federal, na busca por segurança jurídica e justiça social, caminho adequado para encarar potenciais conflitos de retroatividade da lei nova reside na (a) ponderação de valores e

---

84. WAMBIER, Teresa Arruda, et al. Primeiros comentários ao Novo Código de Processo Civil. Artigo por artigo. São Paulo: RT, 2015, p. 75.

85. O art. 1º da Lei 8.935 pode ser lido em conjunto com diversas disposições da Lei de Registros Públicos (Lei 6.015 ou LRP) que denotam a natureza administrativa do extrajudicial, veja-se: art. 204 trata do caráter administrativo do procedimento de dúvida registral; os arts. 212 e 213 traduzem o caráter administrativo do procedimento de retificação de registros e averbações; o art. 216-A demonstra o procedimento de justificação administrativa no pedido de reconhecimento extrajudicial de usucapião.

princípios veiculados nas normas em conflito no tempo, na (b) ponderação de outros valores constitucionais de igual ou maior peso e na (c) adoção de interpretação em prol de uma segurança jurídica que concretize a justiça social e a confiabilidade sistêmica[86].

No caso específico do Novo Marco Legal das Garantias, proponho que eventuais conflitos de direito intertemporal devem ser enfrentados à luz dos seguintes conceitos, valores e entendimentos:

(a) Influência do *Princípio Tempus Regit Actum* no Registro Imobiliário – Tópico 3.1

(b) Compreensão sobre características próprias da alienação fiduciária. Questões de política regulatória balanceiam os direitos e deveres de credores e devedores para constituição e execução da garantia – Tópico 3.2.

(c) Como conflitos anteriores de direito intertemporal envolvendo execução de alienação fiduciária foram resolvidos pelo STF e STJ – Tópico 3.3.

3.1. Princípio *tempus regit actum* e o controle da temporalidade pelo Registrador de Imóveis

O princípio do *tempus regit actum*, típico do processo civil, também se aplica ao registro imobiliário, ainda que sua construção doutrinária no âmbito do extrajudicial decorra da influência da prenotação para a constituição de prioridade sobre os títulos apresentados.

Todos os títulos apresentados para registro (judiciais ou extrajudiciais) estão sujeitos aos requisitos formais vigentes à época de apresentação ao Registro de Imóveis (prenotação), não importando a época em que foram lavrados. Tal princípio amolda-se ao disposto nos artigos 174[87],

86. DELGADO, Mário Luiz. Novo Direito Intertemporal Brasileiro: Da retroatividade das leis civis. 2. ed. São Paulo: Saraiva, 2014, p. 427 e seguintes

87. Art. 174 da Lei nº 6.015 - O livro nº 1 - Protocolo - servirá para apontamento de todos os títulos apresentados diariamente, ressalvado o disposto no parágrafo único do art. 12 desta Lei.

182[88] e 186[89] da Lei de Registros Públicos, combinado com o art. 1.246 do Código Civil[90].

A prenotação é o marco inicial do procedimento registral, motivo pelo qual o registro retroage a essa data. Essa data marcará as normas de regência jurídico-registral, independentemente da data do contrato e da data de lavratura do título[91]. Também consiste em marco distintivo do registro de direitos reais, ao confirmar o direito de preferência de quem primeiro acessar o registro: *prior tempere, potior iure*[92].

O princípio do *tempus regit actum* (cuja aplicação aos registros imobiliários é amplamente reconhecida na jurisprudência paulistana em prestígio à data de apresentação do título, independentemente da data do contrato[93]), por exemplo, já foi invocado na Corregedoria Geral de Justiça de São Paulo para evitar registro de contrato de locação firmado antes da intimação da alienação fiduciária, quando sua prenotação foi posterior ao ato consolidação da propriedade em nome do credor[94]:

88. Art. 182 da Lei nº 6.015 - Todos os títulos tomarão, no Protocolo, o número de ordem que lhes competir em razão da sequência rigorosa de sua apresentação.
89. Art. 186 da Lei nº 6.015 - O número de ordem determinará a prioridade do título, e esta a preferência dos direitos reais, ainda que apresentados pela mesma pessoa mais de um título simultaneamente.
90. Art. 1.246 do Código Civil. O registro é eficaz desde o momento em que se apresentar o título ao oficial do registro, e este o prenotar no protocolo.
91. KÜMPEL, Vitor e FERRARI, Carla. Tratado Notarial e Registral Tomo V – Registro de Imóveis. YK Editora: São Paulo, 2020, p. 315.
92. *"Uma das diferenças fundamentais entre os direitos reais e os direitos pessoais consiste no fato de que os primeiros gozam de ius preferendi, ou seja, a faculdade que tem o titular de um direito real obter preferência no exercício de seu direito com respeito a outro direito real posterior, de igual ou distinto conteúdo, que recaia sobre a mesma coisa. O direito de prioridade reflete a antiga máxima romana: prior tempere, potior iure"* LOUREIRO, Luiz Guilherme. Registros públicos: teoria e prática. 10. ed. ver, atual e ampl. Salvador: Editoria Juspodivm, 2019. p. 614.
93. *"na data da apresentação do título ao registrador que será feita a sua qualificação (art. 534, do Código Civil, combinado com os arts. 174, 182 e 186 da Lei de Registros Públicos)" e, assim, o "registro encontra disciplina no princípio "tempus regit actum"; é sujeito à lei vigente ao tempo da apresentação do título, pouco importando a data do contrato (TJSP, JB 25/172)"*. Apelação Cível nº 80.106-0/0 - São José dos Campos, rel. Des. Luís de Macedo, j. 04.04.2007. Conferir também Apelação Cível nº 588-6/9 – Nova Granada, rel. Des. Gilberto Passos de Freitas, j. 31-11-2006.
94. CMSP, Apel. Cível, nº 1059789-79.2015.8.26.0100, Rel. Pereira Calças, j. 20-09-2016

> Ainda que, quando firmado o contrato, não houvesse mora (o que não se comprovou), ou pedido de intimação para sua purgação, na medida em que o contrato foi levado a registro, importa verificar a situação ao tempo desse registro: tempus regit actum, ou seja, o título se sujeita às condições vigentes ao tempo de sua apresentação a registro, pouco importando a data da celebração do negócio. (...) O primeiro título prenotado é contraditório ao segundo. Esse deve aguardar a solução daquele. Em outras palavras, a segunda prenotação, do contrato de locação, só poderia desaguar em registro caso purgada a mora. Não purgada, consolidada a propriedade em poder do fiduciário, restou prejudicado o registro do contrato. Ante o exposto, pelo meu voto, nego provimento ao recurso.

O princípio do *tempus regit actum* é relevante para o exame das regras de execução da alienação fiduciária do Novo Marco Legal das Garantias, pois a qualificação registral de títulos apresentados desde a sua vigência não depende de complementação normativa infralegal (seja pelo CNJ ou pelas Corregedorias Estaduais), eis que a lei está em vigor, sendo imediata, válida e eficaz em todo território nacional.

Somente se a prenotação tiver sido feita antes da entrada em vigor da Lei n. 14.711, em 30 de outubro de 2023, mas estiver prorrogada em virtude de suscitação de dúvida registral, por exemplo, os requisitos de registro seguirão o panorama legislativo anterior à Lei Federal nº 14.711/2023.

3.2. Características materiais e processuais das alienações fiduciárias de propriedades imobiliárias

A simbiose entre norma material e processual é nítida no instituto da alienação fiduciária de bem imóvel, tutelada pelo Marco Geral das Garantias, pois é o próprio registro da garantia imobiliária que constitui o direito de execução extrajudicial.

Essa garantia (logo, a priori "instituto do direito material"[95]) é constituída mediante registro na matrícula do respectivo imóvel, ato que

95. *"A melhor maneira de delimitar conceitualmente as garantias stricto sensu é circunscrevê-las às relações jurídicas que atribuem a determinado credor direito de prelação vinculado a bem*

transfere ao credor-fiduciário a propriedade resolúvel do imóvel e que ao mesmo tempo constitui o direito de execução de maneira extrajudicial (*"instituto material-processual?"*) diretamente nos registros de imóveis[96].

O STJ, no RE 860.631SP, reconhecido em sede de Repercussão Geral (Tema 982), afirma que a sujeição do devedor à execução extrajudicial decorre da própria garantia:

> ao firmar contrato de mútuo garantido por alienação fiduciária, o fiduciante manifesta sua vontade de permitir que eventual execução se dê extrajudicialmente, de acordo com os trâmites da Lei 9.514/1997, ressalvada a possibilidade de, a qualquer momento, ajuizar ação para sanar ilegalidade eventualmente praticada no curso do procedimento. Trata-se de elemento da política regulatória que permite maiores possibilidades de acesso ao financiamento imobiliário, a taxas de juros mais baixas (Voto do Relator)

O STF entende ainda que questões de política regulatória motivam o balanceamento dos direitos e deveres de credores e devedores por meio da Lei (e não meramente o contrato), disciplinando efeitos jurídicos da constituição da garantia e do procedimento executório extrajudicial que lhe instrumenta:

> o arcabouço legislativo em torno do instrumento atribui tratamento regulatório adequado à controvérsia, ao estabelecer garantias mínimas ao devedor e limitações à possibilidade de ação do credor (como as impossibilidades de que este promova a consolidação da propriedade em seu nome sem atendimento aos requisitos legais, de que promova o leilão do bem de forma irrestrita, de que o tomador do financiamento seja surpreendido com o valor do débito ou de que fique ele próprio com a coisa alienada em garantia). Portanto, trata-se de complexa regulação econômica legislativa, com efeitos múltiplos na organização socioeconômica,

---

específico dentro de um patrimônio (garantias reais) ou, de outro, possibilitam a sujeição patrimonial de pessoa diversa do devedor principal (garantias pessoais) em caso de inadimplemento da obrigação" KÜMPEL, Vitor Frederico. Tratado Notarial e Registral, vol. 5, 1ª edição. São Paulo: YK Editora, 2020, p. 1595

96. STF. Plenário. RE 860.631/SP, Rel. Min. Luiz Fux, julgado em 26/10/2023 (Repercussão Geral – Tema 982) (Info 1114)

> que promove tratamento constitucionalmente adequado à questão, sem que haja violação à autonomia privada, que envolve a previsibilidade sobre as consequências da inexecução contratual em um patamar mínimo de informações que as partes contratantes presumidamente detêm[97]

O voto do Relator Ministro Luiz Fux aponta que o caráter resolúvel da propriedade como indutor do procedimento extrajudicial, sopesando que sem o adimplemento há mera expectativa de direito à propriedade e que não se trata de procedimento autoconduzido pelo credor, mas por órgão que recebeu delegação estatal para verificar os preenchimentos dos requisitos legais desta providência[98].

3.3. A posição do STJ em conflitos de direito intertemporal envolvendo a execução extrajudicial de alienação fiduciária de bem imóvel

O REsp 1.942.898-SP[99] do Superior Tribunal de Justiça (STJ) é importante precedente a ser considerado quando da interpretação da Novo

---

97. STF. Plenário. RE 860.631/SP, Rel. Min. Luiz Fux, julgado em 26/10/2023 (Repercussão Geral - Tema 982) (Info 1114)

98. *"o procedimento extrajudicial que confere executoriedade ao contrato de financiamento imobiliário - e, em especial, o ato para a consolidação de propriedade fiduciária - é inicialmente conduzido perante o Ofício de Registro de Imóveis, órgão que, por delegação estatal, atua na verificação do preenchimento dos requisitos legalmente estipulados para essa providência. Não se trata, portanto, de procedimento aleatório ou autoconduzido pelo próprio credor, que poderia configurar ilegítima forma de autotutela de sua pretensão executiva. Reitera-se, ademais, que pela própria noção conceitual da alienação fiduciária, a concretização da propriedade do bem pelo devedor fiduciante apenas ocorre com o total adimplemento da dívida, de modo que, até o cumprimento dessa condição, há mera expectativa do direito à propriedade. Em acréscimo, a possibilidade de leilão extrajudicial do imóvel apenas se apresenta após o inadimplemento da obrigação e a constituição do devedor em mora, admitida, ainda, a possibilidade de que este purgue a sua mora antes da consolidação da propriedade em nome do credor".* STF. Plenário. RE 860.631/SP, Rel. Min. Luiz Fux, julgado em 26/10/2023 (Repercussão Geral - Tema 982) (Info 1114). p. 17.

99. RECURSOS ESPECIAIS. IMÓVEL. ALIENAÇÃO FIDUCIÁRIA. GARANTIA. LEI Nº 9.514/1997. MORA PURGAÇÃO. IMPOSSIBILIDADE APÓS CONSOLIDAÇÃO. PROPRIEDADE. CREDOR FIDUCIANTE. VIGÊNCIA. LEI Nº 13.465/2017. ALTERAÇÕES INCORPORADAS. DIREITO DE PREFERÊNCIA. NEGATIVA DE PRESTAÇÃO JURISDICIONAL. NÃO OCORRÊNCIA. NULIDADE. ACÓRDÃO. AFASTAMENTO. 1. O propósito recursal cinge-se a definir a possibilidade de purgação da mora, nos contratos de mútuo imobiliário com pacto adjeto de alienação fiduciária, submetidos à Lei nº 9.514/1997 com a redação dada pela Lei nº 13.465/2017, nas hipóteses em que a consolidação da propriedade em favor do credor fiduciário ocorreu na

Marco Geral das Garantias, pois também envolve a solução de conflito de direito intertemporal no âmbito de execução de alienação fiduciária imobiliária, quando do advento da Lei 13.465/2017.

Um breve panorama sobre o recorte temporal em comento: a Lei 13.465/2017 inseriu o §2º-B no art. 27 da Lei nº 9.514/1997, permitindo que após a averbação da consolidação da propriedade e até a dada da realização do segundo leilão para execução da dívida, o devedor fiduciante tivesse direito de preferência para adquirir o imóvel. Mudava, portanto, o anterior entendimento de que a purgação da mora seria permitida até a assinatura do auto de arrematação, com base no art. 34 do DL 70/1966, aplicado subsidiariamente às operações de financiamento imobiliário relativas à Lei nº 9.514/97.

Na lide objeto do REsp 1.942.898-SP, um mutuário de contrato firmado antes da Lei 13.465/2017 com garantia de alienação fiduciária pleiteou em juízo que fosse considerada a admissibilidade da purgação da mora até o momento de realização do leilão, mesmo após a consolidação da propriedade. O TJ/SP a princípio considerou existir direito adquirido ao regime legal anterior, decorrente de ato jurídico perfeito (contrato), antes da inovação que estabelecia a prerrogativa da *preferência* e não mais da *purgação da mora* após a consolidação da propriedade. O STJ, porém, reconheceu como regra geral a aplicação imediata das disposições da Lei 13.465 a execuções extrajudiciais de alienação fiduciária imobiliárias firmadas antes da vigência da nova lei, reformando o IRDR do TJ/SP.

vigência da nova lei. 2. Não se reconhece a negativa de prestação jurisdicional ventilada quando o Tribunal de origem analisa todas as questões relevantes para a solução da lide, de forma fundamentada. 3. Após a edição da Lei nº 13.465, de 11/7/2017, que introduziu no art. 27 da Lei nº 9.514/1997 o § 2º-B, não se cogita mais da aplicação subsidiária do Decreto-Lei nº 70/1966, visto que, consolidada a propriedade fiduciária em nome do credor fiduciário, descabe ao devedor fiduciante a purgação da mora, sendo-lhe garantido apenas o exercício do direito de preferência na aquisição do bem imóvel objeto de propriedade fiduciária. Precedentes. 4. Recurso especial adesivo da ASSOCIAÇÃO BRASILEIRA DE MUTUÁRIOS - ABM não conhecido. Parcialmente conhecidos e, na parte conhecida, providos os demais recursos especiais interpostos. (STJ - REsp: 1942898 SP 2021/0175991-1, Relator: Ministro RICARDO VILLAS BÔAS CUEVA, Data de Julgamento: 23/08/2023, S2 - SEGUNDA SEÇÃO, Data de Publicação: DJe 13/09/2023)

Esse assunto já tinha sido analisado pelo STJ em outras circunstâncias, adotando o mesmo entendimento (STJ. 3ª Turma. Recurso Especial 1.649.595-RS[100]; STJ. Recurso Especial n. 1818156-PR[101])

4. CONSOLIDAÇÃO DE INTERPRETAÇÃO DA LEI FEDERAL Nº 14.711/23 À LUZ DO DIREITO INTERTEMPORAL

A Lei 14.711/23 congrega tanto normas de direito material quanto de ordem processual, que devem ser aplicadas imediatamente, inclusive aos processos "em curso" de intimação para purgação da mora e consolidação da propriedade para realização de leilões, desde que respeitados os atos processuais praticados, eventuais direitos adquiridos e situações jurídicas consolidadas, em atenção aos arts. 5º, XXXVI da Constituição Federal, art. 6º da LINDB e arts. 14 e 15 do CPC, bem como ao princípio do *tempus regit actum* aplicável no registro imobiliário.

A natureza processual das seguintes disposições da Lei n. 14.711 impõe sua imediata aplicação às execuções extrajudiciais em curso:

a) Quando fornecido endereço eletrônico no contrato, deverá ser enviada a notificação eletrônica ao devedor ou terceiro fiduciante ao

100. EMENTA OFICIAL: RECURSO ESPECIAL. CIVIL. ALIENAÇÃO FIDUCIÁRIA DE IMÓVEL. LEI N. 9.514/1997. NEGATIVA DE PRESTAÇÃO JURISDICIONAL. NÃO OCORRÊNCIA. APELAÇÃO. DESERÇÃO AFASTADA. EFETIVA COMPROVAÇÃO DO PREPARO NO ATO DE INTERPOSIÇÃO DO RECURSO. PURGAÇÃO DA MORA APÓS A CONSOLIDAÇÃO DA PROPRIEDADE EM NOME DO CREDOR FIDUCIÁRIO. POSSIBILIDADE ANTES DA ENTRADA EM VIGOR DA LEI N. 13.465/2017. APÓS, ASSEGURA-SE AO DEVEDOR FIDUCIANTE APENAS O DIREITO DE PREFERÊNCIA. PRAZO DO LEILÃO EXTRAJUDICIAL. ART. 27 DA LEI N. 9.514/1997. IMPOSIÇÃO LEGAL INERENTE AO RITO DA EXECUÇÃO EXTRAJUDICIAL. INOBSERVÂNCIA. MERA IRREGULARIDADE. RECURSO ESPECIAL PARCIALMENTE PROVIDO (STJ. Recurso Especial n. 1.649.595 – Rio Grande do Sul, Relator Ministro Marco Aurélio Bellizze, julgado em 13/10/2020, DJe de 16/10/2020)

101. EMENTA OFICIAL: RECURSO ESPECIAL. DIREITO CIVIL E PROCESSUAL CIVIL. ALIENAÇÃO FIDUCIÁRIA DE IMÓVEL. LEI Nº 9.514/1997. PURGAÇÃO DA MORA APÓS A CONSOLIDAÇÃO DA PROPRIEDADE EM NOME DO CREDOR FIDUCIÁRIO. POSSIBILIDADE ANTES DA ENTRADA EM VIGOR DA LEI N. 13.465/2017. APÓS, ASSEGURA-SE AO DEVEDOR FIDUCIANTE APENAS O DIREITO DE PREFERÊNCIA. PRAZO DO LEILÃO EXTRAJUDICIAL. ART. 27 DA LEI N. 9.514/1997. PRECEDENTE ESPECÍFICO DESTA TERCEIRA TURMA. (STJ. Recurso Especial n. 1818156 – Paraná, Relator Ministro Paulo de Tarso Sanseverino, julgado em 15/06/2021, DJe de 18/06/2021)

menos com 15 dias de antecedência da intimação edilícia (conforme artigo 26, §4º-B da Lei 9.514[102])

b) O prazo para início dos leilões extrajudiciais é de 60 dias (e não mais 30), após consolidada a propriedade em nome do fiduciário (conforme artigo 27[103])

c) Quando da publicação do edital de cada leilão, deverá ser enviada correspondência dirigida aos endereços constantes do contrato, inclusive ao endereço eletrônico, se houver (conforme artigo 27, §2º-A[104]).

d) É possível a execução extrajudicial de mais de um imóvel alienado fiduciariamente para a mesma dívida por iniciativa de qualquer um dos registradores competentes (conforme artigo 26, §1º-A[105] e 27-A[106]).

e) Novas execuções poderão ser iniciadas por agentes de garantia (art. 853-A do Código Civil[107]).

---

102. § 4º-B Presume-se que o devedor e, se for o caso, o terceiro fiduciante encontram-se em lugar ignorado quando não forem encontrados no local do imóvel dado em garantia nem no endereço que tenham fornecido por último, observado que, na hipótese de o devedor ter fornecido contato eletrônico no contrato, é imprescindível o envio da intimação por essa via com, no mínimo, 15 (quinze) dias de antecedência da realização de intimação edilícia.

103. Art. 27. Consolidada a propriedade em seu nome, o fiduciário promoverá leilão público para a alienação do imóvel, no prazo de 60 (sessenta) dias, contado da data do registro de que trata o § 7º do art. 26 desta Lei.

104. § 2º-A Para fins do disposto nos §§ 1º e 2º deste artigo, as datas, os horários e os locais dos leilões serão comunicados ao devedor e, se for o caso, ao terceiro fiduciante, por meio de correspondência dirigida aos endereços constantes do contrato, inclusive ao endereço eletrônico.

105. § 1º-A Na hipótese de haver imóveis localizados em mais de uma circunscrição imobiliária em garantia da mesma dívida, a intimação para purgação da mora poderá ser requerida a qualquer um dos registradores competentes e, uma vez realizada, importa em cumprimento do requisito de intimação em todos os procedimentos de excussão, desde que informe a totalidade da dívida e dos imóveis passíveis de consolidação de propriedade.

106. Art. 27-A. Nas operações de crédito garantidas por alienação fiduciária de 2 (dois) ou mais imóveis, na hipótese de não ser convencionada a vinculação de cada imóvel a 1 (uma) parcela da dívida, o credor poderá promover a excussão em ato simultâneo, por meio de consolidação da propriedade e leilão de todos os imóveis em conjunto, ou em atos sucessivos, por meio de consolidação e leilão de cada imóvel em sequência, à medida do necessário para satisfação integral do crédito.

107. Art. 853-A. Qualquer garantia poderá ser constituída, levada a registro, gerida e ter a sua execução pleiteada por agente de garantia, que será designado pelos credores da obrigação

As seguintes normas de direito material também são aplicáveis imediatamente para contratos firmados antes da Lei n. 14.711, algumas com nítidos reflexos em outras normas processuais da mesma lei:

a) A possibilidade de operação de extensão da alienação fiduciária de bens imóveis e da hipoteca, independentemente de prévia disposição contratual (Artigo 1.487-A do Código Civil[108] e artigo 9-A da Lei 13.476/17[109]), que poderá ser objeto de averbação na matrícula do imóvel mesmo quando o contrato tiver sido firmado antes da Lei Federal nº 14.711/23.

b) A atribuição do prazo de 15 dias para contratos que sejam silentes sobre o prazo de carência após o qual será expedida a intimação para purgação da mora, contida no art. 26, §2º-A da Lei 9.514[110].

c) A nova responsabilidade do devedor ou terceiro fiduciante de informar ao credor sobre a alteração de seu domicílio, contida no art. 26, §4º-A da Lei 9.514[111].

d) A presunção do art. 26, §4º-B da Lei 9.514[112] de que o devedor ou terceiro fiduciante está em local ignorado quando não for encontrado no local do imóvel dado em garantia ou no último endereço

---

garantida para esse fim e atuará em nome próprio e em benefício dos credores, inclusive em ações judiciais que envolvam discussões sobre a existência, a validade ou a eficácia do ato jurídico do crédito garantido, vedada qualquer cláusula que afaste essa regra em desfavor do devedor ou, se for o caso, do terceiro prestador da garantia.

108. Art. 1.487-A. A hipoteca poderá, por requerimento do proprietário, ser posteriormente estendida para garantir novas obrigações em favor do mesmo credor, mantidos o registro e a publicidade originais, mas respeitada, em relação à extensão, a prioridade de direitos contraditórios ingressos na matrícula do imóvel.

109. Art. 9º-A Fica permitida a extensão da alienação fiduciária de coisa imóvel, pela qual a propriedade fiduciária já constituída possa ser utilizada como garantia de operações de crédito novas e autônomas de qualquer natureza, desde que: I - sejam contratadas as operações com o credor titular da propriedade fiduciária; e

II - inexista obrigação contratada com credor diverso garantida pelo mesmo imóvel, inclusive na forma prevista no § 3º do art. 22 da Lei nº 9.514, de 20 de novembro de 1997.

110. § 2º-A Quando não for estabelecido o prazo de carência no contrato de que trata o § 2º deste artigo, este será de 15 (quinze) dias.

111. § 4º-A É responsabilidade do devedor e, se for o caso, do terceiro fiduciante informar ao credor fiduciário sobre a alteração de seu domicílio.

112. § 4º-B Presume-se que o devedor e, se for o caso, o terceiro fiduciante encontram-se em lugar ignorado quando não forem encontrados no local do imóvel dado em garantia nem no endereço que tenham fornecido por último, observado que, na hipótese de o devedor

fornecido (refletindo na norma processual da intimação por edital do art. 26, §4º).

e) A presunção do art. 26, §4º-C da Lei 9.514[113] de que o devedor ou terceiro fiduciante está em lugar inacessível quando não existir funcionário responsável pelo recebimento de correspondência ou este recusar a intimação (refletindo na norma processual da intimação por edital do art. 26, §4º)

f) O esclarecimento do art. 27, §11 da Lei 9.514[114] de que os direitos reais de garantia ou constrições não obstam a consolidação da propriedade no patrimônio do credor fiduciário e a venda do imóvel para realização da garantia

g) O direito contido no art. 27, §12 da Lei 9.514[115] de subrrogação dos titulares dos direitos de garantia ou constrições no direito do fiduciante à percepção do saldo remanescente que eventualmente restar do produto da venda do imóvel (refletindo no rito do registrador de verificar do credor o pagamento das dívidas judiciais existentes lançadas no registro imobiliário, se houver saldo do leilão positivo).

h) O registrador deverá atentar-se para a correta descrição da dívida e acessórios tanto na fase de purgação da mora, como na fase dos leilões extrajudiciais, em face do substancial alteração no artigo 27, §3º (definição de dívida, despesas e encargos)[116].

---

ter fornecido contato eletrônico no contrato, é imprescindível o envio da intimação por essa via com, no mínimo, 15 (quinze) dias de antecedência da realização de intimação edilícia.

113. § 4º-C Para fins do disposto no § 4º deste artigo, considera-se lugar inacessível: I - aquele em que o funcionário responsável pelo recebimento de correspondência se recuse a atender a pessoa encarregada pela intimação; ou II - aquele em que não haja funcionário responsável pelo recebimento de correspondência para atender a pessoa encarregada pela intimação.

114. § 11. Os direitos reais de garantia ou constrições, inclusive penhoras, arrestos, bloqueios e indisponibilidades de qualquer natureza, incidentes sobre o direito real de aquisição do fiduciante não obstam a consolidação da propriedade no patrimônio do credor fiduciário e a venda do imóvel para realização da garantia.

115. § 12. Na hipótese prevista no § 11 deste artigo, os titulares dos direitos reais de garantia ou constrições sub-rogam-se no direito do fiduciante à percepção do saldo que eventualmente restar do produto da venda.

116. § 3º Para os fins do disposto neste artigo, entende-se por: I - dívida: o saldo devedor da operação de alienação fiduciária, na data do leilão, nele incluídos os juros convencionais,

Para processos de execução extrajudicial de imóvel alienado fiduciariamente antes da vigência da Lei n. 14.711, algumas das novas disposições desta Lei não serão aplicáveis simplesmente porque incompatíveis com o atual estágio do procedimento (preservação dos atos processuais já praticados) ou podem demandar cautelas para adequar o título ao regramento atualmente vigente em atenção ao princípio *do tempus regit actum:*

a) Consolidada a propriedade pelo decurso do prazo de intimação ficta (por edital), não será necessária nova intimação via endereço eletrônico do contrato, ainda que vigente a nova regra do art. 26, §4º-B[117], por ser tratar de tentativa obrigatória antes da intimação edilícia (que não deve ser retomada eis que já alcançado o estágio de intimação ficta).

b) Realizados os leilões para alienação do imóvel oferecido em garantia, não será necessário encaminhar correspondência ao endereço físico e eletrônico previsto no contrato sobre local e data dos leilões, eis que já foram realizados quando inexistia semelhante regra de comunicação do §2º-A do artigo 27[118].

c) Registrada a alienação do imóvel a terceiro, por arrematação, o registrador não precisa adotar qualquer providência adicional em razão da superveniência Lei Federal nº 14.711/23.

d) Em relação aos títulos formados antes do advento da Lei 14.711/23, a execução extrajudicial de hipoteca só será possível mediante a celebração de um aditivo que expressamente autorize o manejo desta

as penalidades e os demais encargos contratuais; II - despesas: a soma das importâncias correspondentes aos encargos e às custas de intimação e daquelas necessárias à realização do leilão público, compreendidas as relativas aos anúncios e à comissão do leiloeiro; e III - encargos do imóvel: os prêmios de seguro e os encargos legais, inclusive tributos e contribuições condominiais.

117. § 4º-B Presume-se que o devedor e, se for o caso, o terceiro fiduciante encontram-se em lugar ignorado quando não forem encontrados no local do imóvel dado em garantia nem no endereço que tenham fornecido por último, observado que, na hipótese de o devedor ter fornecido contato eletrônico no contrato, é imprescindível o envio da intimação por essa via com, no mínimo, 15 (quinze) dias de antecedência da realização de intimação edilícia.

118. § 2º-A Para fins do disposto nos §§ 1º e 2º deste artigo, as datas, os horários e os locais dos leilões serão comunicados ao devedor e, se for o caso, ao terceiro fiduciante, por meio de correspondência dirigida aos endereços constantes do contrato, inclusive ao endereço eletrônico.

via, com a consequente averbação deste aditivo na matrícula do imóvel. A questão decorre da previsão expressa do § 15 artigo 9º .

e) Como a Lei Federal nº 14.711/23 revogou o capítulo terceiro do Decreto-Lei 70/66, que regulava a execução extrajudicial da cédula hipotecária, verifica-se movimento para a padronização de toda e qualquer execução extrajudicial de hipoteca a ser realizada sob a forma do artigo 9º. Por isso, para execuções já iniciadas sob a forma do Decreto Lei 70/66, deverá ser verificado o estágio atual, validados os atos já praticados e para os atos subsequentes deverá ser adotado o rito do artigo 9º da Lei Federal nº 14.711/23. Em relação aos títulos formados antes do advento da Lei 14.711/23, a execução extrajudicial só será possível mediante a celebração de um aditivo que expressamente autorize o manejo desta via, com a consequente averbação deste aditivo na matrícula do imóvel (art. 9º, §15). Mesmo sem previsão contratual, porém, o credor poderá se beneficiar da execução extrajudicial, na hipótese de execução em concurso de credores iniciada por um credor concorrente.

As próximas matérias, entretanto, são ponto de atenção ao credor para a correta decisão de utilização ou não na relação com o devedor, em referência aos contratos registrados anteriores à Lei Federal nº 14.711/23, considerando o possível enquadramento às regras de proteção ao direito adquirido ou situação jurídica consolidada:

a) Aceite de lance inferior ao valor da dívida, no segundo leilão, para financiamentos não residenciais (art. 27, §2º da Lei 9.514[119]);

b) Não quitação da dívida, com responsabilidade do devedor pelo saldo remanescente, se os leilões forem negativos (art. 27, §5º-A da Lei 9.514[120]);

---

119. § 2º No segundo leilão, será aceito o maior lance oferecido, desde que seja igual ou superior ao valor integral da dívida garantida pela alienação fiduciária, das despesas, inclusive emolumentos cartorários, dos prêmios de seguro, dos encargos legais, inclusive tributos, e das contribuições condominiais, podendo, caso não haja lance que alcance referido valor, ser aceito pelo credor fiduciário, a seu exclusivo critério, lance que corresponda a, pelo menos, metade do valor de avaliação do bem.

120. § 5º-A Se o produto do leilão não for suficiente para o pagamento integral do montante da dívida, das despesas e dos encargos de que trata o § 3º deste artigo, o devedor continuará

c) Cômputo de 50% do valor do imóvel para amortização do saldo devedor, na hipótese de leilão negativo (art. 27, §6º-A da Lei 9.514[121]).

d) Responsabilidade pelo saldo devedor remanescente inclusive na alienação fiduciária de imóvel, após a excussão das garantias constituídas no instrumento de abertura de limite de crédito (conforme art. 9º da Lei 14.711[122]).

Eventual enquadramento das questões acima no âmbito do direito adquirido ou da situação jurídica consolidada decorre da alteração da regra referente à responsabilidade do devedor pelo saldo remanescente se a execução do imóvel não for suficiente para liquidação da dívida, embora haja substrato jurídico para entender pela aplicação imediata da Lei 14.711[123]. No regime anterior, se o maior lance no segundo leilão não fosse superior ao valor dívida, despesas, prêmios de seguro e encargos legais, a dívida

---

obrigado pelo pagamento do saldo remanescente, que poderá ser cobrado por meio de ação de execução e, se for o caso, excussão das demais garantias da dívida, ressalvada a hipótese de extinção do saldo devedor remanescente prevista no § 4º do art. 26-A desta Lei.

121. § 6º-A Na hipótese de que trata o § 5º, para efeito de cálculo do saldo remanescente de que trata o § 5º-A, será deduzido o valor correspondente ao referencial mínimo para arrematação do valor atualizado da dívida, conforme estabelecido no § 2º deste artigo, incluídos os encargos e as despesas de cobrança.

122. Art. 9º Os créditos garantidos por hipoteca poderão ser executados extrajudicialmente na forma prevista neste artigo.

123. A alienação fiduciária imobiliária envolve complexa regulação econômica legislativa, destinada a dar previsibilidade sobre as consequências da inexecução contratual. Como o conteúdo material sobre a constituição e execução dessa garantia imobiliária é disciplinado por lei, é razoável admitir uma expectativa dos devedores de que, ao tempo de formação do contrato garantido pelo imóvel, o risco de inadimplemento não excederia o próprio imóvel. Por outro lado, há substrato jurídico para vindicar eventual aplicação imediata da Lei 14.711 a esses contratos em determinadas circunstâncias. Salvo disposição expressa em sede contratual (tornando semelhante direito em "situação jurídica constituída"), o direito de 'não se sujeitar à responsabilidade por eventual saldo remanescente' após liquidação do imóvel em leilão não teria sido efetivamente incorporado ao patrimônio dos devedores pela simples existência do regramento anterior à Lei 14.711. Sob o prisma das teorias subjetivas de aquisição de direitos, a exercitabilidade desse "direito" dependeria necessariamente do evento futuro leilão negativo, não se tornando verdadeiramente direito subjetivo antes da alteração da norma, momento em que tornar-se-ia direito adquirido. Esta interpretação também se amolda nas regras de imediaticidade de direito material e processual do nosso ordenamento, além de guardar consistência com os julgados do STJ que aplicaram imediatamente as alterações do regime de execução extrajudicial das alienações fiduciárias imobiliárias aos fatos pendentes. O tema merece discussão.

seria considerada extinta e o credor ficada investido da disponibilidade do imóvel.

A Lei 14.711 veio a somar às experiências e demandas sociais e espero que este artigo colabore com a comunidade para sua melhor aplicação.

ANOTAÇÕES

ANOTAÇÕES

ANOTAÇÕES

ANOTAÇÕES

ANOTAÇÕES

ANOTAÇÕES

ANOTAÇÕES

EDITORA JusPODIVM
www.editorajuspodivm.com.br

COLOR system

JUS4099